国家出版基金项目
NATIONAL PUBLICATION FOUNDATION

现代农业高新技术成果丛书

生鲜农产品质量安全可追溯系统研究

Traceability System Development and Application in Live and Fresh Agricultural Products

傅泽田　张小栓　张领先　李鑫星　等编著

中国农业大学出版社
·北京·

内容简介

本书针对生鲜农产品供应链质量安全追溯关键技术、系统开发、系统应用等问题，分3部分进行论述：第一部分（第2章至第5章）基于信息流建模思路，集成系统动力学、模糊数学等方法，针对生鲜农产品供应链质量安全可追溯建模方法进行研究；第二部分（第6章至第9章）针对蔬菜、水产品和肉类食品等重要农产品的供应链的主要环节（生产、加工和生鲜农产品质量安全与可追溯），开发质量安全可追溯系统，实现原始信息采集、传输与系统建模，为最终用户提供信息服务，用于查找造成质量问题的原因，确定产品的原产地和特征以及向上层进行追溯；最后一部分（第10章）从信息系统管理角度出发，基于供应链管理和市场“结构—行为—绩效”理论，应用关键成功因素分析法将企业实施可追溯系统的关键影响因素分为两个方面——组织环境和组织特征，并结合实地调研情况进行实证分析。

本书可以作为农业信息化、农业系统工程、信息系统与管理等学科研究人员的参考书籍，也可供食品安全与管理及相关领域咨询人员参考使用。

图书在版编目(CIP)数据

生鲜农产品质量安全可追溯系统研究/傅泽田等编著．—北京：中国农业大学出版社，2012.1

（现代农业高新技术成果丛书）

ISBN 978-7-5655-0441-9

Ⅰ.①生…　Ⅱ.①傅…　Ⅲ.①农产品-质量管理：安全管理　Ⅳ.①F307.5

中国版本图书馆CIP数据核字(2011)第226030号

书　名　生鲜农产品质量安全可追溯系统研究

作　者　傅泽田　张小栓　张领先　李鑫星　等编著

策划编辑　张苏明　　**责任编辑**　张苏明

封面设计　郑　川　　**责任校对**　陈　莹　王晓凤

出版发行　中国农业大学出版社

社　址　北京市海淀区圆明园西路2号　　**邮政编码**　100193

电　话　发行部 010-62731190，2620　　读者服务部 010-26732336

编辑部 010-62732617，2618　　出　版　部 010-62733440

网　址　http://www.cau.edu.cn/caup　　**e-mail** cbsszs@cau.edu.en

经　销　新华书店

印　刷　涿州市星河印刷有限公司

版　次　2012年5月第1版　2012年5月第1次印刷

规　格　787×1 092　16开　25印张　610千字

定　价　85.00元

出版说明

瞄准世界农业科技前沿，围绕我国农业发展需求，努力突破关键核心技术，提升我国农业科研实力，加快现代农业发展，是胡锦涛总书记在2009年五四青年节视察中国农业大学时向广大农业科技工作者提出的要求。党和国家一贯高度重视农业领域科技创新和基础理论研究，特别是863计划和973计划实施以来，农业科技投入大幅增长。国家科技支撑计划、863计划和973计划等主体科技计划向农业领域倾斜，极大地促进了农业科技创新发展和现代农业科技进步。

中国农业大学出版社以973计划、863计划和科技支撑计划中农业领域重大研究项目成果为主体，以服务我国农业产业提升的重大需求为目标，在"国家重大出版工程"项目基础上，筛选确定了农业生物技术、良种培育、丰产栽培、疫病防治、防灾减灾、农业资源利用和农业信息化等领域50个重大科技创新成果，作为"现代农业高新技术成果丛书"项目申报了2009年度国家出版基金项目，经国家出版基金管理委员会审批立项。

国家出版基金是我国继自然科学基金、哲学社会科学基金之后设立的第三大基金项目。国家出版基金由国家设立、国家主导，资助体现国家意志、传承中华文明、促进文化繁荣、提高文化软实力的国家级重大项目；受助项目应能够发挥示范引导作用，为国家、为当代、为子孙后代创造先进文化；受助项目应能够成为站在时代前沿、弘扬民族文化、体现国家水准、传之久远的国家级精品力作。

为确保"现代农业高新技术成果丛书"编写出版质量，在教育部、农业部和中国农业大学的指导和支持下，成立了以石元春院士为主任的编审指导委员会；出版社成立了以社长为组长的项目协调组并专门设立了项目运行管理办公室。

"现代农业高新技术成果丛书"始于"十一五"，跨入"十二五"，是中国农业大学出版社"十二五"开局的献礼之作，她的立项和出版标志着我社学术出版进入了一个新的高度，各项工作迈上了新的台阶。出版社将以此为新的起点，为我国现代农业的发展，为出版文化事业的繁荣做出新的更大贡献。

中国农业大学出版社

2010年12月

前　言

我国是生鲜农产品的生产大国，同时，生鲜农产品也是我国加入 WTO 后为数不多的优势农产品之一，对全国农产品和总商品在世界贸易中保持贸易顺差做出了很大贡献，对拉动农业经济和整个国民经济的发展也发挥着重要的作用。但是由于生鲜农产品供应链质量安全目前存在诸多问题，如生鲜农产品物流技术和设施落后；流通环节多，交易成本高，腐损严重；重表轻质，品质不高，大多数农产品都没有实现质量安全的可追溯，损害了生产者和消费者的利益。因此，重构生鲜农产品供应链质量安全体系，建立质量可追溯系统，完成生鲜农产品从田间到餐桌全程监控，建设现代化的生鲜农产品供应链，不仅可以提升我国生鲜农产品生产技术与管理水平，带动全国生鲜农产品安全和质量的提高，发展农村经济，提高农民收入，还有利于促进生鲜农产品出口，为早日实现我国从世界生鲜农产品生产大国向世界生鲜农产品产销强国的历史性转变打下良好基础，其意义十分巨大。

生鲜农产品质量安全可追溯系统的开发、推广和应用，将在社会领域和经济领域产生重大的影响，对于提升我国农产品国际竞争力具有可预见的现实意义：(1)提升生鲜农产品供应链参与主体的质量安全意识。与国外相比较，我国生鲜农产品生产与销售具有较大的分散性，区域广，难以管理。通过项目的研究与示范，可有效实现供应链信息的集成与传递，提高生鲜农产品供应链参与主体的质量安全意识。(2)提升对整个供应链的监控水平，明晰质量安全责任，减少经济损失。在质量跟踪过程中，系统跟踪农产品加工与运输的各个环节，各种信息都受到监控并配合预警设备使用，这样可以控制个别变质产品对整个供应链造成损失，使经济损失控制在最低范围内。质量安全可追溯系统的全过程可以查询到农产品加工与运输各个环节的信息，如果出现质量问题可以马上定位到某个环节甚至到某个工作人员，做到责任明晰。可追溯体系的宽度越广、深度越深、精确度越详细，则甄别企业及确定其对特定风险的责任越清晰。(3)提高农产品的国内与国际竞争力。建立质量安全追溯体系可以为产品标识“身份”，为消费者提供可靠的农产品，不仅在国内可以建立农产品的可信度并提高竞争力，在国际上，也可以有效解决我国在国际贸易中的纠纷协调问题，提高国际竞争力。(4)建立产品消费者可信度，扩大销售数量与范围。质量安全可追溯系统保证了农产品从生产、加工到运输、销售的全过程可追溯，解决了农产品的安全问题，从而建立了农产品的可信度，并进而扩大农产品的销售数量和范围。

本书针对生鲜农产品供应链质量安全跟踪(从上游往下游)与溯源(从下游往上游)中的关键技术、系统开发、系统应用等,分3个部分进行论述。第一部分(第2章至第5章)基于信息流建模思路,集成系统动力学、模糊数学等方法,针对生鲜农产品供应链质量安全可追溯建模方法进行研究。第二部分(第6章至第9章)针对蔬菜、水产品和肉类食品等重要农产品的供应链的主要环节(生产、加工和生鲜农产品质量安全与可追溯),开发质量安全可追溯系统,实现原始信息采集、传输与系统建模等,为最终用户提供信息服务,用于查找造成质量问题的原因,确定产品的原产地和特征以及向上层进行追溯。最后一部分(第10章)从信息系统管理角度出发,基于供应链管理和市场"结构—行为—绩效"理论,应用关键成功因素分析法将企业实施可追溯系统的关键影响因素分为两个方面:组织环境和组织特征。在组织特征分析中,主要针对3个方面:一是供应链结构变化,二是农业企业的行为,包括实施可追溯系统的困难和激励因素,三是农业企业实施可追溯系统的成本/收益,并结合实地调研情况进行实证分析。

本书是国家863计划项目"生鲜农产品质量安全可追溯系统研究与示范"、国家自然科学基金项目"农产品质量安全可追溯建模方法"、欧盟FP6项目"发展与集成新技术以提升冷冻食品质量安全"、天津市校合作项目"天津市动物源性食品质量安全检测方法与可追溯系统研究与示范"等国家级、国际合作、省部级项目的研究成果,也是本人及领导的研究团队张小栓、穆维松、张健等及已毕业研究生的成果的总结:第2章,李楠;第3章,张健、李辉、任晰;第4章,汪庭满、刘璐;第5章,张健、李辉、张虎;第6章,付骁;第7章,张海涛、徐峰;第8章,施亮;第9章,卢功明、刘树;第10章,王锋。在后期成果整理过程中,得到邢少华、马常阳、齐林、张雷、韩玉冰等研究生的帮助与支持。

本书可以作为农业信息化、农业系统工程、信息系统与管理等学科研究人员的参考书籍,也可供食品安全与管理及相关领域咨询人员参考使用。

傅泽田

2011年9月

目　　录

第1章

绪　论

1.1　问题提出与研究意义

近年来，疯牛病、二噁英、三聚氰胺等食品安全事件频繁发生，引发了人们对食品安全的恐慌，使得消费者对加强食品安全监管的呼声愈来愈高，这些问题引起全社会的广泛关注和政府的高度重视，也推动了食品安全可追溯系统的研究。所谓可追溯系统，是利用已记录的产品标记（这种标记对每一批产品都是唯一的，即标记和被追溯对象有一一对应关系，同时，这类标记已作为记录保存）追溯产品的历史（包括用于该产品的原材料、零部件的来历）、应用情况、所处场所和加工贮存时间的全过程查询体系。在农产品供应的整个过程中对农产品的各种相关信息进行记录存储，在出现产品质量问题时，能够快速有效地查询到出问题的原料或加工环节，必要时进行产品召回，实施有针对性的惩罚措施，由此来提高产品质量水平。“生鲜农产品质量安全可追溯系统”是追踪生鲜农产品进入市场各个阶段（从生产到流通的全过程）的系统，有助于质量控制和在必要时召回产品。

我国生鲜农产品供应链的过程一般都会经过以下几个主要的环节：原料生产→运输→加工→批发商→零售商→消费者。从生产环节来看，农产品原料生产的主体主要是以分散经营的小农户为主，农户生产规模小，经营分散，生鲜农产品分级和包装技术水平低，管理困难；在加工环节，大量家庭作坊式的小型食品企业根本不具备生产合格产品的必备条件；在流通环节中，由于包装、储藏、运输等设施设备的落后和管理不完善，容易造成食品的二次污染；在销售环节，摊贩仍然占有很大比重，由于监管不力，常成为传染病的传播中心。目前我国生鲜农产品零售商的情况最复杂，包括各种农贸市场、规模大小的超市及综合性的零售店和地摊销售等。据调查，目前有87.8％的消费者在农贸市场买菜，农贸市场仍然是城镇居民生鲜农产品的主要供应场所，这种情况在中小城市和广大农村尤其普遍。由于生鲜农产品供应链中存在着供应链渠道长、供应主体分散、冷藏链技术差、产品检测手段与标准落后、检测范围狭窄等多方面问题，无法确保质量安全和实现生鲜农产品的可追溯，不仅严重影响了生鲜产业的质量和经济效益，而且影响了人民的生活水平。

随着我国加入 WTO 以及人民生活水平的提高，生鲜农产品质量安全问题已成关键问题。如何实现生鲜农产品的可追溯是当今的主要挑战和关注焦点之一，它不仅关系到公众的身体健康，而且对农业发展、农民增收、农业贸易和农业现代化建设具有重大影响，已成为新时期我国农业和农村经济发展的重大问题（胡兰英，2004）。近年来，WHO、FAO、OECD、IEO 和 WTO 等有关国际组织十分重视并特别强调各国应加强食品安全管理体系的建立和不断提高完善，其主要目标是要更为有效地增强全球范围内的食品的可追溯性，提高食品的安全水平。

本研究的目的是集成运用计算机网络与通信技术、自动化检测与识别技术、电子标签技术、人工智能与系统仿真技术，建立生鲜农产品（以水产品、肉类、蔬菜为例）从生产源头到销售终端的质量安全追溯体系，实现生鲜农产品供应链质量全过程的追溯管理，满足居民对生鲜食品质量信息获取的需求，为相关企业适应国际市场提供技术保障，同时对可追溯的信息与支付意愿、实施可追溯的成本和收益进行研究，为政府决策提供参考，为企业实施可追溯系统提供建议。

1.2 研究现状

1.2.1 生鲜农产品可追溯系统应用现状

1.2.1.1 生鲜农产品可追溯系统的发展

可追溯系统的产生起因于 1996 年英国疯牛病引发的恐慌，另两起食品安全事件——丹麦的猪肉沙门菌污染事件和苏格兰大肠杆菌事件（导致 21 人死亡）也使得欧盟消费者对政府食品安全监管缺乏信心，这些食品安全危机促进了可追溯系统的建立。为此，畜产品可追溯系统首先在欧盟范围内产生和建立起来，政府通过食品的可追溯管理为消费者提供所消费食品更加详尽的信息（Dee Von B，2002）。专家预言在与动物产品相关的产业链中，实行强制性的动物产品“可追溯”化管理是未来发展的必然，它将成为推动农业贸易发展的潜在动力（Wim Verbeke et al，2001）。

为了提高消费者的安全信心以及畜产品的地区和品牌优势，世界各国争相发展和实施家畜标识制度和畜产品追溯体系，有的已立法强制执行。

欧盟要求大多数国家对家畜和肉制品开发实施强制性可追溯制度。2000 年制定了（EC）NO. 1760/2000，对牛的识别、注册体系以及牛肉制品的标识做出了明确规定。欧盟的畜体身份和登记系统由包含唯一的个体注册信息的耳标、出生、死亡和迁移信息的计算机数据库、动物护照以及农场注册机构组成。欧盟法规（EC）NO. 178/2002 要求从 2004 年起在欧盟范围内销售的所有食品都能够进行跟踪与追溯，否则就不允许上市销售。家畜标识和注册系统已经实施，提供动物产品源头追踪，饲料和饲养操作透明公开。要求所有欧盟牛肉产品的标签必须包含如下信息：出生国别、育肥国别、与牛肉关联的其他畜体的引用数码标识、屠宰国别以及屠宰厂标识、分割包装国别以及分割厂的批准号和是否是欧盟成员国生产等重要信息。另外，2004 年 4 月底，在德国不来梅市举行的联合国粮农组织（FAO）渔业委员会水产品贸易分委会第 9 次会议上，欧盟明确表示从 2005 年 1 月 1 日起，凡在欧盟市场销售的水产类食品上必须贴有可追溯标签，否则拒绝进入（杨尚斌，2005）。

美国国会2002年通过了《生物反恐法案》，将食品安全提高到国家安全战略高度，国家对食品安全实行强制性管理，要求企业必须建立产品可追溯制度。食品与药品管理局(FDA)要求在美国国内和外国从事生产、加工、包装和掌握人群或动物消费的食品部门，于2003年12月12日前必须向FDA登记，并应建立和保持可查询原料供应商和产品收购商的生产记录。2004年5月美国公布《食品安全跟踪条例》，要求所有涉及食品运输、配送和进口的企业要建立并保全相关食品流通的全过程记录(邢文英，2006)。

日本从2001年起在肉牛生产供应体制中全面导入信息可追踪系统(郭斌等，2004)。2002年6月28日，日本农林水产省正式决定，将食品信息可追踪系统推广到牡蛎等水产养殖产业，使消费者在购买水产品时可以通过商品包装获取品种、产地以及生产加工流通过程的相关履历信息。2003年6月通过了《牛只个体识别情报管理特别措施法》，并于同年12月1日开始实施。2004年12月开始立法实施牛肉以外食品的追溯制度。

我国食品可追溯体系制度建设还处于起步阶段，各地区、各部门开展了一些试点示范工作(樊红平，2007)。2004年起，农业部启动"进京蔬菜产品质量追溯制度"；南京市启动农产品质量IC卡管理体系；上海市搭建"上海食用农副产品质量安全信息平台"，对食用农副产品的生产过程监控、条码识别和网络查询进行系统管理，企业通过"食用农副产品安全信息条形码"给每个产品建立起相应的生产档案；海南有关部门通过采用EAN·UCC系统对该省水产品生产、包装、储藏、运输、销售的全过程进行标识；天津率先实施猪肉安全追溯制度；山东在寿光田苑蔬菜基地和洛城蔬菜基地采用条码技术进行蔬菜质量安全可追溯系统的探索。

国家食品药品监督管理局等部门2004年4月确定肉类行业作为食品安全信用体系建设试点行业，开始启动肉类食品追溯制度和系统建设项目。试点工作的相关任务包括：制定适合我国国情的技术标准和管理规范，制定《肉类制品跟踪与追溯应用指南》和《生鲜产品跟踪与追溯应用指南》；建立我国肉类制品和生鲜肉食品追溯系统，制订肉类食品追溯应用解决方案等。

1.2.1.2 生鲜农产品可追溯系统的类型

目前，可追溯系统分类方法众多，不同学者从不同角度给出了各种分类。为了更好地理解农产品可追溯系统，本研究对这些分类方法进行了归纳总结。

1. 根据信息记录的方式划分

文件记录追溯系统：适合产量不太大、规模较小的企业。其优点就是便宜，信息容易变动。但如果信息量大的话，将耗费大量时间，而且也需要大量的存储空间。

电子记录追溯系统：分为基于条形代码的系统和基于无线射频识别(Radio Frequency Identification，RFID)的系统。其优点是系统能够准确记录大量信息。

2. 根据信息流的传递量划分

A型系统：每个供应链节点从它的前面一个节点中获取相关的信息。该类型系统的优点是要传送的信息量比较少，因而交易费用较低；缺点是每一个节点在所传递信息的数量和质量方面必须信任前一节点，这对紧急情况的处理不利。

B型系统：每个供应链节点从所有之前的节点接收相关信息，信息的完整性得到了有效控制，其跟踪和追溯的速度比A型系统要快很多，供应链的透明性也比A型系统要大；缺点是每个节点要传送的信息量增加了。

C 型系统:每个供应链节点为一个单独的中央组织提供信息,由中央组织来为整个供应链组合所有的信息,这可解决信任问题,也使跟踪和追溯理论上能很快得到执行以及整个可追溯系统能得到有效的维护;缺点是总费用可能较大。

3. 根据食品的流通过程划分

原产地(属地)信息追溯系统:主要指食品供应的源头,如白菜、大豆的原产地的基本信息。

食品加工过程信息追溯系统:主要指食品加工的生产流程、加工环境、加工方法与步骤等信息。食品加工方式的不同会影响食品的特质,对食品的口味、储存时间等都会产生一定的影响。

存储与运输信息追溯系统:主要针对食品的储运过程,有些食品,特别是水产品、肉类、熟食、新鲜水果、蔬菜、饮料等是有一定的保质期的,并且要求一定的环境条件,如温度、湿度等,不符合要求可能导致食品腐烂、变质,因此类似的信息需要采集和分析,以保证食品的安全性。

4. 根据政府要求划分

强制性可追溯系统:政府制定相关法律法规,强制要求企业的产品必须具备可追溯性,否则不允许上市销售,并采取惩罚措施,把产品的可追溯性上升到了法律法规的高度。

自愿性可追溯系统:企业考虑到品牌、声誉和长远利益,为了提高产品的档次和赢得消费者的信任,自愿建立实施的可追溯系统。实践中,自愿性可追溯系统一般由行业协会或产品供应链上的主导优势企业牵头,以主导企业为核心,与供应链中的上下游企业协同合作,共同开发、建立并维持系统的运行。

5. 根据追溯范围划分

内部追溯系统:在供应链节点的单个企业范围内对产品质量安全问题进行追溯,包括产品的组成成分以及包装等细节,追溯只在企业内发挥作用。

外部追溯系统:在供应链范围内对每个节点的产品质量安全问题进行追溯,包括产品的组成成分以及包装等细节,由上游追溯和下游跟踪组成(见图 1.1,以水产品为例)。

1.2.2 生鲜农产品可追溯系统开发研究

1.2.2.1 可追溯系统开发技术

国内外研究者相继采用各种技术对农产品从"农田到餐桌"进行信息集成,开发可追溯系统,为农产品相关企业和消费者提供信息查询服务。

在国外,综合专家系统、身份识别和 RFID 等技术相继开发了转基因食品、冷冻冷藏食品、肉类等可追溯系统。Julie A. Caswell(2006)构建了水产品供应链可追溯系统;Miraglia 等(2004)开发了转基因食品质量可追溯系统;Cimino 等(2005)利用自动读取设备,开发了农产品供应链质量可追溯的信息存储体系;Yoji Taniguchi 等(2005)探讨了利用 IC 卡作为可追溯系统存储设备的解决方案;Koutsoumanis 等(2005)开发了冷藏食品质量安全保证系统;McMeekin 和 Baranyi(2006)综合专家系统、RFID、动物身份识别、计算机等技术,建立了肉类质量可追溯信息系统;Regattieri 和 Gamberi(2007)利用 RFID 技术,设计了易腐类食品质量可追溯系统总体架构,利用试验数据证实了架构可行性与有效性。

在国内,周应恒等(2002)较早地开始研究可追溯系统在食品质量保障中的应用,认为应用可追溯系统的意义在于:有利于食品质量安全与健康的保障;有利于食品质量安全的管理;有

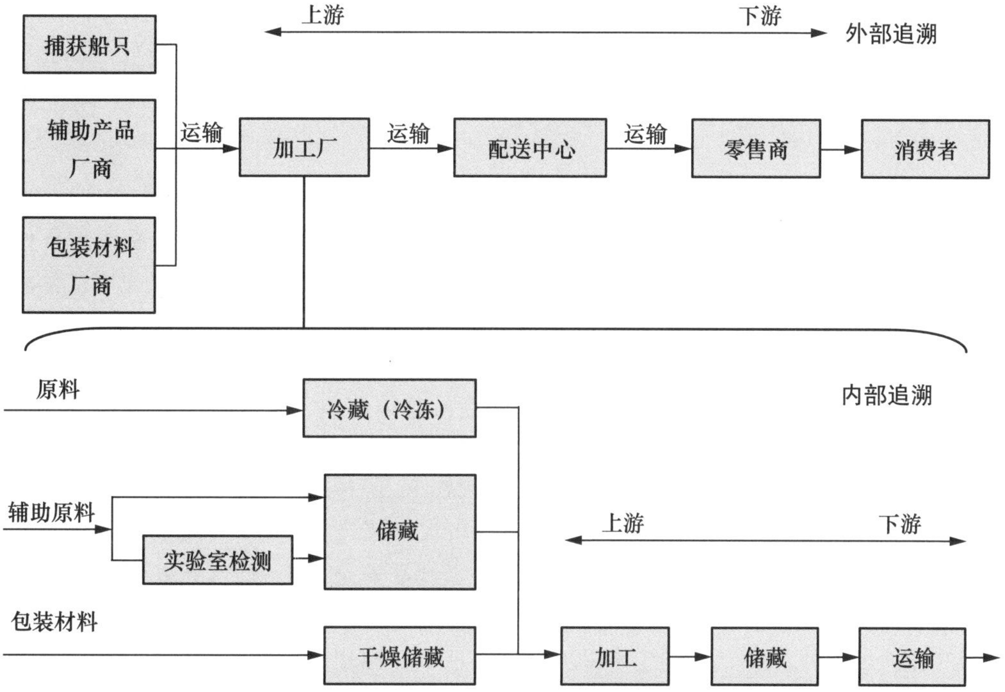

图 1.1 水产品的内部追溯和外部追溯过程

利于通过向消费者提供正确的信息进行公开交易；有利于收集对健康产生长期影响的传染学上的数据，从而促进风险管理的发展。从 2004 年起，我国也开始陆续开展农产品质量安全可追溯系统研究，目前主要集中在蔬菜、水产品与肉类等大宗生鲜农产品领域。比如：李兴民(2006)、谢菊芳(2006)利用不同的技术开发安全猪肉可追溯系统；杨林(2005)集成 EAN·UCC 与 HACCP 体系实现了鳗鱼供应链全过程追溯；周欢等(2005)构建了基于供应链管理的农产品安全监控信息平台；白云峰等(2005)开发了肉鸡安全生产质量监控可追溯系统；杨信廷等(2006)开发了以安全追溯体系为目标的农产品电子档案管理系统；昝林森等(2006)开发了符合中国牛肉生产实际的质量跟踪与追溯系统；陶志强等(2006)、殷守仁(2007)探讨了北京市蔬菜、水产品领域质量安全可追溯系统的应用；李广明等(2007)探讨了 RFID 技术在食品安全追溯中的应用和管理。

1.2.2.2 质量风险分析与可追溯建模研究

在农产品质量安全领域，质量控制系统大致都离不开以下几种国际上已公认的食品安全的最佳控制模式：从农田到餐桌；良好农业规范(GAP)；良好生产规范(GMP)；在良好卫生规范(GHP)实施的基础上推行危害分析与关键控制点(HACCP)体系。

基于此，从 20 世纪 90 年代末期，国外学者开始关注可追溯的系统建模，到 21 世纪受到越来越多的重视。比如，Allan Cheng(1997)利用 Petri 网对制造业产品的跟踪过程进行建模；Antoni Marczyk 等(2006)集成 D 型图论与超图建立了质量追溯的描述模型；Loos(2001)提出用 Gozinto graphs 来描述食品追溯模型，C. A. van Dorp(2002)改进了该算法，并实现了模型；Orru'和 Napolitano 等(2006)通过分析日志管理信息，构建了可追溯系统中最佳指令选择模型；Garrido 等(2006)建立了追踪数控制造流程的信息模型，运用 CNC 报告数据及 CAD 设计和 CAM 数据之间的关联，来分析和识别生产过程中的意外状况；Regattieri 等(2007)提出在有效可追溯系统中识别关键要素的方法。

1.2.3 可追溯信息与支付意愿研究

1.2.3.1 可追溯过程中信息问题研究

建立农产品可追溯系统，是为了减小农产品生产过程的信息不对称程度，提高信号传递的质量。市场上的食品质量安全水平是由供求双方共同决定的。如果消费者对高质量食品的边际支付能力较低，那么企业就难以回收为提供优质食品而付出的高成本，市场上的食品质量就只能处于较低的水平。企业声誉机制的建立取决于消费者对优质产品的忠诚程度，如果消费者不积极将优质信号反馈给生产者，食品安全问题就难以解决。杨永亮(2006)认为在没有建立可追溯制度以前，供应链中每一环节的生产经营主体往往不易追溯，甚至互相推诿责任，所保存的信息也不完整，故无法确定问题出现的具体环节，责任不明确，导致法律也无从进行审理。通过建立可追溯系统，对产品进行身份标识，可以保障产品在生产、加工各环节信息流的连续性，实现责任的可跟踪性，有效地监控和保证了食品安全。王秀清、孙云峰(2002)指出食品质量信号的传递是双向的，不仅取决于生产者和销售者，消费者的积极参与及其对规范的食品市场的维护也十分重要。周洁红等(2003)以信息不对称理论为背景，探讨了食品质量安全管理中的信息不对称与政府监管机制的问题，并指出政府可以相互结合市场准入、检查监督和安全标识 3 项制度节约信息的揭示和管理成本。

1.2.3.2 食品安全支付行为研究

对于消费者的研究，更多的是应用假想价值评估法(contingent valuing method，CVM)。国外已经从单纯的食品安全态度、食品购买决策因素等的实证研究转向了消费者的环保意识、消费者对政府的信任程度等综合性因素对消费者食品选购行为的影响，并据此制定消费者教育计划。主要是通过实证分析方法研究消费者对某种新的安全食品的支付和购买意愿。Stefano 等(2000)描述消费者对转基因食品整体的认知、对不同转基因食品的态度及支付意愿、对标签的态度和对相关管理的看法、消费者对政府管理转基因食品的信息，共同的结果是消费者对这种新的生物技术和转基因食品认知甚少。Maria 等(2007)使用选择性实验模型分析了美国消费者对贴有标签和有特殊标记类属性的肉类食品的偏好性和支付意愿，认为美国农业部的食品安全检测认证比其他任何属性(包括原产地标签、可追溯性、产品的亲和性等)更有价值；Wim(2006)利用 ordered probit 模型分析了消费者对牛肉标签上的哪些提示信息比较感兴趣，包括质量标签、安全保证、法定标准、原产地信息，发现消费者(特别是年轻男性群体)更倾向于认可密封性、保质期等直接表明质量安全保证的信息，通过信息活动的开展能够将消费者注意力转向质量和原产地等信息；Dickinson(2002)采用实验拍卖市场方法，要求消费者对肉的特征(可追溯性——从零售到农场；透明性——是否有添加激素，如何宰杀等行为；安全性——安全保证)进行标价，结果表明消费者很乐意为此支付相应费用，大部分消费者认为开发针对这些特征的可追溯系统能够获得可观利润。

我国对食品安全的消费研究起步较晚，主要有以下几个方面：①对一般性食品安全支付意愿的研究。如周应恒等(2003，2004)从经济学角度研究了食品安全问题，经过实证分析南京超市消费者，认为通过食品安全信息强化可以提高消费者对安全食品的购买意愿；王志刚等

(2003)以天津市消费者为调查对象,实证研究了个体消费者对食品安全的反应,消费者对我国目前现存的各类安全食品的认知、购买经历和购买意愿。②对无公害和转基因食品安全支付意愿的研究。陈志颖等(2006)认为大多数的消费者对无公害农产品有支付意愿,对无公害肉类、水果类的支付意愿最高,粮食类次之,对无公害蔬菜的支付意愿最低。周峰等(2003)研究了转基因食品,通过对北京市消费者的调查,认为消费者总体上对转基因食品持积极的态度,其他社会学因素和经济学因素只是间接影响消费者对转基因食品的态度,对转基因食品不同特征的确信程度是影响消费者态度的直接原因,转基因食品生产成本的高低基本不影响消费者的态度。钟甫宁等(2004)认为很多消费者并不了解转基因食品,大多数人尚未形成转基因食品安全或不安全的定论,94.58%的人觉得应该加贴转基因食品标签。③对禽畜产品安全支付意愿的研究。王可山等(2006,2007)的研究表明,消费者对安全因素的关注程度远远超过对价格因素的关注程度,消费者愿意为质量安全的畜产食品支付更高的价格,无公害猪肉的价格对生产者来说还不足以形成生产激励,抑制了其生产和供给。王志刚等(2007)对禽类食品安全的支付意愿和补偿意愿进行了分析,发现年龄、收入、职业和对禽流感的认知程度对消费者的支付意愿有显著的影响,年龄和受教育程度对消费者的接受补偿意愿有显著影响,并对支付意愿和接受补偿意愿作了比较分析。

1.2.4 实施农产品安全制度的成本和收益研究

1.2.4.1 农产品安全制度实施的成本组成及分析方法研究

E. S. Maldonado 等(2005)研究了墨西哥肉类企业实施 HACCP 的成本和收益,根据调查问卷中各个成本因素的分析结果,按调查者对成本因素打分的重要程度将实施 HACCP 的成本分为 3 类:最大的成本投入是新设备的投资费用,其次是有关专家和顾问的咨询费用以及文档记录的员工时间增加的费用,第三类是相关人员的培训支出。这些因素主要受企业本身所处的环境和采用 HACCP 体制前已有的标准的影响。而 Henson(2000)则通过研究英国的乳品加工企业,认为与人员相关的费用成本是实施 HACCP 的主要成本,外部的技术成本则不是很多。Consuelo Domenici Roberto(2006)比较分析了在不考虑 GMP(Good Manufacture Practice,良好生产操作规范)/SSOP(Sanitation Standard Operating Procedure,卫生标准操作规范)体制存在的条件下,和已有 GMP/SSOP 体制下,分别采用 HACCP 所花费的成本,得出在已有的食品安全体制下再引入 HACCP 的使用和维护成本较低。如果将企业引入 HACCP 的成本分为实施前、实施中和实施后的成本,在企业采纳 HACCP 初期,HACCP 建立成本巨大,但不会对企业造成严重负担,在建立过程中,卫生成本、过程改进成本、验证和检验成本的比重最大,而在这些方面的初始水平高低与成本投入呈反相关;HACCP 体系运行成本影响最大,主要是卫生和过程改进成本以及间接成本(王志刚,2007)。

企业的规模大小、产品类别不同会影响企业实施 HACCP 的成本。Satish Y. Deodhar (2003)对不同规模大小、不同农产品类别的企业进行了调查研究,将其成本分为建立成本(set-up cost)和运作成本(operating cost)。分析发现,建立成本中,60%的被调研企业认为外部的咨询费用是主要的成本,绝大多数被调查企业认为管理费用和记录中所耗费的员工时间的成本最小;在运作成本中,水产品企业认为信息记录和产品检测是其主要的成本,而乳品行业则相反,小规模农业企业也表示信息记录和产品检测会占到很大成本,66%的水产品企业和乳品企业都认为管理和监管时间是最小的成本。

1.2.4.2 **农产品安全制度实施的收益研究**

可追溯系统的实施会使与其相关的主体受益,第一是实施可追溯系统的企业,进一步扩展为企业所在供应链,其次是市场和相关食品安全管理的公共部门,第三是大众消费者。

企业:企业是可追溯系统采用的核心主体,也是实施后主要的受益者,而且对于所在供应链保证农产品质量安全起着关键性作用。Stephanie Krieger 等(2007)通过定性分析得出:农产品安全体系的实施能够提升企业形象,改善产品环境,提高食品健康和整体绩效。大部分的研究仍集中于 HACCP 体系的实施收益分析,通过调研农业企业,统计分析得出企业实施 HACCP 体制的收益主要是:保持现有客户,吸引新客户,降低了微生物病菌的数量(Spencer Henson et al,2000);产品价格提升,销售量增加,废品减少;产品召回降低,工艺过程改进,企业竞争优势提升,消费者需求得到满足(Van der Vorst et al,2004)。也有从财务角度进行的分析,但是并不明确具体是因为哪方面才获得的收益。

所在供应链:众所周知,质量安全保证体制的实施能够有效解决交易双方的农产品质量安全信息不对称问题,卖者清楚其所卖的农产品的质量安全属性,买者则不能充分了解,导致买者购买到低于所期待质量水平的产品。可追溯系统的实施引入了先进的信息基础设施,为交易双方提供了很好的信息共享平台,增加了质量安全信息的透明度,降低了交易双方的信息不对称性。因此,不仅提升了企业本身的竞争力,而且也使得所在供应链的运作效益提高(Hanf et al,2002)。对所在供应链的各个经济主体来讲,降低了他们之间的信息搜寻成本、谈判成本及食品安全监控和实施的成本(Hobbs, 1996)。对于纵向一体化的供应链,通过可追溯性明确了各经济主体的责任,激励供应链各方为保证农产品质量安全付出更多的努力,从而加强了农产品质量安全的控制,提高了内部链追溯的效率。由于所在同一供应链的各方都具有可追溯性,因此对不具备可追溯性的企业形成排斥作用,对其经营效益等各方面产生影响。

市场和公共部门:政府公信力提升。来自于政府权威部门的食品安全的监管成本降低(Unnevehr et al, 1996),公共医疗费用损失减少,社会福利提高(Elise Golan et al,2004;Mazzocchi,2004),解决了市场上的部分劳动力就业问题(如认证体制、信息监管职位等)。

消费者:追溯标签的使用提高了消费者对农产品质量安全的信任(Hermann et al,2002;Roosen et al,2003;Hobbs et al,2005),消费者购买了具有可追溯性的产品时,能够享受到好的产品质量和高的服务质量(Stephanie Krieger et al,2007)。

1.2.5 国内外研究文献评述

(1) 农产品质量安全可追溯系统既是技术性问题,也是经济问题。国内的研究成果更多地解决了可追溯系统的技术问题,解决了技术问题只能说为其有效实施提供了技术可能性(能力问题),要真正解决问题还应考虑经济合理性(动力问题)。虽然也有农产品可追溯系统的相关研究,但是都很零散,从某个角度切入进行分析,研究也不够深入,缺乏全面反映可追溯系统实施的各种问题的研究框架,从而影响了可追溯系统(制度)的稳定性。

(2) 在国外,可追溯系统的研究已经从技术开发转到应用,再到实证分析对企业发展的影响;在国内,偏开发,少应用,仅有的分析也集中于定性描述可追溯系统的功能、特点,缺少实证分析。国内农产品可追溯系统的研究开发已经取得了一定的进展，相继开发了肉类、水产品、蔬菜等的可追溯系统，也开始在某些农业企业和有关市场施行，但效果并不是很理想。

文献分析表明，国内外学者对农产品可追溯系统做了些研究，但研究的重点也局限在可追溯系统建立的重要性、农产品可追溯系统的内涵和外延等方面，具体到微观层次研究较少。其中，供应链的每个具体过程如何进行有效追溯，追溯的过程中如何建立模型，如何将模型嵌入到可追溯系统，农业企业实施可追溯系统的态度和行为以及消费者对可追溯系统的支付意愿，这些具体问题的研究极为缺乏，而这些对于保证可追溯系统在农业企业中更好地应用，促进可追溯系统有效地实施具有重要意义。

1.3　研究内容、技术路线与技术特色

1.3.1　技术路线

本研究的技术路线如图 1.2 所示。

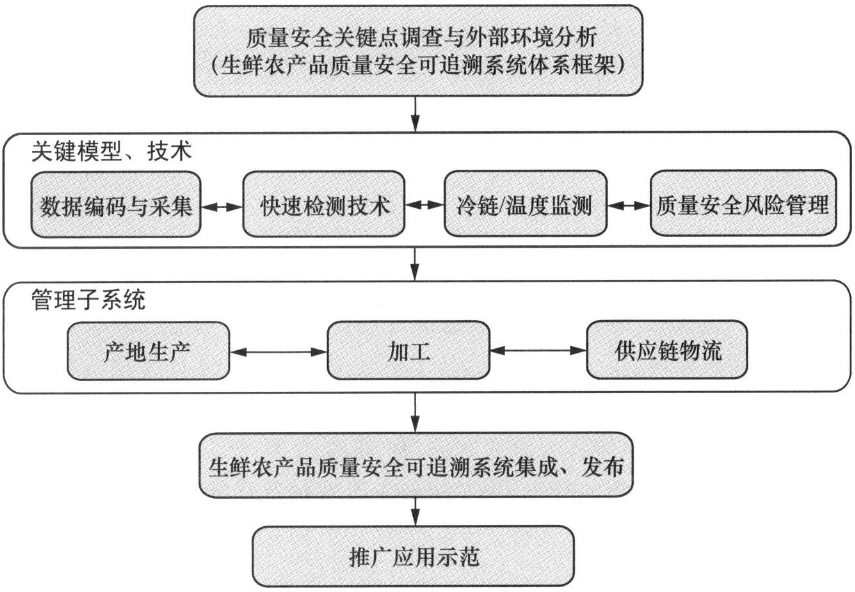

图 1.2　生鲜农产品质量安全可追溯系统研究的技术路线

1.3.2　研究内容

本研究可分为 3 个部分。

第一部分　供应链分环节建模

(1)养殖环节质量安全建模：以水产品为例分析污染物影响水产品质量安全的机理；通过实地考察和试验的方法对养殖水环境内的主要影响因素进行识别和长期监测；在动力学的基

础上，对污染物在水环境中浓度变化的影响因素及其在环境中的迁移转化过程进行系统分析；采用分类回归树并结合 GAM 算法，建立污染物在水环境中的浓度预测模型；基于生物积累和一阶反应动力学理论，建立污染物在鱼肉组织内的浓度预测模型；利用贝叶斯推理和蒙特卡洛模拟方法，对模型的不确定性进行分析，并对水产品受污染的概率进行评估。

(2)加工环节质量安全建模：研究肉类食品不同生产方式中的质量安全信息流程，利用离散事件动态系统的特征标识法，建立肉类食品质量安全可追溯网络概念模型；根据肉类食品供应链质量危害传递的机理，对传统 Petri 网进行改进，建立基于 Petri 网的肉类食品供应链危害传递模型，利用可达算法中可追溯单元的规范化絮状结构，构建食品安全追溯与追踪算法模型；采用节点消元法确定可追溯模糊先验概率及分布函数，计算可追溯单元质量传递过程，结合专家经验与知识，实现质量安全的追溯；通过改进的证据理论(D-S 规则)，归纳与估计各种证据对系统各个部分状态的概率，确定节点集合的信任度，通过分析选择具有最大信任度的节点或者节点集合构成危害，完成可追溯冲突消解的求解。

(3)流通环节质量安全建模：通过实地调查、专家问卷与访谈、文献分析和实验室测定等方法获取冷链运输节点中影响水产品质量的关键因素，并且利用感官评价方法，结合 QIM 方案设计、时间-温度依赖模型、货架期预测模型建立总体质量评价体系；在分析冷链运输节点环境特征的基础上，分析采集数据的类型与采集方式(动态或静态采集)，进行仪器匹配与数据采集布点设计，通过数据处理存储至中心数据库进行统一管理；采用多元数据融合算法，结合统一的数据结构处理，将无序的数据生成有序的、分类的数据进行存储；以水产品为例，根据冷链信息的表达方法，分别构建基于冷链信息的操作规范决策支持模型与品质安全评价模型，对冷链进行全面的安全决策支持管理，实现了对冷链阶段、环节流动的信息进行分析与决策处理。

第二部分　蔬菜、水产品与肉类质量安全可追溯系统开发

以蔬菜为研究对象，采用可追溯系统 B/S 体系结构，选用 ASP. NET 技术，结合国际标准 EAN · UCC 系统和先进的二维码技术开发蔬菜质量安全可追溯系统。

以水产品为研究对象，使用 ASP. NET 技术开发基于 Web 的 B/S 模式的质量安全可追溯系统，建立统一的信息交流的网络平台。

以规模化肉牛养殖场养殖流程为研究对象，利用 PDA 技术、RFID 技术、串口通信原理和有限状态机原理，研究一套实用的基于 PDA 的肉牛养殖信息采集与传输方案，开发相应的原型系统。

以肉牛的加工环节为研究对象，在 ASP. NET 编程环境下，采用 RFID 技术、网络技术、组件技术、XML 技术等实现 B/S+C/S 多层体系结构原型系统。

第三部分　可追溯系统有效实施与实证

分析农产品可追溯系统的理论，包括系统实施前、实施中和实施后所需要注意的关键问题，并应用关键成功因素分析方法，结合供应链管理理论分析农业企业实施可追溯系统的关键影响因素；应用供应链管理理论分析农产品供应链的现状、特点和不足，探讨不同供应链结构对可追溯系统实施的影响，应用交易成本理论、信息经济学等理论分析可追溯系统实施引起的企业纵向边界的变化；利用调研数据，并采用描述性统计分析和计量经济分析方法对农业企业实施可追溯系统的困难和激励等因素进行分析；利用调研数据，测算农业企业实施可追溯系统的成本和收益，并运用资本预算模型对企业实施可追溯系统的投资回报等指标进行测算；对比分析不同供应链环境下可追溯系统的实施模式，并分析不同的企业战略体系和企业竞争战略与可追溯系统实施的关系，企业实施可追溯系统如何与自身的不同竞争战略相结合，应该注意哪些问题，最后归纳出可追溯系统战略在企业中实施的步骤及保障机制。

1.3.3 研究的特色及其创新点

水产养殖环节的创新：采用专家问卷调查、实地调研、养殖基地生态环境和水产品品质理化指标测试分析等方法确认某一特定危害性因子（化学污染物和微生物污染物）是否与水产品的健康以及品质有关；利用有害化学物质在养殖水环境中的环境归宿模型以及微生物生长预测模型，建立危害物浓度预测模型；利用贝叶斯和蒙特卡洛模拟技术建立风险评估的概率分布，对风险评估的不确定性予以量化，建立水产品污染风险概率评估模型；收集控制水产养殖中各种危害的措施方案信息，利用贝叶斯决策理论建立风险管理的决策模型。

肉牛加工环节的创新：首次将 Petri 网模型引入肉类食品供应链中，动态仿真供应链中危害风险发生的状况，为满足不同追溯宽度和追溯精度要求的肉类食品安全追溯开发提供了方法基础；利用 FMECA 方法评价肉类食品供应链过程危害发生的严重度、频度和可测度，为基于 Petri 网的肉类食品供应链仿真提供模糊评价依据，实现了肉类食品供应链风险的快速定位，提高了追溯和追踪的效率，增强了系统对模糊规则不确定性的处理能力；利用证据理论分析与验证肉类食品质量安全可追溯求解冲突问题，提高基于 D-S 证据理论与 FMEA 方法的可追溯冲突消解方法，克服主观证据获取的片面性，确保肉类食品质量安全可追溯系统求解的正确性与合理性。

水产品流通环节的创新：从理论上分析了水产品冷链的特征与水产品品质变化规律，并将水产品与冷链环境相结合，建立了基于时间-温度数据与操作信息的水产品品质评价模型。在分析水产品品质评价的基础上，以鲜活罗非鱼的冷链物流过程为例，设计了实际的试验。实证研究与理论相结合，验证并深化了水产品品质评价模型的应用范围。在分析水产品冷链业务流程信息的基础上，对水产品冷链信息进行了分类处理，并建立了用于描述水产品冷链环节的网状信息和用于描述冷链阶段信息传递的层次信息，通过建立网状-层次模型对水产品冷链信息传递进行清晰的分析。根据水产品的信息流通，对水产品的品质与安全状态进行分析与决策。

可追溯系统有效实施评价的创新：①理论应用方面。应用经济学（信息经济学、计量经济学、交易成本理论）、管理学（供应链管理、信息系统管理）理论对农业企业有效实施可追溯系统的关键成功因素进行分析，并将企业实施可追溯系统放于供应链环境下进行研究，形成完整清晰的可追溯系统经济学概念分析框架，充实了从经济管理角度对农产品可追溯系统的研究。②实证研究方面。基于调研结果，用典型案例对比分析了农业企业实施可追溯系统前后供应链结构的变化；从统计和计量经济角度出发，实证分析了供应链环境下农业企业实施可追溯系统的困难、激励因素和成本/收益，为供应链竞争环境下农业企业该如何将可追溯系统与企业业务以及战略相结合提供了辅助支持，也为政府如何更好地促进可追溯系统在农业企业中的应用提供了某些思路。③内容的完整性方面。除了分析与可追溯系统实施直接相关的供应链结构、企业行为以及产生的绩效问题，本研究更增加了关于供应链环境下农业企业如何将可追溯系统与其竞争战略体系结合，以及需要从哪些方面来促进可追溯系统在企业中有效应用的研究，形成了完整的服务于企业的体系。

参考文献

[1] Allan Cheng. Petri nets, traces, and local model checking. Theoretical Computer Science, 1997, 183(2): 229-251.

[2] Angulo A M, Gil J M. Risk perception and consumer willingness to pay for certified beef in Spain. Food Quality and Preference, 2007, 18: 1106-1117.

[3] Antle J M. Benefits and costs of food safety regulation. Food Policy, 1999,24(6): 605-623.

[4] Antoni Marczyk, Günter Schaar. On traceable powers of digraphs. Discrete Mathematics, 2006, 212(1-2): 121-128.

[5] Aurora Zugarramurdi, Maria A Parin, Liliana Gadaleta, Hector M Lupin. A quality cost model for food processing plants. Journal of Food Engineering, 2007,83(3): 414-421.

[6] Bailey D V. The evolution of identity preservation in red meat markets. Managing for Today's Cattle Market and Beyond, 2002, 5(3):1-4.

[7] Bata D, Drosinos E H, Athanasopoulos P, Spathis P. Cost of GHP improvement and HACCP adoption of an airline catering company. Food Control, 2006, 17(5): 414-419.

[8] Buhr B L. Traceability and information technology in the meat supply chain: Implications for firm organization and market structure. Journal of Food Distribution Research, 2003, 34: 13-26.

[9] Caswell J A. Quality assurance, information tracking, and consumer labeling. Marine Pollution Bulletin, 2006, 53: 650-656.

[10] Colatore C, Caswell J A. Survey instruments for a cost study of HACCP in the seafood industry. NE-165 Working Paper No. 45, 1998.

[11] Consuelo Domenici Roberto, Sebastião Cesar Cardoso Brandão, Carlos Arthur Barbosa da Silva. Costs and investments of implementing and maintaining HACCP in a pasteurized milk plant. Food Control, 2006, 17(8): 599-603.

[12] Dee Von B. The evolution of identify preservation in red meat markets managing for today's cattle market and beyond, 2002, 5(3): 1-4.

[13] Deodhar S Y. Motivation for and cost of HACCP in Indian food processing industry. IIM-A Working Paper No. 2003-05-03. May 2003. http://www.iimahd.ernet.in/~satish/haccpcost.pdf.

[14] Dickinson D L, BaileyD V. Experimental evidence on willingness to pay for red meat traceability in the United States, Canada, the United Kingdom, and Japan. Journal of Agricultural and Applied Economics, 2005, 37(3): 537-548.

[15] Dickinson D L, Bailey D. Meat traceability: Are U. S. consumers willing to pay for it?. Journal of Agricultural and Resource Economics, 2002, 27: 348-364.

[16] Efsun Karabudak, Murat Bas, Gul Kiziltan. Food safety in the home consumption of meat in Turkey. Food Control, 2008, 19: 320-327.

[17] Elise Golan, Barry Krissoff, Fred Kuchler, Traceability in the US food supply: Dead end or superhighway? Magazine of Food, Farm and Resource Issues, Second quarter 2003:17-20.

[18] Elise Golan, Barry Krissoff, Fred Kuchler, et al. Traceability in the U. S. Food Supply: Economic Theory and Industry Studies. Economic Research Service, U. S. Department of Agriculture, Agricultural Economic Report No. 830. March 2004.

[19] Fen-Lan Chen, Ching-Ta Chuang, Sing-Hwa Hu, Fan-Hua Nan. Traceability and supply chain management for cage culture industry in Taiwan—The case of cobia. 4th International Conference on Supply Chain Management and Information Systems (SCMIS), 2006: 470-475.

[20] Gjerde K W, Pape W R, Jorgenson B, Boyle R D. Food retailers push the traceability envelope. Food Traceability Report, 2004(11): 14-15.

[21] Hanf L, Kühl R. Consumer values versus economic efficiency in food chains and networks // Trienekens J H, Omta S W F. Paradoxes in Food Chains and Networks. Wageningen: Wageningen Academic Publishers, 2002: 35-43.

[22] Henson S, Northen J. Consumer assessment of the safety of beef at point of purchase: A pan-European study. Journal of Agricultural Economics, 2000, 51(1): 90-105.

[23] Hermann R, Krischik-Bautz Z, Anders S. Evaluating the success of generic promotion for beef: The case of quality from Bavaria-Guaranteed origin. Berichte über Landwirtschaft, 2002, 80: 53-84.

[24] Hobbs J E. Information asymmetry and the role of traceability systems. Agribusiness, 2004(20): 397-415.

[25] Hobbs J. Transaction cost and slaughter cattle procurement: Processors selection of supply channels. Agribusiness, 1996, 12(6): 509-523.

[26] Hobbs J E, Bailey D, Dickinson D I, Haghiri M. Traceability in the Canadian red meat sector: Do consumers care? Canadian Journal of Agricultural Economics, 2005: 47-65.

[27] Jensen H H, Unnevher L J. HACCP in pork processing: Costs and benefits // Unnevher L. The Economics of HACCP: New Studies of Costs and Benefits. St. Paul, MN: Eagan Press, 2000.

[28] Jansen-Vullers M H, Van Dorp C A, Beulens A J M. Managing traceability information in manufacture. International Journal of Information Management, 2003, 23(23): 395-413.

[29] Jevšnik M, Hlebec V, Raspor P. Consumers' awareness of food safety from shopping to eating. Food Control, 2008,19(8):737-745.

[30] Julio Garrido Campos, Martin Hardwick. A traceability information model for CNC manufacturing. Computer-Aided Design, 2006,38(5): 540-551.

[31] Koutsoumanis K, et al. Development of a safety monitoring and assurance system for chilled food products. International Journal of Food Microbiology, 2005(100): 253-260.

[32] Loos P. Gozinto graphs for by-products and cyclic production: An approach for ERP system application // Strong D, Straub D, DeGross J I. Proceedings of the 7th Americas Conference on Information Systems (AMCIS 2001). Association for Information Systems, August 2-5, 2001,Boston,Massachusetts, USA.

[33] Loureiro M L, Umberger W J. A choice experiment model for beef: What US consumer responses tell us about relative preferences for food safety, country-of-origin labeling and traceability. Food Policy, 2007(32): 496-514.

[34] Maldonado E S, Henson S J, Caswell J A, et al. Cost-benefit analysis of HACCP implementation in the Mexican meat industry. Food Control, 2005,16(4): 375-381.

[35] Mauro Conter, Emanuela Zanardi, Sergio Ghidini, et al. Consumers' behaviour toward typical Italian dry sausages. Food Control, 2008,19(6): 609-615.

[36] Mazzocchi M, Stefani G, Henson S J. Consumer welfare and the loss induced by withholding information: The case of BSE in Italy. Journal of Agricultural Economics, 2004, 55: 41-58.

[37] McMeekin T A, Baranyi J. Information systems in food safety management. International Journal of Food Microbiology, 2006(112): 181-194.

[38] Miraglia M. Detection and traceability of genetically modified organisms in the food production chain.

Food and Chemical Toxicology, 2004, 42: 1157-1180.

[39] Moisés Resende-Filho. A principal-agent model for investigating traceability systems incentives on food safety. 105th International Marketing and International Trade of Quality Food Products', Bologna, Italy, March 2007: 127-138.

[40] Olga Kehagia, Michalis Linardakis, George Chryssochoidis. Beef traceability: Are Greek consumers willing to pay? Euro Med Journal of Business, 2007, 2(2): 173-190.

[41] Opara L U. Traceability in agriculture and food supply chain: A review of basic concepts, technological implications, and future prospects. Journal of Food, Agriculture & Environment, 2003(1): 101-106.

[42] Orrú L, Napolitano F, Catillo G, Moioli B. Meat molecular traceability: How to choose the best set of microsatellites. Meat Science, 2006, 72(2): 312-317.

[43] Rafael Pardo, Cees Midden, Jon D Miller. Attitudes toward biotechnology in the European Union. Journal Biotechnology, 2002,98: 9-24.

[44] Regattieri A, Gamberi M. Traceability of food products: General framework and experimental evidence. Journal of Food Engineering, 2007, 81: 347-356.

[45] Roosen J, Lusk J L, Fox J A. Consumer demand for and attitudes toward alternative beef labelling strategies in France, Germany and the UK. Agribusiness, 2003, 19: 79-90.

[46] Seafood traceability: A Practical Guide for the U. S. Industry http: // www. ncseagrant. org/files/seafood_traceability. pdf.

[47] Souza-Monteiro D M, Caswell J A. The economic of implementing traceability in beef supply chains: Trends in major producing and trading countries. Working Paper No. 2004-6. University of Massachusetts Amherst, Department of Resource Economics. Amherst, MA: University of Massachusetts Amherst.

[48] Stefano Boccaletti, Moro Daniel. Consumer willingness- to- pay for GM food products in Italy. AgBioForum,2000,3(4): 259-267.

[49] Stephanie Krieger,Gerhard Schiefer, Carlos A da Silva. Agricultural management, marketing and finance service (AGSF). Rural Infrastructure and Agro-Industries Division, Food and Agriculture Organization of the United Nations, Rome, 2007.

[50] Sykuta Michael. Agricultural organization in an era of traceability. Journal of Agricultural and Applied Economics, 2005(8): 365-377.

[51] Unnevehr L J, Roberts T. Improving cost-benefit analysis for HACCP and microbial food safety: An economist's overview // Caswell J A, Cotterill R W. Proceedings of NE-165 Conference on Strategy and Policy in the Food System: Emerging Issues. Washington D. C. , 1996: 225-229.

[52] Van der Vorst, et al. Performance levels in food traceability and the impact on chain design: Results of an international benchmark study // Bremmers H J, Omta S W F, Trienekens J H, et al. Dynamics in Chains and Networks. Wageningen: Wageningen Academic Publishers, 2004: 175-183.

[53] Van Dorp C A. Induction of a reference data model for tracking and tracing. Proceedings of the 8th Americas Conference on Information Systems (AMCIS 2002).

[54] Wim Verbeke, Ward R W. Consumer interest in information cues denoting quality, traceability and origin: An application of ordered probit models to beef labels. Food Quality and Preference, 2006(17): 453-467.

[55] Yoji Taniguchi, Nobutoshi Sagawa. IC tag based traceability: System and solutions. The 21st International Conference on Data Engineering, 2005: 13-17.

[56] Zugarramurdi A, Parin M A, Gadaleta L, Lupin H M. The economics of HACCP application in

Argentine fish Product // Unnevher L. The Economics of HACCP: New Studies of Costs and Benefits. St. Paul, MN: Eagan Press, 2000.
[57] 白云峰,陆昌华,李秉柏. 畜产品安全的可追溯管理. 食品科学,2005,26(8):473-477.
[58] 陈志颖. 无公害农产品购买意愿及购买行为的影响因素分析——以北京地区为例. 农业技术经济,2006(1):68-75.
[59] 陈宗道,刘金福,陈绍军. 食品质量管理. 北京:中国农业大学出版社,2003:6-8.
[60] 樊红平,冯忠泽,杨玲,等. 可追溯体系在食品供应链中的应用与探讨. 生态经济,2007(4):63-65.
[61] 郭斌,杨昌举,宋林. 食品信息可追踪系统及其在转基因食品管理中的应用. 中国食物与营养,2004(1):4-6.
[62] 侯守礼,王威,顾海英. 消费者对转基因食品的意愿支付:来自上海的经验证据. 农业技术经济,2004(4):2-9.
[63] 胡浩,林礼耀,梁龙明,等. 现阶段消费者对转基因食品的认知及购买意愿分析——基于对南京市消费者的调查. 消费经济,2006,22(1):44-46.
[64] 胡兰英. 我国农产品质量安全体系建设构想. 农村经济,2004(9): 6-8.
[65] 李广明,黄立平,詹锦川,等. RFID在食品安全追溯中的应用. 科技与管理,2007,9(1):57-59.
[66] 李里特,乔发东. 畜产食品安全标准化生产. 北京:中国农业出版社,2006.
[67] 李兴民,杨洁. 猪肉安全生产可追溯系统的研究. 中国猪业,2006(2):41-43.
[68] 刘光学. 城镇居民农产品安全问卷调查. 农药科学与管理,2003,24(2):4-25.
[69] 刘俊华,王岩峰,都娟,等. 基于信息共享的食品可追溯系统研究. 世界标准化与质量管理,2006(12):32-35.
[70] 马士华,林勇. 供应链管理. 2版. 北京:高等教育出版社,2006.
[71] 师严涛. 农产品可追溯系统研究:硕士学位论文. 北京:中国农业大学,2006.
[72] 宋怿. 食品风险分析理论与实践. 北京:中国标准出版社,2005.
[73] 陶志强,王永泉. 创建北京蔬菜质量安全追溯系统. 中国蔬菜,2006(8):1-3.
[74] 王可山,田颖莉. 畜产食品质量安全消费者购买意愿的调查分析. 商场现代化,2007(3):54-55.
[75] 王可山. 消费者对畜产食品质量安全的意愿支付价格研究. 中国物价,2006(12):10-15.
[76] 王秀清,孙云峰. 我国食品市场上的质量信号问题. 中国农村经济,2002(5):27-32.
[77] 王志刚,毛燕娜. 城市消费者对HACCP认证的认知程度、接受程度、支付意愿及其影响因素分析——以北京市海淀区超市购物的消费者为研究对象. 中国农村观察,2006(5):2-12.
[78] 王志刚,翁燕珍,黄小瑜. 对禽类食品安全的支付和接受补偿意愿的实证分析——以北京海淀大学区消费者为例. 浙江工商大学学报,2007(5):85-91.
[79] 王志刚,翁燕珍,毛燕娜. 消费者对HACCP认证的支付意愿:基于北京市乳制品市场的调查. 中国食品学报,2007,7(1):12-17.
[80] 王志刚. HACCP经济学:基于食品加工企业和消费者的实证研究. 北京:中国农业科学技术出版社,2007.
[81] 王志刚. 食品安全的认知和消费决定:关于天津市个体消费者的实证分析. 中国农村经济,2003(4):41-48.
[82] 谢菊芳,王立方. 基于.NET构架的安全猪肉全程可追溯系统实现. 农业工程学报,2006, 22(6):218-220.
[83] 邢文英. 美国的农产品质量安全可追溯制度. 世界农业,2006(4):39-41.
[84] 徐翔,周峰. 农户无公害农产品生产中道德风险程度的影响因素分析. 现代经济探讨,2007(7):65-68,82.
[85] 杨林. 应用EAN・UCC系统建立鳗鱼质量跟踪与追溯体系. 世界标准化与质量管理,2005 (3):43-44.

[86] 杨尚斌. 欧盟关于食品安全追溯制度的法律规定. 肉品卫生,2005(1):44.
[87] 杨信廷,钱建平,孙传恒. 面向安全追溯体系的农产品电子档案管理系统. 中国农学通报,2006,22(6):441-444.
[88] 杨永亮. 农产品生产追溯制度建立过程中的农户行为研究:硕士学位论文. 杭州:浙江大学,2006.
[89] 叶燕. 基于食品安全的消费行为及支付意愿研究——以有机茶和普通茶的对比消费为例. 中国科技信息,2007(19):160-162.
[90] 殷守仁. 北京市水产品质量安全追溯. 中国水产,2007(1):72-73.
[91] 于辉,安玉发. 在食品供应链中实施可追溯体系的理论探讨. 农业质量标准,2005(3):39-41.
[92] 于辉. 我国食品企业实施可追溯体系研究——以蔬菜出口企业为例:硕士学位论文. 北京:中国农业大学,2006.
[93] 袁康来,杨亦民. 农业食品供应链的可追溯性研究. 物流科技,2006,29(9):121-123.
[94] 昝林森,申光磊,段军彪. 基于 JSP 的牛肉质量安全可追溯网络化系统研究. 中国农学通报,2006,22(12):13-16.
[95] 张静. 将食品身世一追到底——分类食品分类追溯. 赛迪网-中国计算机报, 2007-07-12.
[96] 张晓勇,李刚,张莉. 中国消费者对食品安全的关切——对天津消费者的调查与分析. 中国农村观察,2004(1):14-21.
[97] 钟甫宁,丁玉莲. 消费者对转基因食品的认知情况及潜在态度初探——南京市消费者的个案调查. 中国农村观察,2004(1):22-27.
[98] 周德翼,杨海娟. 食物质量安全管理中的信息不对称与政府监管机制. 中国农村经济,2002(6):29-35.
[99] 周峰,田维明. 消费者对转基因食品的认知、态度及因素分析——以北京市调查数据为例. 中国农业经济评论,2003,1(3):266-293.
[100] 周欢,黄立平,詹锦川,等. 基于供应链管理的农产品安全监控信息平台. 安徽农业科学,2005,33(6):1067-1068.
[101] 周洁红,黄祖辉. 加强食品安全管理政府责无旁贷. 今日浙江,2003(4):16-17.
[102] 周洁红. 消费者对蔬菜安全认知和购买行为的地区差别分析. 浙江大学学报:人文社会科学版,2005,35(6):113-121.
[103] 周应恒,耿献辉. 信息可追溯系统在食品质量安全保障中的应用. 农业现代化研究,2002,22(6):451-454.
[104] 周应恒,霍丽玥,彭晓佳. 食品安全:消费者态度、购买意愿及信息的影响——对南京市超市消费者的调查分析. 中国农村经济,2004(11):53-59,80.
[105] 周应恒,霍丽玥. 食品质量安全问题的经济学思考. 南京农业大学学报,2003,26(3):91-95.
[106] 周应恒,彭晓佳. 江苏省城市消费者对食品安全支付意愿的实证研究——以低残留青菜为例. 经济学,2006,5(4):1319-1342.
[107] 周应恒,彭晓佳. 风险分析体系在各国食品安全中的应用. 世界农业,2005(3):4-6.
[108] 朱丽娟. 食品生产者质量安全行为研究——基于浙江省蔬菜种植农户的实证分析:硕士学位论文. 杭州:浙江大学,2004.
[109] 朱燕. 基于农产品质量安全与产业化组织的农户生产行为研究——以浙江省为例:硕士学位论文. 杭州:浙江大学,2004.

第2章

养殖环节质量安全建模

2.1 水产品“养殖环境－质量安全”机理与实验研究

2.1.1 养殖环境与质量安全机理

目前，在我国的淡水养殖业生产过程中还存在着许多不成熟和不安全因素，不仅会给消费者的健康带来危险，更给渔民、水产品企业甚至国家带来巨大的经济损失，而作为水产品安全生产“食物链”源头的水产养殖环境对水产品的质量安全性起着决定性的作用。水产养殖环境的水质很容易受到经济发展过程中多种污染源的影响，其中外部污染源包括工业“三废”、城镇生活污水以及农业自身使用的化肥农药；另外，为了获得较高的产量和经济效益，放养密度高、投放饵料过量、鱼类排泄物和吃剩的饵料等都对水体造成严重污染，使沉积物淤积，水质恶化。如果忽略养殖水域的生态平衡和环境保护，将导致水产养殖业不断受到环境污染，造成养殖水生生物体内有毒有害物质富集和药物残留超标，水产品质量明显下降。因此，针对水产养殖环境管理环节，对养殖水环境进行实时监控、风险评估，及时发现问题，并采取适当的纠正和预防措施，是保证我国水产品质量安全性的一个有效办法。

池塘水底沉积物是池塘水质的主要二次污染源。来自外部污染和池塘养殖的内部污染物（有机污染物、重金属等）通过迁移转化沉积到底泥中，经过时空变化规律及各种环境因素的影响，污染物又会被转化和释放，从而使积累在底泥中的污染物不断二次污染池塘水质，并且产生生物积累效应，影响水产品的品质。养殖水体环境的不断恶化又使鱼病泛滥，生产者被迫频繁使用渔药，造成鱼类重金属和其他物质超标，影响鱼类产品出口和销售，使生产者蒙受巨大的经济损失。受污染的水产品在市场上销售，严重危害了消费者的健康，对食品安全造成严重威胁。

污染物进入到水生生物体内的过程分为 2 个步骤：首先是接触环境中的污染物，接着就是通过吸收或吸附导致一定剂量的污染物进入到生物体内。整个过程可以由图 2.1 表示。

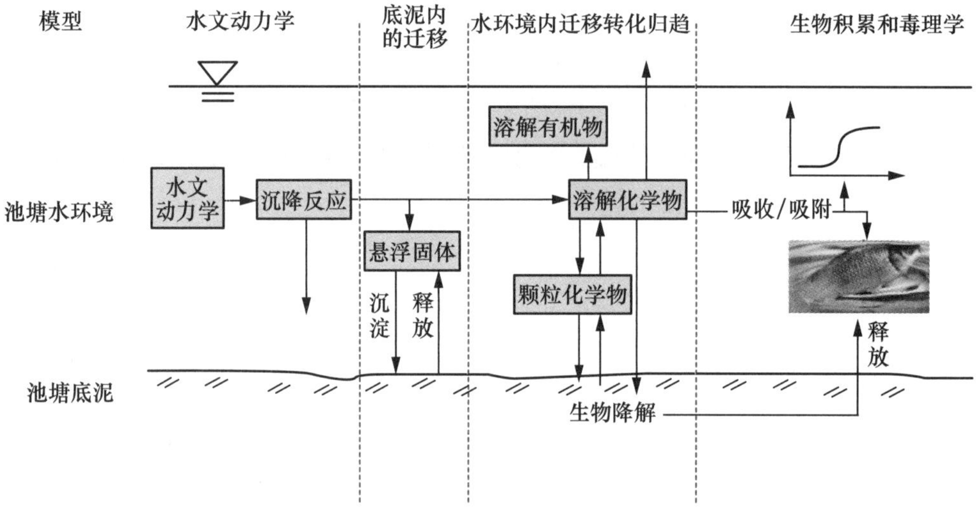

图 2.1　污染物在池塘内的迁移转化

污染物在水环境中的迁移转化一般可分为机械迁移、物理化学迁移和生物迁移 3 种基本类型。

1. 机械迁移

(1) 污染物的源头:各种来源的污染物以地表径流、降水、地下水注入、生活污水注入、大气沉降等形式融入到池塘水体里。

(2) 水文动力学迁移:污染物进入池塘水体后,以溶解态或颗粒态的形式被水流机械搬运,迁移过程服从水力学原理。

2. 物理化学迁移

(1) 沉降反应:一些污染物中较轻的组分被挥发、溶解,较重的组分便被进一步氧化成致密颗粒而沉降到水底。另外,一部分污染物也可能被无机悬浮物吸附而沉积。这种吸附作用与物质的粒径有关,同时也受盐度和温度的影响,即随盐度增加而增加,随温度升高而降低。沉积过程可以减轻水中的污染,沉入水底的污染物可能被进一步降解,但也可能在水流和其他环境因子的作用下重新悬浮于水面,造成二次污染。

(2) 吸附作用:水体中的悬浮物和底泥中含有丰富的无机胶体和有机胶体。由于胶体有巨大的比表面、表面能和带大量的电荷,因此能够强烈地吸附各种分子和离子。无机胶体主要包括各种黏土矿物和各种水合金属氧化物,其吸附作用主要分为表面吸附、离子交换吸附和专属吸附。有机胶体主要是腐殖质。胶体的吸附作用对有机物以及重金属离子在水环境中的迁移有重大影响,是使许多污染物从不饱和的溶液中转入固相的最主要途径。

(3) 污染物的溶解和底泥的释放:污染物的溶解与其本身的溶解性有关,污染物的溶解和释放还与迁移转化中的络合作用和氧化还原作用有很大的关系。对于重金属而言,由于水体中存在着许多天然和人工合成的无机与有机配位体,它们能与重金属离子形成稳定度不同的络合物和螯合物。无机配位体主要有 Cl^-、OH^-、CO_3^{2-}、SO_4^{2-}、HCO_3^-、F^-、

S^{2-}等。有机配位体是腐殖质。腐殖质中能起络合作用的是各种含氧官能团，如—COOH、—OH、—C═O、—NH_2 等。各种无机、有机配位体与重金属生成的络合物和螯合物可使重金属在水中的溶解度增大，导致沉积物中重金属的重新释放。重金属的次生污染在很大程度上与此有关。此外，氧化还原作用在天然水体中有较重要的地位。由于氧化还原作用，重金属在不同条件下的水体中以不同的价态存在，而价态不同，其活性与毒性也不同。

3. 生物迁移

(1) 生物降解：进入水体的有机化合物一般较易发生生物降解。有机物降解的共同规律是：首先在细胞体外发生水解，然后在细胞内部继续水解和氧化。降解的后期产物都是生成各种有机酸。在有氧条件下，这些有机酸可以进行彻底氧化，其最终产物是 CO_2、H_2O 及 NO_3^- 等；在缺氧条件下，进行反硝化、酸性发酵，其最终产物除 CO_2 和 H_2O 外，还有 NH_3、有机酸、醇等，对水环境影响较大的就是这部分产物。因这些有机物质在分解过程中需要消耗大量的氧气，故又被称为需氧污染物，若水中含量过多，势必造成水中溶解氧的减少，从而影响鱼类和其他水生生物的正常活动。

(2) 生物吸收：水生生物体吸收污染物的途径分为 2 种方式(李雪梅等，2007)。①物理摄入。鱼类可通过鳃的呼吸道、消化道和皮肤吸收污染物。污染物通常存在于水环境中或者供鱼食用的饲料中，进入鱼体内的污染物的量取决于鱼生长的环境介质中含有多少量的污染物(暴露浓度)。在这个过程中，发生了质的大量流动，污染物的摄入量可以用污染物吸收率描述。②附着。指污染物附着在生物的表面(皮肤或眼睛)，吸附后通过被束缚在细胞膜上，或通过细胞摄粒作用，使污染物进入细胞内而积累，污染鱼类可食部分的肌肉。在这一过程中，发生了质的扩散，所以吸附取决于浓度梯度、细胞膜的渗透性和其他因素。污染物的吸收率可以表示为暴露浓度、渗透系数和暴露的比表面积的函数。

本研究根据每年的《渔业生态环境公报》来选取监测对象。在最初调查试验阶段(1 周)对养殖用的饲料和池塘水质进行铜、铅、汞、砷、镉、酚、总大肠菌群的检测，最后结果显示饲料中未发现超标污染物，水体中的铜、酚和总大肠菌群有超标的趋势。所以，本研究以水体中的铜、酚和总大肠菌群为最终研究对象。

最开始的基本假设为：鱼肉组织内的污染物主要来自其所暴露的池塘水环境，通过呼吸和表面附着积累到肌肉组织内，所以污染物在鱼体内的积累浓度 C_f 与水环境中污染物的浓度 C_w(暴露浓度)有关，如图 2.2 所示。污染物的来源主要为水源污染以及周围农田、生活污水和池塘底泥的二次污染。

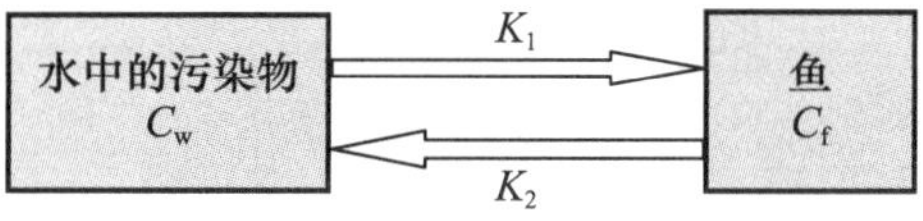

图 2.2 鱼体积累污染物的途径

污染物积累效应的高度复杂性使得对其积累浓度以及毒性效应的预测变得非常困难，尤其在使用简化了的数学模型时。因此，在研究污染物的积累效应对水产品品质的影响时，应当科学地评估和分析污染物积累预测模型的假设和不确定性，进而对水产品受污染的风险概率进行量化。

近年来在生态环境领域中，生态和环境的风险评价（risk assessment）框架及其理论逐渐得到重视。这个评价体系提供了定性和定量对生物在被污染的环境中暴露以及其效应之间关系的比较。1983 年，美国的 National Research Council（NRC）第一次描述了风险评价过程的 4 个主要步骤：危害识别、暴露分析、剂量-效应分析以及风险描述。同样，美国环境保护局（EPA）也出台了类似的生态风险评价框架（US EPA，1998）。

由于本研究的重点是水环境污染对水产品品质造成的污染风险，因此可以参考生态风险评价，按照污染物危害识别—污染物在环境介质中的负荷浓度分析（暴露分析）—污染物的积累浓度效应分析（剂量-效应分析）—风险描述的框架来进行研究。不同的是生态风险评价的终点是有毒有害的化学物质对生物的毒性以及对人体健康的危害风险，而本研究的评价终点是污染物积累到水产品中造成水产品污染（超过食品安全标准）的风险。

综上所述，本研究所采用的理论框架如图 2.3 所示，其中环境化学、生态污染学以及统计学等理论是本研究各个阶段所需要的理论支持。污染物从源—环境介质—鱼体暴露—污染效应的过程是很复杂且有很强地域性的。图 2.4 的概念模型表现了污染物的环境负荷、水环境中的污染物暴露浓度、鱼体污染物的积累浓度之间的关系以及在研究此关系的同时所需要应用的方法和所要做的工作。

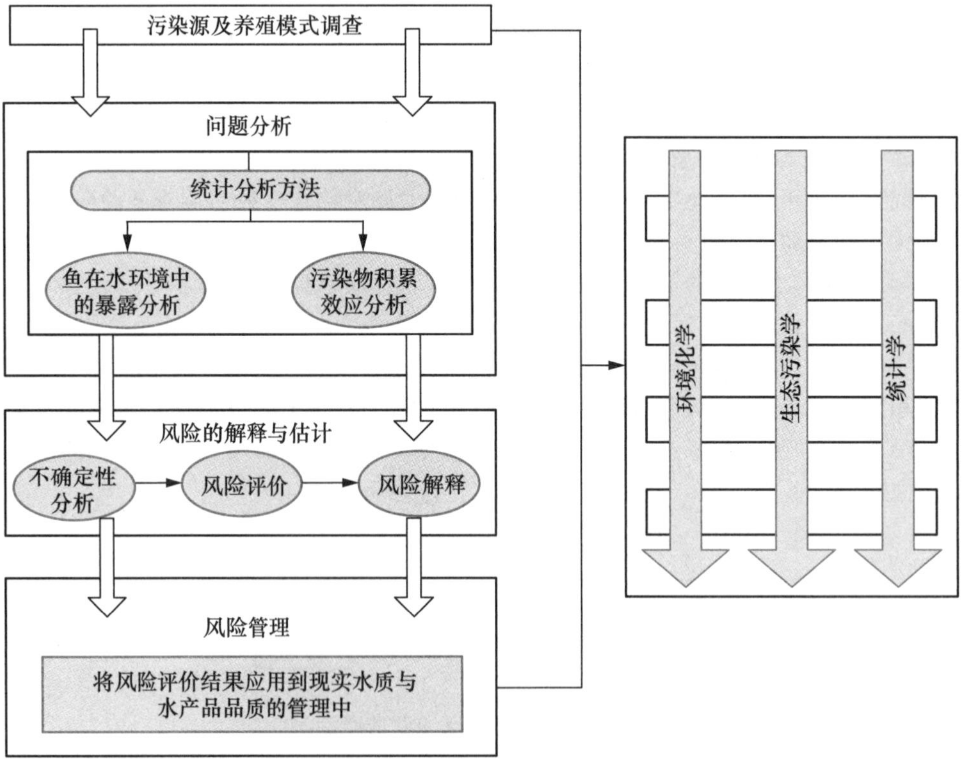

图 2.3　基于污染物积累效应的水产品受污染风险评价理论流程

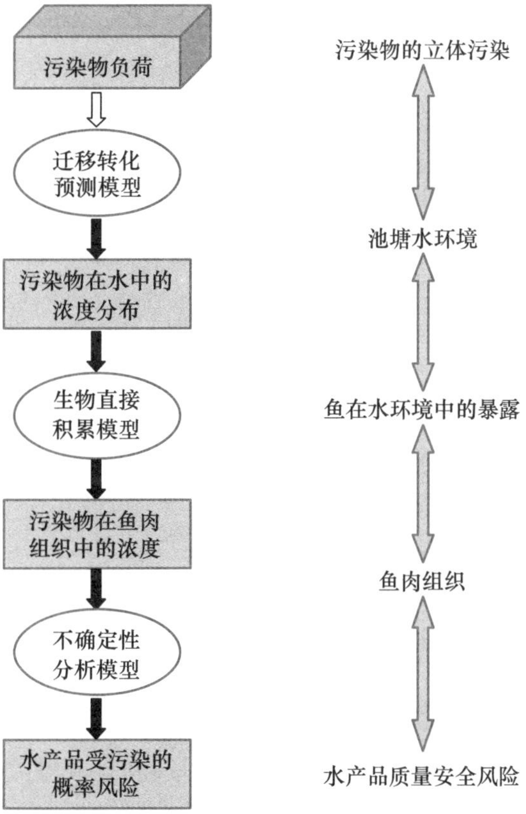

图 2.4 基于污染物积累效应的水产品质量安全风险评价概念模型

2.1.2 试验设计与方法

2.1.2.1 试验设计

试验地点选择在北京郊区某一养殖池塘，池塘长 42 m，宽 28 m，池塘南面有村庄、居民区、公路和树林，东、西、北三面为稻田和小部分山坡；养殖环境水源为周围山坡、稻田灌溉用水及村庄居民的生活用水和地下水汇集而成，来源较杂，只注不排。池塘里的鱼主要供于市场、垂钓和餐饮；养殖池塘的鱼种从河北唐山的鱼苗场购买；饲养方式主要是每天投放两次饵料，并施一定的肥料。试验期间为 4—11 月份，等时间间隔在试验点采取水样，并从池塘内随机抽取鲫鱼 10 尾进行鱼肉相关成分浓度的测定，最后根据测定结果进行数据统计分析。

2.1.2.2 样品采集方法

按 GB/T 12997 中的水质采样方法，2006 年 4—11 月分别等时间段地在养殖池塘采取水样。试验池塘每次设 3 个采样点(入水口、中间和出水口)，用容积为 5 L 的有机玻璃采水器(外加固定架)采集水样，然后注入干净的聚乙烯或玻璃瓶中，现场保存，保存方法参照《环境监测管理》(吴邦灿，2004)。采水样的同时也随机采取鲫鱼 10 尾，装入消毒后装有池塘水的水桶，一起送入实验室进行鱼体肌肉污染物含量的测定分析。

2.1.2.3 水质测定项目及方法

按《淡水养殖水化学》(雷衍之，1993)和《环境监测分析方法》(城乡建设环境保护部环境保护局环境监测分析方法编写组编，1993）以及《水质分析方法国家标准汇编》（中国标准出版社第二编辑室编，1996）等中的方法，水样的测定项目及相应的方法如表 2.1 所示。

表 2.1 水样测定项目及方法

测定项目	测定方法	测定项目	测定方法
水温	温度计法	总磷(TP)	钼锑抗分光光度法
pH	玻璃电极法	铜	原子吸收分光光度法
总悬浮物(SS)	重量法	挥发酚	蒸馏后 4-氨基安替比林分光光度法
化学需氧量(COD)	重铬酸钾法		
溶解氧(DO)	碘量法	总大肠菌群	多管发酵法、滤膜法
总氮(TN)	碱性过硫酸钾消解紫外分光光度法	硬度	EDTA 滴定法
		细菌总数	平板计数，琼脂培养

2.1.2.4 **鱼肉测定项目及方法**

本试验取鱼的背部肌肉进行相关处理及化学物质和微生物的监测。

(1) 铜：将鱼肉样品聚在一起，不加水，用匀浆机匀浆。匀浆样品保存在－20℃冰柜 24 h。然后置冰冻干燥机冰冻干燥 72 h，再将干燥样品准确称重，计算干湿重比例。干燥样品置于密封瓶中，于 0℃下保存。准确称量干燥样品 0.5 g，然后置于消化管中，加 10 mL 浓 HNO_3 和 1 mL $HClO_4$ 混匀。置于电热板上，控温约 110℃使样品颗粒溶化消解约 6 h，至棕色气体消失，得到透明溶液。如果酸消化过程中发现样品炭化，则需再补加浓 HNO_3。消化后的透明溶液用定量滤纸过滤，再用蒸馏水稀释定容至 50 mL。然后使用原子吸收分光光度计直接测定和分析样品中铜含量。

(2) 酚：先将样品用盐酸水解，再将样品烘干，索氏抽提脱脂，然后烘干、粉碎，放入试管中加 6 mol/L 纯盐酸，经超声波处理和抽真空后封口，放入 110℃烘箱内水解 24 h，然后减压干燥，再放入容量瓶定容过滤，最后用预蒸馏法测定样品中的酚含量。

(3) 大肠菌群量：大肠菌群的数量以每 100 g 或 100 mL 食品中的最近似数表示，这是按一定方案检验结果的统计数值。大肠菌群最近似数是食品卫生质量检验的重要指标，文献资料中常以 MPN 表示，我国统一采用样品 2 个、稀释度各 3 管的乳糖发酵三步法进行测定，测定结果可对照卫生部制订的“每 100 mL(g)检样中大肠菌群最近似数(MPN)检索表”判定。

(4) 细菌总数：采样后，根据检样鲜度情况选择稀释度，以 10 倍递增法制作 2～3 种稀释度的样液；采用卫生部制订的食品卫生检验方法微生物学部分中的营养琼脂培养基，每种稀释度样液做 2 个平皿，于 37℃培养 24 h(采用 30℃培养 48 h 的效果亦佳)后进行计数。以肉眼观察并统计培养后平皿上的菌落数，若每皿菌落数多于 300 个或少于 30 个，其值均不可采用，余下的平皿按卫生部制订的要求取平均值乘以稀释倍数提出报告。

2.1.3 水体与鱼体单项理化指标与评价

本研究经历了一个养殖周期的监测，该池塘水环境的各项水质理化指标以及鱼体内污染物浓度的积累变化情况如图 2.5 所示。

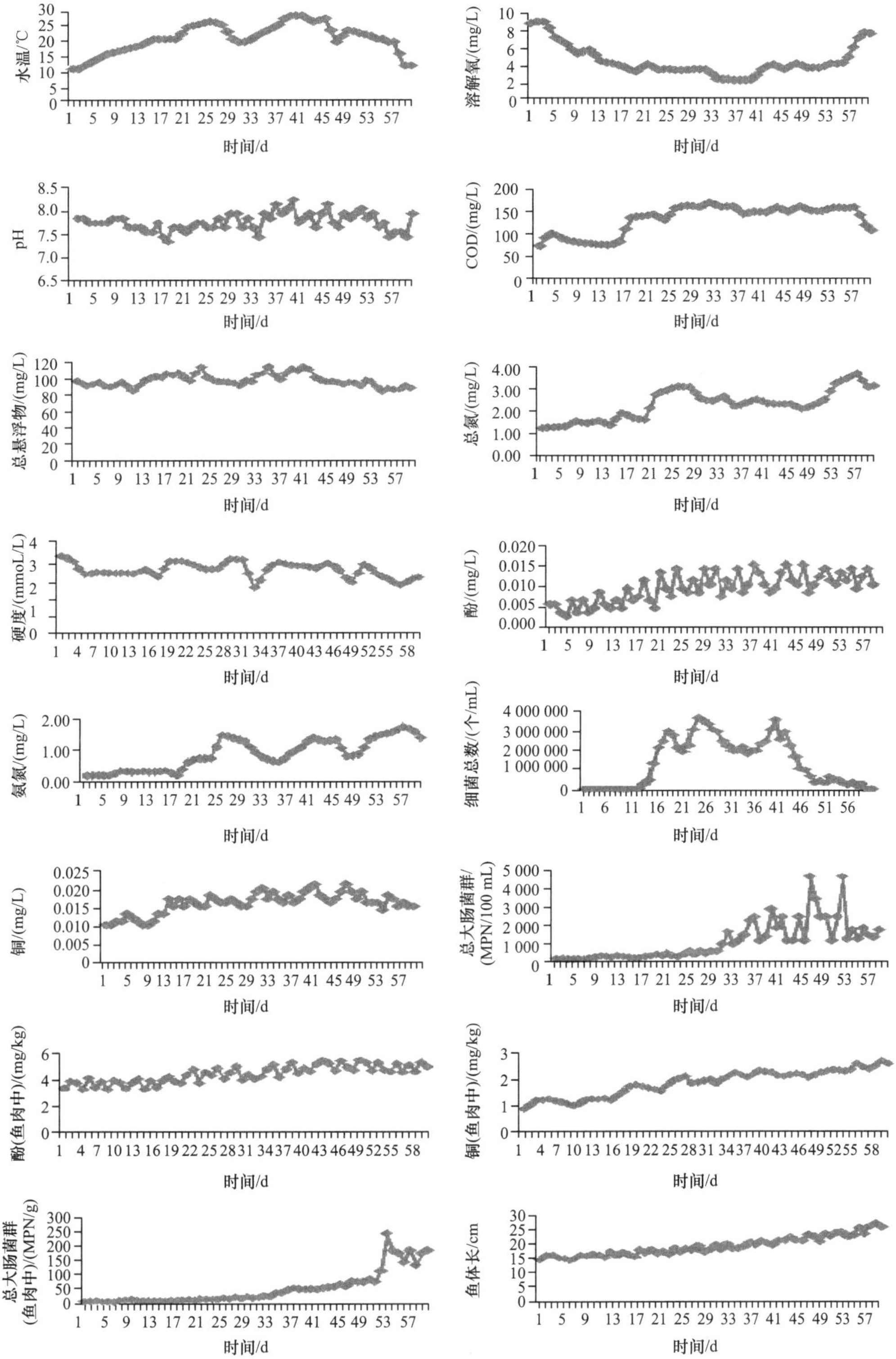

图 2.5 池塘水质理化指标以及鱼体内污染物浓度变化情况

从图 2.5 中可以看出：

(1) 一般淡水渔业水域的 pH 值应在 6.5～8.5 之间，该养殖池塘水环境的 pH 值在 7.3～8.2 之间，偏弱碱性，可以满足鱼类的正常生长繁殖需要。

(2) 水温不仅是鱼类生长繁殖重要的理化指标，同时也影响着其他环境因子的变化。本研究中，当水温随着外界气温逐渐升高时，池塘水的溶解氧含量(DO)有明显的降低趋势，生化需氧量(COD)有升高的趋势，这些环境因子的变化引起了一系列复杂的环境化学反应，从而导致水中的污染物，例如铜、酚以及大肠菌群和细菌总数都有积累的趋势。

(3) 随着水中污染物浓度的不断积累变化，鱼肉中污染物的含量也有随时间积累的趋势，说明水产品的质量安全正在受水环境污染的影响。

2.1.4 池塘主要污染物的危害性及其环境行为的理论分析

要研究池塘污染物对水产品质量安全的影响，首先需要分析污染物在池塘水环境内迁移转化的环境行为，这些行为受许多其他环境因素的影响，并且彼此间也是相互影响、相互制约的。本研究中污染物的环境行为分析采用系统动力学。因为，系统动力学是建立在控制论、系统论和信息论基础上研究反馈系统结构、功能和动态行为的一类模型，其突出特点是能够整体性和系统性地反映复杂系统结构、功能与动态行为之间的相互作用关系，对复杂系统进行动态仿真实验，从而考察复杂系统在不同情景（不同参数或不同因素）下的变化行为和趋势，所以，应用系统动力学模型能够从宏观上、整体上反映污染物在养殖生态系统的复杂行为。

2.1.4.1 铜

(1) 铜的危害性：铜在标准中有感官指标和保护水生生物的毒理学指标要求。铜是生命活动所必需的微量元素，构成酶的活性基团，或是酶的组成成分，但当其浓度超过生物的生态阈值时，会引起生物中毒，因此铜是水环境优先污染物。铜属于可蓄积性污染物，在鱼体中的积累和残留可引起鱼类慢性中毒而带来长效应的污染影响。Cu^{2+} 可使肝溶酶体膜磷脂发生氧化反应，导致溶酶体膜破裂，水解酶大量释放，从而引起肝组织坏死。我国渔业水质标准中规定铜的浓度要小于 0.01 mg/L。鲫鱼对铜的耐受性较低。

(2) 铜环境行为的系统动力学分析：根据水环境化学的结论，可以采用系统动力学来表示金属铜在池塘水环境中的环境化学行为。从图 2.6 中可以看出，铜在水中浓度的升高除了外来污染源之外，在池塘系统内部还受沉积物的释放以及颗粒物的解吸释放反应影响；铜浓度的降低受吸附-解吸平衡、沉淀反应以及生物积累的影响。这些过程都会受到环境因素的控制。例如，沉积物中重金属的释放受硬度、氧化还原状态以及 pH 的影响，硬度(Ca^{2+}、Mg^{2+} 浓度)增大，释放量增大；氧化还原电位降低(低氧状态)，释放量增加；pH 降低，释放量增加。吸附作用受 pH 以及悬浮物浓度的影响，pH 增大，吸附量增大(Cu 的临界 pH 为 7.9，最大吸附量 3.9 mg/g)；颗粒物的粒度和浓度增大，吸附量减小。

2.1.4.2 酚

(1) 酚的危害性：苯酚溶于水，毒性较大，能使细胞蛋白质发生变性和沉淀。当水体中酚的浓度为 0.1～0.2 mg/L 时，鱼肉产生酚味，浓度高时可使鱼类大量死亡。如果人们长期饮用含酚的水，可引起头昏、贫血及各种神经系统症状，甚至中毒。我国把酚列为 5 种毒物之一，必须进行监测，一般规定地面水中酚的最高允许浓度为 0.002 mg/L，我国渔业水质标准规定

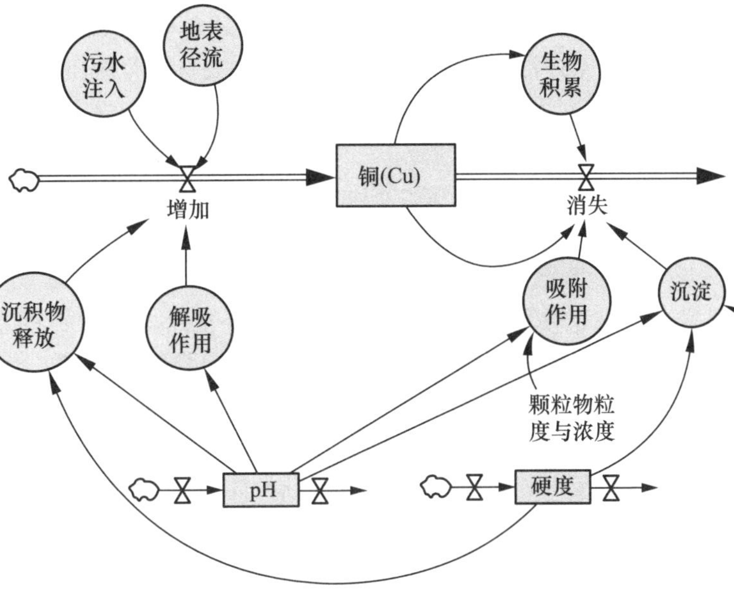

图 2.6　金属铜在池塘水环境中的系统动力学分析图

酚的浓度要不大于 0.005 mg/L。

(2) 酚环境行为的系统动力学分析：酚在水中的迁移转化受一系列物理、化学和生物过程的影响。①输入：污水排放、大气沉降、地表径流、吸附-解吸平衡、生物转化代谢；②迁移：挥发作用、沉积作用、悬浮物的吸附；③转化：生物降解、光解、水解、氧化还原、生物积累。这些过程除了受环境因素(pH、水温、光强、细菌总数等)影响外，还会受到一些常数的制约，如污染物的转化和挥发的速率常数、生物降解速率常数、光解速率常数和水解速率常数。如图 2.7 所示。

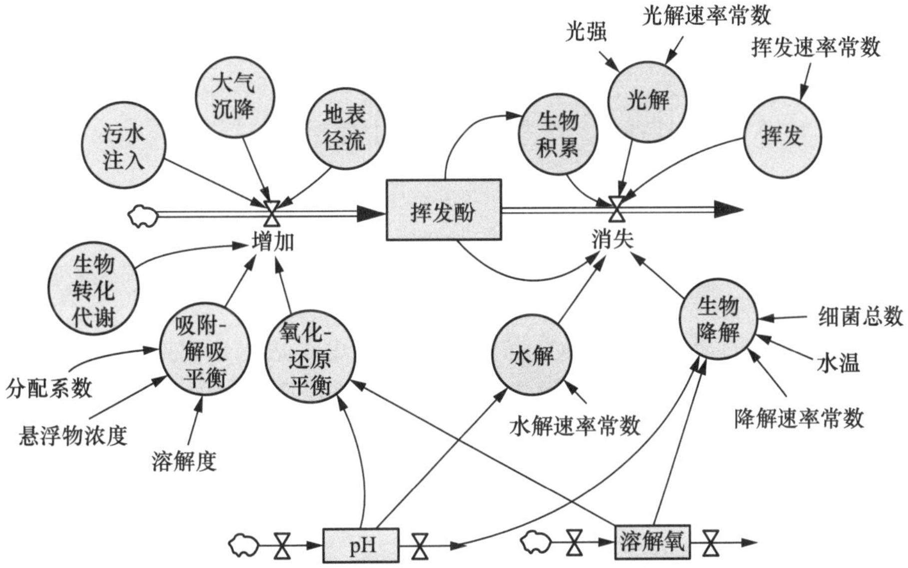

图 2.7　酚在池塘水环境中的系统动力学分析图

2.1.4.3　**总大肠菌群**

(1) 大肠菌群的危害性:水体中总大肠菌群数能反映水体受粪便污染的状况,间接反映水体中病原菌的水平。养殖水产品通过鳃的呼吸、摄食和表皮渗透等途径携带大肠细菌,不仅可以引起鱼病的暴发,还会引起人类肠道疾病。我国渔业水质标准中规定,总大肠菌群数须小于5 000 个/L。

(2) 大肠菌群环境行为的系统动力学分析:3—5 月份水体中总大肠菌群数较低,但随着养殖过程的进行,大量的饵料被投放到养殖塘中,生物的代谢废物在池塘中也不断积累,造成池塘水营养物质含量不断增加,而且夏季大量的降水和水温的升高也会引起地表径流携带大量的陆源污染物进入到水体,这些都会造成养殖环境中大肠菌群的急剧增加,因而 8 月份养殖环境中总大肠菌群数和粪大肠菌群数都有了不同程度的增加。根据因素分析也可以看出,池塘中营养物质的含量以及水温是影响大肠菌群增加率的主导因素。此外,大肠菌群的生长与消长还与"新陈代谢"有关,当环境不利时,例如营养缺乏,pH、温度、氧化还原状态等环境因素超出最适生长范围时,其生长就会受到抑制,导致总大肠菌群数的降低。如图 2.8 所示。

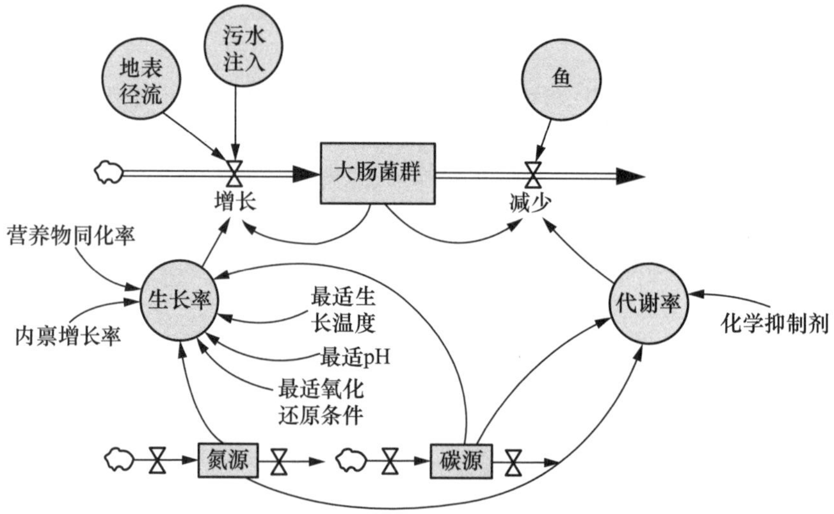

图 2.8　大肠菌群在池塘水环境中的系统动力学分析图

2.1.4.4　**池塘环境污染-鱼体积累的生态效应动力学分析**

鱼暴露在受污染的池塘水环境时,通过呼吸和表皮渗透在鱼肉组织中积累铜和挥发酚,这个过程除了受污染物在养殖环境中的浓度和其他环境因素的影响外,还受污染物的辛醇-水分配系数、暴露时间、吸收速率常数以及鱼本身的生长速率影响;污染物被吸收进鱼体内后,经过代谢转化,由血液传送至各组织,再通过生物的排泄返回到池塘环境中。如图 2.9 所示。

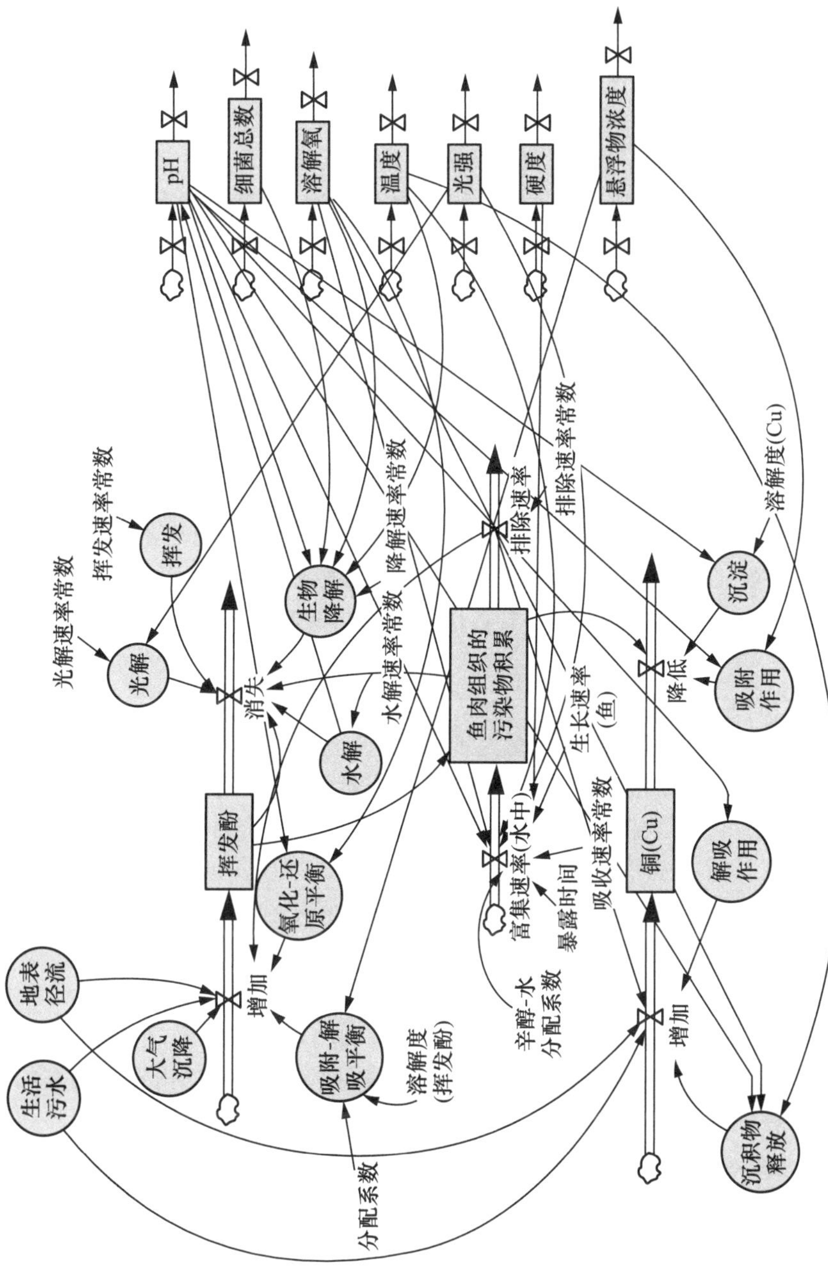

图 2.9 池塘环境污染–鱼体积累的系统动力学分析图

2.2 基于分类回归树和广义相加模型的污染物浓度预测模型

根据 2.1 节的理论分析，在识别了水环境中的主要污染物及其危害后，就要分析水环境中污染物的暴露浓度。因为风险评价是对未来可能出现的不利影响进行概率估计，因此它本身也是一个预测的过程。在本节通过建立污染物浓度预测模型来分析其在水环境介质中暴露浓度的变化趋势。对污染物浓度变化趋势进行预测的目的，一是为本研究最终的水产品质量安全风险评价做基础；二是为管理者提供水质的变化趋势并制订相应的管理措施。

然而，由于水环境系统自然过程的复杂性，所涉及的参数通常是不确定的和模糊的。影响水环境系统特性的各要素之间存在着非常复杂的非线性关系，难以用确定的机理模型描述，这使得常规的监测数据很难转换成对支持池塘水质管理有用的科学知识（Malve et al, 2006）。在环境预测领域，统计学方法可以很好地从数据中挖掘出很有意义和实用价值的信息。

统计学建模方法主要包括分类和回归。分类和回归首先利用已知的多变量数据构建预测准则，进而根据其他变量值对一个变量进行预测。分类和回归的预测准则是在对已知数据集进行系统分析的基础上构建的。该数据集不但包括被预测变量的数据，还包含了预测准则中用到的其他相关变量的数据（张松林，1997）。在构建预测准则时，需要考虑以下两个目标：

①构建尽可能准确的预测准则；

②构建的预测准则应该给出对问题最高度的认识。

第二个目标的意思是，通常在预测工作中，许多变量被测量，那么究竟是哪些预测变量给出了重要的预测信息，它们是如何给出这些信息的。上述的两个目标并不矛盾。因为一个简单的、不准确的预测准则不太可能给出对问题的高度认识。但是，当问题的目标是理解所研究的对象，并且理解各个变量对预测的影响，那么如果一个易于理解和解释的预测准则具有相当的准确性，前者显然更加可取。

目前统计预测模型的建立主要基于两种不同的模式，一种是经典的假设驱动模式，另一种是数据驱动模式。它们可以交互地用于数据解析模型的创建中。比如，在经典的回归分析中，也经常用数据驱动方法来检验数据冗余的产生，以确认模型假设中的内在的数据相关性。总而言之，无论用哪种方法，目的都是使创建的模型尽可能地接近实际的目标，并且使创建的模型尽可能地简单（张立彬等，2002）。

2.2.1 污染物浓度预测理论模型的构建

根据以上所述的目标和原则，利用试验所测的样本数据对污染物浓度的变化趋势进行预测。首先，要利用分类模型来选择适当的对影响污染物浓度变化贡献大的环境变量作为模型的预测变量，然后再建立回归预测模型来反映各个环境预测变量和污染物浓度响应变量之间的关系，如图 2.10 所示。

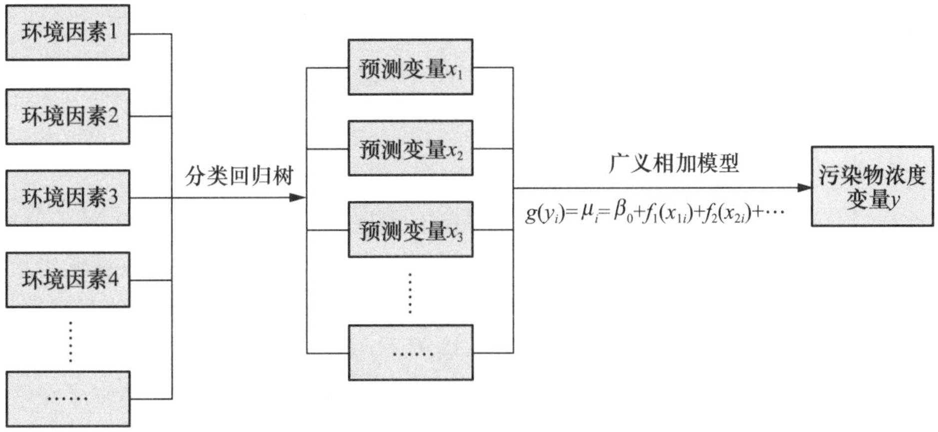

图 2.10 污染物浓度预测模型

本研究中：

(1) 预测变量选择的模型采用了分类回归树(classification and regression tree，CART)方法。CART 采用了与传统统计学完全不同的方式构建预测准则。它所构建的预测准则以二叉决策树的形式给出，非常容易理解、使用、说明和解释。由 CART 方法构建的预测树很简单，但它在很多情况下比常用的统计方法构建的代数学预测准则更加准确。事实上，数据越复杂，变量越多，CART 比其他方法的优越性就越显著。

(2) 利用广义相加模型(generalized additive model, GAM)来反映污染物浓度变化和各个环境变量之间的复杂关系。GAM 是一种对于解释生态过程相互作用非常有用的模型，因为 GAM 不需要强加任何限制的潜在的关系就可以拟合非参数模型来估计预测变量和响应变量之间的关系。它能够用来研究每个环境变量(控制其他变量的影响)与污染物浓度变化的关系 (Friedlaender et al, 2006)。

2.2.1.1 CART 原理与统计解析建模

CART 方法是由 Breiman 等在 1984 年提出的一种决策树分类方法 (Breiman et al, 1984)。其构建原理充分利用二叉树的结构(binary tree-structured)，即根节点包含所有样本，在一定的分割规则下根节点被分割为两个节点，这个过程又在子节点上重复进行，成为一个回归过程，直至不可再分成为叶节点为止。其目的是通过把数据递归分割成不同类别的子类别，使其反映各个预测变量和响应变量的关系。

CART 模型可以处理广泛的响应类型，很容易构造和解释，能够捕获预测变量之间的互动影响 (De'ath, 2000)。CART 模型也是很有吸引力的分析工具，它不需要像线性模型一样假设自变量和因变量之间的先验关系，而是把数据分成若干组，每组里都包含一个因变量的不同预测值 (Guisan et al, 2002; Redfern, 2006)。

尽管 CART 已经被应用于海洋生态中建立预测模型，但是正如其他非参数的统计学工具一样，它还是比较适用于探索性数据的分析，因为它产生的是不连续的预测值，可能还不适合作为科学论据。当因变量和自变量之间的潜在关系接近线性时，CART 方法的效率会很低。

所以,CART 方法多被用于参数的选择上（Qian et al, 1999）。

为了识别能在 GAM 模型中有效应用的环境变量,我们利用 CART 模型来分析所得的数据(应用 R 软件中的 RPART 工具箱)。CART 选择的变量的个数是由模型的相继的分支或者节点是否能连续降低模型的预测误差所决定的。之后,能明显提高最初和后续模型预测效果的明确的环境变量被选出。其建模步骤如下。

第一步　分类回归树的构造

决策树从根节点开始采用自顶向下(top-down) 的递归方式在每个节点上对样本集按照给定标准选择分支属性，然后按照相应属性的所有可能取值向下建立分支、划分训练样本，直到一个节点上的所有样本都被划分到同一个类，或者某一节点中的样本数量低于给定值时为止。这一阶段的关键是在树的节点上选择可以将训练样本进行最优划分的分支属性，选择分支属性的标准有信息增（information gain）、熵（entropy）和基尼指数（gini index）等。对于分类的问题,最常用的分支属性标准为基尼指数。

分支规则来源于复杂度函数(BFOS),又称为不纯度函数(impurity measure)。构造 $p(j|t)$，$0\leqslant p(j|t)\leqslant 1$，$j=1, 2, \cdots, J$,为树中节点 t 处 j 类个体的比例,J 为类的个数。所以，对于每一个节点有

$$\sum_{j=1}^{J} p(j \mid t) = 1$$

下面介绍节点 t 处 CART 使用的主要的复杂度函数。应该区分两种不同的情况:第一种情况，对于任何(分类) 项目的误分类成本，无论它是否为真实的类和无论它被误分进入哪个类，都是均匀的。第二种情况,把一个事实上属于 J 类的个体误分类进入 I 类的成本，记为 $c(i|j)$，它可能依赖于 i 和 j。

均匀成本下的复杂度的基尼指数

$$i(t) = \sum_{j=1}^{J}\sum_{i=1}^{j-1} p(j \mid t)p(i \mid t) = \frac{1}{2}\left[1 - \sum_{j=1}^{J} p^2(j \mid t)\right] \tag{2.1}$$

对于二叉树个体,简化后公式为

$$i(t) = 2p(1 \mid t)p(2 \mid t) \tag{2.2}$$

非均匀成本下的基尼指数

$$i(t) = \sum_{j=1}^{J}\sum_{i=1}^{j-1} p(j \mid t)p(i \mid t)[c(j \mid i) + c(i \mid j)] \tag{2.3}$$

当具有子节点 t_L 和 t_R 时,表示个体分别进入子节点 t_L 和 t_R 的比例的“二元”函数式为

$$i(t) = \frac{p_L p_R}{4}\sum_{j=1}^{J} \left| p(j \mid t_L) - p(j \mid t_R) \right| \tag{2.4}$$

当选定了基尼指数为复杂度函数，一个分支规则，即分支值，被用于节点处最大化地降低分支获得的复杂度。对一些特征，使用刚才用的记法,由获得的阈值把一个根节点(P)分支成左(L)和右(R)两个子节点,定义复杂度减少的增益如式(2.5)和图 2.11 所示。分支过程中,能使增益最大的节点被认为是最佳分支。

$$\Delta = i(t)_{\mathrm{P}} - [p_{\mathrm{L}} i(t)_{\mathrm{L}} + p_{\mathrm{R}} i(t)_{\mathrm{R}}] \tag{2.5}$$

第二步 分类回归树的剪枝

构造过程中得到的树并不一定是最简单、最紧凑的决策树，因为许多分支反映的可能是训练样本中的某个节点最优，而不是树全局最优，并且为了防止所建立的树和训练样本的过拟合现象，需要进行树剪枝（Moisen et al, 2002）。树剪枝过程试图检测和去掉一些分支，以提高对未知样本集进行分类的准确性，其目的主要有 2 个：

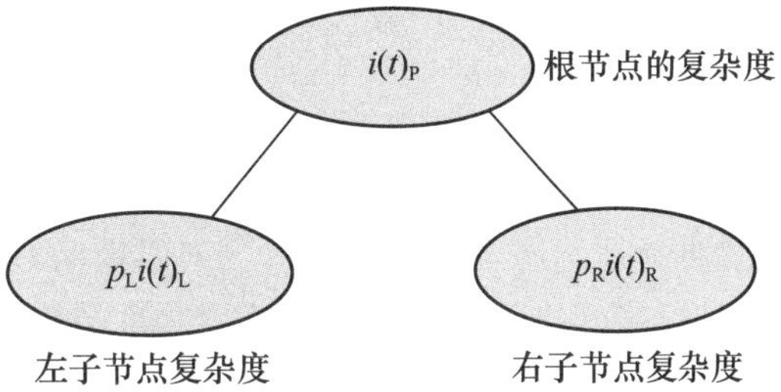

图 2.11 节点二分示意图

（1）确保分类回归树的体积小到足以避免把随机变异带入到预测过程中；

（2）确保分类回归树的体积小到足以避免把系统偏差带入到预测过程中。

我们利用如下公式对分类回归树进行剪枝：

$$R_{\alpha} = R + \alpha \times T$$

式中：R_{α} 可以理解为该树错分率与对复杂度处罚值之和的复合成本；R 为树的误分类误差；α 为复杂性系数，也就是一个惩罚项，用于控制树的大小；T 为 CART 叶节点的数量。

我们可以利用交叉验证（cross-validation）法来估计 R（Duda et al，2004；范明等，2006）。BFOS 获得了 R 标准差（SE）的估计量。这里的标准差就是由交叉验证个体子样本随机选择产生的 R 的分布。这些 SE 估计量的目的就是用于最大树的剪枝。最大树就是由分支节点最初产生的树剪枝直到它们感觉上是纯的，这种纯度（purity）是指每个终节点仅包含属于单个类的个体或者它们的复杂度不能通过进一步剪枝而减小。

第三步 选择最优树

我们可以利用交叉验证来获得一个交叉验证选择最理想的分类回归树。在十倍数交叉有效性检验中，先取样本的 90%来生成 CART，通过剪枝生成一个子树队列，再计算队列中每棵子树的冗余量的平方。然后，用剩余的样本的 10%作为测试集，测试重复 10 次，每次对样本的不同部分作估计测试，得到一个 R_{α}，最后将 10 次的测试估计值相加就得到交叉验证误差率 R_{α}^{CV}。

选择正确大小的分类回归树一般有两种方法。第一种就是简单地选择交叉验证误差率为最小（$\min(R_{\alpha}^{\mathrm{CV}})$）的分类回归树；第二种方法就是使用一倍标准差法则（1 SE rule），这是代表一个分类回归树有小的体积但是在一倍标准差之内来产生最小的交叉验证误差率：$\min(R_{\alpha}^{\mathrm{CV}} + SE)$。

2.2.1.2 GAM 回归原理及解析建模

由 CART 识别的预测变量在本节将用于 GAM 模型的拟合，拟合的数学工具采用 R 软件中的 mgcv 工具箱（Wood，2004）。由 GAM 拟合后输出的图形可以很好地表达预测变量和响应变量，即各个环境因素变量和因变量在水中浓度变化的关系。图形的形状以及变量间关系的显著性可以用于描述或假设各个环境参数是如何影响污染物浓度变化的。

在近 30 多年中，统计学的一个重要发展就是在回归分析中提出了广义相加模型。这些模型提出后，因其能够处理多种数据分布类型，且与传统的线性模型和方差分析具有较好的衔接而在生态学中得到广泛的应用（Guisan et al，2002）。

多元线性回归将环境变量和污染物的浓度数据分别定义为预测变量和响应变量，环境变量可为多个，而响应变量（污染物浓度）只有一个。多元线性回归的数学方程如下：

$$Y=a+b_1X_1+b_2X_2+\cdots+b_pX_p \quad (2.6)$$

GAM（Hastie et al，1990）是多元线性回归（McCullagh and Nelder，1989）的进一步推广，能自动地选择合适的多项式。其假设函数是相加的，函数的组成成分是光滑函数。GAM是通过连接（link）函数，建立响应变量的数学期望值与预测变量的一个光滑函数的关系，其数学形式为：

$$E(Y_i)\equiv\mu_i,\ g(\mu_i)=\eta_i\equiv X_i^*\beta^*+f_1(x_{1i})+f_2(x_{2i})+f_3(x_{3i})+\cdots \quad (2.7)$$

式中：Y_i 为响应变量分布类；g 为一个单调连接函数；X_i^* 为预测变量 X 的第 i 行，β^* 为与其相对应的参数向量；f_i 是协变量 x_j 的平滑函数（f_i 可以是多个协变量的光滑函数）。为了避免过拟合现象的发生，GAM 经常采用最大补偿性似然估计（penalized maximum likelihood estimation）。

最大补偿性似然估计已是非参数多元回归函数估计的最有效的应用方法之一。最大补偿性似然估计方法通过最小化方程（2.8）来估计函数 η：

$$L(\eta|data)+\lambda J(\eta) \quad (2.8)$$

式中：$L(\eta|data)$常被认为是负对数似然函数，用于衡量 η 对数据的拟合好坏；$J(\eta)$常被认为是二次粗糙度函数，用于衡量 η 的光滑度和规律性；λ 是所谓的平滑参数，用于权衡模型拟合程度和平滑程度。和经典的参数统计模型计算相似，利用最大似然估计通过最小化式（2.8）使 $J(\eta)\leqslant\rho(\rho\geqslant0)$，所以参数估计的困难就在于光滑参数 λ 的估计。

GAM 模型的优点在于其解决响应变量和预测变量之间的高度非线性和非单调关系方面的突出能力。GAM 是基于数据的模型（data-driven），而不是基于模型本身（model-driven），数据决定着响应变量和预测因子之间的关系，而不是假设的某种参数关系（Guisan et al，2002），因此，GAM 更能深入地讨论污染物浓度变化与各个环境变量之间的关系。GAM 还可以同时针对不同的变量采取不同的策略建模。如可以对部分预测因子进行线性拟合，而对其他因子通过光滑函数拟合。GAM 的关键是选择合适的平滑函数，其实质上是用高阶的多项式来模拟原始数据中污染物浓度和环境变量之间的关系。

2.2.2 污染物浓度预测模型实证

2.2.2.1 池塘水环境中酚浓度的预测模型

酚是水环境中自净较快的一种有机化合物。有机污染物在水环境中的迁移转化主要取决于有机污染物本身的性质以及水体的环境条件。有机污染物一般通过吸附作用、挥发作用、水解作用、光解作用、生物富集和生物降解作用等过程进行迁移转化。

（1）被水中悬浮颗粒物、沉积物吸附从水相转入底泥；

（2）以气态挥发进入大气，此过程主要受温度的影响；

（3）溶解在水中；

(4) 被水生生物富集,或通过直接饮用或经由食物链的富集而归宿于人体;

(5) 通过微生物、化学或光化学作用等降解为无机物,此过程受微生物量、pH、溶解氧等环境因素的影响。

为了辨识众多水环境变量中对酚的浓度变化有显著影响的变量,利用回归树作为模型输入变量的选择工具。最优模型的选择采用十字交叉验证法来使模型的预测误差最小化。待选择的环境预测变量及其浓度变化范围如表 2.2 所示。此外,为了研究酚在水中的浓度变化是否具有时间序列性,把酚在水中上一时间段的监测浓度也纳入到可能的预测变量里。

表 2.2 环境预测变量及其浓度变化范围

环境变量	溶解氧 DO /(mg/L)	pH	水温/℃	生化需氧量 COD/(mg/L)	悬浮物浓度 SS/(mg/L)	养殖天数 days/d
数值范围	1.9～8.9	7.3～8.2	10～28	70～167	83～113	0～232

酚在水中的浓度属于连续变量,因此可以直接应用回归树模型。模型的结果用表格和图的形式来表示。最终的模型选择是基于十倍交叉有效性来验证各个后选模型的预测能力。由于最终的模型可能是从第一分支里的候选模型随机选出的(Breiman et al, 1984),所以,为了得出合理的结论,对其他有竞争力的分支的检验同样很重要。

建立回归树模型的具体步骤如下:

(1) 利用监测数据拟合回归树模型,得到关于 CART 模型复杂度以及分支节点的信息。

在 R 统计软件中,利用 repart 函数,拟合后可以得到表 2.3 所示的信息。为了使拟合的回归树在最初尽可能多地包含有用的信息,即回归树的体积相对较大,我们设最初的复杂度参数为一个相对较小的值,在这里设其为 0.005。

表 2.3 水中酚浓度与各个环境变量之间关系的 CART 模型

分支数	复杂度参数 *cp*	十倍交叉有效性验证误差 *xerror*	分支数	复杂度参数 *cp*	十倍交叉有效性验证误差 *xerror*
1	0.601 864	1.028 1	9	0.012 108	0.628 2
2	0.089 486	0.612 8	10	0.010 985	0.656 1
3	0.074 339	0.517 2	11	0.009 218	0.660 3
4	0.023 994	0.455 4	12	0.008 847	0.653 3
5	0.023 526	0.588 0	13	0.006 570	0.637 9
6	0.022 709	0.588 0	14	0.005 464	0.641 4
7	0.016 397	0.635 3	15	0.005 318	0.637 7
8	0.012 182	0.594 1	16	0.005 000	0.637 7

表 2.3 显示了所有可以作为最终回归树的可能选择。在此表中十倍交叉有效性验证误差 *xerror* 先逐渐降低,直到最低值 0.455 4,然后又逐渐升高,表明模型的预测能力在逐渐降低,如图 2.12 所示。

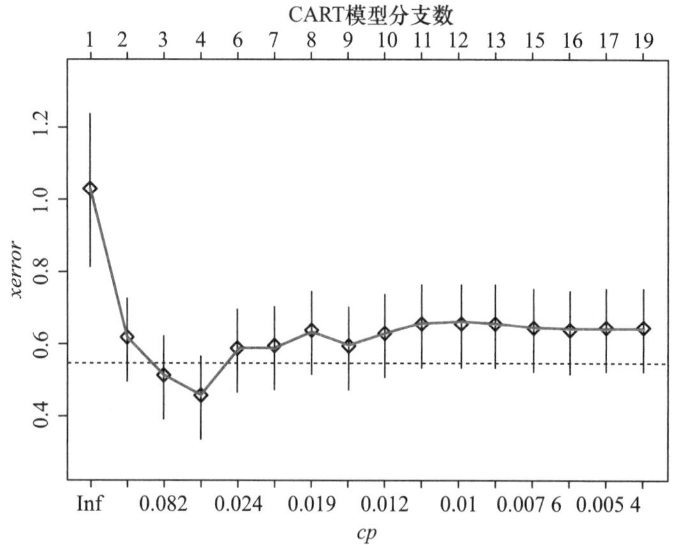

图 2.12 拟合 CART 模型(酚)

图 2.12 表示，4 号回归树(包括 3 个分支点)可以产生最小的 *xerror*，所以它的预测能力是最好的。

(2) 回归树剪枝。由图 2.13 所示最初拟合的回归树的体积是庞大的，要对其进行剪枝以防止模型过拟合。可以利用第一步拟合后所得到 CART 模型的复杂度信息来对其进行剪枝，剪枝的原则采用前面所提到的 $\min(R_\alpha^{CV}+SE)$ 法则，如图 2.14 所示。在统计软件 R 中利用 prune. repart 函数来进行剪枝。

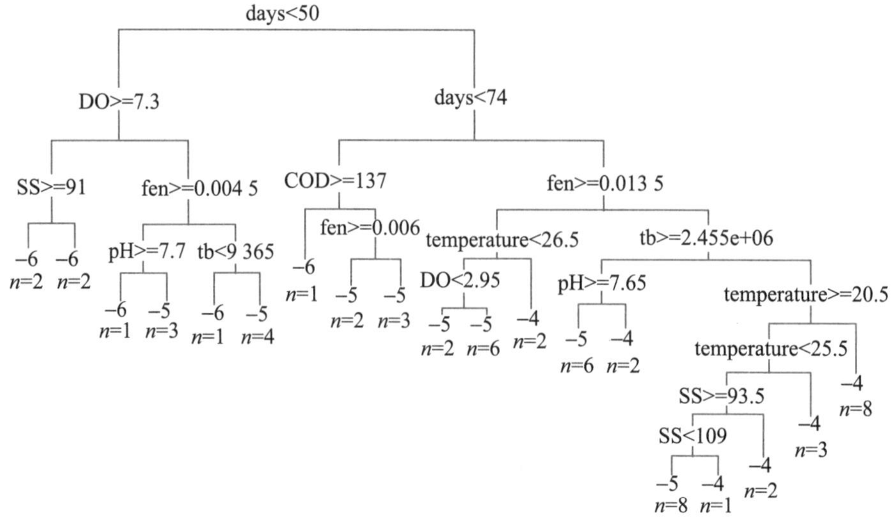

图 2.13 拟合回归树(酚)

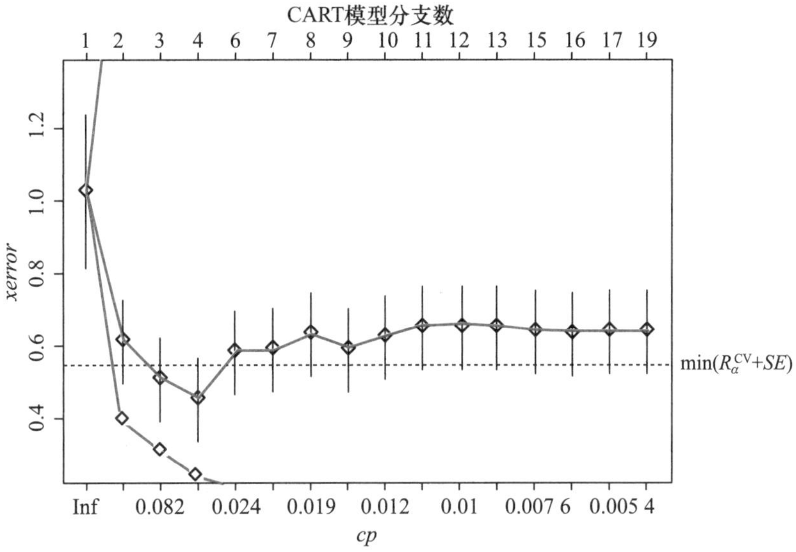

图 2.14 min($R_\alpha^{CV}+SE$) 法则图解

从图 2.14 中可以看出，当 $0.024<cp<0.082$ 时，符合 $\min R_\alpha^{CV}+SE$ 标准，但是所包含的信息不足以说明酚在水中迁移转化的机理，当降低 cp 到 0.023 时，主要控制酚在水中迁移转化的化学过程以及其浓度的时间序列性就显而易见。并且，增加的变量对模型的预测效果也有相应的改进。选用 cp 为 0.023 进行运算后，回归树的结构如图 2.15 所示。

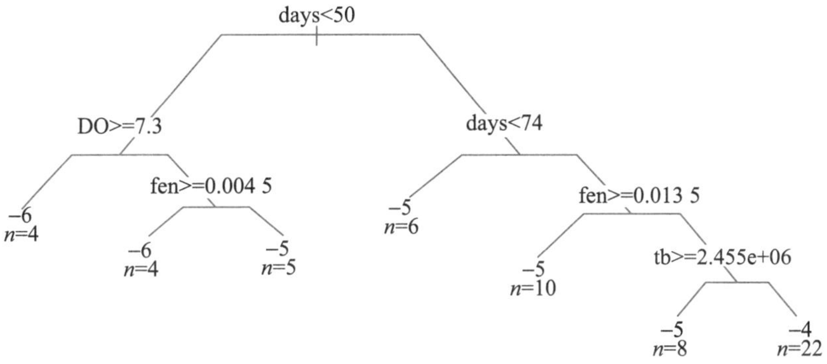

图 2.15 剪枝后的回归树(酚)

从图 2.15 中可以看出：

• 养殖天数对污染物酚在水环境中浓度的变化有很重要的影响，说明酚浓度的变化有很强的时间序列性；

• 在养殖不超过 50 d 时，水环境中的溶解氧起主要影响作用；并且当溶解氧的浓度低于 7.3 mg/L 时，前一时间段的酚浓度对现在酚浓度变化的影响也起很大的作用；

• 在养殖超过 50 d 时，前一时间段的酚浓度起主要影响作用，并且当酚浓度小于 0.013 5 mg/L 时，水环境中细菌总数起着主要影响作用。

从以上各个环境因素对水环境中酚浓度变化的影响分析可以看出，酚在水环境中的浓度变化主要受生物降解反应的影响，并且其变化有一定的时间序列性，受前一时段酚浓度的影响。

综上所述，我们选择养殖天数、溶解氧浓度、前一时段的酚浓度以及细菌总数作为建立 GAM 预测模型的预测变量。以下将研究 GAM 模型的建立过程及各个环境变量对水中酚浓度影响的模式。

接下来在酚的 GAM 模型的建立中，我们选用立方样条(cubic spline)作为模型的平滑函数。模型的输入变量分别为养殖天数(x_1, days)、溶解氧浓度(x_2, DO)、前一时段酚的浓度(x_3, fen)以及细菌总数(x_4, tb)；响应变量为酚在水中的浓度(y, hb. water)。应用所测得的 59 组数据进行模型拟合。模型的数据可以表示如下：

$$(y_i, x_{1i}, x_{2i}, x_{3i}, x_{4i}) \qquad i=1,2,\cdots,59$$

根据式(2.7)，模型的形式表示为

$$\begin{aligned} & g(y_i)=\mu_i=\beta_0+f_1(x_{1i})+f_2(x_{2i})+f_3(x_{3i})+f_4(x_{4i}) \\ & y_i \sim \text{指数分布} \end{aligned} \tag{2.9}$$

式中：g 为光滑单调连接函数；f_1、f_2、f_3、f_4 为光滑函数，在这里我们采用补偿回归样条函数(penalized regression splines)，表示为

$$\begin{aligned} & f_1(x_{1j}) = \sum_{i=j}^{q_1}\beta_j b_{1j}(x_{1j}), \quad f_2(x_{2j}) = \sum_{i=j}^{q_2}\beta_{j+q_1} b_{2j}(x_{2j}) \\ & f_3(x_{3j}) = \sum_{j=1}^{q_3}\beta_{j+q_1+q_2} b_{3j}(x_{3j}), \quad f_4(x_{4j}) = \sum_{j=1}^{q_4}\beta_{j+q_1+q_2+q_3} b_{4j}(x_{4j}) \\ & (x_{31}, x_{32}, \cdots, x_{359}) \end{aligned} \tag{2.10}$$

其中 $b_{1j}(x)$、$b_{2j}(x)$、$b_{3j}(x)$、$b_{4j}(x)$ 为 f_1、f_2、f_3、f_4 的立方样条函数基，用它们来表示 $f(x)$ 就相当于用分段的三次多项式在各个节点处连接，以便它们连续至包括第二个导数。

根据式(2.8)，我们采用对数似然函数 $l(\beta)$ 进行补偿，进而，可以用以下负对数样条似然函数(negative penalized log-likelihood)对 GAM 函数进行拟合。模型的拟合目标函数为

$$\min\left[-l(\beta)+\lambda_1\int\left(\frac{\partial^2 f_1}{\partial x_1^2}\right)^2 \mathrm{d}x_1+\lambda_2\int\left(\frac{\partial^2 f_2}{\partial x_2^2}\right)^2 \mathrm{d}x_2+\lambda_3\int\left(\frac{\partial^2 f_3}{\partial x_3^2}\right)^2 \mathrm{d}x_3+\lambda_4\int\left(\frac{\partial^2 f_4}{\partial x_4^2}\right)^2 \mathrm{d}x_4\right] \tag{2.11}$$

其约束条件为

$$C\beta=0$$

其中 $\boldsymbol{C}$ 为约束矩阵，定义为

$$
C=\begin{bmatrix}
0 & 1 & \cdots & 1 & 0 & 0 & \cdots & 0 & \cdots & 0 & 0 & 0 \\
0 & x_{11}^{*} & \cdots & x_{1,q_1-2}^{*} & 0 & 0 & \cdots & 0 & \cdots & 0 & 0 & 0 \\
\vdots & & & & & & & & & & & \\
0 & 0 & \cdots & 0 & 0 & 0 & \cdots & 1 & \cdots & 1 & 0 & 0 \\
0 & 0 & \cdots & 0 & 0 & 0 & \cdots & x_{41}^{*} & \cdots & x_{4,q_4-2}^{*} & 0 & 0 \\
0 & \sum\left|x_{1i}-x_{11}^{*}\right|^{3} & \cdots & \sum\left|x_{1i}-x_{1,q_1-2}^{*}\right|^{3} & n & \sum x_{1i} & \cdots & 0 & \cdots & 0 & 0 & 0 \\
\vdots & & & & & & & & & & & \vdots \\
0 & 0 & \cdots & 0 & 0 & 0 & \cdots & \sum\left|x_{4i}-x_{41}^{*}\right|^{3} & \cdots & \sum\left|x_{4i}-x_{5,q_4-2}^{*}\right|^{3} & n & \sum x_{4i}
\end{bmatrix}
$$

其中 x_{kj}^{*} 为第 k 个样条的第 j 个节点位置，并且 $i=1,2,\cdots,59$。

约束矩阵 $\boldsymbol{C}$ 的前 8 行为立方样条基需要的约束条件，后 4 行为光滑函数的约束，以保证对于 $k=1,2,3,4$，$\sum\limits_{i} f_k(x_{ki})=0$。这个约束也保证了模型的可识别性。

如果设 $H_i(i=1,2,3,4)$ 为补偿矩阵，则式(2.11)可以转化成

$$
\min[-l(\beta)+\lambda_1\beta' H_1\beta+\lambda_2\beta' H_2\beta+\lambda_3\beta' H_3\beta+\lambda_4\beta' H_4\beta] \tag{2.12}
$$

约束条件仍为
$$C\beta=0$$

式(2.12)中：

$$
H_1=\begin{bmatrix}
0 & 0 & 0 & \cdots & 0 & 0 & \cdots & 0 \\
0 & \left|x_{11}^{*}-x_{11}^{*}\right|^{3} & \left|x_{12}^{*}-x_{11}^{*}\right|^{3} & \cdots & \left|x_{1,q_1-2}^{*}-x_{11}^{*}\right|^{3} & 0 & \cdots & 0 \\
0 & \left|x_{11}^{*}-x_{12}^{*}\right|^{3} & \left|x_{12}^{*}-x_{12}^{*}\right|^{3} & \cdots & \left|x_{1,q_1-2}^{*}-x_{12}^{*}\right|^{3} & 0 & \cdots & 0 \\
\vdots & & & & & & & \vdots \\
0 & \left|x_{11}^{*}-x_{1,q_1-2}^{*}\right|^{3} & \left|x_{12}^{*}-x_{1,q_1-2}^{*}\right|^{3} & \cdots & \left|x_{1,q_1-2}^{*}-x_{1,q_1-2}^{*}\right|^{3} & 0 & \cdots & 0 \\
0 & 0 & 0 & & 0 & 0 & & 0 \\
\vdots & & & & & & & \vdots \\
0 & 0 & 0 & \cdots & 0 & 0 & \cdots & 0
\end{bmatrix}
$$

$$
H_2=\begin{bmatrix}
0 & \cdots & 0 & 0 & 0 & \cdots & 0 & 0 & 0 \\
\vdots & & & & & & & & \vdots \\
0 & \cdots & 0 & 0 & 0 & \cdots & 0 & 0 & 0 \\
0 & \cdots & 0 & \left|x_{21}^{*}-x_{21}^{*}\right|^{3} & \left|x_{22}^{*}-x_{21}^{*}\right|^{3} & \cdots & \left|x_{2,q_2-2}^{*}-x_{21}^{*}\right|^{3} & 0 & 0 \\
0 & \cdots & 0 & \left|x_{21}^{*}-x_{22}^{*}\right|^{3} & \left|x_{22}^{*}-x_{22}^{*}\right|^{3} & \cdots & \left|x_{2,q_2-2}^{*}-x_{22}^{*}\right|^{3} & 0 & 0 \\
\vdots & & & & & & & & \vdots \\
 & \cdots & & \left|x_{21}^{*}-x_{2,q_2-2}^{*}\right|^{3} & \left|x_{22}^{*}-x_{2,q_2-2}^{*}\right|^{3} & \cdots & \left|x_{2,q_2-2}^{*}-x_{2,q_2-2}^{*}\right|^{3} & 0 & 0 \\
0 & \cdots & 0 & 0 & 0 & \cdots & 0 & 0 & 0 \\
0 & \cdots & 0 & 0 & 0 & \cdots & 0 & 0 & 0
\end{bmatrix}
$$

可以依此类推矩阵 H_3 和 H_4。

将式(2.12)对β求导并令其为零,可得

$$\hat{\beta}=\left[X^{T}X+\sum_{i=1}^{4}\lambda_i H_i\right]^{-1}X^{T}y \tag{2.13}$$

其中

$$X=\begin{bmatrix} 1 & |x_{11}-x_{11}^*|^3 & |x_{11}-x_{12}^*|^3 & \cdots & |x_{11}-x_{1,q_1-2}^*|^3 & 1 & x_{11} & \cdots & |x_{41}-x_{41}^*|^3 & \cdots & |x_{41}-x_{4,q_4-2}^*|^3 & 1 & x_{41} \\ 1 & |x_{12}-x_{11}^*|^3 & |x_{12}-x_{12}^*|^3 & \cdots & |x_{12}-x_{1,q_1-2}^*|^3 & 1 & x_{12} & \cdots & |x_{42}-x_{41}^*|^3 & \cdots & |x_{42}-x_{4,q_4-2}^*|^3 & 1 & x_{42} \\ \vdots & & & & & & & & & & & & \vdots \\ 1 & |x_{1n}-x_{11}^*|^3 & |x_{1n}-x_{12}^*|^3 & \cdots & |x_{1n}-x_{1,q_1-2}^*|^3 & 1 & x_{1n} & \cdots & |x_{4n}-x_{41}^*|^3 & \cdots & |x_{4n}-x_{4,q_4-2}^*|^3 & 1 & x_{4n} \end{bmatrix}$$

当给出合适的光滑参数λ时,即可求出 GAM 模型的系数。在这里采用 Simon N. Wood 等(2002) 提出的 GCV(generalized cross validation)算法进行选择。

将以上运算过程应用统计软件 R 通过调用 mgcv 工具箱实现。模型的输出结果如表 2.4 至表 2.6 所示,模型的各个变量的光滑函数如图 2.16 所示。

表 2.4　GAM 模型(酚)各个变量的显著性检验

变　量	自由度	F	p
x_1, 养殖天数(days)	1.68	14.59	$4.5e^{-8}$
x_2, 溶解氧浓度(DO)	1.81	2.33	0.068
x_3, 前一时段酚的浓度(fen)	1.00	4.38	0.041
x_4, 细菌总数(tb)	1.00	3.91	0.053

表 2.5　水中酚浓度的 GAM 预测模型性能

参　数	$P(>t)$	R^2	偏差/%
GAM 预测模型结果	0.01	0.709	73.7

表 2.6　GAM 模型(酚)中各预测因子的系数

截距	s(days).1	s(days).2	s(days).3	s(days).4	s(days).5	s(days).6	s(days).7	s(days).8	s(days).9
	−0.33	−0.16	0.05	0.22	0.36	0.50	0.62	0.81	0.80
	s(DO).1	s(DO).2	s(DO).3	s(DO).4	s(DO).5	s(DO).6	s(DO).7	s(DO).8	s(DO).9
	0.066	0.016	0.008	0.008	0.010	−0.028	−0.069	−0.235	−0.412
−4.80	s(fen).1	s(fen).2	s(fen).3	s(fen).4	s(fen).5	s(fen).6	s(fen).7	s(fen).8	s(fen).9
	0.158	0.105	0.053	−0.025	−0.106	−0.161	−0.147	−0.254	−0.251
	s(tb).1	s(tb).2	s(tb).3	s(tb).4	s(tb).5	s(tb).6	s(tb).7	s(tb).8	s(tb).9
	−0.067	−0.097	−0.080	−0.032	0.020	0.114	0.130	0.190	0.223

本研究的 GAM 模型中,利用散点图平滑(立方样条)逐个对模型的光滑函数 $f(x)$进行估计,其中每个立方样条的节点数为 9。模型中的误差分布为高斯分布。

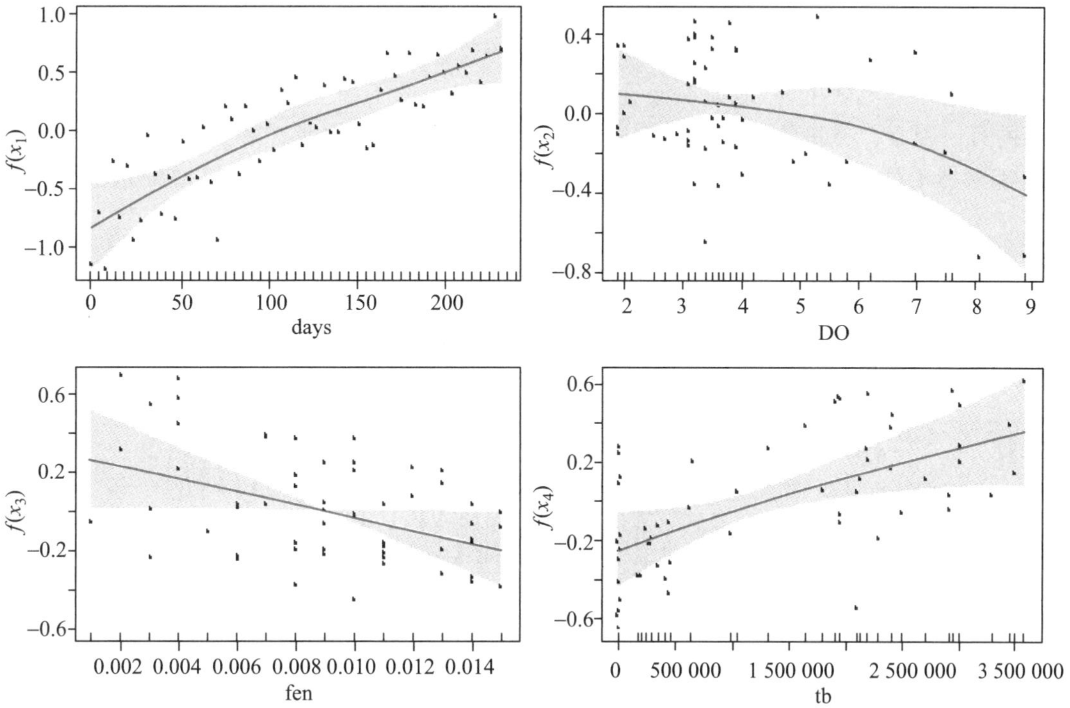

图 2.16　**GAM 模型(酚)对各个环境预测变量的光滑函数拟合**

模型结果(表 2.4)显示,由 CART 模型选出的模型的输入变量和模型的响应变量(酚在水中的浓度)均有显著性的关系。其中:养殖天数(days)高度显著地和响应变量的分布相关($p<0.001$),前一时段酚的浓度(fen)和响应变量也显著地相关($p<0.05$),溶解氧浓度(DO)、细菌总数(tb)同样和响应变量相关,只是显著性相对不大($p<0.1$)。拟合的 GAM 模型能够解释 73.7%的酚浓度变化预测的偏差。

图 2.16 表示了各个环境预测因子和水中酚浓度变化的关系。其中:

• 养殖天数(days)对酚在水中浓度变化的影响随着养殖时间的推移呈上升趋势。可以看出,酚在水中的浓度变化呈一定的时间序列趋势,时间对其浓度的影响呈一定的非线性关系。随着时间的推移,时间对酚浓度变化的影响速率呈减小的趋势。

• 溶解氧浓度(DO)对酚在水中的浓度变化影响呈负相关性,同样呈一定的非线性关系;当溶解氧浓度逐渐降低时,其对酚浓度的影响增大,但是增大的速率逐渐减小。说明池塘水环境在低氧状态时,池塘底泥中积累的酚会不断地释放到水环境中,同样,低氧状态不利于有机物的各种化学的和生物的降解反应,从而导致酚在水中有积累的趋势。

• 酚在水中的浓度变化和前一个时段酚的浓度有一定的负相关性,并呈线性关系。在一定程度上说明酚在水中的浓度变化呈周期波动变化趋势。

• 水中的细菌总数对酚浓度的影响呈正相关性,并呈一定的非线性关系。其对酚浓度变化的影响速率呈逐渐小幅减小趋势。

从图 2.16 中可以看出，酚在池塘水环境中的浓度变化呈一定的时间周期性。酚在水中的浓度变化受到众多复杂的环境因素的影响，不同的环境因素对其变化的影响方式和程度是不一样的。从 GAM 模型可以推测，在本研究的监测池塘中，除了池塘水源可能有酚污染而不断地输入到池塘里外，池塘在低氧状态下底泥对酚的不断释放可能是造成酚浓度逐渐积累的另一因素。有机物的氧化反应和微生物降解反应对酚浓度有减小的作用，但是其减小的速率小于酚浓度增加的速率，造成酚浓度仍然不断地积累增加，但增幅呈逐渐减小趋势。

应用此 GAM 模型进行预测，预测结果和实测结果的比较如图 2.17 所示。

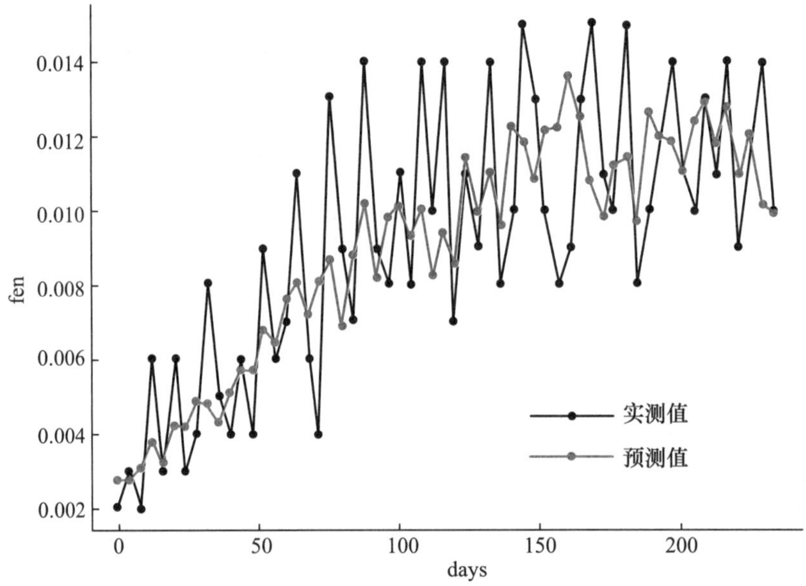

图 2.17　**GAM 模型(酚)预测值和实测值比较**

为了检验 GAM 模型预测值和实测值的差异，做了相关性分析，如图 2.17 所示。另外，为了验证 GAM 模型的优势，我们将同样的数据用另一常用的预测模型——支持向量机(SVM)进行预测，其预测值与实测值的相关性分析见表 2.7。

表 2.7　**两种预测模型(酚)的预测值和实测值的相关性分析**

预测模型	p	R^2	标准偏差
GAM	<0.001	0.62	0.002
SVM	<0.05	0.60	0.01

从表 2.7 中可以看出，虽然 SVM 预测模型的预测效果并不比 GAM 差很多，但是 GAM 模型的优势在于它能很好地处理污染物浓度与各个环境因素间的非线性关系。在模型的解释方面，SVM 属于黑箱模型，并不能从机理的角度解释预测变量和响应变量之间的关系，而 GAM 在这方面有很大的优势，它能够从机理的角度分析各个环境因子和污染物浓度变化的关系，预测未来的污染物浓度变化趋势。

2.2.2.2 池塘水环境中铜浓度的预测模型

采用2.2.2.1中同样的方法，首先用CART模型进行预测变量的筛选，结果如图2.18所示。

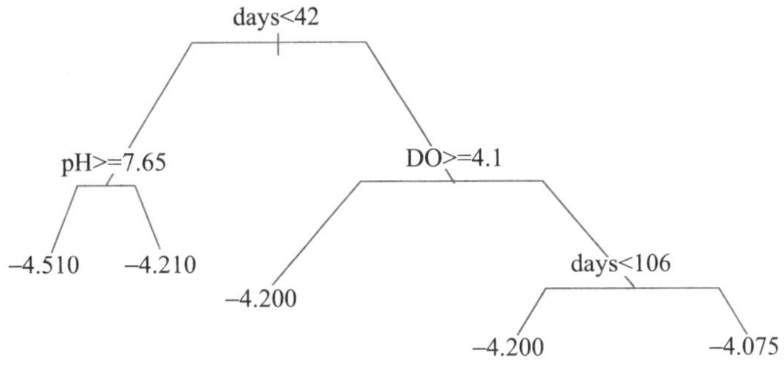

图2.18 剪枝后的回归树(铜)

从图2.18可以看出：

• 养殖天数对重金属铜在水环境中浓度的变化有很重要的影响，说明铜浓度的变化有很强的时间序列性；

• 在养殖不超过42 d时，水环境中的pH起主要影响作用；

• 在养殖超过42 d时，溶解氧的浓度起主要影响作用，并且当溶解氧的浓度小于4.1 mg/L时，养殖的时间仍起着主要影响作用。

从以上各个环境因素对水环境中铜浓度变化的影响分析可以看出，铜在水环境中的浓度变化主要受沉淀反应的影响，并且其变化有一定的时间序列性。

综上所述，我们选择养殖天数、溶解氧浓度、pH作为建立GAM预测模型的预测变量。以下将研究GAM模型的建立过程及各个环境变量对水中铜浓度影响的模式。

接下来在金属铜的GAM模型的建立中，我们仍选用立方样条作为模型的平滑函数。模型的输入变量分别为养殖天数(x_1, days)、溶解氧浓度(x_2, DO)、pH(x_3, pH)，为了防止CART模型有一定的误差，我们将有机化学需氧量(x_4, COD)以及水的硬度(x_5, hardness)也加入其中，进行预测；响应变量为金属铜在水中的浓度(y, Cu)。采用式(2.9)至式(2.13)进行计算，模型的输出结果如表2.8、表2.9所示，模型的各个变量的光滑函数如图2.19所示；用GAM模型进行预测的预测值和实测值的比较如图2.20所示。

表2.8 GAM模型(铜)各个变量的显著性

变量	自由度	F	p
x_1,养殖天数(days)	3.80	6.09	$2.4e^{-5}$
x_2,溶解氧浓度(DO)	4.41	2.57	0.017
x_3,pH	1.00	4.93	0.031
x_4,有机化学需氧量(COD)	1.00	4.53	0.039
x_5,水的硬度(hardness)	1.33	0.63	0.601

表 2.9 水中铜浓度的 GAM 预测模型性能

参　数	$P(>t)$	R^2	标准偏差/%
GAM 预测模型结果	0.01	0.803	84.4

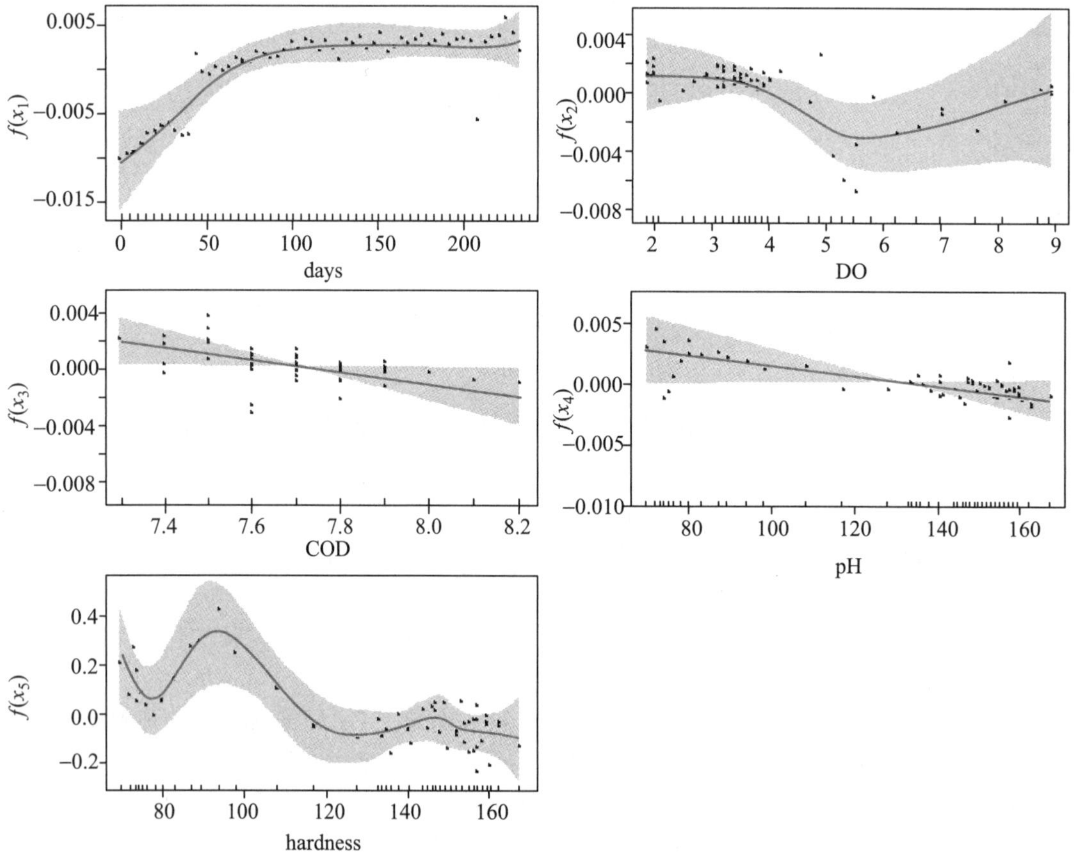

图 2.19 GAM(铜)对各个环境预测变量的光滑函数拟合

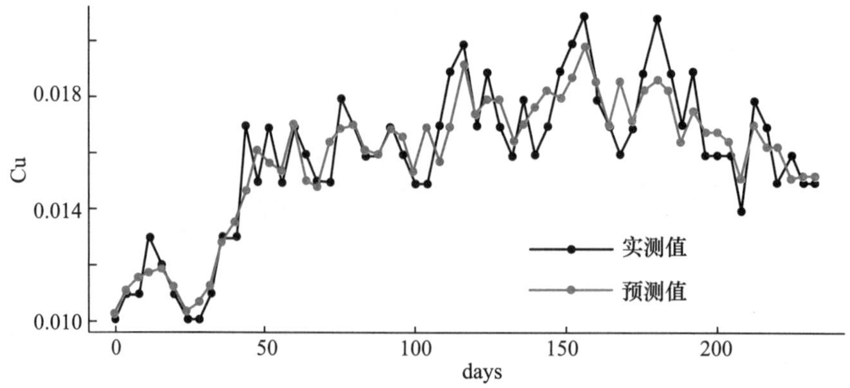

图 2.20 GAM 模型(铜)预测值和实测值比较

模型结果(表 2.8)显示,由 CART 模型选出的模型的输入变量和模型的响应变量(重金属铜在水中的浓度)均有显著性的关系。其中:养殖天数(days)高度显著地和响应变量的分布相关($p<0.001$),pH 和溶解氧浓度(DO)与响应变量也显著地相关($p<0.05$)。另外发现,未被 CART 识别出的环境变量 COD 也与响应变量显著相关($p<0.05$)。拟合的 GAM 模型能够解释 84.4%的铜浓度变化预测的偏差。

图 2.19 表示了各个环境预测因子和水中重金属铜浓度变化的关系。其中:

• 养殖天数(days)对金属铜在水中浓度变化的影响随着养殖时间的推移呈上升趋势。可以看出,铜在水中的浓度变化呈一定的时间序列趋势,时间对其浓度的影响呈一定的非线性关系。随着时间的推移,时间对铜浓度变化的影响速率呈减小的趋势。

• 溶解氧浓度(DO)对铜在水中的浓度变化影响呈非线性的关系。首先,当溶解氧浓度逐渐降低时,其对铜浓度的影响增大,但是增大的速率逐渐减小,说明池塘水环境在低氧状态时,池塘底泥中积累的金属铜会不断地释放到水环境中;但当 DO>5.5 时,水中铜的浓度又有增加的趋势。

• 金属铜在水中的浓度变化和 pH 有一定的负相关性,并呈线性关系。在一定程度上说明铜在水中发生了沉淀反应。

• 水中的 COD 对金属铜浓度的影响呈负相关性,并呈一定的线性关系。

经过比较后可以认为,水中铜浓度的 GAM 预测模型有较好的预测能力,预测的标准偏差为 0.01。

2.2.2.3 池塘水环境中大肠菌群量的预测模型

同样,首先用 CART 模型进行预测变量的筛选,结果如图 2.21 所示。从图中可以看出:

• 养殖天数对大肠菌群量在水中的变化有很重要的影响,说明其变化有很强的时间序列性;

• 在养殖不超过 114 d 时,水环境中的 DO 起主要影响作用;

• 在养殖超过 114 d 时,总氮的浓度起主要影响作用。

从以上各个环境因素对水环境中大肠菌群量变化的影响分析可以看出,大肠菌群量在水环境中的浓度变化主要受营养源和氧含量的影响,并且其变化有一定的时间序列性。

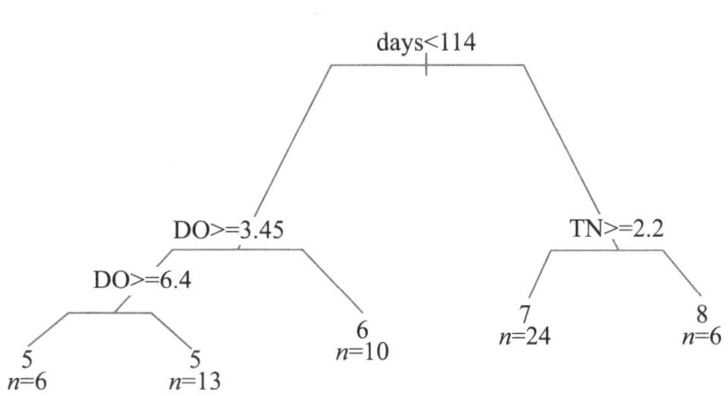

图 2.21 剪枝后的回归树(总大肠菌群)

综上所述,选择养殖天数、溶解氧浓度、总氮作为建立 GAM 预测模型的预测变量。以下将研究 GAM 模型的建立过程及各个环境变量对水中大肠菌群量浓度影响的模式。

接下来在大肠菌群量的GAM模型的建立中，我们仍选用立方样条作为模型的平滑函数。模型的输入变量分别为养殖天数(x_1，days)、溶解氧浓度(x_2，DO)、总氮(x_3，TN)，同样，为防止决策树误差的发生，将COD加入到输入变量中；响应变量为水中大肠菌群(y，coli)。采用式(2.9)至式(2.13)进行计算，模型的输出结果如表2.10、表2.11所示，模型的各个变量的光滑函数如图2.22所示，用GAM模型进行预测的预测值和实测值的比较如图2.23所示。

表2.10 GAM模型(大肠菌群)各个变量的显著性

变　量	自由度	F	p
x_1，养殖天数(days)	3.80	159.87	$4.3e^{-16}$
x_2，溶解氧浓度(DO)	4.41	2.23	0.043
x_3，总氮(TN)	1.00	7.11	$6.3e^{-5}$
x_4，有机化学需氧量(COD)	1.00	3.16	0.023

表2.11 水中大肠菌群量的GAM预测模型性能

参　数	$P(>t)$	R^2	标准偏差/%
GAM预测模型结果	0.01	0.8	84.5

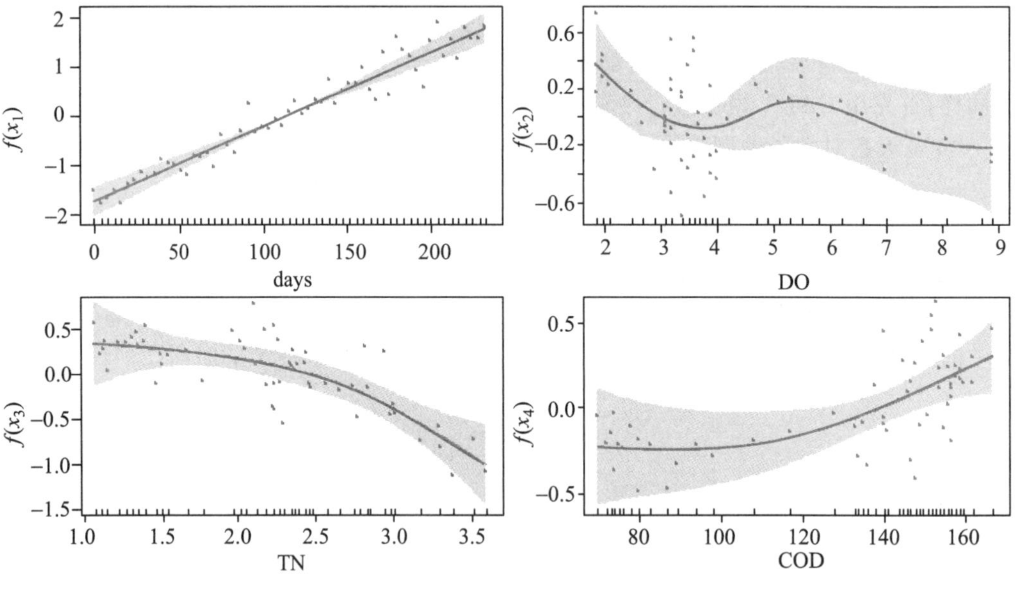

图2.22 GAM模型(大肠菌群)对各个环境预测变量的光滑函数拟合

模型结果(表2.10)显示，由CART模型选出的模型的输入变量和模型的响应变量(大肠菌群量)均有显著性的关系。其中：养殖天数(days)和总氮(TN)显著地和响应变量的分布相关($p<0.05$)，溶解氧浓度(DO)与响应变量也显著地相关($p<0.05$)。另外发现，未被CART识别出的环境变量COD也与响应变量显著相关($p<0.05$)。拟合的GAM模型能够解释84.5%的大肠菌群量变化预测的偏差。

图2.22表示了各个环境预测因子和水中大肠菌群量变化的关系。其中：

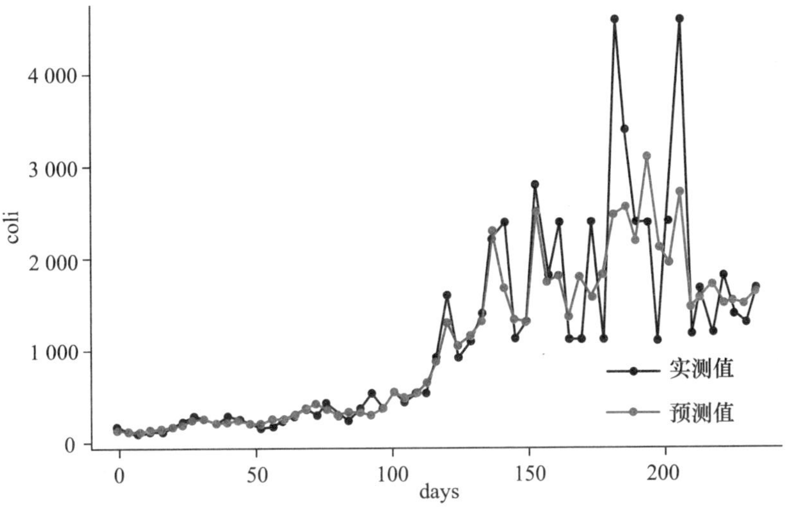

图 2.23 GAM 模型(大肠菌群)预测值和实测值比较

• 养殖天数(days)对大肠菌群量在水中变化的影响随着养殖时间的推移呈上升趋势,可以看出,水中大肠菌群量变化呈一定的时间序列趋势,时间对它的影响呈线性关系。

• 溶解氧浓度(DO)对大肠菌群量在水中变化的影响呈非线性的关系,而且有一定的波动性,说明大肠菌群里有厌氧菌也含有兼性厌氧菌。

• 大肠菌群量在水中的变化和总氮有一定的非线性负相关性。虽然氮是微生物的营养源,但氮的增多同样会导致水体富营养化及溶解氧降低,会对一部分微生物的生长起限制的作用。

• 水中的 COD 对大肠菌群量的影响呈正相关,并呈一定的非线性关系;有机物是微生物重要的营养源,有机物增多时,微生物的生长也逐渐旺盛,并且增加的速率是逐步提高的。

经过比较后可以认为,水中大肠菌群量的 GAM 预测模型有较好的预测能力,预测的标准偏差为 0.004。

2.3 基于一阶反应动力学的生物积累浓度预测模型

2.3.1 污染物生物积累过程的影响因素

污染物在生物体内积累受诸多因素的影响,较重要的影响因素有如下几个方面:

(1) 浓度。生物积累与污染物浓度密切相关。一般来讲,在一定浓度范围内,随污染物浓度的增高,其在生物体内的积累系数增大。

(2) 性质。物质的性质对生物积累影响十分显著。在同种条件下,金枪鱼对 Cu 的积累系数为 100,对 Mg 的积累系数为 0.3;褐藻对 Cu 的积累系数仅为 11,而对 Pb 竟达 70 000。Cu、Mg 是生物必需微量元素,对维持生物体正常生化活动非常重要,一般为主动输送;而 Pb 是有毒金属,由被动运输来控制。

(3) 生物体。生物体本身因素中对污染物积累有影响的包括生物种类、大小、性别、食性、生活区域、脂肪含量等因素。不同种类的生物，由于以不同方式进行积累，积累过程发生的生化、生理效应不同，所以积累程度相差较大。微型生物虽个体小，但表面积大，因此其吸附作用也大，积累系数也大。生物的积累随生长发育而增加。许澄源(1983) 等研究了大连湾贻贝对砷的积累，二龄的积累系数为 113.17，三龄为 131.50。在代谢期内，生物积累系数不断增加。生物不同器官对同一种物质的积累能力也往往不同，含脂肪较多的器官积累系数一般高于含脂肪少的器官。

影响积累的还有水环境的理化因素如水温、溶解氧、盐度、pH 及气象、水文条件等。如水温升高，生物的代谢作用增强，而溶解氧含量下降，鱼类的呼吸作用加快，结果使污染物在体内积累提高。如鱿鱼对汞的吸收试验表明，在 25℃时鱿鱼体内汞浓度为 13.6℃时的 2 倍。

2.3.2 生物积累过程的经典数学模式

生物对物质的积累受下述原则支配：任何生物体在任何时刻，机体内污染的浓度水平取决于摄取和消除这两个相反的过程。摄取量大于消除量，就发生积累。假定水环境中污染物接近于常数，而生物以恒定速率吸收污染物，则

$$\text{吸收速率} = K_a \frac{\mu}{\alpha} w \qquad (2.14)$$

式中：K_a为污染物进入生物的速率常数；μ 为无限小时间间隔内生物体接触的水的重量；w 为水中污染物的实际浓度；α 为生物干重。

若生物消除污染物的过程为动力学一级过程，则

$$\text{消除速率} = K_e C \qquad (2.15)$$

式中：K_e为生物消除污染物的速率常数；C 为当时间为 t 时生物体内污染物的浓度。因此，污染物在生物体内积累的速率为

$$\frac{\mathrm{d}C}{\mathrm{d}t} = \text{吸收速率} - \text{消除速率} = K_a \frac{\mu}{\alpha} w - K_e C \qquad (2.16)$$

式(2.16)积分后得

$$\ln\left(K_a \frac{\mu}{\alpha} w - K_e C\right) = -K_e t + A \qquad (2.17)$$

假设开始时污染物在生物体内的浓度为 0，即 $t=0$ 时 $C=0$，由式(2.17)得

$$A = \ln\left(K_a \frac{\mu}{\alpha} w\right)$$

$$\ln\left(K_a \frac{\mu}{\alpha} w - K_e C\right) = -K_e t + \ln\left(K_a \frac{\mu}{\alpha} w\right)$$

$$\ln\left(K_a \frac{\mu}{\alpha} w - K_e C\right) - \ln\left(K_a \frac{\mu}{\alpha} w\right) = -K_e t$$

$$\frac{K_a \frac{\mu}{\alpha} w - K_e C}{K_a \frac{\mu}{\alpha} w} = e^{-K_e t}$$

整理后得

$$C = \frac{K_a \frac{\mu}{\alpha} w}{K_e}(1 - e^{-K_e t}) \tag{2.18}$$

式(2.18)可以用图2.24来表示。

在摄取开始阶段鱼体中污染物浓度很快增加并趋于峰值,此过程主要由摄取和消除(污染物的排除)两过程控制,两速率几乎相等时达到峰值;经此阶段污染物在鱼体内的积累,鱼体内某一种或几种能降解污染物的酶适应能力增强,发生了具有延迟期的酶促代谢反应,快速发生的酶反应破坏了原有的平衡,使鱼体中污染物以快速减少。随之,鱼体摄取速度又逐渐增加而趋于低水平稳态,摄取、消除(包括污染物的排出和代谢)两过程渐趋平衡(郎佩珍等,1997)。

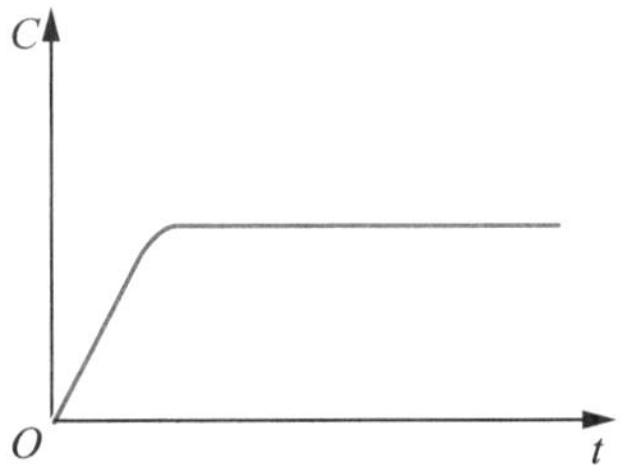

图2.24 生物体内污染物浓度和时间的关系

前述资料表明,生物积累和污染物的化学性质与浓度、环境因素和生物自身的生物学特性有关,因此根据这几方面的资料,用数学模型对生物积累污染物的量进行模拟和预测。以上介绍的水生生物积累的经典生态学模型是以水生生物学理论为基础的,它虽然很清晰地表述了水生生物从水环境中积累污染物的过程,但是这个模型需要大量的毒理学试验模拟数据和估算许多动力学参数,例如吸收速率常数、挥发速率常数、排除速率常数等,整个过程复杂,并且操作起来困难较多。

在统计学中,回归分析是应用极其广泛的数据分析方法之一。它基于观测数据建立变量间适当的依赖关系,以分析数据的内在规律,并可以用于预报、控制和管理等问题。回归模型是一种总结因变量的平均值随着由预测变量组成的线性函数定义的分组数据变化的一种方法,并且回归模型的重点在于解释变量之间的关系,而不是对预测平均值进行比较。如果要利用回归模型对预测的均值进行比较,定义变量间的因果关系,对于现有的知识来说是很有局限性的。回归模型可以用由不同的预测变量定义的线性方程预测一个结果,并且回归参数可以认为是对整个预测结果的比较或者是对数据平均值的比较(Gelman, 2007)。

因此,在建立污染物的生物积累模型时,首先要考虑模型的有效性。数据的分析结果要能折射出所研究问题的答案,理想地说,就是预测结果需要准确地反映实际的现象。我们的重点在于能够解释鱼肉组织中污染物的浓度与水中污染物浓度和其他环境因子随着时间变化的关系,这就需要所建立的模型要包括所有的有显著关系的预测因子,并且此模型应该能够普及应用到实际中。

2.3.3 鱼体积累污染物浓度预测的回归理论模型

大多数生物积累模型都假设积累的速率是常数(Nichols, et al, 2007; Gust et al, 2005;

Lawrence et al, 2001; Ryuji Ueno et al, 2004)。本模型的建立基于经典的描述生物积累浓度变化的机理模型,其基本假设为:

(1) 鱼肉组织中污染物积累的浓度主要受控于直接暴露于水中的吸收和吸附污染物的浓度、鱼体代谢排除以及鱼生长三者之间的平衡;

(2) 生物积累量在鱼肉组织中的变化服从于一阶反应,并且浓度随时间变化的速率与污染物的浓度是成比例的,如式(2.19)所示:

$$dC_f/dt = k_t C_f \tag{2.19}$$

假设最初鱼肉组织内污染物的浓度为 C_0,污染物在时间 t 的浓度可以表示为

$$C_{ft} = C_0 e^{k_t t}$$

将等式两边取对数,我们可以得到一个线性模型:

$$\ln C_{ft} = \ln C_0 + tk_t + \varepsilon \tag{2.20}$$

式中:k_t 为污染物质的反应常数,在本模型中 k_t 被定义为鱼在池塘水环境中的暴露函数,并且它与水中污染物的浓度、鱼的尺寸以及其他水环境指标有关;ε 为残差,是描述个体变异或者不确定性的参数,并且它服从于一个均值为 0、误差为一常数 σ 的正态分布。式(2.20)表示鱼体内污染物的浓度是随着养殖时间的增加而以一定的速率增加的。

2.3.4 模型实证分析

2.3.4.1 鱼体积累酚浓度的预测模型

尽管有时酚在水中的浓度很低,可能在检测最低限以下,或者它的浓度在标准生态毒理学试验中并没有可检测的精度和长期的影响,但是就生物积累本身来说,低浓度的长期积累就有一定的危害(Carbonell et al,2000)。

下面以酚在鱼组织内浓度的回归预测模型为例进行详细描述。许多研究表明:生物对有机污染物的吸收、累积明显地受环境因素和生物因素的影响,环境因素有温度、盐度、光照、有机物浓度、pH、溶解氧等,生物因素主要有个体大小、年龄等。

根据实际情况,对模型(2.20)进行必要的修正并添加其他的预测因子可以稳定模型的残差(Saloranta et al, 2006),所以首先需要检测反应常数 k_t 和其他变量之间的关系。根据试验所观测的数据,在统计软件 R 中,用图直观地表示鱼体积累浓度和其他变量的关系,如图 2.25 所示。

一旦确定了回归关系的形式,接下来便需要选择“好”的自变量,以最终确定一个最优的回归模型。由图可见,酚在鱼体内的积累浓度和酚在池塘水环境中的浓度、时间、鱼体长以及水中 COD 含量、水温有明显的线性关系。因此,我们假设反应常数 k_t 和酚在水环境中的浓度(C_w)、时间(t)、鱼体长(L)、COD 浓度(COD)、水温(T)5 个参数有关系。根据试验数据,我们对以下 4 组形式的模型在 R 软件中应用 lm( )函数进行了拟合实验,以获取一个可以描述的积累过程的最佳线性模型:

模型 1　$\ln C_{ft} = \beta_0 + t \cdot (\beta_1 + \beta_2 C_w + \beta_3 L + \beta_4 COD + \beta_5 T) + \varepsilon$

模型 2　$\ln C_{ft} = \beta_0 + t \cdot (\beta_1 + \beta_2 C_w + \beta_3 L + \beta_4 COD) + \varepsilon$

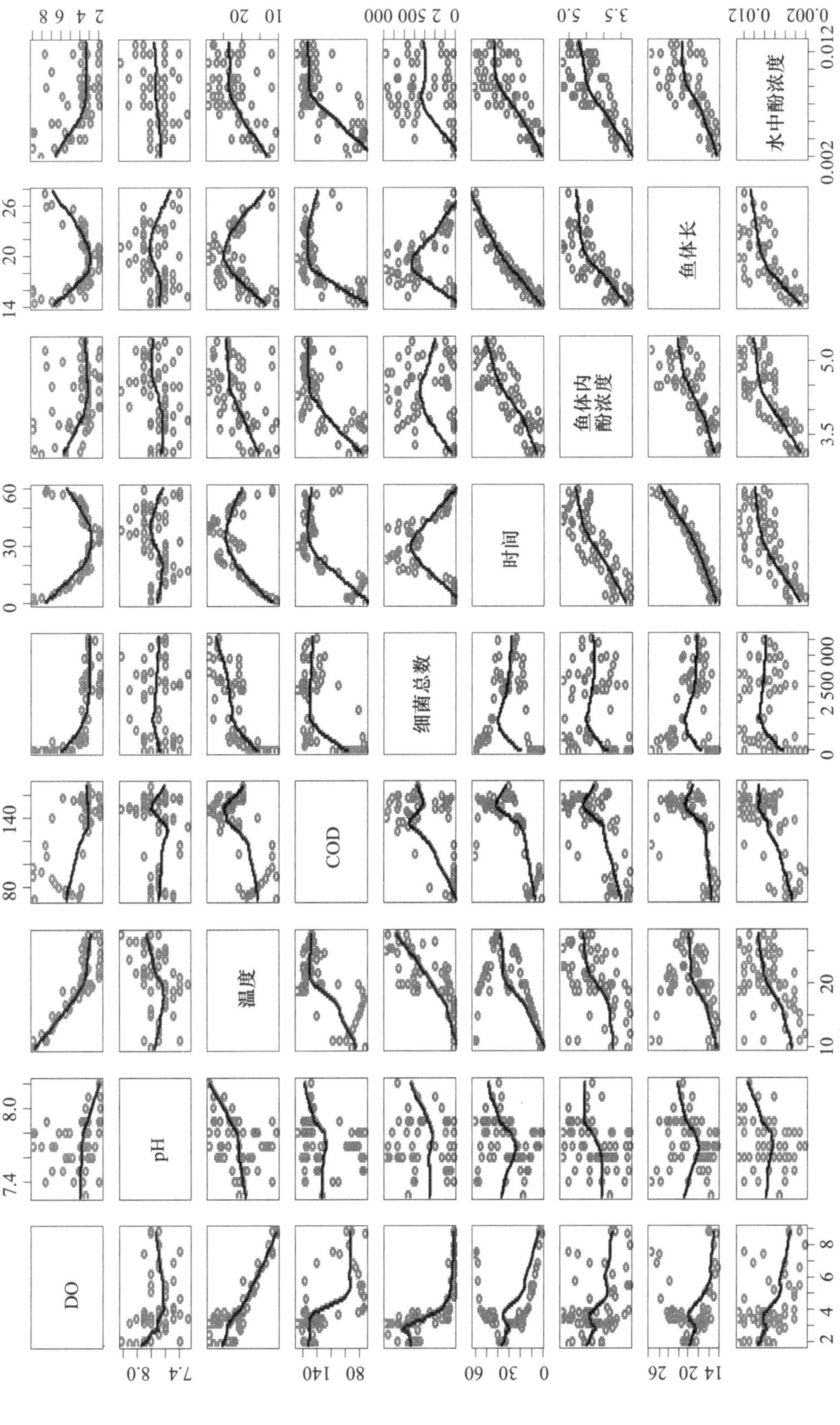

图 2.25 各个环境变量之间的相关性

模型 3　$\ln C_{ft}=\beta_0+t\cdot(\beta_1+\beta_2 C_w+\beta_3 L+\beta_4 T)+\varepsilon$

模型 4　$\ln C_{ft}=\beta_0+t\cdot(\beta_1+\beta_2 C_w+\beta_3 L)+\varepsilon$

模型 1 在 R 软件中的运行结果：

```
#### R code ####
lm1=lm(log(hb.fish)~days+I(hb.water * days)+I(length * days)+I(cod * days)+I
(temperature * days), data=fendata)
display (lm1,4)
#### R output ####
lm(formula = log(hb.fish) ~ days + I(hb.water * days) + I(length *
  days) + I(cod * days) + I(temperature * days), data=fendata)
                          coef. est    coef. se
(Intercept)                1.199 8     0.035 6
days                       0.008 9     0.007 8
I(hb.water * days)         0.334 7     0.143 1
I(length * days)          -0.000 3     0.000 2
I(cod * days)              0.000 0     0.000 0
I(temperature * days)      0.000 1     0.000 1
---
n = 60, k = 6
residual sd = 0.083 5, R-Squared = 0.74
```

模型 2 在 R 软件中的运行结果：

```
#### R code ####
lm2=lm(log(hb.fish)~days+I(hb.water * days)+I(length * days)+I(cod * days), data
=fendata)
display (lm2,4)
#### R output ####
lm(formula = log(hb.fish) ~ days + I(hb.water * days) + I(length * days) + I(cod *
days), data=fendata)
                          coef. est    coef. se
(Intercept)                1.188 2     0.034 8
days                       0.014 1     0.006 8
I(hb.water * days)         0.354 7     0.143 3
I(length * days)          -0.000 4     0.000 2
I(cod * days)              0.000 0     0.000 0
---
n = 60, k = 5
residual sd = 0.084 1, R-Squared = 0.73
```

模型 3 在 R 软件中的运行结果：

```
#### R code ####
lm3=lm(log(hb.fish)~days+I(hb.water * days)+I(length * days)+I(temperature * days), data=fendata)
display(lm2,4)
#### R output ####
lm(formula = log(hb.fish) ~ days + I(hb.water * days) + I(length *
  days) + I(temperature * days), data=fendata)
                            coef.est    coef.se
(Intercept)                 1.2066      0.0321
days                        0.0071      0.0066
I(hb.water * days)          0.3233      0.1399
I(length * days)           -0.0002      0.0002
I(temperature * days)       0.0001      0.0001
---
n = 60, k = 5
residual sd = 0.0829, R-Squared = 0.74
```

模型 4 在 R 软件中的运行结果：

```
#### R code ####
lm4=lm (log (hb.fish)~days+I(hb.water * days)+I(length * days), data=fendata)
display (lm4,4)
#### R output ####
lm(formula = log(hb.fish) ~ days + I(hb.water * days) + I(length *
  days), data=fendata)
                            coef.est    coef.se
(Intercept)                 1.1882      0.0289
days                        0.0141      0.0037
I(hb.water * days)          0.3546      0.1385
I(length * days)           -0.0004      0.0001
---
n = 60, k = 4
residual sd = 0.0833, R-Squared = 0.73
```

要知道所求得的回归方程是否有意义，也就是说因变量和自变量之间是否存在显著的线性关系，就要对回归方程进行检验。其中估计参数的显著性对于判断因变量和自变量之间是否有显著关系是很重要的。一般来说，如果一个参数估计值大于 2 倍的标准差值，就称之为统计学意义上的显著。因为参数估计值大于 2 倍的标准差，就意味着真实值有 95％的可能性在 2 倍标准误差之间，如果拟合模型正确，估计值与真实值之差大于 2 倍标准差的可能性只有 5％(Gelman et al, 2007)。此外，标准偏差和 R^2 也是用来评价拟合模型好坏的参数。R^2 越小，模型拟合程度越好；R^2 越大，代表由回归模型所能解释的污染物生物积累浓度的波动性的比例就越大，即污染物生物积累浓度与其他因子之间的线性关系就越显著（范金城，梅长林，2002）。根据以上几个判断的准则，模型 4 最符合标准，说明鱼肉组织中酚的浓度和池塘养殖水中酚的浓度、鱼的尺寸以及养殖时间有着显著的线性关系。

在拟合一个回归模型之前，人们并不能肯定这个模型适合于所给数据。诸如对回归模型的线性假设、误差的正态性和同方差性假设等，都有可能不适合于所给数据。因此，拟合一个模型之后，再进一步考察模型对所给数据的适用性，是将此模型应用于实际之前所必需的，而且也是十分重要的一个环节。如果拟合的模型不能较好地反映数据的特点，就必须对模型作必要的修正或者对数据作某些处理。在这一方面，残差分析起着十分重要的作用。在这里我们用常用的图示来判断拟合模型 4 对数据的适用性。从图 2.26 可以看出，所拟合的酚生物积累模型 4 能适当地反映数据的特点，并且其中的正态 QQ 图说明了误差项正态分布假定的可行性。

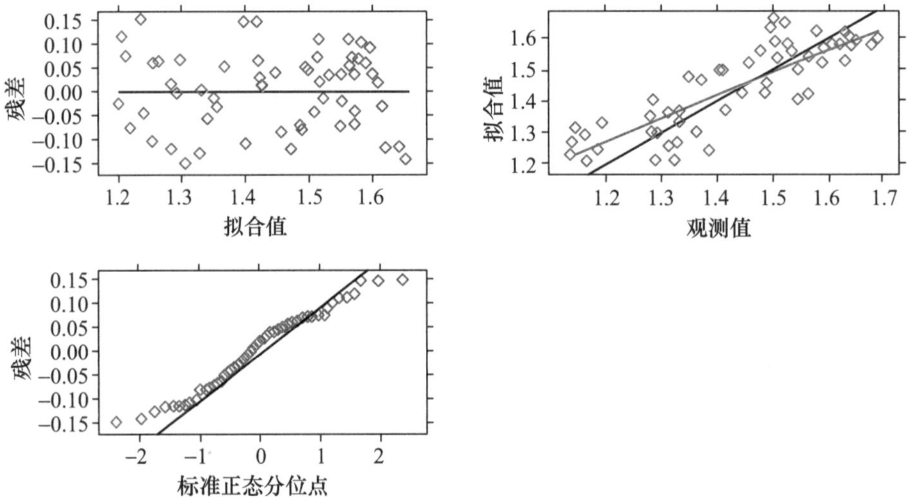

图 2.26　模型 4 的残差分析图(酚)

最终选择的拟合模型 4 的形式为

$$\ln C_{ft} = \beta_0 + t \cdot (\beta_1 + \beta_2 C_w + \beta_3 L) + \varepsilon$$

模型参数的估计采用常用的最小二乘法，其参数估计值及标准差在表 2.12 中列出。

表 2.12　模型(酚)的参数估计(最小二乘法)

参数	最小二乘法参数估计值(标准差)	参数	最小二乘法参数估计值(标准差)
$\hat{\beta}_0$	1.188 2(0.03)	$\hat{\beta}_2$	0.35(0.14)
$\hat{\beta}_1$	0.014(0.004)	$\hat{\beta}_3$	−0.000 4(0.000 1)

在此回归模型里，鱼肉组织中酚的浓度取决于：

(1) 由酚在水相中的浓度表示的污染源；

(2) 由鱼在池塘内的养殖时间和鱼的尺寸代表的生物积累过程。

图 2.27 可以用于更好地解释鱼肉组织中酚的浓度和水中酚的浓度以及鱼尺寸随时间变化的关系。图 2.27 表明：

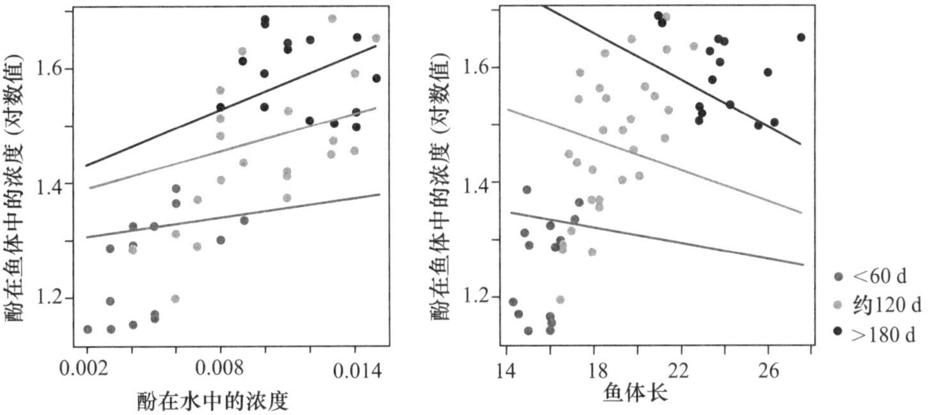

图 2.27　酚的积累浓度随水中酚的浓度、鱼体长以及养殖时间的变化

(1) 随着养殖时间以及水中酚浓度的不断增加,鱼肉组织中酚的积累浓度的增加速率是同样增加的,即酚在水中的浓度对生物积累的影响不断增加。

(2) 鱼尺寸对鱼肉组织积累酚的影响随着养殖时间的增加而呈下降趋势,这可以解释为随着鱼的生长,其尺寸和体积都在不断地增加,这对体内酚的积累浓度有一定的稀释作用。

(3) 图 2.27 显示在假设时间和酚在水中的浓度为常数的条件下,鱼肉组织中酚的浓度和鱼体长呈负相关性。这说明鱼的生长对积累浓度有稀释效应。但由于其稀释速率小于从水中积累酚的速率,所以随着养殖时间的增长,鱼体内酚的浓度呈增长的趋势,但是增长的总体速率会不断降低。

2.3.4.2　鱼体积累铜浓度的预测模型

根据上述同样的方法建立铜的生物积累模型。我们对以下几个候选模型进行拟合运算:

模型 1　$\ln C_{ft} = \beta_0 + t \cdot (\beta_1 + \beta_2 C_w + \beta_3 L + \beta_4 PH + \beta_5 Hard) + \varepsilon$

模型 2　$\ln C_{ft} = \beta_0 + t \cdot (\beta_1 + \beta_2 C_w + \beta_3 L + \beta_4 PH) + \varepsilon$

模型 3　$\ln C_{ft} = \beta_0 + t \cdot (\beta_1 + \beta_2 C_w + \beta_3 L) + \varepsilon$

模型 4　$\ln C_{ft} = \beta_0 + t \cdot (\beta_1 + \beta_2 C_w) + \varepsilon$

以上几个模型的拟合效果都不是很理想,分析认为可能是由于一些因子中存在交互作用。因此,将交叉项加入到模型中。结果显示,模型 5 有很好的拟合效果。

模型 5　$\ln C_{ft} = \beta_0 + \beta_1 t + \beta_2 (t \cdot C_w) + \beta_3 C_w + \varepsilon$

模型 5 的参数估计如表 2.13 所示,模型的拟合效果由图 2.28 表示,可以看出模型 5 对于所测数据具有较好的拟合程度,满足误差项关于正态分布的假设。图 2.29 显示了鱼肉组织内铜的积累浓度随水中铜浓度及养殖时间的变化,可以看出:

(1) 鱼肉组织内积累铜的浓度与水环境中铜的浓度以及养殖时间有关系;

表 2.13　模型(铜)的参数估计(最小二乘法)

参数	最小二乘法参数估计值(标准差)	参数	最小二乘法参数估计值(标准差)
$\hat{\beta}_0$	−0.491 7(0.110 7)	$\hat{\beta}_2$	−0.218 1(0.072 2)
$\hat{\beta}_1$	0.006 6(0.001 1)	$\hat{\beta}_3$	43.868 0(8.163 5)

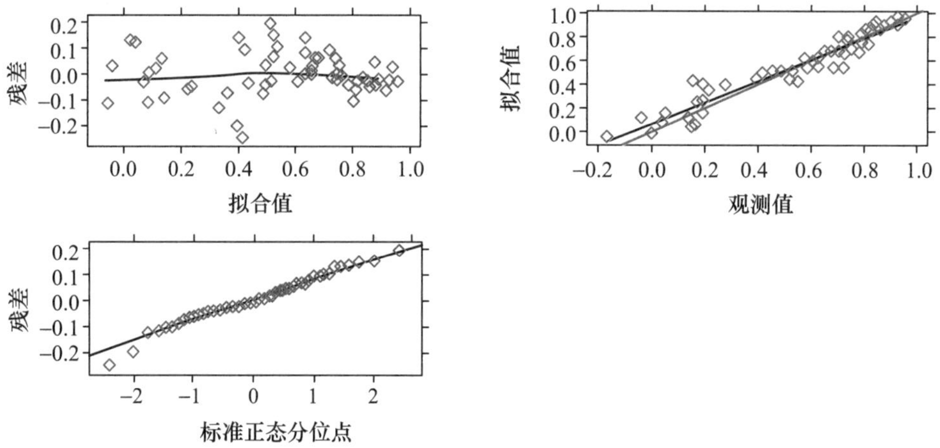

图 2.28　模型(铜)的残差分析图

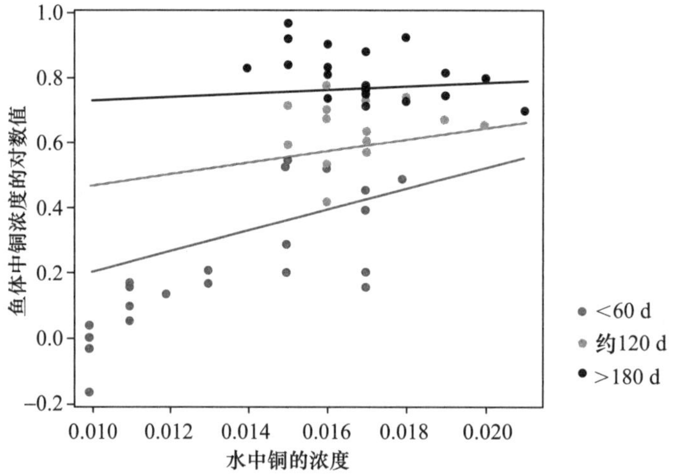

图 2.29　铜的积累浓度随水中铜浓度及养殖时间的变化

(2) 随着养殖时间以及水中铜浓度的不断增加,鱼肉组织中铜积累浓度的增加速率是逐渐减小的,但是积累浓度总体上还是呈增加的趋势。

2.3.4.3　**鱼体积累大肠菌群量的预测模型**

根据上述同样的方法建立大肠菌群量的生物积累模型,对以下几个候选模型进行拟合运算:

模型 1　$\ln C_{ft}=\beta_0+t\cdot(\beta_1+\beta_2 C_w+\beta_3 L+\beta_4 TN+\beta_5 DO+\beta_6 COD)+\varepsilon$

模型 2　$\ln C_{ft}=\beta_0+t\cdot(\beta_1+\beta_2 C_w+\beta_3 L+\beta_4 TN+\beta_5 DO)+\varepsilon$

模型 3　$\ln C_{ft}=\beta_0+t\cdot(\beta_1+\beta_2 C_w+\beta_3 L)+\varepsilon$

模型 4　$\ln C_{ft}=\beta_0+t\cdot(\beta_1+\beta_2 C_w)+\varepsilon$

结果表明,模型 3 有很好的拟合效果。模型 3 的参数估计如表 2.14 所示,模型的拟合效果由图 2.30 表示,可以看出模型 3 对于所测得的数据具有较好的拟合程度,满足误差项关于正态分布的假设。图 2.31 显示了鱼肉组织内大肠菌群量的积累随水中铜浓度及养殖时间的变化,可以看出:

(1) 鱼肉组织内大肠菌群量与水环境中大肠菌群量、鱼的尺寸以及养殖时间有关系；

(2) 随着养殖时间以及水中大肠菌群量的不断增加，鱼肉组织中铜积累浓度的增加速率是逐渐减小的，但是积累浓度总体上还是呈增加的趋势。

表 2.14 模型(大肠菌群)的参数估计(最小二乘法)

参数	最小二乘法参数估计值(标准差)	参数	最小二乘法参数估计值(标准差)
$\hat{\beta}_0$	0.875(0.1)	$\hat{\beta}_2$	$5.14e^{-7}(2.96e^{-7})$
$\hat{\beta}_1$	0.031 3(0.003 3)		

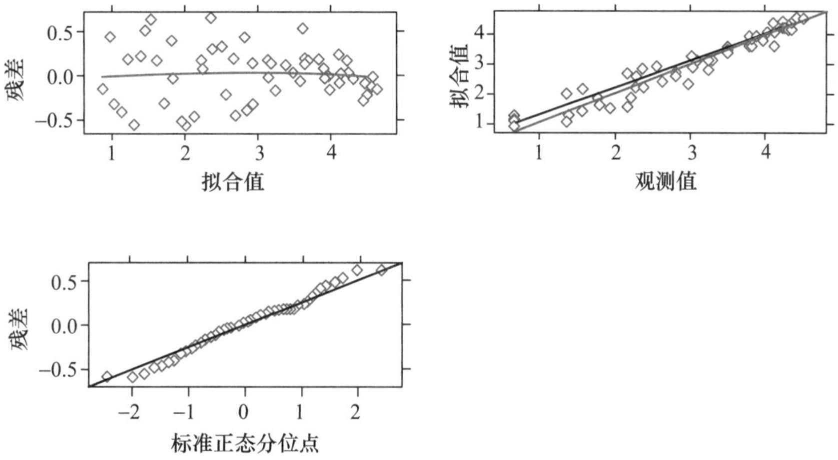

图 2.30 模型(大肠菌群量)的残差分析图

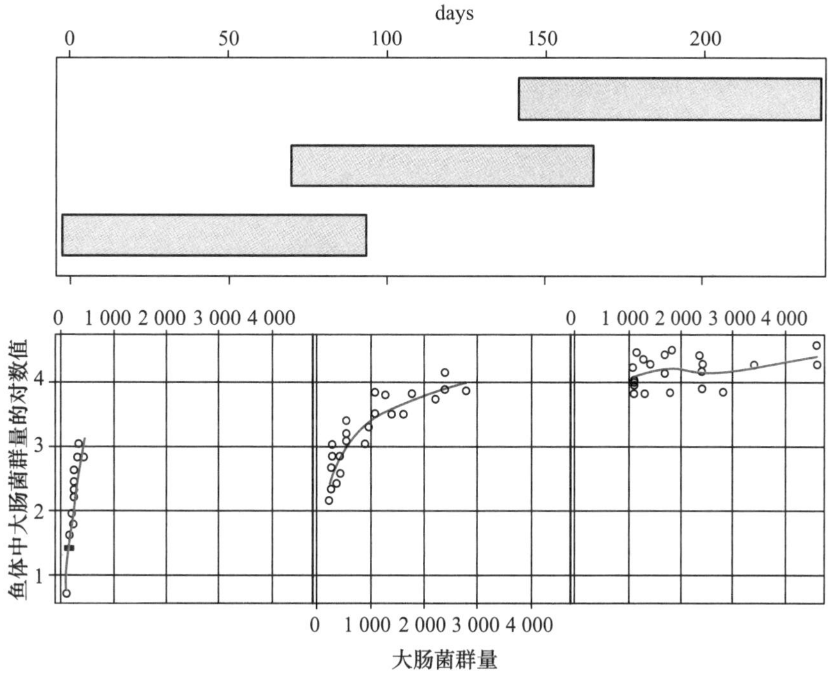

图 2.31 大肠菌群的积累随水中大肠菌群量及养殖时间的变化

2.4 基于贝叶斯和蒙特卡洛模拟的水产品质量安全风险评价

2.4.1 不确定性分析与水产品质量安全风险的定义

“在不确定分析下为决策提供技术支持”是风险评价的一种定义。风险评价起源于对赌博胜负概率计算的需要，之后在17世纪的英格兰和新西兰，风险评价又被用于对养老保险金的计算和货船能否成功返航概率的计算(Ian Hacking，1975)。大部分的风险评估师仍在从事金融和保险的工作。但是从那以后，风险评价就开始延伸到各个领域，包括工程、森林火灾管理、医学和环境。风险评价的一般定义描述了其最普遍的2个特性(Glenn W. SuterⅡ，2006)：

(1) 需要做的决策；

(2) 关于其后果的不确定性。

风险的概念通常被理解为与不确定性和概率是有关系的。因为风险起源于对未来预知的不完整性。不确定性来源于系统内部的随机性(量子不确定性)以及对未来知识的局限性，即便对于确定性系统而言(混沌系统或者简单的数据获取和分析的局限)。在关于决策分析的文献中，都着重强调了在风险评价中结合量化了的不确定性分析的重要性(Alison C. Cullen，et al，1999)。

污染物有着很高的难以预测的环境化学行为。虽然我们可以利用各种数学方法建立看似精准的模型，但是由于我们利用了很多模型假设和质量或许不高的数据来源，在实际应用中，决策者还需要依赖于自己的专业知识、评价技术以及与其他类似污染物环境行为的类比等来做出决策。最终导致的结果，即所建立的基于一系列假设的预测模型有着不同程度的不确定性。

不确定性因素在环境学中有着重要的作用，它在建模以及预报中担任越来越多的角色，直接影响到各种预测结果的精度。其原因为：

(1) 很多经验已经证实，看待问题的片面性常会导致所谓的不准确的最佳估计。而对不确定性的讨论可以提高估计值或预测值的准确性。

(2) 预测模型的建立是一个不断重复的过程，对模型不确定性的分析可以对模型的不断改进有很大的帮助。

(3) 决策者们不应当只依赖于预测的数值，而更应当能够详细和明确地解释模型的意义以及局限性。不确定性分析可以在此方面给予很大的帮助。

总而言之，当我们用模型预测水产品体内的污染物浓度时，只给出单一的一个预测浓度值是不科学的，正如天气预报预测明天是否下雨一样，科学实用的预测方式是给出明天的降雨概率，让出行者根据概率自己判断是否需要带雨具。所以在根据机理和数据建立了一个预测模型后，要对模型的不确定性进行量化分析，并在此基础上对水产品受污染的风险进行评价。

水产品质量安全风险可以用传统的基于风险描述商和统计的方法来进行估计。在本研究中，风险描述商定义为鱼肉组织内污染物的预测浓度和水产品质量安全限量的比率。当风险描述商大于1时，说明污染物在水产品中的含量水平有可能会对其质量安全存在潜在的危害。此外，运用贝叶斯统计推理和蒙特卡洛的方法，可以在暴露和效应的联合概率分布的基础上，得出风险描述商的概率分布。所以,本研究的水产品质量安全风险定义为鱼肉组织内的污染物浓度超过食品安全限量的概率,也等价于风险描述商大于1,此时可能会出现某些负面效应。

为了计算这种概率风险,本研究采用贝叶斯和蒙特卡洛的方法来进行分析,对预测模型的不确定性予以量化,并对水产品质量安全风险进行评价。

2.4.2 基于贝叶斯和蒙特卡洛模拟的不确定性分析理论模型

2.4.2.1 贝叶斯推理的基本理论

从概率论中的贝叶斯公式谈起。设参数 β 是连续型的,具有概率密度 $\pi(\beta)$;当参数取值 β 时,样本观测值 x 的条件概率是 $P\{x|\beta\}$。这样,当样本观测值 x 已知时,β 的条件概率密度为

$$h(\beta|x)=\frac{\pi(\beta)P\{x|\beta\}}{\int_{\Theta}P(x|\beta)\pi(\beta)\mathrm{d}\beta} \tag{2.21}$$

$h(\beta|x)$称为 β 的后验概率密度。式(2.21)即当参数 β 是连续型、而 x 是离散型时的贝叶斯公式。

贝叶斯学派的重要观点是(张尧庭等,1991;Gotelli et al,2004):任一未知参数 β 都可以看作随机变量,因为任一未知量都有不确定性,因此可以用概率分布来描述。人们根据先验信息对未知参数 β 已有一个认识,这个认识就是参数的先验分布 $\pi(\beta)$,通过实验获得样本 x_1,x_2,…,x_n,对 β 的先验分布进行调整,调整的结果就是 β 的后验分布$(\beta|x_1,x_2,\cdots,x_n)$。在这个过程中,人们的认识由 $\pi(\beta)$ 调整到$(\beta|x_1,x_2,\cdots,x_n)$。

给定样本 $x=(x_1,x_2,\cdots,x_n)^{\mathrm{T}}$,则样本分布

$$f(x|\beta)=f(x_1,x_2,\cdots,x_n|\beta)$$

贝叶斯方法中样本 $x_1,x_2,\cdots,x_n$对 β 的条件密度 $p(x_1,x_2,\cdots,x_n|\beta)$ 就是经典方法中 β 已知时样本的联合密度,即似然函数。一旦样本已知,就只有 β 在变化,把联合密度看成参数 β 的似然函数。因为式(2.21)中分母 $\int_{\Theta}P(x|\beta)\pi(\beta)\mathrm{d}\beta$ 与 β 无关(一般与 x 有关),故有

$$h(\beta|x)\propto\pi(\beta)L(\beta|x) \tag{2.22}$$

或

$$h(\beta|x_1,x_2,\cdots,x_n)\propto\pi(\beta)L(\beta|x_1,x_2,\cdots,x_n) \tag{2.23}$$

在贝叶斯统计中,$h(\beta|x)$采取这样的表达形式运算方便。式(2.22)表明:先验信息包含在 $\pi(\beta)$中,样本信息包含在 $L(\beta|x)$中,它们结合起来得到后验信息,包括在 $h(\beta|x)$中。式(2.23)可以描述多个观测值相继得到时关于 β 的信息的不断更新。

因为参数的后验分布综合了总体信息、样本信息和先验信息,因此对 β 的统计推断就应建立在后验分布的基础上。值得注意的是,贝叶斯估计是讨论未知变量在某一区间的可能性而不是单纯计算某一参数具体值,因为进行参数分布估计比单纯计算某一点的值进行估计更有实际意义。

对于贝叶斯统计中的区间估计，只要存在后验分布，就可以用相应分布的分位点给出参数β的置信区间。就模型参数不确定性分析而言，也就是预测区间。当后验分布已知时，对于给定的置信概率$1-\alpha$可以求出很多置信区间。由于参数β的最大后验区域估计集中了分布密度似然函数值取值尽可能最大的点，因此β的最大后验区间一定是在统一置信概率下区间宽度最狭窄的区间。进而推求参数的最大后验估计，成为不确定性分析方法研究的最终目的和手段(卫晓婧，2008)。

2.4.2.2　**蒙特卡洛模拟原理**

模型参数的估计对模型的预测效果有很大影响。在模型的参数估计方面，代表性的方法有包括遗传算法、模拟退火算法等在内的优化算法（闵涛等，2003；王薇等，2004；郭建青等，2004)和一些正则化方法(栗苏文等，2004)。优化算法的优点在于它有较强的通用性，能求解决大多数的反问题（Charles L Karr，2000)。它的缺点在于它往往没有考虑到观测值和模型参数的不确定性；同时，如果观测值有较大误差，它获得的最优估计往往和实际情况有较大的差别。正则化方法是具有普适性、理论完备性的一种方法（Tarantola，2004)，它的缺点是处理需要较高的数学技巧，而且正则参数的选择具有较强的主观性，对计算结果影响较大。

一般地，使用随机数的方法广义上都可以称为蒙特卡洛方法，但是本文中并未包含如遗传算法等优化算法。这里是指利用对参数后验概率密度函数的采样来获得模型参数估计的一种方法，而非优化算法。这种方法的突出优点在于它能给出参数分布的规律，进而可以给出它的统计量。

蒙特卡洛模拟法(Monte Carlo Simulation)又称随机模拟法。它建立在中心极限定理的基础上，是研究在计算机上产生具有各种概率分布的伪随机数的方法，是建立系统或决策问题的一种数学或逻辑模型。通过构造随机模型，使得某一随机量的数学期望等于问题中要求的解。假设某个随机变量Y的期望值$\theta=E[Y]$，那么我们假设可以产生与Y独立同分布的随机变量的值，每产生一次完成一次模拟。假设进行了k次模拟，产生了k个值$Y_1,Y_2,Y_3,\cdots,Y_k$。如果令

$$\bar{Y}=\sum_{i=1}^{k}Y_i/k$$

是它们的代数平均值，那么$\bar{Y}$就可以看作θ的一个估计值，并且我们可以证明，在中心极限定理的假设下，k越大，越接近正态分布，那么$\bar{Y}$也就是θ的一个较好的估计量。这种估计期望值的方法就称为蒙特卡洛模拟（冯文滔，2007)，其实质是从概率分布中重复抽样以建立输出变量的分布。

2.4.2.3　**基于贝叶斯推理和蒙特卡洛模拟的不确定性分析理论模型**

预测模型的不确定性可以分为两类：

(1) 模型参数的不确定性；

(2) 在研究基于因果推断的预测时，所需理论的不完备(模型的不确定性)。

预测模型的不确定性主要来源于模型参数的不确定性。所以首先需要描述参数的不确定性，然后再通过数据模拟和模型的结构来追溯它们的不确定性对模型不确定性的影响。

认识和表达生态模型里参数估计和预测的不确定性，可以帮助环境和生态学的研究者理解统计推理和预测的局限和影响（Wintle et al，2003)。在回归模型中，可以利用模拟来获取

预测的不确定性(模型的误差)和估计误差(参数估计的标准差和残差)。模拟在不确定性分析中的价值体现在它可以用于分析任何估计参数和预测模型的不确定性。它利用一组随机数模拟来表示模型参数向量的可能值,通过模拟,可以用随机数而不是点估计和标准差来总结推论。这对于我们做预测的最终实际目标很重要,因为在用模拟进行复杂模型的不确定分析后,我们得到的不仅是一个有回归系数的模型,而是此模型在实际应用中更有意义的价值(Gelman, 2007)。

当每个参数的概率密度函数已知时,蒙特卡洛模拟就经常被应用。它可以从参数的概率密度函数中不断重复随机抽样,然后代入到模型的数学公式里进行模拟,最终得到模型预测变量的概率分布函数,也反映了模型总体的不确定性。

蒙特卡洛模拟方法的优点为:

(1) 应用很广泛;

(2) 对于输入变量的概率分布没有限制;

(3) 对于输入变量和输出变量之间的关系没有限制;

(4) 计算过程简单易懂。

然而在实际应用中,参数的概率密度函数往往是未知的。这样的问题可以运用贝叶斯方法推断过程来获得这一概率密度。当目标是"预测"时,贝叶斯方法并不需要对真实参数值进行估计,而是估计它们整个的"后验概率"密度,这一密度是在结合先验知识和抽取观察样品以后表达的不确定因素。

由于贝叶斯定理计算得到的参数后验概率密度函数往往比较复杂,难以用解析解的方法对其进行积分。而蒙特卡洛法是对后验概率密度函数计算的有效方法。由蒙特卡洛模拟算法对后验概率密度函数先进行抽样,获取众多置信水平的参数的统计量,进而获得了模型参数的后验分布函数,然后再利用蒙特卡洛法从这些后验分布函数中随机抽样,将对应的值输入到回归模型中,计算得到对应的预测值。过程重复 n 次,即可得到预测变量的概率密度分布函数。同样,它也反映了各种不确定因素,为后续的风险分析打下基础。

整个算法流程可以直观地用图 2.32 表示。

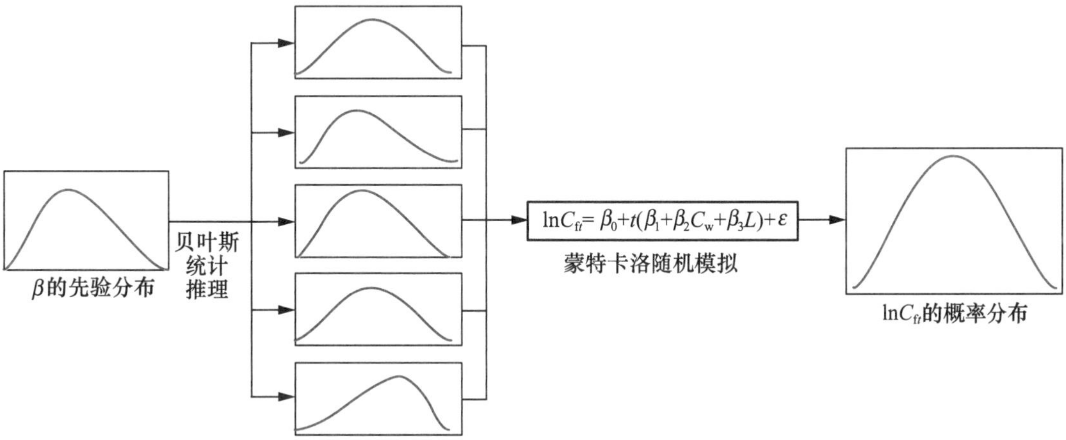

图 2.32 基于贝叶斯推理和蒙特卡洛模拟的模型不确定性分析

2.4.3 模型实证分析

2.4.3.1 酚生物积累模型的不确定性分析

1. 模型参数的不确定性分析

贝叶斯假设:参数的无信息先验分布 $\pi(x)$应在的取值范围内是"均匀"分布的。根据最大熵原则,无信息如果意味着是不确定性最大,那么,无信息的先验分布应是最大熵的相应分布,因为只有在分布是均匀时,熵才达到最大值,故本文中所采用的先验分布是均匀分布。

在 2.3 节中建立的酚的生物积累模型为

$$\ln C_{ft}=\beta_0+t\cdot(\beta_1+\beta_2 C_w+\beta_3 L)+\varepsilon$$

设 $y=(y_1,y_2,\cdots,y_{60})$,其中 $y_i=\ln C_{fti}=X_i\beta+\varepsilon_i$,$\varepsilon$ 是长度为 60 的向量,X 是 60×4 的矩阵,β 是长度为 4 的向量。在对 β 进行参数估计时要使误差 ε_i 最小化。通常,我们都是选择能使残差平方和 $SS=\sum_{i=1}^{60}(y_i-X_i\hat{\beta})$ 最小的估计值 $\hat{\beta}$,即最小二乘法估计:

$$\hat{\beta}=(X^{\mathrm{T}}X)^{-1}X^{\mathrm{T}}y$$

2.3 节中酚生物积累模型的系数即是用最小二乘法估计出来的。并且,在用最小二乘法估计系数时对模型最重要的假设就是模型误差的相互独立性,且误差 ε 服从 $N(0,\sigma)$的正态分布,其中

$$\hat{\sigma}^2=\frac{1}{n-k}SS=\frac{1}{n-k}\sum_{i=1}^{n}(y_i-X_i\hat{\beta})^2 \tag{2.24}$$

式中:n 为数据组的个数;k 为预测因子的个数。

因此不难推出模型的预测变量 $y_i\sim N(X_i\beta,\sigma^2)$,并且模型的最小二乘法估计量 $\hat{\beta}$ 同时也是最大似然法估计量。

当给出 n 元关于参数向量 β 和模型预测向量 X 的数据时,回归模型的似然函数可以表示为

$$P(y|\beta,\sigma,X)=N(y|X\beta,\sigma^2 I_n) \tag{2.25}$$

式中:I_n 为 n 维单位矩阵,当对这个多元正态分布给出一个对角协方差矩阵时,代表其误差的相互独立性;$N(\cdot|\cdot,\cdot)$为多元正态分布的密度函数。最大似然参数估计就是当利用 X 和 y 的数据对参数进行估计时,估计的参数向量 β 可以使表达式(2.25)的概率最大化。由于样本已知,就只有 β 在变化,所以可以把联合密度 $P(y|\beta,\sigma,X)$看成参数 β 的似然函数 $L(\beta|y,\sigma,X)$。

$$N(y|X\beta,\sigma^2 I_n)=(2\pi)^{-n/2}|\sigma^2 I_n|^{-1/2}\exp\left[-\frac{1}{2}(y-X\beta)^{\mathrm{T}}(\sigma^2 I_n)^{-1}(y-X\beta)\right]$$

在贝叶斯统计推理中,当先验分布为均匀分布时,其先验分布概率函数为

$$f(x)=\begin{cases}\dfrac{1}{b-a}, & a\leqslant x\leqslant b\\ 0, & x<a \text{ 或 } x>b\end{cases}$$

因此,根据式(2.23),β 的后验分布概率函数为

$$h(\beta|y,\sigma,X)\propto\pi(\beta)L(\beta|y,\sigma,X)$$

进而可以得到

$$\begin{aligned}
&h(\beta|y,\sigma,X)\propto N(y|X\beta,\sigma^2 I_n)\\
&=(X^{\mathrm{T}}X)^{-1/2}(2\pi)^{-n/2}\left|(X^{\mathrm{T}}X)^{-1}\sigma^2\right|^{-1/2}\exp\left\{-\frac{1}{2}(y-X\beta)^{\mathrm{T}}(X^{\mathrm{T}}X)^{-1}[(X^{\mathrm{T}}X)^{-1}\sigma^2]^{-1}(y-X\beta)\right\}\\
&=(X^{\mathrm{T}}X)^{-1/2}(2\pi)^{-n/2}\left|(X^{\mathrm{T}}X)^{-1}\sigma^2\right|^{-1/2}\cdot\\
&\quad\cdot\exp\left\{-\frac{1}{2}[\beta-(X^{\mathrm{T}}X)^{-1}X^{\mathrm{T}}y]^{\mathrm{T}}[(X^{\mathrm{T}}X)^{-1}\sigma^2]^{-1}[\beta-(X^{\mathrm{T}}X)^{-1}X^{\mathrm{T}}y]\right\}
\end{aligned}$$

因为 $\hat{\beta}=(X^{\mathrm{T}}X)^{-1}X^{\mathrm{T}}y$，所以 β 的后验概率分布是一个以 $\hat{\beta}$ 为均值、以 $(X^{\mathrm{T}}X)^{-1}\sigma^2$ 为协方差矩阵的多元正态分布，即

$$\beta\sim N(\hat{\beta},(X^{\mathrm{T}}X)^{-1}\sigma^2) \tag{2.26}$$

式(2.26)中 σ^2 是一个未知量，但是其估计值 $\hat{\sigma}^2$ 可以很容易地从式(2.24)估算出来。

为了更好地分析回归模型的不确定性，我们采用图 2.33 所示贝叶斯统计推理算法来最终获得回归模型系数的后验分布(Gelman，2007)。

在统计软件 R 中将上述计算过程模拟 1 000 次，可以得出回归模型系数的后验概率分布(图 2.34)和各个置信区间的估计值(表 2.15)。

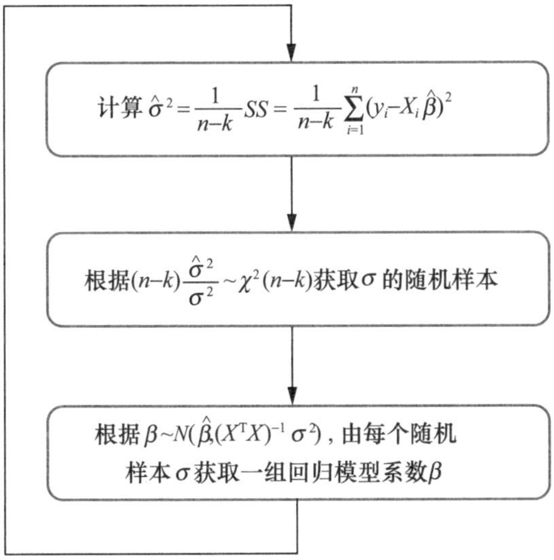

图 2.33 贝叶斯统计推理算法流程

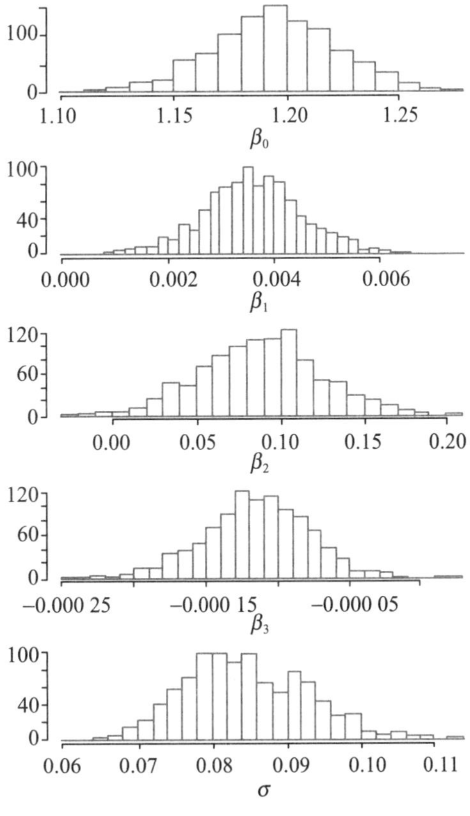

图 2.34 回归模型系数的后验概率分布(酚)

表 2.15 模型参数蒙特卡洛模拟结果(酚)

参数估计值	置信区间				
	2.5%	25%	50%	75%	97.5%
$\hat{\beta}_0$	1.132 78	1.169 025	1.188 370	1.207 804	1.244 873
$\hat{\beta}_1$	0.006 31	0.011 487	0.013 958	0.016 573	0.021 196
$\hat{\beta}_2$	0.083 91	0.267 101	0.359 779	0.448 412	0.638 810
$\hat{\beta}_3$	−0.000 71	−0.000 533	−0.000 443	−0.000 346	−0.000 159
$\hat{\sigma}^2$	0.005 00	0.006 130	0.007 021	0.007 947	0.101 616

2. 模型预测变量的不确定性分析

根据上述算法模拟出的回归模型系数和标准差，鱼肉积累浓度对数 $\ln C_{ft}$ 应服从于正态分布，即 $\ln C_{ft} \sim N(\hat{\beta}_0 + (\hat{\beta}_1 + \hat{\beta}_2 C_w + \hat{\beta}_3 L)t, \hat{\sigma}^2)$。当给出一组 C_w、L、t 的值时，$\ln C_{ft}$ 的预测值可以通过多次从 β 和 σ 的后验正态分布提取随机数模拟出来，每次都利用一组来自模型系数和标准误差后验分布的随机数。在本研究中，我们利用实测的 60 组数据，从模型系数的后验分布随机采样在统计软件 R 中模拟 1 000 次，最后得到一个关于鱼肉中积累浓度模拟值的 1 000×60 的矩阵：

$$\begin{pmatrix} 3.4 & 3.4 & 3.4 & 3.4 & 3.5 & 3.5 & 3.6 & 3.5 & 3.6 & 3.7 & \cdots \\ 3.3 & 3.4 & 3.4 & 3.4 & 3.5 & 3.5 & 3.5 & 3.5 & 3.5 & 3.6 & \cdots \\ 3.4 & 3.4 & 3.4 & 3.5 & 3.5 & 3.5 & 3.5 & 3.5 & 3.6 & 3.6 & \cdots \\ 3.2 & 3.2 & 3.2 & 3.3 & 3.3 & 3.4 & 3.4 & 3.4 & 3.4 & 3.5 & \cdots \\ 3.5 & 3.5 & 3.5 & 3.5 & 3.5 & 3.5 & 3.6 & 3.6 & 3.6 & 3.7 & \cdots \\ 3.4 & 3.4 & 3.5 & 3.5 & 3.5 & 3.6 & 3.6 & 3.6 & 3.6 & 3.7 & \cdots \\ 3.2 & 3.2 & 3.3 & 3.3 & 3.4 & 3.4 & 3.4 & 3.4 & 3.5 & 3.5 & \cdots \\ 3.2 & 3.3 & 3.3 & 3.3 & 3.4 & 3.4 & 3.5 & 3.5 & 3.5 & 3.6 & \cdots \\ 3.2 & 3.2 & 3.3 & 3.3 & 3.4 & 3.4 & 3.4 & 3.4 & 3.5 & 3.5 & \cdots \\ 3.3 & 3.3 & 3.3 & 3.3 & 3.4 & 3.4 & 3.5 & 3.5 & 3.5 & 3.6 & \cdots \\ \vdots & & & & & & & & & & \vdots \end{pmatrix}$$

为了更好地表现回归模型模拟的效果以及利用模型预测变量 $\ln C_{ft}$ 的概率分布密度函数来表示其不确定性，把上述模拟结果直观地表示成图 2.35 的形式。

在图 2.35 中，黑点代表预测的均值；垂直的粗的箱图的两个端边分别代表预测平均值加上一个标准差和减去一个标准差；从 2 条端边向外延伸的线分别代表均值加上或减去 2 个标准差；绿色的点为实际观测值；上、下 2 条曲线代表 90%的置信区间。从图 2.35 可以看出：

(1) 在所有 60 组鱼肉中积累酚浓度的实测值中，只有 6 个实测数值在 90%的预测置信区间外，说明对于 90%的样本数据，此模型能准确预测观测数据的概率至少为 90%；

(2) 利用蒙特卡洛模拟所产生的酚生物积累浓度的概率分布，代表了关于水产品可能被污染程度的不确定性，对水质管理和水产品质量安全的管理有很大的实际指导作用。

2.4.3.2 铜生物积累模型的不确定性分析

铜的生物积累模型为

$$\ln C_{ft} = \beta_0 + \beta_1 t + \beta_2 t C_w + \beta_3 C_w + \varepsilon$$

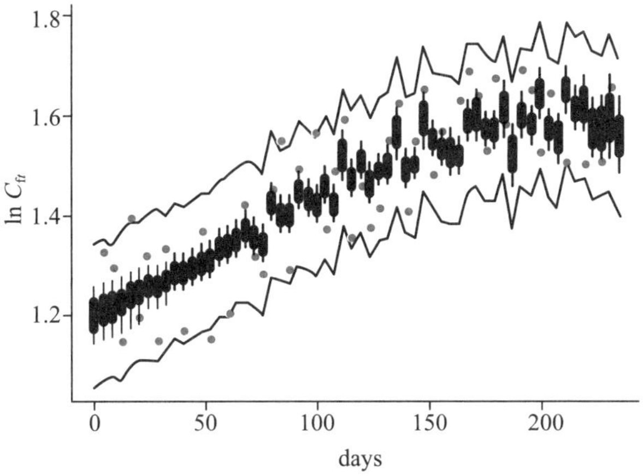

图 2.35　鱼肉组织中酚积累预测浓度的蒙特卡洛模拟值分布

同样采用前述的算法流程计算铜的生物积累模型参数的不确定性。由式(2.23)至式(2.25)计算所得结果如图 2.36 及表 2.16 所示。再根据 $\ln C_{ft} \sim N(\hat{\beta}_0+\hat{\beta}_1 t+\hat{\beta}_2 tC_w+\hat{\beta}_3 C_w, \hat{\sigma}^2)$，利用实测的 60 组数据，从模型系数的后验分布随机采样在统计软件 R 中模拟 1 000 次，

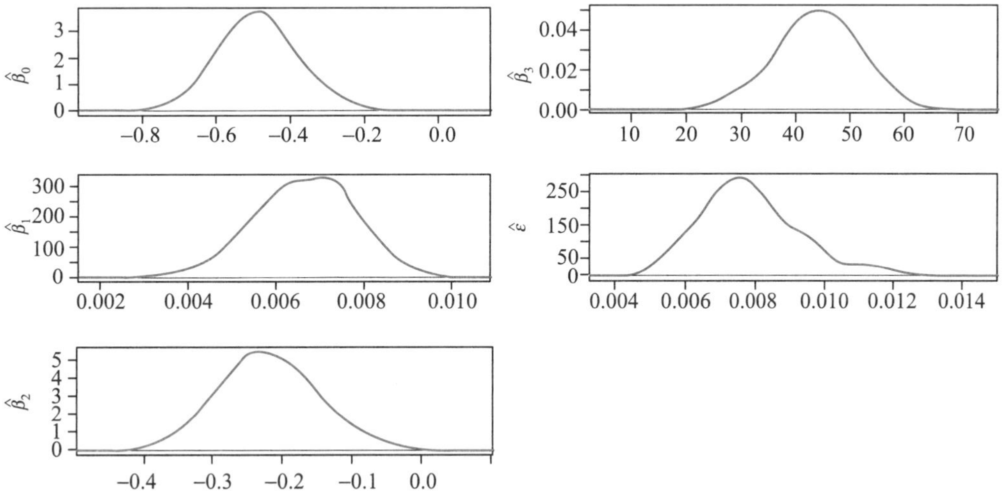

图 2.36　回归模型系数的后验概率分布(铜)

表 2.16　模型参数蒙特卡洛模拟结果(铜)

参数估计值	置信区间				
	2.5%	25%	50%	75%	97.5%
$\hat{\beta}_0$	−0.730 47	−0.561 42	−0.488 31	−0.420 07	−0.268 6
$\hat{\beta}_1$	0.004 49	0.005 89	0.006 64	0.007 39	0.008 8
$\hat{\beta}_2$	−0.352 28	−0.267 59	−0.221 12	−0.171 85	−0.070 7
$\hat{\beta}_3$	27.334 41	38.551 34	43.586 43	49.001 12	60.751 2
$\hat{\sigma}^2$	0.005 52	0.006 89	0.007 79	0.008 92	0.011 7

最后得到关于鱼肉铜积累浓度的预测模拟值，见图 2.37。可以看出：在所有 60 组的鱼肉积累铜浓度的实测值中，有 8 个实测数值在 90%的预测置信区间外，说明对于 90%的样本数据，此模型能准确预测数据的概率至少为 86%；另外，在监测铜的生物积累浓度时，发现其浓度范围很窄(0.9～2.5 mg/kg)，而且随着养殖时间的增加，其浓度保持相对稳定的小尺度增大。但在整个养殖期间内，鱼体积累铜的浓度距我国的食品安全标准值 50 mg/kg 相差很远。虽然水环境的铜浓度超标，但是其积累速度很慢，在整个养殖期间内是绝对安全的。

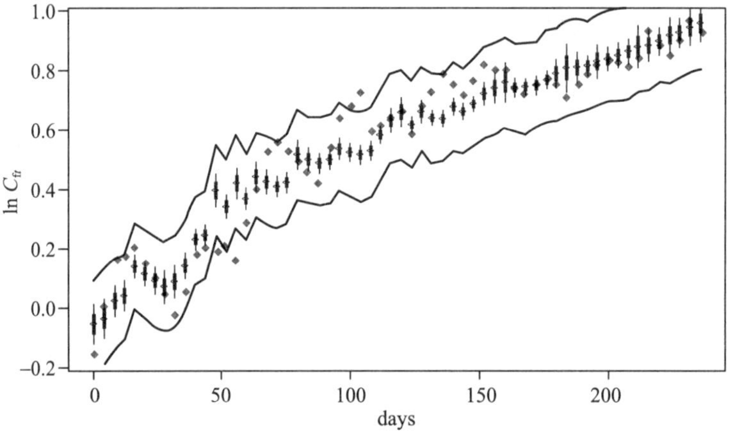

图 2.37　鱼肉组织中铜积累预测浓度的蒙特卡洛模拟值分布

2.4.3.3　大肠菌群量生物积累模型的不确定性分析

大肠菌群量的生物积累模型为

$$\ln C_{ft}=\beta_0+t\cdot(\beta_1+\beta_2 C_w+\beta_3 L)+\varepsilon$$

同样采用前述的算法流程计算大肠菌群量的生物积累模型参数的不确定性。由式(2.23)至式(2.25)计算所得结果如图 2.38 所示。再根据 $\ln C_{ft}\sim N(\hat{\beta}_0+(\hat{\beta}_1+\hat{\beta}_2 C_w+\hat{\beta}_3 L)t,\hat{\sigma}^2)$，利用实测的 60 组数据，从模型系数的后验分布随机采样在统计软件 R 中模拟 1 000 次，最后

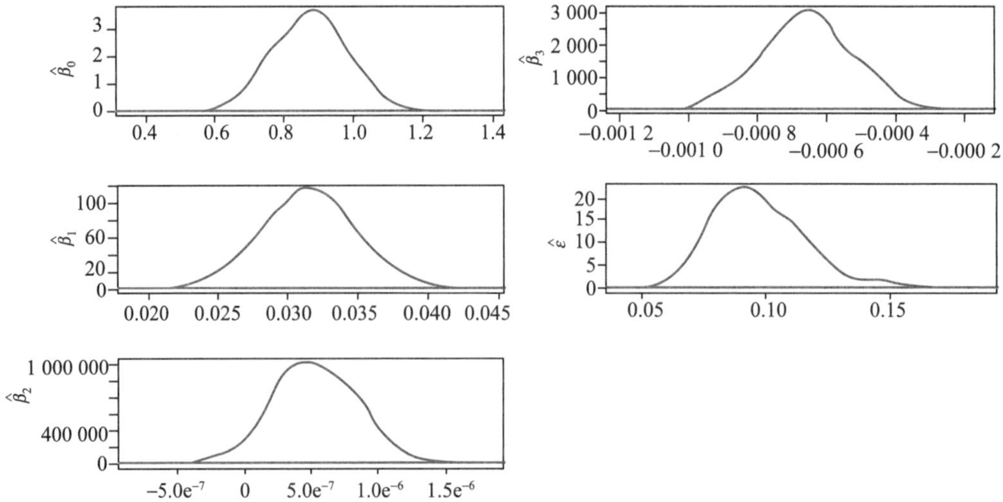

图 2.38　回归模型系数的后验概率分布(大肠菌群数)

得到关于鱼肉大肠菌群量的预测模拟值，见图 2.39。可以看出：在所有 60 组的鱼肉积累大肠菌群量的实测值中，有 9 个实测数值在 90%的预测置信区间外，说明对于 90%的样本数据，此模型能准确预测数据的概率至少为 85%。

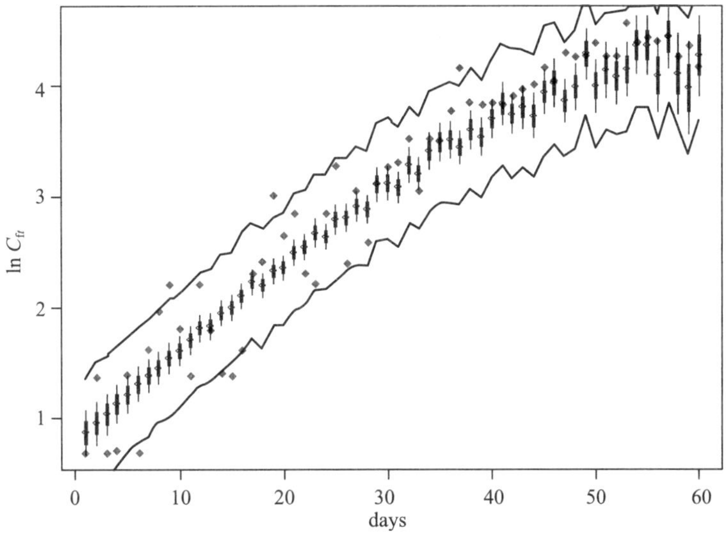

图 2.39 鱼肉组织中大肠菌群数积累预测的蒙特卡洛模拟值分布

2.4.4 水产品受污染的风险分析

评价水产品质量安全风险概率的目的在于为保证和管理水产品质量安全作出科学可靠的决策提供支持。在过去的 20 多年里，环境和生态学者对生态和环境风险评价产生了很大的兴趣，与此同时产生了许多很重要的关于风险评价的指导手册(CCME，1997；US EPA，1998)。

根据前面的研究，下面以酚为例详细介绍估算鱼肉组织内酚的积累浓度超过食品安全标准值的概率，即风险。在这里，我们采用传统的比率法并仍用统计方法计算超标的概率分布。当鱼体积累预测浓度值与食品安全标准值的比率超过 1 时，说明存在于养殖环境中的污染物可能对水产品的质量安全造成一定程度的威胁。在概率风险评价的方法体系里，风险比率用概率分布的形式表现。在用蒙特卡洛法多次模拟了时间序列的生物积累浓度后再计算每个模拟浓度超过食品安全标准值的概率，进而得出整个养殖周期内生物积累浓度随时间变化的超标的概率分布。

此算法流程可以用图 2.40 表示。整个算法可以在 R 统计软件中实现，最终生成水产品质量安全风险概率分布图(图 2.41)。

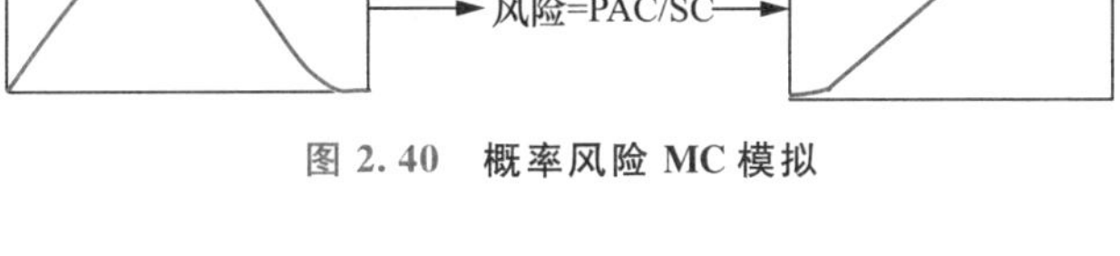

图 2.40 概率风险 MC 模拟

在图 2.40 中，PAC 表示预测的鱼体内积累的浓度，SC 表示标准浓度值。鱼体积累浓度超标的概率用鱼的平均尺寸(19 cm)以及养殖环境中的污染物的 3 个浓度水平(最小值、平均值和最大值)分别计算了整个养殖周期内鱼体受污染超标的概率分布。鱼体内积累浓度的超

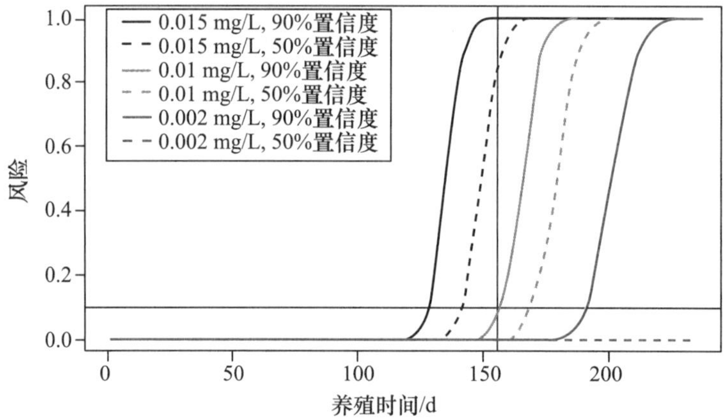

图 2.41 鱼体受污染的风险概率分布

标概率本身就有很大的不确定性，因此我们分别采用 90% 和 50%的置信度来估计。

从图 2.41 中可以获取很多有用的关于池塘水质管理和水产品质量安全管理的信息。从图中可以看出：

(1) 鱼体受污染的风险和养殖时间呈 S 形函数的关系，对于不同的置信区间以及鱼的尺寸和水中污染物的浓度而言，不确定性在其某一拐点以上呈指数增长；

(2) 前面我们的研究得出，鱼体内酚的积累浓度是水中酚的浓度以及养殖时间的函数，如果养殖管理者一直以现在的方式饲养而不对水环境污染采取任何措施，那么鱼体内酚的积累浓度超过国家标准浓度(5 μg/mg)的风险在养殖了 175 d 以后会很高；

(3) 当选择 90%的置信度，超标风险不超过 10%时，如果池塘水环境中酚的浓度超过 0.01 mg/L，池塘中养殖的鱼应该在 160 d 前捕捞；

(4) 当水中酚的浓度降低到 0.002 mg/L 时，在整个养殖周期内水产品的质量安全都会得到保证(50%的置信度)，超标的概率低于 10%；

(5) 如果养殖水环境中的酚污染浓度超过了 0.015 mg/L，在整个养殖周期内，大约过 145 d，在采用 50%的置信度时，超标的概率就会超过 70%。

可以看出，这种风险概率评价的方法，在实际水质和质量安全的管理中会提供更实际和有意义的信息，比以往应用的确定性的评价方法要更有优势和实用价值(van der Oost et al, 2003)。风险评价及模型的不确定性可以通过增加可利用的数据和信息来减小。

统计经验模型的一个优点就是可以估计所有来源的不确定性。这些不确定性的信息能为我们更好地制定管理决策提供很有意义的科学依据。对于质量安全风险的蒙特卡洛模拟还可以继续扩展到其他方面的用途。蒙特卡洛模拟还可以用来解释水产品受污染概率和水中污染物的浓度以及水产品尺寸三者之间的复杂关系。首先，我们仍然采用蒙特卡洛模拟，利用不同组合的水中污染物的浓度和鱼尺寸的数据，对鱼体内的积累浓度进行预测；对应于每组水中污染物浓度-鱼尺寸的数据的预测概率分布，我们取出置信度为 80%的值作为预测值；依此模拟 n 次，即可得到如图 2.42 所示的等高线图(Malve et al, 2006)。

在图 2.42 中，每条等高曲线代表一种管理的对照标准，每个在等高线附近的圆点都可以代表一种可行的操作方法(其超标风险均小于 20%)。例如，当发现鱼体内的积累浓度为

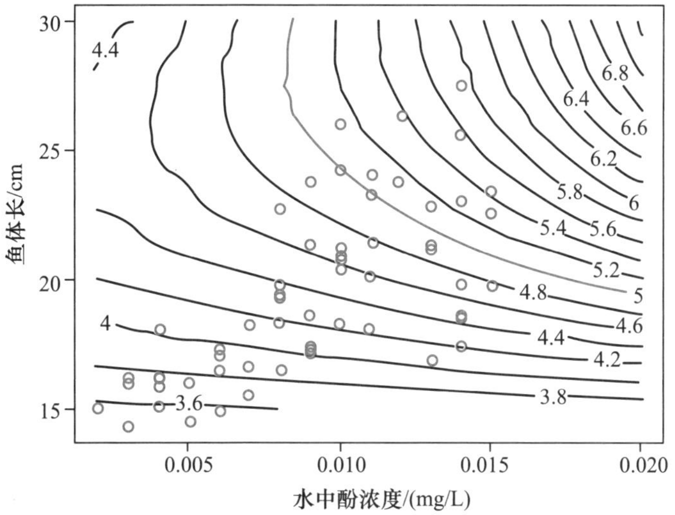

图 2.42 鱼体内积累酚的浓度与水中酚的浓度以及鱼的尺寸的关系

5 μg/mg 时，如果至少想让其降到 4.8 μg/mg，就有两种管理方式可以选择：一是可将水中酚的浓度降到低于 0.008 mg/L，二是在鱼的体长不到 23 cm 的时候将其捕捞。鱼的体长和养殖时间存在一定的线性关系，即

$$L=13.96(\pm 0.26)+0.0456(\pm 0.0019)\cdot t$$

根据此关系可以估算当养殖多少天时可将鱼捕获，以避免其质量安全受到威胁。

在统计软件 R 中，可利用如下的代码实现以上的模拟过程：

```
Cf=array(NA,c(30,30))
    for(i in 1:30)
    {for(j in 1:30)
        {prediction=exp(lm. sim[2]+lm. sim[3] * (Len[j]/0. 0456-13. 9559/0. 0456)
         +lm. sim[4] * (Cw[i] * (Len[j]/0. 0456 - 13. 9559/0. 0456)) + lm. sim[5] *
         (Len[j] *
         (Len[j]/0. 0456-13. 9559/0. 0456)))
         Cf[i,j]=rvnorm(1,prediction,lm. sim[1]) } }
Cf. 8=rvquantile(Cf,prob=0. 8)
z=Cf. 8
postscript(file="contour. eps", width=4, height=4, horizontal=F)
par(mgp=c(1. 5,0. 5,0), mar=c(3,3,0. 25,0. 25), tck=-0. 02, las=1)
contour(x=Cw,y=Len,z,xlab="water concentration",ylab="Length",
        xlim=range(Cw, fendataMYMCw), ylim=range(Len, fendataMYMLen),
        nlevels=15)
points(Len~Cw,data=fendata,col="blue")
contour(x=Cw,y=Len,z, levels=5, col="red", lwd=2, addf=T)
dev. off()
```

参考文献

[1] Breiman L, Friedman J H. Olshen R A, et al. Classification and Regression Trees. New York: Chapman & Hall,1984.

[2] Canadian Council of Ministers of the Environment (CCME). A Framework for Ecological Risk Assessment: Technical Appendices. PN1274. 1997.

[3] Carbonell G, Ramos C, Pablos M V, et al. A system dynamic model for the assessment of different exposure routes in aquatic ecosystems. The Science of the Total Environment, 2000,247:107-118.

[4] Charles L Karr, Igor Yakushin, Keith Nicolosi. Solving inverse initial-value, boundary-value problems via genetic algorithm. Engineering Applications of Artificial Intelligence, 2000, 13(6):625-633.

[5] Cullen A C, Frey H C. Probabilistic Techniques in Exposure Assessment: A Handbook for Dealing With Variability and Uncertainty in Models and Inputs. New York:Plenum Press, 1999.

[6] De'ath G, Fabricius K E. Classification and regression trees: A powerful yet simple technique for ecological data analysis. Ecology, 2000,81(11):3178-3192.

[7] Friedlaender A S, Halphin P N,et al. Whale distribution in relation to prey abundance and oceanographic processes in shelf waters of the Western Antarctic Peninsula. Marine Ecology Progress Series, 2006,317: 297-310.

[8] Gelman A, Hill J. Data Analysis Using Regression and Multilevel/Hierarchical Models. New York: Cambridge University Press, 2007.

[9] Glenn W Suter Ⅱ. Ecological Risk Assessment. New York: CRC Press,2006.

[10] Gotelli N J, Ellison A M. A Primer of Ecological Statistics. Sinauer Associates, Sunderland, Massachusetts, USA, 2004.

[11] Guisan A, Edwards T C. Generalized linear and generalized additive models in studies of species distributions setting the scene. Ecological Modelling, 2002,157(2-3):89-100.

[12] Gust K A, Fleeger J W. Exposure-related effects on Cd bioaccumulation explain toxicity of Cd-phenanthrene mixtures in Hyalella Azteca. Environmental Toxicology and Chemistry, 2005, 24(11): 2918-2926.

[13] Hastie T J, Tibshirani T R. Generalized Additive Models. Chapman & Hall, 1990.

[14] Ian Hacking. The Emergence of Probability. Cambridge: The Cambridge Uni Press, 1975.

[15] Lawrence A L, Mason R P. Factors controlling the bioaccumulation of mercury and methylmercury by the estuarine amphipod *Leptocheirus plumulosus*. Environmental Pollution, 2001, 111: 217-231.

[16] Malve O,Qian S S. Estimating nutrients and chlorophyll a relationships in Finnish lakes. Environmental Science and Technology, 2006, 40(24): 7848-7853.

[17] McCullagh P,Nelder J A. Generalized Linear Models. New York: Chapman & Hall, 1989.

[18] Moisen G G, Frescino T S. Comparing five modeling techniques for predicting forest characteristics. Ecological Modeling, 2002,157:209-225.

[19] Morrison H A, Gobas FA P C, Lazer R, et al. Development and verification of benthic/pelagic food web bioaccumulation model for PCB congeners in Western Lake Erie. Environmental Science and Technology, 1997, 31 (11): 3267-3273.

[20] Nichols J W, Fitzsimmons P N, Burkhard L P. In vitro-in vivo extraction of quantitative hepatic

biotransformation data for fish. II: Modeled effects on chemical bioaccumulation. Environmental Toxicology and Chemistry, 2007, 26(6):1304-1319.

[21] Qian S S, Anderson C W. Exploring factors controlling the variability of pesticide concentrations in the Willamette River Basin using tree-based models. Environ Sci Techno, 1999,33(19):3332-3340.

[22] Redfern J V, Ferguson M C, et al. Techniques for cetacean-habitat modeling: A review. Mar Ecol Prog Ser, 2006,310:271-295.

[23] Ryuji Ueno, Akiko Kinoshita, Junko Wakabayashi. Comparative pharmaco kinetics of oxytetracycline in eel and its fate in a closed aquatic environment. Aquaculture, 2004,235: 53-63.

[24] Sadiq R, Husain T, Bose N, Veitch B. Toxaphene distribution in the Lake Superior trout and associated sublethal ecological risk: A probabilistic approach. Environmental Modeling and Software, 2003, 18: 439-449.

[25] Saloranta T M, Andersen T, Næs K. Flows of dioxins and furans in coastal food webs: Inverse modeling, sensitivity analysis, and applications of linear system theory. Environmental Toxicology and Chemistry, 2006, 25(1): 253-264.

[26] Tarantola A. Inverse Problem Theory and Methods for Model Parameter Estimation. Philadelphia: SIAM, 2004.

[27] US EPA. Guidelines for Ecological Risk Assessment. U. S. Environmental Protection Agency, Risk Assessment Forum, Washington, DC, EPA/630/R095/002F, 1998.

[28] Van der Oost R, Beyer J, Vermeulen N P E. Fish bioaccumulation and biomarkers in environmental risk assessment: A review. Environmental Toxicology and Pharmacology, 2003, 13: 57-149.

[29] Wintle B A, McCarthy M A, Volinsky C T, Kavanagh R P. The use of Bayesian model averaging to better represent uncertainty in ecological models. Conserv Biol, 2003,17 (6): 1579-1590.

[30] Wood S N, Augustin N H. GAMs with integrated model selection using penalized regression splines and applications to environmental modelling. Ecological Modelling, 2002, 157:157-177.

[31] Wood S N. Generalized Additive Models: An Introduction with R. Boca Raton: Chapman & Hall/CRC, 2004.

[32] Duda R O, Hart P E,Stoch D G, 著. 模式分类. 李宏东,译. 北京:机械工业出版社,2004.

[33] Pang-Ning Tan, Michael Steinbach, Vipin Kumar, 著. 数据挖掘导论. 范明,范宏建,译. 北京:人民邮电出版社,2006.

[34] 城乡建设环境保护部环境保护局环境监测分析方法编写组. 环境监测分析方法. 北京:中国环境出版社,1993.

[35] 范金城,梅长林. 数据分析. 北京:科学出版社, 2002.

[36] 冯文滔. 基于Excel的随机决策模型:蒙特卡洛模拟. 中国管理信息化(综合版), 2007,10(1):56-58.

[37] 郭建青,李彦,王洪胜,马健. 应用单纯形-模拟退火混合算法估计河流水质参数. 水科学进展, 2004, 15(6):765-769.

[38] 郎佩珍,王毅,杨波,等. 鲤鱼对硝基苯的生物积累、消除与代谢研究. 环境科学学报, 1997(2):84-90.

[39] 雷衍之. 淡水养殖水化学. 北京:高等教育出版社,1993.

[40] 李雪梅,张庆华,甘一萍,等. 持久性有机污染物在食物链中积累与放大研究进展. 应用与环境生物学报, 2007, 13(6):901-905.

[41] 栗苏文,李兰,李志永. Dobbins模型参数识别反问题的导数正则化方法. 水利学报, 2004(7): 104-108.

[42] 闵涛,周孝德,冯民权. 河流水质多参数识别反问题的演化算法. 水利学报, 2003(10):119-123.

[43] 王薇,曾光明,何理. 用模拟退火算法估计水质模型参数. 水利学报, 2004(6):61-67.

[44] 卫晓婧. 流域水文模型不确定性研究进展. 中国水运(下半月), 2008(7):166-167.
[45] 吴邦灿. 环境监测管理. 北京: 中国环境科学出版社,2004.
[46] 许澄源. 大连湾贻贝对砷累积的调查研究. 海洋环境科学, 1983(2): 64-68.
[47] 张立彬,张其前,杜奖胜. 基于分类回归树(CART)方法的统计解析模型的应用与研究. 浙江工业大学学报, 2002,30(2):315-318.
[48] 张松林. CART——分类与回归树方法介绍. 火山地质与矿产, 1997,18(1):67-72.
[49] 张尧庭,陈汉峰. 贝叶斯统计推断. 北京:科学出版社,1991.
[50] 中国标准出版社第二编辑室. 水质分析方法国家标准汇编. 北京: 中国标准出版社,1996.

第3章

加工环节质量安全建模

3.1 基于 BOM 的肉类质量可追溯数据模型构建

据 ISO 的定义,“可追溯性”(traceability)是追踪实体的来历、应用情况和所处场所的能力。对食品生产过程进行可追溯性建模离不开相关概念的界定,尤其是具体实施时如何划分可追溯单元。物料清单(bill of materials, BOM)广泛应用于制造行业的 ERP、MRP 中,是一种描述产品结构的方法。本节对 BOM 进行分析,将 BOM 概念引申之后应用到食品生产的可追溯建模中,设计了静态的基于 BOM 的食品生产质量可追溯数据模型。

3.1.1 食品质量可追溯概念模型

3.1.1.1 质量可追溯的基本概念

国际上不同的组织和学者对“可追溯性”从不同角度给出了自己的定义,尚未有统一的意见。国际标准化组织(ISO)、欧盟委员会、食品标准委员会等对此概念做出解释如下。

在欧盟法规(EC)NO. 178/2002 中,农产品的“可追溯性”被定义为:食品、饲料、畜产品和饲料原料,在生产、加工、流通的所有阶段具有的跟踪追寻其痕迹的能力。该定义对供应链中各个阶段的主体做了规定,以保证可以确认以上各种原料的来源与方向(刘雅丹等,2004)。

国际食品法典委员会(Codex Alimentarius Commission, CAC)将“可追溯性”定义为追溯食品在生产、加工和分销某个特定阶段的能力。

本研究中“可追溯性”的定义引自 ISO 8042—1994《质量管理和质量保证——术语》(郭斌等,2004)的定义:Traceability is the ability to trace the history, application or location of an entity by means of recorded information,即:通过记录信息的方法,追踪实体的来历、应用情况和所处场所的能力。可追溯管理组织应在产品实现的全过程中使用适宜的方法识别产品,以适当的方式标识产品,防止不同类别、不同规格或不同状态的产品混用或错用。在规定有可追溯性要求的场合，通过唯一性标识和记录可追溯产品质量的形成过程，以便弄清产品原材料和零部件的来源，查明质量问题原因，分清责任。简言之，食品质量安全可追溯涉及食品从生产、加工、运输到最终销售等供应链上的各个环节。以下对可追溯中涉及的若干概念进行阐述。

(1) 实体(entity)：实体是指可以单独描述和考虑的事物(ISO 8042—1994)。实体可以是：

a. 某项活动或过程；

b. 某个产品(产品包括硬件、软件、流程性材料及服务)；

c. 某个组织、体系或人；

d. 以上各项的任意组合。

(2) 过程(process)：过程定义为将输入转化为输出的一组彼此相关的资源和活动(资源可包括人员、资金、设施、设备技术和方法)。

a. 过程有输入和输出，输入是实施过程的基础，输出是完成过程的结果；

b. 完成过程必须投入适当的资源和活动，过程的质量取决于资源活动；

c. 质量管理通过对过程的管理来实现，所有的工作要通过一个过程来完成；

d. 确保过程的质量，对输入的信息要评审，输出的信息要验证；

e. 建立质量体系，必须识别过程，确定资源和过程，确保资源和活动的质量。

(3) 活动：食品加工、生产、消费等处理过程的基本单位，一批食品经过某一个或多个的处理会发生状态上的改变，从而增加一个标识。

(4) 追溯信息：由 4 部分组成，每一部分都具有不同的功能。

a. 产品信息，包括原料、生产源头、加工、配送与供给的详细信息；

b. 数据，指在生产过程中的质量信息所生成的数据，有些数据还作为产品质量要求的一部分；

c. 标准，指所用设备是否符合国内或国际标准或通用标准，是否符合基本物理数据或属性及参考标准；

d. 信息管理与运行标准，指系统的设计与运行是否符合系统要求。

(5) 可追溯单元(Moe,1998)(traceability resource unit,TRU)：可追溯单元是由 Kimetal 提出的，它指任何追溯链条中一批产品信息的唯一标识。在一系列加工过程中，一个可追溯单元是唯一的，也就是指每个 TRU 都是不同的、不等价的，在追溯过程中，每个 TRU 都具有不同的特征属性。在连续的产品处理过程中，每个 TRU 的定义有所不同。TRU 可能由原料或产品处理过程中的环境变量所决定，依据不同的活动与环境变量生成不同的 TRU。

3.1.1.2 质量可追溯的内涵分析

本研究中食品质量安全可追溯的定义援引自 ISO 8042—1994，“可追溯性”的定义比较简明，但依据追溯的方向不同，追溯范围涉及供应链的环节不同，追溯的实体不同，“可追溯性”可以从以下几个维度进行划分。

1. 向下(前)追溯和向上(后)追溯

依据追溯的方向，追溯可分为两类：向下(前)追溯与向上(后)追溯(Dupuy et al,2002)。向下追溯又称为跟踪(tracking)或预测结果追溯，向上追溯又称为溯源(tracing)或诊断原因追溯。

向下(前)追溯是根据一定的识别标准，从供应链的任何一点向下，找到产品的准确位置。

通常用于找到成品当前在供应链中所处的位置,也可认为是产品的正向追溯,即当产品已经卖出,则要追溯出该成品安装在哪里,以便及时追回不合格品,将损失减到最低程度。这时的追溯多用于产品的召回,以其某部件或成品为出发点,顺着正向的供应链进行追溯,确定问题产品在供应链的位置。

向上(后)追溯即追溯供应链中的每一个关键点,按照一个或若干的标准,以找出某个产品的源头和质量特征。通常用于找到一个质量问题的源头,有时也被认为是产品的反向追溯,也就是在使用生产或使用过程中发现在制品或成品中有不合格的零部件并找出不合格原因后,能利用标识追溯出其采购、生产、安装、售后服务的各个环节,根据不合格原因找出责任点。这时的追溯是对某种质量问题进行追溯,一般以此问题为出发点,根据一定的标准,确定问题产品的质量特征。

2. 内部追溯和全程追溯

根据追溯范围的不同,农产品可追溯系统分 2 种:内部追溯和全程追溯。这里以生鲜牛肉香肠生产过程为例,进行生产质量可追溯建模。

内部追溯指产品供应链上单个成员企业对本身内部生产过程的追溯(图 3.1),追溯只在企业内部发挥作用。在这种情况下,产品的每道加工工序或环节成为一个追溯点。内部追溯体系是企业产品质量控制系统的重要组成部分。

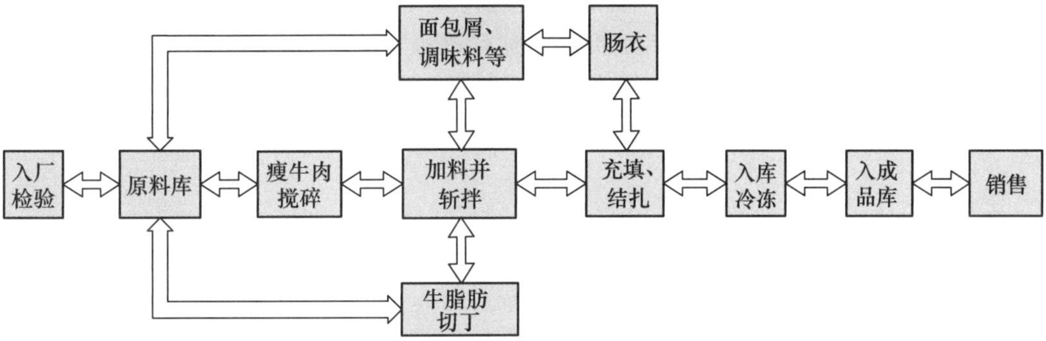

图 3.1 生鲜牛肉香肠生产企业内部追溯图

全程追溯指在产品供应链的整个过程中,对每个成员企业的产品信息进行跟踪与追溯的系统(图 3.2)。在这种情况下,每个成员企业提供的原材料、半成品或产品成为一个追溯点。全程追溯是供应链管理的重要内容之一。

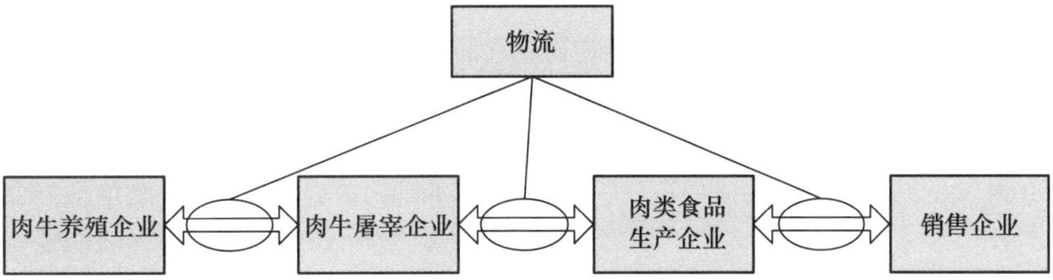

图 3.2 生鲜牛肉香肠供应链上的全程追溯图

3. 产品追溯和质量危害追溯

追溯的基本目标就是要了解产品在其全生命周期内的时空状态，而食品质量可追溯的目标可理解为对与食品质量有关的因素的追溯，即通过供应链上任一点产品信息向上追溯其产生原因直到源头，或向下追溯其造成影响直到末端。

影响食品质量的因素是多种多样的，包括活畜状况、卫生检疫情况、接触物、时间、温度、包装(方法、材料)、交叉感染和操作规范等(张健，2007)。以生鲜牛肉香肠生产为例，如斩拌工序后发现肉肠馅料中含有金属杂质，则金属杂质有可能来源于牛瘦肉或脂肪等原料，也可能来源于斩拌机或是操作时工作人员带入。

由 ISO 8042—1994 对于追溯对象的定义可知，追溯对象的概念至少包含 2 个方面：对产品的可追溯和对某一活动的可追溯。综合分析后认为，在食品生产企业中，食品质量问题的产生可抽象为 2 个来源：物料实体和过程。则依据追溯实体的不同，食品质量追溯可分为两类：产品追溯和质量危害追溯。

产品追溯是指对成品及物料本身及其相关信息进行历史及位置的时空追溯。即当质量问题确定为由某一物料中的某个组成部分产生后，向上溯源此组成部分的最初来源，或者向下跟踪此物料被用到何处，牵涉到多少制成品及各产品的位置，以进行产品召回。

质量危害追溯是指对产品某一质量危害的产生原因及造成影响的因果追溯。即当在供应链某一环节发现产品出现某一质量危害后，向上追溯此危害产生的原因(有可能来自于物料，有可能来自于加工过程)，或向下跟踪此危害可能到达的位置和造成的影响。

综上所述，本节研究一个生鲜牛肉香肠生产企业内部产品追溯过程，包括跟踪和溯源，对食品生产建立基于 BOM 的产品质量可追溯数据模型。

3.1.2 食品可追溯系统可追溯单元分析

3.1.2.1 食品生产过程中可追溯单元分析

可追溯单元的定义和建立是实现质量追溯的第一步，它被作为一个单元控制的一组实体材料，并可被唯一识别。依据可追溯单元，能追溯到原材料以及由原材料转化或所包含的产品、运输的状态等。

如何划分或界定产品的可追溯单元对于可追溯系统的精确度、产品召回所需要的成本有很大影响。可追溯单元划分得大，可追溯系统的实施成本就低，但是相应的可追溯精确度不高，同时在实施产品召回时涉及的产品数量大，召回成本高。反之，可追溯单元划分得小，那么可追溯精确度就高，可追溯系统在进行问题定位和产品召回时就能实现精确查找，相应的召回成本小，但可追溯系统的建立和运行成本就会大大提高。

在实际的食品生产中，食品在整个供应链的不同阶段，它的实体存在状态有很大差别，涉及的质量信息也不相同，因而食品可追溯系统在供应链每个阶段的追溯对象也不同。这需要根据各阶段不同的生产特点、管理方式、成本要求及质量参数要求等因素来组织可追溯对象，划分可追溯单元。如按一定的时间段、按每次的检验间隔、按客户的订单、按单件产品等方式(张健，2007)。

以牛肉香肠的可追溯为例，整个供应链可简化为肉牛饲养、肉牛育肥、肉牛屠宰、肉肠加工、肉肠销售等阶段。前两个阶段的追溯对象可以为牛只个体或牛群；肉牛屠宰阶段输入为牛只个体或牛群,输出为肉块或肉堆,而肉堆可能来自于同一头牛,也可能来自于好几头牛;肉肠加工阶段追溯对象变化更为复杂,输入有可能是来源于不同企业、不同批次的肉,与各种调料和辅料混合并且经多道工序加工,输出为香肠。由以上分析可以看出,整个供应链各阶段可追溯对象的形态都在不断变化中,有分解,有合成,也有简单的传递。

整个供应链中,以食品生产过程中可追溯对象的变化最为复杂,在对食品生产过程可追溯单元进行划分之前,首先分析食品生产过程。企业的生产方式通常可分为 2 种类型:一种是把各式各样的物料集中,通过装配组装成产品;另一种是将一种材料经过种种加工,在后续工序制成产品。与之相对应,食品加工过程也包括两种基本类型:混合型生产和流程型生产。混合型生产是将一种或若干种主料与辅料进行混合;流程型生产是将一种原料经多道工艺加工,如加热、搅拌、腌制等。大多数情况下,食品加工过程往往同时包含了这 2 种加工类型,有时是这 2 种类型的混合。

对于混合型生产,质量危害一般来源于经混合的一种或几种物料,所以可追溯单元可依物料实体来划分,包括单件或物料批。而对于流程型生产,质量危害除了来源于物料本身,更有可能来源于生产过程,如加热温度未达要求,加热时间太短或太长,环境参数不符合规定,操作人员未按规程进行操作,等等。而一定时间内上述这些参数一般是稳定的,因此流程型生产中可追溯单元可依时间来划分。

3.1.2.2 食品生产过程中物料批次以及批次关联

“批”常用来标识同一批物料或者产品,通常用“批次”来标记不同的“批”。对于批次,GMP 第 67 条给出如下定义:用于识别“批”的一组数字或者字母加数字。虽然这是对药品批次的定义,但是该定义适用于任何产品。批次主要起标识产品的作用,使得企业在管理和生产产品时能够区分不同特征的物资或产品,并且可以查询关于该批物资的信息,比如生产、库存、物资购买等信息。目前绝大多数企业对所采购的物料、生产的产品、生产过程中所用的物料等用批次来标识,并按照标识进行管理。通过批次管理可提高企业的管理质量,又可以提高产品的质量,同时,使用批次管理还可以方便对产品进行跟踪。

产品的批次管理一般有两种方法,一是批次单件管理,一是批次非单件管理。对于第一种情况,虽然对产品实行的是批次管理,但是同一批的每个产品还有不同的编号,这种情况一般发生在混合型制造企业,如汽车、电脑制造业中。另外一种,批次非单件管理,适用于数量多、体积小的产品,或者无法明确区分单件,或虽可明确区分单件但是单件之间的质量差异不是由单件物料产生而是由于一定时间段的环境、设备因素造成的产品。这种管理方法一般被流程型制造企业所采用,如医药、食品或塑料产品制造业。

物料中不同的“批”是通过批次编码来进行区分的,批次编码的唯一性是实现物料区分的关键。要保证批次编码的唯一需要对批次编码采用一定的控制方式,而批次编码的唯一性控制方式是指整个供应链或企业如何控制批次编号。

一般而言,批次单件管理的产品,每个成品上都有标签标识,而且单件批次编号都是唯一的;而对于批次非单件管理的产品,一般是以瓶、盒、箱等容器为单位,只在容器上有标识,单件产品标号不唯一,同一标号的产品数量上会有许多。

食品生产过程中,可追溯单元属于追溯角度上的概念,而批次则是物料和产品管理角度上的概念,这两个概念属于两个范畴。但其在很大程度上又具有相似性,如两者都用来区分不同的实体。因此,本研究使用物料和产品“批”的概念来划分可追溯单元,最终实现食品生产质量可追溯。

在明确批与可追溯单元的关系、批次编码的重要性、批次管理的特点后，需要考虑的另一个问题是物料和产品的批次编号在什么情况下生成。在食品生产企业，物料批次主要在以下几种情况下生成：

(1) 物料到货(入库)。在采购物料到货以后要对所采购的物料进行批次标识。如果标识采用的是供应商所提供货物的批次，则不需要对批次做特别处理。如果是企业自己生成批次标识，则需要在记录标识时对供应商所供产品的批次和企业生成新的批次编号之间的关系予以体现。

(2) 库存调整。企业在一定时间内会进行库存盘点或调整，对于数量较少的同类型同规格物料会合并在一起，在合并时会生成新的批次，需要记录新的批次和旧批次之间的关联关系。

(3) 生产领用出库。企业在生产前做物料准备时需要从仓库领取物料，领取物料的同时生成生产物料批次。如果从库中领出的同类型同规格产品是单一批次，则生产物料批次与物料入库时的批次(或者库存调整后的批次)相同。如果同类型同规格产品一次领用超过一个批次，则应生成新的批次，并记录与原批次的关联关系。

(4) 产品生产。企业在产品生产时以批次来组织生产，在开始生产时要对生产的产品进行批次标识，生产各环节的批次转化也要记录完整。生产时的环境参数、设备参数、原料批次、工艺参数和操作人员信息等均详细记录，并与具体批次号相关联。

如上分析，在批次生成时需要记录新批次和旧批次之间的关联关系。关联关系描述两个实体之间的对应关系，它可以用二维表格来表示。食品的不同物料批次之间主要有以下几种关联关系：

(1) 一对一。指一个批次的物料全部与另一个新的批次的物料一一对应。

(2) 一对多。指一个批次的物料被拆分成多个新的批次。一般存在于物料拆分后新、旧批次间的对应关系。

(3) 多对一。多个批次的物料与一个新的物料批次对应。一般存在于物料合并组成一个新的产品批次的情况中。

(4) 多对多。多个批次的物料与多个新的批次相对应。例如几种批次的物料混合后再形成不同的新的批次。

下面使用关联关系表来表示上述几种批次的关联关系。关联关系表相关定义如下：

【定义 3.1】物料批次对象　批次对象是一个三元组，记为 EM={Batch_ID，Batch_Type，Batch_Attribute }。其中，Batch_Type 代表物料名称，Batch_ID 代表物料批次编号，Batch_Attribute 是本批次物料的属性集合。

【定义 3.2】批次关联对象　批次关联对象用来描述两个批次对象的关联关系，用一个三元组表示，记为 ASSO={Batch_ID1，Batch_ID2，Attribute}。其中，Batch_ID1 表示第一个批次对象的批次编号，Batch_ID2 为第二个对象的批次编号，Attribute 是其他属性的集合。

【定义 3.3】关联关系表　关联关系表是一个 N 元组，由 N 个批次关联对象构成，是关联对象的集合，用以表示所有批次间的关联对应关系。关联关系表记为 ASSO_Table={ASSO1，ASSO2，…，ASSOn}

以下举一个具体的例子来说明关联关系表的使用，该实例描述的是在生产领用出库时生成的批次关联关系。假设仓库里有3个批次的瘦牛肉，批次编号分别为“1009001”、“1009002”、“1009003”。物料批次对象表如表3.1所示。

表3.1 3个批次瘦牛肉的库存物料表

批号	产品规格	原厂批号	入库量/kg	现存量/kg	入库时间	其他属性
1009001	瘦牛肉	12345678	100	80	2009-02-01	—
1009002	瘦牛肉	ABCDEF	50	50	2009-03-01	—
1009003	瘦牛肉	20090401	50	50	2009-04-01	—

在一段时间内发生了2次物料领用过程：

第一次领用瘦牛肉时间为2009-04-03，领用量为60 kg，由于物料1009001入库时间最早，所以首先使用此物料，领用后批号为“1009001”的瘦牛肉还剩20 kg。领用后生成生产物料批号，新物料批号为“1109001”。

第二次领用瘦牛肉时间为2009-04-05，领用量同样为60 kg，同时遵照“使用期内先使用入库时间早的物料”的规则，领用批号为“1009001”的剩余20 kg瘦牛肉，因为数量不够，还需领用批次为“1009002”的瘦牛肉40 kg，将这两批物料合并成一个生产物料批次，同时依照规则生成新的生产物料批次，批号为“1209002”。

在以上两次物料领用过程中，企业生成了新的生产物料批次，那么可以用上面提到的关联关系表来表示新、旧批次之间的映射关系，如表3.2所示。从该表中可以得到某个批次的物料被用到哪一个批次的生产中，也可以查询某一个生产批次都用到哪些批次的物料。

表3.2 生产物料领用出库表

产品规格	物料批号	物料量/kg	库存批号	该批量/kg	出库时间	其他属性
瘦牛肉	1109001	60	1009001	60	2009-04-03	—
瘦牛肉	1209002	60	1009001	20	2009-04-05	—
瘦牛肉	1209002	60	1009002	40	2009-04-05	—

3.1.3 基于BOM的食品质量可追溯模型

产品是一组将输入转化为输出的相互关联或相互作用的活动的结果，从某种意义上说产品是由很多原料(或半成品)组合在一起的，在组合的时候需要一些物理或化学上的变化。物料清单(BOM)是一种描述产品组成结构的技术性描述文件。

食品质量可追溯的关键部分是对物料的使用情况进行跟踪和对食品成品的物料组成情况进行溯源。在产品生命周期中的任一时刻对任意物料或在制品进行跟踪或溯源，都要明确食品生产过程中的物料组成关系。要实现这样的功能，本研究引入追溯BOM的概念。追溯BOM是对ERP中BOM概念的引申，与传统BOM中各物料之间使用规格来区别不同，追溯BOM中使用物料具体批次来表示产品构成情况。

3.1.3.1 BOM的数据结构

物料清单来自于生产制造领域，是产品结构的技术性描述文件，是一种树状结构，称为产品结构树，它说明制造某一产品需要哪些原料。物料清单定义了要生产一个产品需要哪些材料和零部件，组成该产品所需的组件、子部件、零件直到原材料之间的结构关系，以及每个组装件所需要的各下属部件的数量。所以，物料清单在整个生产中起着统摄作用。它是企业生产活动中关键的技术文件，也是MRPⅡ的主导文件。企业各个业务部门都要依据BOM来组织生产活动，如接受客户订单，确定装配需要的可选件，编制生产与采购计划，配料领料，计算累计提前期，跟踪物流及生产过程等活动都要用到BOM。BOM贯穿于企业的客户订单服务、企业计划、物料供应、工艺设计、产品生产、成本计算和采购销售的整个生产活动。

产品BOM是分层的，具有"层"的概念，"层"表示组成产品物料间的从属关系。从数据结构的角度来看，产品BOM是一种非线性结构中的"树"结构，组成产品的每一种物料均为树的节点。因此，可以借助有关"树"的数据结构理论来研究产品BOM。如图3.3所示是一个有4层结构的产品，其树状结构表示产品的零部件的所属关系和数量。树根为0层，向下递增依次类推树状结构的其余各层。

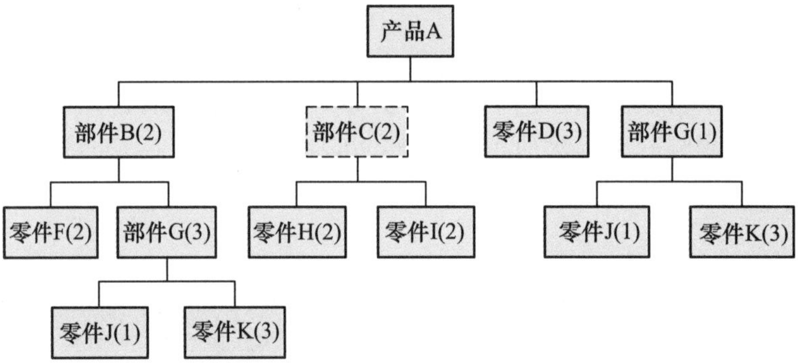

图3.3 产品A的BOM示例图

由图3.3可知，产品A是由2个部件B、2个部件C、1个部件G和3个零件D构成的。每个部件B由2个零件F、3个部件G组成。每个部件C又由2个零件H、2个零件I组成，部件C成为虚拟部件，在图中以虚线标注，表示该部件并不是一个实际存在的部件，在实际加工过程中并没有制造出来，只是由于工艺或其他需要存在。每个部件G又由1个零件J、3个零件K组成。

组成产品的物料可以分为零件和部件。由于部件本身也由零件和部件组成，直接作为产品组成部分的零部件和产品之间的关系称为单层对应关系，而组成部件的零部件和产品之间则不是单层对应关系，它们只与所组成的部件是单层对应关系。在BOM结构中，把单层对应关系称为父子关系，可以利用关系数据库理论和E-R(entity-relationship)语意建模方法对单层BOM进行描述：

E＝{零部件标识，技术参数1，技术参数2，……}

R＝{父项，子项，子项数量，层次码}

上式中，E 为描述零件本身属性的关系模式，R 为部件间组成关系。在基于单层 BOM 的产品 BOM 数据结构中，产品本身被认为是部件，是一个顶级部件。凡是在对照关系表中没有父项或描述为父项就是其本身的部件就是产品。

利用基于单层 BOM 的产品 BOM 管理方法可以有效进行产品结构信息管理。通过逐层迭代算法可以形成产品物料清单、部件物料清单以及进行所需要的零部件信息统计等；可以对多种产品和系列产品进行统一管理，实现变形产品和系列产品共用零部件的管理；可方便进行产品物料清单的维护（张毅，1997）。

目前对于 BOM 数据结构的表达方式中，比较常用的有多层 BOM 结构、层次编码 BOM 结构、单层 BOM 结构等（刘艳凯等，2003；郑巍等，2006）。

1. 多层 BOM 结构

采用“单父-多子”的数据结构，它详细记录了产品的结构信息，即便是同样的零部件结构，只要存在于不同的产品中或者同一产品的不同层次中，也要记录 1 次。产品 A 的多层 BOM 结构见表 3.3，表中列出了图 3.3 中产品 A 的部分 BOM 结构。表中数量表示父件中含子件的数目；层次号表示子件在产品 BOM 结构树中所处的层次，如果子件不可再分解，在相应的层次号后面加字母“N”。

表 3.3 产品 A 的多层 BOM 结构表达

编号	产品名称	子件	数量	层次号	编号	产品名称	子件	数量	层次号
1	产品 A	部件 B	2	2	7	产品 A	零件 H	2	3N
2	产品 A	部件 C	2	2	8	产品 A	零件 I	2	3N
3	产品 A	零件 D	3	2	9	产品 A	零件 J	1	3N
4	产品 A	部件 G	1	2N	10	产品 A	零件 K	3	3N
5	产品 A	零件 F	2	3N	11	产品 A	零件 J	1	4N
6	产品 A	部件 G	3	3N	12	产品 A	零件 K	3	4N

从表 3.3 可以看出，在多层 BOM 结构的表达方式中，总共使用了 12 条记录来表达产品 A。在这种表达方式中，产品的结构互不影响，结构清晰，易于维护。但是数据冗余比较大，增加了数据存储的数量。

多层 BOM 结构的特点是详细描述了某产品的结构，各个零部件的存储都要记录 1 次对应的产品信息，容易获取某个产品的所有零部件信息，查询算法简单，查询效率高。它的缺点是数据存储冗余大，对于同版本同一产品的零部件要重复定义，如部件 G 重复定义了 2 次；虽然给出了某零部件的层次关系，但无法给出零部件的上下级关系，只知道其属于哪一个产品，同一产品的相同层次的相同零部件无法分清其上级部件，无法用于制订像装配作业计划及物料需求计划等与产品结构树相关的活动。

2. 层次编码 BOM 结构

在系统中，对各个产品以及单机、部件、分部件、零件等进行数字编码，按照产品、部件、零件等的组成或者附属关系，将这些编码拼接起来组成每个实体的层次码。产品 A 的部分层次编码 BOM 结构的表达见表 3.4，其中假定每个实体的编码为 2 位。

表 3.4　产品 A 的层次编码 BOM 结构表达

编号	件号	层次编码	数量	编号	件号	层次编码	数量
1	产品 A	01		8	零件 H	010201	2
2	部件 B	0101	2	9	零件 I	010202	2
3	部件 C	0102	2	10	零件 J	010401	1
4	零件 D	0103	3	11	零件 K	010402	3
5	部件 G	0104	1	12	零件 J	01010201	1
6	零件 F	010101	2	13	零件 K	01010202	3
7	部件 G	010102	3				

表 3.4 总共用了 13 条记录来表述产品 A 的 BOM 数据结构。通过层次编码，可以较快地得到零部件在产品中所处的位置和层次信息。但是随着层次的增加，自建层次编码长度会不断增加，使得数据库存储的难度加大；同时一个子件在不同父件或者同一父件的不同层次中有不同的层次编码，给子件信息的查询增加了难度。

3. 单层 BOM 结构

单层 BOM 结构采用“单父-单子”的数据结构，只记录各父件和子件之间的对应关系，而对于各个部件在产品中的层次不进行描述。单层 BOM 结构对于每种结构层次只定义 1 次，减少了数据冗余，因而可以大大节省存储空间。

表 3.5　产品 A 的单层 BOM 结构表达

编号	父件	子件	数量	编号	父件	子件	数量
1	产品 A	部件 B	2	6	部件 B	部件 G	3
2	产品 A	部件 C	2	7	部件 C	零件 H	2
3	产品 A	零件 D	3	8	部件 C	零件 I	2
4	产品 A	部件 G	1	9	部件 G	零件 J	1
5	部件 B	零件 F	2	10	部件 G	零件 K	3

如表 3.5 所示，总共使用了 10 条记录来表述产品 A 的单层 BOM 结构。与前两种 BOM 结构表达方式相比，单层 BOM 的数据存储量大大减小，对于重复使用的部件 G，只定义了 1 次，减少了数据的冗余。但这种结构表现产品的整体结构组成时不甚直观，需要一定的迭代算法才可以得到某一部件在整体结构中的层次信息。

3.1.3.2　追溯 BOM

使用 BOM 可以明确地表示产品的组成结构，但实施产品的物料可追溯时不仅要获得产品的组成信息，还需要区分不同批次的同种物料，如此实施的产品质量可追溯才有意义。显而易见，传统的产品 BOM 已不能满足此要求，因此引入追溯 BOM 的概念。

追溯 BOM 描述的是随着产品的生产流程，产品物料在每一环节的实际混合或装配关系，以及在该环节与实际生产相关的一些属性值。追溯 BOM 描述的不仅仅是产品的组成装配关系，而是加入了与实际生产有关的特征。为了实现上述要求，企业对物料采用批次管理，以区分同种物料之间的差异。

由于追溯 BOM 是随着产品的实际生产而生成的，所以追溯 BOM 不像传统的 BOM 那样保持不变,只有当产品完全生产出来,产品的追溯 BOM 才能形成。产品在实际生产过程中会有各种各样的变化,原料入库时同一种规格的物料会由于供应商的不同、到货时间的不同而有所差异,即使是同一家供应商同一个到货时间的物料,也有可能由于加工状态和保存时间不同而有所差异。物料加工前领用出库时有可能产生批次混合,造成每次生产时物料有区别。所以,产品的追溯 BOM 时刻在变化。实际上,追溯 BOM 是按照产品的批次来进行划分的,不同批次的产品的追溯 BOM 是不同的。

追溯 BOM 中,除了包含父项编号、子项编号外,还包含产品批次和物料批次。名称规格相同但批次不同的产品具有相同的物料组成结构,所以物料编号一致。但物料具体的批次有可能不同,因此追溯 BOM 中物料批次也就有差异,这就区别了同一规格不同批次的物料。

肉类食品生产时,由于不同批次的原料肉质不同,或可能来源于动物的不同部位,又或者是一次生产需要的某种物料其中一个批次的物料剩余量不多需要其他批次的物料补充等情况,经常出现不同批次的物料混合后加工,传统 BOM 无法反映这种同一规格物料由不同批次物料构成的关系。而在追溯 BOM 中这 2 个以上批次的同规格物料被作为不同的物料对待,即追溯 BOM 将混合后的物料当成一个独立的部件来对待,与最终的产品批次相对应,每次生产都会生成一个生产物料批次,如果此物料没有下级物料并且就是一个单一批次的物料,那么此物料在本追溯 BOM 中不会再分;如果此物料是由多批次的同规格物料混合而成,那么对这一批次的物料继续延展,将不同批次的同规格物料作为这一批次物料的构成零件,然后依次对每一批次物料进行分析。

由 3.1.3.1 项 BOM 数据结构分析可知,单层 BOM 结构、多层 BOM 结构及层次编码 BOM 结构这几种 BOM 的数据结构在表现产品组成时各有优缺点,多层 BOM 中产品的结构性比较好,易于维护;但是数据的重复和冗余比较大,数据存储量大。单层 BOM 的数据存储量最小,重复使用的部件只定义 1 次,最大限度地减小了数据的冗余;但这种结构表现产品的整体结构组成时不甚直观,需要一定的迭代算法才可以得到某一部件在整体结构中的层次信息。层次编码 BOM 中通过层次编码,可以很快得到零部件在产品中所处的位置和层次信息;但是层次增多,层次编码的长度会不断增加,最后导致数据库存储的难度加大,并且一个子件在不同父件或者同一父件的不同层次中有不同的层次编码,给子件信息的查询增加了难度。

肉类食品作为一种产品,与工业品相比有其自身特点,那就是物料种类不多,产品结构层数较少。基于目前的计算机配置普遍提高,硬盘容量很大,所以在构建食品追溯 BOM 的过程中,数据冗余不作为主要考虑内容,而重点考虑 BOM 数据表的结构性和执行查询的效率。追溯 BOM 结构定义如下:

E={物料批次,物料标识,技术参数 1,技术参数 2,……}

R={记录号,父物料批次,父物料号,子物料批次,子物料号,子物料数量,虚拟件标识,根节点标识}

以生鲜牛肉香肠的生产为例,省略其加工过程,只列出香肠配方如下:

瘦牛肉 12 kg,牛脂肪 3 kg,冷水 4 kg,肉豆蔻粉 62 g,鼠尾草粉 31 g,姜粉 31 g,白胡椒粉 62 g,食盐 250 g,填充料(细面包屑)3 kg。

省略各物料用量,则生鲜牛肉香肠的产品结构图如图 3.4 所示,图中虚线框的物料如馅料和调味料是中间的虚拟件。

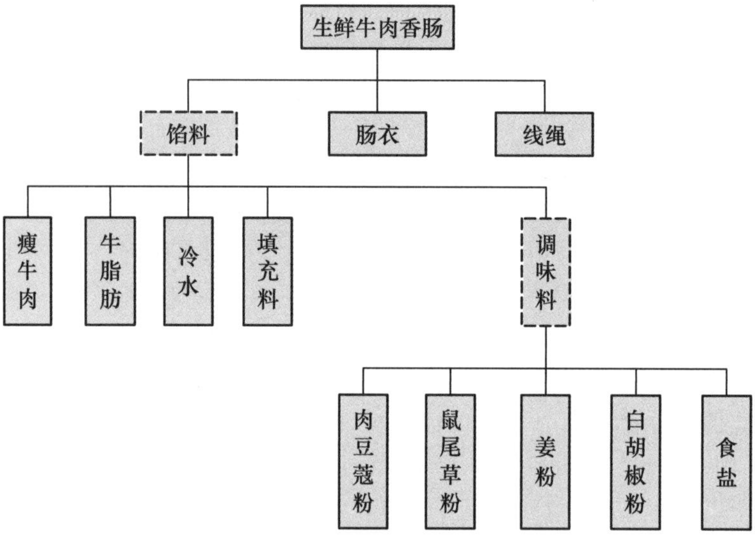

图 3.4　生鲜牛肉香肠的 BOM 图

精确到生产批次为“09001”的生鲜牛肉香肠，该产品由批次为“0900110”的馅料、批次为“6009001”的肠衣和批次为“7009001”的线绳组成。馅料批次由生产时系统自动生成，该批次馅料由出库批次为“0900111”的瘦牛肉馅、批次为“0900112”的牛脂肪馅、批次为“5009001”的冷纯净水、批次为“3009001”的填充料和批次为“0900113”的调味料组成。批次为“0900111”的瘦牛肉由库存批次为“1009001”和“1009002”的瘦牛肉组成，批次为“0900112”的牛脂肪由库存批次为“2009001”和“2009002”的牛脂肪组成。调味料由库存批次为“5109001”的肉豆蔻粉、“5209001”的鼠尾草粉、“5309001”的姜粉、“5409001”的白胡椒粉和“5509001”的食盐混合而成。则该批次牛肉香肠的产品结构如图 3.5 所示。

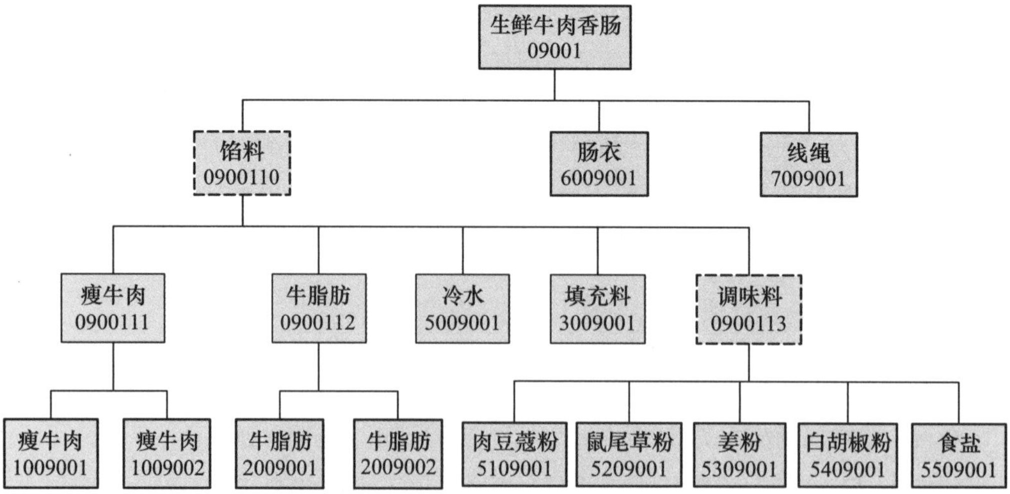

图 3.5　生鲜牛肉香肠的追溯 BOM 图

用二维表表示的批次为"09001"的生鲜牛肉香肠追溯 BOM 如表 3.6 所示。

表 3.6 批次为"09001"的生鲜牛肉香肠追溯 BOM 结构表达

编号	父物料批次	父物料名称	子物料批次	子物料名称	子物料用量	单位	虚拟	根节点
1	09001	香肠	0900110	馅料	—		y	
2	09001	香肠	6009001	肠衣	—			y
3	09001	香肠	7009001	线绳	—			y
4	0900110	馅料	0900111	瘦牛肉馅	12	kg		
5	0900110	馅料	0900112	牛脂肪馅	3	kg		
6	0900110	馅料	5009001	冷水	4	kg		y
7	0900110	馅料	3009001	填充料	3	kg		y
8	0900110	馅料	0900113	调味料	—		y	
9	0900111	瘦牛肉馅	1009001	瘦牛肉	10	kg		y
10	0900111	瘦牛肉馅	1009002	瘦牛肉	2	kg		y
11	0900112	牛脂肪馅	2009001	牛脂肪	2	kg		y
12	0900112	牛脂肪馅	2009002	牛脂肪	1	kg		y
13	0900113	调味料	5109001	肉豆蔻粉	0.062	kg		y
14	0900113	调味料	5209001	鼠尾草粉	0.031	kg		y
15	0900113	调味料	5309001	姜粉	0.031	kg		y
16	0900113	调味料	5409001	白胡椒粉	0.062	kg		y
17	0900113	调味料	5509001	食盐	0.25	kg		y

3.1.3.3 食品追溯模型

前面论述了追溯 BOM 的数据结构与构成形式，通过该追溯 BOM 可以得到某批次的产品消耗了哪些批次的物料，也可以得到某批次的物料被用到哪些批次产品的生产中。但是追溯 BOM 的形成是一个动态过程，除了涉及生产环节外，还涉及采购、库存等环节。要实现食品在生产企业内部的质量可追溯，需要把采购、库存、生产等各个部分集成起来。本小节给出了基于 BOM 的产品质量可追溯模型，该模型描述了产品从原料采购到成品制成发往供应商各个环节的追溯。

采购部门负责购入物料，物料到货入原料库时被分批保存并生成唯一的入库批号。在产品生产前需要根据领料单从原料库将物料领用出库并生成生产物料批次，此时有可能将不同批次但属同一规格的同一物料合并，同时将批次关联信息记录。产品生产中将各物料的具体批次信息记录。所有可能对最终产品的质量造成影响的生产环节的相关信息，如生产工艺、设备参数、环境参数、操作人员等信息也被系统记录，并同对应的物料批次产生关联关系。整个系统将具体批号的物料同对应的生产过程参数关联，并生成追溯 BOM 使得某一批次的最终产品与组成该产品的具体批次物料相关联。经分析可得出食品质量可追溯模型，该模型可以用图 3.6 描述。

该模型以产品为中心，从整体结构上描述了食品生产企业内部的产品追溯，利用该模型能够对食品成品和原料进行追溯。

食品可追溯模型是在追溯 BOM 上的扩展，企业在所有物料制造和出、入库时生成严格

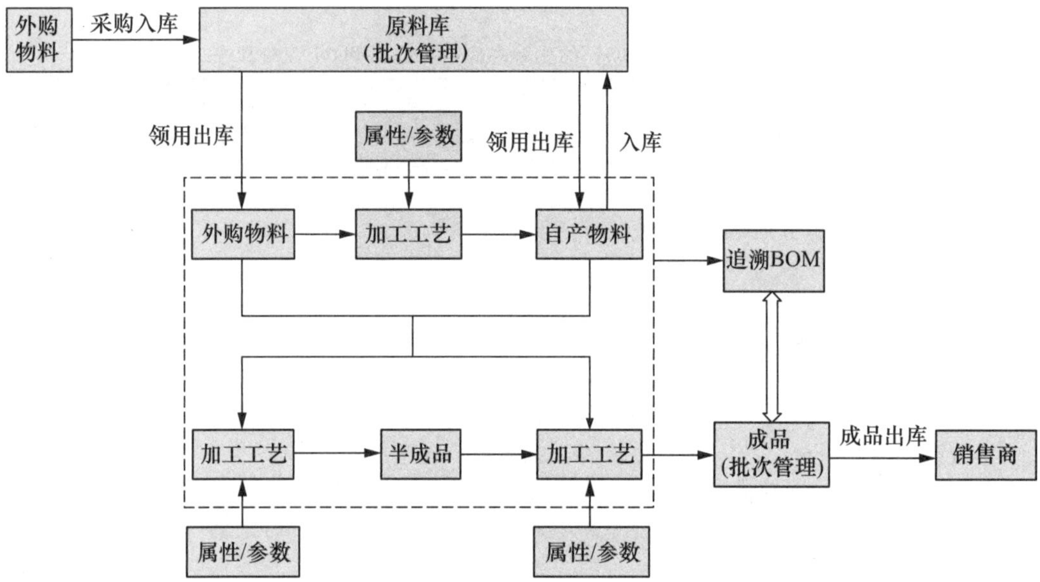

图 3.6　食品质量可追溯模型(数据模型)

编码的批次号,不同批次物料通过批次关联进行联系,企业过对所有物料进行批次管理来区分同规格不同物料。企业在生产中将所有影响产品质量的信息采集,与具体批次进行关联,最终生成特定批次的追溯 BOM。企业通过追溯 BOM 实现对物料的跟踪和最终产品的溯源。

3.1.4　小结

食品生产质量可追溯模型可从两个角度来描述,一个角度是静态的数据模型,另一角度是动态的过程模型。其中数据模型也是构建过程模型的基础。本节分以下 3 个步骤完成了食品生产质量可追溯数据模型的构建:

(1) 比较了可追溯性的相关概念,对食品生产质量可追溯的内涵进行了分析。

(2) 以物料和产品批次定义可追溯单元,设计了批次之间的关联方法。

(3) 分析 BOM 的数据结构,对传统 BOM 的概念进行引申后定义了追溯 BOM 的概念,将其用于产品的追溯,建立了食品生产质量可追溯数据模型,实现了基于 BOM 的食品生产过程可追溯。

3.2　基于 BOM-Petri 的食品生产质量可追溯过程模型构建

工作流技术是近年来在计算机领域中发展最为迅速的几项新技术之一,其主要特征是实现人和计算机交互事件结合过程中的自动化。它首先在办公自动化及保险和银行等行业得到广泛应用,近年来以过程管理为核心的工作流管理系统在企业界也逐步得到认可(范玉顺,

2000)。实现工作流技术的关键环节在于工作流的概念模型,而其中的过程建模又是构建工作流管理系统的基础。对工作流进行建模的方法有多种,其中Petri网以其形式化与数学图论相结合、便于编程等技术特点,在工作流建模领域广泛应用。

将工作流技术的思想应用于食品生产企业的底层生产管理中实现对产品的可追溯管理,其基础是构建食品生产质量可追溯过程模型。本节仍以生鲜牛肉香肠生产企业为例,针对食品生产的具体情况提出一个基于物料清单(BOM)和工作流网(WF-NET)的过程建模方法并构建模型,该方法可解决食品加工过程建模时的动态和通用问题。

3.2.1 食品生产过程分析

3.2.1.1 食品生产企业业务流程分析

通过对我国一般肉类食品生产企业进行调研,了解深加工型食品生产企业实际业务流程,为食品生产质量可追溯系统的建立构建基础。食品生产型企业的主要业务部门一般分为计划部门(办公室)、检验部门(技术部)、生产部门、库管部门、采购部门、销售部门等,主要业务活动有物料采购、库房管理、生产、检验等。

计划部门负责企业的日常运行管理,主要活动为根据物料库房上报的信息制订采购计划,根据市场信息及成品库存情况制订生产计划,协调各部门运行等。

检验部门负责物料入厂检验及成品的合格性检验活动,依照计划部门安排工作并将检验结果上报计划部门。

生产部门负责车间、设备的日常维护,依据生产计划组织生产,控制产品质量。

库管部门负责物料和成品的出、入库,并且进行物料库和成品库的日常管理,如保持库房温度、清洁等。

采购部门按计划部门要求组织物料的采购,根据检验部门出具的检验结果对物料接收或是拒收。

图3.7为简化后的食品生产企业的业务流程。依据实际情况,食品生产企业的业务流程可分为两大部分:与库存有关的活动和与生产有关的活动。

与库存有关的活动又分为出入库管理及库存管理。首先库管部门接到计划部门的采购计划后,通知供应商送货。供应商将要求的物料送达后首先经检验部门检验,如物料合格则入库,如不合格则将物料退回供应商,不允许入库。库管部门接计划部门用料通知后则准备物料待生产部门领用,如物料数量不够,则通知计划部门重新排产并采购物料。库管部门定期会对库存的物料进行检查,如有物料有效期已过,则对此物料做隔离处理并通知计划部门;如发现某物料的库存量已低于最低库存要求,则通知计划部门并组织采购。

与生产有关的活动包含备产(车间维护、设备准备、领用物料等)和正式生产。一般而言,生产部门接计划部门下发的生产计划后,首先进行生产准备,即对车间进行清洁,检修、清洗设备,向库管部门领用物料,待所有准备工作完成后进行正式生产。生产结束后存入产品库。

3.2.1.2 食品加工过程分析

食品生产加工一般涉及以下几个典型流程:

(1) 原辅料接收。肉类食品的原料是新鲜肉,肉的品质好坏直接影响最终产品的质量及食品安全。辅料包括调味料、香辛料和添加剂等,辅料的质量和用量对产品的质量也产生决定

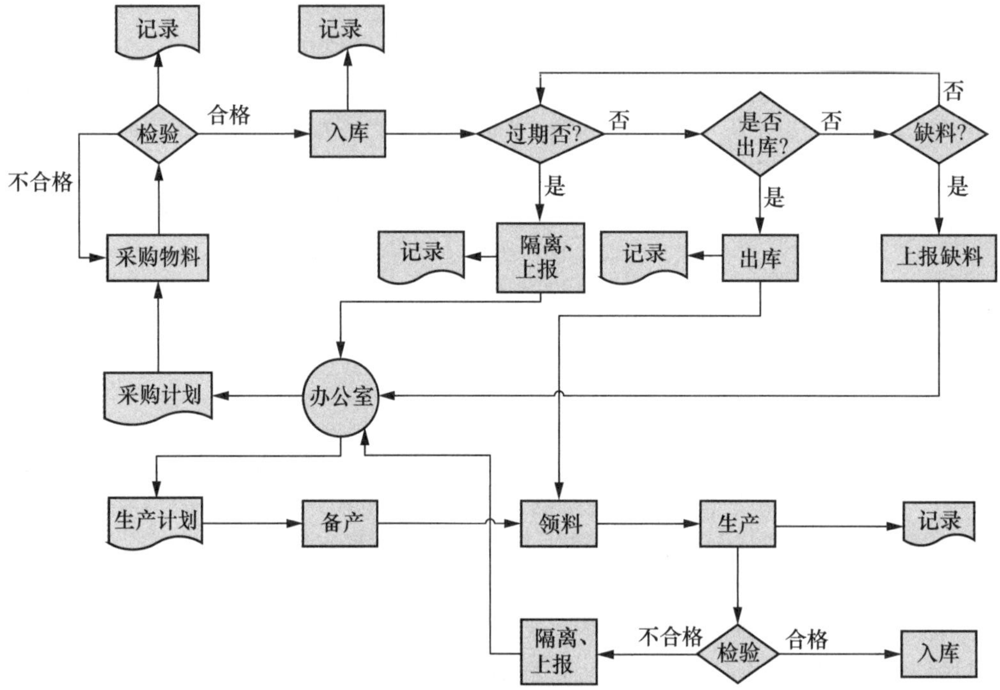

图 3.7　食品生产企业业务流程图

性影响。因此在原辅料验收时需要进行品质等检查,进行金属探测,并要求供方提供商检卫生登记证明等文件。

(2) 原料肉预处理。原料肉的预处理包括肉的清洗、切分、斩拌、腌制等,在这一流程往往被切分、混合,产生物理和化学的变化,同时这一流程中往往会涉及多种设备,如绞肉机、斩拌机、嫩化机、滚揉机等,相关环境因素和设备运行情况对产品质量有极大影响。

(3) 热加工。热处理包括蒸煮、杀菌、烟熏、烘烤等加工技术,此环节同样会涉及多种设备。产品在热处理历程中往往经历较大的物理、化学变化,温度、时间等因素极大地影响了最终产品的质量。

(4) 包装。包装包括灌制、装袋等工序。在包装过程中,可能有灰尘和其他污染物质混入产品。此环节应注意环境温度、卫生和操作人员的操作方法。

(5) 冷冻。大部分的食品在贮藏和运输之前均需经冷冻处理。在操作中应严格按规程执行,产品中心温度降至目标值以下才可以结束冷却。

(6) 贮藏与运输。此环节应严格控制贮藏和运输环境的温度、湿度,在运输过程中也应注意避免包装破损。

以生鲜牛肉香肠的加工为例。生鲜香肠要求使用新鲜的优质肉做原料,辅料有脂肪、填充料(细面包屑、面包、面粉等)、水和调味料等。制作时不腌制,原料肉经搅碎后加入调味料,充填入肠衣内,不加硝酸盐和亚硝酸盐。肠衣一般用羊肠衣或可食用的胶原肠衣。产品必须在冷藏条件下贮藏,先在−30℃的急冻库中急速冷冻,然后贮藏。这种香肠在销售时是生的,在使用时必须经过烹煮、烤炙或油炸等热加工。

1. 物料构成表

生鲜牛肉香肠物料构成如表3.7所示。

表3.7 生鲜牛肉香肠物料构成表

物料名称	每100 kg成品的原料用量/kg	物料名称	每100 kg成品的原料用量/kg
瘦牛肉	53.485	白胡椒粉	2.763
牛脂肪	13.371	食盐	1.114
肉豆蔻粉	0.276	冷水	17.828
鼠尾草粉	0.138	肠衣	
填充料	13.371	线绳	
姜粉	0.138		

2. 工艺过程

(1) 瘦牛肉通过绞肉机(5 mm的孔板)绞碎;

(2) 牛脂肪切成约12 mm的方丁;

(3) 瘦牛肉放入斩拌机,加入调味料斩拌;

(4) 加入细面包屑和脂肪丁,搅拌均匀;

(5) 充填入肠衣,结扎;

(6) 成品放入急冻库冷却(−30℃)。

3.2.2 基于工作流网的食品生产业务模型

3.2.2.1 Petri网应用于工作流建模的分析

工作流管理联盟(Workflow Management Coalition,WFMC)对工作流的定义是:工作流是指整个或部分业务过程在计算机支持下的全自动或半自动化(WFMC,1999)。一个工作流是对一个给定事物处理过程的抽象表达,是由不同的机构或人为实现一个共同的目标而协同开展的一系列活动。工作流通过将工作活动分解成定义良好的任务、角色、规则和过程来执行和监控,达到提高生产组织水平和工作效率的目的。

工作流管理系统由两部分组成:过程定义和建模阶段,过程执行阶段。在过程定义和建模阶段,工作流管理系统将要建模的业务过程表示成计算机可处理的形式化描述,即建立工作流模型。工作流模型的主要内容就是提供一套完整有效的描述业务过程的建模语言,定义出正确的过程模型,完成实际的业务过程到计算机可处理的形式化定义的转化。

工作流的描述应当基于具有丰富语义表达功能的建模方法,这个方法应当具有清晰性、一致性、易表达性和可扩充性,应当足以表达步骤、循环、分支、条件、路径选择、任务分配、时间、调度和约束条件,其语义应当能够定义控制流、数据流、资源流,并且能够定义策略来处理这些流的中断。

对工作流进行建模的方法有多种,包括活动网络、状态图、事件驱动的过程链、语言行为理论、Petri网和统一建模语言(UML)等,其中Petri网作为一种较好形式化的描述工具,已在工作流建模与分析中得到广泛的应用。

Petri网的思想是由德国科学家C. A. Petri提出来的,原本是表达异步系统的控制规则的图形表示法，它是一种关注系统定性结构性质和各部分行为/功能间关系的逻辑层次模型。由于Petri网概念深刻地、简洁地刻画了控制系统动态特性的本质，它的重要性逐渐为人们所认识。有关Petri网的理论已经非常广泛地应用到各个领域，不仅计算机科学、系统分析，而且几乎所有需要对动态系统建立可靠的数学模型的领域，都可以用Petri网作为分析和设计的工具。

【定义3.4】满足以下条件的三元组$PN=(P,T,F)$称作一个网：

(1) $P\cup T\neq\varnothing, P\cap T=\varnothing$；

(2) $F\subseteq(P\times T)\cup(T\times P)$；

(3) $\mathrm{dom}(F)\cup\mathrm{cod}(F)=P\cup T$，其中

$$\mathrm{dom}(F)=\{x\in P\cup T \mid \exists y\in P\cup T:(x,y)\in F\}$$
$$\mathrm{cod}(F)=\{x\in P\cup T \mid \exists y\in P\cup T:(y,x)\in F\}$$

式中：$P=\{p_1,p_2,\cdots,p_n\}$称为PN的有限库所集，P的元素p_i称为库所(place)，$n=|P|\geqslant 0$；$T=\{t_1,t_2,\cdots,t_m\}$称为PN的有限变迁集，T的元素t_i称为变迁(transition)，$m=|T|\geqslant 0$；F称为网N的流关系。

【定义3.5】设$PN=(P,T,F)$为一个网，对于$x\in P\cup T$，记

$${}^{\cdot}x=\{y \mid y\in P\cup T\wedge(y,x)\in F\}$$
$$x^{\cdot}=\{y \mid y\in P\cup T\wedge(x,y)\in F\}$$

称${}^{\cdot}x$为x的前集或输入集，$x^{\cdot}$为x的后集或输出集，${}^{\cdot}x\cup x^{\cdot}$为元素$x$的外延。

【定义3.6】设$PN=(P,T,F)$为一个网。映射$M: S\rightarrow Z$称为网PN的一个标识(marking)。二元组(PN,M)，也就是四元组(P,T,F,M)，称为一个标识网(marked net)。用图形来表示一个标识网(P,T,F,M)时，对$p\in P$，若$M(p)=k$，则表示库所p的小圆圈内加上k个小黑点，也可以直接写上数字k，并说库所p中有k个令牌(token)或标记。

【定义3.7】六元组$N=(P,T;F,K,W,M_0)$构成Petri网的充分必要条件是：

(1) $PN=(P,T,F)$是一个网，称为N的基网。

(2) K、W、M_0依次是PN上的容量函数、权函数和初始标识。用Z表示非负整数集，Z^+表示正整数集，则

①$K: P\rightarrow Z^+\cup\{\infty\}$称为$N$的容量函数，$K(p)$表示库所的最大容量，即在库所中允许存放的最大资源量，当无K值时，表示资源无限制存放。

②$W: F\rightarrow Z^+\cup\{\infty\}$称为$N$的权函数，$W(x,y)$表示弧$(x,y)$的权值，如果$(x,y)\notin F$，定义$W(x,y)=0$，则$W$可扩展为$(P\times T)\cup(T\times P)\rightarrow Z$。一般表示某一变迁对资源的消耗量或产品的生产量，不注明时表示弧权值为1。

③$M: P\rightarrow Z$称为N的一个标识，对$\forall p\in P$，$M(p)\leqslant K(p)$表示p中的令牌数，$M(M(p_1),M(p_2),\cdots,M(p_n))$表示系统的一个状态；$M_0$为系统的初始标识，一般用于表示库所当前的实际资源、产品或信息数。

依据以上定义，给出Petri网的变迁发生规则：

(1) 对于$t\in T$，$M[t>$的条件(即变迁t在M标识下有发生权的条件)为

$$\left.\begin{array}{l}\forall p\in {}^{\cdot}t-t^{\cdot}:M(p)\geqslant W(p,t)\\ \forall p\in t^{\cdot}-{}^{\cdot}t:M(p)+W(t,p)\leqslant K(p)\\ \forall p\in t^{\cdot}\cap{}^{\cdot}t:M(p)+W(t,p)-W(p,t)\leqslant K(p)\end{array}\right\}$$

(2) 若 $M[t>M'$,则对 $p\in P$,有

$$M'(p)=\begin{cases}M(p)-W(p,t), & 若\ p\in {}^{\bullet}t-t^{\bullet}\\ M(p)+W(t,p), & 若\ p\in t^{\bullet}-{}^{\bullet}t\\ M(p)+W(t,p)-W(p,t), & 若\ p\in {}^{\bullet}t\cap t^{\bullet}\\ M(p), & 其他\end{cases}$$

3.2.2.2 食品生产工作流的 Petri 网建模方法

直接用基本的 Petri 网虽然可以建立分析模型,但是缺乏针对性,会给使用者带来极大的麻烦。荷兰学者 Wil van der Aalst 在 20 世纪 90 年代在基本 Petri 网的基础上提出了工作流网(WF-NET)的概念,并借用活性和有界性等概念定义了工作流网的安全性(safety)和健全性(soundness)等。

一个 Petri 网 $PN=(P,T,F)$ 当且仅当满足以下两个条件时被称为工作流网:

①PN 中存在两个特殊的库所 i 和 o,库所 i(源库所,source place)是输入库所,即 ${}^{\bullet}i=\varnothing$,库所 o(漏库所,sink place)是输出库所,即 $o^{\bullet}=\varnothing$;

②如果在 PN 的库所 o 和 i 之间增加一个变迁 t^*,使得 t^* 连接库所 o 与 i,即 ${}^{\bullet}t^*=\{o\}$, $t^{*\bullet}=\{i\}$,则得到的扩展网 PN 是强连通的。

以上两个约束条件规定了一个工作流网必须具有一个起始库所和一个终止库所,进入起始库所的令牌代表着一个过程实例的开始,而到达终止库所的令牌则意味着一个过程的结束。所有的活动与条件都位于起始点到终止点的有向弧线上,不存在处于孤立状态的活动和条件。T 中的变迁代表业务流中的任务,任务之间的依赖关系 F 通过库所的连接表示。两个任务可能顺序执行,可能在一个任务之后是几个任务并行,也可能是从几个任务中选一个或多个执行。如图 3.8 所示,工作流的 4 种基本逻辑原语被映射成相应的 Petri 网模型,由此建立了工作流的 Petri 网模型与触发机制。

虽然 Petri 网兼顾了严格语义与图形语言两个方面,但使用经典 Petri 网在对实际系统进行建模时会导致状态爆炸的问题。而且 Petri 网没有层次化的设计思想,造成使用 Petri 网建立的工作流模型可重用性差,可维护性差,理解困难。为了解决此问题,本研究中使用扩展 Petri 网对实际系统进行建模。扩展 Petri 网在工作流网的基础上引入对象技术及细化变迁实现流程的分层建模,此方法可降低建模复杂度,提高模型的可读性和重用性。

扩展 Petri 网增加了对象集、开始库所和结束库所的概念。对象集 $O=\{IM,OM,PN\}$,其中 IM 为对象库所输入消息库所,OM 为对象库所输出消息库所,PN 代表对象内部 Petri 网。S 为起始库所,E 为终止库所,一个面向对象 Petri 网有且仅有一个起始库所和终止库所。

扩展 Petri 网将变迁细化为 4 种,分别为自动触发变迁、人工触发变迁、消息触发变迁和时间触发变迁,变迁表示方法如图 3.9 所示。

3.2.2.3 食品生产业务工作流模型构建

工作流是对业务进程的形式化描述,包括描述任务间依赖关系(因果依赖与规章依赖)的工作流逻辑和在此逻辑上增加显性内容的工作流语义。对企业利用工作流的方法进行业务过程的建模和深入分析不仅可以规范化企业的业务流程,发现业务流程中不合理的环节,进而对企业的业务过程进行优化重组,而且所建立的业务过程模型本身就是企业非常重要的知识库和规则库,可以成为指导企业实施计算机管理信息系统的模型。

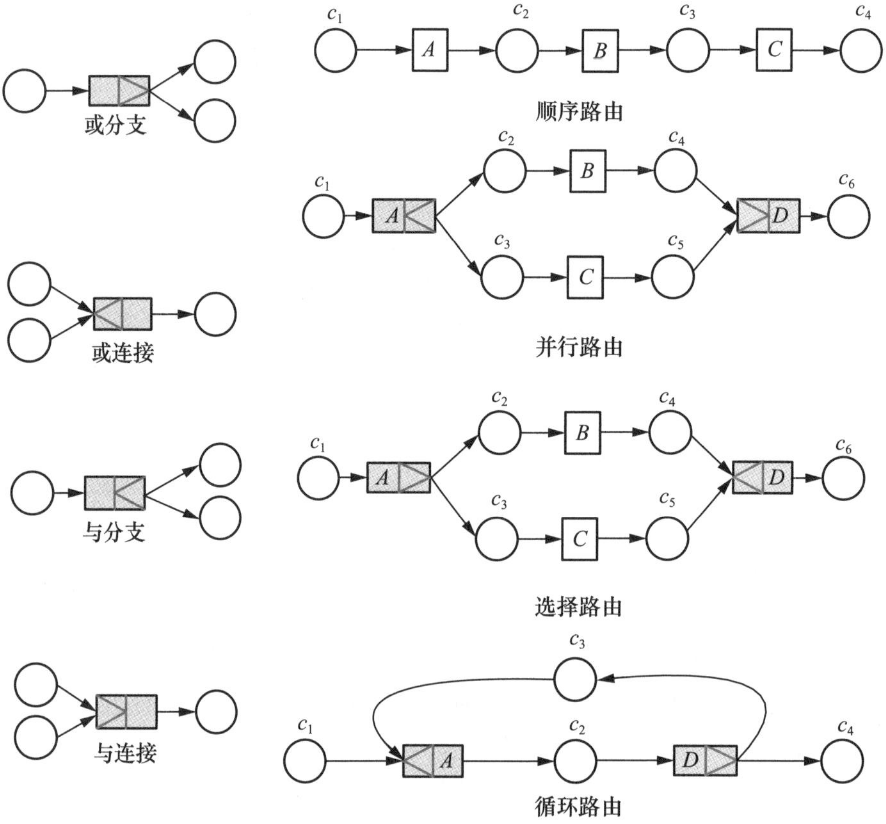

图 3.8　工作流网的 4 种基本路由

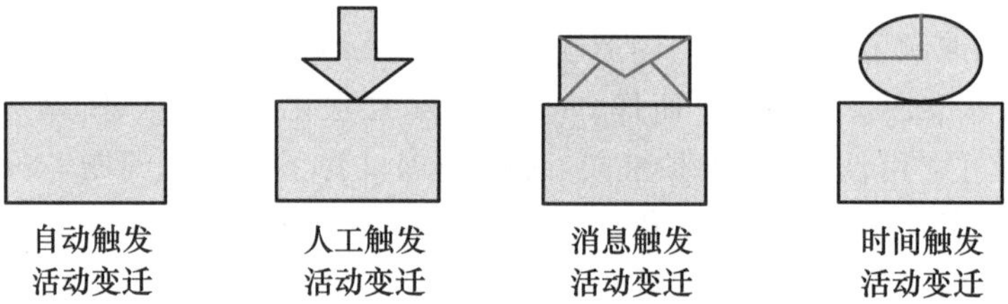

图 3.9　扩展 Petri 网的触发机制

依据 3.2.1.1 中食品生产企业业务流程，分析企业的部门设置及各具体职责可知：食品从原料入库直到生产出成品后销售整个过程涉及计划、生产、检验、库管、采购、销售 6 个部门，因而工作流模型共涉及 6 个物理对象，与之对应的对象子网络为：生产部职能子网(O1)、库管部职能子网(O2)、计划部职能子网(O3)、检验部职能子网(O4)、采购部职能子网(O5)、销售部职能子网(O6)。

本研究在建立工作流模型时采用层次化建模方法，在分析业务流程的基础上，将每个管理子网作为一个对象，建立反映部门间业务联系的工作流模型，然后分别运用工作流网技术对每个子网的内部活动进行工作流建模，然后再整合，最终得到现行的食品生产质量安全可追溯工作流模型。

由3.2.1.1中分析可知，食品生产过程中，物料检验、物料出入库、产品销售、生产计划制订等业务过程与其他工业品生产中对应业务过程相类似，这些流程遵照企业的规定进行日常运行。但经前文分析可知，食品加工环节中具有如下特点：①加工不同批次的同一种食品，工艺流程相同但物料组成并不固定，依具体情况构成其物料的层次也不同；②加工不同种类的食品，其工艺流程与物料构成均不相同。基于以上分析，在构建食品生产质量安全可追溯模型时，无法用一个固定的模型来表示加工过程，因此，本研究对将要构建的生产工作流模型中的加工子网的具体实现不予细化，只用一个加工变迁代替，并称其为食品生产业务工作流模型。

构建食品生产业务工作流模型如图3.10所示，模型表示了食品生产企业从购进物料开始，经物料的保管、处理、加工、包装、保存，直到出库销售的整个过程。图中，库所对应过程中的条件，变迁对应过程中的可执行活动，库所中的令牌代表一个过程实例的状态。*IM* 和 *OM* 之间为各职能子网，子网中各活动变迁的含义如下：*T*1，物料采购；*T*2，物料检验；*T*3，库存盘查；*T*4，过期物料判断；*T*5，物料出库；*T*6，短缺物料判断；*T*7，日常管理；*T*8，生产安排；*T*9，采购安排；*T*10，过期物料处理；*T*11，加工；*T*12，销售。

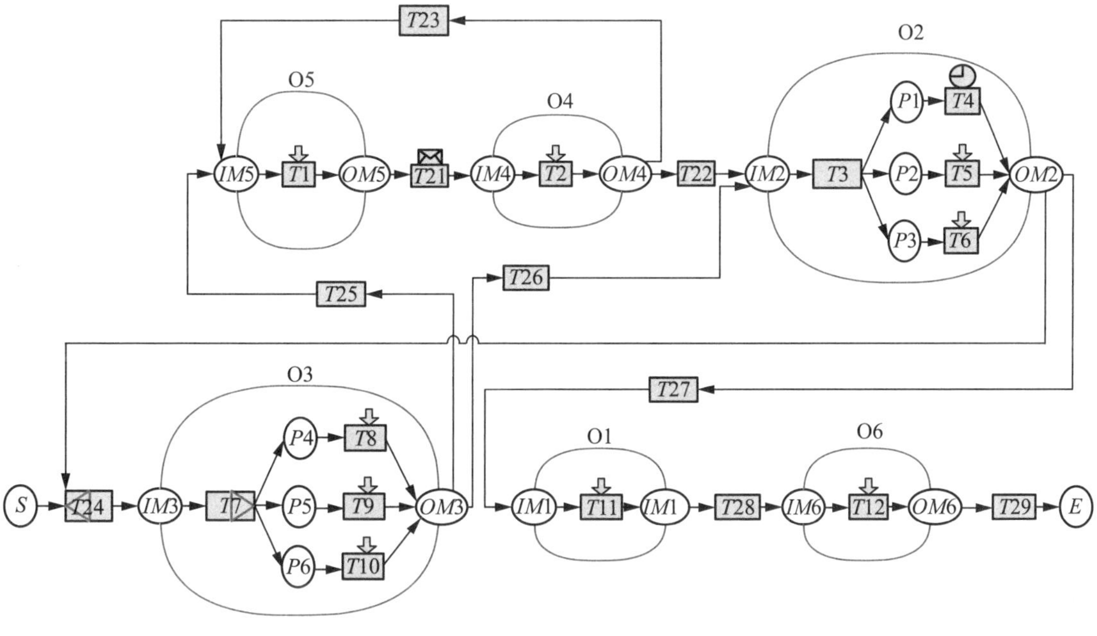

图3.10 食品生产业务过程工作流模型

3.2.2.4 模型的验证

工作流模型建立之后，首先需要对其进行正确性验证分析。正确性验证是工作流建模分析中必须完成的任务，是业务目标实现的基本保证。模型的正确性包括两方面的含义：一方面是指工作流模型结构上的正确性，即工作流模型是安全的、无死锁的。另一方面是指工作流模型在语义上是正确的，即完成业务目标上是与实际业务过程等价的，它的判别一般需要借助模型的仿真过程来进行。模型经分析认为正确后，对其进行性能分析、仿真优化才有意义。这里主要从结构上对基于Petri网建立的工作流模型进行验证。

对Petri网进行分析的方法有很多，如可达树分析方法、分层或简化、矩阵方法求解、结构分析方法等。其中可达树分析方法是一种应用范围广泛的Petri网模型验证技术，本研究拟通过绘制可达树来验证工作流模型的正确性。

绘制可达树进行模型正确性分析的过程很复杂，而且会出现状态空间爆炸的问题——验证所需的时间随节点个数呈指数增长。另外，工作流模型在经典Petri网的基础上增加了有色、时间等扩展因素及工作流属性因素，这些又增加了模型正确性验证的复杂度（杨雯等，2007）。在此将工作流模型的验证过程分为两个步骤：首先对各对象内部的Petri网进行化简；其次将化简后的Petri网绘制可达树进行验证。

1. 模型的化简

化简也称归约技术或模型转换技术，基本思想为在特性保持的原则下，将过程模型化简至适当规模，以便检测各种冲突。对扩展后的Petri网内对象的化简方法如下。

(1)将与工作流环境紧密相关的触发机制忽略，带有触发机制的变迁用普通变迁代替。

(2)将工作流路由去掉。这需要将或分支、或连接、与分支、与连接这样的工作流元组件还原成经典Petri网中普通的库所和变迁，这样新生成的模型中不再有专门的控制变迁。

(3)将得到的经典Petri网予以化简，化简规则如下：

【规则3.1】串行结构库所的化简。一个库所p，如果只有一条输入弧和一条输出弧，并且后集变迁只有一个前集库所（即库所p），那么该库所可以删除，前集变迁和后集变迁合并。

【规则3.2】并行结构库所的化简。两个库所p_1、p_2，如果二者都只有一条输入弧和一条输出弧，并且前集和后集库所相等，那么这两个库所可以合并成一个库所。

【规则3.3】自循环结构库所的化简。一个库所p，如果只有一条输入弧和一条输出弧，并且前集和后集相同，那么该库所可以删除。

【规则3.4】串行结构变迁的化简。一个变迁t，如果只有一条输入弧和一条输出弧，并且前集库所只有一个后集变迁（即变迁t），那么该变迁可以删除，前集库所和后集库所合并。

【规则3.5】并行结构变迁的化简。两个变迁t_1、t_2，如果两者都只有一条输入弧和一条输出弧，并且前集和后集变迁相同，那么这两个变迁可以合并成一个变迁。

【规则3.6】自循环结构变迁的化简。一个变迁t，如果只有一条输入弧和一条输出弧，并且前集和后集相同，那么该变迁可以删除。

2. 可达树分析

对于Petri网系统$PN=(P,T;F,K,W,M_0)$，PN的可达树是由标识M标识值为ω（$\omega\in N$且趋于无穷）作为节点构成的树，节点之间用T元素标注。对Petri网进行可达树分析如下。

(1) $T(PN)$的初始值只有根节点r，$M_r=M_0$，即M_r以初始标识标记。

(2) 令x为$T(PN)$的叶节点。若任何变迁$t\in T$在标识x下均无发生权，x为真叶节点；若从r到x的路径上存在一个节点y，$y\neq x$，但$M_y=M_x$，则x也是真叶节点。若$T(PN)$的所有叶节点均为真叶节点，重复步骤(2)，否则继续。

(3) 若$T(PN)$有叶节点x，x不是一个真叶节点，于是在M_x至少有一个变迁有发生权。对M_x授权发生的每个变迁$t\in T$，在$T(PN)$上添加一个新节点y，y是x的子节点，从x到y的有向弧用变迁t标记。节点y的标记M_y是如下定义的：

首先计算出M_x的后继M'，即对所有$\forall p\in P$：$M'(p)=M_x(p)-W(p,t)+W(t,p)$；然

后计算 M_y;对所有 $p \in P$,

$$M_y(p)=\begin{cases}\omega, \text{从 } x \text{ 到 } y \text{ 的路径上有节点 } z, \text{使得 } M<M' \text{且 } M_z(p)<M'(p) \\ M'(p)\end{cases}$$

如果存在 $M_y(p)=\omega$,则说明库所 p 中的令牌数在接下来的变迁中会一直增大,直到趋于正无穷,则进入下一步骤,否则转步骤(2)。

(4)生成可达树。

(5)对可达树进行如下判断,其中 L 为可达树真叶节点:

① 如 $\forall M \in L: M(p)=\begin{cases}1, p=0(\text{终止状态}) \\ 0, p\neq 0\end{cases}$,则说明该系统可正常终止

② 如 $\exists M \in L: M(0)=0$,则该系统会出现死锁,死锁发生在库所 p 处;$M(p)\neq 0$。

具体化简模型时采取自底向上的方法,首先不考虑各子网之间的路由关系,依次对各子网的内部 Petri 网进行化简,最后对整个工作流网进行化简,化简过程如下。

对 O2 子网(库存管理子网)进行化简,得到经典 Petri 网表示的 O2 子网,如图 3.11 所示。

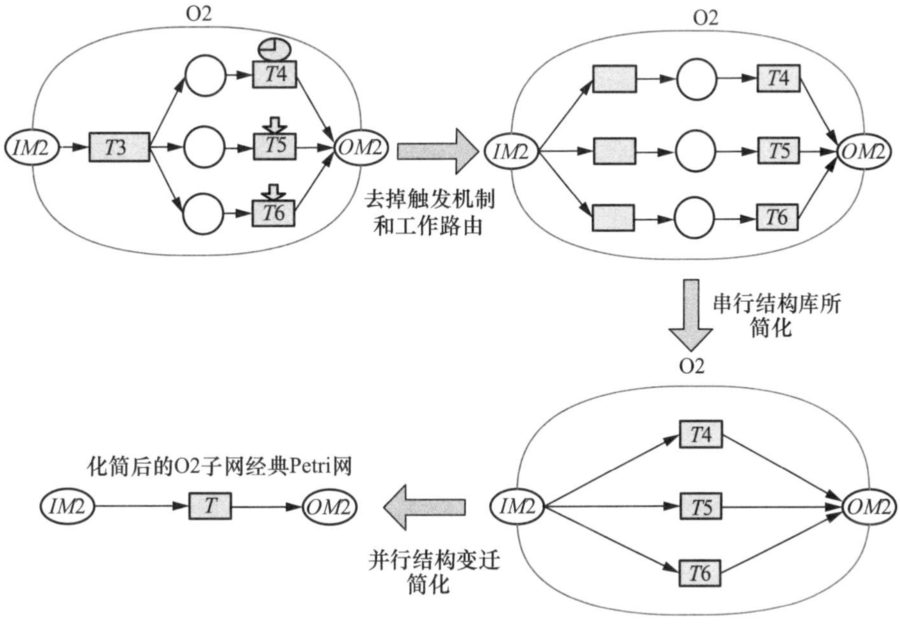

图 3.11 **O2 子网化简流程图**

依照以上的方法,依次对其他 5 个子网进行化简,得到结果如图 3.12 所示。

将图 3.12 中得到的 Petri 网消去工作流路由,并且应用规则 3.1 和规则 3.4,化简后得到新的简化 Petri 网,如图 3.13 所示。

将图 3.13 中得到的 Petri 网做进一步化简,得到最终的 Petri 网,如图 3.14 所示。

食品业务工作流模型可以化简为图 3.14 中的典型 Petri 网,因为该典型 Petri 网只含一个变迁,此处不必使用可达树进行分析便可得出以下结论:①该 Petri 网中不存在死锁;②该网有界,而且是安全的;③该网能正常结束,而且在结束状态只在 E 库所中有令牌。

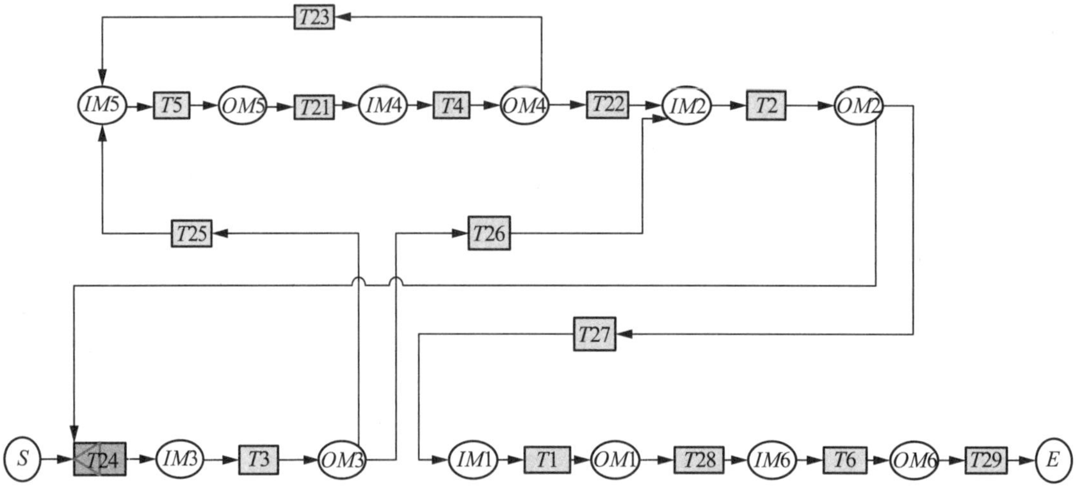

图 3.12　经子网化简的业务过程工作流模型

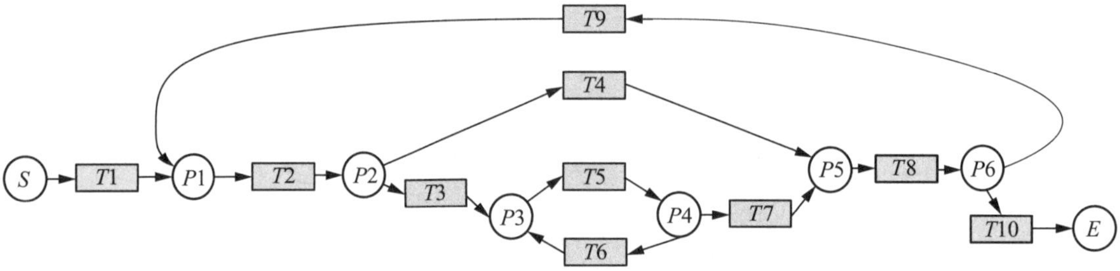

图 3.13　应用相关规则简化后得到的 Petri 网

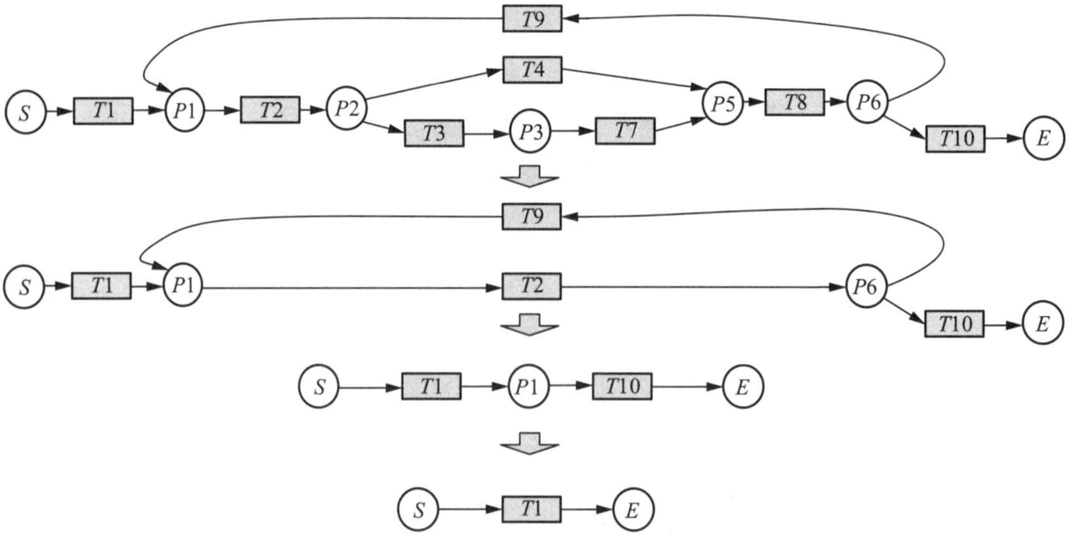

图 3.14　Petri 网化简流程和结果

3.2.3 基于 BOM-Petri 的食品加工过程建模方法

在分析我国食品生产企业特点后，运用扩展 Petri 网对食品生产的工作流程进行建模，并对建立的模型进行了验证。但该模型中对于加工过程并没有细化，只是用一个代表加工的变迁来代替。这是因为食品加工具有特殊性，生产不同产品所用物料和工艺过程有较大差别，即使是生产不同批次的同种产品，其物料组成和工艺过程也不尽相同。因此在建立模型时，无法用一个静态的模型来表述其加工过程。

以加工生鲜牛肉香肠为例，在 3.2.1.2 中对其完整的生产工艺已做过描述，但在生产不同批次的产品时，企业会依据具体情况采用不同的物料和工艺。如在生产批次为“09001”的牛肉肠时，初始物料为批次“1009001”瘦牛肉块，批次“2009001”牛脂肪块，则产品须经流程为：绞肉→斩拌→混料→充填→包装。而在生产批次为“09002”的牛肉肠时，初始物料为批次为“0900211”的瘦牛肉馅和“0900212”的牛脂肪馅，则产品加工流程为：斩拌→混料→充填→包装。显而易见，批次不同的两批产品加工所经流程和物料均不同。

产品的组成结构和其加工流程是彼此相关的，加工流程形成其组成结构，而从组成结构可以得到产品标准化的加工流程。因此产品的加工过程模型可以通过产品的结构数据模型来映射得到。

BOM 是一种产品结构的技术性描述文件。BOM 可以精确地描述不同产品的构成和彼此的区别。3.2.1 中基于 BOM 建立了食品质量安全可追溯数据模型，这里将研究使用一种将 BOM 映射到 Petri 网的建模方法，来实现利用产品的 BOM 构建动态的加工过程模型，最终建立食品加工过程的工作流模型。

3.2.3.1 BOM 到 Petri 网的映射方法

首先对 BOM 和 Petri 网做如下定义：

令 $BOM=(C,r,G)$，其中 C 代表根部件，r 是组成该根部件的子部件或零部件，G 为部件 C 和零件 r 之间的对应关系。

令 Petri 网 $PN=(P,T,F)$，其中 P 是网中库所的集合，T 是变迁的集合，F 是连接库所和变迁的有向弧的集合。

将 BOM 映射到 Petri 网的步骤如下：

①令 $BOM=(C,r,G)$；$PN=(P,T,F)$(其中 $P=\{IN_r,OUT_r\}$，$T=\{r\}$，$F=\{(IN_r,r),(r,OUT_r)\}$)。

②对于 $PN=(P,T,F)$，如果 $T\cap C=\varnothing$，则转至步骤④，否则选择一个部件 $c\in T\cap C$，如果部件 c 没有下级部件，则将变迁 t 重新标记为 $PROD_c$，重新开始步骤②，否则向下进行。

③将变迁 t 用以下的子网代替：

$$P_{\text{out}}:=\{OUT_x \mid x\in C\},P_{\text{in}}:=\{IN_x: \mid x\in C\}$$

修改后的 Petri 网定义如下：

$$P'=P\cup P_{\text{out}}\cup P_{\text{in}}$$
$$T'=\{PREP_c,PROD_c\}\cup\{x \mid x\in C\}$$
$$F'=\{(IN_c,PREP_c),(PROD_c,OUT_c)\}\cup\{(OUT_x,PROD_c)\mid x\in C\}$$

$$\cup\{(x,OUT_x)\mid x\in C\}\cup\{(IN_x,x)\mid x\in C\}\cup\{(PREP_c,IN_x)\mid x\in C\}$$

令 $PN=(P',T',F')$，转至步骤②。

④ 对于只有一个输入和一个输出的 $PREP$ 变迁，合并成一个节点（将输入、输出位置融合在一起）。

3.2.3.2 基于 BOM-Petri 的食品加工过程工作流建模

食品的加工过程是一个由原材料、辅助材料等逐步变成在制品、半成品、最后变成成品的过程。每经历一个过程，都要涉及一定的资源、设备、操作人员等，每个过程代表不同的工艺流程。依照 3.2.3.1 中 BOM 到 Petri 网的映射方法，以 3.1.3.2 中提到的批次为“09001”的生鲜牛肉香肠为例，对其加工过程工作流进行建模。

图 3.15 所示为该产品 BOM，为了图中表达简便，各物料以新编号表示。

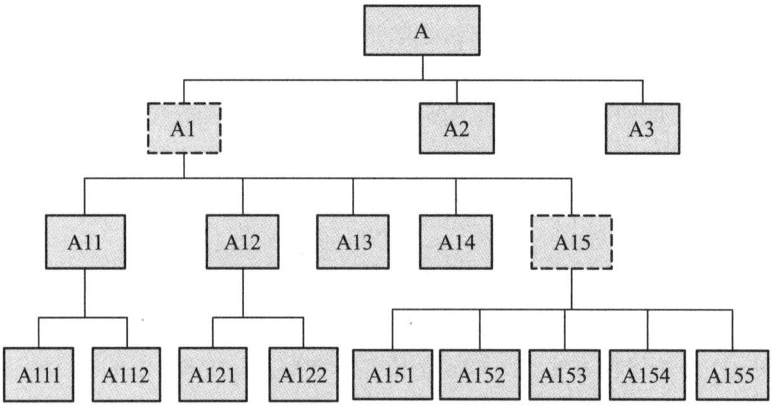

图 3.15 09001 批生鲜牛肉香肠追溯 BOM

图 3.15 中所示为产品的追溯 BOM，即精确到物料批次的产品 BOM，节点 A 代表批号为“09001”的生鲜牛肉香肠，它由馅料 A1、肠衣 A2 和线绳 A3 构成，对 BOM 逐层分析可得产品的完整结构信息。

如图 3.16 所示，将 BOM 的 0 层和 1 层进行映射得到图示的 Petri 网，继续执行 BOM-Petri 映射算法对 A1 变迁进行逐层展开得到最终的 Petri 网，如图 3.17 所示。

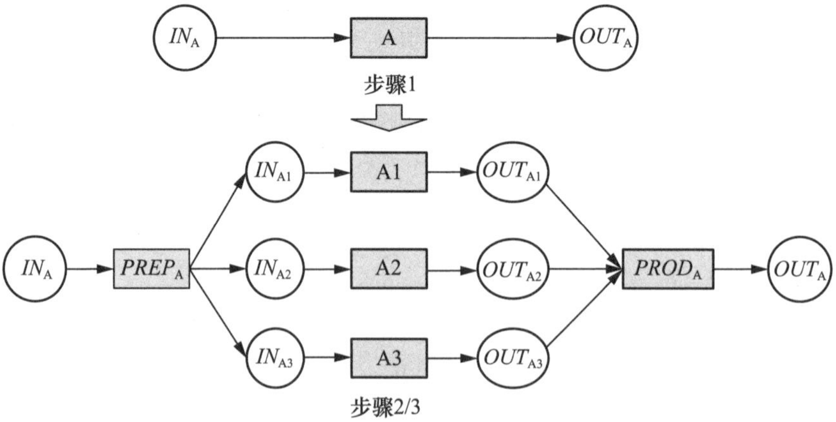

图 3.16 BOM-Petri 映射流程（0、1 层）

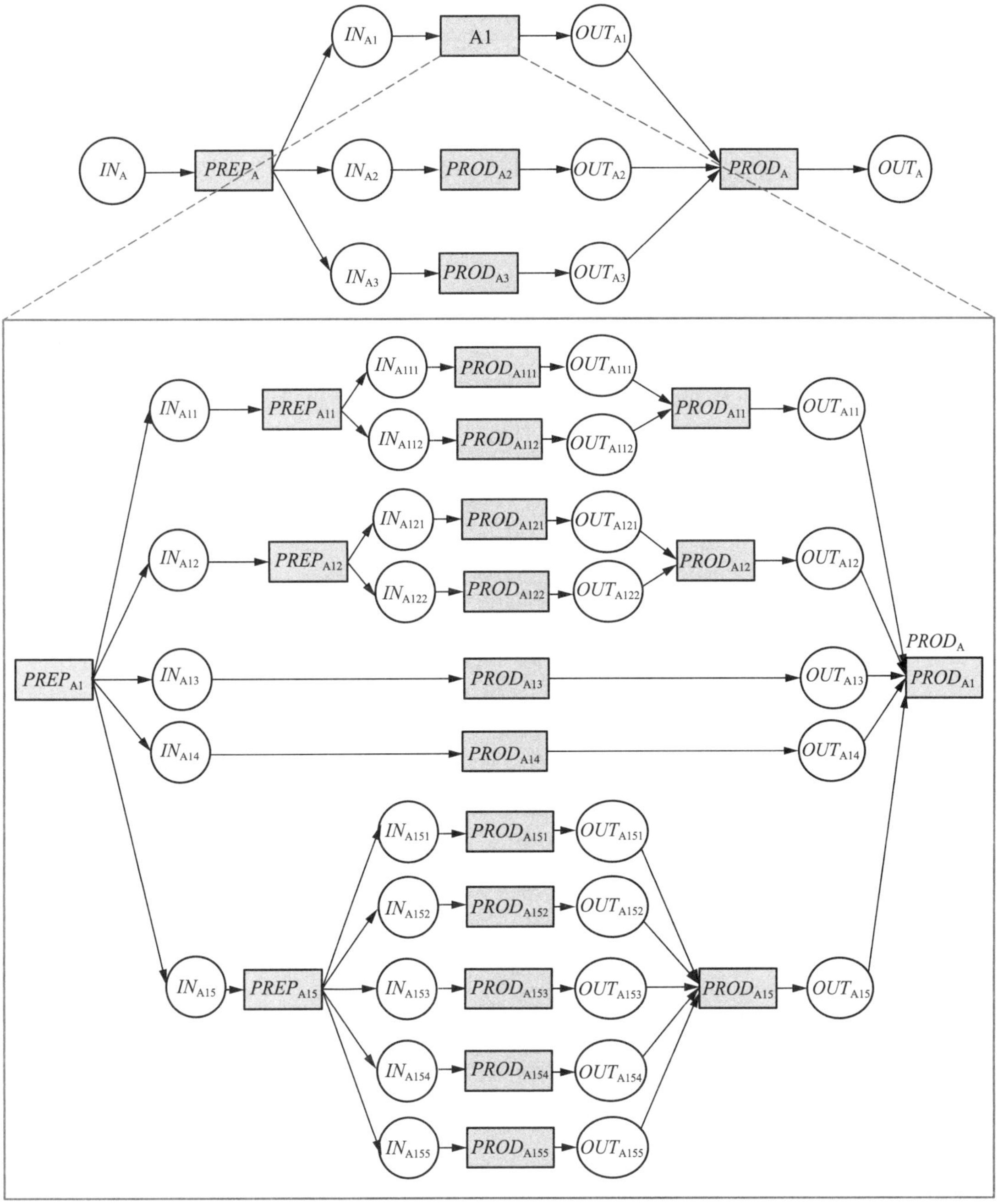

图 3.17 基于 BOM-Petri 网的食品加工过程模型

图 3.17 是经 BOM 映射形成的食品加工过程工作流的 Petri 网模型，库所代表任务，而变迁代表具体的加工或处理活动，令牌代表任务的状态。依具体的加工活动，变迁含有不同的意义。在本例中，$PROD_A$ 表示的是肉肠的灌制，$PROD_{A1}$ 表示的是馅料的混合，$PROD_{A11}$ 表示瘦牛肉绞碎，而 $PROD_{A12}$ 表示牛脂肪切丁，其他的变迁和库所的具体含义可根据实际的工作流程进行分析。

3.3 食品追溯批次优化建模与实证研究

本节在前两节分析的基础上，探讨食品生产批次容量优化和分销批次规划的建模方法。引入非线性规划的方法构建生产批次容量优化模型，并通过实证研究对模型进行验证。

3.3.1 食品追溯批次优化方法选择

3.3.1.1 非线性规划的数学模型

非线性规划(nonlinear programming，NLP)是指目标函数和约束函数中至少有一个是非线性函数。非线性规划在工程、管理、经济、科研、军事等方面都有广泛的应用，为最优设计提供了有力的工具。非线性规划的一般形式表述为

$$\begin{aligned}&\min f(x)\\ \text{s.t. }\ & g_i(x)\geqslant 0, i=1,2,\cdots,p\\ & h_j(x)=0, j=1,2,\cdots,g\end{aligned} \tag{3.1}$$

式中：$x=[x_1,x_2,\cdots,x_n]^T$ 称为NLP模型的决策变量，f 称为目标函数，$g_i(x)(i=1,2,\cdots,p)$和$h_j(x)(j=1,2,\cdots,q)$称为约束函数。另外，$g_i(x)=0(i=1,2,\cdots,p)$称为等式约束，$h_j(x)\leqslant 0(j=1,2,\cdots,q)$称为不等式约束。如果约束函数均是线性函数，则称此问题是线性约束非线性规划问题。当目标函数 $f(x)$为二次函数的线性约束问题时称为二次规划问题。作为特例，不带有约束条件的非线性规划称为无约束非线性规划，带有约束条件的非线性规划称为约束线性规划。

定义：把满足NLP模型条件的解 $x=[x_1,x_2,\cdots,x_n]^T$ 称为可行解，所有可行解的集合称为可行域，我们把可行域记为 K。

若 $x^*\in K$，并且

$$f(x^*)\leqslant f(x),\quad \forall x\in K$$

则称 x^* 为非线性规划(3.1)的全局最优解，或简称为最优解，$f(x^*)$是非线性规划(3.1)的全局最优值。

如果有

$$f(x^*)<f(x),\quad \forall x\in K, x\neq x^*$$

则称 x^* 为非线性规划(3.1)的严格全局最优解，$f(x^*)$是非线性规划(3.1)的严格全局最优值。

若 $x^*\in K$，并且存在 x^* 的邻域 $N_\delta(x^*)$，$N_\delta(x^*)=\{x\mid x\in K;\ \|x^*-x\|<\delta;\delta>0\}$，使

$$f(x^*)\leqslant f(x),\quad \forall x\in K\cap N_\delta(x^*)$$

则称 x^* 为非线性规划(3.1)的局部最优解，$f(x^*)$是非线性规划(3.1)的局部最优值。

如果有

$$f(x^*)<f(x),\quad \forall x\in K\cap N_\delta(x^*)$$

则称 x^* 为非线性规划(3.1)的严格局部最优解,$f(x^*)$是非线性规划(3.1)的严格局部最优值。

3.3.1.2 **非线性规划的求解**

对非线性规划问题,通常用迭代算法求它的最优解。迭代算法的基本思想是:从一个选定的初始点 $x^1 \in K$ 出发,按照某一特定的迭代规则产生一个点列$\{x^k\}$,使得当$\{x^k\}$是有穷点列时,其最后一个点是非线性规划模型的最优解;当$\{x^k\}$是无穷点列时,它有极限点,并且其极限点是非线性规划的最优解。

设 $x^k \in K$ 是某迭代方法的第 k 轮迭代点,$x^{k+1} \in K$ 是第 $k+1$ 轮迭代点,用 A 记某一特定算法,由 x^k 出发通过算法 A 求得 x^{k+1} 记为:$x^{k+1} \in A(x^k)$。

用迭代算法求解非线性规划问题的一般步骤如图3.18所示。

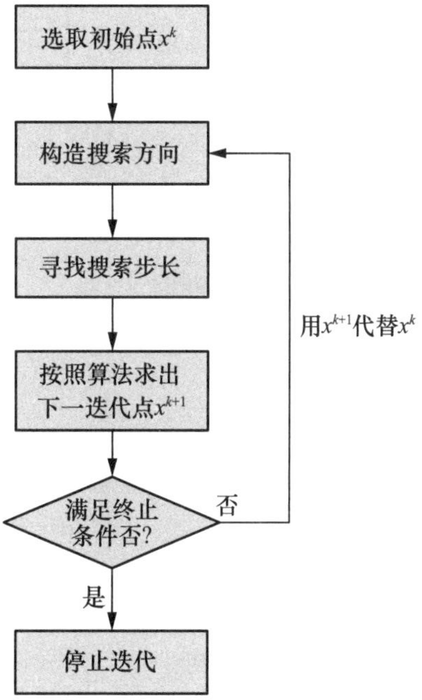

图3.18 迭代算法求解非线性规划问题的一般步骤

无约束最优化方法大多是逐次一维搜索的迭代算法。这些求解算法大致可分为两类,一类是在求解过程中不要计算目标函数的导数,称为直接法;另一类是在求解过程中要计算目标函数的导数,称为解析法。这些迭代算法的基本思想是:在一个近似点处选定一个有利搜索方向,沿这个方向进行一维寻查,得出新的近似点。然后对新点施行同样步骤,如此反复迭代,直到满足预定的精度要求为止。根据搜索方向的取法不同,可以有各种算法。

(1)直接法。直接法适用于目标函数的导数不易求得或者导数不存在的极值问题,仅仅利用目标函数的数值信息进行求解。常用求解非线性规划问题的直接法有单纯形法、步长加速法、方向加速法和坐标轮换法。步长加速法是Hooke和Jeeves最早提出来的,它能有效解决维数较低的无约束极值问题。方向加速法是由Powell提出的,因此又称为Powell算法,它是按近似共轭方向搜索的方法,有较快的收敛速度。近年来,部分学者提出的随机搜索法也属于直接法。

(2)解析法。解析法是利用目标函数导数的方法,即依据目标函数的梯度进行求解的方法。主要包括梯度法、牛顿法、变尺度法和共轭梯度法。梯度法又称最速下降法,由Cauchy最早提出,收敛速度较慢。牛顿法收敛速度快,但不稳定,计算也较困难。共轭梯度法收敛较快,效果较好。变尺度法是一类效率较高的方法,其中DFP方法和BFGS方法是最常用的方法。

有约束条件的非线性规划问题求解比较复杂,一般解法分为两类,一类是直接用原来的目标函数,在可行域上进行搜索,并在保持可行性条件下求出最优解;另一类是将约束问题化为无约束问题来求解。有约束条件的非线性规划问题解法主要包括罚函数法、乘子法、可行方向法、投影梯度法和既约梯度法。罚函数法简称SUMT法,是应用最广的一种求解有约束条件的非线性规划问题的方法,它的基本思路是通过目标函数加上惩罚项,将原约束非线性规划问题转化为求解一系列无约束的极值问题。罚函数的缺点是当罚因子无限增大时，罚函数的Hesse矩阵的病态性质越来越严重。乘子法是将原问题转化为求拉格朗日函数的驻点，对罚函数进行改造。可行方向法是一类通过逐次选取可行下降方向去逼近最优点的迭代算法。

综上分析，非线性规划问题求解方法如图3.19所示。

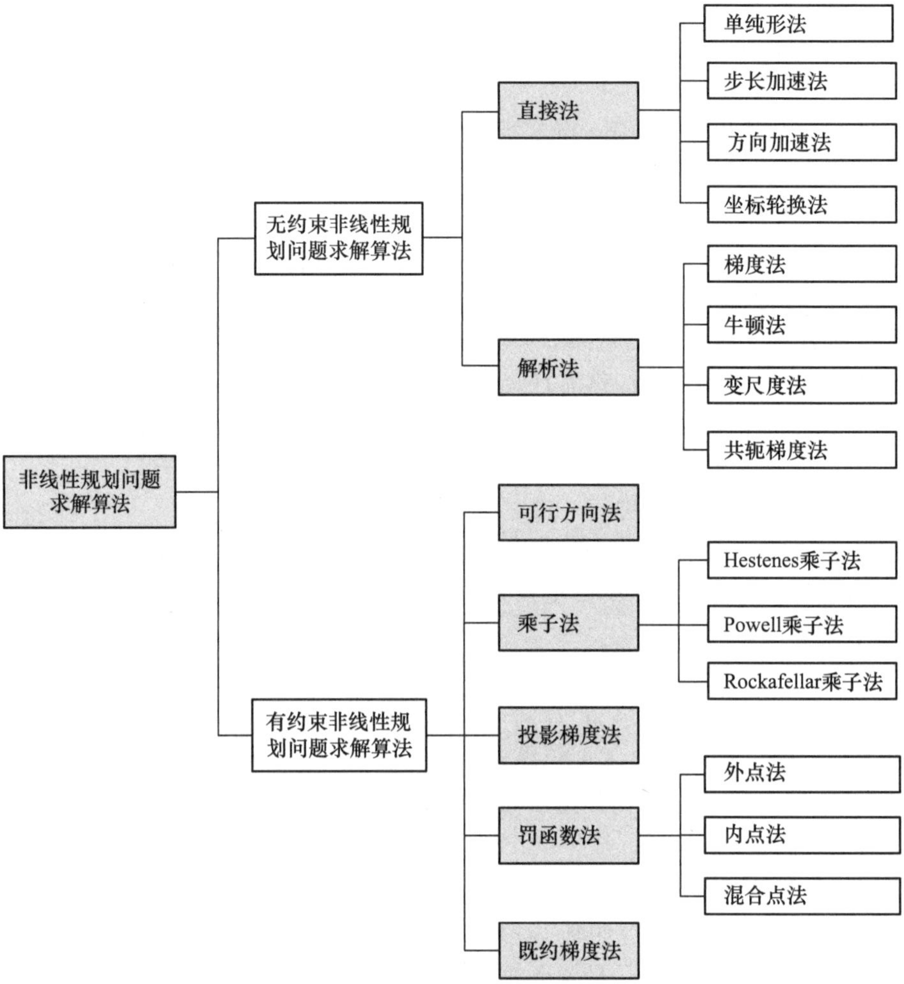

图3.19 非线性规划问题求解算法

3.3.2 食品追溯批次优化模型的建立

3.3.2.1 食品追溯批次优化模型的假设条件

食品追溯批次优化模型建立在批次信息分析的基础上，食品追溯信息在原料采购验收、产品生产和产品分销3个阶段，因此，模型中只考虑原料采购验收、产品生产和产品分销3个环节。

已经实施可追溯系统的肉食品企业具有一定的规模，基础设施较好，生产设备先进，生产性能稳定，产品质量安全管理制度健全；同时，本研究中模型是基于市场理性状态下的，不考虑市场的异常情况或者市场恶意操纵的情况。因此，为了便于模型描述和求解，本研究做出如下假设：

假设一(H_1):企业的生产是按照市场需求进行的,不考虑产品库存费用;
假设二(H_2):同种产品的制造成本是不变的;
假设三(H_3):原料每个批次的重量是相同的;
假设四(H_4):同种原料和产品每个批次的风险概率不变;
假设五(H_5):产品加工过程没有物料的损耗。

3.3.2.2 食品追溯批次优化模型的参数定义

i:原料批次;
I:原料批次的总数量;
t:原料的种类;
T:原料种类的总数量;
j:终产品批次;
J:终产品批次的总数量;
m:终产品种类;
M:终产品种类的总数量;
n:终产品分销市场的数量;
N:终产品分销市场的总数量;
D_n:第 n 个分销市场在一定周期内的需求量,t/月;
K_n:终产品分销到第 n 个市场的单位物流费用,元/t;
P:终产品营销费用的计算比例,%;
$R_{RM}(i,t)$:t 类原料第 i 批的质量安全风险概率,%;
$R_{FP}(j,m)$:m 类产品第 j 批的质量安全风险概率,%;
$Q_{RM}(i,t)$:t 类原料第 i 批的重量,t/批;
$C_{RM}(i,t)$:t 类原料第 i 批的单位价格,元/t;
$Q_{FP}(m)$:终产品批次容量,即 m 类终产品每批次的重量,t/批;
E:每批终产品的生产准备成本,元/批;
H:每批终产品的生产人工成本,元/批;
$C_{FP}(m)$:m 类终产品的单位价值,元/t;
C_{RCL}:缺陷产品召回时的物流成本,元/t;
$BOM_{RM}(t,m)$:物料清单,表示 t 类原料在 m 类成品中所占的比例;
$Y_{RF}(t,m)$:二元变量,当 t 类原料作为 m 类终成品的原料时,变量为 1,否则为 0;
$Y_{FD}(j,n)$:二元变量,当 j 批终产品分销到第 n 个市场时,变量为 1,否则为 0。

3.3.2.3 食品生产批次优化模型的建立

由优化目标的分析,建立生产批次优化目标函数:

$$TC = \min\sum_{i=1}^{4}\{C_i(x_{ij})\} \tag{3.2}$$

(1) 原料成本,为

$$C_1 = \frac{\sum_{n=1}^{N} D_n}{Q_{FP}(m)}\sum_{m=1}^{M}\sum_{t=1}^{T} Y_{RF}(t,m)\sum_{t=1}^{T}\sum_{i=1}^{I} Q_{RM}(i,t)C_{RM}(i,t) \tag{3.3}$$

（2）生产成本，包括生产准备成本 C_{21} 和人工成本 C_{22}，其中：

$$C_{21} = E \times \frac{\sum_{n=1}^{N} D_n}{Q_{FP}(m)} \tag{3.4}$$

$$C_{22} = H \times \frac{\sum_{n=1}^{N} D_n}{Q_{FP}(m)} \tag{3.5}$$

因此，生产成本可以表示为

$$C_2 = C_{22} + C_{21} = H \times \frac{\sum_{n=1}^{N} D_n}{Q_{FP}(m)} + E \times \frac{\sum_{n=1}^{N} D_n}{Q_{FP}(m)} = \frac{\sum_{n=1}^{N} D_n}{Q_{FP}(m)}(H+E) \tag{3.6}$$

（3）分销成本，包括物流成本 C_{31} 和营销成本 C_{32}，其中：

$$C_{31} = \sum_{n=1}^{N} D_n K_n \tag{3.7}$$

$$C_{32} = \sum_{n=1}^{N} D_n C_{FP} P \tag{3.8}$$

因此，分销成本可以表示为

$$C_3 = C_{31} + C_{32} = \sum_{n=1}^{N} D_n K_n + \sum_{n=1}^{N} D_n C_{FP} P \tag{3.9}$$

（4）风险成本，包括批次容量风险即原料风险成本 C_{41} 和终产品召回风险成本 C_{42}，其中：

$$C_{41} = \sum_{n=1}^{N} D_n C_{FP} \sum_{t=1}^{T} \sum_{m}^{M} Y_{RF}(t,m) \sum_{t=1}^{T} \sum_{i=1}^{I} R_{RM}(i,t) \tag{3.10}$$

$$C_{42} = C_{FP} \sum_{n=1}^{N} D_n R_{FP} \tag{3.11}$$

因此，风险成本可以表示为

$$C_4 = C_{41} + C_{42} = \sum_{n=1}^{N} D_n C_{FP} \sum_{t=1}^{T} \sum_{m}^{M} Y_{RF}(t,m) \sum_{t=1}^{T} \sum_{i=1}^{I} R_{RM}(i,t) + C_{FP} \sum_{n=1}^{N} D_n R_{FP} \tag{3.12}$$

综上分析，得出目标函数

$$\begin{aligned} TC &= \min \sum_{i=1}^{4} \{C_i(x_{ij})\} \\ &= \min \left\{ \frac{\sum_{n=1}^{N} D_n}{Q_{FP}(m)} \sum_{m=1}^{M} \sum_{t=1}^{T} Y_{RF}(t,m) \sum_{t=1}^{T} \sum_{i=1}^{I} Q_{RM}(i,t) C_{RM}(i,t) + \frac{\sum_{n=1}^{N} D_n}{Q_{FP}(m)}(H+E) \right. \\ &\quad + \sum_{n=1}^{N} D_n K_n + \sum_{n=1}^{N} D_n C_{FP} P \end{aligned}$$

$$+\sum_{n=1}^{N}D_nC_{FP}\sum_{t=1}^{T}\sum_{m}^{M}Y_{RF}(t,m)\sum_{t=1}^{T}\sum_{i=1}^{I}R_{RM}(i,t)+C_{FP}\sum_{n=1}^{N}D_nR_{FP}\Bigg\} \tag{3.13}$$

在模型建立过程中，假设加工过程没有损耗，依据物料守恒原理，可以计算出原料批次数量和终产品批次数量，其中每批终产品中原料批次数量

$$I=Q_{FP}\times BOM_{RM}(t,m)/Q_{RM}(t) \tag{3.14}$$

市场总需求下终产品批次数量

$$J=\sum_{n=1}^{N}D_n/Q_{FP}(m) \tag{3.15}$$

在实际生产中，相关的生产参数可以获得，这样，目标函数就可以化解为

$$TC=\min\left(\frac{A}{Q_{FP}}+B\times Q_{FP}+C\right) \tag{3.16}$$

这就是一个非线性规划问题，其中 Q_{FP} 是变量，A、B、C 是常数。通过非线性规划的解法进行优化求解。

3.3.2.4 **食品分销批次优化模型的建立**

由对分销批次优化目标的分析，建立分销批次优化目标函数

$$B\_DIS=\min\sum_{i=1}^{I}DIS(x_i) \tag{3.17}$$

产品批次的分散度可以通过式(3.18)计算：

$$\sum_{i=1}^{I}DIS(x_i)=\sum_{j=1}^{J}\sum_{n=1}^{N}Y(j,n) \tag{3.18}$$

产品在分销到各目标市场时需要满足各市场对产品的要求，约束条件如下：

$$a_iQ_{FP}\geqslant D_n$$

其中 $a_i(i=1,2,\cdots,n)$ 表示运往第 i 个市场的批次数量。因此，我们得到产品批次分销的优化函数

$$B\_DIS=\min\sum_{j=1}^{J}Y(j,k) \tag{3.19}$$

3.3.3 食品追溯批次优化实证研究

选取发酵香肠产品作为实证研究。假设该发酵香肠生产企业符合本模型提出的所有假设条件。

该发酵香肠配方为：猪瘦肉 60%，脂肪（猪背膘）30%，其他配料（盐、糖、香辛料等）10%。本研究对发酵香肠制品的风险分析结果表明，发酵香肠制品原料风险主要集中在瘦肉和脂肪，在统计数据中没有出现配料导致风险的记录。在此，定义猪瘦肉原料类型为Ⅰ类，即 $t=1$；脂肪原料类型为Ⅱ类，即 $t=2$。实证研究数据如下：

$E=200$ 元/批；

$H=300$ 元/批；

$Q_{RM}(1)=4$ t/批，$Q_{RM}(2)=2$ t/批；

$C_{RM}(1)=10\ 000$ 元/t，$C_{RM}(2)=8\ 000$ 元/t，$C_{FP}=13\ 000$ 元/t；

$BOM_{RM}(1,m)=60\%$；

$BOM_{RM}(2,m)=30\%$；

$P=25\%$。

原料风险概率和产品风险概率的计算中 $R_{FP}=4.01\%$，$R_{RM}(1)=1\%$，$R_{RM}(2)=0.5\%$。

产品分销市场有 3 个，$N=3$，各市场需求及运输费用如表 3.8 所示。

表 3.8　发酵香肠分销市场需求与物流费用

市场	需求 D/t	分销物流费用 K/(元/t)
1	40	200
2	30	300
3	30	100

在实证研究中，原料有 2 类，因此有：$T=2$；$M=1$。

依据表 3.8 计算得出：

市场总需求：$\sum_{n=1}^{N} D_n = 100$；

分销物流成本：$\sum_{n=1}^{N} D_n \cdot K_n = 20\ 000$。

在优化模型中，每批次终产品中包含的原料批次按照式(3.14)计算。

将实证数据代入前面建立的目标函数(式(3.16))，经过计算化简后得

$$TC=5\ 850\times Q_{FP}+\frac{100\ 000}{Q_{FP}}+2.336\times 10^6 \quad (3.20)$$

运用 lingo 8.0 对以上非线性目标函数进行最优化求解，结果如图 3.20 所示。

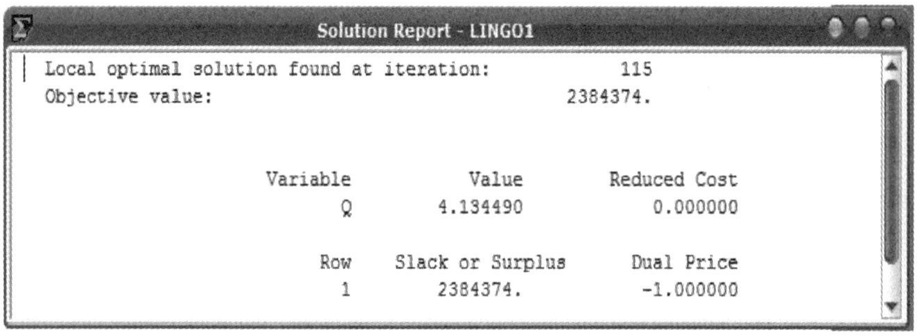
Solution Report - LINGO1

Local optimal solution found at iteration: 115
Objective value: 2384374.

Variable	Value	Reduced Cost
Q	4.134490	0.000000

Row	Slack or Surplus	Dual Price
1	2384374.	-1.000000

图 3.20　发酵香肠目标函数最优化求解结果

再对目标函数绘制总成本与批次容量函数的曲线图，如图 3.21 所示。

通过以上分析发现，当终产品批次容量 $Q_{FP}=4.13$ t/批时，该产品在一定风险概率下总成

本最低，批次容量在增大或者减小的时候，都会引起该风险概率下总成本的增加。因此，建议企业选择最优批次容量来安排生产，使得总成本最优，降低潜在风险，达到风险管理和追溯批次优化的目的。

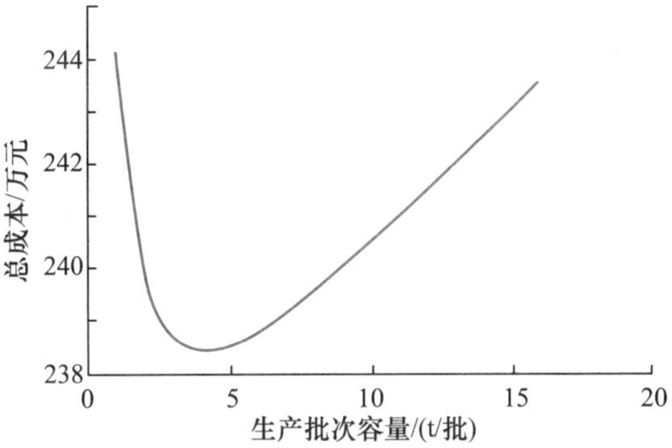

图 3.21 总成本与批次容量函数曲线图

依据终产品分销批次优化数学模型(式(3.19))分析，在终产品分销时，应按照满足销售市场需求的原则下，将同一批次的产品分销到同一市场，尽量减少同一批次分销到不同市场的情形。这样就可以降低产品的分销批次扩散度，从而降低潜在的产品召回费用。当批次容量是 4.13 t/批时，该产品分销批次安排如表 3.9 所示。

表 3.9 发酵香肠的产品分销批次安排表

市场	需求 D/t	分销批次/批
1	40	10
2	30	8
3	30	8

3.4 食品加工过程质量追溯模型构建

食品加工过程属于通常所说的批过程，批操作一般有一个确定的操作周期，它的时间特性常常表现为非稳态和非线性。由于各种各样的扰动因素，如原料的各异、设备性能改变等原因，保持批与批之间的重复性几乎不可能。另外，食品生物性危害是食品加工过程中无时不在的威胁。因此，需要对批过程进行严密监视和故障诊断，若能在早期检测出故障，可以帮助操作人员采取修正措施来消除故障或停止该批生产以减少对原材料的浪费和设备的占用。

食品加工过程的质量控制和质量追溯受到以下几个方面的限制：①缺乏测量产品质量的在线传感器；②在操作周期内变量动态序列变化频繁，缺乏稳定状态；③生产过程复杂，存在严重非线性，开发机理数学模型困难。当今自动化技术和信息科学技术的发展，为采集和保存过程操作、测量变量历史和实时数据信息创造了条件，同时也为利用统计分析方法开发统计数学模型建立了基础(汪志锋，2007)。

本节以一种水产品(冷冻罗非鱼片)的加工为例，描述构建食品加工过程质量追溯模型的方法。

3.4.1 基于 SPC 的食品加工过程质量跟踪模型

3.4.1.1 基于 SPC 的质量跟踪模型的建立

过程控制是指过程中由随机因素作用而导致的正常质量波动已被限制在合理范围之内，

同时已将由系统因素作用而导致的异常质量波动完全杜绝的质量管理活动。现代质量管理要求以统计技术的应用来实现过程控制,因此称为"统计过程控制"。统计过程控制区别于统计质量控制的关键在于"过程",即为针对过程的重要工艺参数所作的控制,而不仅仅是对于最终产品特性所作的控制(统计质量控制),不是等产品生产出来后再去检验合格与否,而是在生产的过程中就及时纠正,防患于未然,减少浪费。

控制图具有捕捉异常先兆的功能,因而成为实现统计过程控制的首选方法。在统计过程控制中,应用统计技术实现对过程中各个阶段的监控和诊断,捕捉到异常先兆后立即采取纠正和预防措施,将异常消灭在萌芽状态,消灭在过程之中,从而减少过程中的质量损失,降低成本,对保证产品质量和增加企业的经济效益都起到非常重要的作用。

建立统计过程控制模型的步骤如图 3.22 所示。

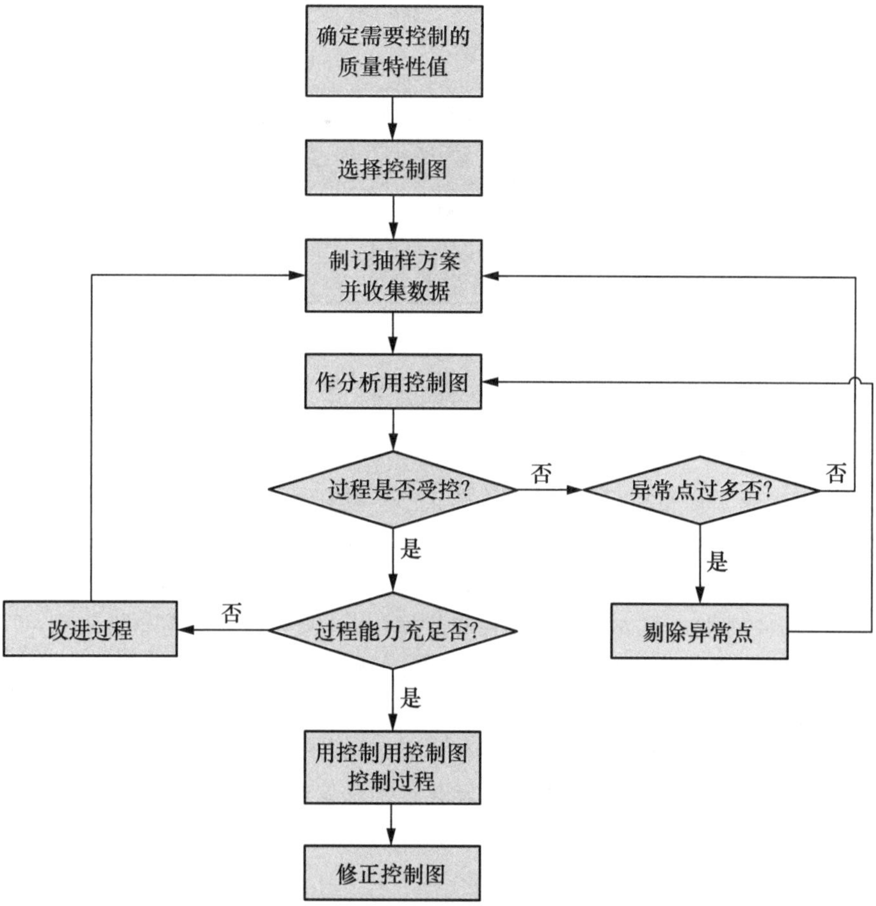

图 3.22　统计过程控制模型建立的步骤

食品加工企业 HACCP 体系中可以实施 SPC 的环节包括:①CCP 的监控及验证;②加工环节卫生控制;③过程中产品的卫生状况。以冻罗非鱼片加工过程为例。

步骤一:识别冻罗非鱼片加工环节中与罗非鱼质量安全相关的过程。调研企业罗非鱼加工过程中存在 3 个 CCPs,即原材料验收、急冻、金属探测,见表 3.10。本研究以 SPC 方法在 CCP 监控及验证的应用为研究内容。

步骤二:明确这些过程的目标。见表 3.10。

表 3.10 冻罗非鱼片加工环节控制表

检验工序	控制特性	控制图	抽样方法	抽检方法	检验方法
原材料验收	理化特性	$\overline{X}-R/\overline{X}-S$	每批抽检(根据批量确定)	随机抽样	实验室检测
急冻	中心温度	$\overline{X}-R$	每 1 d 抽 1 批,每次抽样 5 个	随机抽样	温度计测试
金属探测	金属直径	P	逐一检测	逐一检测	金属探测器

以急冻后产品中心温度为例来建立模型。罗非鱼片在排盘后放入冷冻机进行急冻,该环节的技术要求为 2 h 内将产品中心温度降到−18℃。实验方案为当产品出柜时采用针式温度计测量产品中心温度。

步骤三:建立分析用控制图。因为急冻环节温度的获取为大样本数据,故采用$\overline{X}-R$ 图进行控制。每组样本点抽取 5 个数据,共抽取 20 组样本。见表 3.11。

表 3.11 冻罗非鱼片中心温度抽样数据表

序号	观测值/℃					$\sum X_i$	$\overline{X}_i$	R
	X_1	X_2	X_3	X_4	X_5			
1	−17.88	−17.94	−18.06	−18.13	−18.19	−90.20	−18.04	0.31
2	−18.94	−18.88	−18.81	−18.75	−18.69	−94.07	−18.81	0.25
3	−18.25	−18.31	−19.06	−19.13	−17.81	−92.56	−18.51	1.32
4	−19.13	−17.81	−17.21	−18.44	−18.25	−90.84	−18.17	1.92
5	−18.63	−18.56	−18.50	−18.44	−19.00	−93.13	−18.63	0.56
6	−18.88	−17.09	−19.25	−19.19	−18.06	−92.47	−18.49	2.16
7	−17.69	−19.25	−19.19	−18.06	−18.13	−92.32	−18.46	1.56
8	−18.00	−18.06	−18.13	−18.19	−18.25	−90.63	−18.13	0.25
9	−19.13	−17.50	−18.13	−17.44	−17.38	−89.58	−17.92	1.75
10	−19.00	−18.35	−19.31	−19.38	−18.38	−94.42	−18.88	1.03
11	−18.25	−17.51	−17.38	−17.44	−18.50	−89.08	−17.82	1.12
12	−17.13	−17.31	−18.44	−19.19	−17.69	−89.76	−17.95	2.06
13	−18.63	−18.69	−18.88	−18.75	−18.81	−93.76	−18.75	0.25
14	−18.06	−18.44	−17.31	−18.93	−17.88	−90.62	−18.12	1.62
15	−18.69	−18.63	−18.56	−18.50	−18.44	−92.82	−18.56	0.25
16	−17.81	−17.75	−17.69	−17.50	−18.61	−89.36	−17.87	1.11
17	−19.25	−17.56	−18.00	−18.44	−17.16	−90.41	−18.08	2.09
18	−18.31	−18.44	−18.50	−18.56	−18.63	−92.44	−18.49	0.32
19	−19.06	−18.38	−19.12	−18.94	−19.38	−94.88	−18.98	1.00
20	−18.13	−18.19	−18.25	−18.31	−18.38	−91.26	−18.25	0.25
	$\overline{\overline{X}}$图		$\overline{R}$ 图			合计	−366.92	21.18
						平均	−18.346	1.059
	$CL=\overline{\overline{X}}=-18.346$		$CL=\overline{R}=1.059$				系数	
	$UCL=\overline{\overline{X}}+A_2\overline{R}=-17.643$		$UCL=D_4\overline{R}=2.239$		n	A_2	D_2	D_4
	$LCL=\overline{\overline{X}}-A_2\overline{R}=-19.049$		$LCL=0$		5	0.577	2.324	2.114

表 3.11 中：$\overline{X_i}$为每个样本组均值，R 为每个样本组极差，$\overline{\overline{X}}$为$\overline{X_i}$的平均值，$\overline{R}$为 R 的平均值。我们假设罗非鱼片中心温度特征值 x 服从总体为 $N(\mu,\sigma^2)$的正态分布。经计算得

$$\overline{\overline{X}}=-18.346,\ \overline{R}=1.059$$

使用 Minitab 软件绘图，首先作极差 R图如图 3.23 所示。

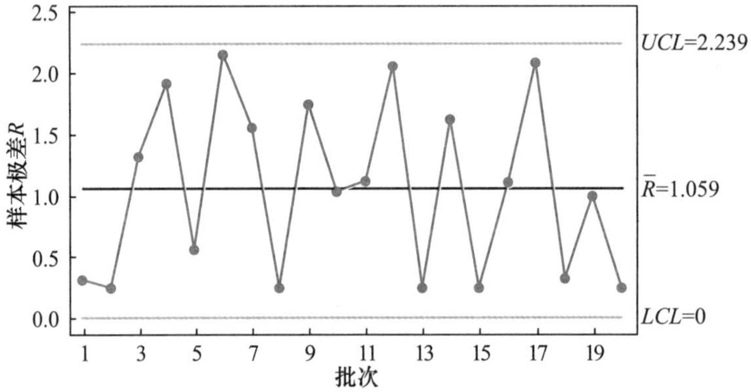

图 3.23 冻罗非鱼片中心温度极差图

由图 3.23 可知，极差图判稳，进而建立 X 图(图 3.24)。

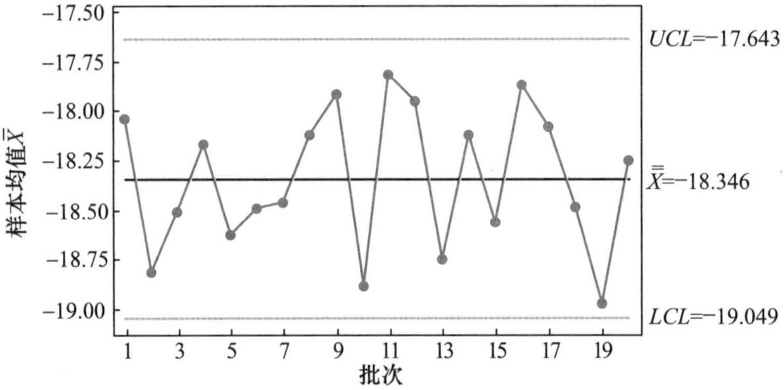

图 3.24 冻罗非鱼片中心温度均值图

步骤四：建立控制用控制图。从极差图和均值图中可以看出没有超界的点，可以判断过程处于稳定状态，并可以转为控制用控制图。

步骤五：计算并评价过程能力。

$$\delta=\overline{R}/D_2=1.059/2.326=0.455 \tag{3.21}$$

$$C_P=\frac{UCL-LCL}{6\delta}=\frac{(-17)-(-19)}{6\times0.455}=0.732 \tag{3.22}$$

$$C_{PK}=\min\left[\frac{\overline{\overline{X}}-LTL}{3\delta},\frac{UTL-\overline{\overline{X}}}{3\delta}\right]=\min\left[\frac{(-18.346)-(-19)}{3\times0.455},\frac{(-17)-(-18.346)}{3\times0.455}\right]=0.479 \tag{3.23}$$

可以看出，$C_{PK}=0.479<0.67$，处于中等风险，但极差图和均值图均处于受控状态。进一步分析极差图和均值图可以看到，极差图中虽然所有点均落在控制界内，但波动较大，有 13 个点落在 B 和 C 区域(表 3.12)，根据判异原理，计算所得的工序能力较低。

步骤六：查找过程能力不足原因，提高过程能力。

虽然 $\overline{X}-R$ 在大批量生产中应用比较广泛，但由于不同批次间的差异、测量误差等多种因素，使得非偶然因素所带来的波动较大。为了能够更加准确地控制生产过程，减少无谓的纠偏措施，对于统计过程控制模型进行了进一步的改进。

按照控制图的判异准则的制定程序，确定了表 3.12 中的 8 个检验模式，只要在控制图出现其中任何一个或多个检验模式的话，都应判定过程异常。

表 3.12　常规控制图判异检验模式

(GB/T 4091—2001)

序号	判异准则	图示和概率计算	解　释
1	1 个点落在 A 区以外（点超出控制界限）	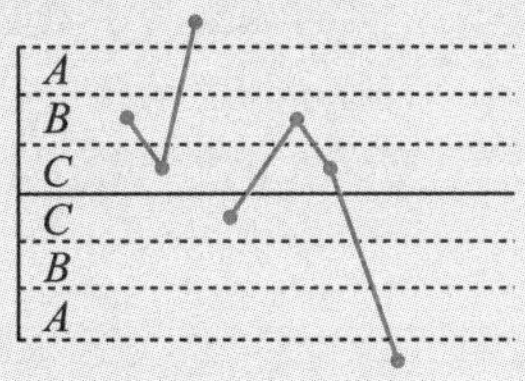 $P_1=0.0027$	本准则是控制图中最为重要的检验模式，既可以对分布参数 μ(过程平均值)的变化作出判断，也可以对分布参数 σ(标准差)的变化给出信号，变化越大给出的信号速度越快(时间周期越短)。 本准则还可以对过程中的单个失控作出反应，如计算错误、测量误差过大、原材料不合格、设备工装发生故障等
2	连续 9 点落在中心线同一侧	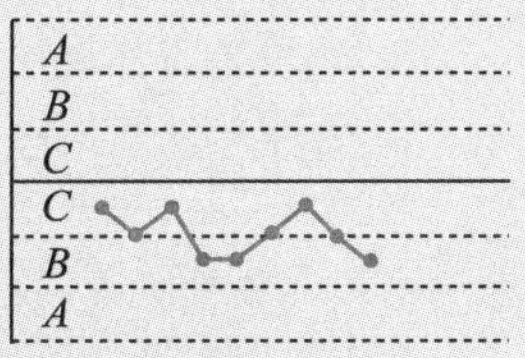 $P_2=0.50^9=0.00195$	本准则是对准则 1 的补充，以改进控制图的灵敏度。 本准则是为了检验分布参数 μ 的变化，图示的连续 9 点落于中心线以下，则反映了分布参数 μ 的减小，若连续 9 点落于中心线以上，则反映了分布参数 μ 的增大
3	连续 6 点递增或递减	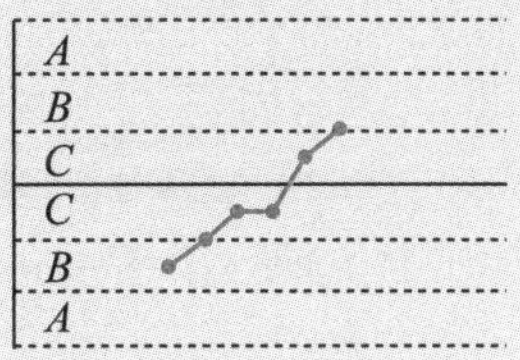 $P_3=\frac{1}{6!}=0.00138$	本准则是针对分布参数 μ 的趋势变化而设计的，对判定分布参数 μ 数值较小的趋势变化的灵敏度要比准则 2 高(更为灵敏)。 过程中产生趋势变化的原因可能是刀具工具的磨损、维修水平降低、操作人员技能的逐渐变化，这种变化往往还会造成弃真概率也随之变化。 递增或递减显示了趋势的变化方向
4	连续 14 点中相邻两点上下交替	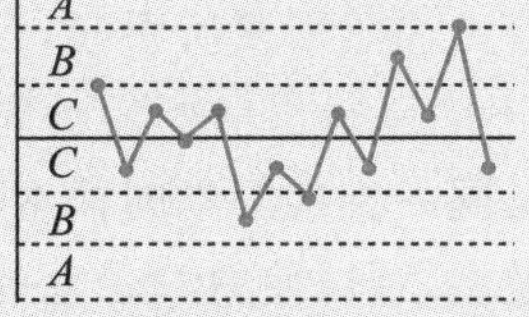	本准则由于并不限定点落入哪个区域，因而不能由概率计算来决定，是通过蒙特卡罗试验所决定的。 本准则用于检验数据未分层(数据来源于 2 个总体，如轮流使用两台设备加工或由 2 个生产班的操作人员生产等)而引起的系统效应，也可以检验过程中存在的周期性变化的异常

续表 3.12

序号	判异准则	图示和概率计算	解释
5	连续3点中有2点落入中心线同一侧的 B 区以外	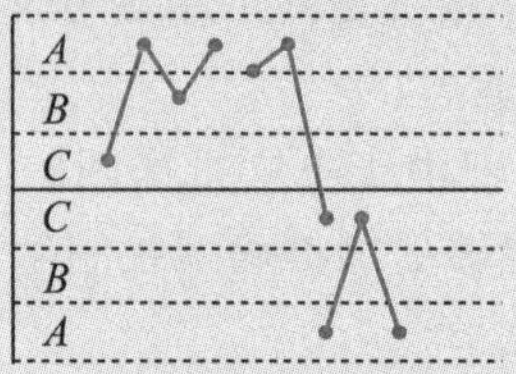 $P_5=\left(\frac{0.997\,3-0.954\,4}{2}\right)^2=0.000\,46$	3点中的2点可以是任意点，至于第3点可以在任何处，甚至不存在。 本准则用于检验分布参数 μ 的变化，对于分布参数 σ 的变化的检验也有一定作用
6	连续5点中有4点落在中心线同一侧 C 区以外	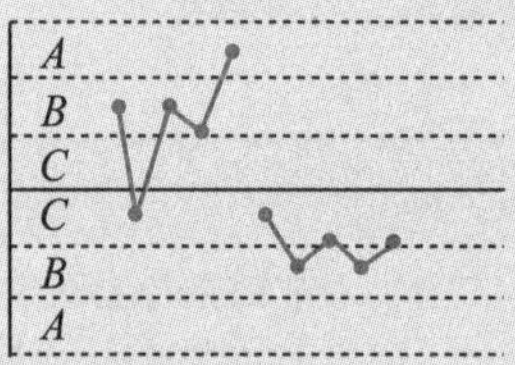 $P_6=\left(\frac{0.997\,3-0.682\,6}{2}\right)^4=0.000\,6$	本准则与准则5的情况类似，第5点可以在任何处，甚至不存在。 本准则是为了检验分布参数 μ 的变化，其对过程平均值偏移的检验是很灵敏的，同时对分布参数 σ 的变化的检验也有一定作用
7	连续15点全部在中心线两侧 C 区以内	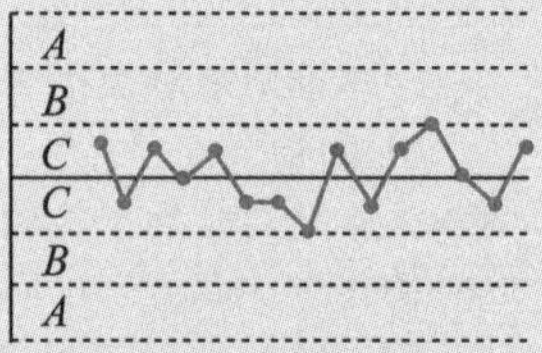 $P_7=0.682\,6^{15}=0.003\,25$	应注意出现本准则的现象可能有两种情况： ①由于分布参数 σ 的减小，这是一种良好的异常，应进行质量分析，找出原因将其加以巩固，并重新设计控制图在新的条件下实施过程控制。 ②非随机所致，如：数据虚假、数据分层不够以至控制图设计中的错误等，只有排除了这些可能后才能总结分析现场减小 σ 的先进经验
8	连续8点在中心线两侧，但无1点在 C 区以内	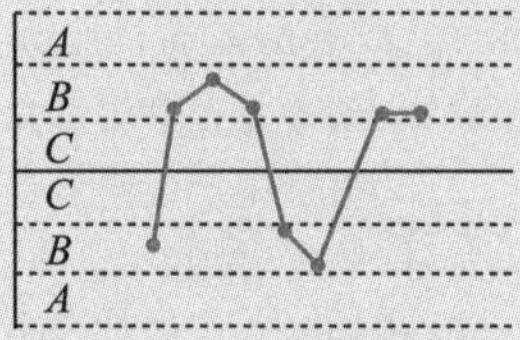 $P_8=(0.997\,3-0.682\,6)^8=0.000\,1$	出现本准则的现象可能是分布参数 σ 的显著增大，但不排除数据分层不够的影响，应认真分析

3.4.1.2 基于SPC的质量跟踪模型的改进

考虑到在任何情况下数据的差异并不是仅仅由偶然因素所引起，因而监控不同的方差分量将是有意义的。本研究将考虑由来自不同批次(不同原料供应商)、不同样本和测量仪器所引起的方差分量。这些方差分量既源于不同批次以及同一批次的不同样本间的异质性，也来源于测量系统的不稳定性。将这些因素考虑进我们的模型，可以使得对于总的质量波动的估计更加精确，从而制定出更加可靠的决策，来决定是否应该采取纠偏行动。如果能够在受控状态下检测一些样本，那么就更容易识别误差的原因（不合格的批次，不同样本，测量系统误差或者其他）。

本研究采用嵌套模型对差异进行处理（Woodall et al，1995）。不同批次间的差异、相同批次不同样本间的差异以及在测量过程中产生的误差均被考虑进来。

$$X_{ijk}=\mu+\alpha_i+\beta_{j(i)}+\varepsilon_{ijk}\quad(i=1,2,\cdots,r;j=1,2,\cdots,m;k=1,2,\cdots,n)\tag{3.24}$$

式中：X_{ijk} 为第 i 个批次的第 j 个样本的第 k 次测量值；μ 为罗非鱼片中心温度的平均值；α_i 为第 i 个批次的影响；$\beta_{j(i)}$ 为第 i 个批次中的第 j 个样本的影响；ε_{ijk} 为测量误差。假设 α_i、$\beta_{j(i)}$、ε_{ijk} 是 3 个相互独立，均值为 0，标准方差分别为 σ_C、σ_S、σ_M 的正态分布。由于一个批次中的不同样本既不能当作固定因素也不能作为随机因素，只能作为一个嵌套模型，所以在本研究案例中不可能用一个简单回归模型，基于这个嵌套模型数据使用方差分析进行评价。从结果中确定的 σ_C、σ_S、σ_M 的估计值构成了进一步过程控制分析的基础。

根据建立统计过程控制模型的步骤，我们首先建立分析用控制图，选取批次 $r=8$，每个批次抽取样本数 $m=5$，同时每个样本测量 $n=3$ 次。对于测量数据进行方差分析，既可以得到各个方差分量的权重，同时为绘制控制用控制图提供了不同方差的估计值。

将第一次测量的数据绘制在多元控制图中，可以看出批次、样本、测量值间的波动情况（图 3.25）。同时，在方差分析表（表 3.13）中，得到各个方差分量的显著程度（选取置信度为 99%，即 $\alpha=0.01$）。F 检验的结果得出，批次和样本间差异对于产品中心温度的影响是显著的（$p<0.01$）。

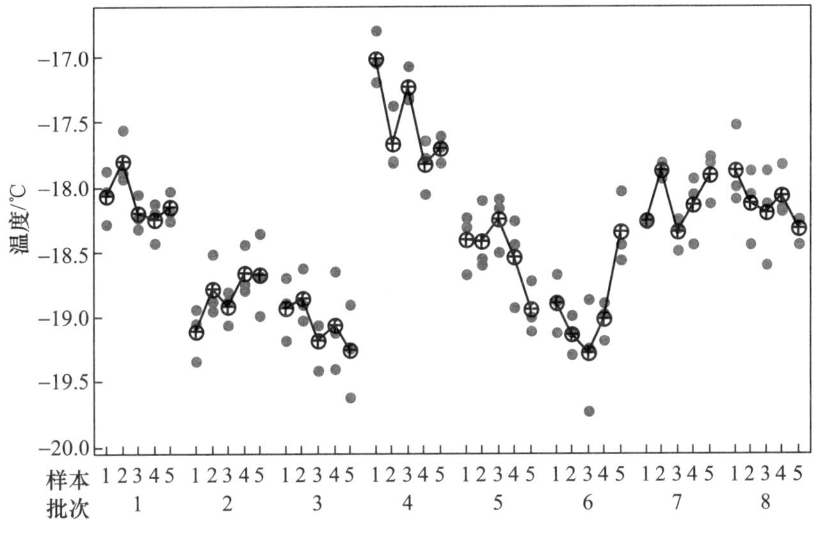

图 3.25 冻罗非鱼片中心温度的多元控制图（8 个批次，5 个样本，3 次测量）

在方差分量估计后，使用 Woodall 和 Thomas（1995）研究所得的 3 个控制图对统计值进行监控。这些样本值来自于 $r_1=20$ 批次，每个批次中抽取 $m=5$ 个样本，每个样本得到 $n=3$ 个测量值。描述来自同一批次数据平均值的 $\overline{X}$ 图表现了距离中心线 3 倍标准差距离的控制界限。除了样本间差异以及样本内差异，批次间差异也应该进行监控。为了这个目的构成的控制图表现了每个批次计算所得的不同方差估计。我们按照以下顺序来建立控制图：样本内标准差控制图、样本间标准差控制图、批次平均值控制图。

表 3.13 多元变量的嵌套方差分析

对于温度的方差分析

来源	自由度	SS	MS	F	p
批次	7	30.094 1	4.299 2	23.497	0.000
样本	32	5.855 0	0.183 0	3.342	0.000
测量值	80	4.379 3	0.054 7		
合计	119	40.328 3			

方差分量

来源	方差分量	占总和的百分比	标准差
批次	0.274	73.79	0.524
样本	0.043	11.49	0.207
测量值	0.055	14.72	0.234
合计	0.372		0.610

ANOVA 和多元控制图用 Minitab 建立。由于缺少相关控制图的适用软件，计算独立完成，然后使用 Minitab 画图。

表 3.14 中给出了新得到的 20 批数据值，计算所得的统计特征值在 3 个控制图中描述出来。

表 3.14 20 批次抽样统计数据表

批次	样本	测量值/℃			平均值/℃	批次	样本	测量值/℃			平均值/℃
i	j	X_{ij1}	X_{ij2}	X_{ij3}	$\overline{X}_{ij.}$	i	j	X_{ij1}	X_{ij2}	X_{ij3}	$\overline{X}_{ij.}$
1	1	−18.74	−18.37	−18.64	−18.583	5	1	−19.00	−19.02	−18.94	−18.987
1	2	−17.81	−18.42	−17.97	−18.067	5	2	−18.44	−18.65	−18.73	−18.607
1	3	−18.81	−18.4	−18.75	−18.653	5	3	−19.31	−19.41	−19.53	−19.417
1	4	−18.75	−18.26	−18.49	−18.500	5	4	−19.38	−19.3	−19.36	−19.347
1	5	−18.69	−19.03	−18.38	−18.700	5	5	−19.19	−19.16	−19.62	−19.323
2	1	−18.63	−19.04	−18.09	−18.587	6	1	−18.56	−18.65	−18.48	−18.563
2	2	−18.56	−19.00	−18.56	−18.707	6	2	−19.05	−19.12	−18.81	−18.993
2	3	−18.50	−18.2	−18.72	−18.473	6	3	−19.01	−19.14	−18.86	−19.003
2	4	−18.44	−18.71	−18.78	−18.643	6	4	−18.64	−18.55	−18.80	−18.663
2	5	−18.38	−18.07	−18.31	−18.253	6	5	−18.72	−18.83	−18.64	−18.730
3	1	−17.88	−18.63	−18.22	−18.243	7	1	−18.13	−17.81	−18.53	−18.157
3	2	−17.94	−17.5	−18.58	−18.007	7	2	−17.50	−17.78	−17.42	−17.567
3	3	−18.06	−17.98	−18.58	−18.207	7	3	−18.13	−18.52	−18.14	−18.263
3	4	−18.06	−18.56	−17.68	−18.100	7	4	−17.44	−17.58	−17.79	−17.603
3	5	−18.19	−18.54	−18.35	−18.360	7	5	−18.19	−18.49	−18.33	−18.337
4	1	−19.25	−18.96	−18.66	−18.957	8	1	−17.69	−17.65	−17.54	−17.627
4	2	−18.75	−18.64	−18.52	−18.637	8	2	−17.81	−17.96	−17.82	−17.863
4	3	−19.06	−19.44	−19.01	−19.170	8	3	−17.31	−17.29	−17.32	−17.307
4	4	−19.13	−19.49	−19.31	−19.310	8	4	−18.06	−17.83	−17.8	−17.897
4	5	−19.08	−19.15	−19.35	−19.193	8	5	−17.25	−17.52	−17.21	−17.327

续表 3.14

批次	样本	测量值/℃			平均值/℃	批次	样本	测量值/℃			平均值/℃
i	j	X_{ij1}	X_{ij2}	X_{ij3}	$\overline{X}_{ij\cdot}$	i	j	X_{ij1}	X_{ij2}	X_{ij3}	$\overline{X}_{ij\cdot}$
9	1	−18.88	−19.27	−19.21	−19.120	15	1	−17.25	−17.39	−17.22	−17.287
9	2	−18.94	−18.74	−18.54	−18.740	15	2	−17.91	−17.25	−17.77	−17.643
9	3	−19.25	−19.19	−19.54	−19.327	15	3	−17.75	−17.41	−17.97	−17.710
9	4	−19.19	−19.56	−19.16	−19.303	15	4	−17.44	−17.46	−17.07	−17.323
9	5	−18.31	−18.76	−18.03	−18.367	15	5	−17.38	−17.18	−17.01	−17.190
10	1	−19.25	−19.17	−19.67	−19.363	16	1	−18.00	−18.62	−18.65	−18.423
10	2	−18.44	−18.85	−18.77	−18.687	16	2	−18.06	−17.84	−17.61	−17.837
10	3	−18.44	−18.83	−18.69	−18.653	16	3	−18.06	−17.78	−17.69	−17.843
10	4	−18.68	−18.50	−19.08	−18.753	16	4	−18.19	−18.03	−18.57	−18.263
10	5	−18.93	−18.54	−18.52	−18.663	16	5	−18.25	−18.21	−18.64	−18.367
11	1	−17.13	−17.61	−17.41	−17.383	17	1	−18.51	−18.27	−18.39	−18.390
11	2	−17.06	−17.17	−17.23	−17.153	17	2	−18.44	−18.79	−18.88	−18.703
11	3	−17.31	−17.29	−17.03	−17.210	17	3	−18.50	−18.67	−19.00	−18.723
11	4	−17.69	−17.67	−17.83	−17.730	17	4	−18.56	−18.64	−19.03	−18.743
11	5	−17.13	−17.06	−17.21	−17.133	17	5	−18.63	−18.61	−18.47	−18.570
12	1	−17.69	−17.08	−17.57	−17.447	18	1	−19.06	−19.19	−19.13	−19.127
12	2	−17.00	−17.04	−16.82	−16.953	18	2	−19.00	−19.32	−18.84	−19.053
12	3	−17.11	−17.18	−16.90	−17.063	18	3	−19.00	−19.10	−19.27	−19.123
12	4	−16.94	−17.44	−16.68	−17.020	18	4	−18.31	−18.59	−18.79	−18.563
12	5	−16.88	−16.69	−17.23	−16.933	18	5	−19.06	−19.20	−18.80	−19.020
13	1	−18.69	−18.39	−18.82	−18.633	19	1	−18.13	−18.13	−18.21	−18.157
13	2	−18.63	−18.21	−18.87	−18.570	19	2	−17.50	−17.83	−17.74	−17.690
13	3	−19.13	−19.40	−18.83	−19.120	19	3	−18.25	−17.86	−18.24	−18.117
13	4	−18.50	−18.30	−18.19	−18.330	19	4	−17.79	−17.65	−17.79	−17.743
13	5	−18.44	−18.70	−18.81	−18.650	19	5	−18.38	−18.41	−18.87	−18.553
14	1	−17.81	−18.02	−18.05	−17.960	20	1	−18.63	−18.71	−18.20	−18.513
14	2	−17.38	−17.82	−16.96	−17.387	20	2	−18.69	−18.29	−18.98	−18.653
14	3	−17.75	−18.16	−17.59	−17.833	20	3	−18.88	−19.17	−19.00	−19.017
14	4	−17.50	−17.26	−17.97	−17.577	20	4	−19.13	−18.88	−19.17	−19.060
14	5	−17.31	−16.97	−17.66	−17.313	20	5	−18.81	−18.58	−18.39	−18.593

绘制 20 个批次中每个批次所测量的罗非鱼片中心温度的组内标准差控制图以及组间标准差控制图和批次平均值控制图如图 3.26 至图 3.28 所示。

分析 3 个控制图，得出如下结论：

(1) 从图 3.26 可以看出，每个批次的测量值间方差均没有超界的状态，表明由测量仪器的误差带来的偏差对于产品测量结果影响不大。

(2) 然而，样本间标准差控制图中(图 3.27)第 9 批次的点处于失控状态，表明该批次样本间存在较大差异。分析原因知，由于不同样本的不同属性导致了产品中心温度产生了较大的差异，这可能包括不同样本自身、由不同加工人员所加工、不同的冷冻条件等原因。

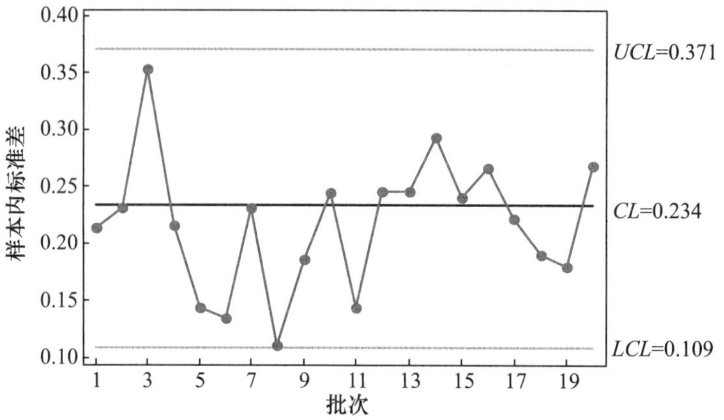

图 3.26　冻罗非鱼片中心温度测量值标准差控制图(样本内变动)

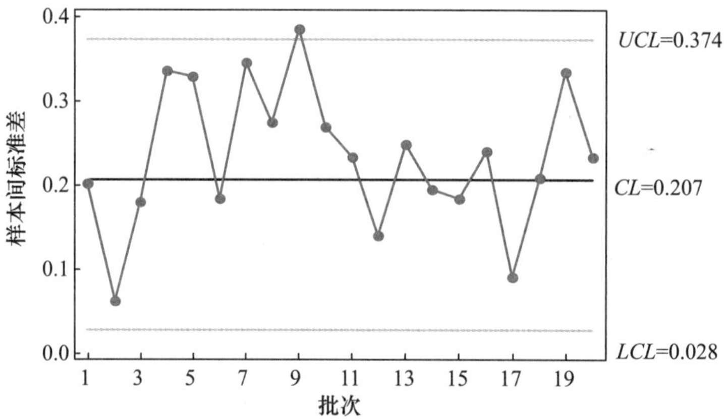

图 3.27　冻罗非鱼片中心温度样本间标准差控制图

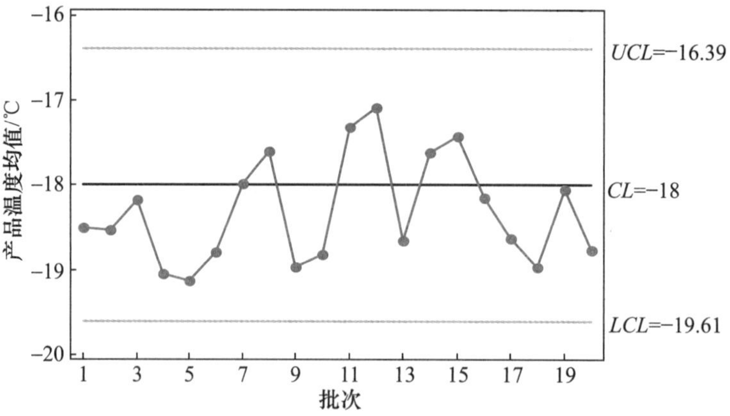

图 3.28　冻罗非鱼片中心温度$\overline{X}$控制图

(3) 图 3.28 为产品中心温度平均值控制图,包含了样本间和不同测量值间的方差。以生产的目标值−18℃为中心线,图中点的分布没有出现异常状况,即使是样本间差异超界的第 9 批次同样也没有异常状况。

通过分析原因,生产人员可以针对具体问题采取纠偏行动。后文将进一步详细分析产品中心温度失控的原因,以便生产人员能够更加准确、快速地采取纠偏行动。

3.4.2 基于 FTA 的食品加工过程质量溯源模型

3.4.2.1 故障树分析方法的基本原理

故障树分析(fault tree analysis,FTA)是在复杂系统设计过程中通过对可能造成系统失效的各种因素(包括硬件、软件、环境、人为因素)进行分析,画出逻辑框图(失效树),从而确定系统失效原因的各种可能组合方式或发生概率,以计算系统失效概率,并采取相应的纠偏措施,来提高系统可靠性的一种统计分析方法(王开义等,2007)。故障树分析把最不希望发生的故障状态作为逻辑分析目标,称为顶事件,继而找出导致这一故障状态发生的所有可能的直接原因,在故障树中称为中间事件。进一步跟踪找出导致这些中间故障事件发生的所有可能直接原因,一直追溯到中间事件发生的全部部件状态,称为底事件。用相应的代表符号及逻辑符号把顶事件、中间事件、底事件连接成树形逻辑图,此树形逻辑图则称为故障树。故障树分析方法在机械、航天、核能等领域被广泛应用。

故障树的建立一般包括 4 个步骤:①选择和确定顶事件。顶事件是系统最不希望发生的事件,或是指定进行逻辑分析的故障事件。②分析顶事件。寻找引起顶事件发生的直接、必要和充分原因。将顶事件作为输出事件,将所有直接原因作为输入事件,并根据这些事件实际的逻辑关系用适当的逻辑门相联系。③分析每一个与顶事件直接相联系的输入事件。如果该事件还能进一步分解,则将其当作下一级的输出事件,如同②中对顶事件那样进行处理。④重复上述步骤,逐级向下分解,直到所有的输入事件不能再分解或不必再分解为止,即建成了一棵倒置的故障树。图 3.29 即为简单的故障树示意图。

1. 故障树定性分析

故障树定性分析的任务是寻找故障树的全部最小割集(MCS),这里主要阐述求最小割集的方法。

割集是能使顶事件发生的一些底事件的集合,当这些底事件都发生时,则顶事件必然发生。如果一个割集包含的任一底事件不发生,顶事件就不发生,则称该割集为最小割集。求最小割集最简便易行的方法是上行法(Senanderes 算法),其理论依据是与门只增加割集的大小,或门只增加割集的数量。

具体过程是从顶事件开始用输入事件置换输出事件,把与门输入写成一行,或门输入写成一列,直到完全变成底事件的矩阵为止。矩阵的每一行代表一个割集。图 3.29 为故障树举例。故障树的割集为 $K_1=\{x_1\}$,$K_2=\{x_3,x_4\}$,$K_3=\{x_2\}$,$K_4=\{x_5,x_6\}$。求最小割集时首先赋值,对每一底事件 x_i 依次令它等于一个素数 n_i,本例中 $x_1=2$,$x_2=3$,$x_3=5$,$x_4=7$,$x_5=11$,$x_6=13$;其次求数串,令每一个割集 K_j 对应一个 N_j,其中 N_j 等于第 j 个割集众底事件赋值之积,本例中 $K_1=\{x_1\}$对应 $N_1=n_1=2$,$K_2=\{x_3,x_4\}$对应

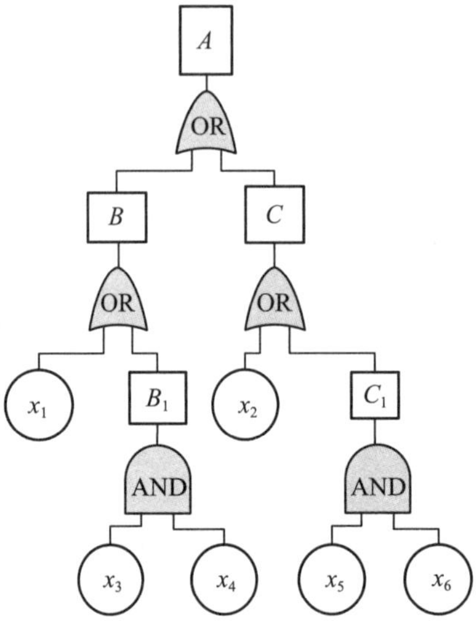

B	x_1	x_1
	B_1	x_3, x_4
C	x_2	x_2
	C_1	x_5, x_6

图 3.29　故障树示意图

$N_2=n_3\times n_4=35$，$K_3=\{x_2\}$对应 $N_3=n_2=3$，$K_4=\{x_5,x_6\}$对应 $N_4=n_5\times n_6=143$，把$(N_1,N_2,\cdots,N_4)$排成顺序量$(N_{(1)},N_{(2)},\cdots,N_{(4)})$，此处 $N_{(1)}=N_1$，$N_{(2)}=N_3$，$N_{(3)}=N_2$，$N_{(4)}=N_4$；最后以小除大剔除能被整除者，余下的便全是最小割集。本例最小割集即$\{x_1\}$，$\{x_3,x_4\}$，$\{x_2\}$，$\{x_5,x_6\}$。

2. 故障树定量分析

故障树定量分析的任务是求顶事件发生的特征量(如概率、故障率)和底事件的重要度。

故障树是由构成它的全部底事件的逻辑"并""交"联结而成的，需要理论分析和丰富的经验来完成。系统失效可称为故障树的顶事件，记为 T；系统各部件故障称为底事件，记为 $x_i(i=1,2,\cdots,n)$。传统故障树分析法对系统和部件均只考虑失效和成功两种状态，把底事件状态定义为

$$X_i=\begin{cases}1, & \text{当 } x_i \text{ 发生}\\ 0, & \text{当 } x_i \text{ 不发生}\end{cases} \tag{3.25}$$

系统顶事件的状态用 Φ 来表示，则 Φ 必然是底事件状态 $X_i(i=1,2,\cdots,n)$的函数：

$$\Phi=\Phi(X_1,X_2,\cdots,X_n) \tag{3.26}$$

同时

$$\Phi(X)=\begin{cases}1, & \text{当 } T \text{ 发生}\\ 0, & \text{当 } T \text{ 不发生}\end{cases} \tag{3.27}$$

式中：$X=(X_1,X_2,\cdots,X_n)$；$\Phi(X)$为故障树的结构函数。

若事件 $x_1,x_2,\cdots,x_n$ 以"与"关系相联，其故障的结构函数为

$$\Phi(X)=\prod_{i=1}^{n}X_i \tag{3.28}$$

若事件 $x_1, x_2, \cdots, x_n$ 以"或"关系相联,其故障的结构函数为

$$\Phi(X)=\sum_{i=1}^{n}X_i=1-\prod_{i=1}^{n}X_i \tag{3.29}$$

如果 p_i 表示底事件 x_i 发生的概率,OR 表示或门,AND 表示与门,那么有

$$P_{\mathrm{AND}}=\prod_{i=1}^{n}p_i, P_{\mathrm{OR}}=1-\prod_{i=1}^{n}(1-p_i) \tag{3.30}$$

用最小割集表示故障树的结构函数,前面讲述过单纯与门和或门的结构函数,对于既有与门又有或门的复杂故障树而言,其结构函数是相当复杂的,不便于对故障树做定性分析和定量计算。因此,在故障树分析中,引入最小割集的概念,以便于将较复杂的结构函数变换成便于定性分析和定量计算的特殊结构函数。

若故障树有 k 个最小割集,只要有一个最小割集 $K_j(j=1,2,\cdots,k)$ 中的全部底事件 x_i 均发生,故障必定发生,K_j 可表示为

$$K_j(X)=\bigcap_{i=1}^{n}X_i \tag{3.31}$$

k 个最小割集中只要有一个发生顶事件就发生,因此故障树结构函数可表示为

$$\Phi(X)=\bigcup_{j=1}^{k}K_j(X)=\bigcup_{j=1}^{k}\bigcap_{i=1}^{n}X_i \tag{3.32}$$

一般来说,一个故障树中最小割集不止一个。找出最小割集是十分重要的,通过它可以发现系统的薄弱环节,以便有目标、有针对性地进行故障诊断,以合理地提高系统诊断的快捷性和准确性。

为了寻找最不可靠割集和最重要的底事件,可将最小割集和底事件按其重要程度排队。最小割集结构重要度为由于该最小割集影响顶事件发生概率的系数,底事件结构重要度为由于该底事件发生影响顶事件发生概率的系数。

令 E_i 为最小割集 i 的结构重要度,e_j 为底事件 j 的结构重要度,按照发生概率则有

$$E_i=\frac{Q_i}{Q_s}, e_j=\frac{\sum_{j\in K_J}Q_i}{Q_s} \tag{3.33}$$

E_i 是假定系统不工作(顶事件故障发生)时由于最小割集 i 引起系统不工作的近似概率,数值 e_j 是假定系统失效时由于作为原因之一的中间事件引起系统故障的近似概率。

3.4.2.2 基于 FTA 的质量溯源模型的建立

仍以冻罗非鱼片的加工过程为例。根据罗非鱼加工过程及急冻原理,对造成罗非鱼片产品中心温度不合格原因进行分析,可从人、机、料、法、环、测等因素考虑,得出罗非鱼片中心温度偏离的故障树模型图,如图 3.30 所示,其顶事件和中间事件如表 3.15 所示。

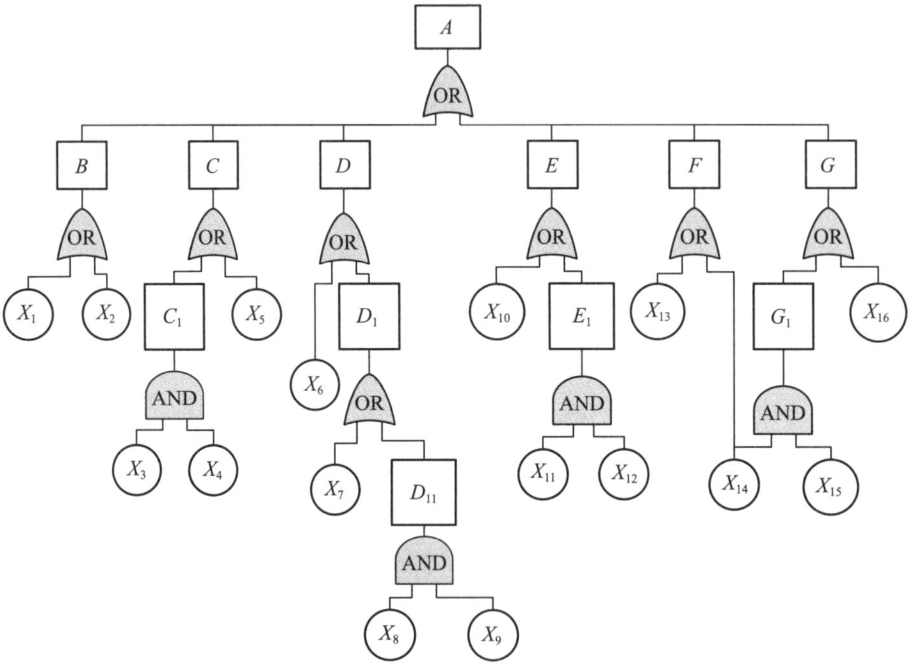

图 3.30　冻罗非鱼片中心温度偏离故障树模型图

表 3.15　冻罗非鱼片中心温度不合格故障树模型顶事件和中间事件一览表

代号	含　义	代号	含　义
A	罗非鱼片中心温度过高	X_1	温度计针头测量位置不够深，未达到中心
B	人员操作失误	X_2	温度计针头接触其他物体
C	平板冷冻机失效	X_3	吹风机故障
D	罗非鱼片规格不合格	X_4	冻结平板老化
E	操作方法不当	X_5	保温库板老化
F	冷冻环境温度过高	X_6	罗非鱼片过厚
G	温度计失效	X_7	原料罗非鱼质量不合格
C_1	冷冻机冷冻系统故障	X_8	罗非鱼加工中未做到保持水分
D_1	罗非鱼片成分不合格	X_9	罗非鱼片的加工时间过长
E_1	冷冻方式不当	X_{10}	冷冻时间控制失误
G_1	探针测量温度误差	X_{11}	罗非鱼片排盘不合格
D_{11}	罗非鱼片水分含量不合格	X_{12}	盘中加水量不合格
		X_{13}	车间温度控制装置失效
		X_{14}	自然环境温度过高
		X_{15}	温度计探针传导性能下降
		X_{16}	温度计传感装置失灵

根据最小割集上行法(Senanderes 算法)，有

$$B = X_1 \cup X_2, C = C_1 \cup X_5, D = D_1 \cup X_6, E = E_1 \cup X_{10}, F = X_{13} \cup X_{14}, G = G_1 \cup X_{16}$$

$$C_1 = X_3 \cap X_4, D_1 = X_7 \cup D_{11}, E_1 = X_{11} \cap X_{12}, G_1 = X_{14} \cap X_{15}, D_{11} = X_8 \cap X_9$$

从而得到

$$A = X_1 \cup X_2 \cup (X_3 \cap X_4) \cup X_5 \cup [X_7 \cup (X_8 \cap X_9)] \cup X_6 \cup (X_{11} \cap X_{12}) \cup X_{10} \cup X_{13} \cup X_{14} \cup (X_{14} \cap X_{15}) \cup X_{16}$$

得出最小割集中一阶最小割集为$\{X_1\}$,$\{X_2\}$,$\{X_5\}$,$\{X_6\}$,$\{X_7\}$,$\{X_{10}\}$,$\{X_{13}\}$,$\{X_{16}\}$,二阶最小割集为$\{X_3,X_4\}$,$\{X_8,X_9\}$,$\{X_{11},X_{12}\}$,$\{X_{14},X_{15}\}$。此故障树的12个最小割集代表了系统故障的所有可能性,即给定了全部系统故障模式,同时也是造成罗非鱼片中心温度过高的最大可能性的环节,应当着重加以监控的对象。其次,我们可以在罗非鱼片中心温度过高时,通过对比各故障模式因素重要度高低,快速检查、找出导致故障的原因,从而解决故障。

为了对该故障进行定量分析,我们首先要知道各底事件的失效率。为了获得所需的生产数据,通过在企业中进行现场观察和统计,并与多个生产管理人员的访谈,得出了各个底事件的失效率。本研究中将底事件划分为人为因素、设备因素和原材料因素三大类。根据资料已知由于人为因素错误导致的平均失误率 p_i 为0.003(Browning,1980; Serra et al,1999)。但与工业机械生产不同,食品企业生产加工中缺少精确的生产数据,诸如设备故障数据、人员操作失误数据、生产环境数据等。一方面由于罗非鱼加工生产无法像工业生产中的大规模生产,其批量相对较小;另一方面罗非鱼加工生产过程中,各种生产条件无法像工业生产那样具有较强的同一性和可复制性,这就导致记录的生产数据较少。因此,将其他领域已经建立的原则用来量化食品安全相关的失效率,对于更加精确地实施FTA是十分必要的(Vesely et al,1981)。本研究假设人为因素导致的底事件失效率为0.003,同时,假设原材料因素相关的底事件失效率与人为因素相关的底事件相同,也为0.003。这是因为一个平均失效率无法获得,而失效率的确定旨在根据底事件在故障树中的结构关系,对比定量分析中各种因素的相对可能性,而不是单个底事件的真实失效率。设备故障率通过与生产专家访谈以及生产现场统计得到,为0.002。见表3.16。

表3.16 冻罗非鱼片加工过程底事件发生概率

因素分类	代号	含　义	失效率
人为因素	X_1	温度计针头测量位置不够深,未达到中心	0.003
	X_2	温度计针头接触其他物体	0.003
	X_8	罗非鱼加工中未做到保持水分	0.003
	X_9	罗非鱼片的加工时间过长	0.003
	X_{11}	罗非鱼片排盘不合格	0.003
	X_{12}	盘中加水量不合格	0.003
设备因素	X_3	吹风机故障	0.002
	X_4	冻结平板老化	0.002
	X_5	保温库板老化	0.002
	X_{10}	冷冻时间控制失误	0.002
	X_{13}	车间温度控制装置失效	0.002
	X_{15}	温度计探针传导性能下降	0.002
	X_{16}	温度计传感装置失灵	0.002
原料因素	X_6	罗非鱼片过厚	0.003
	X_7	原料罗非鱼质量不合格	0.003
	X_{14}	自然环境温度过高	0.003

表 3.17 冻罗非鱼片加工过程故障树最小割集结构重要度

最小割集	发生概率	结构重要度	最小割集	发生概率	结构重要度
X_1	0.003	0.143	X_{16}	0.002	0.095
X_2	0.003	0.143	X_3，X_4	4×10^{-6}	1.90×10^{-4}
X_5	0.002	0.095	X_8，X_9	9×10^{-6}	4.28×10^{-4}
X_6	0.003	0.143	X_{11}，X_{12}	9×10^{-6}	4.28×10^{-4}
X_7	0.003	0.143	X_{14}，X_{15}	6×10^{-6}	1.43×10^{-4}
X_{10}	0.002	0.095	A	2.1025×10^{-2}	
X_{13}	0.002	0.095			

根据结构重要度(表 3.17)，一旦发现罗非鱼片中心温度不合格，则应该重点对以下因素进行检查：

X_1：温度计针头测量位置不够深，未达中心；

X_2：温度计针头接触其他物体；

X_6：罗非鱼片过厚；

X_7：原料罗非鱼质量不合格(0.143)。

分析上述事件，X_1、X_2 是由于人为的操作技术所致，它们的出现时有时无，一旦出现即影响测量结果，可以通过测量误差来检测到。X_6、X_7 为原材料自身问题，可以通过样本间误差表现出来。这与统计过程控制模型中得到的结论相呼应，因此在罗非鱼加工过程中要重点关注罗非鱼原料质量、规格问题以及加工人员的加工技术，以便加工出厚度合格的罗非鱼片。

参考文献

[1] Browning R L. The Loss Rate Concept in Safety Engineering. New York：Marcel Dekker，1980.

[2] Cox J F，Blackstone J H. The Educational Society for Resource Management. APICS Dictionary，1998.

[3] Dupuy C V，Botta-Genoulaz，Guinet A. Traceability analysis and optimization method in food industry. IEEE International Conference on Systems，Man and Cybernetics(IEEE SMC'02)，October 6-9，2002，Hammamet(Tunisia). IEEE catalog number：02CH37349C，ISBN：0-7803-7438-X，Proceeding Vol. 1：494-499.

[4] Moe T. Perspectives on traceability in food manufacture. Food and Science Technology，1998，9(5)：211-214.

[5] Serra J A，Domenech E，Escriche I，Martorell S. Risk assessment and critical control points from the production perspective. International Journal of Food Microbiology，1999，46(1)：9-26.

[6] Vesely W E，Goldberg F F，Roberts N H，Hassal D F. Fault Tree Handbook. Washinton DC：Nuclear Regulatory Commission，1981.

[7] WFMC. Workflow Management Coalition Terminology & Glossary. WFMC-TC-1011，1999.

[8] Woodall W H，Thomas E V. Statistical process control with several components of common cause variability. IIE Transactions，1995，27：757-764.

[9] 杜淑楠，章宁，王鲁滨. 工作流模型正确性验证过程中的模型简化问题. 计算机工程，2005(31)：110-114.

[10] 范玉顺. 工作流管理技术基础. 北京：清华大学出版社；海德堡：施普林格出版社，2001.

[11] 郭斌,杨昌举,宋林. 食品信息可追溯系统及其在转基因食品管理中的应用. 中国食物与营养,2004(1):4-6.
[12] 刘雅丹. 水产品贸易的可追溯性. 中国水产,2004(9):36-37.
[13] 刘艳凯,于明,张斌,等. ERP 系统中 BOM 构造方法研究. 计算机集成制造系统,2003,9(4):309-313.
[14] 万和平,王明哲. 层次工作流 Petri 网建模与分析. 计算机工程与应用,2005(15):211-214.
[15] 汪志锋. 生物发酵过程状态预报与性能监控研究:博士学位论文. 上海:上海交通大学,2007.
[16] 王开义,赵春江,张方田. 模糊故障树分析方法在 HACCP 中的应用研究. 农业工程学报,2007,23(5):164-167.
[17] 杨雯,刘厚全. 基于 Petri 网的工作流模型的研究. 计算机工程与设计,2007,28(17):4149-4152.
[18] 张健. 肉类食品质量安全可追溯系统研究:博士学位论文. 北京:中国农业大学,2007.
[19] 张毅. 制造资源计划 MRP-Ⅱ及其应用. 北京:清华大学出版社,1997.
[20] 郑巍,曹晶,马海晶. BOM 表构造方法研究. 中山大学学报论丛,2006,26(1):147-152.

第4章

流通环节质量安全建模

生鲜农产品物流区别于其他加工食品物流的特殊之处在于物品的高腐败率。农产品从产地到餐桌的供应链网络的流动过程中,始终伴随着复杂的化学变化,任何一个环节的失误都可能引起食品消费的风险。因此,除了政府监督职责以外,每个参与农产品供应的企业和个人都对食品安全负有责任。其中,生鲜农产品的流通作为保证终端消费安全的一环,对食品品质的保障起到重要作用。目前市场上已经出现了大量的食品安全现场监测技术,如智能检测仪电子鼻和电子舌、生鲜食品新鲜度检测仪、基于生物芯片技术的食品污染监测以及快速检测肉制品细菌浓度的试剂盒等。但如果对所有的农产品全部进行品质检验,不仅影响农产品的流通速度、破坏食品的风味,而且成本过高。本章针对生鲜农产品品质监测的快速、高效、廉价、实时难以实现的问题,由生鲜农产品品质变化机理的研究入手,以水产品(罗非鱼)的供应链为研究对象,从监测数据的采集、分类及质量安全决策3个方面,进行流通过程中的水产品质量安全建模,为生鲜农产品流通中的质量安全监管提供模式和方法上的借鉴,以期进一步解决食品安全风险问题。

4.1 冷链运输过程中生鲜农产品品质变化机理

4.1.1 冷链运输过程中生鲜农产品变质的影响因素分析

生鲜农产品及其加工、半加工食品是腐败变质速度较快的产品,通常按照食品本身的组成,划分为植物性和动物性两种,植物性的生鲜产品如瓜果蔬菜,动物性的生鲜产品如肉鱼蛋禽。如果使用了上述两类原材料进行加工,就形成了更加复杂的动植物性食品,如速冻水饺、快餐,品质变化率的测算要比单纯的动物性和植物性食品复杂得多。

对于动物性食品,在配送过程的物品已经没有生命力,不再从外部吸收能量,维持基本的新陈代谢。动物性食物的腐败主要是由不同种类的微生物生长所导致的,细菌的浓度主要受温度的影响。配送过程中的行车带来的风速、外界气温、太阳辐射以及开关门次数等会造成温度的变动。城市内部的食品冷链配送中的温度变化与长途的运输不同。在长途运输中每两次开门的时间间隔较长,次数较少,开门对车内温度变化影响不大。相反,配送过程中车辆行驶时间较短,开门次数多,造成了车内温度的剧烈变化。对于植物性食品,在整个配送过程中是有生命的个体,腐烂的原因主要是呼吸作用,用食品在配送过程中呼出二氧化碳的总量来衡量植物性食品的品质流失。在这一过程中忽略水活度、气体成分等因素的变化,呼吸强度主要由温度决定。在配送过程中的车辆振动对植物性食品的影响也较大,振动会使食品表面造成伤害,导致呼吸强度增大。行车过程中的路面情况、车辆加速度和食品位于车厢中的位置都会影响振动的强度。通常情况下,位于车厢后端的物品所受的振动强度大于车厢前部,位于车厢底部的振动强度要小于车厢顶部物品。生鲜农产品在运输贮藏过程中的品质变化,有温度、湿度、气体等环境因子引起的化学变化和物理变化,也有酶促作用引发的生理生化变化,还有因微生物污染造成的微生物学变化等,所有这些变化都能引起水产品的色、香、味、质地和营养价值的逐渐降低,最终发生腐败或变质,甚至完全丧失食用价值。引起生鲜农产品品质变化的原因主要有物理因素、化学因素和生物因素,这些危害不仅降低食品的营养和卫生质量,而且还可能危害人体健康。生鲜农产品配送过程中品质变化机理如图 4.1 所示。

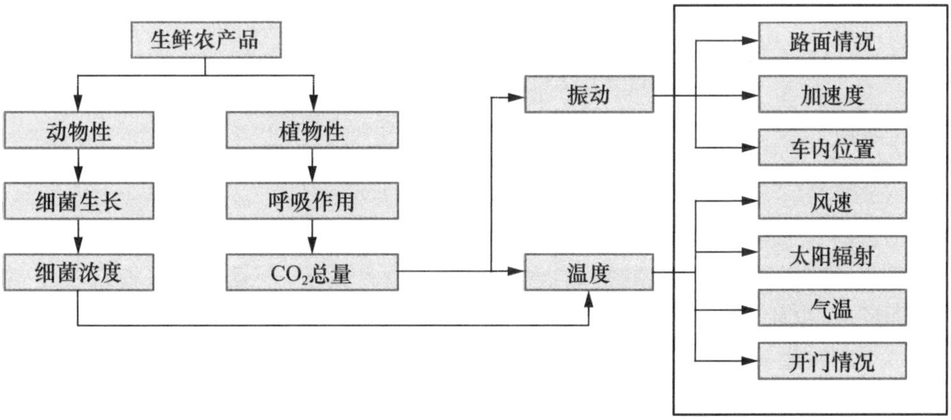

图 4.1 配送过程中生鲜农产品腐败影响因素分析

为了控制生鲜农产品品质下降的速度,保持产品固有的品质,降低损耗,提高经济效益,通常采取降温、控湿、调气、化学保藏、辐照和包装等措施。温度是影响生鲜农产品品质变化最重要的环境因素,生鲜农产品中发生的化学变化、酶促生物化学变化、僵直和软化、微生物的生长繁殖都受温度的制约。

4.1.2 不同影响因素对生鲜农产品品质的影响机理

4.1.2.1 生鲜农产品品质变化过程

动物性生鲜农产品由蛋白质、脂肪等多种化学物质组成。这些化学成分在产品贮藏过程中会发生各种不良的化学变化,如氧化、还原、分解、合成等,导致产品变色、变味、软烂等,从而降低生鲜农产品的品质。

蛋白质的变化:动物性生鲜农产品中蛋白质的性质很不稳定,在运输贮藏期间蛋白质易发生变性和水解,对品质产生重要影响。蛋白质变性即天然蛋白质受理化因素的作用,构象发生改变,导致其理化性质和生物学特性发生变化,但并不影响蛋白质的一级结构。蛋白质水解是蛋白质一级结构主键被破坏,最终降解为氨基酸的过程。

脂类物质的变化:脂类物质是水产品营养成分的重要部分,包括脂肪和类脂两部分。脂肪是由各种不同的脂肪酸和甘油结合而成的三脂肪酸甘油酯,构成脂肪的脂肪酸分饱和脂肪酸和不饱和脂肪酸(油酸和亚油酸等)。在一般情况下,不饱和脂肪酸较饱和脂肪酸的熔点低,因此在常温下,饱和脂肪酸甘油酯呈凝脂态,而不饱和脂肪酸甘油酯呈液态(鱼肝油)。类脂是一类类似脂肪的物质,其理化性质与脂肪相类似,但其化学组成中除了含有脂肪酸和甘油之外,还有磷、氨基和糖等成分。水产品在贮藏期间,脂肪易发生酸败而引起变质,其典型特征是有种令人不愉快的哈喇味。水产品中脂肪酸败类型主要是氧化酸败,其过程如下。

首先发生的是自动氧化反应，一般分为反应开始阶段

$$RH \rightarrow R\cdot + \cdot H \tag{4.1}$$

氢过氧化物连锁

$$R\cdot + O_2 \rightarrow ROO\cdot,\ ROO\cdot + RH \rightarrow ROOH + R\cdot \tag{4.2}$$

氢过氧化物分解

$$ROOH \rightarrow RO\cdot + \cdot OH + R\cdot + ROO\cdot \tag{4.3}$$

及反应终止阶段

$$2R\cdot \rightarrow RR,\ R\cdot + ROO\cdot \rightarrow ROOR,\ 2ROO\cdot \rightarrow ROOR + O_2,\ 2RO\cdot \rightarrow ROOR \tag{4.4}$$

在氧化初期以生成氢过氧化物为主,此外还有环状过氧化物存在。这种氢过氧化物具有直接连接到双键的—CH= 基上的特点,容易分解生成自由基,一旦生成这种自由基,就可进入氧化连锁反应,也就是有一个 R· 自由基和 ROO· 自由基,可一个接一个地通过连锁反应去攻击另一个脂肪酸分子,反应这样循环下去,直到质子氢生成 RH、ROOH 或是各自由基间互相反应而终止氧化反应。饱和脂肪酸发生的是 β-氧化降解,在光、热及金属离子作用下分解生成各种低分子化合物,如醛、酮、酸、醇等,形成一种强烈的哈喇味。同时在此过程中游离基和过氧化物能破坏水产品中的多不饱和脂肪酸以及脂溶性的维生素 A 和 H 维生素 E,也能与蛋白质中的巯基作用,降低蛋白质的质量。

植物性生鲜农产品品质变化与气体有很大关系。①乙烯(C_2H_2)。乙烯含量对于蔬菜水果至关重要。乙烯有催熟的作用。蔬菜在保鲜过程中会有乙烯生成。乙烯的产生量与植物的成熟度有关,成熟度越低,植物释放的乙烯就越少。实际应用中通过乙烯控制产品的成熟度。②氧气(O_2)。氧气含量与呼吸作用密切相关。氧气含量过多会导致呼吸旺盛,许多有氧参加的化学反应加强。当氧气过少时,会导致缺氧呼吸,产生二氧化碳、乙醇、乙醛等中间产物,当这些产物达到一定程度就会引起细胞中毒,阻碍正常生理功能。

4.1.2.2 温度对生鲜农产品品质变化的影响

1. 温度对非酶促反应的影响

生鲜农产品品质变化的影响主要体现在对化学反应速度的影响上。生鲜农产品在贮藏和流通过程中的非酶促褐变、脂肪酸败、蛋白质变性等化学变化,在一定的温度范围内随着温度

的升高而加快。根据 Van't Hoff 规则，温度每升高 10℃，化学反应的速度增加 2～4 倍，在生命科学和食品科学中，常用 Q_{10} 来表示，又称为温度系数，即

$$Q_{10}=\frac{v_{(t+10)}}{v_t} \tag{4.5}$$

式中：$v_{(t+10)}$ 和 v_t 分别表示某一化学反应在 $t+10$℃和 t 时的反应速度。

由于温度对反应物的浓度和反应级数没有影响，仅影响反应的速度常数 k，因此，式(4.5)又可写为

$$Q_{10}=\frac{k_{(t+10)}}{k_t} \tag{4.6}$$

式中：$k_{(t+10)}$ 和 k_t 分别表示化学反应在 $t+10$℃和 t 时的反应速度常数。

由于温度对化学反应的影响是很复杂的，反应速度常数 k 不是温度的单一函数，Arrhenius 用活化能的概念解释温度升高化学反应速度加快的原因，并提出了著名的 Arrhenius 方程式：

$$\ln k=-\frac{E}{RT}+\ln A \tag{4.7}$$

式中：k 为反应速度常数，E 为反应的活化能，R 为气体常数，T 为热力学温度，A 为频率因子。

在一般的温度范围内，某一化学反应中 A 和 E 不随温度的变化而变化。由 Arrhenius 方程式可见，反应速度常数 k 与热力学温度 T 成指数关系，温度 T 的微小变化都会导致 k 值的较大改变。因此，可把温度对反应速度常数的影响看成是对整个反应速度的影响，降低生鲜农产品的贮藏温度，就能显著降低生鲜农产品中的化学反应速度，从而延缓品质的下降，延长贮藏期。

2. 温度对酶促反应的影响

新鲜的(未经防腐的)、冷却或未冷却的脂肪含量低的水产品，早期质量下降与酶促反应引起的自溶腐败或自溶变化有密切的关系。当鱼体进入自溶阶段后，只要有少量的氨基酸和低分子含氮物质生成，细菌就可以利用并繁殖起来，繁殖达到某种程度后，细菌还可直接分解蛋白质，因此自溶作用也是引起水产品腐败的重要原因。在冷冻水产品如冷冻鱼中细菌作用被抑制时，氧化三甲胺(TMAO)被自溶酶分解成二甲胺(DMA)和甲醛，甲醛的形成增加了鱼组织的变性，结构发生改变，持水能力丧失。有人认为其他酶促反应如游离脂肪酸的形成也大大影响冻鱼感观质量，而且自溶酶在－20℃或更低温度下都具有活性，只是温度升高时以更快速度进行而已。酶是生物体产生的一种特殊蛋白质，是一种具有高度催化活性的生物催化剂，具有高度的专一催化活性，它能大大降低反应的活化能，活化能越小，温度对反应速度常数的影响也就越小，所以，许多由酶催化的反应在比较低的温度下仍然能够以一定的速度进行，但在一定的温度范围内，根据 Arrhenius 方程，其反应速度依然随着温度的升高而加快。酶促反应也常用温度系数 Q_{10} 来表示温度对反应速度的影响。水产品在贮藏期间由于酶的活动，尤其是脂氧合酶、氧化还原酶的催化会发生多种多样的酶促反应。

温度对酶促反应具有双重影响，一方面温度升高加快酶促反应的速度；另一方面由于酶是蛋白质，在温度升高的过程中，酶逐渐变性失活，酶促反应速度减弱，一旦酶受热失活，酶促反应就受到强烈的抑制。

酶的催化活性来源于其三级结构中专一性的底物结合部位和催化活性中心，结构十分精

细而脆弱。如果酶分子吸热过多,维持三级结构的非共价键就会受到破坏,丧失催化活性中心的空间完整性,酶就逐渐失去催化活性。这种由于酶受热而失去催化活性的过程称为酶的热失活。一些酶经热失活后仍然会发生催化活性再生的现象。在低温下酶活性虽然受到抑制,但并未完全失活,有的甚至在冷冻状态下仍具有一定的催化活性,所以对于长期贮藏的冷冻食品来说,由于其品质的下降是逐渐积累且是不可逆的,酶促反应的影响是一个不可忽视的问题。

3. 温度对生鲜农产品中微生物败坏速率的影响

环境中微生物无处不在,并能迅速繁殖。微生物对生鲜农产品品质的危害受多种因素制约,其中温度是影响最大也最容易控制的一个因素。

微生物对温度的适应性由微生物的种类决定。根据微生物适宜生长的温度范围不同,可将微生物分为嗜热性、嗜温性和嗜冷性 3 个类群。各类微生物各自生长的温度范围可划分为最低、最适和最高生长温度(表 4.1)。微生物在最适的温度范围内生长的速度最快,增代时间最短,因而对水产品运输贮藏时的变坏和卫生质量影响也最大。当温度超过微生物最高生长温度时,微生物生长就受到抑制甚至死亡。在最低生长温度范围内,微生物生长速度非常缓慢,增代时间延长,若温度低于最低生长温度,微生物也会受到抑制或死亡。由于微生物的生长繁殖是体内酶反应及各种生化反应协调进行的结果,因此,在一定的温度范围内,描述化学反应与温度关系的 Arrhenius 方程也适用于描述微生物的生长速度与温度之间的关系,常用 Q_{10} 来表示。Q_{10} 定义为温度每升高 10℃后微生物的生长速度与原来生长速度的比值。大多数微生物的 Q_{10} 在 1.5～2.5 之间。必须指出的是,这里所说的最适温度其意义是某一微生物生长速度最高时的培养温度。

表 4.1 各类微生物生长的温度范围

类群	生长温度/℃			举　例
	最低	最适	最高	
嗜热微生物	25～45	50～55	70～80	温泉和堆肥中的微生物
嗜温微生物	10～20	25～40	40～45	引起食品腐败和人类疾病的微生物
嗜冷微生物	−10～5	10～20	25～30	水生和冷藏食品中的微生物

4.1.2.3 振动对生鲜农产品品质变化的影响

产品运输向高速运转方向发展,由于运输速度的加快,所产生的振动给运输产品造成很大的危害。在汽车运输过程中,公路路面的起伏不平、汽车发动机的固有振动、轮胎的充气程度和减震弹簧的性能等因素都可能会使运输产品发生上下、前后、左右不同方向的随机振动。在汽车的随机振动中,产品会因振动发生表面擦伤或表面膜脱落等问题,内部还会因反复施加作用力发生损坏,产生裂纹、断裂等现象,造成不必要的损失。

由于生鲜农产品在配送过程需要克服空间距离,在分拣和运送过程中的物流作用产生一定的损伤,这种损伤的出现会促使果蔬的呼吸作用增强。日本学者根据 Palmgren-Miner 线性累积法则,定量地评价车辆行驶过程中食品的损伤度(河野澄夫,1999),计算模型描述如下。

假设加速度幅值为 G_i 的振动发生频度为 n_i 次($n_i=1,2,\cdots$),在简谐振动下的损伤度 D 为

$$D=\frac{1}{\beta}\sum n_iG_i^{\alpha} \tag{4.8}$$

式中：α、β为食品的特征常数。

随机振动下的损伤度
$$D=\frac{f_0 t}{\beta}(\sqrt{2\sigma})^3\Gamma\left(1+\frac{\alpha}{2}\right) \tag{4.9}$$

式中：f_0 为振动次数平均值，t 为时间，σ 为应力瞬时值概率密度标准差，Γ 为伽玛函数。

假设损伤度 D 与呼吸强度 R_c 成正比关系：

$$R_c=m\cdot D\cdot A\cdot\exp\left(\frac{-Ea}{RT}\right)\left[\frac{k_s}{k_d}-\left(\frac{k_s}{k_d}-[E]_0\right)\cdot\exp(-k_d\cdot t)\right] \tag{4.10}$$

式中：m 为损伤度调整系数，A 为指数前系数，Ea 为活化能，k_s 为酶的合成率，k_d 为酶的分解率，$[E]$为酶浓度。在整个配送过程中温度 T 随时间 t 的变化可用分段的线性关系表示：

$$T(t)=\begin{cases}a_p t+b_p, & t\in[t_{pstart},\ t_{pend}]\\ a_c(i)t+b_c(i), & t\in[t_{cstart}(i),\ t_{cend}(i)]\\ a_n(i)t+b_n(i), & t\in[t_{nstart}(i),\ t_{nend}(i)]\\ a_o(i)t+b_o(i), & t\in[t_{ostart}(i),\ t_{oend}(i)]\end{cases}$$

其中，a 为温度变化率，b 为温度修正系数，i 为第 i 个时间段；下标 p 表示理货，c 表示在行车过程中的制冷，o 表示在行车过程中开门，n 表示在行车过程中但不制冷，start 是开始时刻标志，end 是结束时刻标志。将 $R_c(T,t)$转变为 $R_c(t)$：

$$R_c=m\cdot D\cdot A\cdot\exp\left[\frac{-Ea}{R(a\cdot t+b)}\right]\left[\frac{k_s}{k_d}-\left(\frac{k_s}{k_d}-[E]_0\right)\cdot\exp(-k_d\cdot t)\right] \tag{4.11}$$

用 $T_{CO_2}(t)$表示 t_0 至 t 时刻呼出的 CO_2 的总量，则

$$T_{CO_2}(t)=\int_{t_0}^{t}R_c(t)\mathrm{d}t \tag{4.12}$$

$$T_{CO_2}(t)=\int_{t_0}^{t}m\cdot D\cdot A\cdot\exp\left[\frac{-Ea}{R(a\cdot t+b)}\right]\left[\frac{k_s}{k_d}-\left(\frac{k_s}{k_d}-[E]_0\right)\cdot\exp(-k_d\cdot t)\right]\mathrm{d}t \tag{4.13}$$

令 $K_1=\frac{k_s}{k_d}A$，$K_2=\frac{k_d}{k_s}[E]_0-1$，则

$$T_{CO_2}(t)=\int_{t_0}^{t}m\cdot D\cdot K_1\cdot\exp\left[\frac{-Ea}{R(a\cdot t+b)}\right][1+K_2\cdot\exp(-k_d\cdot t)]\mathrm{d}t \tag{4.14}$$

果蔬的货架期 SLP 与其呼吸作用所产生的 CO_2 总量呈线性相关：

$$SLP=b_{CO_2}-a_{CO_2}\cdot T_{CO_2} \tag{4.15}$$

在配送过程中货架期损失总量为

$$T_{SLP}=\sum_{k=0}^{i-1}load_i\cdot(SLP_i-SLP_{i+1}) \tag{4.16}$$

式中 SLP_i 表示在第 i 个节点处的货架期。

根据单位食品货架期减少的价值损失 C_{PSLP}，可评估配送过程中的品质流失总成本 C_{TSLP}：

$$C_{TSLP}=C_{PSLP}\cdot T_{SLP} \tag{4.17}$$

4.2 水产品冷链时间-温度数据的采集与传输

水产品冷链物流系统要求所有物流过程都应在低温条件下进行。针对不同的物流环节，设置有针对性的传感器对时间-温度数据进行采集与存储。本节首先分析水产品冷链物流体系中的温度环境，在区分环境介质特性的基础上对温度数据进行分类；通过选取温度数据的采集仪器对冷链信息进行传输处理；最后设计了水产品冷链温度数据的采集框架。本研究将水产品的冷链过程划分为四大环节：原料接收、加工过程、仓储与物流。通过分析数据流程，确定环境的不同分类，根据环境的不同分类，采用不同的数据采集仪器进行匹配，结合仪器的布点设计，确定总体的数据采集方案，并在设计数据采集框架的基础上，建立水产品冷链的时间-温度数据传输与存储框架。

4.2.1 水产品冷链时间-温度数据采集设备的选配

4.2.1.1 水产品冷链的温度环境介质分析

水产品冷链经历原材料接收、加工、仓储、物流等阶段，各个阶段又包含若干个环节，构成水产品完整的冷链结构。当原材料经过感官检验与微生物检验均合格后，进入加工阶段。水产品的加工需要经历消毒与清洗、CO 处理、去鳞、去内脏、冷冻、称重与包装后，进入速冻阶段。速冻后的成品送入冷库进行保存，最后经过运输与配送发送至批发商或零售商店进行销售。对于水产品冷链的全程监控，需要用多个时间-温度传感器对环境温度进行采集。传感器对水产品冷链环境温度进行采集从原材料接收合格后进入加工阶段开始，直到水产品的成品进入流通为止。

为了确定时间-温度传感器的类型与配置，需要对水产品冷链温度环境特点进行分析。根据水产品冷链的温度环境介质类型，选择有针对性的时间-温度采集仪器。

水产品在冷链流通的过程中，随着流通环境的变化，环境温度数据的种类也不尽相同。本研究针对水产品的冷链环境特性，将影响水产品品质变化的温度分为以下 3 种类型：鱼体内部温度、液体介质温度与空气介质温度。鱼体内部温度是指水产品在冷链过程中鱼体与外界环境温度发生温度交换的内部温度。液体介质温度与空气介质温度属于水产品冷链的外部环境温度。液体介质温度指水产品在冷链过程中发生清洗、消毒等鱼体与液体环境发生温度交换的外部环境温度。空气介质温度泛指水产品冷链全过程的空气环境温度。针对不同的温度信息，使用的温度采集仪器种类须根据不同温度介质的特性进行选择。将温度信息按照 3 种分类方式进行描述，如图 4.2 所示。图中加工过程的温度介质环境分为鱼体内部温度、液体介质温度与空气介质温度。水产品冷链环境的全程流通都需要对水产品所处的空气环境温度进行采集。在加工阶段，清洗、消毒与 CO 处理时，鱼体处于液体介质中，需要采集液体介质温度。物流中，需要采集鱼体内部温度用来分析水产品的品质是否在安全状态。在物流环节，车厢温度对水产品的品质影响较大，所以在运输环节不仅需要对空气介质温度进行采集，而且需要对水产品的体内温度进行采集。

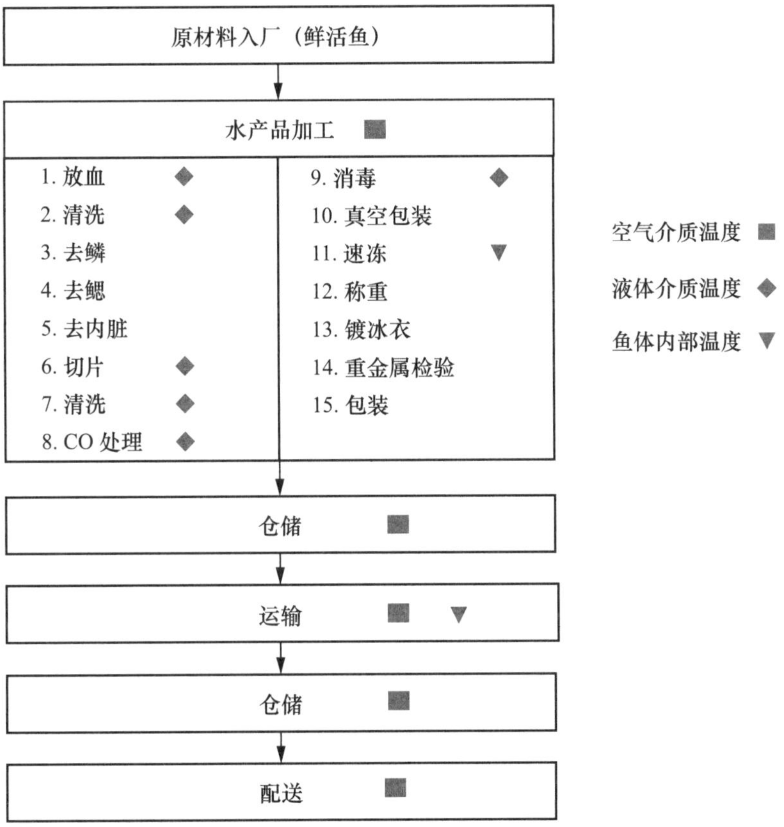

图 4.2 水产品冷链物流过程中的温度信息类型

4.2.1.2 时间-温度数据采集仪器与冷链温度环境的匹配

温度传感器是实现温度采集与检测的重要器件。由于冷链环节信息的需要，在对冷链的环境信息进行采集时，不仅要对环境温度数据进行采集，为了更好地分析冷链环节的其他信息，需要对采集温度所对应的时间信息进行记录。在水产品冷链的管理中，需要对冷链的各个环节的环境温度进行采集。如图 4.3 所示，全程时间-温度数据传感器对水产品冷链的环境温度进行采集。整个过程需要多个传感器进行配合。根据不同的环境特性，还需要不同种类的传感器协同工作（表 4.2），对水产品冷链的全过程进行监控与数据采集。

时间-温度传感器是同时记录采集时间与相应的环境温度数据的仪器，由于传感器的种类众多，形态各异，工作原理和适用范围也各具特色。

表 4.2 时间-温度传感器与环境类型的匹配

介质类型	传感器类型	对应过程描述
空气	带有温度传感器的 RFID	水产品冷链全程
液体	带有金属探头的温度传感器	水产品加工环节（放血、CO 处理、清洗、消毒）
鱼体	iButton 纽扣温度传感器	水产品速冻、冷冻过程
		水产品冷冻、冷藏运输过程

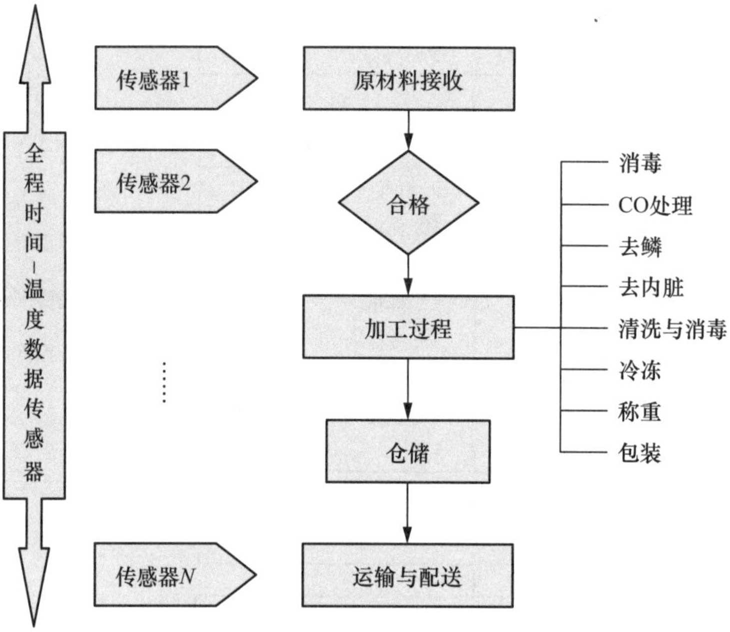

图 4.3 水产品冷链环境温度的采集

1. 鱼体环境时间-温度传感器

iButton 是 information button 的缩写，即信息纽扣。信息纽扣是一个类似于智能卡中使用的微芯片，一般大小为 17.35 mm×(3.1～5.89)mm，圆形，不锈钢制(张瑞夫等，2008)。iButton 中可以安装温度传感器，属于接触式传感器，用于采集时间-温度信息。这种传感器可显示环境温度或者其附着的物体的温度，也可显示其周围环境的温度，测量范围在－55～＋100℃之间。通过软件可以设置 iButton 进行温/湿度记录、设置采样速率以及高、低报警阈值。iButton 还可以根据需要确定数据记录存储器存满后的动作：翻滚或不翻滚记录。

根据 iButton 的特性，可以放置于鱼体内部，用来采集鱼体内部的时间-温度信息，更直观地分析水产品的品质在冷链环节流动中的变化。

实验应用纽扣式温度传感器，把 iButton 放入鱼体内来实时采集鱼体内部温度。在加工环节，可以手工实时进行记录，而之后的冷冻和配送环节，采集两个温度点，即开始和最后时间，并根据实际情况设置时间-温度数据采集的时间间隔。

2. 空气环境时间-温度传感器

实验采用带有温度传感器的 RFID 采集温度数据。

带有温度传感器的 RFID(温度传感器电子标签)属于非接触式传感器。其中的 RFID 电子标签可与各式传感器结合，在标识物品的同时可实现对环境诸多因素的监测和记录，极大地拓展了 RFID 的应用。RFID 与温度传感器结合，可以在对水产品环境温度采集的同时，对采集数据的时间信息进行记录，用来标识冷链环节信息。

RFID 仪器将采集到的温度数据，通过 GPRS 设备传送给安装在仓库、配送中心等各节点的读写器，读写器将这些数据集中上传至数据中心存储和处理。结合 GPS 系统，利用通讯设备还可以对时间-温度数据进行实时采集、传输与显示。在水产品冷链的运输阶段，利用终端计算机平台，可以实时显示冷藏运输行车的路线，并能够显示出冷藏车辆车厢内部的温度，从而实现了对水产品的实时监控，为快速响应决策的实施提供了前提与依据。

3. 液体介质环境时间-温度传感器

实验应用 TTE 采集液体介质环境。

TTE 是带有金属探头的时间-温度传感器，是接触式传感器。这种仪器附带的金属探头可以插入液体或固体中采集内部的温度。同时，这种传感器也具有小型芯片、存储器、备用电池。但是没有天线，所以不能实现时间-温度数据的实时传输。在 TTE 进行工作时，需要通过软件对传感器预先设定工作起始时间、采集数据时间间隔与工作终止时间。

TTE 对温度数值的读取间隔时间相对较长，持续的读取数值时间跨度也较长。与 RFID 可以动态实时监测采集数据不同，TTE 是静态收集数据，需要手工实时进行记录。由于只有在加工环节才需要采集液体介质温度，所以需要制订 TTE 使用的管理计划与说明，对采集的数据进行标记。TTE 适用于获取液体、固体内部环境的时间-温度数据。

4.2.2 冷藏车厢时间-温度数据采集的理论建模

4.2.2.1 冷藏车厢物理模型的建立

在冷链的运输过程中，由于水产品需要多次与外界空气进行热交换，环境温度波动最为剧烈，水产品的品质变化也最为激烈并难以控制。在运输环节设计温度数据采集的布点与传输，是保证产品运输过程温度安全性的有效措施。

水产品在运输过程中，需要对冷藏车车厢温度进行打冷处理。根据水产品运输的一般情况，冷藏车厢的最高温度一般控制在 5℃左右，最低温度一般为－18℃。由于冷藏车的工作性能存在差异，冷藏车厢的制冷能力与效率也不尽相同。在行驶的过程中，由于冷藏车厢内部环境与外部温度环境不断进行热交换，导致车厢内部温度环境波动较为剧烈。同时，由于车厢内部气流组织与自然对流的共同作用，使内、外温度场互相影响与交换，导致车厢内部不同部位的温度波动也存在很大差异。由于冷藏车厢的排风口与闸门的气体循环，造成车厢内不同角度的温度波动也不尽相同，故应分析冷藏车厢的制冷系统，合理地设计数据采集仪器的布点。所以，在研究冷藏车厢的布点设计之前，需要对冷藏车厢进行物理模型的构建。

以一辆车厢尺寸为 4 000 mm×1 750 mm×1 500 mm 的机械式冷藏车厢、采用翅片管式蒸发器装置的冷藏车为例，如图 4.4 所示。为了模拟实际冷藏运输车厢的运行情况，设定打冷温度下限为－18℃。在车厢后部上方设置打冷排气口，尺寸为 114.3 mm×943 mm×152.4 mm。

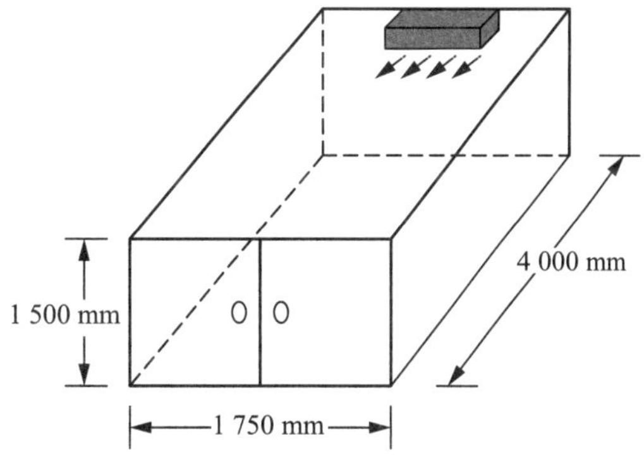

图 4.4 冷藏车厢物理结构图

为了模拟实际的冷藏车运输过程中的温度环境，将货物的数量、包装、尺寸与货物间隙均作了简化处理，摆放方式如图 4.5 所示。车厢内部放置共放置 16 箱货物，其中利用主视图、侧视图与俯视图，分别在 *X*、*Y*、*Z* 轴方向上对货物与车厢进行投影。

4.2.2.2 冷藏车厢内部热量传输模型

传热模型就是通过采集实验数据总结

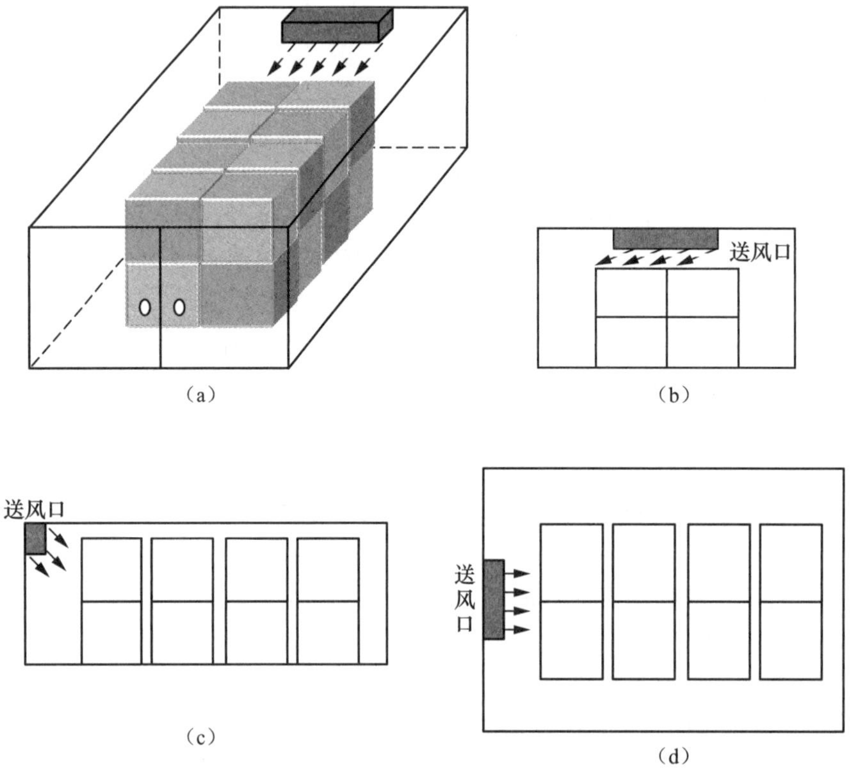

图 4.5　冷藏车厢货物摆放图

(a)冷藏车厢货物摆放立体图；(b)冷藏车厢货物摆放主视图；
(c)冷藏车厢货物摆放侧视图；(d)冷藏车厢货物摆放俯视图

的规律，建立合理的物理模型和数学模型，然后利用数学分析方法进行求解，对难以利用解析法求解的问题，可以用数值求解方法和计算机进行求解。

首先分析冷藏车内部空间的结构及冷气位置。冷藏车内部空间是一个标准的长方体，冷气从空间的前方顶端排出。当空间装满货物时，可以认为冷气能量由顶层面向下传输。

冷冻水产品整齐地按箱堆放在冷藏车内，一般高达 1.5～2 m。由于冷藏车运输空间比较小，装满货物后可以将冷冻水产品简化为标准的平板来考虑，冷量仅从冷冻水产品的顶部向下传递。

虽然产品有箱子间隔以及空气在每箱产品中有局部的自然循环，每个箱子也有热阻，但从总体来看，可以假设为均匀的热传导。假设温度传导率为 λ，水产品的密度为 ρ，比定压热容为 c_p，根据傅里叶热传导方程可以写成

$$c_p\rho \frac{\partial u(x,y,z,t)}{\partial t}=\lambda\left[\frac{\partial^2 u(x,t)}{\partial x^2}+\frac{\partial^2 u(y,t)}{\partial y^2}+\frac{\partial^2 u(z,t)}{\partial z^2}\right] \tag{4.18}$$

式中 u 为温度。假设只考虑一维方向的热量传导，能量由上往下传递，那么上式简化为

$$c_p\rho \frac{\partial u(z,t)}{\partial t}=\lambda \frac{\partial^2 u(z,t)}{\partial z^2} \tag{4.19}$$

考虑到冷冻水产品自身的温度比较低，可能有能量散失，因此水产品散热量是该点温度的

函数，用 $q(u)$ 表示：

$$\frac{\partial u(z,t)}{\partial t}=\frac{\lambda}{c_p\rho}\frac{\partial^2 u(z,t)}{\partial z^2}+\frac{q(u)}{c_p\rho} \tag{4.20}$$

简化参数，令

$$\frac{\lambda}{c_p\rho}=C,\ \frac{1}{c_p\rho}=d$$

可得

$$\frac{\partial u(z,t)}{\partial t}=C\frac{\partial^2 u(z,t)}{\partial z^2}+dq(u) \tag{4.21}$$

边界条件为

$$u(0,t)=u_0,\ u(a,t)=\frac{\partial u}{\partial z}=0$$

采用差分方程来求解该方程。将界面矩形 $\alpha=\{(z,t):0\leqslant z\leqslant\delta,0\leqslant t\leqslant b\}$ 分割成 $(n-1)\times(m-1)$ 个小格，高和宽分别为 $\Delta z=h,\Delta t=k$，求解 $\frac{\partial u(z,t)}{\partial t}$、$\frac{\partial^2 u(z,t)}{\partial z^2}$ 的公式为

$$\frac{\partial u(z,t)}{\partial t}=\frac{u(z,t+k)-u(z,t)}{k}+o(k) \tag{4.22}$$

$$\frac{\partial^2 u(z,t)}{\partial z^2}=\frac{u(z-h,t)-2u(z,t)+u(z+h,t)}{h^2}+o(h^2) \tag{4.23}$$

假设小方格大小一样，方格的行列均匀，所以 $t_{i+1}-t_i=k,t_i=k+t_{i-1};z_{i+1}-z_i=h,z_i=h+z_{i-1}$。去除无穷小部分 $o(k)$、$o(h^2)$，上式改写为

$$\frac{u_{i,j+1}-u_{i,j}}{k}=C\frac{u_{i-1,j}+u_{i+1,j}}{h^2}+dq(u) \tag{4.24}$$

即可得传热显微分方程

$$u_{i,j+1}=(1-2\beta)u_{i,j}+\beta(u_{i-1,j}+u_{i+1,j})+kdq(u_{i,j}) \tag{4.25}$$

其中 $\beta=C\frac{k}{h^2}$。

4.2.2.3 冷藏车厢温度场分析

在建立冷藏车厢物理模型与温度模型的基础上，本研究以罗非鱼为例，对冷藏车厢进行温度场分析。冷藏车厢内部设置了6个传感器对罗非鱼在运输过程中的环境温度进行采集，如图4.6所示。将冷藏车车厢内部除去上顶面和车厢门，分别抽象为编号Ⅰ、Ⅱ、Ⅲ、Ⅳ的4个面。其中，Ⅰ号面的顶端设有排风口。1、2号传感器分别位于Ⅰ号面排风口正下端、车厢高度的2/3与1/3处；3、4号传感器分别位于Ⅱ号面的中间位置、车厢高度的2/3与1/3处；5、6号传感器分别位于Ⅲ、Ⅳ号面的正中

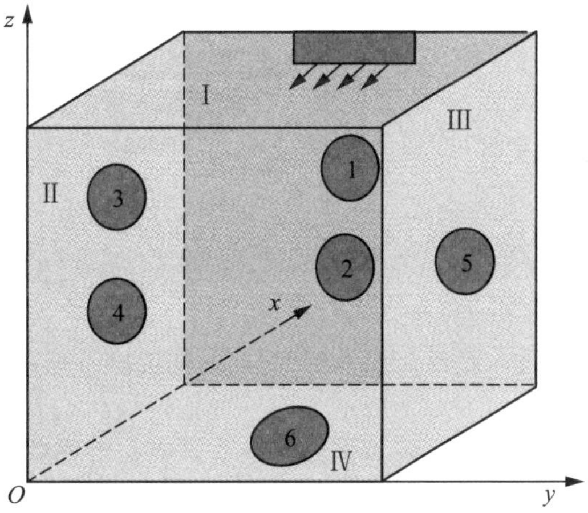

图4.6 冷藏车厢的温度传感器放置图

间处。

根据冷藏车厢俯视图与温度场模型，利用温度场的分布模型，对温度场的边界进行界定，建立温度场坐标系。令 x 轴为车厢的长度方向，y 轴为车厢的宽度方向。通过冷藏车厢的温度传感器采集的数据，利用温度模型对温度场进行分析，用不同颜色对温度进行表示，形成二维图标，如图 4.7 所示。令温度数据为 T 坐标，建立三维立体温度场图，如图 4.8 所示。其中，环境温度的最低温度为－18.6℃，最高温度为－16.6℃。由图中可以看出，在 x 坐标范围(0,0.8)(单位为 m)中，温度较低，波动范围为－18.6～－18℃；在 x 坐标范围(0.8,2.4)(单位为 m)中，温度波动范围为－18～－17.6℃；在 x 坐标范围(2.4,2.9)(单位为 m)中，温度波动范围为－17.6～－17.4℃；在 x 坐标范围(2.9,4)(单位为 m)中，温度较高，波动范围为－17.4～－16.6℃。

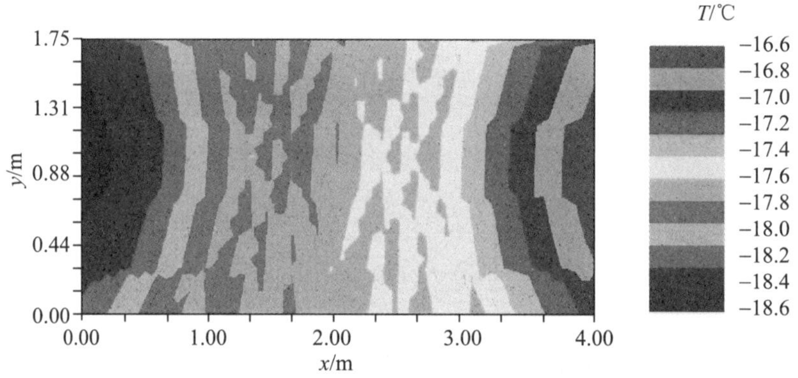

图 4.7　冷藏车厢温度场二维图

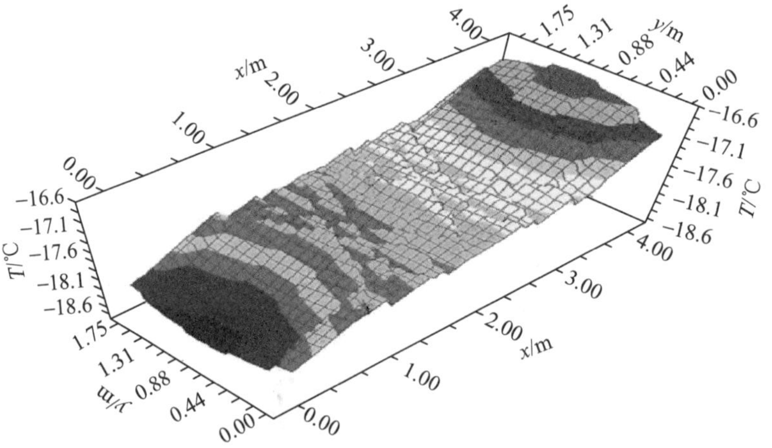

图 4.8　冷藏车厢温度场三维图

通过 6 点布点设计的时间-温度传感器所采集的水产品运输过程中冷藏车厢温度环境的部分数据如表 4.3 所示。

根据传感器所采集的水产品冷链运输过程中的时间-温度数据，可以看出实际采集温度数据的波动与温度场分析基本一致。其中，1、2 号传感器所采集的温度数据较低，而 5、6 号传感器所采集的温度数据较高。

表 4.3 冷藏车厢温度数据表 ℃

1号传感器	2号传感器	3号传感器	4号传感器	5号传感器	6号传感器
−17.41	−16.84	−17.10	−16.88	−17.65	−16.66
−17.48	−17.03	−17.10	−17.00	−17.63	−16.69
−17.60	−17.21	−17.29	−17.06	−17.68	−16.81
−17.66	−17.28	−17.41	−17.19	−17.44	−16.88
−17.79	−17.40	−17.23	−17.25	−17.50	−16.94
−17.91	−17.53	−17.60	−17.31	−17.56	−17.00
−17.98	−17.53	−17.66	−17.38	−17.63	−17.06
−18.04	−17.65	−17.54	−17.50	−17.69	−17.19
−18.16	−17.71	−17.66	−17.56	−17.75	−17.25
−18.23	−17.71	−17.73	−17.63	−17.75	−17.31
−18.29	−17.84	−17.66	−17.69	−17.81	−17.31
−18.35	−17.96	−17.98	−17.69	−17.81	−17.44
−18.35	−17.96	−17.79	−17.69	−17.94	−17.44
−18.41	−18.15	−17.85	−17.75	−17.94	−17.50
−18.48	−18.15	−17.91	−17.81	−17.94	−17.56
−18.48	−18.21	−17.73	−17.81	−18.00	−17.63
−18.54	−18.28	−17.79	−17.81	−18.06	−17.63
−18.54	−18.28	−17.91	−17.81	−18.13	−17.69
−18.60	−18.34	−17.98	−17.88	−18.06	−17.69
−16.68	−18.15	−17.85	−17.88	−18.13	−17.69
−18.35	−18.03	−17.60	−17.75	−18.00	−17.56
−18.54	−18.09	−17.54	−17.69	−18.00	−17.63
−18.36	−18.09	−17.54	−17.69	−18.06	−17.69
−18.16	−17.96	−17.35	−17.63	−18.06	−17.69

4.2.3 温度传感器布局与优化

冷链运输中温度采集是保证水产品品质的关键环节，温度采集的成本随着温度标签数量的增加而增加，同时如果温度标签数量太多，会产生数据冗余，影响数据的传输效果。如何优化空间布点，用最少的温度标签达到对整个运输空间的温度合理估算，对于降低监测成本、提高数据传输速度有着重要的意义。

本研究利用空间插值优化法计算运输空间最少的温度标签数量。

4.2.3.1 优化的机理与流程

插值技术是指确定某个函数在两个或多个采样值之间的数值时采用的算法和运算过程。关于数据的空间插值方法很多，但从总体上可以分为整体插值法和局部插值法两大类。整体插值方法用研究区域所有样本点的数据进行全区特征拟合；局部插值方法仅用邻近的数据点来估计未知点的值。分形滤波插值法、趋势面插值法、傅里叶级数插值法和边界内插属于整体插值法，反距离加权法、邻近元插值法、样条函数法、克里金插值法属于局部插值法（兰运超等，

1991)。

首先界定插值空间,将不规则的空间在合理的范围内假定为规则空间,根据传热理论确定空间内温度较高的区域;利用传感器采集不同位置同一时刻的温度数据,根据温度数据利用不同方法计算插值误差,选取较小误差的插值方法;对选择的插值方法按照不同数量的温度数据依次计算插值误差,根据不同的插值误差就可确定需要的传感器数量;选取 k 个点(一般为角落点)为已知点,按照插值偏量依次固定传感器位置。

4.2.3.2 优化方法选择

目前在应用计算中常用的插值方法主要有反距离加权法(谢别德法)、克里金法、移动内插法和样条函数法等。

目标点的预测值由 k 个点的温度值与时间权重系数决定,公式如下:

$$\hat{z}_i(k) = \sum_{j=1}^{k} s_j(k) \cdot w_{ij} \tag{4.26}$$

1. 克里金插值法

克里金法是一种地质统计方法,是一种求最优、线性、无偏内插估计量的方法,较常规方法而言,它的优点在于不仅考虑了各已知数据点的空间相关性,而且在给出预测点的数值的同时,还能给出表示估计精度的方差。

克里金插值法假设条件:测量值与空间无关;两个不同点的温度值只与空间距离矢量有关。其理论计算公式为

$$v(h_{ij}) = \frac{1}{2} \cdot E\{[s_i(k) - s_j(k)]^2\} \tag{4.27}$$

$E = n \cdot (n-1)$,n 表示测量点的个数。对上式改进如下:

$$v_{i,j}^*(h_{i,j}) = \frac{1}{2} \cdot \sum_{k=1}^{N_k}[s_i(k) - s_j(k)]^2 \tag{4.28}$$

式中 N_k 为测量次数。利用下式求出权重系数:

$$\begin{bmatrix} v_{11} & \cdots & v_{1N} & 1 \\ \vdots & & & \vdots \\ v_{n_1} & \cdots & v_{n_N} & 1 \\ 1 & \cdots & 1 & 0 \end{bmatrix} \cdot \begin{bmatrix} w_{1q} \\ \vdots \\ w_{nq} \\ u \end{bmatrix} = \begin{bmatrix} v_{1q} \\ \vdots \\ v_{nq} \\ 1 \end{bmatrix} \tag{4.29}$$

式中 w_{nq} 表示 n 点的权重。

2. 反距离加权法

反距离加权法(inverse distance weighted,IDW)是最常用的空间插值方法之一,它综合了泰森多边形的邻近点方法和趋势面分析渐变方法的长处。它假设一定范围内的样本点属性值对未知点属性值的估计都有局部性的影响,与距离成反比。

反距离加权法假定未知点处属性值是在局部邻域内所有样本点属性值的距离加权平均值,与未知点距离最近的若干个样本点对未知点属性值的贡献最大,其贡献与距离成反比。其权重赋予是离未知点越近的样本点赋予的权重越大(韩铁涛,1998)。

计算式如下:

$$w_{ij}=\frac{\omega_i}{h_{ij}^2},\ \omega_i=\sum_{i=1}^{N_z}\frac{1}{h_{ij}} \tag{4.30}$$

式中 N_z 表示测量点的数量，$N_z=k$。

3. 克里金曲面法

克里金曲面法是对克里金插值法的改进，利用空间三维位置计算出参数值，利用实验数据对预测点的值进行计算，公式如下：

$$T^*(i,k)=\alpha_0(k)+\alpha_1(k)\cdot p_x(i)+\alpha_2(k)\cdot p_y(i)+\alpha_3(k)\cdot p_z(i) \tag{4.31}$$

式中：T^* 为预测值；$p_x(i)$、$p_y(i)$、$p_z(i)$ 为点 i 的空间坐标值。利用实验测得数据计算得出 $\alpha_0=-20.9\ \mathrm{K}$，$\alpha_1=0.17\ \mathrm{K/m}$，$\alpha_2=-1.98\ \mathrm{K/m}$，$\alpha_3=0.15\ \mathrm{K/m}$。

4.2.3.3 插值误差计算

目标点的误差利用标准平方偏差来计算：

$$\varepsilon_i=\frac{\sum_{k=1}^{N_k}[\hat{z}_i(k)-z_i(k)]^2}{N_k} \tag{4.32}$$

式中：$\hat{z}_i$ 为目标点的预测值，z_i 为目标点的实际测量值，N_k 为测量次数。

插值公式的误差根据点值误差的平均预测偏差来判断：

$$\bar{\varepsilon}=\frac{\sum_{i=1}^{N_z}\varepsilon_i}{N_z} \tag{4.33}$$

插值误差计算结果见表 4.4。

表 4.4 不同插值方法的平均误差 K

插值方法	样本点数	
	8	30
均值法	2.796	2.567
反距离加权法	1.443	1.105
克里金插值法	1.389	0.530
克里金曲面法	1.418	0.533

由表 4.4 可知，克里金插值法的平均误差最小。

4.2.3.4 温度数据采集

利用秀派(SP-TST-100)温度传感器采集运输空间的温度数据，数据来源于北京某食品公司(2009 年 8 月 30 日)。

4.2.3.5 温度传感器数量界定

以实验数据为基准得出克里金插值法的平均误差最小，本研究用克里金插值法对不同传感器采集的数据计算平均误差，结果如表 4.5 所示。

由表 4.5 可知插值优化选取条件：当需平均误差不大于 0.8 K 时，需要温度传感器至少

17 个；当需平均误差不大于 0.6 K，需要温度传感器至少 24 个。依据不同的误差标准即可得出所需的最少温度传感器数量。具体插值步骤为：

（1）首先固定冷藏空间的 8 个角落点；

（2）任意增加其他点，该点需要满足的条件是克里金插值偏量 σ_K^2 小于测量误差。

表 4.5　克里金插值法平均误差表

温度传感器数量	平均误差/K	温度传感器数量	平均误差/K	温度传感器数量	平均误差/K
5	1.31	17	0.79	25	0.59
10	1.12	18	0.80	26	0.58
11	1.05	19	0.74	27	0.56
12	1.02	20	0.70	28	0.55
13	0.96	21	0.65	29	0.54
14	0.91	22	0.64	30	0.53
15	0.92	23	0.61		
16	0.89	24	0.60		

4.2.4　时间-温度数据的传输

前面对水产品冷链环境温度的采集仪器进行了分析与设计，由于采集设备种类不同，传输方式各异，需要对水产品冷链信息的传输框架进行总体设计。

在水产品冷链系统的温度数据传输框架中，可以分为信息识别、信息传输、信息管理和信息通信与回馈 4 个环节，如图 4.9 所示。

1. 信息识别

不同传感器在对温度数据进行采集时，所使用的数据存储结构与工作频率各不相同。在温度数据的采集初始阶段需要对信息的来源进行识别。以 RFID 为例。RFID 在冷链系统中主要用于采集空气介质的环境温度数据，数据存储于 RFID 的存储器中，以射频的频率进行传输。根据采集温度数据的结构与传输频率，可以对来自 RFID 的温度信息进行识别，并根据相匹配的时间信息，判断环境温度信息来自于某个冷链环节，从而根据温度信息对水产品的品质进行分析与决策。

信息识别的内容有：水产品的原料信息，水产品冷链的阶段、环节信息，水产品流程操作信息，水产品时间-温度数据文档，水产品品质描述信息。

2. 信息传输

在信息传输过程中，需要构建无线通讯网络。所采集的温度信息可以通过 GPRS 设备进行实时的传输。在传感器的读卡器中安装 GPRS 通信设备，与天线进行连接，借助卫星通讯对水产品冷链的时间-温度数据进行采集与传输。实时的信息传输是实现对水产品冷链信息进行实时监测与快速响应的前提。

3. 信息管理

时间-温度信息通过 GPRS 设备与天线可以直接传输至数据分析终端，并存储在数据库中生成时间-温度数据文档。信息分析的终端管理人员可以实时地对水产品冷链的温度环境进

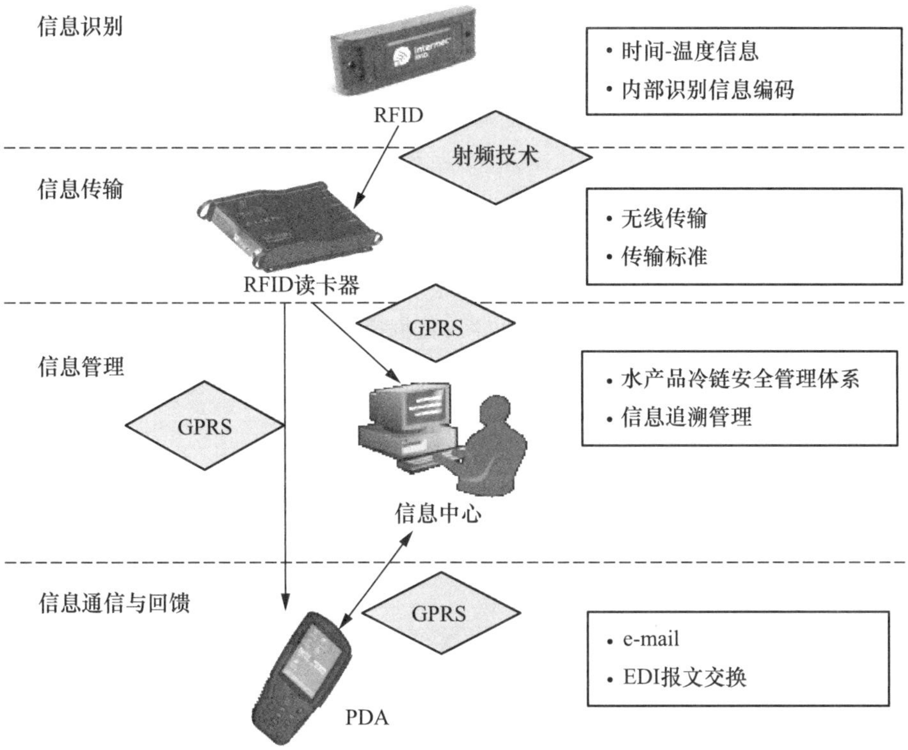

图 4.9 时间-温度数据的传输框架

行分析，一旦发现温度环境异常，可以及时做出快速响应。

在信息管理过程中，历史数据可以存储在数据库，实现对水产品信息的 ERP 管理与追溯。水产品的追溯信息是质量管理的重要环节。信息管理框架的构建不仅可以对水产品冷链的时间-温度信息进行实时的监测，同时也实现了对水产品冷链的追溯体系的建立。

4. 信息通信与回馈

信息通信是对信息传输与管理的反馈，是通过对水产品冷链安全状态的分析，对水产品冷链的操作进行干预与指导。可以利用 e-mail 或 EDI 电子报文的交换方式，对水产品冷链的流动作出信息反馈，并指导操作正确进行。信息通信是对水产品冷链安全快速响应的重要手段之一。

在对水产品冷链环境温度进行观测时，如果发现环境温度异常，可以通过信息通信设备与冷链的工作人员取得联系，进行快速响应处理。决策信息通过 GPRS 进行传输，直接可以传送至工作人员的 PDA 或其他通讯设备。这种信息通信方式保证了决策信息可以进行快速的传递，同时也是快速响应的主要实现方式，最大限度地把风险降低，并对成本控制具有重要意义。

由传感器记录的时间-温度数据信息是连续的时间点与温度点的数据档案。时间和温度数据作为配对信息，其采集的时间间隔可以根据需要进行设定并存储于相应的数据库中。温度数据从远程(冷藏车、仓库等)传输到服务器终端进行存储。为了方便以后对数据进行分析挖掘与统计分析，温度数据必须建立档案，以档案形式进行管理。建立动态数据库，存储数据，并根据数据特点与用途，进行表的划分与表间关系的建立。

对产品质量安全起着决定性的环节包括加工环节和运输环节。在设计数据传输方案时，兼顾了全局的温度传输性和完整性，故利用记录仪对时间数据与温度数据进行了全程记录。

在分析冷链环节的关键点过程中发现，对产品质量安全起着决定性因素的环节是运输环节。在运输环节中，温度变化大、不稳定，对冷冻水产品的品质影响很大。有效的解决途径是采取温度数据实时传输方案，通过 GPS/GPRS 系统进行温度数据的实时传输，起到对温度数据的监测，是冷链性能分析评价的基础。所以，在运输环节采用在冷藏车车厢内安装带有温度传感器的 RFID，连接天线通过网关利用 GPRS 进行传输。时间-温度数据可以通过 GPRS 设备实时传送至电脑终端的监视系统，便于动态地对水产品冷链的环境信息进行分析与处理。温度数据由采集仪器进行动态存储后，可以导入数据库终端进行统一存储与管理，见图 4.10。

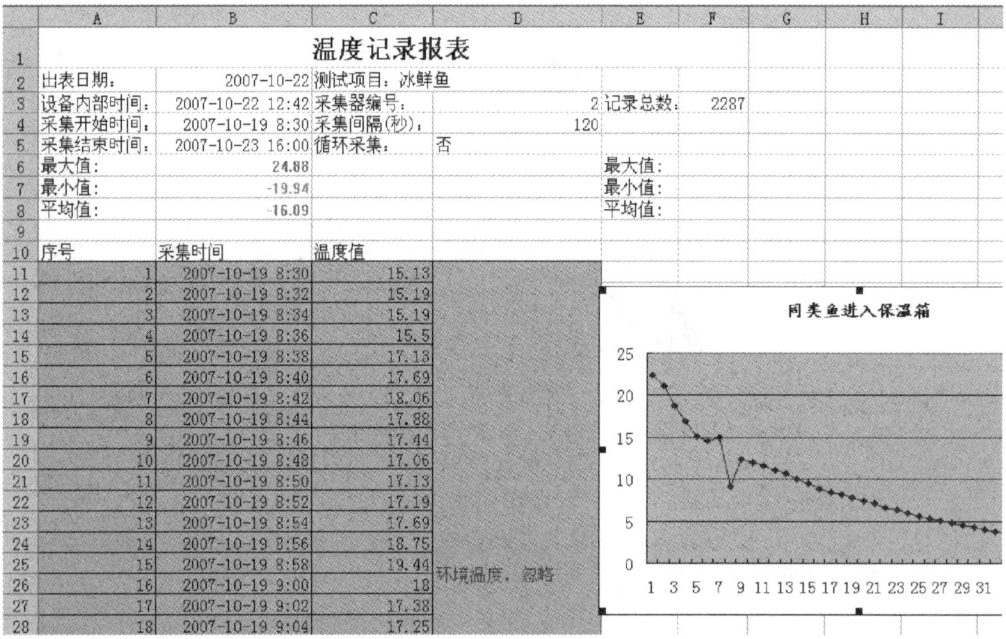

图 4.10　时间-温度数据的存储界面

4.2.5　实证研究

以淡水养殖罗非鱼的冷链全过程为例进行仿真试验。在池塘捕捞大小一致的罗非鱼（每尾质量 500～650 g）共 30 条，采用打氧法，即在捕捞后把鲜鱼放入密封的塑料袋中进行打氧处理并封箱包装，然后运送至加工厂；在工厂进行加工（29 min）后进入仓储阶段（2 904 min）；通过集装箱海上运输从海口港运至天津港后，通过陆路运输至北京某公司，运输过程经历 247 h（14 820 min）。加工与冷库仓储阶段时间-温度数据分别如图 4.11、图 4.12 所示。由于水产品在运输阶段所经历的时间较长，冷藏集装箱的温差较大，本次试验采用的是 6 点监测的形式。运输过程的时间-温度数据如图 4.13 所示。

如图 4.11 所示，罗非鱼的加工温度最高为 7.8℃，最低为 2.4℃。在罗非鱼加工过程中，传感器采集数据的时间间隔为 10 s，共采集了 174 条数据，经历了 29 min。

如图 4.12 所示，罗非鱼的仓储温度最高为－1.5℃，最低为－18.7℃。在罗非鱼仓储过程中，传感器采集数据的时间间隔为 60 s，共采集了 2 904 条数据，经历了 2 904 min。在仓储过程中随着温度不断降低，在经历了 968 min 之后，环境温度控制在－18℃以下。

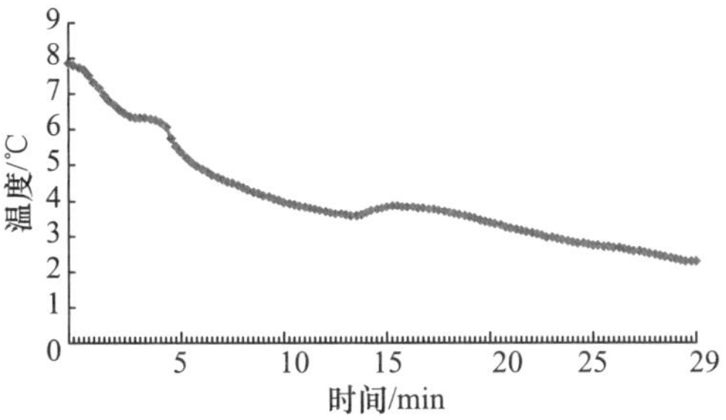

图 4.11 水产品加工环节时间-温度数据

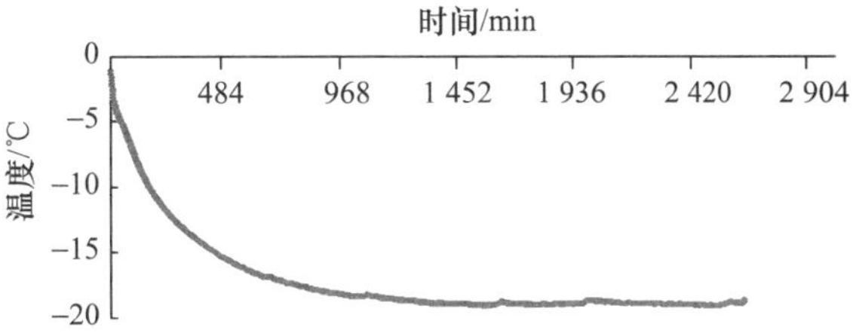

图 4.12 水产品仓储环节时间-温度数据

由于运输过程经历了较长的时间，冷藏车车厢内部的温度变化差异较大。为了便于分析罗非鱼在运输过程中的温度环境，设置了 6 个传感器(位置见图 4.6)对运输过程中的环境温度进行采集，结果如图 4.13 所示。传感器采集数据的时间间隔为 5 min，共采集了 2 964 条数据，经历了 14 820 min(247 h)。

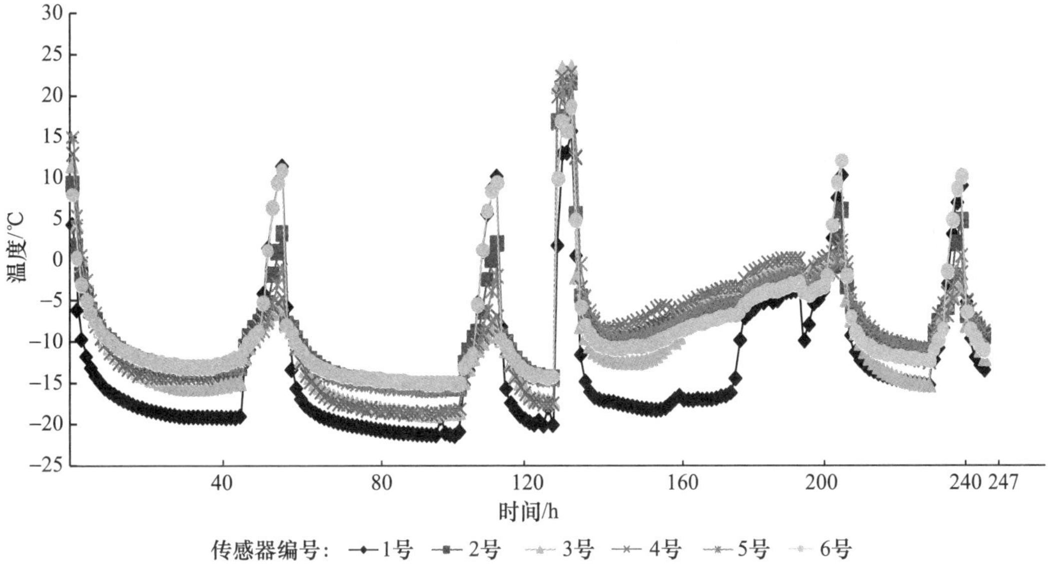

图 4.13 水产品运输过程中时间-温度数据

在运输过程中，冷藏车车厢内部的环境温度随着时间的变化呈现波动，最高温度达到 25℃，最低温度为－21℃。由于车厢内部环境温度的变化不同，传感器放置的位置不同，所采集的温度数据也存在差异。其中 1 号传感器由于放置在排风口的正下方位置，所采集的环境温度比其他传感器所采集的温度数据低；6 号传感器所采集的环境温度数据比其他传感器采集的温度数据高。温度波动较为剧烈，这是冷藏车厢车门部分空气与外部环境相互作用的结果。

4.3 水产品冷链温度数据的分类

为完善水产品冷链信息的管理，针对目前水产品冷链物流系统中由于缺少对物流环节的时间-温度数据文档进行自动分类与预处理造成的时间-温度数据文档的繁杂、混乱，不能依据物流环节进行有效的分析与处理的问题，本节应用数据挖掘技术对水产品物流环节中的时间-温度数据样本进行规则提取，利用粗糙集算法建立分类规则，并对时间-温度数据文档进行数据融合处理，以实现对时间-温度数据的自动分类，达到时间-温度数据依据独立物流环节合理存储的目的。

4.3.1 基于数据挖掘与数据融合的时间-温度数据分类框架

4.3.1.1 基于数据挖掘技术的温度数据规则提取

数据挖掘(data mining)是从数据库中提取人们感兴趣的知识，这些知识是隐含的、事先未知的、潜在有用的信息，提取的知识可表示为概念、规则、规律、模式等形式。数据挖掘的载体主要是数据库、数据仓库或其他信息库，从大量的数据中寻找潜在的联系(贺清碧等，2003；刘桂霞等，2000；赵丹群，2000；王光宏等，2004)。这些大量的数据来源有时候不仅仅是数据库，还有来自于万维网上的大量网页信息。

数据挖掘，在人工智能领域，习惯上又称为数据库中知识发现(knowledge discovery in database, KDD)，也有人把数据挖掘视为数据库中知识发现过程的一个基本步骤。数据挖掘的工作过程如图 4.14 所示。

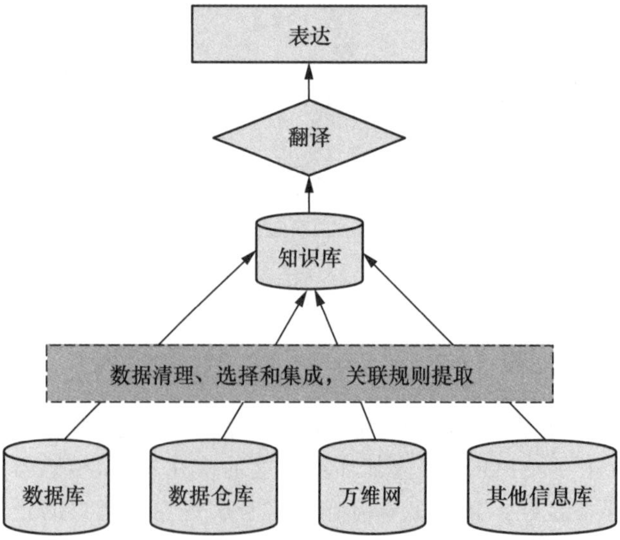

图 4.14 数据挖掘的数据来源与表达

(1) 数据准备：数据挖掘的前提是需要从有价值的信息中获取潜在的模型，形成规则，从而对数据进行自学习。一般是从数据库、数据仓库、万维网或者其他信息库中提取典型数据，对数据进行学习，发掘内部关联或潜在规则，提取有价值的信息。

(2) 数据挖掘：数据挖掘的过程是算法发现的过程。根据典型数据的抽取，对数据进行学习，发现联系，建立规则。数据挖掘首先对来源数据进行清理，剔除冗余或错误信息，对正确信息进行提取。然后对清理后的数据进行选择，提取类似数据进行集成。最后形成关联规则对数据进行再学习，寻找潜在的模型。数据挖掘是形成知识库的前提。

(3) 形成知识库：由数据挖掘算法形成的规则、分类体系、关联模型存储在知识库中。知识库是一种特殊的数据仓库，可以存放数据挖掘规则形成的模型与典型数据，为系统的自学习提供前提条件。

(4) 翻译与表达：存放在知识库中的关联规则，需要翻译语言对规则进行解释并表达。通过翻译与表达算法，用户可以读取存放在知识库中的规则，并提取相关的信息。

针对水产品冷链的数据挖掘过程也可以分为这几个阶段，如图 4.15 所示。

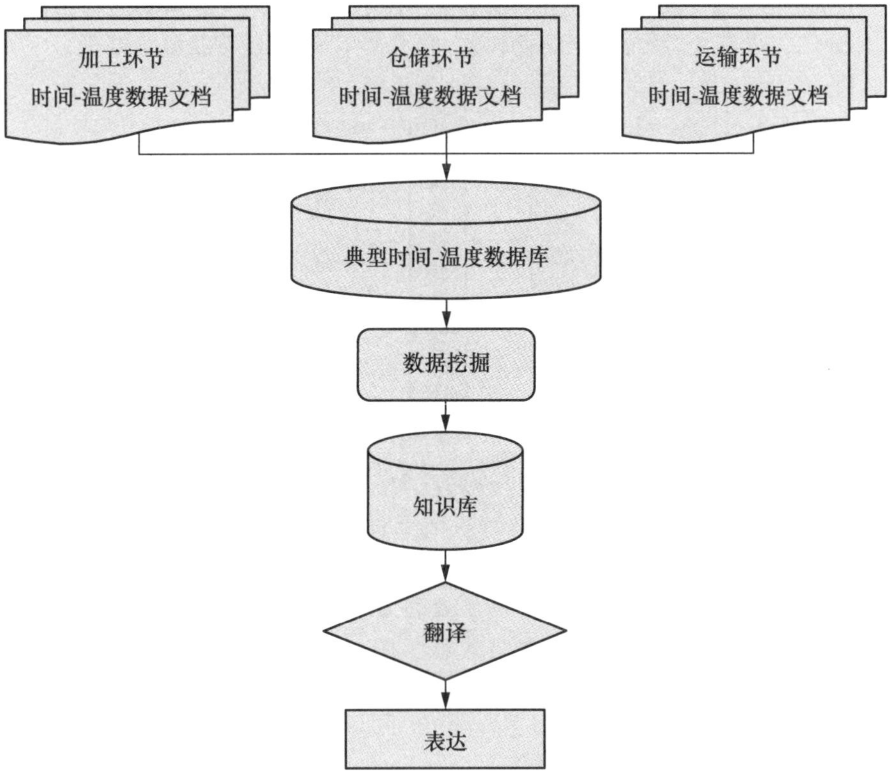

图 4.15 水产品冷链的时间-温度数据挖掘处理

根据数据挖掘的原理，在水产品冷链中，可以对时间-温度信息进行数据挖掘处理。在对水产品冷链信息进行数据挖掘时，其中的典型数据来自于冷链的不同阶段、不同环节，成为海量数据。利用数据挖掘技术可以对水产品冷链的时间-温度信息进行特征识别与规则提取，有利于对水产品冷链进行分析与决策。

以上数据挖掘是对水产品冷链的时间-温度数据进行总结的过程，形成的特征提取与模式识别是对时间-温度信息进行分类的基础。

4.3.1.2 基于数据融合技术的温度数据识别

数据融合基于对多源数据的采集与处理，根据不同时间、空间、来源的多个传感器采集的数据，利用计算机技术按照时间序列获得经过分析的数据(陈科等，2004)。对这些数据按照一定的准则进行分析、聚类等操作，利用融合算法将多源、异构数据进行处理，产生新的规则或有效信息，便于决策分析。多传感器融合可以提高系统的可靠性和鲁棒性，扩展时间上和空间上的观测范围，增强数据的可信任度与分辨能力(郭戈等，2003；孙慧影等，2003)。多传感器信息融合技术，在自动目标识别、战场监视、自动飞行器导航、机器人、遥感、医疗诊断、图像处理和模式识别等众多领域得到广泛使用(刁联旺等，2002)。

1. 像素级融合

像素级融合是最低级的融合，如图 4.16 所示。多个传感器采集的原始数据，在未经处理的基础上进行关联处理，对同一目标特征进行学习。在提取关联规则的初级阶段，对数据进行特征提取，形成融合结果。这种融合方法能够充分利用原始数据，达到数据利用的目的，然而由于信息处理工作量巨大，系统的稳定性较差，容易产生误差，抗干扰能力降低。

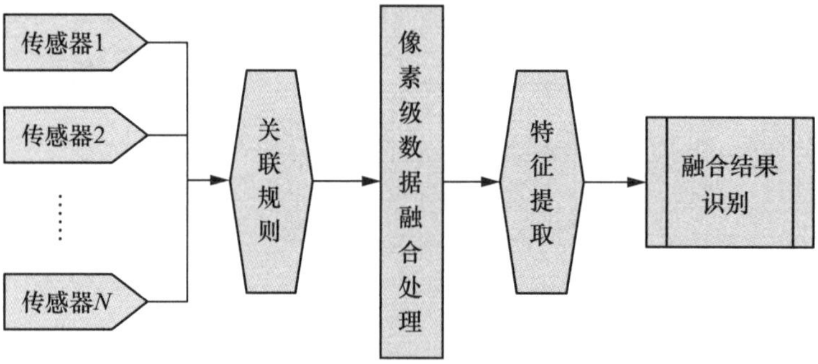

图 4.16　像素级数据融合

2. 特征级融合

特征级融合首先对每个传感器采集的数据进行特征提取，获取相应的特征向量，如图 4.17 所示。这些特征向量根据关联规则进行融合处理，对特征向量进行决策。特征级融合在对像素级融合数据统计的基础上，建立中间层处理信息，对所采集的信息进行进一步分类与综合处理，形成特征一致的特征矢量。这种方式可以在一定程度上减少像素级融合对数据的处理的工作量，并在数据处理的前期排除冗余或错误信息。

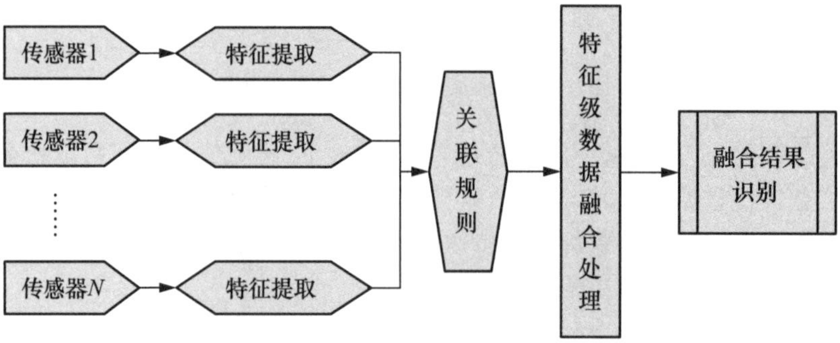

图 4.17　特征级数据融合

3. 决策级融合

决策级融合是数据融合的最高层次，如图 4.18 所示。每个传感器所采集的信息已经在输出时被处理，成为具有决策性质的数据信息。各个传感器可以完成对数据的特征提取，并进行初步识别，得出初步的结论。决策级融合将这些初级决策信息进行提取后，进行关联处理，学习采集数据的目标特征，形成决策结果。这种融合处理可以直接得出简单的决策结果，所以传感器输送的信息对决策水平产生直接的影响。决策级融合抗干扰能力强，通信量很小，融合中心的性能不高。

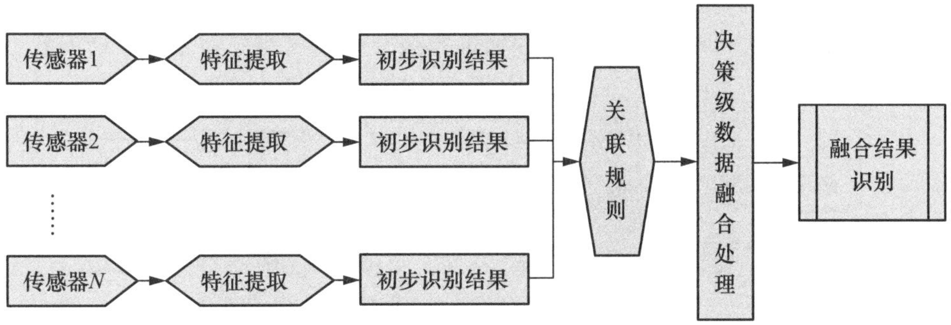

图 4.18 决策级数据融合

在水产品冷链的物流过程中，加工环节、仓储环节与运输环节产生的时间-温度数据存储于数据库中。从数据库中选取完整的、异常数据较少的时间-温度数据形成典型时间-温度数据库。选择典型数据可以避免由于冗余或异常数据造成的错误规则的提取。根据数据挖掘算法，可以对来自于水产品冷链各个环节的典型时间-温度数据进行针对性的分析处理，并生成特征规则与模式识别库。特征提取是针对水产品冷链某一环节的时间-温度数据信息进行的属性分析处理，是对同类温度环境信息的初步分析，是对时间-温度信息归类的基础。模式识别是对水产品冷链的时间-温度信息的采集方式与数据结构进行的分析，提取出相似数据结构的时间-温度记录，便于将时间-温度信息与冷链环节信息相联系。时间-温度信息通过特征提取与模式识别可以被初步地分析与处理，形成规则库，通过翻译模型利用特征属性，可以对水产品冷链信息中的时间-温度信息做初步的分类处理，并与水产品冷链环节信息建立初步的联系。如图 4.19 所示。

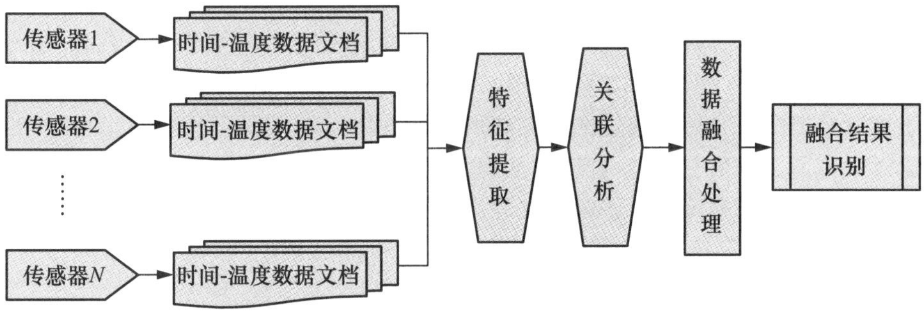

图 4.19 水产品冷链时间-温度数据的融合处理

4.3.1.3 数据挖掘与数据融合集成框架

数据融合与数据挖掘技术是两种产生知识的过程。数据挖掘技术主要是通过统计或人工智能方法从大量原始数据中寻找数据之间复杂的、潜在的关系或蕴含的模型，不关心数据的来源(Fayyad et al,1996;陈则芝等,2008);利用数据融合技术可以分析来自多个传感器的数据信息，并对这些信息进行模式识别(何剑斌等,2002;Hall et al,1997;胡中栋等,2008)。这两个过程互补，数据挖掘是信息归纳的过程，而数据融合是信息演绎的过程。本研究针对冷链物流中的时间-温度信息和与其对应的位移、状态信息进行数据挖掘处理，对温度数据进行推测，寻找数据与冷链环节信息匹配的潜在关系，生成分类模型。在分类算法的基础上，利用数据融合技术对时间-温度数据进行演绎、推理，对数据进行融合后按照相应的分类存储于数据库中。见图4.20。

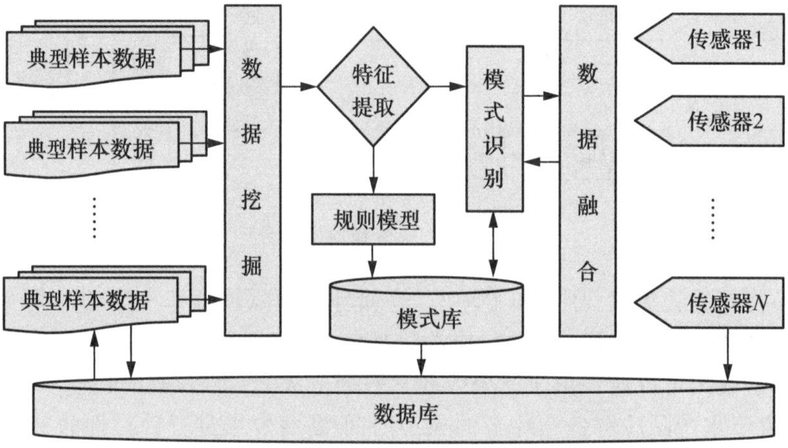

图4.20 数据挖掘与数据融合集成框架图

4.3.2 水产品冷链时间-温度数据的自动分类模型

4.3.2.1 时间-温度数据的自动分类框架

通过数据挖掘与数据融合过程的集成处理，形成了对时间-温度数据的信息分类算法，达到了对数据自动分类的目的。第一个过程是对典型数据样本进行特征提取的过程。从数据库中提取多组典型数据通过数据挖掘中的自学习算法，对数据的特征属性进行提取，生成数据模式类型，并存储于数据库中的模式库中。第二个过程是对多传感器的数据进行融合的过程。各个传感器所传送的信息通过数据融合算法调用模式库，进行匹配、关联与融合，有组织地存储于数据库中。前一过程是归纳，进行特征识别与模式存储的过程;后一过程是演绎，根据传感器记录的数据调用模式库进行匹配的过程。

根据冷链物流的时间-温度传感器工作形式，设计利用数据挖掘与数据融合集成对时间-温度数据进行处理的模式如图4.21所示。

4.3.2.2 基于粗糙集的自动分类规则提取算法

在数据挖掘的算法中，含有自学习能力的算法很多，如人工神经网络算法、遗传算法、模糊算法、粗糙集算法等。粗糙集理论是一种分析不确定性数据的分析工具，对知识的描述可以用

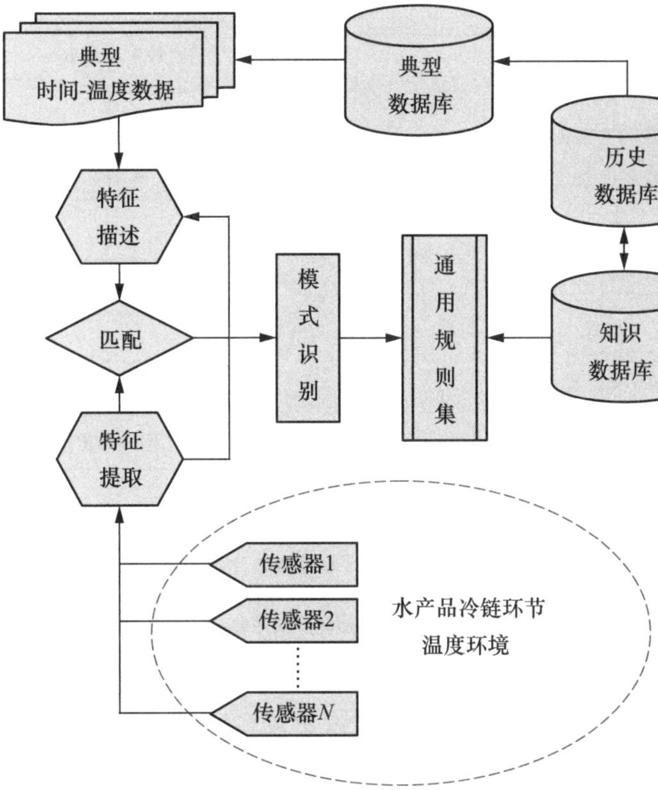

图 4.21 水产品冷链时间-温度数据的自动分类框架

属性和相应的值来描述(Fayyad et al,1996)。冷链的时间-温度数据属于客观数据,由于连续的采集,物流的环节信息与时间段划分之间的对应关系不确定;同时,时间-温度数据可以看作是物流信息的一项属性来描述。针对冷链的时间-温度数据,本研究采用粗糙集算法对其进行处理。根据粗糙集理论,对信息表达的主要研究对象进行描述,这些对象的知识是通过其属性和属性值来描述的(苗夺谦等,2008)。

粗糙集理论是一种新的处理模糊和不确定性知识的数据工具,其主要思想是在保持分类能力不变的前提下,通过知识化简,导出问题的决策或分类规则(张文修等,2001)。粗糙集为数据融合做好了决策基础,制定了数据模式规则,数据融合通过调用规则对数据进行分析与融合,如图 4.22 所示。

由粗糙集构建的决策规则,通过调用样本数据进行离散化和化简处理,构成了规则模型并存入数据库中。传感器输入的数据通过数据融合过程调用数据库中的规则模型,进行识别匹配处理,并融合成新的数据组织形式,存入数据库中。

1. 信息表达系统

信息表达主要是对研究对象的集合进行描述,这些对象的知识是通过其属性和属性值来描述的(苗夺谦等,2008)。根据粗糙集理论,一个信息表达系统可以表示为 $S=<U, R, V, f>$,其中 U 是对象结合;$R=C\cup D$ 是属性集合,C 和 D 分别为条件属性和结果属性;$V=\bigcup_{r\in R} V_r$ 是属性值的集合,V_r 是属性 r 的值域;$f=U\times R\rightarrow V$ 是一个信息函数,$\underset{r\in R}{f}(x,r)$表示对象 x 在属性

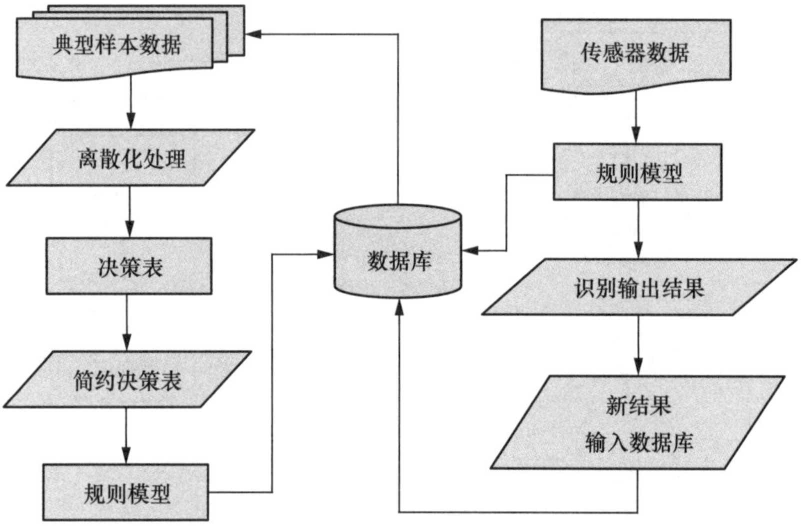

图 4.22 数据挖掘与数据融合流程图

r下的属性值。信息表达系统可以用信息表来表示。信息表中的行表示集合中的对象，列表示对象的属性。定义 R 代表论域 U 中的一种关系，可以是一个属性或一个属性集合的描述。当用 R 表示 U 中的等价关系时，用 U/R 表示根据关系 R 划分的等价类族，用$[X]_R$ 代表等价关系中的一个等价类。

2. 信息表的简化

信息表的简化是在保持知识库中知识不失真的前提下消除知识库中冗余的属性(梁吉业等，2001；李秀红，2005；胡一萍等，2002；刘发升等，1999；吴山产等，2004)，过程如下：

定义 R 为一等价关系，$r\in R$，当 $\mathrm{ind}(R)=\mathrm{ind}(R-\{r\})$，则 r 为 R 中可省略的，否则 r 为 R 中不可省略的。若 $r\in R$ 且$\{r\}$都为 R 中不可省略的元素，则族 R 为独立的集合。当 Q 独立且 $\mathrm{ind}(P)=\mathrm{ind}(Q)$，$Q\subset P$，则 Q 成为对 P 的简化。P 中所有不可省略关系的集合称为 P 的核，即 $\mathrm{core}(P)$，且 $\mathrm{core}(P)=\bigcap \mathrm{red}(P)$，$\mathrm{red}(P)$为 P 的简化族。

其中等价关系 Q 在 P 的正域为 $\mathrm{pos}_P(Q)=\bigcup\limits_{x\in U/Q} P-(X)$，$\mathrm{pos}_P(Q)$表示论域 U 中所有通过分类 U/P 的知识集合。当 $\mathrm{pos}_P(Q)=\mathrm{pos}_{(P-\{r\})}(Q)$时，$r\in P$，$r$ 即为 P 中 Q 可省略的对象。如果 $\forall r\in P$，则 r 为 P 中 Q 不可省略的，则 P 为 Q 独立的。当 P 为 Q 的一个独立子族，且 $\mathrm{pos}_S(Q)=\mathrm{pos}_P(P)$，族 $S\subset P$ 称 P 的 Q 简化。P 中所有 Q 不可省略原始关系族称为 P 的 Q 核，记为 $\mathrm{core}_Q(P)=\bigcap \mathrm{red}_Q(P)$，其中 $\mathrm{core}_Q(P)$为 P 中所有 Q 简化族。

3. 规则提取算法

提取规则的步骤如下(朱颖翠等，2007)。

输入：决策表 S，条件属性的个数 m。

输出：规则集 R。

①进行属性约简，删除条件属性中相对于决策属性一定可以省略的属性，$\mathrm{ind}(R)=\mathrm{ind}(R-\{r\})$。

②$R=\varnothing$，$n=1$。其中 n 代表属性集 B 中属性的个数。

③计算各属性集的等价类划分及根据隶属度函数 $\mu_{Y_i}^{B}(x_1,x_2,\cdots,x_b)$计算各隶属度。

④若 $\mu_{Y_i}^{B}(x_1,x_2,\cdots,x_b)=1$，提取对应的决策规则 dx，$R=R\cup\{dx\}$，将该隶属度删除。

若 $\mu_{Y_i}^{B}(x_1,x_2,\cdots,x_b)=0$，直接将该隶属度删除。

若 $\mu_{Y_i}^{B}(x_1,x_2,\cdots,x_b)\in(0,1)$，将 Y_i 相同的 $\mu_{Y_i}^{B}(x_1,x_2,\cdots,x_b)$ 中属性集 B 及其对应的属性值，每两个组合使属性集 B 的个数扩展为 $n+1$ 个。若规则集 R 中存在由属性集 B 的含有 n 个属性的子集及对应的属性集值所提取的决策规则，将此 $\mu_{Y_i}^{B}(x_1,x_2,\cdots,x_b)$ 删除。

⑤$n=n+1$。

⑥重复③至⑤，直到 $n=m+1$ 或者所有的隶属度都被删除。

⑦若 $n=m+1$ 时结束，说明存在不一致的决策规则，提取对应的决策规则 dx，$R=R\cup\{dx\}$，隶属度的值表示属于决策类的概率。

⑧结束，输出规则集 R。

规则提取是决策表中的重要组成部分，可以找出样本数据中相关的知识与决策规则，是对样本数据进行归纳总结的过程。

4.3.3 实证研究

已知的物流节点信息可划分为 3 类：第一类是加工过程，第二类是仓储过程，第三类是运输过程。依据收集的积累数据对物流节点的识别因素可分为：最低温度 LT(℃)，阶段温度均方差 AT，时间范围 F(min)，温度曲线图形描述 R(周期曲线集合，无周期曲线集合)对应粗糙集定义中的集合 S。其中，温度曲线描述集合 $R=\langle t,e,g,pf\rangle$，$t$ 为曲线的周期，e 为曲线的方差，g 为曲线的表达，pf 为该描述对应的时间-温度数据文件编码。对物流环节中各个经典数据进行分析，根据集合 S 的描述规则，可将 S 划分为 2 个大类，在此基础上继续细化为 4 类。R_p 为无周期类，R_t 表示周期类。

$$R=\begin{cases}R_{p1}, & R_{p1}\in R_p\\ R_{p2}, & R_{p2}\in R_p\\ R_{t1}, & R_{t1}\in R_t\\ R_{t2}, & R_{t2}\in R_t\end{cases} \tag{4.34}$$

通过粗糙集方法，利用对象的主要属性，可获得物流节点的主要识别因素。以鲜活鱼的冷链时间-温度数据文档为例，通过传感器采集时间-温度样本数据如表 4.6 所示。其中样本数据 X_1 至 X_8 分别来自以上加工、仓储与运输温度曲线，其他样本数据 X_9 至 X_{20} 来自加工、仓储与运输环节的典型样本数据库。加工、仓储、运输环节分别用节点类型符号Ⅰ、Ⅱ、Ⅲ表示。

根据以上数据建立粗糙集知识系统 $S=\langle U, R, V, f\rangle$，条件属性 $C=\{LT,AT, R, F, pf\}$。条件属性可记为 $C=\{c_1,c_2,c_3,c_4\}$，目标属性为决策属性 $D=\{d\}$。利用数字替代文字特征表示为

图形特征 $S(c_3)$：$R_{p1}=1$，$R_{p2}=2$，$R_{t1}=3$，$R_{t2}=4$；

目标类型$\{d\}$：类型Ⅰ$=1$，类型Ⅱ$=2$，类型Ⅲ$=3$（Ⅰ、Ⅱ、Ⅲ与节点类型重复换符号）。

表 4.6 典型样本数据

样本 U	LT/℃	AT/℃	F/min	S				节点类型
				R_{p1}	R_{p2}	R_{t1}	R_{t2}	
X_1	2.25	1.438	41	1	0	0	0	Ⅰ
X_2	−19.19	3.332	9 770	0	0	1	0	Ⅱ
X_3	−21.56	8.504	980	0	0	0	1	Ⅲ
X_4	−15.69	6.449	980	0	0	0	1	Ⅲ
X_5	−18.88	7.561	980	0	0	0	1	Ⅲ
X_6	−18.94	7.404	980	0	0	0	1	Ⅲ
X_7	−15.88	6.537	980	0	0	0	1	Ⅲ
X_8	−15.25	6.847	980	0	0	0	1	Ⅲ
X_9	1.98	1.564	45	0	1	0	0	Ⅰ
X_{10}	2.17	1.411	38	1	0	0	0	Ⅰ
X_{11}	−18.90	4.763	960	0	0	1	0	Ⅱ
X_{12}	−19.60	3.214	10 800	0	0	1	0	Ⅱ
X_{13}	2.50	1.647	52	1	0	0	0	Ⅰ
X_{14}	−18.89	4.568	728	0	0	1	0	Ⅱ
X_{15}	−11.58	9.665	97	0	1	0	0	Ⅲ
X_{16}	−20.45	7.045	17 712	0	0	1	0	Ⅲ
X_{17}	−2.13	2.852	110	1	0	0	0	Ⅰ
X_{18}	−10.79	9.158	82	0	1	0	0	Ⅲ
X_{19}	−18.34	8.721	1 720	0	0	1	0	Ⅲ
X_{20}	−1.57	2.122	110	1	0	0	0	Ⅰ

利用符号表示的决策表见表 4.7，其中 c_1，c_2，c_3 需要进行离散化属性处理。

表 4.7 经过粗糙集提取后的决策表

样本 U	c_1	c_2	c_3	c_4	$\{d\}$
X_1	2.25	1.438	41	1	Ⅰ
X_2	−19.19	3.332	9 770	3	Ⅱ
X_3	−21.56	8.504	980	4	Ⅲ
X_4	−15.69	6.449	980	4	Ⅲ
X_5	−18.88	7.561	980	4	Ⅲ
X_6	−18.94	7.404	980	4	Ⅲ
X_7	−15.88	6.537	980	4	Ⅲ
X_8	−15.25	6.847	980	4	Ⅲ
X_9	1.98	1.564	45	2	Ⅰ
X_{10}	2.17	1.411	38	1	Ⅰ
X_{11}	−18.9	4.763	960	3	Ⅱ
X_{12}	−19.60	3.214	10 800	3	Ⅱ
X_{13}	2.5	1.647	52	1	Ⅰ
X_{14}	−18.89	4.568	728	3	Ⅱ

续表 4.7

样本 U	c_1	c_2	c_3	c_4	{d}
X_{15}	−11.58	9.665	97	2	Ⅲ
X_{16}	−20.45	7.045	17 712	3	Ⅲ
X_{17}	−2.13	2.852	110	1	Ⅰ
X_{18}	−10.79	9.158	82	2	Ⅲ
X_{19}	−18.34	8.721	1 720	3	Ⅲ
X_{20}	−1.57	2.122	110	1	Ⅰ

去除冗余属性后的结果如表 4.8 所示。

表 4.8 经过冗余去除后的决策表

样本 U	c_1	c_2	c_3	c_4	{d}
{X_1, X_{10}, X_{13}}	1	1	1	1	1
{X_{17}, X_{20}}	2	1	2	1	1
{X_{11}, X_{14}}	3	2	3	3	2
{X_2, X_{12}}	3	3	4	3	2
{X_{15}, X_{18}}	2	4	2	2	3
{X_3, X_4, X_5, X_6, X_7, X_8}	3	5	3	4	3
{X_{16}, X_{19}}	3	4	4	3	1

根据决策表得到最简规则为：

(1) $\{c_1,1\}\rightarrow\{d,1\}$；

(2) $\{c_1,2\}\wedge\{c_3,2\}\wedge\{c_4,1\}\rightarrow\{d,1\}$；

(3) $\{c_3,3\}\wedge\{c_4,3\}\rightarrow\{d,2\}$；

(4) $\{c_1,2\}\wedge\{c_3,2\}\wedge\{c_4,2\}\rightarrow\{d,3\}$；

(5) $\{c_3,4\}\wedge\{c_2,3\}\rightarrow\{d,2\}$；

(6) $\{c_3,3\}\wedge\{c_4,4\}\rightarrow\{d,3\}$；

(7) $\{c_2,4\}\wedge\{c_3,4\}\rightarrow\{d,3\}$；

通过简约规则，利用融合算法，设计表达系统如下：

```
{
  IF LT > 0℃ , THEN 目标为加工环节(Ⅰ);
  ELSE
  {
    IF 波动图形为 Rp1, THEN
    {
      IF AT < 4, THEN 目标为加工环节(Ⅰ);
      ELSE IF AT > 4, THEN 目标为运输环节(Ⅲ);
    }
    ELSE
    {
```

```
      IF F < 100 min ,THEN
      {
        IF LT > -10℃, THEN 目标为加工环节(Ⅰ);
        ELSE IF 波动图形为 Rp2, THEN 目标为运输环节(Ⅲ);
      }
      ELSE IF 100 < F < 1000
      {
        IF 波动图形为 Rt1, THEN 目标为仓储环节(Ⅱ)
        ELSE IF 波动图形为 Rt2, THEN 目标为运输环节(Ⅲ);
      }
      ELSE
      {
        IF AT < 6℃ , THEN 目标为仓储环节(Ⅱ);
        ELSE 目标为运输环节(Ⅲ);
      }
    }
  }
}
```

通过对规则的提取,并应用规则对数据进行融合分类,可以将时间-温度数据文档与特定的物流环节进行准确的匹配。利用对独立的时间-温度数据的分析,可以对指定的冷链物流环节进行描述与分析,达到对水产品全程冷链安全分析的目的。

通过以上分析可知,根据运输的试验数据可以归纳相关规则,但并不能细化到每个传感器的具体方位,需要更多的同类试验数据做详细分析与扩充。另外,算法没有覆盖所有的论域,对于某些输入无法做出合适的判断。此例对时间-温度数据的自动分类结果,与实际的时间-温度传感器所采集的数据相对应的冷链环节信息一致。如果将典型数据输入扩大,粗糙集结果将涵盖现实操作中更全面的情况。该试验证明,在有限的典型样本中,通过该算法可以实现对时间-温度数据的规则提取,实现数据的自动归类,在利用大量典型数据的基础上,规则库可以补充,更具完备性。

4.4 水产品品质的安全状态与响应策略

4.4.1 水产品冷链的决策目标

对水产品冷链进行决策,首先需要明确决策目标,提取影响决策的信息,最后做出决策。而水产品冷链的安全决策目标的确立,是根据水产品冷链的安全情况而建立的。所以,在建立水产品冷链的决策目标之前,需要对水产品冷链的安全状态进行分析与评价。

(1) 水产品冷链操作安全判定。水产品冷链的操作安全,是从操作管理角度对水产品的冷链过程进行的安全分析与评价。主要依据是 HACCP 或 GMP。本研究讨论的主要内容是从水产品的加工时间控制角度,根据 GMP 规范进行的操作安全分析与评价。

(2) 水产品品质评价。水产品品质的安全评价,是从水产品品质衰变的角度对水产品的冷链过程进行的安全分析与评价。水产品品质的评价模型主要是根据"TTT 理论"与 Labuza 模型进行的品质衰变估计。本研究以鲜活罗非鱼为例,通过提取温度环境变量作为品质评价模型的参数,对水产品的品质进行阶段性的计算,进而对水产品在冷链环境流动中的品质变化情况进行分析与评价。

决策过程首先需要明确决策的对象,根据决策对象的安全状态对水产品冷链进行分析与决策。决策过程可以分为 3 个要素:决策对象、决策方法与决策输出。根据决策目标的不同,决策过程的 3 个要素的表达内容也不尽相同,具体描述如表 4.9 所示。

表 4.9 水产品冷链安全决策要素表

决策目标	决策对象	决策方法	决策输出
操作规范	操作谓词的属性参数	HACCP 规则 GMP 规范	每批次水产品冷链加工过程的时限
水产品品质评价	对象名词的属性参数	TTT 理论 Labuza 品质估计模型	每批次水产品冷链过程的品质变化情况

其中,决策输出的过程是根据决策模型对操作规范或水产品品质评价模型进行的输出结果显示。决策对象是每批次的水产品在冷链环节、阶段中流动的操作安全或品质变化状态。通过决策方法与模型对水产品冷链进行决策处理。具体的决策过程可以根据操作规范与水产品品质状态评价分别进行讨论。

4.4.2 水产品冷链的决策信息

4.4.2.1 决策信息的定义

水产品冷链的决策信息是建立在水产品冷链的信息描述与水产品品质评价的基础上,利用决策支持模型,根据水产品的品质安全状态进行分析所得出的水产品操作指导或者快速响应策略。

水产品冷链信息与决策信息的关系如图 4.23 所示。

决策信息的输入是决策模型的参数,利用决策模型进行决策输出。根据水产品冷链的信息概念模型,可以对决策信息进行定义。决策信息是在操作谓词与对象名词的基础上,对水产品冷链的安全状态进行定义。

根据概念模型,水产品冷链的描述信息可以分解为事件与状态的信息组合。事件是水产品所经历的操作过程,具有谓语动词的属性;状态是事件发生的对象与结果,具有对象名词的属性。事件与状态信息共同构成了对水产品养殖、加工、仓储与运输配送各环节的描述。通过对事件与状态信息的合理表述可以描述水产品的冷链全过程信息。

操作谓词与对象名词是用于描述水产品冷链环节信息的,而事件与状态集合是对操作谓词与对象名词的属性参数的转化处理,用于决策信息的输入与输出。操作谓词与对象名词的组合是用于描述事件与状态信息的语言,用于解释事件与状态,从而对水产品冷链环节信息进

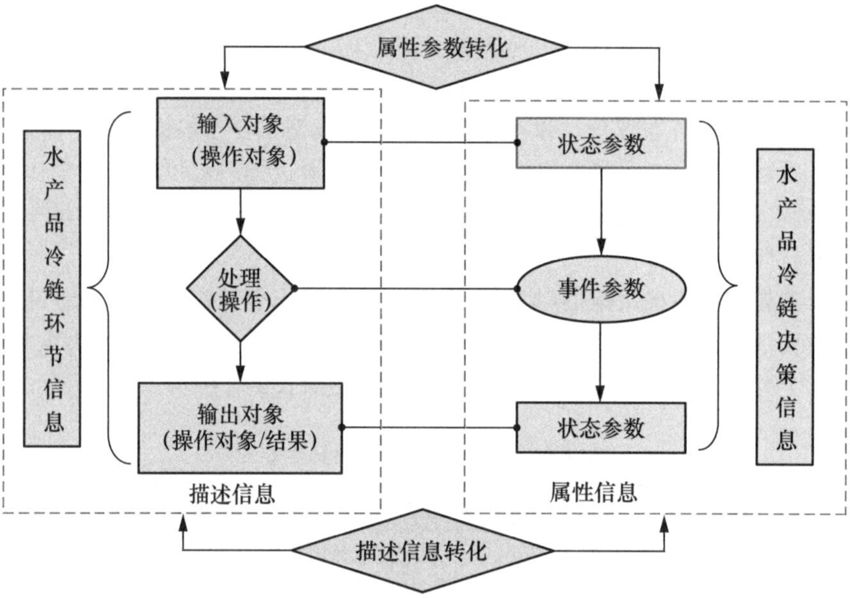

图 4.23　水产品冷链的环节信息与决策信息

行描述，便于理解与分析。

4.4.2.2　**决策信息的形式化方法**

在水产品冷链信息的分析方面，时间-温度信息是影响水产品品质的关键因素，故应作为水产品冷链安全的决策依据。由于时间-温度数据的采集贯穿冷链全过程，伴随着事件与状态信息发生，本研究将时间-温度数据嵌入事件与状态集合进行定义与描述。对于事件集合，时间-温度信息是事件属性的一部分，应作为描述信息；对于状态集合，时间-温度信息与其对应事件信息相结合形成对水产品品质状态描述，作为水产品冷链安全的评价与决策依据。

在水产品冷链信息的决策方面，根据 TTT(temperature, time, tolerance)理论(Bogataj Marija et al, 2005)，将温度的波动作为研究水产品品质状态的关键，建立品质评价函数 $f(x)$。评价函数是对水产品品质安全状态的分析，并嵌入状态的描述集合。品质评价函数通过调用时间-温度数据对水产品冷链的特定环节分析与评价，从而实现对水产品冷链的决策。

【定义 4.1】事件　事件是水产品冷链管理决策信息中的输入参数，是对水产品冷链的操作信息的参数描述。事件参数是一个集合，其中的对操作信息的描述是对事件信息的标识。在事件信息中含有操作谓词、时间信息、环境温度信息等。事件参数用 e 表示如下：

$$e=\{v,\theta,T\} \tag{4.35}$$

其中 v 表示在时间为 θ(s)、温度为 T(℃)时对应发生的行为与操作。

事件 e 构成事件集合 E，$e\subseteq E$。

$$E=\{e\mid e_i\in E\},\ i=1,2,\cdots,n \tag{4.36}$$

事件信息中含有时间、温度信息，作为对操作信息的附加信息；而操作信息的描述是在时间、温度信息的环境条件下产生的，在水产品冷链的阶段、环节中的对水产品操作描述。事件信息中强调在某一时间、温度环境条件下的操作谓词的输入状态，是利用水产品冷链安全评价模型的输入。

【定义 4.2】状态 状态是水产品冷链决策信息中的状态输出，是对水产品冷链安全状态的描述。状态参数是建立在事件参数集合作为水产品冷链安全评价模型的输入基础上，利用水产品冷链的操作安全模型与水产品品质评价模型，对水产品冷链的安全状态进行的分析与评价。状态参数用 h 表示如下：

$$h=\{m,Q,f(x)\} \tag{4.37}$$

其中 m 是对状态 h 处于一定水产品冷链阶段、环节的描述，$f(x)$是品质分析函数，Q 是品质安全状态级别。

状态 h 构成状态集合 H，$h\subseteq H$。

$$h=\{h\mid h_i\in H\},\ i=1,2,\cdots,n \tag{4.38}$$

状态信息中，m 表示在水产品冷链中，$f(x)$是实现决策方法的途径。$f(x)$中包括对水产品冷链操作安全模型，同时也包括水产品品质安全评价模型。

4.4.3 决策支持 1:操作安全评价模型

4.4.3.1 水产品冷链操作安全的决策过程

在水产品冷链中，由于操作对水产品品质的影响尤为重要，所以，根据 GMP 与 HACCP 的规定，详细分析了水产品冷链过程中由于操作对水产品品质所产生的影响。

GMP 规定了食品生产、加工、包装、储存、运输和销售的规范性要求，其主要目标是在食品企业中生产加工出安全卫生的食品(周翀，2006；张瑾等，2004)。

HACCP 是对生产加工过程中可能造成食品污染的各种危害因素进行系统和全面的分析，从而确定能有效预防、减轻或消除危害的加工环节(称之为“关键控制点”)，进而在关键控制点对危害因素进行控制，对控制效果进行监控，当发生偏差时予以纠正，从而达到消除食品污染的目的(包大跃，2007)。HACCP 对从原料到餐桌的整个食品流通环节进行严格的监控与因素分析，是对食品安全有效的管理方法。

根据水产品冷链的 HACCP 文档定义关键点，如表 4.10 所示。

表 4.10 水产品冷链 CCP 选择

关键点	水产品冷链环节	描述
CCP1	加工过程温度环境	水产品加工过程的温度基本控制在 1～3℃，属于安全生产
CCP2	运输过程温度环境	水产品成品在运输过程中基本保持在 −17℃以下，运输环节确保了产品的安全

在水产品冷链的加工过程中，对水产品的加工操作过程也有特定的要求。根据水产品良好操作规范(Tsironi Theofania et al, 2008；Cormier et al, 2007)，在水产品加工阶段的安全操作规范中，最主要的内容就是严格控制水产品的加工时间。在对水产品冷链信息进行决策时，需要依据水产品的操作规范对冷链安全进行分析。该部分决策主要是通过分析水产品的状态值的安全状态实现的。水产品安全状态的判定是以抽取事件集合的时间跨度作为评价的依

据。如图 4.24 所示。

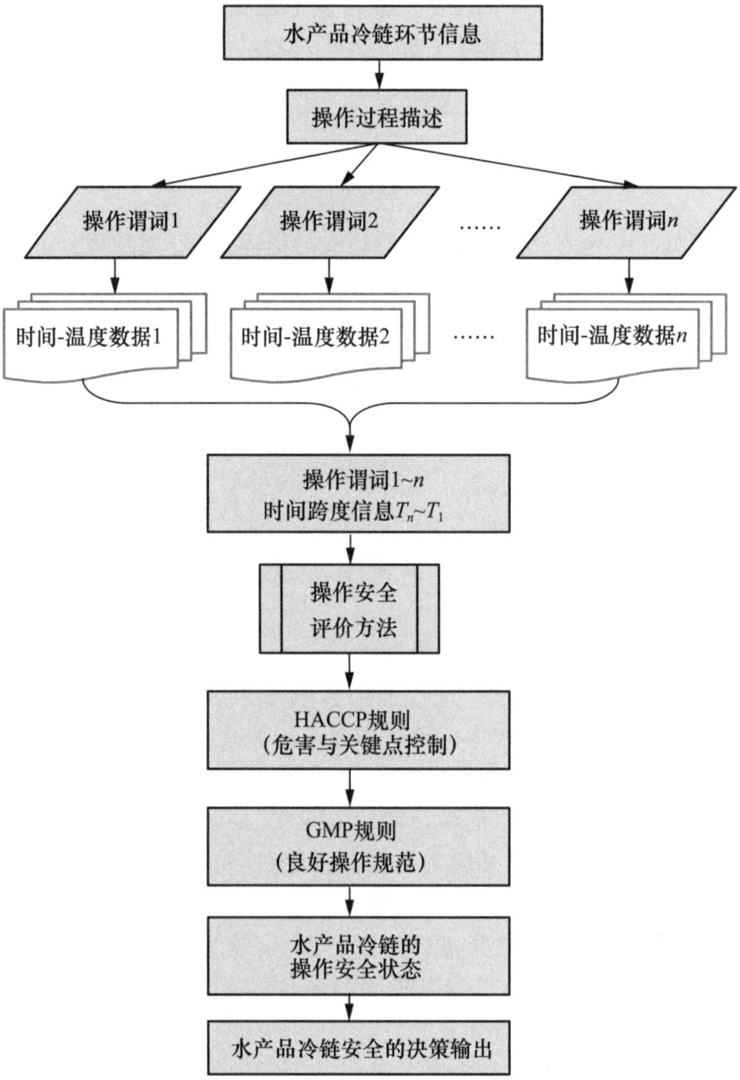

图 4.24　水产品冷链操作规范安全状态决策过程

4.4.3.2　水产品冷链操作安全的决策模型

针对水产品冷链的操作规范，以鲜活罗非鱼为例，主要讨论水产品冷链加工阶段的时间跨度信息。按照 HACCP 与 GMP 规范，一个批次的鲜活罗非鱼加工的时间跨度不能超过 40 min。所以，在这部分的决策是逻辑判断性决策：

If $T(v_n)-T(v_0)\geqslant 40$ min,

Then Enabled(Q_1)=False;

Else Enabled(Q_1)=True.

用文本语言可以表达为：如果加工阶段的起始时间与终止时间之差大于 40 min，那么加工将停止进行，否则加工过程可以继续。

4.4.4 决策支持2:品质评价

4.4.4.1 水产品品质评价的决策过程

水产品冷链的品质安全状态的决策过程如图4.25所示。

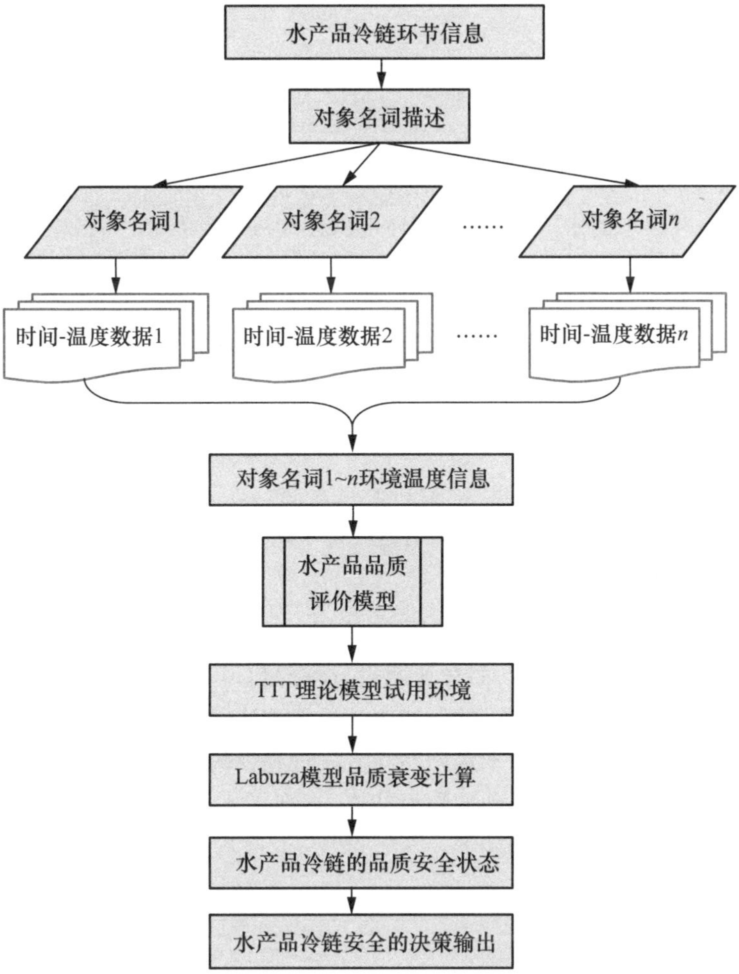

图4.25 水产品冷链品质安全状态决策过程

4.4.4.2 水产品冷链操作安全的决策模型

水产品冷链信息的决策是通过对 $f(x)$ 定义而实现的。设定 $f(x)$ 为水产品品质评价模型，根据对时间-温度数据的分析，得出水产品的品质变化模型与保质期限。根据水产品在加工、运输过程中的时间-温度数据，设定决策函数为 $f(x)=f(T,\theta)=A(T,\theta)$，$f(x)$ 为水产品处于仓储状态的恒温环境、冷藏运输过程中的温度连续波动环境与水产品在速冻、冷藏、冷冻过程中的开、关门的临界品质状态变化的水产品品质评价模型。针对这3种温度环境下的水产品品质状态评价模型 $f(x)$ 的构建如下。

1. 仓储状态的水产品品质评价模型

处于仓储状态的水产品，一般放置的时间比较长。冷藏、冷冻仓库的温度通常情况下设置为－18℃，可以认为水产品处于恒温状态。

$$f(A_0,\theta,T) = A_0 \cdot \exp(-\sum k_i\theta_i) \tag{4.39}$$

$$k_i = \frac{\ln(A_t/A_0)}{\theta_s} \tag{4.40}$$

式中：A_0 为起始时的品质参数，初始品质为 1（品质最好）；A_t 为当前状态的品质参数；k_i 为时间 θ_i 时的玻耳兹曼常数；θ_s 为总体反应时间。

2. 冷藏运输过程中的水产品品质评价模型

处于冷藏运输过程中的水产品，其温度环境呈连续波动的状态。在这种状态下，水产品的品质衰变与水产品初始状态的品质有关。

$$f(A_0,\theta,T) = A_0 \cdot \exp\left[-\frac{1}{2}k_{T_m}\theta_T(Q_{10}^a + Q_{10}^{-a})\right] \tag{4.41}$$

$$a = \frac{T+10}{T+\Delta T} \tag{4.42}$$

式中：A_0 为起始时的品质参数，初始品质为 1（品质最好）；k_{T_m} 为在温度 T_m 时的玻耳兹曼常数；T 为环境温度；ΔT 为温度波动的幅值；θ_T 为温度 T 时的反应时间；Q_{10} 为温度系数；a 为温度变化比值。

3. 临界状态下的水产品品质评价模型

水产品冷链的临界状态，指水产品在速冻机、冷冻机、冷冻仓储、冷藏运输过程中，由于装卸货及开关冷冻机、仓库、车厢门的时候所产生的温度不连续波动。这种温度的骤然变化对水产品的品质也造成一定的影响。由于水产品在冷链过程中的流动阶段、环节众多，造成了水产品不可避免地多次处于这种温度波动的临界状态，导致了水产品品质的迅速下降。定义水产品处于临界状态下的品质评价模型如下：

$$f(A_0,\theta,T) = A_0 \cdot \exp\left[1 + \frac{(\Delta T \cdot b)^2}{2^2} + \frac{(\Delta T \cdot b)^4}{2^2 \cdot 4^2} + \frac{(\Delta T \cdot b)^6}{2^2 \cdot 4^2 \cdot 6^2}\right] \tag{4.43}$$

$$A = A_0 \cdot \exp\left(-k_{T_m} \cdot \ln\frac{A_t}{A_0} \cdot \theta_T\right) \tag{4.44}$$

式中：A_0 为起始时的品质参数，初始品质为 1（品质最好）；A_t 为当前状态的品质参数；k_{T_m} 为在温度 T_m 时的玻耳兹曼常数；T 为环境温度；ΔT 为温度波动的幅值；b 为温度波动的周期函数；θ_T 为温度 T 时的反应时间。

以上模型分别从水产品冷链的温度波动环境对水产品的品质评价进行了分析与定义。在对冷链全程的水产品品质进行分析与评价时，需要根据水产品冷链的环节信息，确定水产品所处的温度波动环境，并根据温度波动选择相应的评价模型对水产品品质安全进行分析与评价，进而对水产品冷链过程中的水产品品质安全状态做出正确的决策支持与快速响应策略。

4.4.5 水产品品质安全状态与响应策略

根据决策过程输出的安全状态结果,可以制定决策的输出结果。由于操作规范与水产品品质变化状态的侧重点不同,下面对水产品冷链的操作规则与水产品品质变化分别做出决策结果。

决策输出结果包括安全状态输出与响应策略输出两部分。

(1) 安全状态输出是从水产品冷链的操作规范与水产品品质评价角度分别对水产品冷链的安全状态进行分析与评价,形成决策策略,成为建立响应策略的决策依据。水产品冷链的安全状态包括水产品冷链的操作规范安全与水产品品质安全状态两种决策方法,这两种决策方法相互补充,形成了对水产品冷链安全的全面分析与决策。

(2) 响应策略输出是在分析水产品冷链安全状态的基础上,建立水产品安全级别,根据水产品冷链的安全级别构建响应策略。针对不同的水产品安全状态级别设置,响应策略也不尽相同。

水产品品质安全状态需要借助品质衰变评价模型对水产品的品质进行分析与评价。在整个决策过程中,提取冷链相应环节的时间-温度数据中的温度环境信息是模型评价的关键参数。利用 Labuza 模型,可以对水产品的品质变化进行估计。在模型评价过程中,建立 5 个品质状态级别对水产品的品质进行评估,从而做出相应的决策(表 4.11)。

表 4.11 水产品品质安全状态的级别说明

品质安全级别	评价结果	响应策略
品质安全级别 1	品质最好(初始品质)	继续环节操作
品质安全级别 2	品质良好(良好控制品质)	继续环节操作
品质安全级别 3	品质较好(良好控制品质)	继续环节操作;发出监视警告
品质安全级别 4	临界品质(待处理品质)	继续环节操作;发出临界警告
品质安全级别 5	召回或销毁品质	召回或销毁;向有关部门发出召回或销毁通知

1. 品质安全级别

根据品质评价模型进行计算的值,按照初始设计的值域范围进行匹配,得出品质安全级别。品质安全级别设置为 5 个级别,根据品质安全级别的不同,可以对品质进行描述。

2. 评价结果

是对水产品品质状态的描述。根据模型得出的品质安全级别对水产品品质进行特性的描述,分别为品质最好(初始品质)、品质良好(良好控制品质)、品质较好(良好控制品质)、临界品质(待处理品质)与召回或销毁品质。

(1) 品质最好:一般是水产品的初始品质,即加工阶段初始环节的品质状态。随着水产品的死亡,体内的微生物和细菌开始作用鱼体,水产品的品质开始发生变化。

(2) 品质良好:由于环境温度处理得当,或者鱼体的死亡时间较短,水产品的品质在已经发生变化的基础上,仍保持良好的微生物和细菌数量与良好的口感。此时,水产品处于品质良好状态。

(3) 品质较好:由于微生物与细菌的作用,品质继续衰变。此时,鱼体内的微生物与细菌比较活跃,作用明显,口感发生了改变。但由于微生物与细菌的数量没有超过安全范围,即属于安全食用范围,所以此时的水产品品质可以用较好状态来评价。

(4) 临界品质:由于微生物与细菌的作用,品质继续恶化。此时,鱼体内的微生物与细菌的种类、数量大幅度增长,口感下降。如果微生物与细菌的数量继续增长,鱼体将腐烂,不能够继续食用。但由于这一状态的水产品品质是对食用健康的最低品质要求,所以称为临界品质。即处于或好于临界品质的水产品是适于食用的,低于临界品质的水产品不可以被食用,否则将发生食品安全事故。

(5) 召回或销毁品质:对于已经处于临界品质状态的水产品,由于环境温度处理不当,或微生物与细菌的数量无法得到控制而进入了召回或销毁的品质状态。处于该状态的水产品品质继续恶化,微生物与细菌数量繁多,致病菌滋生,口感不适于食用。此时的水产品已经腐烂,不能够继续流通或食用。

其中,(1)至(4)的水产品品质状态,由于对食用健康不构成威胁,所以处于食用安全状态;(5)的水产品品质已经处于不宜食用的状态,所以应进行召回或销毁处理。

3. 响应策略

针对水产品的品质安全状态,冷链安全决策支持系统应该做出相应的响应策略对水产品进行处理。

(1) 继续环节操作:水产品的品质状态处于安全状态,可以进行下一个环节的操作。

(2) 监视警告:处于品质较好状态的水产品,品质已经开始下降,如果处理不及时,将加快水产品品质的衰变速度。如果进入临界状态,将造成损失。所以为了保障水产品的品质安全,延缓水产品品质的下降,系统应该对水产品冷链的操作发出警告,通知相关系统或人员对此时的水产品进行监视。

(3) 临界警告:对于处于临界品质的水产品,其品质已经处于食用安全的最低状态。如果处理不得当,将使水产品继续腐烂进入召回或销毁状态,造成重大损失。所以,当水产品的品质进入临界状态时,系统应发出临界警告,通知系统或相关人员对水产品进行最后的干预,发出严重警告指令。

(4) 召回或销毁:水产品品质的衰变不可避免,已经成为需召回或销毁的水产品。此时系统应该向相关部门或人员发出召回或销毁指令。此时的水产品由于对食用安全将造成危害,必须进行召回或销毁,以免造成食品安全事故。在对水产品进行召回或销毁处理的基础上,还应同时向相关部门上报,并向消费者公示,避免造成更大范围的食品安全危害。

4.4.6 实证研究

4.4.6.1 水产品冷链的操作安全

以罗非鱼的冷链全过程为例,进行仿真试验。试验用水产品及温度数据见4.2.5项。

将时间-温度数据文档与水产品冷链的概念模型相联系,构成水产品冷链加工阶段的信息表达。根据水产品冷链的描述信息的概念模型、决策支持信息形式化模型,对水产品冷链的操作安全信息进行分析,过程如下。

（1）提取水产品冷链加工阶段的初始与终止环节信息：

起始环节 P_1　　　　$P_1 = <m_1, v_1, m_2>$

终止环节 P_9　　　　$P_9 = <m_{11}, v_9, m_{12}>$

（2）提取操作谓词 v_1 与 v_9 所对应的事件信息 e_1、e_9：

起始事件 e_1　　　　$e_1 = \{v_1, 0, 0\}$

终止事件 e_9　　　　$e_9 = \{v_9, 2.8, 29\}$

其中 θ 的单位为℃，T 的单位为 min。

（3）提取事件 e_1 与 e_9 中的时间信息，并计算时间跨度：

$$\Delta T = T_{e_9} - T_{e_1}$$

（4）利用水产品冷链的操作安全评价方法对加工阶段的操作安全进行评价：

If $\theta(e_9) - \theta(e_0) \leqslant 40$
then $\{M(h_9) = \text{true},$
$i = M(h_9) + 1,$
Enabled $(e_i) = \text{true}\}$;
Else $\{M(h_9) = \text{false},$
$i = M(h_9) + 1,$
Enabled $(e_i) = \text{false}\}$

其中，Enabled (e_i) 为决策变量，当且仅当该值为“true”时，加工过程在 40 min 之内，是安全的、可以触发下一个事件立即进行。若 Enabled (e_i) 值为“false”，表示该加工过程超过 40 min，那么将对加工过程中的水产品进行品质分析，即不会引发下一个事件。

（5）评价结果：根据水产品品质评价决策模型，加工过程经历了 29 min，操作规范判定该过程为安全。

4.4.6.2 水产品品质安全评价

试验分别采集了罗非鱼在加工、仓储与运输环节的时间-温度数据，共经历了 12.33 d（17 753 min）。根据采集的冷链各个环节的环境温度，利用 Labuza 模型（Labuza，1982）可以对罗非鱼进行品质评价与货架期预测。根据 Labuza 模型，评价品质的值是一个相对值，假设罗非鱼初始品质为 1（品质最好），随着时间的变化，食品品质在不断衰减，用比值表示，无量纲。根据罗非鱼在加工、仓储与运输环节的温度记录，利用品质衰变函数 $f(x)$，通过调用 $f(x) = f(T, \theta) = A(T, \theta)$，可以得出水产品品质衰变图标，如图 4.26 所示。

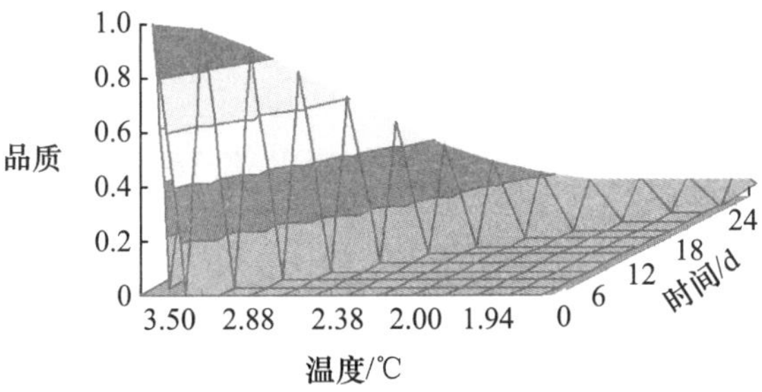

图 4.26 水产品品质变化图

图 4.26 中曲线表示罗非鱼在加工、仓储、运输过程中随着时间-温度环境的变化，品质不断衰减的过程。颜色分区表示品质区间，自上而下随着区间的下降，所表示的水产品品质下降，最上层的区间为较好品质，最下层区间的品质为较差。

从生产到加工、贮藏和消费整个过程，鱼的品质和控制货架期在很大程度上取决于其温度历程。在罗非鱼初期的处理和运输环节中温度的掌控，对罗非鱼的品质和货架期都起到至关重要的作用。温度的波动对罗非鱼的影响很大,主要体现在运输和加工环节。仓储阶段温度变化相对比较平稳。通过TTT理论与货架期预测模型对试验数据的测算表明,随着时间的推延品质衰变率增大,应采取继续降低温度的决策响应策略。罗非鱼在整个冷链的过程中随着环境温度的不断变化,其品质呈不断下降的趋势。罗非鱼的品质可以分为5个区间,其中较好品质区间为0.8~1,对应的时间为6 d;最差的品质区间为0~0.2,对应的时间为24 d。根据Labuza水产品品质评价模型,选择罗非鱼品质的第四区间(0.2~0.4)作为其品质安全的参考值,罗非鱼的保质期为18 d。其中,保质期18 d是根据实验采集的时间-温度数据,利用Labuza模型进行分析,对罗非鱼进行品质评价与品质衰变预测的结果。通过对该批次罗非鱼的开放性实验,在1.5℃的环境温度中,罗非鱼可以继续保质4.8 d。由于罗非鱼在冷链过程中流通了12.33 d,得出其实际保质期为17.13 d,与计算结果18 d误差较小。

参考文献

[1] Bogataj Marija, Bogataj Ludvik, Vodopivec Robert. Stability of perishable goods in cold logistic chains. International Journal of Production Economics,2005, 93(8): 345-356.

[2] Cormier R J, Mallet M, Chiasson S, et al. Effectiveness and performance of HACCP-based programs. Food Control, 2007, 18(6): 665-671.

[3] Don W Brash, Chris M Chales, Sandy Wright, et al. Shelf-life of stored asparagus is strongly related to postharvest respiratory activity. Postharvest Biology and Technology, 1995, 5(1-2):77-81.

[4] Fayyad U M,Piatetsky-shapiro G,et al. Advances in Knowledge Discovery and Data Mining. Cambridge: MIT Press,1996.

[5] Hall D L,Linas J. An introduction to multisensory data fusion. Proc IEEE,1997,85(1):1-23.

[6] Jedermann R,Lang W. Semi-passive RFID and beyond: Steps towards automated quality tracing in the food chain. International Journal of Radio Frequency Identification Technology and Applications,2007,2(3):247-259.

[7] Koutsoumanis K, Taoukis P S, Nychas G J E. Development of a safety monitoring and assurance system for chilled food products. International Journal of Food Microbiology, 2005, 100(1/2/3): 253-260.

[8] Labuza T P. Shelf-life Dating of Foods. Westport: Food and Nutrition Press, 1982.

[9] Remund C P. Borehole thermal resistance: Laboratory and field studies. ASHRAE Transactions,1999, 105(1):102-110.

[10] Tsironi Theofania, Gogou Eleni, Velliou Eirini, et al. Application and validation of the TTI based chill chain management system SMAS (safety monitoring and assurance system) on shelf life optimization of vacuum packed chilled tuna. International Journal of Food Microbiology,2008, 128(1): 108-115.

[11] 包大跃. 食品企业HACCP实施指南. 北京:化学工业出版社,2007.

[12] 陈科,逄玉俊. 数据融合故障诊断系统模型及其应用. 辽宁石油化工大学学报,2004,24(1):70-73.

[13] 陈则芝,李冬梅. 数据挖掘关联规则Apriori算法的优化. 山西大同大学学报:自然科学版,2008,24(4):35-40.

[14] 刁联旺,王常武,商建云,等. 多传感器一致性数据融合方法的改进与推广. 系统工程与电子技术,2002(9):60-61.

[15] 郭戈,罗志刚. 多传感器数据融合方法的研究与进展. 机电一体化,2003(5):12-17.

[16] 韩铁涛.计算机技术支持下交易实例样点法测算城市基准地价:硕士学位论文.北京:中国农业大学,1998.
[17] 何剑斌,郑启伦,彭宏.数据融合与数据挖掘的集成研究.计算机工程与应用,2002,18:204-206.
[18] 河野澄夫,岩元睦夫,宋宝峰.运输包装的模拟技术.株洲工学院学报,1999(1):8-12.
[19] 贺清碧,胡久永.数据挖掘技术综述.西南民族大学学报:自然科学版,2003(3):328-330.
[20] 胡一萍,徐涛.一种基于粗糙集的模糊数学形态学方法.数据采集与处理,2002(3):333-336.
[21] 胡中栋,史海平,曾志勇.基于数据融合和数据挖掘的 DIDS 设计.电脑知识与技术,2008,3(6):1106-1107.
[22] 兰运超,利光秘,编译.地理信息系统原理.广州:广东省地图出版社,1991.
[23] 李秀红.粗糙集的贴近度.山东大学学报:理学版,2005(2):8-12.
[24] 梁吉业,徐宗本,李月香.包含度与粗糙集数据分析中的度量.计算机学报,2001(5):544-547.
[25] 刘发升,杨炳儒.一种基于粗糙集的多层次、逐步求精的发掘算法.计算机工程与应用,1999(5):11-12.
[26] 刘桂霞,崔永铎,高平和.关于数据挖掘的研究.工业技术经济,2000(3):62-63.
[27] 苗夺谦,李道国.粗糙集理论、算法与应用.北京:清华大学出版社,2008.
[28] 孙慧影,张彦军,崔平远.用 D-S 证据理论方法实现多传感器数据融合.青岛科技大学学报:自然科学版,2003(5):463-465.
[29] 王光宏,蒋平.数据挖掘综述.同济大学学报:自然科学版,2004(2):246-252.
[30] 吴山产,毛锋,王文渊,等.基于粗糙集的两种离散化算法的研究.计算机工程与应用,2004(26):68-69.
[31] 张瑾,周翀,张洪涛,等.冷冻水产品加工过程中细菌总数的监控对策.食品与发酵工业,2004(8):134-136.
[32] 张文修,吴伟志,梁吉业.粗糙集理论与方法.北京:科学出版社,2001.
[33] 张瑞夫,任飞宇.基于温度的冷链物流系统研究.哈尔滨商业大学学报,2008(4):55-59 .
[34] 张娅妮,陈洁,陈蕴光,等.机械式冷藏汽车厢体内部气流组织模拟研究.制冷空调与电力机械,2007,114 (28):10-13.
[35] 赵丹群.数据挖掘:原理、方法及其应用.现代图书情报技术,2000(6):41-44.
[36] 周翀.GMP 在我国水产食品加工企业中的应用研究:硕士学位论文.青岛:中国海洋大学,2006.
[37] 朱颖翠,马英红,王常伟.基于粗糙集理论的规则提取算法.科技信息(科学教研),2007(20):8-9.

第5章

养殖-加工过程质量安全追溯模型

5.1 基于 Petri 网的肉类食品安全追溯模型

5.1.1 质量安全风险分析模型的选择

食品安全追溯的一个重要特性是其动态行为，即由于食品供应链内部及与环境之间的相互作用，系统对危害活动扰动的响应随时间变化而不断变化。在对食品安全追溯分析的过程中，只有详尽了解食品供应链的运行过程，才有可能完全识别诸多环节中可能存在的不安全因素，找到造成不安全状态的事件序列(可能原因)，从而在供应链中消除危害或将危害控制在可接受的水平内。

在食品供应链中，由于内部因素之间的相互作用、系统与环境和操作人员之间的交互过程等都可能造成实际危害路径的变化以及安全结果的差别，因此详细地认识和了解这些动态特性，对于分析、求解系统的各项安全模式，评价食品供应链安全性水平，以消除或控制危害，有效地防止不安全事故的发生，提高食品安全性水平具有极其重要的意义。所以在对食品安全性分析建模时，既要考虑其功能、结构等静态特性，又要考虑其执行、交互等动态行为。

食品安全追溯分析可参考的模型有可靠性框图、事件序列图、危害分析树、危害树模型，这些模型大都只能够描述食品安全供应链的静态结构和静态行为，没有涉及其状态随时间的演化以及危害时序等因素对系统安全性的影响，这些传统的模型对食品安全追溯所呈现出来的动态特性的描述能力远远不够。

静态的安全分析模型能够对系统的行为过程进行描述并且具有图形化的表示，但还是比较抽象，既不直观，也不容易使用。例如，危害树模型中的最小割集、最小路集是对系统进行可靠性、安全性分析的重要结果，但是只有对危害树具有比较深入知识的系统分析人员才能读懂这样的结果。而且，不熟悉可靠性、安全性分析过程时，系统设计人员也不能准确地对系统建立危害树模型。这样就严重阻碍了系统设计人员和可靠性、安全性分析人员之间的交流，不利于系统的设计和分析。

Petri 网模型正好能够满足这一要求。Petri 网是由联邦德国的 C. A. Petri 于 1962 年在他的博士论文《用自动机通信》中首次提出来的。经过 30 多年的发展，经典 Petri 网及 Petri 网扩展模型的研究都有了长足的进步，已形成具有严密数学基础、多种抽象层次的通用网论，并在许多领域都得到了应用，如通信协议、系统性能评估、自动控制、柔性制造系统、分布式数据库和决策建模等，Petri 网已逐渐成为了相关各学科的“通用语言”。Petri 网采用库所(place)、变迁(transition)、弧的连接来表示系统的静态功能和结构，同时，Petri 网本身自含执行控制机制，它通过变迁的点火和令牌(token)在库所中分布的改变来描述系统的动态行为。只要满足给定的条件或约束，其模型将会自动地进行状态转换，这种因果关系作用下的推演过程正好体现了系统的动态行为特征。

Petri 网综合了数据流、控制流和状态转移，能方便地描述系统的分布、并发、同步、异步、冲突等特性，而冲突的地方又刚好是可以由人员对系统进行干预和控制的地方，表现了人和系统的交互性。同时，用令牌在网上的分布变化来表示系统资源的重新分配，作为交互的媒介，也统一了内外事件的格式。另外，Petri 网在转移时间方面的扩展，如时间 Petri 网(timed Petri nets，TPN)、随机 Petri 网(stochastic Petri nets，SPN)、广义随机 Petri 网(generalized stochastic Petri nets，GSPN)等更为清楚地表现了系统运行的时间因素，从而更加真实地描述了动态系统运行的随机特性。

Petri 网及其扩展模型的一个重要优点是其图形方式较其他可靠性、安全性模型有更加丰富的表现能力，具有直观、易于理解、易于学习和使用的特点，这使得 Petri 网成为系统设计人员和分析人员之间的桥梁，有利于为系统建立较传统模型更加准确、真实的模型。

另外，Petri 网也是一种具有严密理论基础的数学工具。通过适当的扩展，能与矩阵理论结合在一起建立系统状态方程、代数方程，能与随机过程论、信息论结合在一起描述和分析系统的不确定性或随机性。例如，可以证明，系统的 GSPN 模型与一个连续时间离散状态 Markov 过程(continuous-time Markov process，CTMP)是同构的，其间可以建立一个一一映射，这个 CTMP 称为 GSPN 的嵌入 CTMP。由此，在安全性分析中可以将系统的 GSPN 模型转化为一个 CTMP，从而可以利用随机过程领域内已经取得的丰富的理论成果对系统行为进行分析。另外，借助 Petri 网理论中所建立的一系列分析检验方法，例如活性、有界性、不变性及可达树等，也可对系统的静态结构和动态行为进行分析。

好的系统模型要有充分的模拟能力和丰富的分析方法，且便于使用。当前 Petri 网已应用于许多领域，在不同的领域得到了不同的解释。这对于联系各领域的研究，相互进行借鉴带来很大的益处。因此，Petri 网是适合描述系统安全性的模型工具，本节以 Petri 网作为系统描述工具，并对其进行扩展，来进行系统的安全性分析。

5.1.2 基于 Petri 网模型的食品供应链追溯模型

5.1.2.1 经典 Petri 网模型

经典 Petri 网模型用六元素表示为

$$PN=(P,T,A,I,O,M_0)$$

式中：$P=\{p_1,p_2,\cdots,p_n\}$为库所的有限集，$n\geqslant 0$；$T=\{t_1,t_2,\cdots,t_m\}$为变迁的有限集，$m\geqslant 0$；$P\cap T=\varnothing$，库所集和变迁集不相交；A为所有有向弧构成的集合，且$A\subseteq\{(x,y)\mid x\in P,y\in T\}$或者$A\subseteq\{(x,y)\mid y\in P,x\in T\}$；$I:P\rightarrow T$，为输入函数，即从库所集到变迁集上的映射，$\forall t\in T,I(t)=\{p\mid p\in P,(p,t)\in A\}$，$I(t)$也称为$t$的前集，$I(t)$中任意库所$p$称为$t$的输入库所；$O:T\rightarrow P$，为输出函数，即从变迁集到库所集上的映射，$\forall t\in T,O(t)=\{p\mid p\in P,(t,p)\in A\}$，$O(t)$也称为$t$的后集，$O(t)$中任意库所$p$称为$t$的输出库所；$M_0$为网的初始标识，代表系统在开始时令牌在各个库所中的分布情况。

对于$PN=(P,T,A,I,O,M_0)$，当前标识为M时，如果存在一个变迁$t_j\in T$，有$\delta(M,t_j)=M'$，则称标识M'是从M一步可达。

$PN=(P,T,A,I,O,M_0)$的可达图上一条路径s是从M_{i-1}到M_j的变迁序列$t_i,\cdots,t_j$，且有

$$\delta(M_{n-1},t_n)=M_n,n=i,\cdots,j$$

$PN=(P,T,A,I,O,M_0)$的标识为M，路径$s=t_i,\cdots,t_j$，则扩展的后继状态函数δ^*为

$$\delta^*(M,s)=\delta(\cdots(\delta(\delta(M,t_i),t_{i+1}),\cdots),t_j)=M'$$

5.1.2.2 经典 Petri 网模型的改进

经典 Petri 网模型描述资源流动方向，在分析危害传播过程中，不再是资源流动，而是危害食品质量变化的繁衍，不存在冲突问题，传播过程也是确定的，异常信息可为多个变迁共同使用，可以相互叠加，表现为危害的严重程度。危害传播与质量的关系有 4 种：单因果模式，即一种危害对应一种质量变化结果；多因一果模式，即多种危害因素和危害模式导致一种结果；一因多果模式，即一种危害模式导致多种质量变化结果；多因果模式，即同时多种危害导致多种质量结果。

改进 Petri 网模型用六元素表示为

$$PN=(P,T,F,W,TL,M_0)$$

式中：$P=\{p_1,p_2,\cdots,p_n\}$，$n\geqslant 0$，为库所的有限集，表示系统的状态。如果$\exists p\in P$，有${}^*p=\{\phi\}$，则为初始库所，由初始库所构成的集合为初始库所集，在肉类食品安全网中是危害产生的风险源；如果$\exists p\in P$，有$p^*=\{\phi\}$，则为目标库所，由目标库所构成的集合为目标库所集，在肉类食品安全网中是质量指标的最终结果，在可追溯系统中是向前追溯的起点。

$T=\{t_1,t_2,\cdots,t_m\}$，且$m\geqslant 0$，为变迁的有限集，表示系统中危害事件可能发生的过程，反映危害传播阶段的质量变化情况。

F为所有有向弧的集合，且$\mathrm{dom}(F)\cup\mathrm{cod}(F)=P\cup T$，其中$\mathrm{dom}(F)=\{x\mid\exists y:(x,y)\in F\}$，$\mathrm{cod}(F)=\{x\mid\exists y:(y,x)\in F\}$分别为$F$的定义域和值域。

W为权函数，$\forall w\in W:\sum w\equiv 1$。

TL为变迁时间标签集合，系统初始集合为空，$T_j(n)$为变迁T_j在时刻n点火，变迁点火后$TL=TL+\{T_j(n)\}$，变迁时间标签集合能标识危害传播的路径，同时防止变迁的反复点火。

$M_0=\{M_0(p_1),M_0(p_2),\cdots,M_0(p_n)\}$为系统初始标识，表示系统初始状态，在本系统中用标识来表示异常危害在系统中的分布情况(经典 Petri 网中表示资源的分布情况)，所以库所中令牌的数量只能为 0 或 1，“1”表示存在异常危害，“0”表示不存在危害的可能性。

5.1.2.3 **改进 Petri 网的动态特性分析**

改进 Petri 网中，令牌按照变迁规则在库所中衍生，这个过程描述了网络的动态特性，也反映了危害信息在系统中产生和演变的过程。变迁可触发的条件

$$\forall p_i\in {}^{*}T_j:M(p_i)\geqslant W(p_i,T_j) \tag{5.1}$$

$$T_j\notin TL \tag{5.2}$$

式(5.1)要求变迁的所有输入库所只要含有一个令牌该变迁就能点火，也就是危害对应的征兆出现时，该危害情况就可能发生；式(5.2)要求变迁不属于变迁时间标签的集合，也就是要求 T_j 没有点过火，引入变迁时间标签集合主要用于标识已经点过火的变迁。由危害传播的特性可知，Petri 网中流动的是危害后的质量变化结果，变迁点火后其输入库所中令牌数目并不发生变化，只是在变迁的输出库所中产生一个新的令牌。在这种情况下，按照经典 Petri 网理论，变迁将反复无止境地点火下去，这就违背危害的传播特性。为此，在改进 Petri 网中引入变迁时间标签集合的概念，当某个变迁点火后，它将被放入这个集合中，并且标上一个时间标签。如果某个变迁存在于这个集合中，则说明危害已经沿着这条路径传播过去了，所以变迁不应该再被点火。

变迁的点火规则：设在 n 时刻，一个变迁 T_j 在标识 M_n 下是可触发的，则这个变迁可以点火。变迁 T_j 点火后新的标识公式如下：

$$\forall p_i\in P:M_{n+1}(p_i)=\begin{cases}M_n(p_i),p_i\notin T_j\\M_n(p_i)\oplus W(T_j,p_i),p_i\in T_j\end{cases} \tag{5.3}$$

$$TL=TL+\{T_j(n)\} \tag{5.4}$$

式中：$M_n(p_i)$为 n 时刻库所 p_i 的标识；$T_j(n)$表示变迁 T_j 在 n 时刻点过火；$\oplus$表示二元运算：$\forall x,y\in R:x\oplus y=\mathrm{Max}\{x,y\}$。由式(5.3)可以看出，变迁点火后，只有变迁的输出库所状态发生改变，其他库所状态不变，也就是说，危害事件发生的结果是导致与此事件有直接联系的后续危害状态的衍生，与系统中其他的危害演变无关。

如果变迁的输出库所已经含有令牌，表示后续危害在危害事件发生前已经开始萌生并发展，这些过程不受危害事件发生的影响。式(5.4)用于给变迁标上时间标签，表示变迁已经点过火。变迁一旦被点过火，表明危害已经沿着该路径传播过去了，则不应再次被点火。此外，利用变迁的时间标签的大小顺序，危害 Petri 网可以找出危害的传播路径。

根据变迁点火规则中新标识 $M_{n+1}(p_i)$的计算公式可以看出，变迁 T_j 点火后，其输入库所中的令牌并不消失，这和经典 Petri 网不同。在改进 Petri 网中，库所中含有令牌表示危害产生，危害事件发生后，前一阶段的危害因子依然存在，并不因为危害事件的发生而消失，作此规定符合危害传播特性。另外，如果变迁 T_j 的输出库所(如 p_i)中已经含有令牌，T_j 的点火也不会在库所 p_i 处产生“冲突”现象。

改进 Petri 网能描述动态系统的两个主要成分是库所和变迁。库所是系统状态的逻辑描述，变迁表示系统中事件或行为的产生过程，变迁的点火是由其输入库所的状态来决定的。改进 Petri 网的初始标识表明了系统的初始状态，变迁的点火过程就是在网中动态产生标识的过程，它们反映了危害的动态传播过程。在变迁的点火过程中，如果有几个变迁的点火条件同时满足，则这几个变迁可以同时被点火，这就是改进 Petri 网的一个非常重要的特性即并发性，该特性能很好地解决复杂系统中的多危害同时发生的问题。

5.1.2.4　**改进 Petri 网的关联矩阵和状态方程**

关联矩阵和状态方程是 Petri 网建模和分析的主要工具。在经典 Petri 网中，关联矩阵用来描述 Petri 网的基本结构，是 Petri 网的一种属性。而在改进 Petri 网中，关联矩阵主要用来表示危害传播过程和危害事件之间的联系。在改进 Petri 网中，变迁点火后，其输入库所中的令牌并不消失，只是在变迁的输出库所中产生一个新的令牌。因而，传统 Petri 网中的关联矩阵和状态方程就不适合用于计算改进 Petri 网的变迁点火结果。

【定义 5.1】关联矩阵　令 $PN=(P,T,F,W,TL,M_0)$ 是一个改进的 Petri 网，且 $P=\{p_1,p_2,\cdots,p_n\}$，$T=\{t_1,t_2,\cdots,t_m\}$，矩阵 $C=[c_{i,j}](1\leqslant i\leqslant n,1\leqslant j\leqslant m)$ 是 PN 的关联矩阵。$iif\,c_{i,j}=W(t_j,p_i)$，其中 $W(t_j,p_i)$ 是从变迁 t_j 到库所 p_i 的有向弧的权系数，由于改进 Petri 网变迁点火后只是在其输出库所中产生一个令牌，因而它只包含输出关联矩阵 $W(t_j,p_i)$，而不需要考虑输入关联矩阵 $W(t_i,p_j)$，这有别于一般的传统 Petri 网。

【定义 5.2】状态方程　$M_{k+1}=M_k\oplus(C\otimes U)$，$M_{k+1}$、$M_k$ 分别是变迁点火的初始标识集合结果集，C 是关联矩阵，$C=[c_{i,j}]\in R^{m\times n}$，其中 n 为库所的数量，m 为变迁的数量，U 是 k 时刻点火变迁序列，是一个由 0、1 组成的矩阵。引入算子$\oplus$和$\otimes$，使状态方程符合危害传播的特性。

算子$\oplus$：$\forall a,b,c\in R^{1\times n}:c=a\oplus b$，则 $c_i=\vee(a_i,b_i)$，$1\leqslant i\leqslant n$；

算子$\otimes$：设 $C\in R^{m\times n}$，$U\in R^{n\times 1}$，则

$$C\otimes U=\begin{bmatrix}c_{11} & \cdots & c_{1m}\\ \vdots & & \vdots\\ c_{n1} & \cdots & c_{nm}\end{bmatrix}\otimes\begin{bmatrix}u_1\\ \vdots\\ u_m\end{bmatrix}=\begin{bmatrix}\bigvee\limits_{j=1}^{m}c_{1,j}\times u_j\\ \vdots\\ \bigvee\limits_{j=1}^{m}c_{n,j}\times u_j\end{bmatrix}$$

其中$\vee$为取最大值。按照这个状态方程求解，无论在任何标识下，变迁点火后，任何库所的令牌值都只能为 0 或 1。

5.1.2.5　**改进 Petri 网的追溯算法**

追溯的首要任务是寻找导致目标库所质量变异的全部危害模式，系统的危害模式即为割集，其中发生概率最大的危害模式为最小割集，追溯的最终目标是找到系统的最小割集，采取有效措施避免危害发生。改进 Petri 网模型将各种危害逻辑简化为库所和变迁，使系统简洁，危害传播方式便于发现（丁彩红等，1999）。本研究用道路搜索法由顶库所向基本库所进行层次分析，将库所作为矩阵中的一个元素进行排列，求取最小割集和最小路集，步骤如下：

步骤 1　以基本库所为道路起点，取顶库所为道路终点，确定道路。

步骤 2　对每条道路进行考察，考察其经过的所有变迁，如果对每个 $t_j(j=1,2,\cdots,m)$，均有 $\sum_j w(p_i,t_j)=1$，则该库所为一个最小割集，如果 $\exists t_j(j=1,2,\cdots,m)$，使 $\sum_j w(p_i,t_j)>1$，亦即该道路在变迁节点 t_j 处与其他道路重合，于是将该道路的基本库所与其他所有重合道路在变迁节点 t_j 的输入库所 p_i 水平排列。

步骤 3　考察水平排列中的非基本库所，如果对应的输入库所都为基本库所，则将其用基本库所代替，否则以该库所为道路终点，对它所在的所有道路进行二次考察。重复步骤 2、3，直到都能被基本库所取代为止。

步骤 4　剔除所有超集，即可得到所有最小割集。

改进 Petri 网的追溯算法在基于改进 Petri 网的危害追溯处理时，输入库所的初始标识可表示为危害发生的征兆，若有征兆出现，则该输入库所就包含一个令牌，否则库所为空。而最终标识的求解可以通过改进 Petri 网可达性和状态方程来实现，推理过程结束时，如果目标库所中含有令牌，则表示危害事件发生了，否则表示没有危害发生。以下是追溯问题的算法过程：

步骤 1　根据追溯问题的逻辑关系，建立追溯问题的 Petri 网模型，针对一些复杂系统的 Petri 网模型可能比较庞大，可以利用归纳分析技术进行适当的简化。

步骤 2　写出对应危害征兆和目标质量指标的初始库所和目标库所。

步骤 3　确定 Petri 网的初始标识 M_0，并求出关联矩阵 C；令 $TL=\varnothing$，时间标签计数器 $t=0$。

步骤 4　由当前标识 M 根据变迁规则求出变迁点火序列，若有 T_j（T_j 表示一个或多个变迁）能够点火，则转向步骤 5，否则转步骤 7。

步骤 5　在 $t=n$ 时刻，变迁 T_j 点火后，新的标识 M_{n+1} 可以按照变迁点火规则或状态方程求出。然后将点过火的变迁加上一个时间标签，并插入变迁时间标签集合 TL，则 $TL=TL+\{T_j(n)\}$。

步骤 6　令 $t=t+1$，转步骤 4。

步骤 7　取最后的标识为系统结果状态，从该标识判断目标库所是否包含令牌，若含有令牌，则说明该危害发生，反之则不然。

5.1.3　基于 Petri 网的肉类食品安全追溯模型实证

以牛肉生产过程中屠宰分割和包装为例，原始工序及因素分析如图 5.1 所示。

以细菌危害为例，可追溯系统的主要危害模式分析见图 5.2。

下面以肉变色为例进行追溯分析，其 Petri 网模拟图如图 5.3 所示。

追溯计算：对应图 5.3，利用库所矩阵法计算。首先取顶库所 p_1 为第一个输出库所，逐层向下直至建立基本库所矩阵为止，得到最小割集 $\{p_2\}$、$\{p_3\}$、$\{p_6\}$、$\{p_6,p_7\}$、$\{p_8,p_{10},p_{15}\}$、$\{p_8,p_{10},p_{16}\}$、$\{p_8,p_{10},p_{17}\}$、$\{p_8,p_{10},p_{13}\}$、$\{p_8,p_{10},p_{14}\}$。

追踪计算：初始库所集合 $\{p_{15},p_{16},p_{17},p_{13},p_{14},p_6,p_7,p_8,p_{10},p_{11},p_2,p_3\}$，目标库所集合为 $\{p_1\}$。

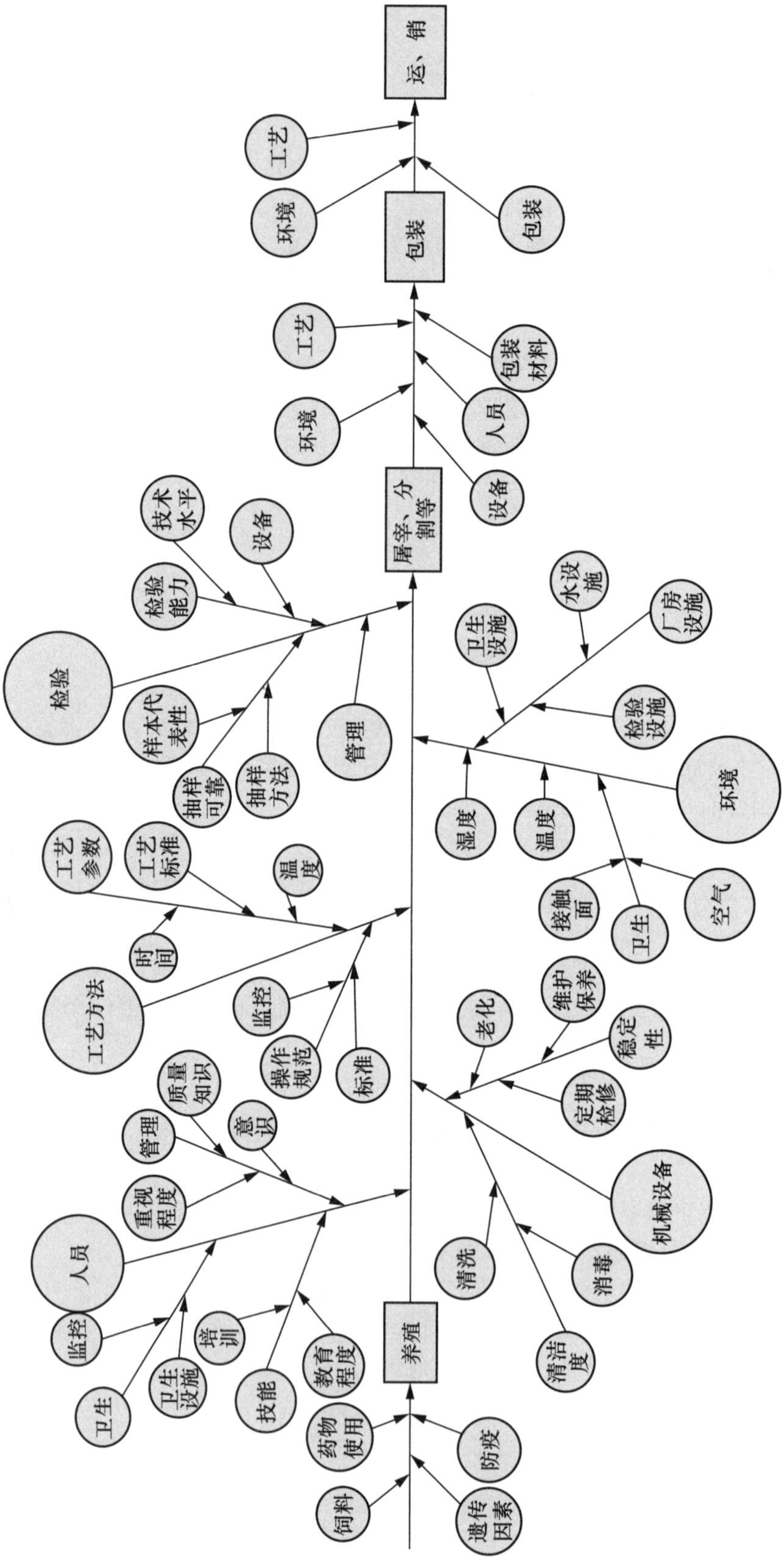

图 5.1 牛肉质量危害关系图

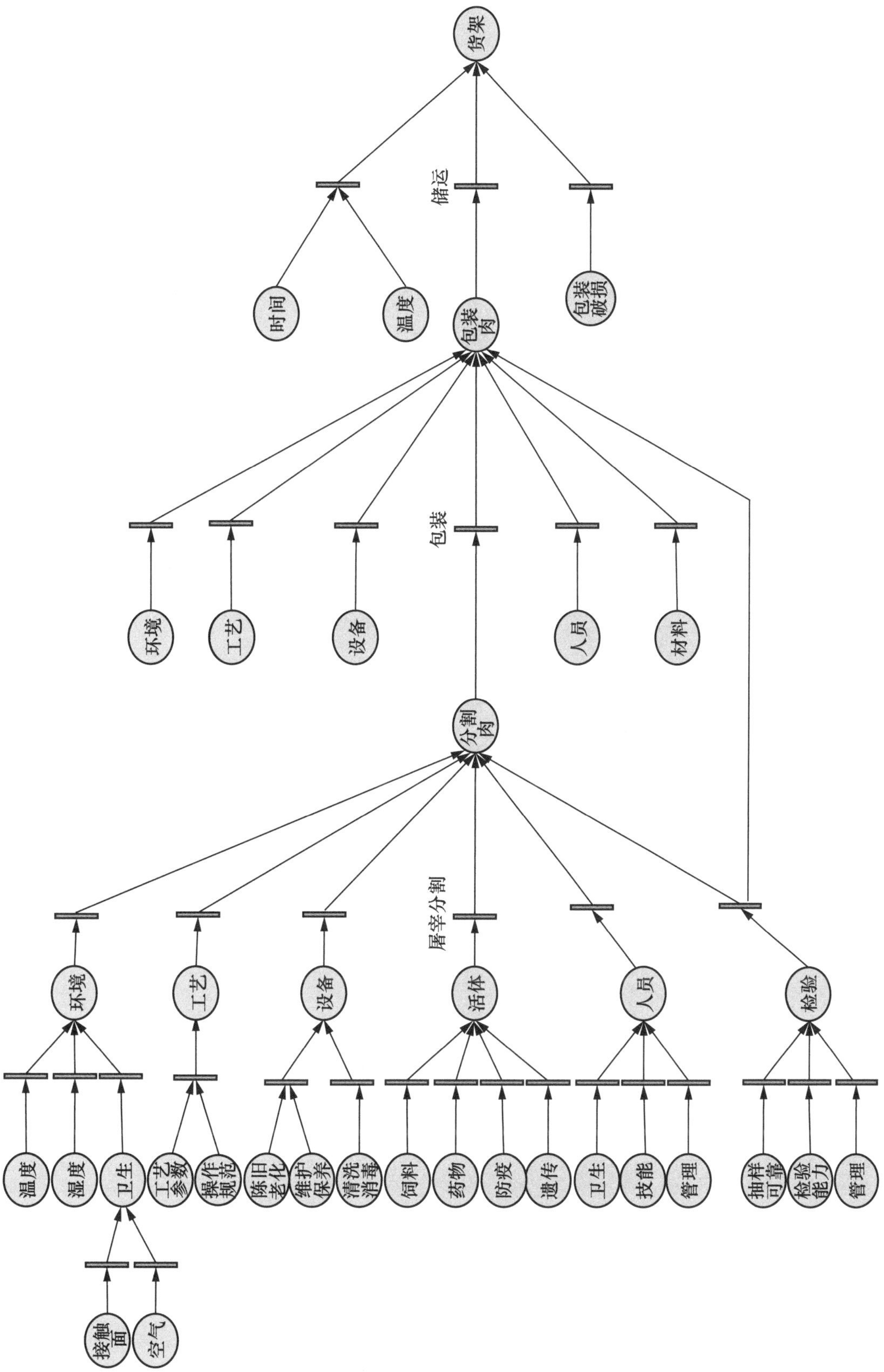

图 5.2 牛肉质量危害关系Petri图

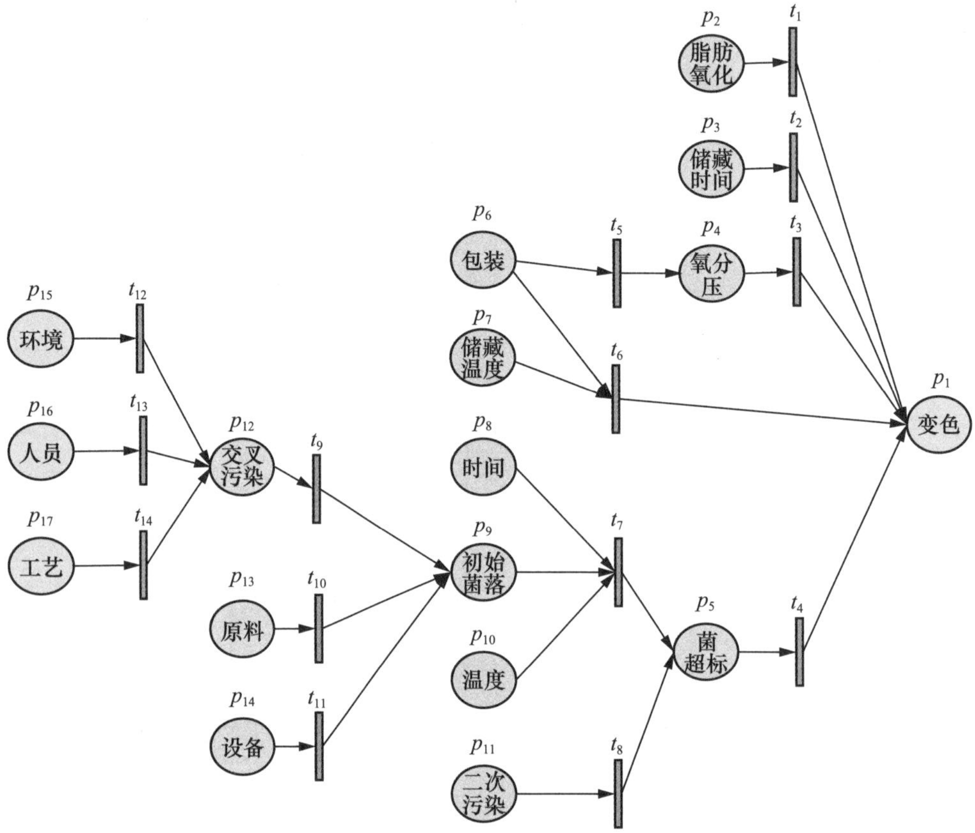

图 5.3　变色危害风险分析图

令初始征兆 $M_0=(0,0,0,0,0,0,0,1,0,1,0,0,0,0,1,0,0)$，关联矩阵为

$C=$

	t_1	t_2	t_3	t_4	t_5	t_6	t_7	t_8	t_9	t_{10}	t_{11}	t_{12}	t_{13}	t_{14}
p_1	1	1	1	1	0	1	0	0	0	0	0	0	0	0
p_2	0	0	0	0	0	0	0	0	0	0	0	0	0	0
p_3	0	0	0	0	0	0	0	0	0	0	0	0	0	0
p_4	0	0	0	0	1	0	0	0	0	0	0	0	0	0
p_5	0	0	0	0	0	0	1	1	0	0	0	0	0	0
p_6	0	0	0	0	0	0	0	0	0	0	0	0	0	0
p_7	0	0	0	0	0	0	0	0	0	0	0	0	0	0
p_8	0	0	0	0	0	0	0	0	0	0	0	0	0	0
p_9	0	0	0	0	0	0	0	0	1	1	1	0	0	0
p_{10}	0	0	0	0	0	0	0	0	0	0	0	0	0	0
p_{11}	0	0	0	0	0	0	0	0	0	0	0	0	0	0
p_{12}	0	0	0	0	0	0	0	0	0	0	0	1	1	1
p_{13}	0	0	0	0	0	0	0	0	0	0	0	0	0	0
p_{14}	0	0	0	0	0	0	0	0	0	0	0	0	0	0
p_{15}	0	0	0	0	0	0	0	0	0	0	0	0	0	0
p_{16}	0	0	0	0	0	0	0	0	0	0	0	0	0	0
p_{17}	0	0	0	0	0	0	0	0	0	0	0	0	0	0

执行算法，结果为 $M_4=(1,0,0,0,1,0,0,1,1,1,0,1,0,0,1,0,0)$，说明系统最终导致危害发生，传播路径为 $\{p_{15},p_{12},p_9,p_8,p_{10},p_5,p_1\}$。

5.2 基于扩展生成树结构的牛肉质量安全追溯模型

因果关系追溯分析是因果分析的一种手段，在产品质量安全跟踪和追溯中扮演着重要的角色。本节从牛肉生产企业质量安全供应链的一般流程出发，探讨因果关系分析在流程中所起的作用，在牛肉质量安全事件因果关系分析的一般理论和检测方法筛选的基础上，针对牛肉供应链系统的特点，提出基于生成树结构的牛肉质量安全事件表示方法，以及基于改进最小生成树算法的牛肉质量安全事件检测与追溯分析方法。在此基础上，综合利用牛肉质量安全事件的时间关系、因果关系和层次关系，形成综合分析法，实现质量安全问题的溯源。它的主要思想是从牛肉生产企业质量信息系统数据中提取事件之间及行为之间的因果关系信息，形成可视化视图，选取符合问题的追溯算法进行因果关系追溯，最终对质量安全事件做出解释，并最大限度地实现分析过程的规范化和自动化。最后结合牛肉生产企业的应用实例进行了说明。

5.2.1 牛肉质量安全事件因果分析机制

5.2.1.1 牛肉质量安全事件因果分析的基本原理

为了揭示牛肉质量安全因果关系分析的本质，下面将对因果关系理论中的重要部分进行一般化的定义和讨论。由于本研究面向的是牛肉生产企业供应链系统的质量安全追溯问题，因而供应链系统、供应链输出数据成为因果追溯理论的一部分。

牛肉质量安全追溯问题首先要面对的就是供应链这个复杂系统中的一系列错综复杂的“事件”。首先来看如何从理论角度来定义这些事件。牛津英语词典对事件的定义为：事件是某种发生的事情，或者是被认为正在发生的事情。可以认为，事件最根本的含义是状态变化、事情发生等，是一个动态的概念。事件之间存在着关联关系，如时间关系、因果关系和层次关系等。很多事件聚合在一起，形成新的有意义的事件类型就是复杂事件，或称复合事件（石峰，2006）。

可以用如下的六元组定义对事件进行描述：事件 $E=(id,\ attribute,\ causal,\ t0,\ t1,\ others)$，其中，$id$ 是唯一的事件类型标识，即 $\forall E_i,E_j,i\neq j:E_iid\neq E_jid$；$attribute$ 表示事件的属性，是有限的属性集合，即 $attribute=\{attribute_1,attribute_2,\cdots,attribute_n\},n\geqslant 0$；$causal=\{e_1,e_2,\cdots,e_n\}(n\geqslant 0)$是因果向量，表示引发该事件的原因事件集合；$t_0$、$t_1$ 表示事件起始时间和结束时间；$others$ 表示其他信息。

事件实例是指某个事件类型的单个事件发生，用 e 表示。例如 $e=$牛肉质量不合格(200020005，(冷冻分割牛肉，山东某企业)，e_{25}，1015：20081126，1415：20081126，)，其中 200020005 是事件实例的 id，(冷冻分割牛肉，山东某企业)是事件实例的属性，e_{25} 是事件实例的因果向量，1015：20081126 和 1415：20081126 分别是事件实例的开始时间和结束时间，其他信息为缺省值。

事件之间并不是相互独立的，而是存在着很多关系，比如时间关系、层次关系、因果关系以及其他语义关系等。下面分别介绍事件之间的关系。

（1）时间关系：事件时间分为检测时间和发生时间，检测时间是指事件被系统检测到的时间，而发生时间是指事件发生的时间。无论是检测时间还是发生时间都有两种表达方式：点时间和区间时间。有文献（Galton et al，2002）说明了点时间和区间时间的区别。

（2）层次关系：主要用来描述事件的逻辑层次关系。一般来说，从物理环境或者信息系统中直接得到的事件属于比较底层的事件，而用户一般比较关心高层的、抽象级别较高的事件。这样，所能得到的数据与人们期望的信息之间存在着一定的距离。利用一定的抽象规则，将底层的事件抽象为较高层次的、用户更为关注的事件，可以提高用户理解系统的能力，为用户提供不同层次视图来观察理解系统，同时也可以提供个性化的层次视图；在必要时，用户可以从高层的事件追溯到与之关联的底层事件，这就是问题溯源功能。本文的层次视图主要是指利用聚合规则将底层的事件聚合成高层复合事件，并分析高层事件，必要的时候利用问题溯源跟踪底层事件。

（3）因果关系：是事件之间的一种依赖关系，比如事件 A 引发事件 B，就说事件 A 是事件 B 的原因，而事件 B 是事件 A 的结果。也就是说，事件 B 的发生依赖于事件 A。因果关系分为直接因果关系和间接因果关系。直接因果关系是指原因事件和结果事件之间没有其他事件，即原因事件实例是结果事件实例因果向量中的一个元素。用符号$\rightarrow$表示，例如 $e_1 \rightarrow e_2 \Rightarrow e_1 \in e_2 \cdot causal$。间接因果是指原因事件和结果事件之间还有其他中间事件，这样间接原因事件的实例不属于结果事件实例因果向量中的元素，用$\xrightarrow{\cdot}$表示，即 $e_1 \xrightarrow{\cdot} e_2 \Rightarrow \exists e_i, i \neq 1,2$ 使得 $e_1 \rightarrow e_i \wedge e_i \rightarrow e_2$，同时 $e_1 \notin e_2 \cdot causal$。

有文献（Luckham，2002）中公理证明：因果关系和时间关系之间存在着内在的一致性，如果事件之间存在因果关系，那么原因事件的开始时间肯定早于结果事件的开始时间，即 $e_1 \rightarrow e_2 \vee e_1 \xrightarrow{\cdot} e_2 \Rightarrow T_b(e_1) > T_b(e_2)$。这里所说的开始时间和结束时间都是指事件的发生时间，而不是检测时间。

因果关系分为静态因果关系和动态因果关系两种。静态因果关系是指因果关系在任何情况下都成立；而动态关系是指因果关系只在特定的环境下才成立，因此当环境变化了，因果关系也就不成立了。实际系统中的因果关系绝大部分都是动态的因果关系，这就是指因果关系的动态性。牛肉生产企业供应链系统就具备这种动态性。

在构建事件层次结构时，复合事件与它的组成事件之间实质上是一种因果关系。在这里，本文将处于同一个逻辑层次里面的事件之间的因果关系叫做水平因果关系。而在构建层次结构时，由于事件的原因和结果处于不同的逻辑层次，事件聚合形成的因果关系叫做垂直因果关系。最后，将较高逻辑层次中同一层次内的复合事件之间的因果关系叫做推导因果关系，这是因为高层的复合事件是由底层的原始事件聚合而来的，复合事件之间的因果关系都蕴含在底层的原始事件之间的因果关系中。推导因果关系又可以分为强推导因果关系和弱推导因果关系，强推导因果关系是指高层事件的因果关系完全能够从底层事件的因果关系推导而出。（这里事件聚合是指原始事件或者复杂事件之间通过事件操作符连接在一起，形成新含义的事件。）

这里定义强推导因果关系：任给事件 a、b，其中 $a \cdot causal = \{a_1, a_2, a_3, \cdots\}$，$b \cdot causal =$

$\{b_1, b_2, b_3, \cdots\}$，如果 $\forall i, j, a_i \to b_j \vee a_i \xrightarrow{\cdot} b_i$，那么 $a \xrightarrow{\cdot} b$，也就是强推导因果关系。反之，弱推导因果关系：任给事件 a、b，其中 $a \cdot causal = \{a_1, a_2, a_3, \cdots\}$，$b \cdot causal = \{b_1, b_2, b_3, \cdots\}$，如果 $\exists j$，使得 $\forall i, a_i \to b_j \vee a_i \xrightarrow{\cdot} b_i$ 都不成立，并且 $\exists k, m, a_k \to b_m \vee a_k \xrightarrow{\cdot} b_m$，那么 a、b 是弱推导因果关系。

如图 5.4 所示，E_{15} 与 E_{11}、E_{12} 之间的因果关系是水平因果关系；E_{22} 与 E_{11}、E_{12} 之间的因果关系是垂直因果关系；E_{22} 与 E_{23} 之间的因果关系是强推导因果关系，因为 E_{22} 与 E_{23} 之间的因果关系可以由 E_{11}、E_{12}、E_{15}、E_{16} 之间的因果关系直接推导而出，而 E_{22} 与 E_{24} 之间的因果关系是弱推导因果关系。

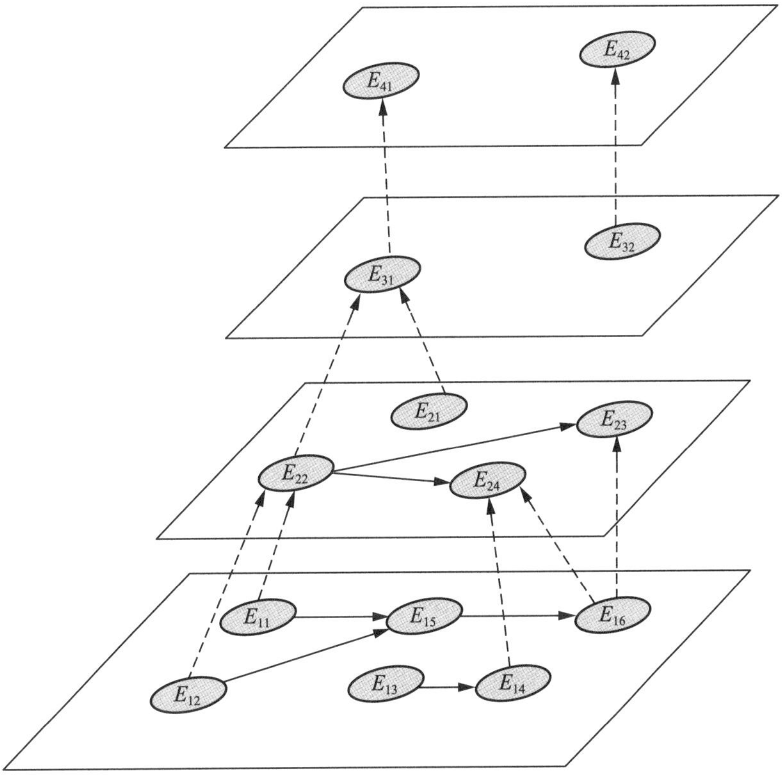

图 5.4 事件的水平因果关系和垂直因果关系

事件分析是指分析大量事件实例之间存在的因果关系、层次关系，使用户能够更好地理解系统，为他们提供层次化、个性化的系统视图，当系统发生问题时，能够协助他们快速、准确地确定问题原因。事件因果关系的分析具有如下优势：

(1) 问题溯源。事件因果关系分析最重要的功能是分析系统的动态行为，找出系统宏观现象下的本质原因，比如：为什么牛肉质量不合格、为什么牛肉重金属含量会超标，质量信息数据为什么缺失等。如果每个事件都将引发它的原因事件保存在它的因果向量里，那么就会很容易分析系统问题的根本原因。事件因果分析的主要任务就是分析出事件实例的因果关系，尽可能地找出每个事件实例的因果向量。

(2) 减少问题的搜索空间。单依赖事件因果向量来寻找牛肉质量安全的根源是不太现实的，因为目前还无法分析出所有牛肉质量安全事件的因果向量。不过，在问题溯源的时候，可以将主要精力集中在因果向量以及与因果向量相关的事件里寻找原因事件，而不用全部遍历地搜寻。

(3) 在问题搜索的时候提供优先顺序。在问题溯源的过程中，事件的因果向量可以作为第一个需要搜索的目标，然后再查找与因果向量事件相关的其他事件。

(4) 知识提取。通过对事件数据和行为数据的因果分析，可以得到牛肉质量安全因果作用规律，深入挖掘系统运行的内在规则，形成知识库。对事件和行为的分析是其他因果分析当中往往容易被忽略的一点。

5.2.1.2 牛肉质量安全事件因果追溯分析的层次性

进行牛肉质量安全事件因果追溯分析时，牛肉质量安全问题的发生特性以及供应链系统本身具备的层次性决定了因果追溯具有不同的层次。牛肉生产企业复杂供应链系统由多个独立环节构成，需要有一种方式将这些独立的组织建立起联系，并且能够反映出它们之间的复杂关系、内外部的信息流动等。可以将供应链的这种宏观关系分为数据层、控制层、信息层和交互层四层来表示(图 5.5)。该四层模型揭示了供应链的信息流动特性。最初的数据层以及内外部需求决定了控制层的形式，继而确定了有什么样的数据信息。不同信息系统之间的交互又对信息的进一步流动提出了要求，因此还需要有交互层。对于牛肉供应链的质量安全事件检测与追溯问题来说，信息交互尤为重要。下面将对四个层次的具体建立过程详细说明：

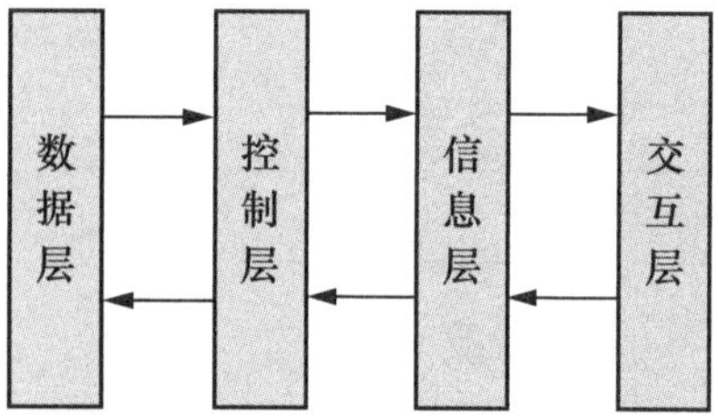

图 5.5 追溯分析的层次结构

数据层：用来具体描述供应链内部过程以及过程之间的物理层面的关系，包括产品的产地、来源、各环节的生产类数据以及质量安全数据等。这些信息之间是相互关联的，并且可能存在交叉和重叠。其中，产品来源是指产品的源头，对于牛肉来说，是指牛肉的繁育和饲养地点以及繁育人员等。过程层的信息通过考查各个环节获得。过程层与控制层的对象特性发生关联，保证数据层符合数据完整性的性能要求。

控制层：指的是产品本身和生产过程的属性，包括可见和非可见属性。可见属性为产品外在特征，如牛肉的批次等溯源信息，表示牛肉质量的色泽、新鲜程度等信息，而不可见属性则是产品产生过程中的属性，无法直接从产品本身看出，例如肉牛的繁育环境、屠宰卫生条件等。

信息层：在进行牛肉质量安全追溯时，信息层根据不同的指令和规则引擎输出查询结果、追溯结果等。

交互层：信息交互层是永久性的信息交互方式，主要以数据模型为核心。

5.2.1.3 牛肉质量安全事件追溯方法选择

牛肉质量安全事件的检测是指实时地检测系统中发生的牛肉质量安全原始事件(系统中最小单位的事件)，一旦满足牛肉质量安全复杂事件模式的事件实例发生，就进行报告。

牛肉质量安全复杂事件的因果分析面临很多实际问题，这些实际问题要求相应的牛肉质量安全事件的表示和检测方法满足几点要求：①支持因果追溯分析的规范化和自动化。很多现有的因果追溯分析方法都要求以企业管理人员和用户为主导，这对管理人员和用户本身具备的能力提出了很高的要求,增加了使用难度。因此,分析方法应能够在规范化、自动化方面发挥作用,通过规范化的过程自动处理和生成所需的数据、信息和知识,尽量降低人为参与的程度,避免人为错误。②使因果追溯分析具备层次性。由于复杂的产品供应链系统中因果关系具备层次性,这种系统—子系统—子系统的层次性是构建供应链系统所带来的,因而因果追溯分析必然具备层次性,这就要求因果追溯分析方法能够应对这种层次性的要求,在方法统一性的基础上考虑不同层次的质量信息数据所带来的影响。③能够支持数据、信息、知识分析及其应用。因果追溯分析是一种基本的质量信息结果分析方法,其目的是对数据进行因果解释,包括现象解释和规律解释,也就要求追溯分析方法支持数据、信息和知识 3 个层面的结果分析。

在牛肉质量安全事件的检测方面,目前的研究主要有 3 种方式,即有限状态机、Petri 网、树和图的表示方法。有限状态机的表示方法主要是指将复合事件看作正则表达式,直接使用有限状态机来实现事件表达式;Petri 网的方法是指对每一个事件模式创建相应的 Petri 网,输入库所表示原子事件,输出库所表示复合事件;树和图的方法是指复合事件模式表示为匹配树,在匹配树中,叶节点表示原子事件,其他节点表示复合事件。

比较上述 3 种方法,分析如下:

(1) 有限状态机不适合全局事件检测。因为,首先有限状态机对于顺序行为的识别比较有效,但是不能用来表示并行事件;其次,有限状态机的顺序性要求按照事件发生的顺序来进行事件评估,这就使得所有相关事件在进入状态机之前必须排好序,后来的事件必须要求事件检测过程回滚。

(2) Petri 网能够表示顺序和并行的系统行为,而且能够使用不同的线程来并行地评估 Petri 网模型,因此适合于全局事件检测,特别是适合于并行系统的建模和分析。

(3) 树结构是事件检测的基础。扩展的树结构能够对顺序和并行行为进行建模,树的不同分支能够并行地进行,因此扩展树结构适合于全局事件检测。本研究采用基于生成树结构的牛肉质量安全复杂事件表达方式,以及基于改进的最小生成树算法的牛肉质量安全事件检测与追溯方法。

5.2.2 生成树及最小生成树

5.2.2.1 生成树结构及最小生成树算法

图论是数学里的一门分支,从 1736 年诞生后早期发展缓慢,到 20 世纪中期开始,由于计算机科学的迅速发展,图论进入了高速发展的阶段,并广泛地运用于各个领域(黄宗君,2003)。图论能够简洁、方便、形象、生动和直观地描述许多自然现象和人类社会的诸多问题,包括物质结构、电气网络、城市规划、交通运输、信息传输和变化、经济管理和计算机科学等。图论已成为研究自然科学、工程技术以及社会科学问题的重要工具。图论涉及的图不是一般几何学中的图形,在图论中图的点、线均被赋予独特的含义,用来表达某类事物之间的某种联系,这些反映实际问题特性的点和线组成的集合就成为图论研究的对象。应用图论来研究复杂的经济和社会系统存在着巨大的潜力,在这些系统的设计管理优化中,图论及其有关算法起着重要的作用。因为图论在解决系统事件处理问题方面的优点,这里将图论的方法和理论引进牛肉质量安全事件因果关系检测与追溯分析中,以求解牛肉供应链这个特殊系统的图问题。

图论中,树(tree)定义为一个无回路的连通图(connected acyclic graph)(没有确定根)。此定义暗示了如果沿着树的根出发往下走,最终不会回到根,也不会形成一个回路。在图论中,图 $G(V,E)$ 的子图(subgraph)指一个图 H,满足以下条件:节点集合 $V(H)\subseteq V(G)$,边集合 $E(H)\subseteq E(G)$,并且 H 中边的端点(endpoints)与 G 是一样的。图 $G(V,E)$ 的生成子图(spanning subgraph)是指具有节点集合 $V(G)$ 的子图。如果连通图 G 的一个子图是一棵包含 G 的所有顶点的树,则该子图称为 G 的生成树(spanning tree)。图的生成树不唯一。从不同的顶点出发进行遍历,可以得到不同的生成树。在图 $G(V,E)$ 中,如果边 $(u,v)\in E$,并且此边上的权重为 $w(u,v)$,那么其生成树上的权重和为

$$w(T)=\sum_{(u,v)\in T} w(u,v) \tag{5.5}$$

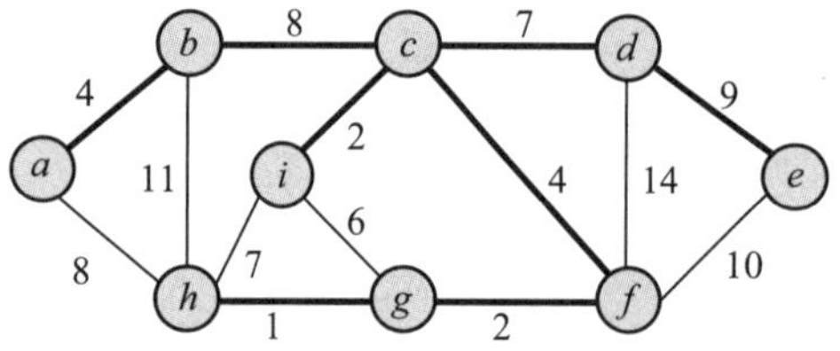

图 5.6　最小生成树示例

权最小的生成树为 G 的最小生成树(minimum spanning tree)。最小生成树可简记为 MST。图 5.6 所示是一个比较简单的连通图,9 个节点,14 条边,每条边上都有权重,最小生成树就是覆盖所有节点,并且权重和最小的一棵树,如图 5.6 中粗线条所示。

最小生成树遍历了图 G 中所有的节点,并且含有极值特性,因此可以对应供应链各层次中某个具有同质特性的区域,即各个层次中的具体对象和行为事件。从抽象角度讲,通过生成树方法可将牛肉质量安全追溯问题转换为求这个由最小生成树构成的路径的问题。边上的权重可表示搜索路径的长度或者效率。一方面求取牛肉质量安全因果关系,一方面通过求供应链网络每层次当中的最小生成树达到加速求解追溯问题的目的。

求解最小生成树问题的算法有很多种,包括 Kruskal、Prim、Boruvka、Tarjan 等。每个方法使用不同的策略按权重选择特定的边构成最小生成树,有的使用特定的数据结构来加速算法的运行,因此它们的速度在不同的情况下稍有差别。这里引用 Kruskal 算法,并使用这个算法来构成追溯算法。Kruskal 算法使用一个互斥集(disjoint-set)数据结构。互斥集是一个包含若干个互斥动态集合的集合,即 $S=\{S_1,S_2,\cdots,S_k\}$。动态的含义指不仅集合元素 S_k 的大小可以变化,而且个数也可以变化。集合 S 中的每一个元素可以由一个物体来表示,对应图来说是一个节点,而对应牛肉全过程信息链来说就是牛肉的不同状态和状态变化,即事件节点。每个集合 S 都有一个代表元素,可以是这个集合中的任意元素。

5.2.2.2　生成树数据结构

上述 Kruskal 算法的计算速度由其实现的数据结构所决定的,因此数据结构对它来说非常重要。Kruskal 算法使用的 3 个基本操作又称 union-find 问题,此问题可以使用链表来求解,但是到目前为止最快的实现方式是使用启发式方法的互斥集合(disjoint-set forest)。

互斥集合使用有根树(rooted tree)来代表集合,一棵树对应一个集合。树中的每个节点都指向一个父节点,根是一棵树的父节点,并且根是它自己的父节点,集合与集合之间没有相同元素。使用互斥集合之后,3 个操作中 Make-set()和上面的作用相似,它只是创建只有一个节点的树;Find-set()找节点的父节点,一直找到根为止,这个寻找路径上所有的节点构成一条寻找路径(find path);而 Union()操作是将一棵树的根节点指向另外一棵树的根节点。图 5.7(a)

表示的是互斥集合，2 棵树代表 2 个集合，集合{a,b,c,d,e}的父节点是 c，集合{f,h,i,j}的父节点是 f；图 5.7(b)表示的是 Union(x,y)，x,y 分别为 2 个集合中任意节点。

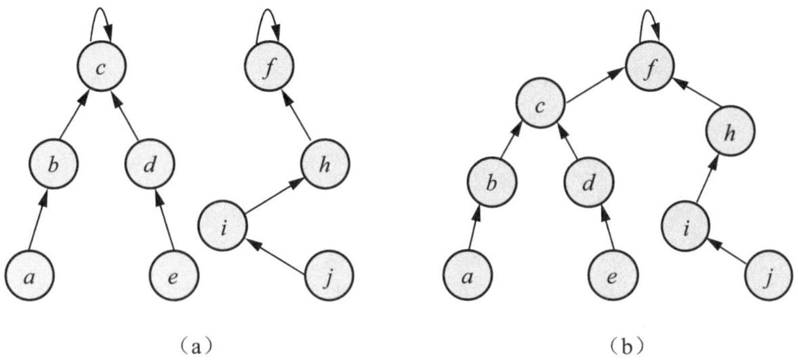

图 5.7 互斥集合的操作

以下两方法的数据结构可以使算法加速。这两个方法为按级合并(union by rank)和路径压缩(path compression)。按级合并的目标是将节点少的根节点指向节点多的根节点。级别(rank)是指每个节点高度(height)的上边界，而不是指以此节点作为根节点的子树的大小，在这里每个节点的高度指从此节点到叶节点的最长向下路径中边的数目。使用级别的概念就不必每次计算每个节点所在子树的大小，从而简化了算法。这样，按级合并的最终效果是，将级别小的根节点指向级别大的根节点，即成为它的一棵子树。

路径压缩是一个非常有效的方法，在 Find-set()操作中将寻找路径上的节点直接指向根节点，但是不改变任何级别。图 5.8 所示为路径压缩的一个例子，每个节点下的三角表示指向这个节点的子树，(a)表示一个寻找路径，(b)表示在 Find-set(a)操作之后经过路径压缩形成的新的树结构，注意每个节点的级别没有改变。

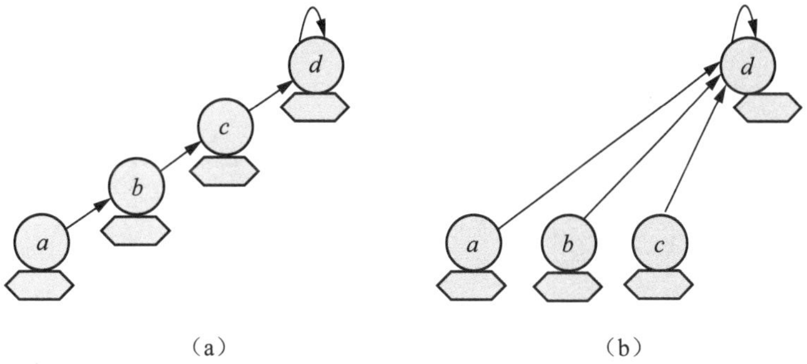

图 5.8 路径压缩

5.2.3 基于扩展生成树结构的牛肉质量安全事件因果追溯方法

5.2.3.1 牛肉质量事件生成树结构及元素扩展

由于牛肉生产企业供应链系统中事件行为和事件间的交互构成无回路的连通图，质量信息的发生和交互体现了行为及因果关系，本研究选定基于图论的生成树模型作为描述牛肉生产企业质量安全复杂事件的基本蓝图并进行扩展，用生成树关系来描述行为及因果关系，通过求解最小生成树的方法来解决牛肉质量安全事件因果检测与追溯问题的搜索效率。

对于生成树结构的选取，首先需要统一描述牛肉质量安全复杂事件系统中发生的实体行为。行为一般可以通过事件、活动、状态、进程等形式来表示。事件和状态是其中最基本的信息，事件主要是状态发生质变的一种刻画，包含了质变关键点的状态，在因果追溯中，关注的一般不是中间状态，而正是状态发生质变的部分。状态及其变化可以通过事件的属性或事件本身来描述；事件与活动可以相互转换，两个连续的事件可以组成一个活动；若干活动序列组成牛肉生产企业供应链各个环节中的进程，同样也可以转化为生成树来描述。所以以图论中的顶点作为描述牛肉质量安全事件的基本单元，边作为描述状态和行为变化的基本单元，用生成树表示牛肉质量安全复杂事件和活动。

选取生成树结构来表示牛肉质量安全复杂事件，一方面考虑生成树可以包含关键的状态，可以构成活动和进程，如果用户需要以其他形式的行为考察因果关系，很容易对其进行相应的转化，这样也保证了模型在描述因果关系方面具有一定的全面性和延伸能力；另一方面，它对流通关系的描述很容易转化为因果关系，从而可以包含追溯分析所需的因果信息。

采用树形结构——生成树来作为牛肉质量安全复杂事件的表达式，首先解决单个事件模式和多个事件模式的树形表示问题。

对于单个事件模式的表达：首先将表达式进行语法分析形成生成树结构。例如：AND(AND(E_1,E_2,),E_3)，它的树形如图5.9表示。

如果多个事件模式共享子表达式，可以合并组成一个事件模式的聚合树结构，例如AP_1=AND(AND(E_1,E_2,),E_3)，AP_2=AND(E_1,E_2)。在聚合树结构中，使用应用节点(用六边形表示)来表示整个事件模式，从而在同一个聚合树结构中区分不同的事件模式，如图5.10所示。

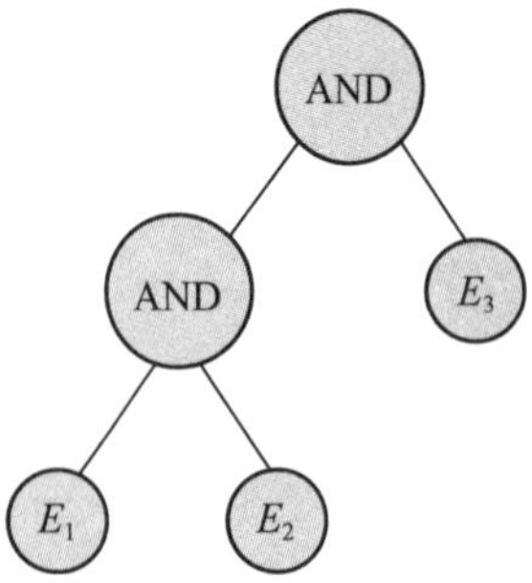

图5.9　单个事件实例图

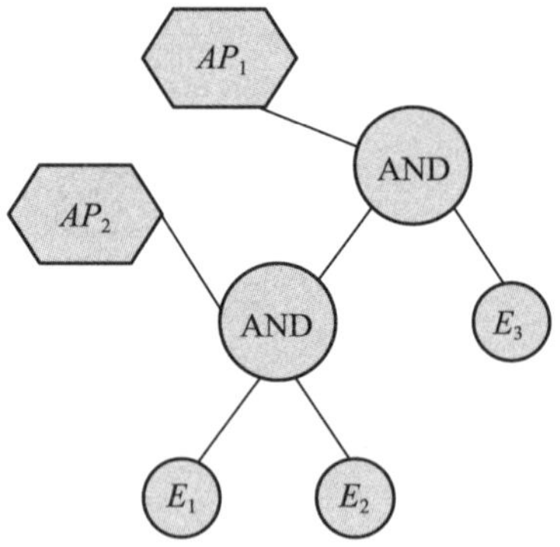

图5.10　聚合树实例

生成树采用顶点和边对牛肉生产企业供应链系统各个环节进行表达，满足对追溯建模中因果关系的基本要求。但是它描述的事件和关系相对简单，描述的信息非常有限，并非因果关系的显式表达。因此，若采用生成树方法描述牛肉质量安全事件的因果关系，必须对生成树进行一定的扩展和算法改进。根据以上要求，下面将对所需的扩展生成树要素分别进行描述。

(1) 事件节点:事件节点是图论中的重要图元之一,它表示某个事件类型/实例。一般地,事件节点只是一个事件例程的标志,它包含系统状态变量的变化。这里的事件使用六元组进行描述。考虑到牛肉生产企业的业务特点,需要将事件区分为内部事件与外部事件,因此这里将事件表示方式进行扩展,采用不同的图元方式表示内/外部事件,内部事件采用圆形表示,外部事件采用方形表示。

(2) 因果边:在生成树图中,每一条因果边相当于一个函数,从一个事件节点连接到另一个事件节点。图元采用箭头表示。根据因果关系的定义以及牛肉质量安全事件的自身特点,因果边还可具有时间特性、条件特性以及概率特性等,其完整的表达式为:$Tr_{ij}=(N_i,N_j,Cond_{ij},t_{ij},p_{ij})$,其中 N_i,N_j 为因果边;$Cond_{ij}$ 表示因果关系发生或激活条件;时间 t_{ij} 表示节点 j 事件发生时刻相对于节点 i 事件发生的延迟时间;p_{ij} 表示概率参数,$p_{ij}\in(0,1)$,表示节点 i 事件发生与节点 j 事件发生之间的概率关系。它包含两种含义,既可以表示因果概率,即表示节点 i 事件发生后,当 $Cond_{ij}$ 不为假时触发节点 j 事件的概率;也可以表示因果强度,即表示节点 j 事件发生,当 $Cond_{ij}$ 不为假时由节点 i 事件触发的概率。

(3) 标准扩展生成树结构:扩展生成树结构由有限的节点集 N 和有限的因果边集 R 组成。各节点通过有向边相互连接,形成一个有向图(N,R)。图中节点集由表示事件的事件节点和表示逻辑关系的逻辑节点所组成;因果边集 $R=\{Tr_{ij}\}$。

将牛肉质量安全事件表达扩展生成树按照牛肉供应链的多层次进行扩展。按照牛肉供应链的层次,在数据层、控制层、信息层和交互层上,分别运用不同形态的生成树结构;按照水平因果关系和垂直因果关系,牛肉质量安全事件的扩展生成树结构形成复合规则金字塔式的牛肉质量安全因果分析模型,如图 5.11 所示。

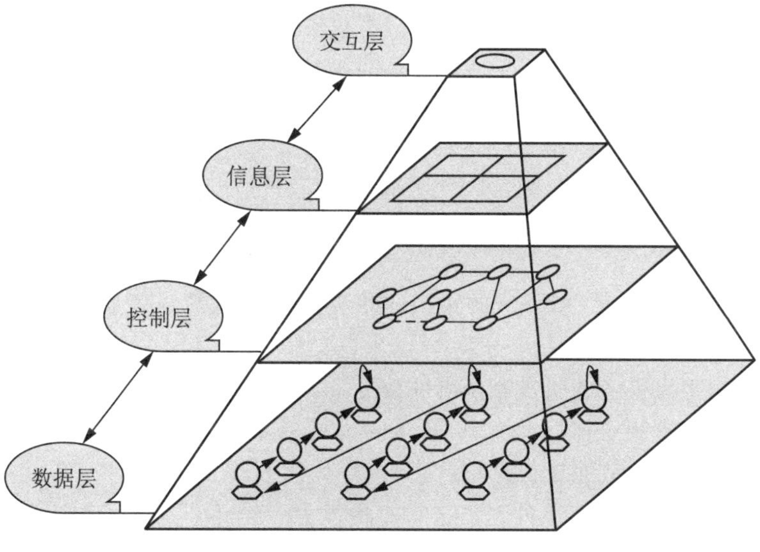

图 5.11 基于扩展生成树结构的因果关系模型

5.2.3.2 基于扩展生成树结构的牛肉质量安全事件追溯流程

由于基于改进最小生成树算法的计算结果都是可行解,而不像遗传算法一样存在大量不可行解并需要对交叉、变异结果进行修复，所以可以大大减少多阶段追溯解空间，减少计算量。针对单环节检测与追溯，不论条件之间是否相关，只要采用各种可能性全排列的方式构成复杂事件，则总是可行的。但是在多环节、多层次的规则金字塔式系统中，用全排列的方式构成检测事件，则数量非常之多。牛肉全过程信息链就是包含养殖、屠宰、加工、运输和销售等多个环节的多层次、多环节系统。因此，利用金字塔空间中各个事件节点之间的相关性，可以滤除不可能组合，有效减少事件个数，从而提高计算效率。

根据牛肉质量安全事件扩展生成树结构，从根节点到各个叶节点的每一条可行路径对应的各级节点组合，都对应肉牛和牛肉在各个阶段发展演变的一种情形，该路径上的各个分支的权重之积反映该演变情形的概率。用单行 $M+1$ 列的向量 a_{ij} 表示第 i 个节点的第 j 种可能演变，其中 a_{ij} 的各个元素分别表示节点状态，$a_{ij,M+1}$ 为实数，表示该演变情形的概率和因果强度。从根节点到各个叶节点的所有可行路径反映了节点事件的所有演变情形，用一个 K 行 $M+1$ 列的矩阵 A_i 表示，即

$$A_i=\begin{bmatrix} a_{i1} \\ a_{i2} \\ \vdots \\ a_{ik} \end{bmatrix}=\begin{bmatrix} a_{i1,1} & a_{i1,2} & \cdots & a_{i1,M+1} \\ a_{i2,1} & a_{i2,2} & \cdots & \cdots \\ \vdots & & & \vdots \\ a_{ik,1} & \cdots & \cdots & a_{ik,M+1} \end{bmatrix} \tag{5.6}$$

其中 k_i 为第 i 个节点具有的可行路径数量。

定义一个 $N\times K\times(M+1)$ 的三维矩阵 A 反映各个节点的所有演变情形，即

$$A=[A_1 \quad A_2 \quad \cdots \quad A_N]=\begin{bmatrix} A_{11} & A_{21} & \cdots & A_{N1} \\ A_{12} & A_{22} & \cdots & A_{N2} \\ \vdots & & & \vdots \\ A_{1K} & A_{2K} & \cdots & A_{NK} \end{bmatrix} \tag{5.7}$$

其中 N 为节点总数。A 中的元素 $a(i,j,h)=a_{ij,h}$。当 $h<M+1$ 时，$a(i,j,h)$ 反映第 i 个节点的第 j 种可能演变在第 h 个环节的值；当 $h=M+1$ 时，$a(i,j,h)$ 反映第 i 个节点的第 j 种可能演变的因果概率和因果强度。因此，考虑节点的自相关特性后，各个阶段的可能事件是各个节点的各种可能演变的组合，用 $P[A]$ 表示，实际上是从 $A_1\sim A_N$ 分别抽出向量进行的组合，最终构成节点组合空间。

利用生成树进行多层次、多环节的牛肉质量安全追溯的算法流程如图 5.12 所示，步骤如下：

第 1 步　根据牛肉供应链质量安全事件数量 N、因果边以及可能路径确定可能事件 G；

第 2 步　分别计算第 i 和第 j $(j>i)$ 环节的可能事件，得到节点的所有可能路径，即所有可行解。初始时是当前环节或者为空集；

第 3 步　从 G 中选择一个事件起点进行牛肉质量安全事件检测，确定迭代次数初值 $k=1$，$i=1$，保留所有可行解，排除相同方案，并按照因果频率和强度分别进行排序，达到收敛精度时则退出；

第 4 步　判断所有可行事件遍历完毕，计算各事件中各个环节、层次的总因果概率和强度，期望最小的方案作为最佳检测与追溯结果。

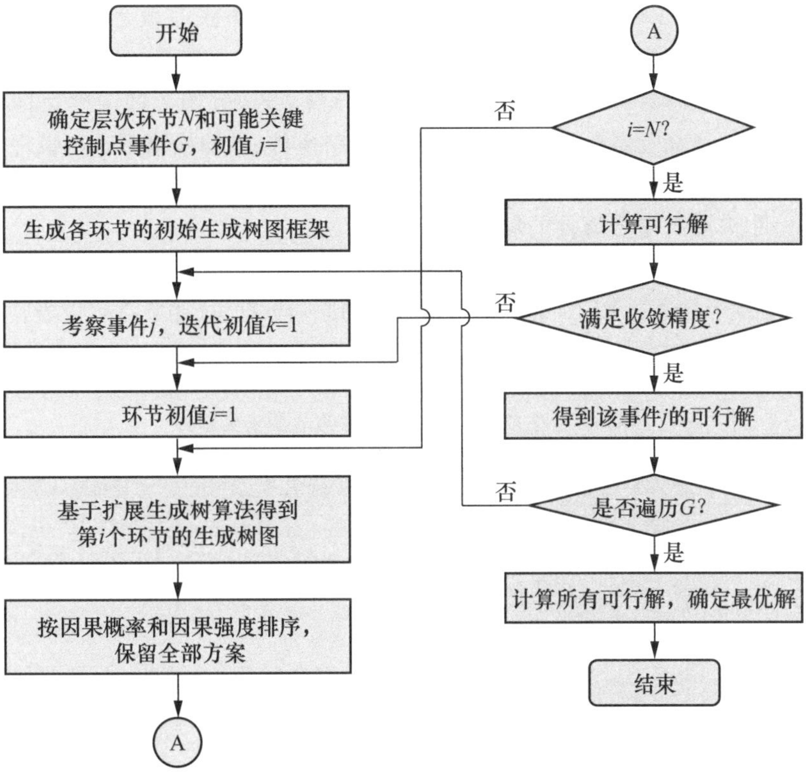

图 5.12 多层次、多环节牛肉质量安全事件检测算法流程图

5.2.4 牛肉质量安全事件综合分析法与应用案例

正如前文所述，牛肉质量安全因果关系是牛肉质量安全事件实例之间的依赖关系，当系统发生问题时，利用事件之间的因果关系找到问题的根源。在大量的牛肉质量安全事件实例中，研究确定它们之间存在的因果关系和层次关系，可以为用户提供层次化视图和个性化视图，以便更好地理解牛肉生产企业产品质量的运行情况，发现其中蕴含的机会和风险以及问题的根源。

牛肉质量安全事件的多层次关系也可以看作是垂直因果关系，同一层次中事件之间的因果关系是水平因果关系。这里结合实例阐明基于层次分析和因果分析的牛肉质量安全事件的综合分析方法，综合利用事件的时间关系、因果关系和层次关系来实现问题溯源。

需要说明的是，这里给出的案例是应用 RFID 的牛肉生产企业质量管理信息系统，其中 RFID 的应用产生大量的数据，这些数据可以抽象为事件信息。

5.2.4.1 案例描述

山东某牛肉生产企业是当地产业支柱，主要生产冷冻分割牛肉等。这种生产方式完全按照订单生产，过程复杂，批量精细，自动化程度高。牛肉加工一般过程可以描述为：活牛待宰—牛体称重—活牛屠宰—电刺激—头部预剥皮—结扎食管—剥左后腿皮、去左后蹄—去牛角、去前蹄—剥右后腿皮、去右后蹄、去生殖器—结扎肛门、臀部预剥皮—胸腔部预剥—机器拉皮、劈胸—去内脏—二分体—胴体修整、冲洗—胴体称重—排酸—剔骨分割—包装。

通过每个工位上的 RFID 读写器、手持机或者其他记录方式获取牛肉在每个工位上加工的事件信息，加以参考国家有关检测标准的规定，例如活牛屠宰事件、分割事件、排酸事件、剔骨事件、包装事件、药物残留合格事件、药物残留不合格事件、分割车间温度达标事件、分割车间温度不达标事件、产品金属探测事件、异物检测合格事件、异物检测不合格事件、微生物检测合格事件、微生物检测不合格事件等。

5.2.4.2 **牛肉质量安全事件的层次分析**

根据对牛肉生产企业供应链系统的分析，将整个车间牛肉加工过程中的事件信息分为 4 个层次(表 5.1)，层次 1 是通过 RFID 标签等方式采集的原始数据，这些数据可以看作是事件信息。这些事件具有一致的格式，如前面章节所述，即 RDataAcq(EPC, Location, T, memo)。

表 5.1 牛肉生产企业中的牛肉质量安全事件

层次级别	事件名称	事件符号
层次 4	用户查询	UserQuery
	管理员追溯	ManagerTracing
层次 3	牛肉质量合格	BeefCertified
	牛肉质量不合格	BeefNotCertified
层次 2	活牛屠宰事件	CattleSlaughter
	分割事件	BeefCutting
	排酸事件	TenderingPro
	剔骨事件	BeefUnboning
	包装事件	BeefPacking
	药物残留合格事件	MeReCertified
	药物残留不合格事件	MeReNotCertified
	分割车间温度达标事件	CutTempCertified
	分割车间温度不达标事件	CutTempNotCertified
	产品金属探测事件	MetalDetection
	异物检测合格事件	AdulterantDeCertified
	异物检测不合格事件	AdulterantDeNotCertified
	微生物检测合格事件	MicrobeDeCertified
	微生物检测不合格事件	MicrobeDeNotCertified
层次 1	RFID 等数据采集事件	RDataAcq

RDataAcq 事件是系统中最底层事件信息。这里使用层次分析方法，将 RDataAcq 事件中蕴含的其他事件信息抽象出来，如使用下列规则，将 RDataAcq 事件抽象为层次 2 中的活牛屠宰事件(令 reader04 为其对应的标签信息)，即

EVENT RDataAcq WHERE Reader＝“reader04”

THEN generate CattleSlaughter

同样，利用类似的规则从层次 1 中抽象出层次 2 的其他事件。层次 2 中的事件信息描述了牛肉加工过程中的每个工位的加工处理信息，可以为各类工作人员提供有用信息，如车间工人更多关注的是层次 1 的信息，车间调度人员更多关注层次 2 信息，而高层管理者则更多关注

更高层次的信息。但是，这些事件信息不能描述高层管理者所需的整个加工过程的信息、质量分布情况以及质量安全问题出现的源头等。层次 3 和层次 2 中的事件信息描述了这样的信息。但是，层次 3 中的事件信息不是自然发生地，它是由层次 2 中的事件信息抽象得到的，比如牛肉不合格事件 BeefNotCertified 可能是由下列规则抽象得到的：

EVENT OR（MeReNotCertified，CutTempNotCertified，AdulterantDeNotCertified，MicrobeDeNotCertified）WHERE [EPC]

THEN generate BeefNotCertified

这个规则的含义是：牛肉质量安全事件追溯系统首先检测复杂事件模式 OR（MeReNotCertified，CutTempNotCertified，AdulterantDeNotCertified，MicrobeDeNotCertified），它表示药物残留不合格事件、分割车间温度不达标事件、异物检测不合格事件、微生物检测不合格事件中有一个或者多个事件发生。当系统检测到这个事件模式的实例发生时，就产生牛肉不合格事件。通过上述事件层次分析，可以得到牛肉质量安全事件的层次结构，从而可以为用户提供层次视图。

5.2.4.3 牛肉质量安全事件的因果分析

牛肉质量安全事件层次分析是事件的一种垂直因果关系，而处于同一层次中的事件之间存在着水平因果关系。由于牛肉质量安全事件之间的水平因果关系不是显式表达的，需要首先使用因果分析方法来显式地给出它们之间的因果关系，以便于系统进行问题追溯。

在牛肉生产企业中，根据整个牛肉加工过程的设定，如果微生物检测不合格，一般是因为排酸过程出现了问题，亦即，如果 MicrobeDeNotCertified 发生，它的原因事件为排酸事件（TenderingPro）。但是并不是所有的排酸事件都导致微生物检测不合格事件（MicrobeDeNotCertified）发生，因此，这是一种动态因果关系，只有在特定的环境下因果关系才成立。为了给出 MicrobeDeNotCertified 事件的原因事件，使用如下规则：

EVENT SEQ（TenderingPro，MicrobeDeNotCertified）WHERE [EPC]

THEN MicrobeDeNotCertified. causal＝TenderingPro

这个规则的含义是：如果 TenderingPro 事件与 MicrobeDeNotCertified 事件顺序发生，并且 EPC 属性值相同，那么就将 MicrobeDeNotCertified 的因果向量设置为 TenderingPro 事件实例。同样地，可以采用类似的方法给出系统中其他事件之间的因果关系。

接下来，针对牛肉生产企业海量事件的特点，运用上面章节提到的改进最小生成树算法进行搜索，提高牛肉质量安全事件因果追溯的效率和精度，详见前面章节的算法流程。

5.2.4.4 牛肉质量安全事件分析的作用

通过对牛肉质量信息系统中产生的质量安全事件进行层次分析和因果分析，可以得到事件的层次结构和因果关系，有了这些，可以为牛肉质量安全可追溯系统带来很多优势。

一方面，经过层次分析和因果分析的事件实例构建了事件的层次结构，为牛肉质量安全可追溯系统不同层次的用户（车间工人、调度员、高层管理人员等）提供不同的视图，如图 5.13 所示。通过这种层次视图，当系统中有新的牛肉质量安全事件实例发生时，会主动、实时地发送给相关人员，以便实时地进行查询、追溯等操作，掌握牛肉生产企业的状况。

另一方面，使用事件的层次结构和因果关系实现牛肉质量安全问题的溯源。当牛肉生产企业发生问题时，能够快速、准确地协助有关人员找到问题的根源。例如牛肉质量不合格事件可能由药物残留、微生物检测、异物检测不合格等一个或者多个事件构成，而且如果微生物含

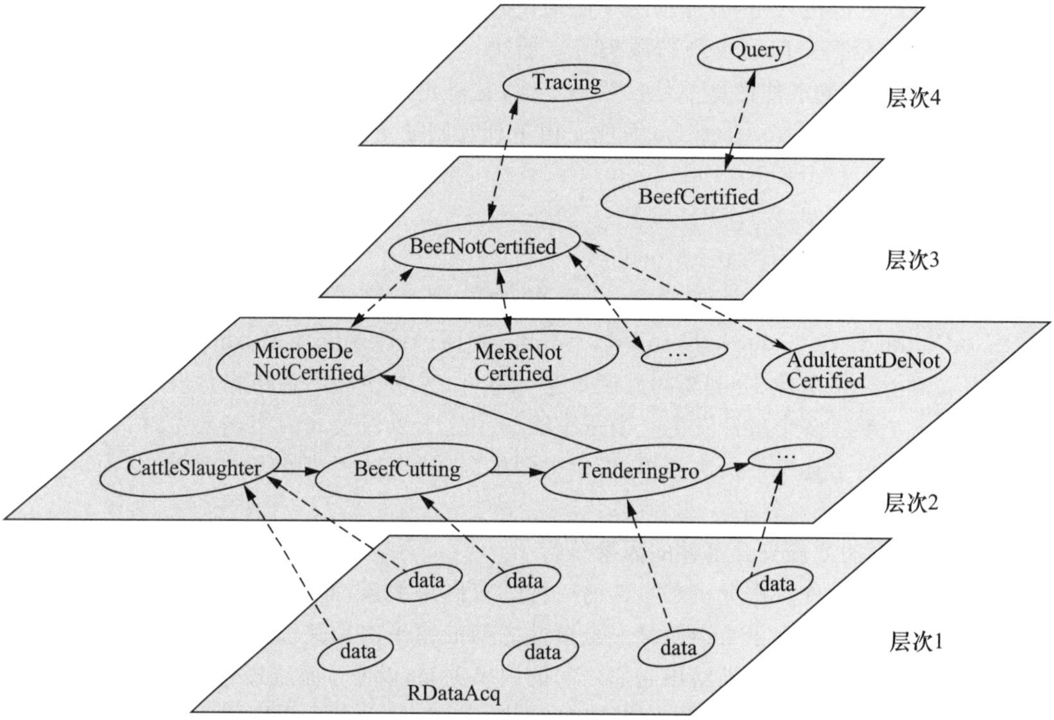

图 5.13　牛肉生产企业质量安全事件因果关系层次视图

量检测不合格事件发生，是因为排酸(TenderingPro)温度事件造成的。在牛肉生产加工过程中或者加工完成后，如果有关人员发现某批次牛肉质量不合格，在进行追溯操作时，能够根据系统提供的事件层次结构，快捷地找到不合格牛肉是因为微生物含量检测不合格，而这个事件是由排酸过程温度过高引起，从而最终确定质量问题的原因，并且可以根据排酸事件实例，找到具体的操作车间和工作人员。由此，可以为分析、理解和完善牛肉生产企业质量信息系统提供重要的方法和技术支持。

5.3　基于粗糙集理论的牛肉质量安全因果知识获取

牛肉质量安全事件的因果关系分析为追溯问题提供了重要的方法和技术。但也要看到，牛肉质量安全事件因果关系大量存在，并且作用关系和顺序错综复杂，这将导致很难直接分析它们之间的因果关系。对此，一方面，通过对牛肉生产过程的详细分析可以进一步进行解释和说明结果，另一方面，通过对牛肉质量安全事件和过程数据的深度挖掘，得到牛肉质量安全因果作用规律，获取牛肉生产企业供应链系统运行的内在规则，由此形成知识库，将会大大提高牛肉质量安全追溯的精度和效率。

前面提到的扩展生成树结构是一种事件及其因果关系的描述，据其追溯或知识提取可以获得部分因果知识，并且具有很强的因果关联特性。而当系统非常复杂时，随之而来的问题就是：如何从繁杂的扩展生成树结构中得到简单明了的因果知识。粗糙集具备处理质量信息系统中不确定知识的优势。将粗糙集与因果关系分析理论相结合，不但可以丰富知识获取的手段，而且得到的知识能更好地用来对牛肉质量安全问题进行解释和说明。因此，下面将就粗糙集理论在牛肉质量安全因果知识提取中的应用进行深入探讨。

5.3.1 粗糙集理论在牛肉质量安全因果知识提取中应用的难点问题

因果知识来源于因果数据和因果信息，是对因果数据信息的一种有目的的、更深层次的抽象和提炼。牛肉生产企业供应链系统在日常运行中产生大量的运行数据，在这些数据背后隐藏着许多不被人们所了解的信息。粗糙集理论能够进行数据约简，获取规则，是一种非常优秀的数据挖掘工具，在很多领域有了成功的应用。因此，将粗糙集理论引入到牛肉质量安全因果知识提取中，从牛肉生产运行数据中获取知识是非常有研究价值的。

但是在该方法引入过程中，面临以下几个问题。

(1) 如何针对牛肉生产运行数据的特点选择合适的数据预处理方法。

肉牛养殖、屠宰等环节的生产运行数据中，相对于其他一些领域来说，一般采样变量多、采样频繁，导致大量的数据存入数据库，其数据量超过了诸如经济、医疗等领域的数据。以肉牛一般养殖过程数据库为例，数据库中会包括所有肉牛的每日饲料数据、每日消毒管理数据、用药数据等。以本研究中的调研单位为例，其肉牛养殖规模为 5 000 只，每日数据量达数万条。在数据量庞大的基础上，过程数据中各变量之间的关系也是导致问题的原因。

可以看到，在采用粗糙集理论处理牛肉生产运行数据之前必须进行复杂的数据预处理工作。然而由于该类数据的特殊性，原有的在其他领域成功应用的数据预处理方法，在分析处理牛肉生产供应链数据时却很难奏效。因为一般的数据分析办法虽然可以有效地对数据进行分类处理，去除重复数据，但由于没有联系牛肉生产运行过程特点，使得这些分类毫无依据可循，容易产生错误分类。因此，为了分析这些数据，必须通过发现实际系统的潜在特点、数据的隐含构造，然后再运用有效的处理算法降低数据的维度，对数据进行转换。

(2) 如何处理牛肉生产运行数据中连续属性值的问题。

在粗糙集理论中，属性离散化是其重要的方面。运用粗糙集理论在进行知识表达、信息表处理时，各属性值都需离散值表达，而牛肉生产运行数据则是以连续的实数值表示的。从表 5.2 和表 5.3 的对比中可以看到，一般信息表和牛肉生产运行数据表的表值在形式上是不同的，前者记录的是表示属性特征的符号，而后者记录的是表示过程变化状态的具体数值，因此过程运行数据是不能直接用来作为决策表的，需要将这些属性离散化成决策表的形式。然而，属性的离散化过程也是一个分类过程，如何在方便粗糙集理论处理的同时，最大限度地保证数据原始的有用信息不被丢失，是应用粗糙集理论过程中要面临的另一个主要问题。

表 5.2 一般决策表的形式

编号	属性 1	属性 2	属性 3	决策属性
1	1	3	2	1
2	2	2	2	2
3	3	1	3	3
4	2	2	3	4
5	1	3	1	1

表 5.3 肉牛养殖过程数据表

时　间	肉牛编号	用药代号	体温	……
⋮				
2007-2-15 8:00	325730000000001	2	45	…
⋮		2	43	…
2007-2-18 8:00	325730000000001	3	42	…
⋮				

由此可以看出，从牛肉生产企业运行数据到形成牛肉质量因果规则，需要根据研究对象的特点，制定相应的数据处理方法，为知识的提取做好数据准备，流程如图 5.14 所示。

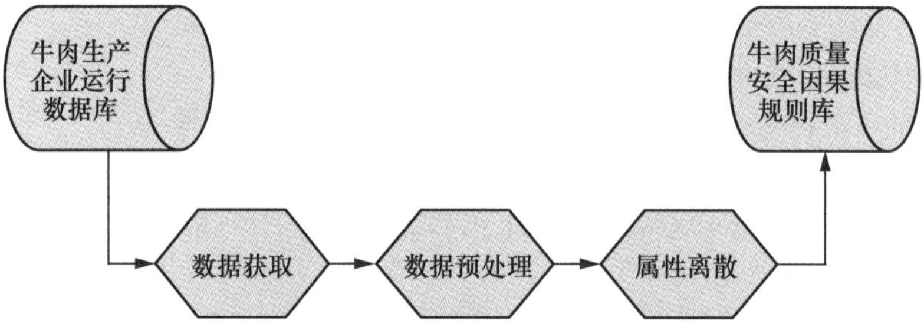

图 5.14　牛肉质量安全因果规则获取的数据准备流程

5.3.2　牛肉生产运行数据信息表的约简方法

粗糙集理论处理数据、获取知识的主要途径是信息表约简。信息表约简能够在保持原信息表分类能力不变的前提下剔除冗余信息，提高规则适应性。在粗糙集数据约简中，信息系统的约简通常不是唯一的，一个信息表可能同时存在几个约简。信息表约简包括属性约简和属性值约简。

5.3.2.1　求核算法

在很多求属性约简的算法中搜索一个属性约简集合通常是从核开始的。通常采用区分矩阵方法，求出信息系统的全部约简，再用求交集的方式求核。但是，由于区分矩阵方法会随所处理的信息系统的大小成指数变化。因此不少学者对区分矩阵方法进行了改进，使得处理信息系统时更简洁。

1. *求核算法一*(Hu Xiaohua，1995)

定义区分矩阵 $M\{d_{ij}\}$ 为

$$d_{ij}=\begin{cases}\{m \mid m\in C: m(x_i)\neq m(x_j)\}, & d(x_i)\neq d(x_j)\\ 0, & d(x_i)=d(x_j)\end{cases} \tag{5.8}$$

在上述定义中，可得该区分矩阵的性质如下：

(1) 区分矩阵是一个对称矩阵；

(2) 区分矩阵的对角元素为空。

与通常意义下的矩阵元素不同的是，区分矩阵的元素 d_{ij} 是条件属性 C 的某个子集。当且

仅当 d_{ij} 为单个属性时，该属性属于核(core)。此求核算法是被广泛引用和使用的算法之一。但是在处理不相容信息表时，算法存在不足。

2. 求核算法二(王国胤，2003)

算法二是基于信息熵的求核方法，该方法弥补了算法一处理不相容信息表时的不足。它的输入为一个决策表 $S=(U,A,V_P,f_P)_{P\subseteq A}$，其中 U 为论域，$A=C\cup D$，C、D 分别为条件和决策属性集；输出为信息熵定义下的核属性 $core_D(C)$。该方法的基本思想是：先设 $core_D(C)=\varnothing$，然后对于条件属性集 C 中的所有属性 r，如果 $H(\{d\}|C)<H(\{d\}|C-\{r\})$，则 $core_D(C)=core_D(C)\cup\{r\}$。

本研究中对牛肉生产运行数据的约简结合采用以上两种求核算法。

5.3.2.2 属性约简及算法

对于决策表，由于有决策信息的加入，其属性约简不同于一般信息表的绝对约简，而是相对约简，即从条件属性中发现必要属性，使得根据这些必要属性形成的相对于决策属性的分类与所有条件属性所形成的相对于决策属性的分类有相同的分类能力。

粗糙集属性约简算法大致可以分为两类：其一是基于属性重要性，根据属性重要性来决定属性约简所应包含的属性；另一类是基于区分矩阵方法，根据区分属性在区分矩阵中的出现频率来决定属性约简所应包含的属性。

1. 基于信息熵的属性约简算法(王国胤，2002)

基于信息熵的属性约简属于基于属性重要性的属性约简。假定 $S=(U,A,V_P,f_P)_{P\subseteq A}$ 是一个决策表，$A=C\cup D$，$R\subset C$。则对于任意属性 $a\in C-R$ 的重要性 $SGF(a,R,D)=H(D|R)-H(D|R\cup\{a\})$。$SGF(a,R,D)$ 的值越大，说明在已知 R 的条件下，属性 a 对于决策 D 就越重要。目前的算法有基于条件属性与决策属性的互信息基础上的约简算法 MIBARK 算法，以及基于决策属性集相对条件属性集的条件熵基础上的约简算法 CEBARKCC 算法和 CEBARKNC 算法(Jackson，1998)。这里采用 CEBARKNC 算法进行牛肉生产运行数据的约简。算法的输入为一个决策表 $S=(U,A,V_P,f_P)_{P\subseteq A}$，输出为该决策表的一个相对约简 B。

CEBARKNC 算法如下：

第 1 步　计算 D 相对 C 的条件熵 $H(DC)$，令 $B=C$；

第 2 步　对于每个 $a\in C$，计算条件熵 $H(D|\{a\})$；

第 3 步　对于每个 $a\in B$，找出条件熵最小的 a，记为 a_{min}；

第 4 步　计算决策属性集 D 的相对条件属性集 B 在删掉 a_{min} 后的条件熵 $H(D|B-\{a_{min}\})$；

第 5 步　若 $H(D|B-\{a_{min}\})=H(D|C)$，则属性 a_{min} 应约简，$B=B-\{a_{min}\}$，否则 $\{a_{min}\}$ 不能被约简，B 不变；

第 6 步　返回第 3 步，直到处理完所有条件属性，B 就是 C 相对于 D 的一个相对约简。

2. 区分矩阵方法(王国胤，2002)

用区分矩阵求知识的约简是 1991 年华沙大学 A. Skowron 提出的。信息系统 $S=(U,A,V_P,f_P)_{P\subseteq A}$，区分矩阵 M 为 $n\times n$ 阶矩阵，对矩阵中每一项 d_{ij}，下式均成立：

$$d_{ij}=\{m\in A: m(u_i)\neq m(u_j)\wedge u_i,u_j\in U\wedge i,j=1,\cdots,n\} \tag{5.9}$$

直观地讲，区分矩阵中的每一项 d_{ij} 表示能把对象 i、j 区分开来的属性集合。对于每一个区分矩阵 D 可以定义它的区分函数 f，它是区分矩阵每一项的和，代表了能区分开所有对象的属性组合。该函数的最小简化的析取范式对应于信息系统 S 的全部约简。算法如下：

第 1 步　计算信息系统 S 的区分矩阵 M；

第 2 步　计算区分矩阵 M 的区分函数 f；

第 3 步　计算区分函数 f 的最小析取范式，得到信息系统的所有约简。

由于区分矩阵方法计算简单，所以被广泛使用。但是其复杂程度随 S 的大小成指数变化。

属性约简可以省略信息表中决策规则获取时不必要的属性，从而实现信息表的简化，并可以获取信息表中各个属性对决策所起作用的重要程度。不过还应看到，属性约简只是在一定程度上去掉了信息表中的冗余属性，信息表中仍包含未充分去掉的冗余信息，因此还不能获取令人满意的决策规则。这就是说还需要进一步对信息表进行处理，从而得到更加简化的信息表，这就涉及信息表属性值约简问题。

属性值约简是在属性约简的基础上对信息表的进一步简化。与属性约简算法类似，在属性值约简中也有核的概念。对于一个信息系统 $S=(U,C|D,V,f)$ 中实例 $x\in U$，有关系 $[x]_C\subseteq[x]_D$ 成立，其中 $C=\{c_1,\cdots,c_n\}$。对于任一条件属性子集 $C'\subseteq C$，$C'=\{c'_1,\cdots,c'_m\}$，如果满足：①$[x]_{C'}\subseteq[x]_D$，②不存在 $C''\subset C'$，满足 $[x]_{C''}\subseteq[x]_D$，则称 C' 为 C 的属性值约简。

属性值约简的一般算法如下（张燕秦，2004）：

第 1 步　约简信息表属性。

第 2 步　考察信息表中每一条数据的每个条件属性。若除去某条件属性后产生不相容记录，则保留该条件属性的原属性值；如果没有不相容记录但是有重复记录，则将该记录的该属性值标记为“*”，将其他数据的该条件属性值标志为“?”。

第 3 步　删除信息表中存在的重复记录。

第 4 步　考察每条含有属性值为“?”的数据。若由保留原值的属性值可以判断出决策，则将所有“?”标志改为“*”，否则将“?”改回原值。

第 5 步　删除可能产生的重复记录及所有的条件属性为“*”的记录。

第 6 步　如果产生表中某条规则（属性，值）对的集合是另一条规则（属性，值）对集合的子集，且两条记录决策属性相同，则删除另外一条规则。

经过以上 6 个步骤，就可以产生表中的所有记录，即原信息表的值约简结果，可以得到牛肉生产运行数据表的约简结果。

5.4　肉类食品追溯系统中的证据融合

本节利用证据理论对追溯证据进行分析和验证，进一步提高追溯的精度和准确度。研究表明肉类食品追溯过程的实质是对肉类食品供应链进行质量安全诊断，对危害模式进行快速定位，而支持这一诊断问题的依据是供应链参与主体提供的各种证据。实际分析过程中存在证据冲突和证据缺失的问题，针对肉类食品追溯过程中证据缺失和证据冲突等问题，建立证据融合模型，并对模型进行实验验证。实例表明所提出的证据融合算法能有效降低复杂多证据条件和风险并发条件下计算的复杂度，提高风险识别率。

5.4.1 证据理论的决策算法分析

前面所提出的肉类食品安全追溯算法模型基础是通过分析危害食品质量的因素，分析获取隐含在其中的关联规则，建立食品生产过程的表现和潜在因素之间的关联关系。此算法的优点是对肉类食品生产过程有详细的分析和判断，但需考虑的问题是专家的经验是否一致、用户的主观判断是否受岗位和责任的影响，而这些经验和判断在质量追溯过程中又是各个追溯单元质量危害风险的证据判断的决策依据。

常规的决策分析理论以概率论和数理统计为基础，该理论认为概率是由事件发生的频率（作为证据）完全决定的，是纯客观的，该理论片面强调证据的作用，忽视人的判决作用。而贝叶斯主观概率理论认为，概率是人的偏好或主观意愿的度量，是纯主观的，即该理论片面强调人的判决作用，而忽视客观证据的作用。证据理论认为，对于概率推断的理解，我们不仅要强调证据的客观化，而且也要重视证据估计的主观性，概率是人在证据的基础上构造出的对一命题为真的信任程度，简称为信度。因此，证据理论可以根据各种资料对系统各个部分状态的概率进行归纳与估计，并做出正确的决策。证据理论是一种关于判决的理论，是一种不同于传统贝叶斯理论的新的概率解释方法，用以将不确定信息进行描述、表示并进行融合。

对于肉类食品供应链过程，本节运用 FMECA（故障模式影响及危害性分析）方法，采用风险分析的形式对食品生产链的各个特定操作程序的潜在危害进行风险（严重度、频度和探测度）评估，从而得出量化指标并确定关键控制点。但在评估的过程中由于时间的限制以及数据的缺乏和不确定等相关问题，会导致决策的不确定以及模糊性，从而给最后的风险分析带来极大的困难，本节针对此问题，采用证据理论的算法来辅助进行信息融合，提高肉类食品生产过程的 FMECA 的结论。

在证据理论中，证据指的是人们分析命题、求其基本可信数所依据的事物的属性与客观环境，还包括人们的经验、知识和对该问题所作的观察和研究。人们通过对证据的分析得出命题的基本可信数分配函数 $m(A)$，如图 5.15 所示。

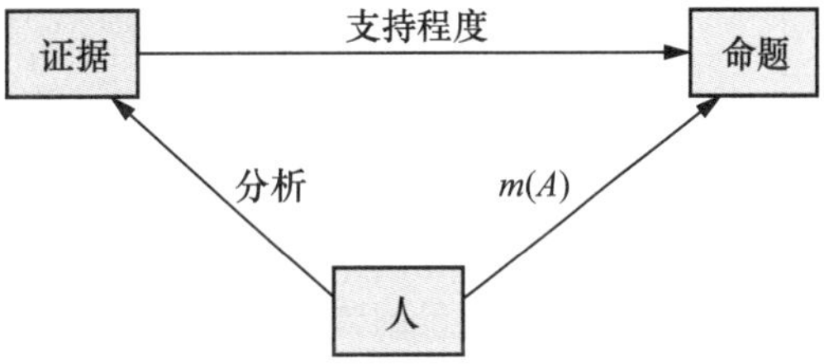

图 5.15 信任度的形成图

对一个判决问题，设人们所能认识到的可能结果用集合 Θ 表示，那么人们所关心的任一命题都对应于 Θ 的一个子集。例如，对于肉类食品变色问题，我们可以根据以往的记录和长期积累的经验知识，确定出如下的可能性集合：

$$\Theta=\{脂肪氧化,储藏时间,氧分压,包装与温度,细菌超标\}$$

而我们所关心的是什么原因导致肉类食品变色，也就是在 Θ 中确定出一个子集。从以上这个例子中可以看出，Θ 中每一个子集均对应于一个命题。将命题和子集对应起来，可以把比较抽象的逻辑概念转化为比较直观的集论概念。

D-S 证据理论是由 Dempster 和 Shafer 提出的，它与贝叶斯理论的区别在于它对证据的概率分布不需要精确了解，减少了主观概率造成的实验误差。设 Θ 是一个有限集，并且 Θ 的

一切子集组成的集合为σ，那么设m是σ在[0,1]上的函数，并且满足

$$m(\sigma)=0$$

对于$\forall E\in\sigma$，存在着$m(E)>0$，并且

$$\sum m(E)=1$$

称m为Θ上的基本概率分布。同时称Θ为识别框架，所有的集合E称为m的焦元。

【定义 5.3】信任函数　假设存在概率分布为m，如果集合$A\in\sigma$，$B\in\sigma$，那么A的信任函数为

$$\mathrm{Bel}(A)=\sum_{B\subset A}m(B) \tag{5.10}$$

【定义 5.4】合成规则　假设Θ上存在两个基本概率分布m_1和m_2，根据合成规则可以获得Θ上一个综合的概率分布为

$$m(A)=\sum_{A_1\cap A_2=A}m_1(A_1)m_2(A_2)/(1-K) \tag{5.11}$$

其中

$$K=\sum_{A_1\cap A_2=\Phi}m_1(A_1)m_2(A_2)$$

通常用式(5.12)表示：

$$m(A)=m_1(A)\oplus m_2(A) \tag{5.12}$$

5.4.2　肉类食品追溯系统证据融合算法的改进

D-S证据理论在FMEA（失效模式与效果分析）方面取得广泛应用（黄安雅等，1998；Gertler et al，1998），但其存在的一些问题制约了进一步的发展，在食品生产安全风险产生的证据中涉及证据冲突问题，而证据合成理论在处理证据冲突时存在着许多问题，在多个食品生产安全风险并发涉及大量的焦元分析，而证据融化涉及大量的焦元递增时会因指数性增加而产生“爆炸”（Denceux，1995），食品生产安全风险分析产生的证据之间的独立性很难保证，违反合成理论的证据相互独立条件。因此需要对D-S证据理论进行改进补充，以使其能处理食品生产安全风险证据融化的问题。

5.4.2.1　证据冲突问题

D-S证据理论对相互冲突的证据信息处理时会产生荒谬的结果。假设通过食品生产安全风险获取的可能危害节点构成的焦元集合为$\Theta=\{H_1,H_2,H_3\}$，并且获得的证据集合$E=\{e_1,e_2\}$，如果证据e_1包含的信息为

$$m_1(H_1)=0,\quad m_1(H_2)=x,\quad m_1(H_3)=1-x$$

e_2包含的信息为

$$m_2(H_1)=1-x,\quad m_2(H_2)=x,\quad m_2(H_3)=0$$

其中 $x \in [0,1]$，则通过证据合成后具有关系

$$m_{12}(H_1)=0,\quad m_{12}(H_2)=0,\quad m_{12}(H_3)=1$$

为解决此问题 Yager 提出了通过假设 $m(\Phi)>0$ 来表示证据冲突，但却破坏了证据推理的封闭性，可能会导致其他问题（Yager，1987）。Duboios 和 Prade（1993）引进人工干预修正证据概率的方法，但也引入了主观的信息，容易导致出现结果的不合理性。

食品生产安全风险的证据涉及证据冲突和证据相关问题，食品生产安全风险处理中产生的证据很多是相关的，假设存在两个相关证据 e_1 和 e_2，并且 e_1 和 e_2 由 3 个独立的证据 e_{d1}、e_{d2} 和 e_c 合成得到，通过图形表示为图 5.16 所示。

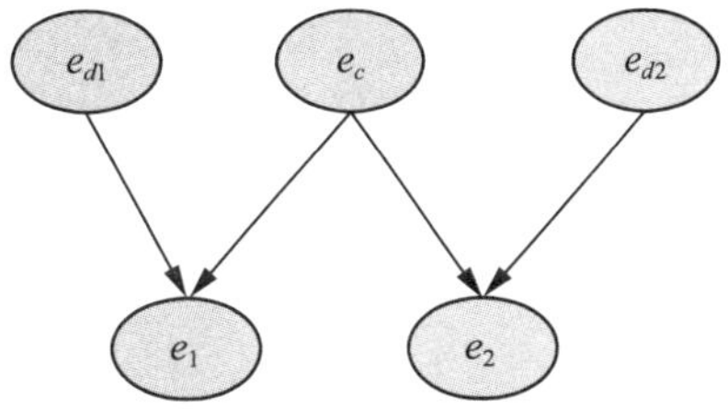

图 5.16 相关证据描述图

e_1 和 e_2 的合成中都有 e_c 的参与，则 e_1 和 e_2 构成相关证据，可知道：

$$m=m_1 \oplus m_2=m_{d1} \oplus m_c \oplus m_c \oplus m_{d2} \tag{5.13}$$

但实际上计算应该为

$$m=m_{d1} \oplus m_c \oplus m_{d2} \tag{5.14}$$

Y. G. Wu 等（1999）仅仅对此问题进行讨论和描述，孙怀江等（1999）通过梯度下降法进行相关证据的处理，肖人彬等（1993）通过修正参与证据合成信任度。

5.4.2.2 **证据损失问题**

在证据合成理论中，原始证据经过处理后产生证据，根据 D-S 基本理论对最终组合过程中的损失进行分析。令"≡"代表语义与数值完全一致，"＝"代表仅数值相同，Δ 代表证据损失。证据损失问题包含以下情况。

1. 完全兼容证据组合中的误差

根据式（5.10），存在集合 A、A_j，并且具有关系 $A \subset A_j$，若 $m_2(A)=m_2(A_j)$，有正交项 $m_1(A)m_2(A) \equiv m_1(A)m_2(A_j)$，则 $\Delta=\{A_j\}-\{A\}$ 可能性的估计可以进行如下分析。

如果是两个相互兼容的证据进行组合，则两证据共同绝对支持 A，那么导致排除 $\{A_j\}-\{A\}$，也就是说此时的证据损失为概率 m_2，即在计算过程中认为 $\{A_j\}-\{A\}$ 的可能性与 A 是一样的。

$$m_1(A):x_1, m_2(A_j):x_2,\cdots,m_n(A_j):x_n$$

根据式（5.10）和式（5.11），若 $x_1,x_2,\cdots,x_n \to 1$，组合证据 $m(A)\approx 1$，$m(\Delta=\{A_j\}-\{A\})\approx 0$，则 $\Delta=n-1$ 个证据对 $\{A_j\}-\{A\}$ 具有同等怀疑度。人类推理的思维方式通常支持 $n-1$ 个专家的共同结论 $\{A_j\}$，组合时，$n-1$ 个证据对 $\{A_j\}-\{A\}$ 的可能性估计没有被积累并携带到结论中，式（5.10）和式（5.11）中 $m_1(A)m_2(A_j) \equiv m_1(A)m_2(A)$，将这些"失真"不断放大并带到最终结论，是因为证据对 $\{A_j\}-\{A\}$ 的未知所导致，则 $m_1(A)\cdot m_2(A_j)\cdot \cdots m_n(A_j)$ 与 $m_1(A)\cdot\cdots m_{n-1}(A_j)\cdot m_n(A_j)$ 的语义完全不同。

2. 因冲突损失的证据

当证据部分冲突或完全冲突时，按式（5.10）和式（5.11），若 $A_i \cap A_j=\Phi$，则正交项

$m_1(A_i)m_2(A_j)=m_1(\Phi)m_2(\Phi)\equiv 0$，则 $\Delta=\{A_i\}-\{A_j\}$ 的可能估计，若另有 A_k 且 $A_k\cap A_i\cap A_j=\Phi$，则

①两证据冲突：存在

$$m_1(A_i):x_{11},m_2(A_j):x_{22},\cdots,m_n(A_j):x_{nn}$$

若 $x_{11},x_{21}\to 1$，则 $m_1(A_i)=m(A_j)\approx 0$，$m(A_k)\approx 1$，而真实语义是两个证据都认为$\{(A_k)\}$可能性很小，这一组合过程提取了二者对$\{(A_k)\}$的可能认知，摒弃了共同持有的对$\{(A_k)\}$的否定，从而导致结论立场的改变。

②多证据冲突：

$$m_1(A_i):x_{11},m_2(A_j):x_{22},\cdots,m_n(A_j):x_{nn}$$

若 $x_{11},x_{21},x_{n1}\to 1$，则 $m_1(A_i)=m(A_j)\approx 0$，$m(A_k)\approx 1$，若 $n-1$ 个结论支持$\{A_i\}$，而 1 个否定$\{A_i\}$，则结论不支持$\{A_i\}$。

在证据融合分析中，证据损失是普遍存在的，如果证据损失比较小，或者证据冲突比较小，那么可能的结果是带来证据融合结果的误差，但如果是证据冲突比较严重，那么可能会带来结论的错误，所以对于证据损失需要进行合理分析，减少因为证据损失带来的潜在风险。

根据分析，导致证据损失的主要原因有证据的兼容性定义不够确切和组合损失。分析证据损失对区间估计带来的误差和错误可知，证据损失会导致信任函数 $\mathrm{Bel}(A)=\sum_{B\subset A}m(B)$ 的数据不准确。

5.4.2.3 改进的 D-S 证据合成理论

在本节首次同时考虑证据间的相关和冲突并充分考虑证据损失问题，对 D-S 合成规则进行改进，以适应肉类食品安全分析的过程。证据的相关包括 3 类：独立、完全相关、部分相关。证据的相关性可通过属于相同信息源的焦点元素来度量（Y. G. Wu 等，1999）。假设获得的证据为 e_i，e_i 将包含新焦元 A，引入一个熵定义来描述证据信息量的多少。

【定义 5.5】证据 e_i 的熵值表示为

$$E(e_i)=\sum_{i=1}^{m(e_i)}\frac{m(A)}{|A|} \tag{5.15}$$

其中$|A|$为焦元 A 的势；$m(e_i)$为 e_i 中包含的焦元个数。

假设存在两个证据 e_1 和 e_2，其基本概率分布为 m_1 和 m_2，其焦元分别为 A_1 和 A_2，如果 e_1 和 e_2 是相关证据，则 e_1 中的部分焦元和 e_2 中的部分焦元必然是由某个证据 e_k 产生的，称这些焦元为相关焦元，表示为 $R_{1,2}$，假设 $R_{1,2}$上的基本概率分布为 m_r，则 e_k 的熵值为

$$E(e_1,e_2)=E(e_k)=\sum_{i=1}^{n(R_{1,2})}\frac{m_r(R_{1,2})}{|R_{1,2}|} \tag{5.16}$$

如果 $E(e_1,e_2)=0$，表示 e_1 和 e_2 是相互独立的；如果 $E(e_1,e_2)=1$，表示 e_1 和 e_2 是完全相关的；其他情况下表示 e_1 和 e_2 是部分相关的。

【定义 5.6】假设存在两个证据 e_1 和 e_2，并且证据 e_1 和 e_2 上的熵值表示为 $E(e_1)$、$E(e_2)$，相关熵值为 $E(e_1,e_2)$，则定义证据 e_1 和 e_2 的相关度为相关熵值和对应证据熵值的比值，即为

$$\begin{cases} D(e_1,e_2)=E(e_1,e_2)/E(e_1) \\ D(e_2,e_1)=E(e_1,e_2)/E(e_2) \end{cases} \tag{5.17}$$

并且规定如果 $E(e_i)=0$,则 $D(e_i,e_j)=0$。

对相关度进行标准化可以获得

$$\begin{cases} s(e_1,e_2)=D(e_1,e_2)\dfrac{E(e_2)}{E(e_1)+E(e_2)} \\ s(e_2,e_1)=D(e_2,e_1)\dfrac{E(e_1)}{E(e_1)+E(e_2)} \end{cases} \tag{5.18}$$

证据冲突是由于对证据认识得不全面而导致的证据合成误差,在 D-S 合成公式中,没有考虑冲突信息缺失导致合成信息的错误。Yager 提出的改进方法中,把冲突信息作为完全未知进行处理,增加了证据的不确定性,也会导致信息的损失。分析 D-S 合成公式

$$m(A)=\sum_{A_1\cap A_2=A} m_1(A_1)m_2(A_2)/(1-K)$$

即

$$m(A)=\sum_{A_1\cap A_2=A} m_1(A_1)m_2(A_2)+\frac{K}{1-K}\sum_{A_1\cap A_2=A} m_1(A_1)m_2(A_2) \tag{5.19}$$

其中 K 称为冲突系数,

$$K=\sum_{A_1\cap A_2=\Phi} m_1(A_1)m_2(A_2)$$

如果假设证据冲突是由两个焦元分别引起的,把冲突系数按照比例 ω 分给两个发生冲突的焦元,可以获得改进合成公式为

$$m(A)=\sum_{A_1\cap A_2=A} m_1(A_1)m_2(A_2)+\sum_{A\cap A_1=\Phi}\omega m_1(A)m_2(A_1)+\sum_{A\cap A_2=\Phi}(1-\omega)m_1(A)m_2(A_2) \tag{5.20}$$

假设

$$\Delta=\frac{K}{1-K}\sum_{A_1\cap A_2=A} m_1(A_1)m_2(A_2)=Km(A) \tag{5.21}$$

即

$$\begin{aligned} \Delta &= \sum_{A_1\cap A_2=\Phi} m_1(A_1)m_2(A_2)m(A) \\ &= \sum_{A_1\cap A_2=\Phi}\omega m_1(A_1)m_2(A_2)m(A)+\sum_{A_1\cap A_2=\Phi}(1-\omega)m_1(A_1)m_2(A_2)m(A) \\ \Delta' &= \sum_{A\cap A_1=\Phi}\omega m_1(A)m_2(A_1)+\sum_{A\cap A_2=\Phi}(1-\omega)m_1(A)m_2(A_2) \end{aligned} \tag{5.22}$$

则存在

$$\Delta' \geqslant \Delta$$

即通过加权分配冲突法可以比 D-S 合成公式减少合成证据的不确定性。

综合式(5.19)和式(5.21),建立改进的合成规则公式为

$$\begin{aligned} m(A) &= \sum_{A_1 \cap A_2 = A} m'_1(A_1)m'_2(A_2) + \Delta \\ \Delta &= \sum_{A \cap A_1 = \Phi; A \cap A_2 = \Phi} \omega m'_1(A)m'_2(A_2) + (1-\omega)m'_1(A_1)m'_2(A) \end{aligned} \tag{5.23}$$

其中

$$m'_1(A_1) = m_1(A_1)(1 - s(e_1, e_2)), \quad m'_2(A_2) = m_2(A_2)(1 - s(e_2, e_1)), \quad 0 \leqslant \omega \leqslant 1$$

假设食品生产安全中建立的识别框架集合为 $\Theta = \{H_1, H_2, \cdots, H_n\}$,每一个证据 e_i 包含的节点集合 $U_i = \{V_1, V_2, \cdots, V_s\}$,集合 U_i 中的每一个节点 V_i 的概率分布为 $P(V_i)$,为使用 D-S 合成理论,首先需要对 U_i 的概率进行标准化,获取对应的信任度。

由于证据的认识是相对的,为描述这种情况,在计算过程中用 θ 来描述证据中未知的情况,即证据的节点集合中不包括根源节点的情况。

如果集合 U_i 只包括一个节点元素 V_i,寻找在 Θ 中和 V_i 对应的焦元 H_i。

$$\begin{cases} m(H_i) = P(V_i) \\ m(\theta) = 1 - m(H_i) \end{cases} \tag{5.24}$$

如果集合 U_i 包括 n 个节点元素 $\Omega = \{V_1, V_2, \cdots, V_n\}$,节点的概率分别为 $P(V_1), P(V_2), \cdots, P(V_n)$,则对节点概率进行标准化:

$$\begin{cases} m(H_1) = P(V_1) / \sum_{i=1}^{n} P(V_i) \\ m(H_n) = P(V_n) / \sum_{i=1}^{n} P(V_i) \\ \vdots \\ m(\theta) = \sum_{i=1}^{n} (1 - P(V_i)) / \sum_{i=1}^{n} P(V_i) \end{cases} \tag{5.25}$$

其中焦元 H_i 和节点 V_i 相对应。

经过对证据信息进行标准化后,可以获得证据中的分布信息,根据式(5.23)进行证据合成得到焦元的信任函数,即获取所有幂集的信任函数。

通过对食品生产安全风险分析获取证据集合 $E = \{e_1, e_2, \cdots, e_n\}$,每一个证据 e_i 包含一组节点集合 H 以及 H 中节点的概率。D-S 证据推理首先需要确定识别框架集合,在证据合成过程中,识别框架集合的建立很重要,直接影响着计算和运算效率。在本节中识别框架来自于证据中包含的节点集合,识别框架集合由所有节点构成,识别框架为

$$\Theta = \sum_{i=1; H_i \text{为}e\text{的节点集合}i}^{n} \cup H_i \tag{5.26}$$

根据证据 E,通过改进的 D-S 规则来确定 Θ 中节点(节点集合)的信任度,通过分析选择具有最大信任度的节点或者节点集合构成危害(集),即可完成肉类食品生产安全风险过程。

5.4.2.4 基于改进证据合成理论的决策模型

根据改进的证据合成理论进行食品安全生产过程中的风险分析,形成决策算法。图 5.17 所示为通过改进证据合成理论进行决策分析的逻辑框图,m_1,m_2,m_3,…,m_n 是证据的信任度的分配,$m(A)$为通过改进 D-S 证据合成理论形成的联合信任度分配,最后通过决策逻辑获取融合结果。

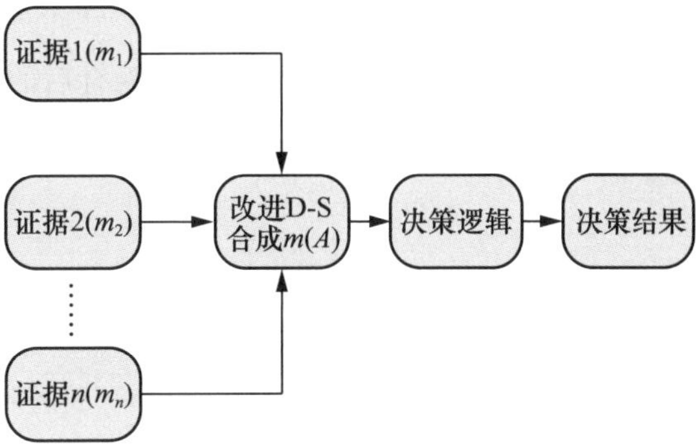

图 5.17 D-S 证据推理融合原理框图

5.4.3 改进证据融合理论的实证

肉类食品质量可以通过若干项能够测定的质量指标来表现,如含有异物,细菌超标,含有抗生素、激素、寄生虫,表面变色等,而影响肉类食品质量的因素(危害因素)也是多种多样的,但从根本上说肉类食品质量是操作人员在一定的环境中运用加工设备,按照规定的加工方法,把原材料加工制造出来。换句话说,肉类食品质量要受到以下几类大因素的影响:操作人员、加工设备、原材料、加工方法和工作环境。

为验证本节提出的证据融合算法,对山东某集团公司采集的数据进行分析,形成如下实验。

实验 1 已知识别框架 U 为{加工设备问题 a,原材料问题 b,工作环境问题 c},由两个独立的证据源(细菌超标 m_1 和表面变色 m_2)提供对上述 3 种目标的识别信息,得到证据<1>和证据<2>,如表 5.4 所示。

表 5.4 采集山东某集团公司数据形成的实验数据表

证据序列	信任空间		
	a	b	c
1	0.77	0.13	0.1
2	0.11	0.06	0.83
合成	0.506	0.039	0.455

从融合结果看,证据源 m_1 和 m_2 在对 a 和 c 命题的判定上有很大的冲突。从给出的证据来看,证据<1>在很大程度上支持 a,证据<2>则在很大程度上支持 c,但最终组合的结果却表明支持 a 的可能性更大,这与人的直观感觉有较大的差别,这完全是证据理论采用归一化方法造成的。所以,在这种情况下,不能直接用 D-S 理论进行融合,需要对 D-S 证据理论进行修正。

根据改进的证据理论进行修改。

$e_1(ev)=0.77+0.13/2+0.10=0.935$

$e_2(ev)=0.11+0.06/2+0.83=0.970$

$m_1(a)=0.720$, $m_1(b)=0.123$, $m_1(c)=0.094$, $m_1(U)=0.063$

$m_2(a)=0.107$, $m_2(b)=0.058$, $m_2(c)=0.805$, $m_2(U)=0.030$

用修改后的 D-S 证据理论公式求得融合后的概率值分别为

$m(a)\approx0.461$, $m(b)\approx0.060$, $m(c)\approx0.526$

$m(a,b)\approx0.014$, $m(a,c)\approx0.007$, $m(b,c)\approx0.014$

$m(U)\approx0.007$

并且可以得到目标 a、b、c 各自的和为

$$Bel(a)=0.461$$
$$Bel(b)=0.060$$
$$Bel(c)=0.526$$
$$PL(a)=0.489$$
$$PL(b)=0.095$$
$$PL(c)=0.554$$

进而，可以得到目标 a、b、c 的信任区间分别为

a：[0.461, 0.489]

b：[0.060, 0.095]

c：[0.526, 0.554]

从融合的结果看，改进后的 D-S 理论优于传统的 D-S 证据理论。原因在于：在证据融合的过程中，改进后的组合规则不仅考虑到各证据所包含有用信息量不同，还充分考虑了组合过程中冲突部分概率的分配值，这样使得组合后的结论更恰当，且符合人的直观认识。

实验 2 已知识别框架 U 为{加工设备问题 a，原材料问题 b}，由两个独立的证据源（细菌超标 1 和表面变色 2）提供对上述 3 种目标的识别信息。

根据式(5.25)完成证据信息的标准化，最后根据证据合成公式建立合成信息如表 5.5 所示。从实验中可以获得在通过证据合成后 $m(\theta)$ 的信息减少（θ 描述证据不确定等情况下的可能），说明通过 D-S 证据合成可以减少系统的不确定性，同时通过证据合成后信任度信息具有更明显差别，可提高对识别的判断性能。

表 5.5 根据山东某集团公司数据形成的证据合成信息表

证据序列	$m(\theta)$	信任空间	
		a	b
1	0.39	0.61,0.61	0.0,0.0
2	0.09	0.61,0.56	0.3,0.3
合成	0.12	0.68,0.68	0.20,0.30

为比较改进合成规则和D-S合成规则的性能，定义框架集合中包括两个焦元$\{a\}$、$\{b\}$，构造各由10组证据点构成的证据组E_1和E_2，并通过实验来分析。图5.18(a)表示在证据组E_1下的信任度数据曲线，(b)表示在E_2下的信任度数据曲线，可知E_1和E_2证据存在冲突，且冲突大小在不同的证据点值不相同，(c)是通过D-S合成规则对10对证据点合成后焦元a,b的信任度，(d)是通过改进的合成规则对E_1和E_2进行合成后的信任度。由图可知，当冲突较大时通过D-S合成规则合成受冲突干扰比较明显，并且通过D-S合成规则获得的合成证据的信任度变小，即人认识的不确定度增加。图5.18(d)是选择权值$\omega=0.95$给证据E_1后合成的信任度，显然通过将权值给证据E_1的焦元，能够保持证据E_1的信息，可知通过采用改进合成规则合理地保持了权值较大的证据。

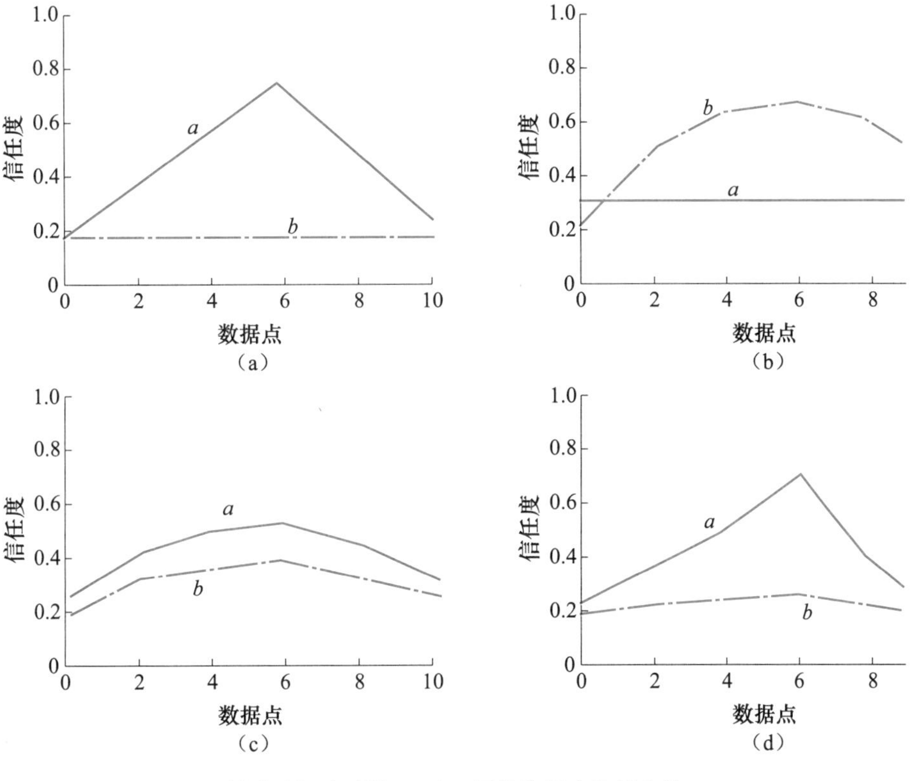

图5.18 证据组E_1/E_2下的信任度数据曲线

实验3 以实验1中给出的3个证据为例对D-S证据合成公式、Yager推广的合成公式与本节提出的合成公式的合成结果进行比较。

设$\Theta=\{A,B,C\}$，3个证据如下：

$$E_1: m_1(A)=0.98,\ m_1(B)=0.01, m_1(C)=0.01$$
$$E_2: m_2(A)=0,\ m_2(B)=0.01, m_2(C)=0.99$$
$$E_3: m_3(A)=0.9,\ m_3(B)=0, m_3(C)=0.1$$

首先按照权重系数的确定方法来计算本节提出的新的合成方法中需要的权重向量。计算得到各证据归一化处理后的冲突向量和权重系数如表5.6所示。

表 5.6　根据山东某集团公司数据形成的归一化冲突向量和权重系数

证据	冲突向量	归一化冲突向量	权重系数
1	(0.990,0.117)	(0.894 3,0.105 7)	0.410 9
2	(0.990,0.901)	(0.523 5,0.476 5)	0.200 3
3	(0.117,0.901)	(0.114 9,0.885 1)	0.388 8

由表 5.6 可见，证据 2 与证据 1 和证据 3 严重冲突，其冲突程度分别达到了 0.990 和 0.901；但证据 1 和证据 3 之间的冲突程度很小，仅为 0.117。那么在证据合成过程中，证据 2 的权重系数相对于其他两证据的权重系数来说就小，为 0.200 3；而证据 1 和证据 3 的权重系数相差不大，它们分别为 0.410 9 和 0.388 8。

利用上面提到的合成方法进行合成，并比较其合成结果，如表 5.7 所示。

表 5.7　合成公式的结果比较

合成公式	k	$m(A)$	$m(B)$	$m(C)$	$m(\Theta)$
D-S	0.999 01	0	0	1	0
Yager	0.999 01	0	0	0.009	0.999 01
本研究	0.543 50	0.786 5	0.003 0	0.107 9	0.103 6

例中的 3 个证据高度冲突，在前两种合成方法中，冲突程度达到了 0.999 01，而在给证据赋予权重系数后，证据的冲突程度降到了 0.543 5。在这 3 个证据中，有 2 个证据几乎都支持命题 A，那么合成后的结果中命题 A 的基本概率分配就应该为最大才符合实际情形。但 D-S 合成公式与 Yager 合成公式的结果中命题 A 的基本概率分配均为 0，而且 Yager 合成公式将发生冲突的基本概率 0.999 01 全部赋予了未知命题 Θ。

利用 Yager 合成方法得到命题 A 的基本概率分配为 0. 999 01，但是其未知命题的基本概率分配却为 0，其含义是证据合成过程中的不确定性为 0，这与实际情形不符。而采用本节提出的合成方法得到的合成结果中命题 A 的基本概率分配最大，达到了 0.786 5，而命题 B 和命题 C 的基本概率分配分别为 0. 003 0 和 0. 107 9，并且其未知命题 Θ 的基本概率分配为 0.103 6。由此可见，利用本研究提出的改进方法对冲突较大或完全冲突情况下的证据进行证据合成时得到的结果更为理想，更符合实际。

5.4.4　改进证据融合理论算法的实证分析

肉类食品生产过程的 FMECA 的目的是识别食品生产过程中的风险内容，因此 FMECA 的准确率是一个重要的算法性能指标，同时 FMECA 需要能够快速地完成，即算法的计算复杂度是另一个算法性能指标，下面通过 FMECA 识别率和计算复杂度来对本节提出的 FMECA 算法进行分析。

5.4.4.1　风险识别率问题

根据本章提出的食品生产过程的 FMEA 算法可知，影响风险识别率的因素主要为证据集大小及证据权值分布信息。下面主要讨论这两个因素对食品生产分析算法的影响。

1. 证据集大小的影响

考虑证据集大小对风险识别率的影响，来构造 7 个实验，实验包含的节点数量分别为 5，10，15，20，25，30，35 个，分别对实验节点发生安全风险的概率取为$[0,10^{-6}]$上的均匀分布，根据节点发生安全风险，随机地选择一列节点 F_i，F_j，…，根据本节建立的改进 D-S 算法重复此过程 20 次，计算获取 20 次的识别率平均值和误识别率的平均值。结果描述如图 5.19 所示，其中(a)表示通过实验获得的误识别率和证据集大小的关系图，(b)表示识别率和证据集大小的关系图。

根据实验可以知道，安全风险识别率和证据集大小有很大的关系，在证据集大小时，根据 FMEA 算法建立的安全风险识别率较小，这是由于证据集大小较小时安全风险发生出现较少，导致信息量较少或不足，影响了安全风险分析的效率；当证据集大小较大时，安全风险识别率也变小，这是因为在证据集大小变大时，系统中同时产生多个安全风险的机会很多，这导致安全风险信息融合在一起，也影响到的安全风险鉴别率。误识别率和证据集大小也有一定关系，误识别率随证据集大小变大而逐渐趋于稳定。

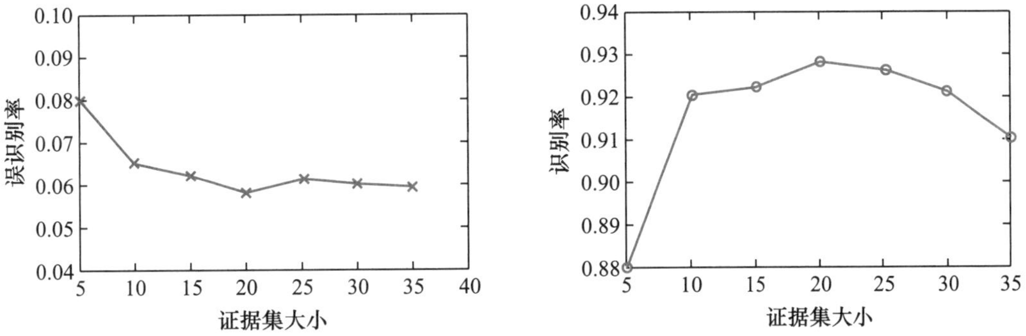

(a) (b)

图 5.19 FMEA 分析(误)识别率和证据集大小的关系图

2. 证据权值分布的影响

证据权值的分布影响 FMECA 的算法，但科学的证据权值的分布建立是很困难的，为此可借助于人工专家估计，或者根据某种算法(或者数据挖掘)来确立模型实现概率分布的建立。

通过人工专家来确定条件概率分布时是很难准确地给出一个确定的数值，只能给出一个范围，或者说通过人工确定离散的概率值来代替概率分布，如通过{很小，较小，一般，较大，很大}中一个可能值来描述概率值。

如果能够通过一些离散的概率值来代替概率分布，显然可以带来很大的方便，为此通过实验分析这种情况，实验过程同上述实验过程，只是信任证据权值的分布与概率分布的取值不同，实验结果如图 5.20 所示。

通过实验可知，通过离散的概率值来取代概率分布描述证据权值的分布，对 FMEA 的计算影响不大，即安全风险分析的识别率受概率的描述程度影响较小。因此通过专家来确定证据权值的分布是可行的。

5.4.4.2 **计算复杂度的问题**

FMECA 算法的计算复杂度直接关系到算法的实用性，因为在肉类食品生产过程中，希望能够尽可能快地准确发现安全风险信息，以采取措施来保证肉类食品生产的安全。影响算法复杂度的因素主要有证据集的大小和系统中安全风险发生的密集度。

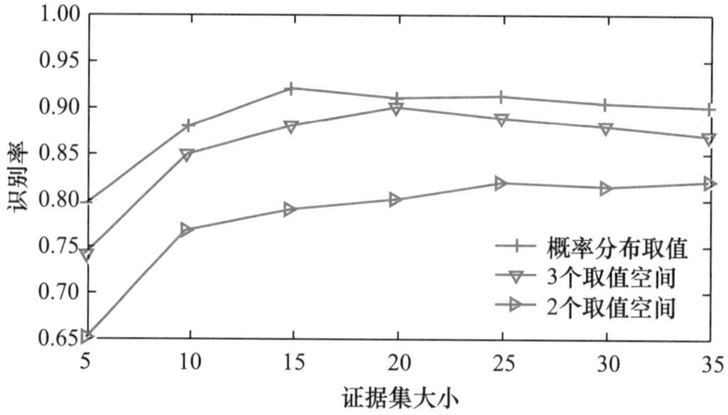

图 5.20　安全风险识别率与证据理论权值率分布取值的关系图

1. 证据集合的大小对计算复杂度的影响

本节算法复杂度主要集中在证据融化过程中，其中 FMEA 分析过程的计算复杂度为 $m \cdot o(n^2)$，如果能够尽可能地减少证据数量则可以降低运算量。

图 5.21 表示在不同证据集大小下的计算复杂度，实验的过程类似于 5.4.3 项中的实验过程。由图示可知，随着证据集大小的增加，计算的复杂度也不断地增加，这是由于随着证据集的增大，证据中的关联依赖关系更加复杂，则计算复杂度也就提高了。

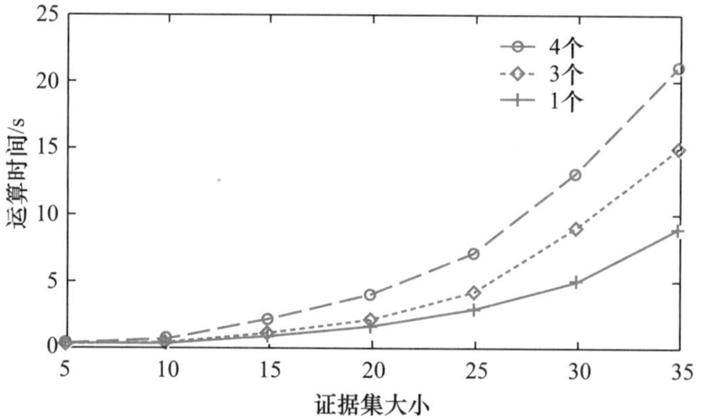

图 5.21　计算复杂度和影响因素关系图

2. 安全风险并发的多少对计算复杂度的影响

在肉类食品生产过程中很多情况下是多个安全风险同时发生，或者在一个很短时间内连续发生，需在证据融化过程中，考虑多个安全风险同时发生时焦元的选择等问题，这些都导致计算复杂度的增加。

同 5.4.3 项中的实验过程相类似，设计一列实验来进行分析并发安全风险对算法复杂度的影响，在实验中分 3 组，取安全风险同时发生个数为 1、3、4。图 5.21 描述了并发安全风险数和运算时间的关系。由实验结果可知，随着并发安全风险的数量增加，计算复杂度也显著增加。

5.4.5 小结

在本节中提出了一种解决 FMECA 的算法，即通过分析推理形成不同的证据，通过证据合成理论对证据进行融合来完成肉类食品安全质量分析处理。本节提出了改进 D-S 合成模型来应用于肉类食品质量安全风险分析，并提供实验验证过程和实验结果，最后通过实验分析了 FMEA 算法的效果，并对其进行了分析，可知通过证据合成规则来实现肉类食品质量安全风险分析是可行的。

参考文献

[1] Denceux T. An evidence-theoretic neural network classifier. IEEE Int Conf on Syst, Man and Cybern, Vancouver, 1995, 25(3): 712-714.

[2] Duboios D, Prade H. Combination and propagation of uncertainty with belief functions // Proceeding IICAI, 1993: 111-113.

[3] Galton A, Augusto J C. Two approaches to event definition // Hamerurlain A, Cicchetti R, eds. Proceedings of 13th International Conference on Database and Expert Systems Application (DEXA '02). Berlin: Springer, 2002: 547-556.

[4] Gertler J, Anclerson K C. An evidential reasoning extension to quantitative model based failure diagnosis. IEEE Trans Syst, Man and Cybern, 1998, 22(2): 275-289.

[5] Hu XiaoHua, Cercone N. Learning in relational databases: A rough set approach. Computational Intelligence, 1995, 11(2): 323-337.

[6] Jackson A G, et al. Rough sets applied to the discovery of materials knowledge. Journal of Alloys and Compounds, 1998, 279: 14-21.

[7] Luckham D C. The Power of Events: An Introduction to Complex Event Processing in Distributed Enterprise Systems. Boston: Addition Wesley, 2002.

[8] Wu Y G, Yang J Y, Lin K, et al. On the evidence inference theory. Int Information science, 1999, 89(3/4): 207-235.

[9] Yager R R. On the Dempster-Shafer framework and new combination rules. Information sciences, 1987, 41(2): 93-137.

[10] 丁彩红，黄文虎，姜兴谓. 基于 Petri 网的故障树分析方法. 强度与环境，1999(4): 31-37.

[11] 杜庆东，等. 基于 D-S 证据理论与嵌入式传感器的监控与故障诊断. 东北大学学报，2000, 21(6): 594-596.

[12] 付阶辉. 基于 Petri 网的故障诊断方法研究：硕士学位论文. 南京：东南大学，2004.

[13] 黄安雅，等. 基于神经网络和 D-S 证据理论的综合诊断模型. 传动技术，1998(2): 15-20.

[14] 黄宗君. 基于最小生成树理论的配电网故障恢复算法. 继电器，2003(12): 9-12.

[15] 王国胤，于洪，杨大春. 基于条件信息熵的决策表约简. 计算机学报，2002, 25(7): 759-766.

[16] 王国胤. 决策表核属性的计算方法. 计算机学报，2003, 26(5): 611-615.

[17] 徐从富，耿卫东，等. 面向数据融合的 DS 方法综述. 电子学报，2001, 29(3): 393-395.

[18] 孙怀江，杨静宇. 一种相关证据合成方法. 计算机学报，1999, 22(9): 1004-1007.

[19] 肖人彬，王雪，费奇. 相关证据合成方法的研究. 模式识别与人工智能，1993, 6(3): 225-234.

[20] 张健. 肉类食品质量安全可追溯系统研究：博士学位论文. 北京：中国农业大学，2007.

第6章

蔬菜质量安全可追溯系统开发

6.1 系统分析

系统分析首先需要了解蔬菜生产过程中影响其质量安全的因素，找出哪些重要环节是必须进行监控的，才能有针对性地为可追溯系统的构建提供基础。

6.1.1 影响蔬菜质量安全的因素分析

国内外专家对蔬菜质量安全的影响因素早有研究，Olusola Lamikanra(2002)将影响蔬菜质量的因素归结为蔬菜采收前的自身因素、蔬菜成熟期间和采后的管理因素以及采收后的后期操作活动3类。赵春明(2005)将影响因素分为内生性与外生性。前者是由生物的遗传因素所决定的，后者是由环境污染、生产过程有毒有害物质控制不当引起的。目前大多数研究文献集中在后者，主要分为蔬菜种植环境(土壤、灌溉水质、大气)和种植过程中的农业投入品(农药、肥料等)。

同时，蔬菜生产过程中管理人员对蔬菜的管理水平也会影响到蔬菜质量安全。周洁红(2006)通过农户的蔬菜种植行为的实证调查分析，发现农户对化肥和农药的使用规范普遍认知水平不高，造成对农药的违规施用和使用肥料行为不规范，情况不容乐观。竹健(2004)通过实际调研认为种植中的污染和有害物控制主要在于生产者的操作。董曼薇(2006)认为影响蔬菜质量安全的因素除了生产环境和农业投入品外，在我国，蔬菜生产技术、加工水平、质量诚信机制、组织化程度、保障机制以及经营和管理体制都对蔬菜质量起到很大的影响。

综合以上文献资料，本研究将影响蔬菜质量安全因素分为种植环境、农业投入品、生产管理3个方面。

6.1.1.1 种植环境

我国蔬菜种植环境标准GB/T 18407.1—2001《农产品安全质量　无公害蔬菜产地环境要求》将蔬菜种植环境检测分水、大气和土壤3类考察；刘保才和张晓静(2002)将蔬菜环境污染分为农药污染、水质污染、大气污染和土壤污染4种。综合文献资料，将蔬菜种植环境分为水环境、大气环境和土壤环境3种。

1. 水环境

灌溉用水对蔬菜生长至关重要。国内外专家早在20世纪70年代就开始关注污染物在土壤水环境中的迁移转化，从定性和定量的角度都证实了污染物在灌溉水环境下会长期存在，对作物造成质量安全影响；实验证明污染物在水环境中将发生一系列的物理、化学和生物行为，其中一部分污染物降解或转化为无害物质，一部分通过挥发等途径进入其他相中，但是还有一部分会长期存在于水环境中，影响作物的生长。

我国蔬菜种植水环境主要包括地表水(包括灌溉用的生活、工业污水)和地下水。

对于地表水灌溉，由于近年来工业、生活污水的不达标排放和农药、化肥使用量的激增，农产品产地农灌地表水水环境质量恶化严重。尤其是内陆湖泊水质严重恶化，"三湖"水质基本上是Ⅴ类和劣Ⅴ类。按照水环境质量标准要求，劣Ⅴ类水已不适合作为农业灌溉用水。同样，我国利用污水灌溉的农田面积为361.84万hm^2，占我国总灌溉面积的7.33%，占地表水灌溉面积的约10%；污灌面积中，直接引用工业及城市下水道污水灌溉的面积为51.2万hm^2，使用超过灌溉水质标准水体灌溉的面积为310.7万hm^2。由于大部分污灌区没有对灌溉用污水进行必要分析、监测，直接影响了农产品的产量和品质，造成当地土壤和地下水污染以及农业生态环境恶化，影响农业的可持续发展。

对于地下水灌溉，总体而言，其水环境质量要好于地表水质量，但还是存在环境问题：由于地下水的过度开采造成地下水位下降，在缺水严重的华北地区，地下水提供的农业水量占总农业用水量的87%，每年地下水超采300亿m^3。同时，由于地质差异造成地下水质有些元素含量异常，如果不加处理和区分，直接利用该地下水进行灌溉，很可能影响农产品的质量和产量，造成土壤的次生盐渍化。

总体来看，我国蔬菜灌溉水环境存在恶化的趋势。水环境的污染对蔬菜的质量安全隐患也日益突出。

2. 大气环境

在蔬菜生长过程中，大气中的一些有害物质如氟化物、硫化物、烟尘颗粒等不但危害蔬菜的生长发育，而且残留在蔬菜中的有害物质对人体亦产生危害。

氟化物污染：受氟化氢(HF)污染的蔬菜，其嫩叶和幼芽呈现水浸渍状，叶逐渐变黄白色，最后出现褐红色伤斑，直至叶片大量枯死凋落。

二氧化硫污染：当空气中二氧化硫的浓度过高时，二氧化硫由叶片的气孔进入植物体，在植物体内转为亚硫酸根和硫酸根，使蔬菜的叶片上产生点状、块状、条状的伤斑，导致叶片干枯而死。

颗粒物污染：空气中的颗粒物降落到植物体表面时，影响植物的光合作用、呼吸作用和蒸腾作用。

氮氧化物污染：少量的氮氧化物被蔬菜吸收后能被还原为氨，可被蔬菜吸收利用，当空气中二氧化氮的浓度过高时，蔬菜的叶脉和叶缘出现形状不规则的水渍斑，使叶片坏死。同时氮氧化物受紫外线照射时，与其他污染物发生化学反应，产生过氧乙酰基硝酸酯，这些二次污染物会影响蔬菜的正常生长。

此外，还有很多研究发现，蔬菜中的重金属及其有害化合物也有部分是来自蔬菜种植的大气环境中，比如铅、汞等重金属。

李其林和刘光德等(2005)通过调查重庆地区的蔬菜环境发现同一蔬菜品种的重金属 Pb、Cd、Hg、As 平均含量在污染点的下风向高于上风向，说明这些重金属与大气污染有直接关系；重金属相关性分析表明 Cr、Hg 具有明显的协同和拮抗作用；并且进一步研究发现，叶菜类蔬菜重金属污染主要由大气污染引起。

大气的铅污染源主要是汽车废气。汽油中通常加入抗爆剂四乙基铅，汽油中铅的质量浓度为 200～500 mg/L；虽然近年来市面上汽油已换成无铅汽油，但在广大农村仍有不少汽车使用含铅汽油。煤燃烧产生的工业废气也是大气铅污染的一个重要来源。煤炭燃烧后灰分约占 20%，其中 1/3 灰分排入大气中形成飘尘，这些飘尘中铅的质量浓度约为 100 mg/kg。铅在土壤环境中易积累并能通过食物链得以富集而不易被自然净化。李其林等(2004)通过对公路边污染区(离公路 50 m 以内)和对照区(离公路 100 m 以外)土壤和蔬菜铅含量的研究发现，在公路边 50 m 以内汽车尾气明显增加了土壤和蔬菜的铅含量；污染区和对照区的这种显著差异，说明汽车尾气明显地增加了蔬菜中铅的含量。张书海和林树生(2000)通过监测宁连一级公路(淮阴段)10 个点的大气、土壤和蔬菜的铅含量，结果发现交通干线上汽车尾气排放铅和未燃尽的四乙基铅残渣可以较长时间悬浮在空气中，并随风飘落在道路两侧和蔬菜上而造成污染。

蔬菜从环境中吸收汞不外乎来自两个渠道，即土壤和大气。刘德绍等(2002)通过实验证明，植物处在同时由大气和土壤提供汞源的环境中时，气汞较土壤汞是蔬菜更为重要的汞源。

NY 5294—2004《无公害食品　设施蔬菜产地环境条件》中对蔬菜环境中大气质量的要求只有二氧化硫和二氧化氮两个指标，因此，为确保蔬菜质量安全，应该考虑大气环境中的重金属等指标。

3. 土壤环境

土壤是我国蔬菜最主要的生长环境。如果土壤受到污染，将会通过食物链最终危害人类健康。有关污染物在土壤-植物系统中的迁移和累积及其对人体的健康危害已有很多研究，如植物体内积累的砷会通过食物链进入动物和人体，食用砷污染的蔬菜会导致摄入过量的砷，产生不良健康影响，引起急、慢性中毒，甚至导致皮肤癌、肺癌、膀胱癌等多种疾病。

国内外很多专家一直致力于土壤环境对蔬菜质量安全的研究。Silvia Díaz 指出重金属污染是环境污染中持续最久的一种污染，危害很大，并且用实验得出了土壤中主要的 5 种重金属毒性的大小排列和相互作用。张建光(2005)、卢桂兰等(2005)通过实际监测，发现蔬菜产地土壤污染是造成蔬菜重金属含量超标的一个重要因素。

对于土壤中重金属的来源，很多专家通过实验来研究。S. Rossini Oliva 等(2007)通过监测 22 处城市郊区土壤和植物得出汽车尾气是城市郊区土壤重金属污染主要来源的结论。沈根祥和谢争等(2006)通过调查最近 20 年来上海蔬菜农田土壤中重金属污染物的累积状况，分析得出主要的重金属累积污染物 Cd、Hg 和 Zn 与过去大量施用含 Cd 杂质的过磷酸钙化肥及含 Zn 较高的鸡粪和猪粪有机肥有关。蔡保松和陈同斌等(2004)通过对湖南省郴州市试点采样发现土壤砷的污染主要来自矿山开采、矿石冶炼和工农业中应用的含砷化合物。

6.1.1.2 **农业投入品**

农业投入品及其安全的概念(含义)到目前为止还没有看到专家学者、权威机构作出比较完整、全面的表述。一般可以将农业投入品解释为投入到农业生产过程中的各类物质生产资料,所以,农业投入品是农业生产的物质基础,任何农业生产都离不开农业投入品。从无公害农产品生产的角度讲,主要指在农业生产(种植业、养殖业)中使用的事关农产品质量安全的农药、化肥、兽药、饲料(饲料添加剂)、种子等重要农业生产资料。它涉及农业生产全过程的各个方面、各个环节(产前、产中、产后)。所谓的农业投入品安全,是指上述农业物质生产资料本身具有的各种有害物质或无害物质投入到农业生产过程中,由于使用技术、方法、管理措施等因素直接或间接对农产品质量安全的危害和采取各种措施的控制程度,是一种动态的综合概念。

蔬菜生产过程中的农业投入品指生产过程中使用或添加的物质,包括农药、蔬菜种子、肥料、农膜、包装袋、植保机械等农用生产资料产品。本研究主要从农药和肥料两方面分析农业投入品对蔬菜质量安全的影响。

1. 农药

农药对蔬菜质量安全的影响,主要是因为蔬菜中的农药残留。农药残留是农药使用后残存于生物体、农副产品和环境中的农药原体、有毒代谢物、降解物和杂质的总称,残存的数量称为残留量。长期食用农药残留超标的农副产品,虽然不会导致急性中毒,但可能引起人和动物的慢性中毒,导致疾病的发生,甚至影响到下一代。目前,农药残留超标已成为餐桌上的隐形杀手,全世界每年有 4 万人因农药中毒而丧生,仅美国每年因农药污染引发的癌症就有 2 万例。

农药残留主要通过对土壤造成污染而影响蔬菜的质量安全。统计研究表明,喷施的农药80%～90%进入了土壤,张俊(2005)总结分析了农药进入土壤的途径:农业生产过程中防治农田病虫害直接向土壤使用的农药;生产、加工农药时,通过气体、液体、废渣的形式进入土壤;被污染的植物残留分解,以及随灌溉带入土壤中。

2. 肥料

(1) 氮肥。施入土壤的铵态氮肥和有机态氮肥易转化为硝酸盐、NH_3 和 N_2O。而硝酸盐在土壤中移动性强,既易被作物根系吸收,在作物体内累积,也易被灌溉和降雨淋洗至地下水;NH_3 和 N_2O 则向大气释放,造成污染。

肖青亮等(2007)通过研究各种蔬菜施肥的实例得出结论:大量施用氮肥是蔬菜体内硝酸盐累积的根本原因,氮肥用量与蔬菜硝酸盐含量呈显著正相关。吴建繁(2001)论文中也谈到过量施氮肥使蔬菜体内硝酸盐积累,蔬菜富集硝酸盐无害于植物本身,但却潜在地威胁人畜健康,含有高硝酸盐的蔬菜摄入体内后被微生物还原成有毒的亚硝酸盐,它可与次级铵结合形成强致癌物质亚硝胺,从而诱发食道癌、胃癌、肝癌等。

(2) 磷肥。磷肥流失不仅会造成水体富营养化,而且生产磷肥时,原磷矿中所含的镉大部分或全部残留在磷肥中。有试验表明,保护地蔬菜使用含镉的磷肥,土壤及作物均有镉的累积。曹志洪(2003)认为镉是无机肥料中对人畜健康主要的危险。而进口的磷矿粉以进口磷矿为原料,其中的镉含量较高,影响蔬菜的质量安全。

磷肥中含镉量因磷矿不同而有明显差异。美国磷肥含镉 84～144 mg/kg,澳大利亚高达 170 mg/kg,德国为 21 mg/kg,我国 30 个主要磷肥厂生产的磷肥平均含镉量为 0.61 mg/kg,

远低于国际一般含量5～50 mg/kg的常规范围。从我国磷肥资源和施用情况看，尚未造成农田镉污染，但我国从美国、突尼斯、摩洛哥进口的磷肥含镉量高，使用不当则很有可能造成污染。

(3) 有机肥。施用适量有机肥，相对于施用无机肥会减少蔬菜体内硝酸盐含量，蔬菜品质也好。但是曹志洪(2003)认为有机肥的问题比无机肥的更严重。有机肥中如果带有病原微生物、有机毒物及重金属污染的问题，所含污染物的危险性就很大。

一般菜田施用有机肥以人畜禽粪便为主，这类有机肥必须经高温堆腐，使有机物分解成为相对稳定的类腐殖质，施入土壤后不产生氮的生物固定，降解除掉酚类等有害物质，消灭病原菌、害虫卵和杂草种子。目前我国商品有机肥工厂化生产，以固态好气发酵为核心的集约化处理工艺，可使家畜粪便无害化处理，并符合国家卫生标准；但是实际农业生产中，大部分家畜粪便堆肥处理未达到无害化。李元芳(1996)对25种蔬菜147个样品检查大肠菌群和蛔虫卵，结果表明，55%的菜样超标，蔬菜受寄生虫卵污染主要是各类家畜有机肥或城市垃圾带入造成。

6.1.1.3 **生产管理**

蔬菜生产管理包括田间管理与蔬菜收获后的包装管理。田间管理主要依靠农场作业的良好操作规范以及无公害生产技术；对于蔬菜收获后的包装管理及其进一步的加工管理，我国推行HACCP管理并结合RACCP(risk analysis critical control point)危险性评价手段，两者结合是有效控制食品污染的最佳途径。

发达国家对于蔬菜生产的田间管理与进一步加工管理将GFP、GAP(良好农业规范)的应用与HACCP结合，实践证明其应用是成功的，并在国际上得到了公认。但是在实际生产中，我国蔬菜生产管理遇到不少困难，主要体现在以下几个方面：

(1) 生产技术普及程度不高。我国目前没有真正建立起农产品质量安全急需的技术支持体系，先进生产技术规范的推广、落实不到位。蔬菜产品从田间到餐桌均未能全部做到按标准和规范要求生产、加工、销售，先进的生产技术与生产过程脱节较为严重。

(2) 蔬菜加工过程中管理水平不高。HACCP管理执行不严格或者不执行，添加剂等危害物超量使用。

(3) 组织化程度不高。我国蔬菜生产有些地方多以散户为主，规模化经营程度低，土地分散经营和自由种植。由于农民组织化程度低，蔬菜产品质量安全与单个农户自身利益结合不够紧密，加大了优质无公害蔬菜生产措施推广、品牌培育和监管的难度。

(4) 保障机制不足。我国对蔬菜质量安全的法律法规不健全，很多质量安全问题处置缺乏依据；投入机制不健全，国家对优质无公害蔬菜生产缺少鼓励政策；市场准入和追溯制度不健全，质量安全经常出现反复，治标不治本；农业部门自律性快速检测网络建设不到位，农业执法、综合执法长效机制不健全，有害农业投入品管理不到位，是造成农产品质量安全隐患的重要原因。

(5) 经营和管理体制造成管理不足。我国存在很大一部分分散的农户经营，企业与农户不能形成有效的利益共同体，质量追溯制度没有有效的载体，质量安全管理点对点治理不能有效实现，管理非常困难，相关政策不配套和立法工作滞后，质量整治效果有限并经常反复。

6.1.2 蔬菜生产系统动力学分析

从 6.1.1 中的分析可以看出,影响蔬菜质量安全的因素很多,而且每个因素之间并非相互独立,各个因素之间常常存在着相互依存、相互影响的密切联系,并且这种关系时常是动态的。从系统的角度来看,蔬菜生产系统是一个动态的、开放的、复杂的系统,因此,使用传统的静态分析不容易清楚地找出众多因素中哪些与蔬菜质量有直接关联,哪些因素是生产中必须监控的重要环节。而系统动力学(SD,system dynamics)是一种分析研究复杂系统问题的科学,其特点是强调结构研究、处理行为随时间变化。利用 SD 方法能将各种因素的反馈关系比较详细地描述出来,也就能从直接关联的影响因素中找出生产过程中必须监控的重要环节。

(1) 明确系统分析的目的和系统边界。本研究强调蔬菜质量安全,主要考察蔬菜企业从蔬菜播种到收获包装的生产管理,以确定蔬菜生产过程中必须监控的重要环节。因此,本研究中蔬菜生产系统以蔬菜质量安全为目的,以蔬菜企业田间管理和初级包装加工管理为主,由企业管理和指导农户进行生产。

(2) 确定系统变量。根据文献理论分析,首先确定系统状态变量:大气污染、土壤污染、水质污染、病虫害管理、施肥管理、灌溉管理、加工管理、蔬菜质量、农户管理水平、企业管理水平。针对状态变量,设计相应的速率变量和辅助变量。如施肥管理涉及有机肥和化肥的施用,就要分别考虑到有机肥处理和化肥在每个地块的用量;农药管理除了农药施用量外,还要考虑农药间隔期等。

(3) 系统结构分析。根据系统边界和主要变量的确定可以初步分析蔬菜生产系统的因果关系结构,如图 6.1 所示。

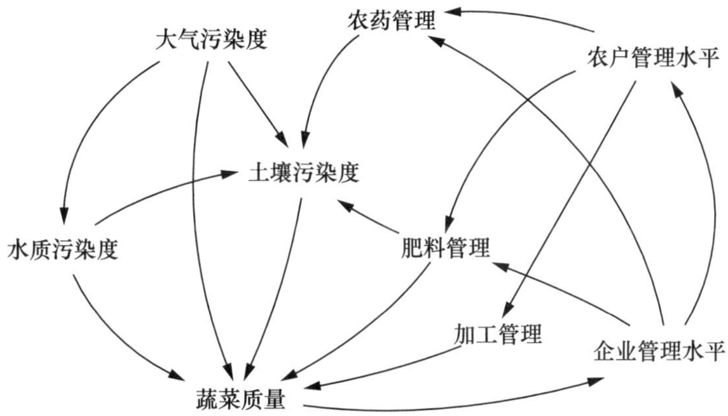

图 6.1 蔬菜生产系统结构分析图

常用的系统动力学软件有 PD-PLUS、STELLA、Vensim 等。本研究选用 Vensim PLE 5.4(Ventana Simulation Environment Personal Learning Edition 5.4)来构建蔬菜生产系统动力学模型,所建模型如图 6.2 所示。

Vensim 软件在构建好 SD 模型之后,通过 LOOP 分析直接可以得到各个变量的全部反馈回路。以下为“蔬菜质量”变量的主要反馈回路:

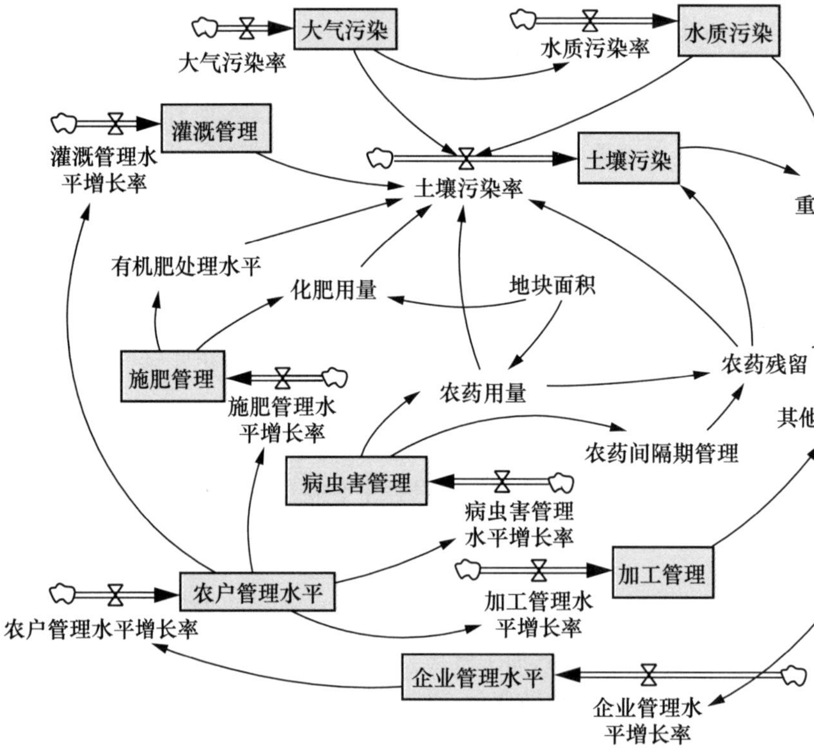

图 6.2　蔬菜生产系统 SD 模型

Loop Number 1 of Length 7

蔬菜质量→企业管理水平增长率→企业管理水平→农户管理水平增长率→农户管理水平→加工管理水平增长率→加工管理→其他有害物质→蔬菜质量

Loop Number 2 of Length 8

蔬菜质量→企业管理水平增长率→企业管理水平→农户管理水平增长率→农户管理水平→病虫害管理水平增长率→病虫害管理→农药用量→农药残留→蔬菜质量

Loop Number 3 of Length 9

蔬菜质量→企业管理水平增长率→企业管理水平→农户管理水平增长率→农户管理水平→灌溉管理水平增长率→灌溉管理→土壤污染率→土壤污染→重金属含量→蔬菜质量

Loop Number 4 of Length 10

蔬菜质量→企业管理水平增长率→企业管理水平→农户管理水平增长率→农户管理水平→施肥管理水平增长率→施肥管理→化肥用量→土壤污染率→土壤污染→重金属含量→蔬菜质量

由以上反馈回路分析可看出，生产管理将蔬菜质量与其危害源连接形成反馈回路。

6.1.3　蔬菜生产过程的重要环节分析

Vensim 软件除了能构建 SD 模型外，还能利用原因树（causes tree）和结果树（uses tree）

来分析模型结构，有利于理解各个反馈回路。

图6.3为模型中一个重要的状态变量“蔬菜质量”的原因树，可以看出管理、环境和农业投入品对蔬菜质量均有直接影响。结合图6.2的反馈回路分析可知，环境与农业投入品主要通过污染土壤的途径造成蔬菜质量安全隐患，农业投入品中农药使用会直接影响蔬菜质量。

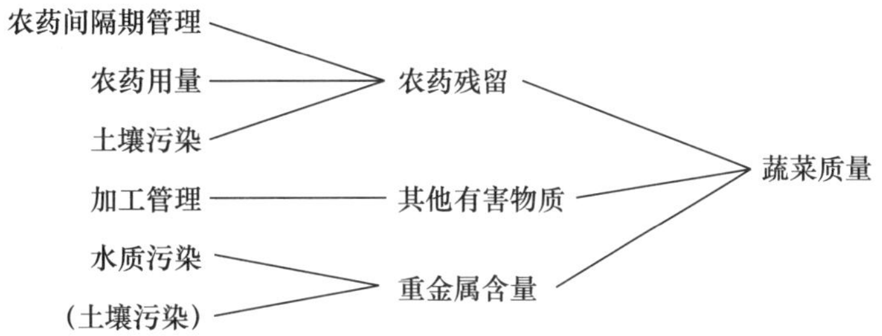

图6.3 蔬菜质量的原因树

对于环境因素，主要为土壤污染，来源较多，大气和水质与农业投入品均对土壤造成污染(图6.4)。

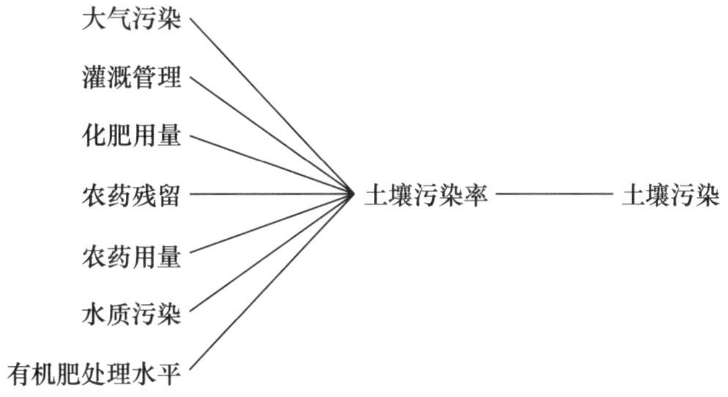

图6.4 土壤污染的原因树

对于生产管理，从农户管理原因树可以看出农业管理主要由病虫害管理、灌溉管理、加工管理、施肥管理4个方面组成(图6.5)。

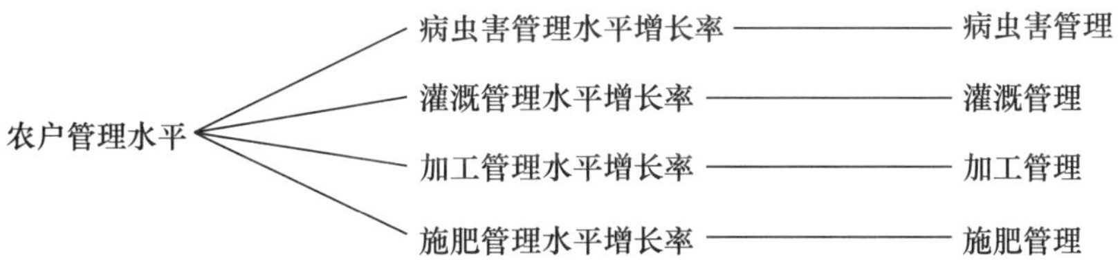

图6.5 农户管理的原因树

因此，从以上各项分析中可以归纳出蔬菜生产过程中必须进行严格监控的几个重要环节：

(1) 土壤监控。土壤环境是蔬菜生产环境中最为重要的一项，与蔬菜质量安全有直接关联，必须进行监控；蔬菜播种之前必须对土壤依照国家标准进行检测。

(2) 日常管理的监控。日常管理包括农户对蔬菜进行的各项田间措施和加工包装管理。其中,田间管理对农户进行的播种、病虫害治理、灌溉、施肥等措施都要进行记录和实施审核;加工包装管理对工作人员的包装进行实时记录。

(3) 农药施用的监控。农药的施用对蔬菜的危害最为直接,在日常的生产管理中对农药的品种选择、用量、间隔期要进行严格监控,并且对蔬菜要进行农药残留检测。

6.2 系统设计

6.2.1 蔬菜质量安全可追溯模型

可追溯体系是指在整个加工过程或供应链体系中跟踪某产品或产品特性的记录体系。根据美国学者 Elise Golan 的说法,这是一种基于风险管理的安全保障体系并具有其他辅助功能:不仅可以按照从原料上市到成品最终消费过程中各个环节所必须记载的信息追踪产品流向,回收存在危害的尚未被消费的产品,切断源头,消除危害,减少损失,还可以实现产品差异化战略,提高供应链管理效率。由此可以看出,参照企业原有的生产流程,将各种生产数据、设备和人力,通过扩展来实现可追溯功能,不仅能快速完成可追溯系统的开发,而且还能与企业生产管理结合,保证可追溯系统的可行性。

6.2.1.1 蔬菜生产过程

本研究中对山东某蔬菜集团公司进行了实际调研,着重了解无公害蔬菜(包括绿色蔬菜、有机蔬菜)的生产过程(图 6.6),为可追溯系统的构建建立基础。

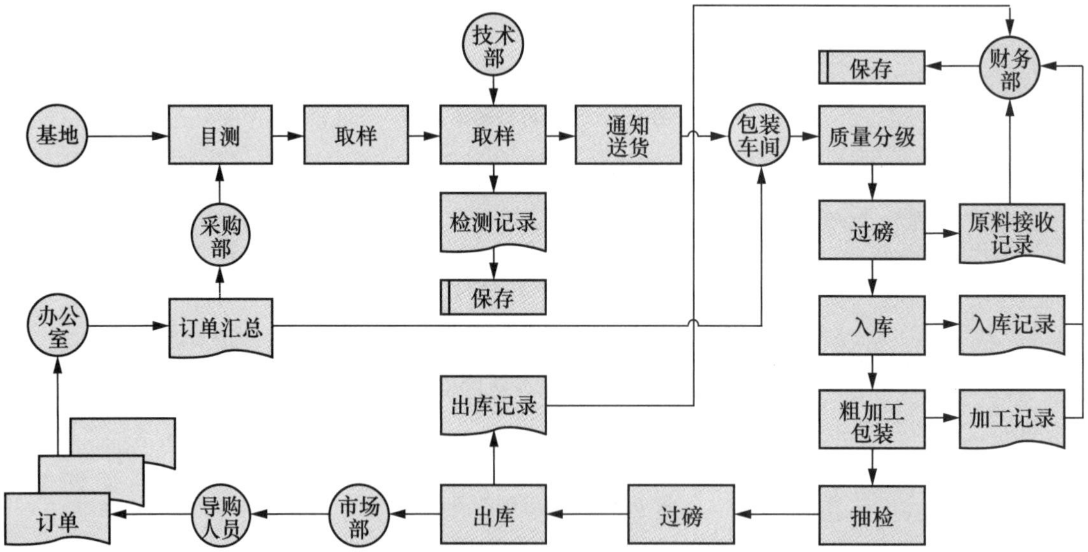

图 6.6 山东某公司蔬菜生产业务流程图

公司采取的是在每个超市安排导购人员负责销售，因此是导购人员每天向办公室下订单，然后办公室将每天的订单汇总后形成汇总订单计划表交给采购部和加工部各一份。采购部根据此汇总订单通知各个生产基地送货。

蔬菜生产过程从基地采收开始，采购部门负责对采收的蔬菜原料进行目测等简单感官判断，初步判定合格的蔬菜原料交由技术部进行仔细检测并详细记下检测记录，检测合格的产品就通知采购部进行采购，不合格品不予以采购。检测合格的蔬菜原料送到加工车间后，加工车间先要对原料进行质量分级和过磅，并记录蔬菜原料接收表，然后将蔬菜原料入库。原料接收表最后交由财务处保存。

加工车间根据汇总订单对蔬菜进行加工和包装，需要加工的原料先进行粗加工后再包装，不需要粗加工的原料直接进行包装。车间管理人员检验加工人员的加工结果并作加工记录，最后也交由财务部保存。产品包装完成后再经技术部抽检合格后才能过磅出库并填写出库记录。

由此看来，公司的生产流程主要在收获加工包装方面，记录管理目前也主要采用手工方式，自动化管理水平不高，对蔬菜质量安全的田间管理没有纳入生产流程中，对于生产过程中必须进行监控的重要环节没有完全引入，因此，首先需要对企业现有的蔬菜生产过程进行分析，找出其中的不足之处。

6.2.1.2 基于工作流网的蔬菜生产工作流模型

工作流是对业务进程的形式化描述，包括描述任务间依赖关系（因果依赖与规章依赖）的工作流逻辑和在此逻辑上增加显性内容的工作流语义。对企业利用工作流的方法进行业务过程的建模和深入分析不仅可以规范企业的业务流程，发现业务流程中不合理的环节，进而对企业的业务过程进行优化重组，而且所建立的业务过程模型本身就是企业非常重要的知识库和规则库，可以成为指导企业实施计算机管理信息系统的模型。

根据蔬菜生产过程的描述，依据企业各个部门的管理设置，将每个管理子网作为一个对象，再分别运用工作流网技术对其工作流建模，然后再进行整合得到现行的蔬菜生产过程工作流网模型。分析可知，蔬菜生产过程涉及7个部门，也就是7个物理对象：市场部、办公室、采购部、蔬菜基地、技术部、包装部、财务部，与之相对应地划分了7个对象子网系统：O1为市场部管理子网，O2为办公室管理子网，O3为采购部管理子网，O4为基地管理子网，O5为技术部管理子网，O6为包装管理子网，O7为财务等公司内部管理子网。

图6.7是根据图6.6的描述绘制成的蔬菜生产过程工作流网模型。图中活动变迁的含义如下：$T1$，市场部下订单；$T2$，办公室汇总订单；$T3$，蔬菜种植；$T4$，采购部初审蔬菜原料；$T5$，技术部对蔬菜原料进行检验；$T6$，蔬菜入库；$T7$，蔬菜包装；$T8$，蔬菜出库；$T9$，财务部保存各种单据。

从图6.7的工作流网模型中可以看出，现有的企业生产流程中蔬菜原料来源和种植历史欠缺，O4基地管理子网的管理水平不高，缺乏对蔬菜详细种植管理。如果以此流程建立可追溯系统，不能对必需的重要环节进行监控，也不能实现实时记录信息，达不到质量安全可追溯的目的，因此，需要对此生产流程进行深入分析，在优化生产流程的基础上建立可追溯模型。

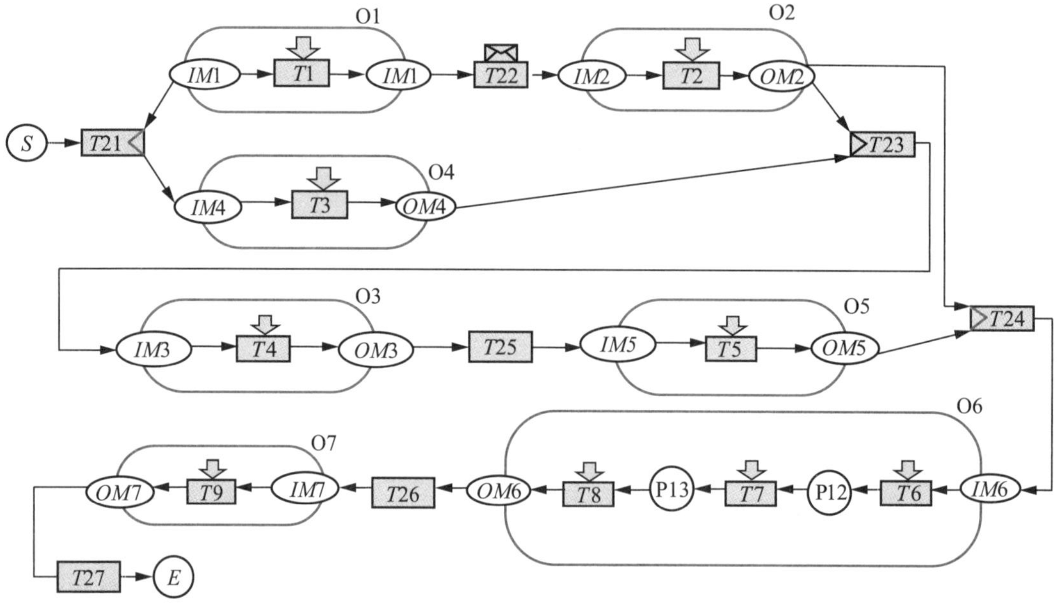

图 6.7　蔬菜生产过程工作流网模型

6.2.1.3　蔬菜质量安全可追溯模型的构建

根据扩展的 Petri 网原理，结合前面所确定的重要环节将图 6.7 的工作流网模型进行优化，加强对蔬菜种植阶段的管理，设计将蔬菜基地管理由采购部来监控及实行审批制度，尤其加强对农药等的监督管理以及种植之前对土壤环境检测合格之后才能批准进行播种等。得到的可追溯模型如图 6.8 所示。

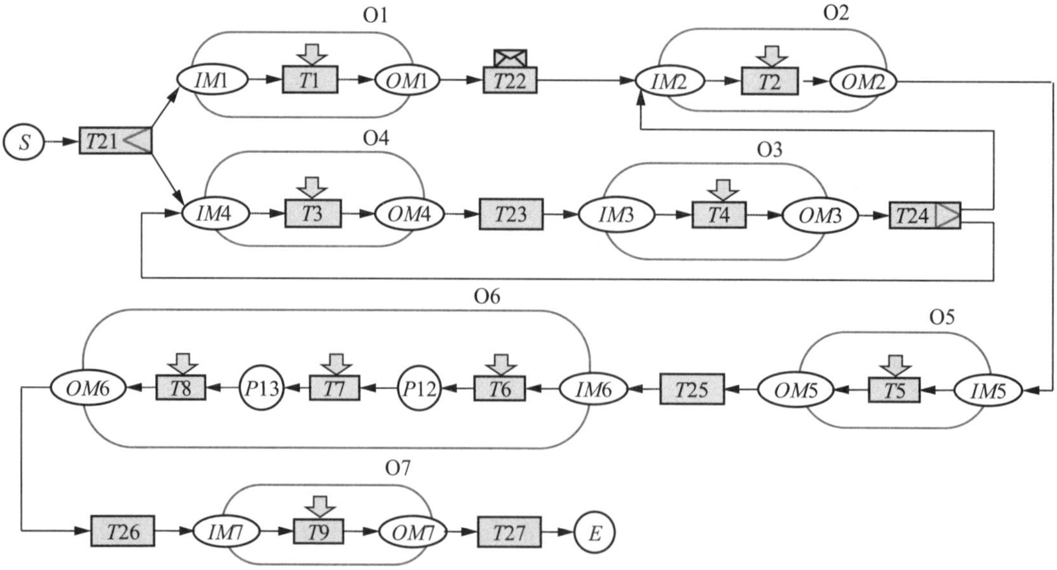

图 6.8　基于工作流网的蔬菜质量安全可追溯模型

图 6.8 相对于图 6.7，对 O2 办公室管理子网、O3 采购部管理子网、O4 基地管理子网做了调整：

有效结合 O3 与 O4，构成循环组件，加强采购部对蔬菜基地的管理。由于蔬菜基地种植人员一般文化程度不高，对于蔬菜来源和种植历史的记录就由其上一级的管理部门采购部来监督和实行；*T*4 代表采购部对蔬菜原料的初审，还包括对蔬菜从种子的采购、播种一直到收获的管理。同时，利用循环组件的方式，蔬菜每一项种植措施都要经过采购部管理人员批准后才能实施，既能对每项种植措施进行记录，为可追溯奠定基础，又能减少种植中的违规操作，保证蔬菜种植的质量安全。

O2 中 *T*2 办公室接收订单时会考虑由采购部传来的蔬菜收获情况。根据实际收获情况对比市场部的订单做出的订单汇总与实际情况误差不大，更符合生产实际。同时，也合理安排供应量，减少蔬菜库存，间接保证了蔬菜的新鲜度和质量安全。总体来看，基于工作流网的蔬菜可追溯模型在不改变企业原有的生产流程的基础上增加了对蔬菜基地的管理和监控，达到了可追溯系统的基本要求。

6.2.1.4 蔬菜质量安全可追溯模型验证

对于工作流模型的验证方法主要有两种类型：定性分析和定量分析。定性分析关心所定义的过程在逻辑上的正确性，以消除异常结构，比如“死锁”(案例被“锁住”了，不能继续进行)和“活锁”(案例被“粘住”了，进入死循环)。定量分析主要考察所定义过程的性能，其重点在于建立一些性能指标，比如平均完成时间、服务水平和能力利用率等。本研究主要考虑可追溯模型的构建是否正确、符合逻辑，即其合理性，因此，只需要进行定性分析。

蔬菜可追溯模型采用了扩展 Petri 网的方法构建，引入了对象技术，每个对象均可看作一个 Petri 网。因此，可以将模型的验证过程分为 2 个步骤：

首先对各对象内部的 Petri 网进行化简之后整合，即将全网转化为经典的 Petri 网，然后将化简后的 Petri 网绘制可达树进行进一步的验证。

然后对各个子网进行化简。先将与工作流环境紧密相关的触发机制和工作流路由去掉。对于触发机制只是简单地忽略掉就可以了，而对于工作流路由的处理要复杂一些，需要把或分支、或连接、与分支、与连接这样的工作流元组件还原成经典 Petri 网中普通的库所和变迁，这样新生成的模型中不再有专门的控制变迁。如 O3 与 O4 子网还原成经典 Petri 网，如图 6.9 所示。

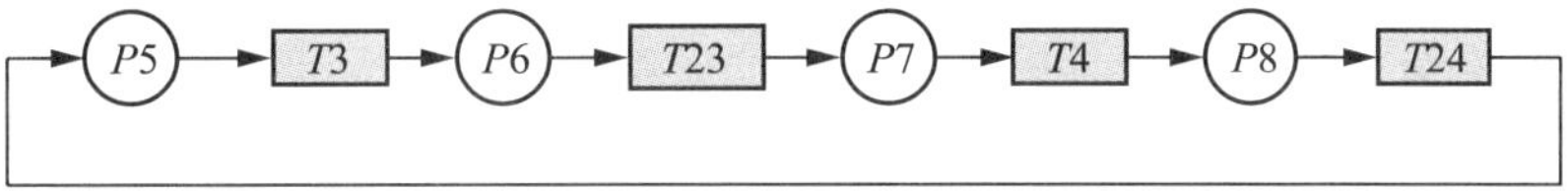

图 6.9 部分子网初步转化得到的经典 Petri 网

再根据化简规则将经典的 Petri 网化简，得到图 6.10。

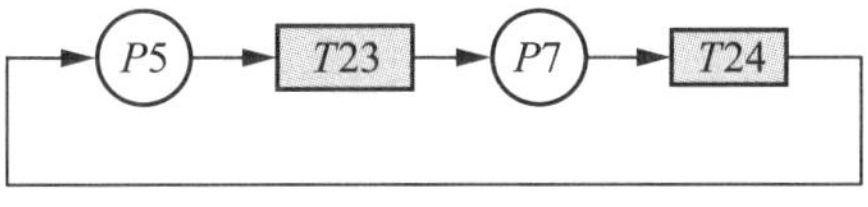

图 6.10 部分子网化简后的 Petri 网

依照以上的思路和方法，分别对其他 5 个子网进行化简，整合得到蔬菜质量安全可追溯模型的经典 Petri 网(图 6.11)。

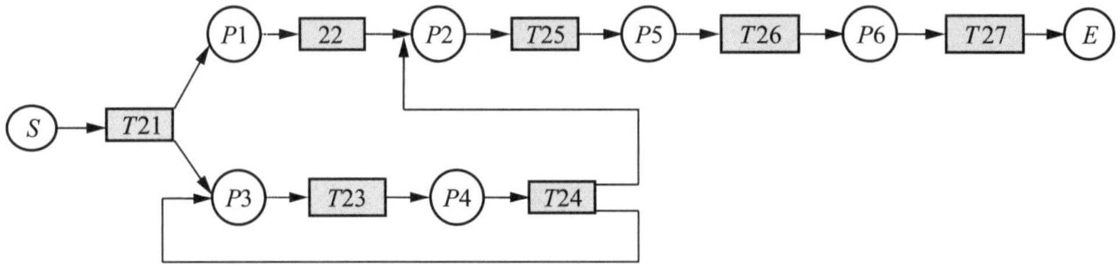

图 6.11　蔬菜质量安全可追溯工作流网化简图

以上的化简将蔬菜质量安全可追溯工作流网构建成了经典的 Petri 网，根据 Petri 网验证合理性的方法，建立可达树如图 6.12 所示。

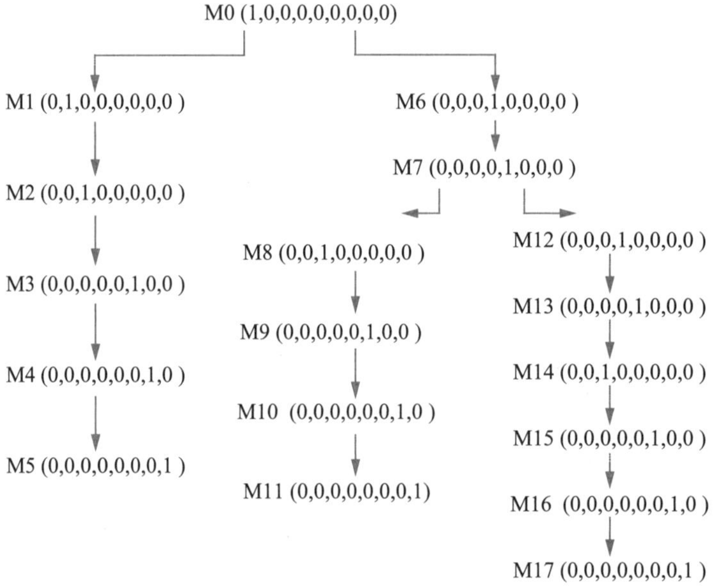

图 6.12　蔬菜质量安全可追溯工作流网的可达树

由可达树图可以得出结论：该 Petri 网中不存在死锁，因为所有的变迁均出现在可达树中；该网有界，而且是安全的，因为位置标识中只包含 0 和 1 两类元素；该 Petri 网能正常结束，而且在结束状态只在 *E* 库所中有令牌。因此，本研究构建的基于工作流网的蔬菜质量安全可追溯模型能够正确运行，是合理的。

6.2.2　系统原型设计

通过蔬菜生产流程的分析，考虑到参与生产的各个部门分布在不同的地域，系统采用 B/S 体系结构，采取基于 Web 的方式，不仅方便公司各个部门在不同地点对生产数据的上传和外部用户通过浏览器访问系统，而且公司内部各级部门的客户端在系统更新时不需要逐个更新客户端程序，可减少系统人员的维护工作。系统基本框架如图 6.13 所示。

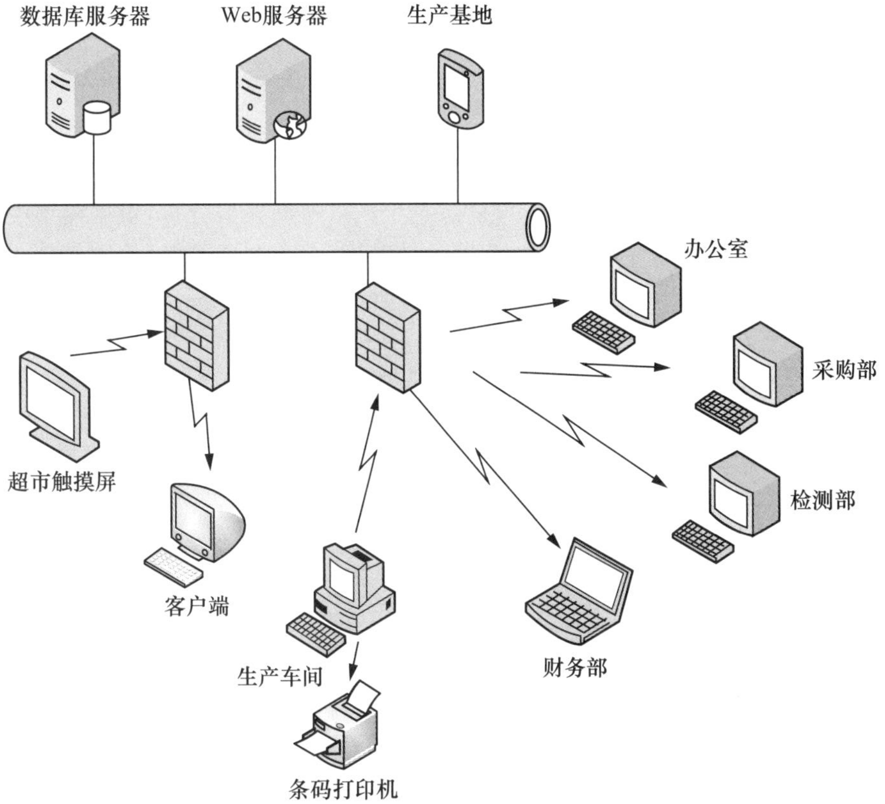

图 6.13 蔬菜质量安全可追溯系统的基本框架

(1) 数据库服务器和 Web 服务器:数据库服务器存储系统所有数据,客户端可通过因特网访问数据库。Web 服务器独立运行,使公司内部各个部门和外部的客户端可通过浏览器访问系统。

(2) 蔬菜生产基地:生产基地根据地块土壤情况和地理位置进行地块划分,并按地块安排专门的管理人员(每位管理人员有一个卡号与其管理的地块匹配)。基地管理人员每日实时记录蔬菜的日常详细种植信息,如播种、灌溉、施肥、病虫害防治等,还要在蔬菜即将成熟时上报预测的采收数量。考虑到蔬菜基地的地理位置因素,采用手持设备将日常的种植信息上传到数据库服务器,不仅改变了以往的手写记录方式,方便管理人员记录信息,提高工作效率,而且还可实现信息的实时采集,保证数据的准确性。

(3) 公司各级部门:公司内部主要有办公室、采购部、技术部、包装车间、财务部 5 个管理部门。办公室的主要职能是接收每日的订单,并根据预测的蔬菜收获信息制订次日的加工包装计划,并上传到服务器;采购部是蔬菜种植的关键部门,除了负责各种农资原料的采购和上传采购数据外,还负责对生产基地上传的信息进行审批和确认,只有采购部确认的操作反馈到生产基地,基地管理人员才能进行实际操作,尤其加强对农药等的监督管理以及种植之前对土壤环境检测;技术部负责对采收的蔬菜进行农残等项目的检测,检测结果信息也上传到服务器;包装车间对检测合格的蔬菜进行分级和过磅,并根据其来源地块和采收日期及顺序确定批号,在包装之后打印追溯条码,并根据加工包装计划进行配送;财务部保存以上业务过程中的各种记录,并进行财务管理。5 个部门对蔬菜生产的管理通过浏览器访问数据库服务器,进行数据上传等操作。

(4) 客户端:消费者通过客户端浏览器或者销售地点的触摸屏将蔬菜包装上的追溯码输入该系统就能查询到所购买的蔬菜产品的详细生产信息。

6.2.3 模块设计

根据系统总体思路,结合基于 Petri 网的蔬菜生产可追溯模型分析,根据模型中的几个子网对象将系统主要划分为生产计划管理、蔬菜种植管理、蔬菜包装管理、检测管理、企业管理、蔬菜信息查询、用户管理 7 个模块组成,如图 6.14 所示。

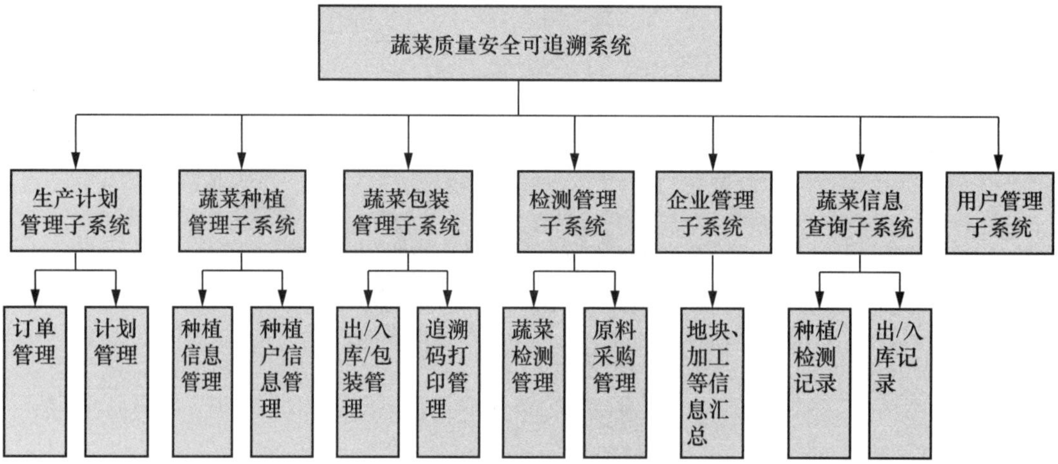

图 6.14　蔬菜质量安全可追溯系统功能模块

(1) 生产计划管理:主要处理蔬菜企业的订单业务。蔬菜企业生产部门将每日订单进行汇总,与预计的采收数量进行对照,制订次日的采收和加工包装计划;到了下一个种植季节,可根据这些历史的采收和订单数据制订次年的蔬菜种植计划。

(2) 蔬菜种植管理:这是可追溯管理系统的重要模块,因为种植管理的好坏直接影响到蔬菜的质量安全。结合蔬菜生产过程中的关键点,在此模块中加强了对农药等的监督管理以及土壤环境检测。根据所建立的可追溯模型,在此模块中设计了安排采购部对蔬菜基地的各项措施进行直接监控,实行审批制度。如播种前采购部确认土壤环境合格的地块才能安排种植计划;种植过程中,每项农药使用等措施首先要经过采购部审核合格才能实际进行操作。这种审核制度针对蔬菜生产中的关键点进行监测的同时加强了监控作用。

(3) 蔬菜包装管理:主要用于加工包装车间。蔬菜入库时记录蔬菜的分级、过磅、入库信息,并确定蔬菜批号;包装时即根据批号记录工作人员的包装信息;包装后根据订单和销售地点进行配送安排,同时将蔬菜批号与公司的标识等信息结合形成可追溯码,并打印、粘贴在成品包装上。

(4) 检测管理:检测部检测采收后的蔬菜,将检测结果上传、打印,作为蔬菜质量安全的凭证,并对蔬菜进行分级,不合格产品记录降级处理信息;还可以对不同基地、不同品种的蔬菜质量进行查询,打印报表。

(5) 企业管理:主要是为企业管理层人员查看地块情况、检测情况、包装车间情况等信息提供查询和汇总功能,为财务部门等提供总体数据。

(6) 蔬菜信息查询:开放给消费者的蔬菜种植质量安全追溯查询平台,同时也是体现蔬菜可追溯性的平台。通过输入蔬菜包装上的追溯码,就能立即显示贴有该追溯码的蔬菜产品的详细种植记录、检测记录、包装记录和出库记录,证明消费者所购买的蔬菜产品是严格按照国家标准生产和加工的,并且检验合格,让消费者放心的同时为企业提供了追溯查询,实现了蔬菜可追溯性。

(7) 用户管理:主要是对蔬菜企业内部不同部门拥有不同管理权限的设置。消费者不能进入蔬菜生产管理等信息录入界面,只有企业内部工作人员才能进入管理界面,并且不同部门的工作人员所能操作的数据库管理不同,避免了不同的管理人员同时访问一个页面,保证系统的稳定性。

6.2.4 数据库设计

根据企业部门划分和蔬菜生产流程,将追溯系统的数据主要分为基础数据、生产过程产生的日常管理数据以及蔬菜相关法规信息 3 类。

1. 基本数据库

基础数据库专门存储企业对基地地块划分、基地管理和企业生产人员的基本资料、采购供应商和销售单位的基本信息。这部分数据在系统开始使用初期一旦录入后,在日常管理中一般很少变动,可以用来作为日常管理数据录入的基础,不仅方便企业各级部门进行数据录入,提高录入效率,而且还保证了数据的准确性和一致性。

Land(地块编号,地块位置,面积,灌溉来源)

Farmer(种植者 ID,姓名,联系方式)

Supporter(供应商代码,供应商,供应物品,单价,用途,物品类型)

Supermarket(超市代码,超市,超市地址,联系方式)

Worker(工作代码,姓名,性别,所在部门,出生年月,职位)

2. 日常管理数据库

日常数据涉及每日的蔬菜从播种到出库的一系列过程数据。主要分为计划安排、种植管理、加工生产 3 个过程,如图 6.15 至图 6.17 所示。

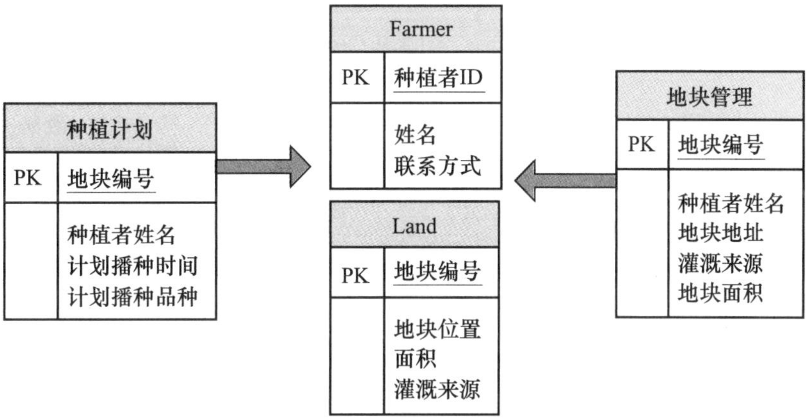

图 6.15 计划安排数据库概念模型

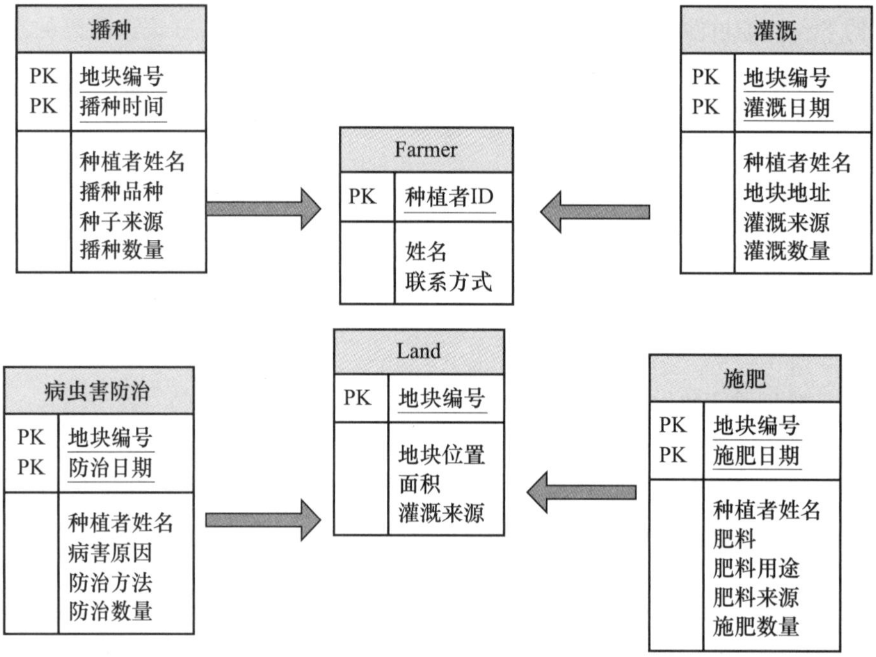

图 6.16　种植管理数据库概念模型

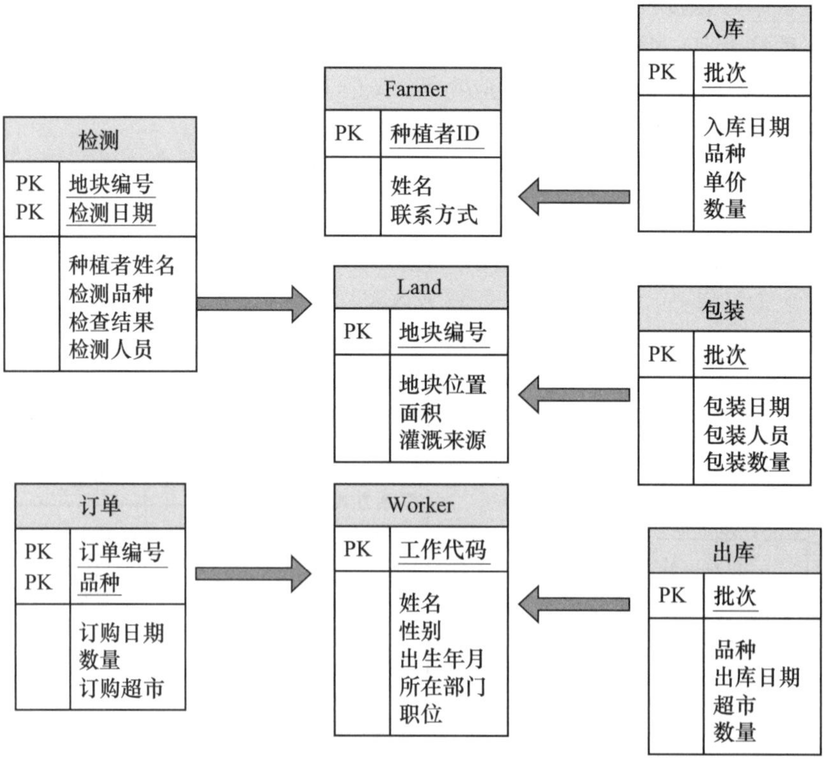

图 6.17　加工生产数据库概念模型

3. 政策法规数据库

蔬菜质量安全相关法规信息库(图 6.18)专门存放蔬菜种植管理中涉及的相关法规标准，如禁用农药、化肥施用量、农残检验标准等，辅助管理人员对蔬菜的生产管理进行监控。

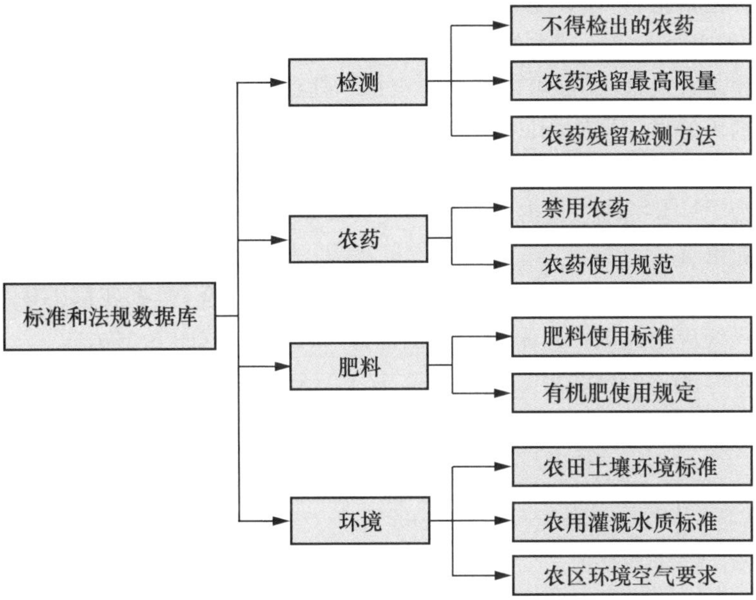

图 6.18 蔬菜质量安全相关法规和标准信息库设计

6.3 系统实现

6.3.1 开发环境的选择

本研究中蔬菜质量安全可追溯系统运用因特网环境，采用 B/S(浏览器/服务器)模式进行开发。构建选用了微软的.NET 技术。Microsoft.NET 是一项革命性的技术框架，它包含了许多的特性：它提供的代码更易于编写，结构更为清晰，更容易被再利用和共享，并且使用的是编译后的语言，从而提升了它的性能和伸缩性。同时在 ASP 的基础上实现了多方面的改进，包括服务器控件、数据的绑定和应用程序的安全性和可靠性等各方面。此外，ASP.NET 还使用了多种技术实现了代码的重用，为程序开发人员开发功能强大、安全可靠的应用程序提供了很好的保证和发展空间；还可以很好地把 HTML 和脚本开发融合在一起，提高了编程的灵活性，降低了开发难度。

6.3.2 系统功能实现的关键技术

6.3.2.1 编码技术

可追溯需要对可追溯链条上每个参与对象进行编码，保证可追溯性及其完整性。追溯链条上每个参与对象都是可追溯系统的关键点；一旦产品出现问题，是否能够查找到具体的问题来源和正确实施产品回收取决于参与对象的记录是否健全。为确保追溯的完整性，追溯链条上每个参与对象都进行了唯一编码：在种植阶段，对种植者与地块都进行编码，地块编码以 2 位基地数字加 2 位地块号组合，而每个 RFID 卡唯一对应一位种植者及其管理的地块，还可方便手持机录入种植信息；企业管理人员同样有工作编码，如包装人员的编码用包装的拼音首字母加数字代表，如 BZ12，避免同名的干扰；蔬菜脱离土地后按照批次进行编码，以采收日期、地块号和采收顺序组合成批次号，可以唯一确定每一批蔬菜。

蔬菜可追溯码的设计采用国际物品编码协会(EAN)与美国统一代码委员会(UCC)共同开发和维护、对全球多行业供应链进行有效管理的一套开放性国际标准 EAN·UCC 系统，系统在我国被称为 ANCC 系统，是由商品条码发展而来的全球统一标识系统，又被称为全球统一和通用的商业语言。

本研究中的可追溯码编码设计选用 GTIN 和批号相结合，根据我国 GB/T 16986—2003《EAN·UCC 系统应用标识符》，采用的标识符为(01)和(10)(图 6.19)。

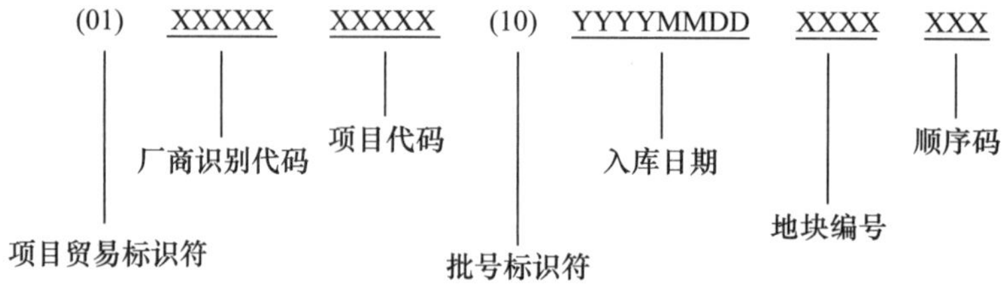

图 6.19　蔬菜可追溯码编码设计

6.3.2.2　**二维码技术**

编码的数据载体目前有一维码和二维码。本研究中采用先进的二维码技术制作可追溯标签，并且选用了中国物品编码中心研发的汉信码作为追溯码的形式，对比其他二维码，汉信码具有能将照片、指纹、掌纹、签字、文字等凡可数字化的信息进行编码的优点，能使更多的追溯信息集成，并且为消费者提供了手机等更多的查询方式；其加密技术、抗污损畸变和修正错误的优势非常适合作为可追溯码，可解决假冒、标签污损造成的不可读等问题。图 6.20 是一个二维码标签的样本图。

图 6.20　蔬菜二维码标签样本图

6.3.3　系统实现界面

6.3.3.1　**系统运行环境**

(1) 硬件要求：

最低配置：P3 以上电脑，内存 128 M，1 G 以上剩余磁盘空间。

标准配置：P4 以上电脑，内存 512 M，1.5 G 以上剩余磁盘空间，1 024×768 分辨率，32 位增强色。

外接硬件：读卡器，标签打印机，触摸屏。

(2) 操作系统：Windows 2000/Windows XP。

(3) 后台数据库:SQL Server 2005 个人版、专业版、标准版之一。

6.3.3.2 种植管理界面

1. 用户管理界面

通过登录系统进入主界面后,会在状态栏中看到用户权限级别,管理员可以再次设置、更改用户的权限及添加新的用户(图 6.21)。

图 6.21 可追溯管理系统用户管理界面

2. 种植管理界面

该界面对播种管理、施肥管理、灌溉管理、病虫害管理进行查询、插入、修改、删除等操作。采购部对生产基地进行管理,包括蔬菜播种之前对土壤环境进行检测,确认合格的地块才能发布种植计划(图 6.22);蔬菜种植过程中,基地管理人员每日的农药、肥料、灌溉等措施需要经过采购部进行审核批准之后才能实施等。

图 6.22 可追溯管理系统种植管理界面

3. 基础数据管理界面

只有系统管理人员才有权限进入基础数据管理界面。此基础数据是系统启用之前对企业基本数据进行记录的录入界面,主要是对基础数据进行添加、修改、删除和查询操作。只有录入了这些基础信息,企业的日常管理操作才能在此基础上很方便地进行(图 6.23)。

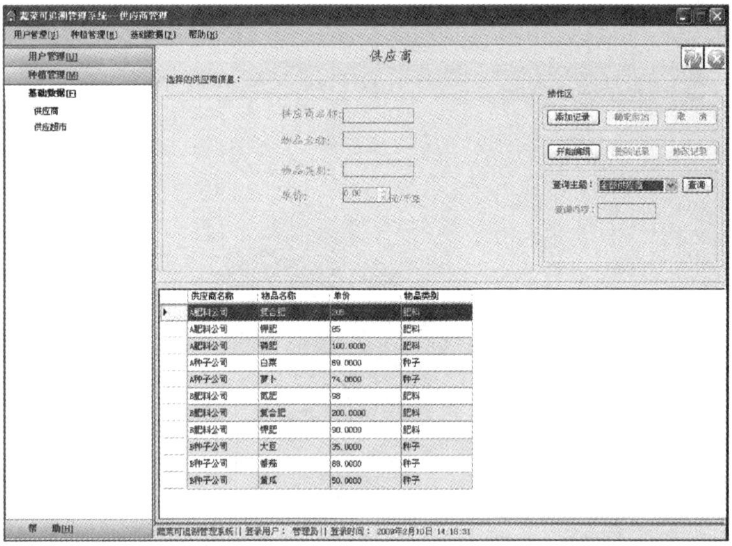

图 6.23　可追溯管理系统基础数据管理界面

6.3.3.3　生产管理界面

1. 地块管理界面

蔬菜生产中最为关键的是生产基地的管理,地块信息是唯一不受人员参与影响的固定信息。地块信息的精确管理有利于基本追溯信息准确定位(图 6.24)。

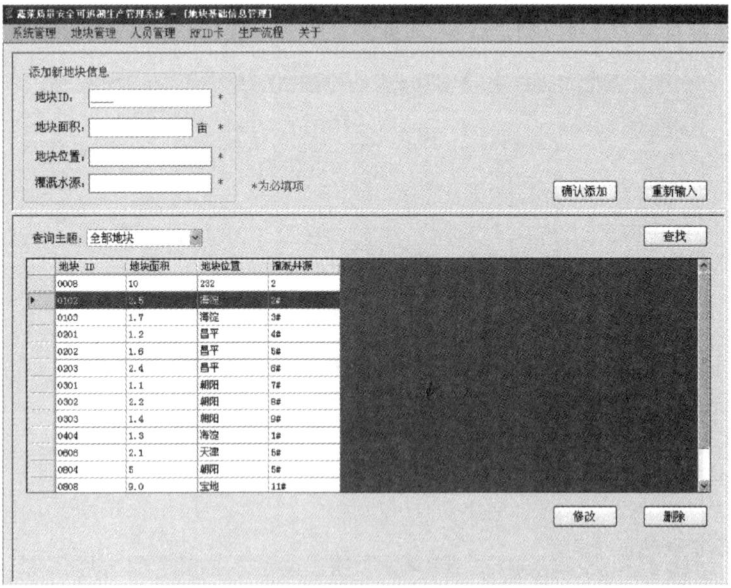

图 6.24　生产管理系统中的地块管理界面

2. 人员管理界面

农户、加工者、管理者都是整个可追溯系统中重要的参与者，是施肥、喷药、播种、加工等一系列生产管理过程中的实施和决策者。人员信息的管理是构建一个可靠的可追溯系统最重要的部分(图 6.25)。

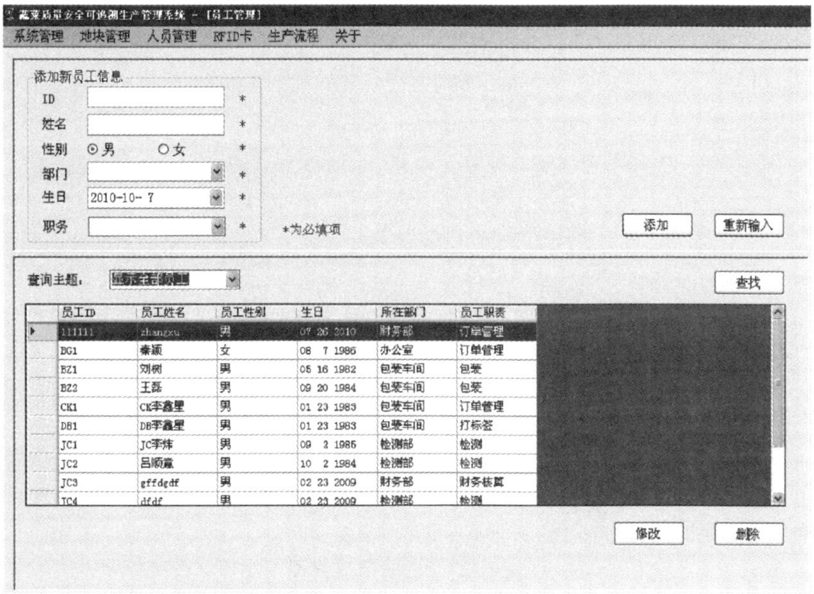

图 6.25 生产管理系统中的人员管理界面

3. 制作 RFID 卡界面

为了确保追溯完整性，追溯链条上每个参与对象都进行了唯一编码。如图 6.26 所示。

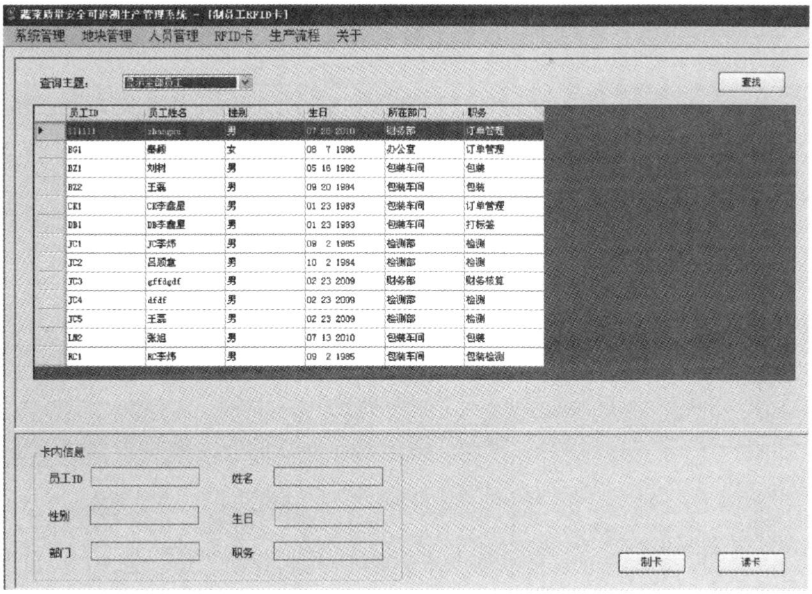

图 6.26 制作 RFID 卡界面

4. 条码生成界面

选择 EAN · UCC 系统作为蔬菜产品标识(图 6.27)。

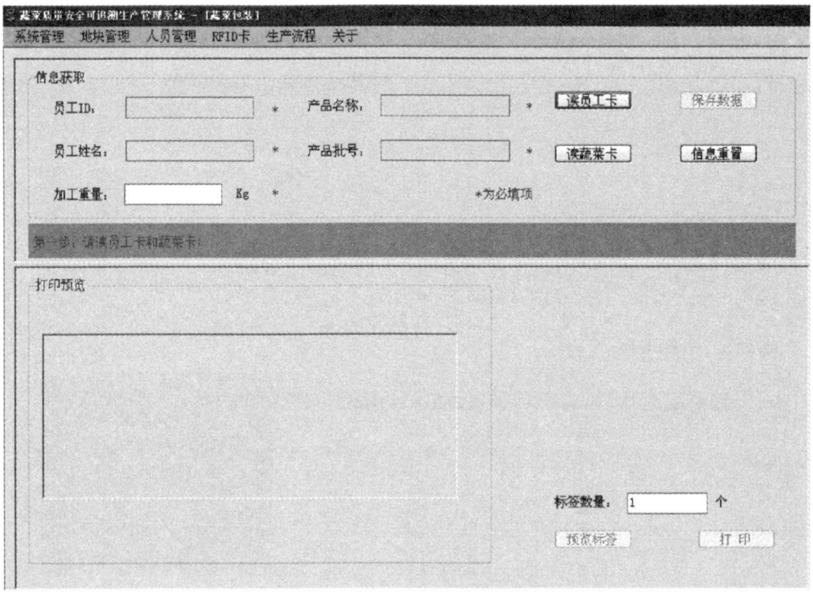

图 6.27　生成条码界面

6.3.3.4　消费者查询界面

蔬菜信息查询系统为消费者提供了网络查询方式。消费者只要将产品追溯条码通过触摸屏的条码扫描器输入查询框就能快捷地查询到此蔬菜的详细信息,包括种植者信息、种植环境信息、种植管理信息(播种/施肥/灌溉/病虫害防治/生产日期/检测等)和蔬菜企业信息。其主界面如图 6.28 所示。

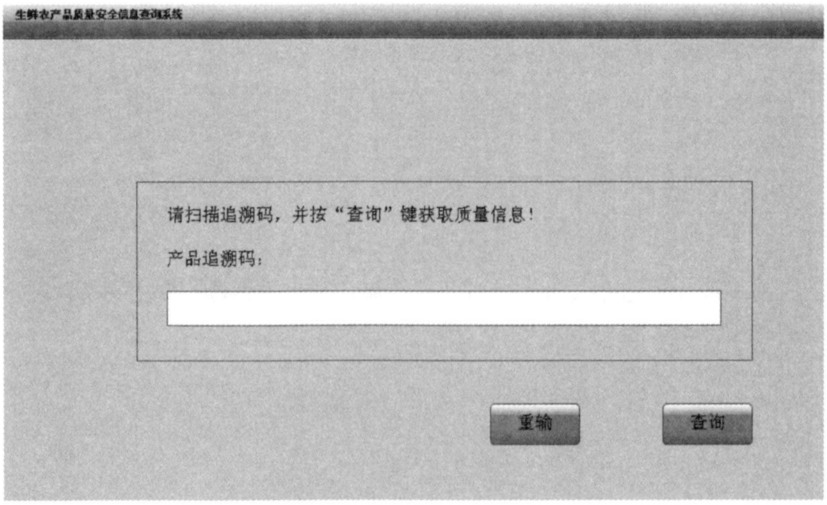

图 6.28　蔬菜追溯信息查询主界面

参考文献

[1] Armijo R, et al. Epidemiology of stomach cancer in Chile—The role of nitrogen fertilizers. Int J Epidemiol,1975(4):301-309.

[2] Cordhuizen J R, Frankena K. Epidemiology and quality assurance: Applications at farm level. Prev Vet Med,1999,39(2):93-110.

[3] Das H K, Mitra A K, Sengupta P K, et al. Arsenic concentrations in rice, vegetables, and fish in Bangladesh:A preliminary study. Environment International,2004,30:383-387.

[4] Davis B E, Hood G D. Improved recovery of coarse Florida phosphate. Min Eng,1993,45(6):596-599.

[5] Keen P G W. Decision support systems. MIS Quarterly,1978,March:1-15.

[6] Massimo Bertolini, Maurizio Bevilacqua, Roberto Massini. FMECA approach to product traceability in the food industry. Food Control,2006,17:137-145.

[7] Meharg A A, Rahman M M. Arsenic contamination of Bangladesh paddy field soils: Implications for rice contribution to arsenic consumption. Environmental Science and Technology,2003,37:229-234.

[8] Miraglia M, et al. Detection and traceability of genetically modified organisms in the food production chain. Food and Chemical Toxicology,2004,42:1157-1180.

[9] Morton M S S. Management decision support: Computer based support for decision making. Division of Research, Harvard University, Cambridge Mass,1971.

[10] Olusola Lamikanra. Fresh-Cut Fruits and Vegetables: Science, Technology, and Market. Boca Raton: CRC press,2002:4-8.

[11] Paul A Lachance. Nutraceutical, drug, anti-terrorism safety assurance through traceability. Toxicology Letters,2004,150:25-27.

[12] Peter Loos. Gozinto graphs for by-products and cyclic production: An approach for ERP system application. 7th Americas Conference on Information Systems,2001:111-1117.

[13] Pezzarossa B, Petruzzelli G. Effect of repeated phosphate fertilization on the heavy metal accumulation in soil and plants under protected cultivation. Communications in Soil Sci and Plat Anal,1993,24:17-18, 2307-2319.

[14] Setiabuhdi M, Theis M Norback. Integrating hazard analysis and critical control point(HACCP) and sanitation for verifiable food safety. J Am Diet Assoc,1997,97(8):889-891.

[15] Van der Aalst W, Van Hee K M, Houben G J. Modelling and analysis workflow using a Petri net based approach. Journal of Intelligent Information Systems,1998,10(2):131-158.

[16] Van der Aalst W. The application of Petri nets to workflow management. The Journal of Circuits, Systems and Computer,1998,8(1):21-66.

[17] Van Dorp C A. A traceability application based on Gozinto graphs. EFITA 2003 Conference, 2003:280-285.

[18] Van Dorp C A. Induction of a reference data model for tracking and tracing. Eighth Americas Conference on Information Systems, 2002:945-957.

[19] [荷]Van der Aalst W, Van Hee K. 工作流管理——模型、方法和系统. 王建民,闻立杰,译. 北京:清华大学出版社,2004:27-30,56-79.

[20] 蔡保松,陈同斌,廖晓勇,等. 土壤砷污染对蔬菜砷含量及食用安全性的影响. 生态学报,2004,24(4):711-

717.
[21] 蔡道基.农药环境毒理学研究.北京:中国环境科学出版社,1999:113-136.
[22] 曹志洪.施肥与土壤健康质量——论施肥对环境的影响(3).土壤,2003,35(6):450-455.
[23] 陈国阶,何锦豪.生态环境预警的理论和方法探讨.重庆环境科学,1999,21(4):8-11.
[24] 董曼薇.蔬菜质量安全的影响因素与管理机制探寻.安徽农学通报,2006,12(13):136-137.
[25] 杜建华,张认成.分布式单总线蔬菜大棚温度的监测与预警系统.农机化研究,2004(3):99-101.
[26] 杜淑楠.工作流模型正确性验证过程中的模型简化问题.计算机工程,2005,31(增刊):110-114.
[27] 杜益平,张胜田,江希流,等.农产品产地灌溉水环境质量现状及其评价程序研究.农业环境与发展,2006,23(5):38-40.
[28] 高培,马福坤,闫志成.HACCP管理在国内外的应用与研究.中国公共卫生,2002,18(10):1262-1264.
[29] 何绘宇,夏斌,等.珠江三角洲土壤重金属预警与决策支持信息系统设计.农业环境科学学报,2006(25):13-16.
[30] 何增耀.农业环境科学概论.上海:上海科学技术出版社,1991:286-307.
[31] 侯玉,汪斌,王平,等.基于Petri网工作流网在舰载机出航准备建模中的应用.兵工自动化,2007,26(8):25-26.
[32] 孔洪亮,李建辉.全球统一标识系统在食品安全跟踪与追溯体系中的应用.食品科学,2004,25(6):188-194.
[33] 李丹.基于SD模型的汾河灌区水资源合理配置预测研究:硕士学位论文.北京:中国农业大学,2007.
[34] 李博文,李孝忠.基于Petri网的审计工作流模型设计与验证.计算机应用,2006(26):242-243.
[35] 李其林,刘光德,魏朝富,等.重庆市蔬菜区重金属污染现状.土壤通报,2005,36(1):104-107.
[36] 李其林,王显军.汽车尾气对土壤和蔬菜中铅含量的影响.生态环境,2004,13(1):17-18.
[37] 李淑云.农药与农业生态.生物学通报,2001,36(5):18-19.
[38] 李元芳.微生物肥料的生产应用及其发展.北京:中国农业出版社,1996:221-226.
[39] 廖志文,刘国际.浅析蔬菜污染来源及无公害蔬菜.蔬菜,2000(9):4-6.
[40] 林昱翔.新一代ASP.NET2.0网站开发实战.北京:清华大学出版社,2007:4-6.
[41] 刘保才,张晓静.蔬菜污染的环境因素及其综合防治.上海蔬菜,2002(4):6.
[42] 刘德绍,郭莉萍,青长乐.蔬菜对大气汞和土壤吸收的研究.重庆环境科学,2002,24(6):23-25.
[43] 刘树枫,袁海林.环境预警系统的层次分析模型.陕西师范大学学报(自然科学版),2001(29):132-135.
[44] 卢桂兰,韩梅,李发生.北京市通州污灌区土壤环境质量监测和蔬菜重金属污染状况研究.中国环境监测,2005,21(5):54-62.
[45] 鲁如坤,时正元,熊礼明.我国磷矿磷肥中锡的含量及其对生态环境影响评价.土壤学报,1992, 29(2):150-157.
[46] 秦开涌,胡业发,丁毓峰.条形码技术在生产信息采集系统中的应用.计算机工程与应用,2005(23):206-208.
[47] 任祖淦,邱孝煊,蔡元呈.氮肥施用与蔬菜硝酸盐积累的相关研究.生态学报,1998,18(5):523-528.
[48] 申广荣,黄丹枫.基于HACCP的出口蔬菜安全生产智能决策支持系统研究.农业网络信息,2005(11):18-20.
[49] 沈根祥,谢争,钱晓雍,等.上海市蔬菜农田土壤重金属污染物累积调查分析.农业环境科学学报,2006(25):37-40.
[50] 宋贤钧,王炳鹏,郭佳计.基于WF-net的工作流建模技术及应用.计算机科学,2006,33(4):134-136.
[51] 汤亮,曹卫星,朱艳.基于生长模型的油菜管理决策支持系统.农业工程学报,2006,22(11):160-164.
[52] 唐聃.四川农业物流供应链跟踪追溯系统的关键技术研究:硕士学位论文.成都:四川师范大学,2007.
[53] 王海江.基于GIS的棉花施肥信息数字化管理与决策系统的建立:硕士学位论文.石河子:石河子大

学,2006.
[54] 王瑞玲.农田土壤环境质量预警——以郑州市郊区为例:硕士学位论文.北京:中国农业科学院,2005.
[55] 王雄军.太原盆地土壤重金属元素分布特征及预警模型研究:硕士学位论文.长沙:中南大学,2005.
[56] 吴建繁.北京市无公害蔬菜诊断施肥与环境效应研究:博士学位论文.武汉:华中农业大学,2001.
[57] 肖青亮,郑诗樟,牛德奎.施肥对蔬菜累积硝酸盐影响的研究进展.安徽农业科学,2007,35(6):1732-1734.
[58] 谢华,廖晓勇,陈同斌,等.污染农田中植物的砷含量及其健康风险评估——以湖南郴州邓家塘为例.地理研究,2005,24(1):151-159.
[59] 谢范科,罗险峰.市场风险预警管理.石家庄:河北科学技术出版社,2004:316.
[60] 徐刚,张昌伟,孙艳军,等.温室西瓜栽培管理决策系统的研究.沈阳农业大学学报,2006,37(3):521-524.
[61] 徐海燕,聂宜民,马淑玲.WEBGIS支持下的蔬菜生产管理数字平台建设研究.农机化研究,2007(1):102-105.
[62] 徐晓燕.于咏梅.基于工作流技术的高校实验室理系统的设计与实现.福建电脑,2007(10):125-126.
[63] 许承保.油菜生产智能决策支持系统的研究与建立:硕士学位论文.合肥:安徽农业大学,2004.
[64] 薛强,梁冰,刘晓丽,等.土壤水环境中有机污染物运移环境预测模型的研究.水利学报,2003(6):48-55.
[65] 杨林.应用EAN·UCC系统建立鳗鱼质量跟踪与追溯体系.世界标准化与质量管理,2005(3):44-45.
[66] 杨雯,刘厚泉.基于Petri网的工作流模型的研究.计算机工程与设计,2007,28(17):4149-4152.
[67] 杨丽春.工作流在天然气销售计划系统中的应用研究.石油规划设计,2007,18(5):26-29.
[68] 杨信廷,钱建平,孙传恒,等.面向安全追溯体系的农产品电子档案管理系统.中国农学通报,2006(6):441-444.
[69] 叶春玲,张兵,古松浩,等.应用于蔬菜质量安全可追溯系统的蔬菜产品追溯标签的设计与实现.食品科学,2007,28(7):572-574.
[70] 易正俊,黄翰敏,黄席樾.基于粗集理论的蔬菜栽培病虫害预警技术.重庆大学学报(自然科学版),2001,24(6):64-66.
[71] 于广胜,尹义彬,冷华.农药残留对无公害蔬菜生产的影响及解决策略.北方园艺,2004(5):69.
[72] 臧熟英,毕雪梅.GIS支持的绿色食品产地环境质量预警系统研究——以黑龙江省庆安县国家级生态农业示范区为例.中国生态农业学报,2006,14(2):220-223.
[73] 翟金双.浅析无公害蔬菜生产环境质量条件选择.环境科学动态,2004(2):39-41.
[74] 詹晓燕,薛生国,张建英,等.环境安全预警系统的建研.环境污染与防治,2005,27(4):290-293.
[75] 张俊.重庆市菜地农药污染现状及其控制对策:硕士学位论文.重庆:西南农业大学,2005.
[76] 张亮,姚淑珍.基于Petri网化简技术的工作流模型正确性研究.计算机工程,2007,33(9):60-62.
[77] 张怀志.基于知识模型的棉花管理决策支持系统的研究:博士学位论文.南京:南京农业大学,2003.
[78] 张建光,刘玉芳,郭素萍,等.我国无公害干果产地土壤重(类)金属限量标准研究.土壤学报,2005,42(1):153-155.
[79] 张书海,林树生.交通干线铅污染对两侧土壤和蔬菜的影响.贵州环保科技,2000,6(4):21-23.
[80] 赵春明.农产品质量安全含义探析.农产品加工,2005(1):26-27.
[81] 赵健康,熊清平.工作流技术及其在军事训练管理系统中的应用.电脑开发与应用,2007,20(8):19-21.
[82] 赵黎明,李波,刘煜.房地产企业预警系统指标的系统动力学分析.天津大学学报(社会科学版),2004,6(2):142-145.
[83] 周慧珍,曹子荣,蒋晓.基本农田动态监测及预警研究.土壤学报,1999,36(2):245-252.
[84] 周洁红.农户蔬菜质量安全控制行为及其影响因素分析——基于浙江省396户菜农的实证分析.中国农村经济,2006(11):25-33.
[85] 竹健.浙江省农产品质量安全现状与污染控制对策:硕士学位论文.杭州:浙江大学,2004.

第7章

水产品质量安全可追溯系统

中国有着丰富的渔业资源，能提供大量的食物来源，为农业和粮食安全另辟蹊径。渔业作为我国农业的重要产业之一，在促进农村产业结构调整、多渠道增加农民收入、保障食物安全、优化国民膳食结构和提高农产品出口竞争力等方面做出了重要贡献，同时在维护我国海洋权益、参与公海渔业资源开发利用方面也发挥着重要作用。随着全球水产品国际贸易的迅速发展，水产品出口贸易已经逐渐成为我国赚取外汇、提高农（渔）民收入的重要手段之一。我国渔业生产和经济状况迅速发展的同时，由于忽略了对养殖水域生态平衡和环境的保护，致使水产养殖业在发展过程中不断受到资源匮乏、环境污染、病害因素的困扰和制约，渔业可持续发展的基础遭到了严重破坏。同时，由于渔业水域环境受到污染及渔用药物的泛滥、饲料中滥添各种药物及激素，导致水产品中有毒有害物质和药物残留超标现象非常严重。由于缺乏统一的标准和监控体系，致使水产品食用安全事件时有发生，给人民生命安全带来危害，严重影响社会和经济秩序。由于水产品质量安全存在问题，既影响国内的市场销售，更严重地影响了水产品出口，也增加了进口国采取诸如技术性贸易壁垒、绿色壁垒等贸易保护手段的概率。

水产品质量安全问题既关系到社会稳定又关系到经济发展，必须从根本上解决。目前我国水产品供应链多个环节都还存在不安全因素，养殖阶段存在乱用药物、饲料（饵料）不合格和养殖环境不达标等问题，运输和存储阶段存在工具不合规范、违规使用化学药物等问题，加工阶段存在因加工过程不洁操作或不规范操作而造成微生物污染和食品添加剂残留等问题。当产品出现问题时，很难判断问题产生的原因和及时控制事件的影响。近年来，危害分析与关键控制点（HACCP）、良好加工操作规范（GMP）以及 ISO 9001 体系等质量控制的方法逐步运用于水产品质量管理中，但它们主要是针对单个制造企业的内部生产加工过程进行控制，缺少将产品供应的全过程链接起来的手段。如何能从产品供应链角度对安全因素加以分析和控制成为了人们研究的热点，追溯体系就是顺应这个需求而产生的。

可追溯系统对整个供应链上各个环节的产品信息进行跟踪与追溯，通过上下游各成员企业的信息共享和紧密合作，形成集成化供应链，成为一个无缝的供应过程，从而实现集成化供应链管理，优化供应链整体绩效，有效提高水产品质量安全管理效率。

7.1 水产品质量安全可追溯系统领域分析

我国水产品来源可分为海水捕捞、海水养殖、淡水捕捞、淡水养殖等，流通环节则更为复杂，产品要经过原料加工、流通渠道、储藏和销售诸多环节，加大了水产品风险发生的概率。随着现代流通运输的发展，水产品供应方式也发生了变化，长距离运输、大范围销售以及多渠道多环节流通，增大了微生物、疫病和有害物质污染水产品的可能，而各个环节信息交流不畅通，管理部门衔接不完善，管理体系不健全，给安全事件的发生以可乘之机。

7.1.1 我国水产品质量安全的SWOT分析

SWOT分析法是一种常用的战略分析法，其实质是通过分析自身内部所具有的优势(strengths)和劣势(weaknesses)，判断所面临的外部机遇(opportunities)和威胁(threats)，从而提出相应的战略方案。

7.1.1.1 我国水产品质量安全外部环境分析

PEST分析是外部环境的基本分析工具，用于分析所处宏观环境对于水产品质量安全的影响。PEST是4个英文单词第一个字母的缩写：P——Political，政治法律环境，主要考虑影响水产品质量安全的政治、法律因素，如产业政策、环境保护等，以及对水产品质量安全具有重要意义的政治和法律变量，如技术贸易壁垒等；E——Economic，经济环境，主要考虑影响水产品质量安全的经济特征、经济联系、经济条件等；S——Social，社会文化及人口因素，主要考虑影响水产品质量安全的民族特征、文化传统、价值观、社会结构、教育水平、风俗习惯等社会因素以及人口因素；T——Technological，技术环境，主要考虑影响水产品质量安全的技术水平、技术政策、发展动态、R&D能力、产品生命周期等因素(邵征翌，2007)。

1. 政治法律环境方面

食品安全已经成为全球性的重大战略性问题，对水产品安全的影响主要表现在不同国家和组织通过政策、法律和条约谋求发言权以达到自身的目标。食品安全不仅涉及消费者的健康，还关系到一个国家经济的正常发展，关系到社会的稳定和政府的威望。近年来国际上食品安全恶性事件不断发生，如比利时的二噁英污染事件，使欧洲乳、鸡、牛肉等食品的出口在全球范围内受到影响，致使其内阁倒台；英国自1986年公布发生疯牛病以来，仅禁止牛肉出口一项，每年损失就达52亿美元，为彻底杜绝疯牛病而不得已采取的宰杀等措施使损失达300亿美元。而保证食品安全也成为各国政府提升消费者对政府的信任度、维护社会稳定和国家安全、保护环境、有效促进经济和贸易发展的当务之急。

WTO规则中与食品质量相关的主要有动植物卫生措施协定(The Agreement on Sanitary and Phytosanitary Measures，简称SPS协议)和贸易技术壁垒协定(The Agreement on Technic Barriers to Trade，简称TBT协议)两项。SPS协议是出口商所必须遵守的一系列规定，其主要目的是保护人类、动植物的生命和健康。TBT协议的目的是通过技术法规、标准和合格评定为提高生产效率和便利国际贸易服务，同时又不让它们给国际贸易制造不必要的障碍。

为了保证食品安全，各国政府都在试图制定最符合本国家利益的食品安全政策。例如，美国于1997年12月18日执行了以联邦法规形式公布、FDA负责制定的《水产品加工与进口安全卫生程序》(21，CFR parts 123 and 1240)，其中规定不实行HACCP的企业的产品不准进入美国市场。欧盟规定了食品安全法规的基本原则和要求及与食品安全有关的事项和程序，已经建立了一个较完善的食品安全法规体系，涵盖了“从农田到餐桌”的整个食物链(中国饲料行业信息网，2006)。日本2003年5月16日制定了《食品安全基本法》，2006年5月29日开始实施《食品中残留农业化学品肯定列表制度》(苏方宁，2007)。

2. 经济环境方面

尽管世界渔业总产量增长的速度比前些年放慢，但却保持着逐年上升的趋势，这其中，中国的水产养殖业对世界水产品供应量做出了极大的贡献。由于世界水产品总量的增长为人们消费水产品提供了可能，并且随着消费者生活水平的提高以及安全意识的增强，消费者开始对食品的质量、安全性等品质特征以及膳食营养均衡倍加关注。而水产品能为消费者提供人体所需要的微量营养素、矿物质、必要脂肪酸和蛋白质，因此备受消费者青睐。世界水产品消费需求的稳步增长，不但在解决人类温饱和提供营养成分方面发挥着重要的作用，也在推动我国水产养殖业、水产品加工业大发展上起着积极的作用。

我国水产品出口常常因为水产品安全问题受到进口国的技术性贸易壁垒限制。如2002—2004年，欧盟以氯霉素残留为由使我国近2亿美元虾类产品无法直接进入欧盟市场；日本对我国烤鳗实施极为严格的恩诺沙星残留检测标准，致使该产品出口日本受挫严重，价格大幅下降，损失近亿美元。欧盟、美国和加拿大都对水产品的生产和加工实行强制的HACCP法规。为确保海洋渔业资源的可持续利用，英国海洋管理委员会提出只有那些可持续利用的渔业种群被捕捞上岸后才能被打上生态标签，将成为新的非关税壁垒对我国的远洋和近海捕捞的水产品出口产生消极影响。反倾销、反补贴和特殊保障措施使我国在保护水产品生产和贸易上处于严重的不利地位。根据世界贸易组织秘书处的信息，我国是WTO反倾销和反补贴协议的最大受害国。我国水产品出口市场集中，出口企业缺乏有效的协调机制，主要依赖低价竞争，极易引起进口国采用反倾销立案调查。由此可见，水产品的质量与安全问题不仅成为各国政府制定保障人们的身体健康和生命安全的法律、法规和标准的依据，也成为构筑水产品进口的技术性贸易壁垒、保护本国市场的主要政治手段。

3. 社会文化及人口因素方面

世界人口的迅速增长和全球人口老龄化的趋势，对水产品安全产生了巨大的影响。到2050年，世界人口将增长到91亿。人口增长使水产养殖场所不断减少，不仅会导致环境恶化和生态问题，也会引起严重的食品供给问题。随着人口的增长，人类生产、生活活动中所排放的各类污染物(废水、废气、固废)也在增长，这势必导致环境的污染和环境质量的下降。据世界卫生组织估计，全世界每年约有300万人死于主要由环境污染造成的癌症，每天约有2.5万人的死亡与饮用受污染的水有密切关系。愈来愈多的研究已经证实，许多污染物经过食物链可在胎儿和婴幼儿身上积累，损害他们的正常发育，影响人口素质。

而人口的膨胀使得环境恶化，生物多样性锐减，自然灾害频繁发生；城市化进程的加快，消费者日常生活习惯的变化，以及城市流动人口的增加，为水产品安全防范增加了新的压力；高危人群数量增加，他们很容易患上由于食用水产品而造成的食源性疾病。

4. 技术环境方面

随着经济全球化的进一步发展和世界性渔业科技革命的兴起，许多国家纷纷采取增加投入、改革体制和组织重大科技行动等措施，加速渔业科技进步与创新。尤其是生物技术不断取得重大突破并迅速产业化，信息技术和新材料等高新技术在渔业中的应用越来越广泛。海洋生物技术成为海水养殖、水产品加工、海洋药物、海水农业的重要技术支撑(唐启升，陈松林，2004)。在全球范围内，生物技术、材料科学、信息技术等基础科学技术以及超高压处理、超临界提取、超微粉碎、超高温瞬时杀菌、膜分离、分子蒸馏、微胶囊、真空处理、冷冻浓缩、智能评价、在线检测和监测等新技术已越来越普遍而且广泛地应用于水产食品工业生产和研发之中，从而使水产食品更安全、更营养、更方便、更多样，使水产食品生产更经济、更环保、更可靠和更自动化。

尽管科技进步对水产养殖业和水产品食品加工产生了巨大的推进作用，但是科技进步也使人们发现了更多的新的食品安全问题，如分析手段的发展使检测技术提高，能够检测出超痕量的二噁英；新的发现又使人们对原有危害有了新的认识，如对氯霉素危害的认识，水产品中氯霉素允许限量标准下调后，原来符合要求的安全水产品也变得超标了。另外，由于转基因技术的应用，很可能破坏原有的渔业种群。再则，随着食品工业的迅速发展，大量食品新资源、食品添加剂新品种、新型包装材料及新工艺不断出现，造成直接应用于水产品及间接与水产品接触的化学物质日益增多，加之越来越多的现代生物技术、酶制剂等新技术在食品中得到应用，这些都成为亟待重视和研究的问题。因此，科技进步也对水产品安全性提出了更高的要求。

7.1.1.2 **水产品质量安全内部条件分析**

国家对食品安全问题高度重视。中国政府结合国情，着力加强“从农田(池塘)到市场再到餐桌”质量安全全程监管力度，力争不放过一个死角。政府多次在全国范围组织开展食品安全专项整治工作。围绕贯彻农产品质量安全法，狠抓生产源头管理，农业投入品建立许可制度、生产过程建立档案记录制度、市场流通建立监测查验制度，将日常监管与专项整治相结合，依法监管与服务指导相结合，加强完善农产品质量安全追溯体系和责任追究体系，我国农产品从农田到市场再到餐桌的监管链条已基本形成。2006 年 11 月发布的全国渔业发展“十一五”规划，对水产品质量安全水平提出了明确目标：到 2010 年，养殖产品药残抽检合格率及大型农贸市场和连锁超市水产品抽检合格率分别达到 90%和 96%的高水平线(乐建盛，2008)。多年来各级渔业行政主管部门加强了水产品药物残留监控和禁用药物专项整治工作，生产经营秩序逐年规范，多次开展了氯霉素、恩诺沙星、孔雀石绿等重点禁用药物的专项治理，渔用药物使用逐渐规范。

水产食品安全法规逐步出台。近年来，我国加强了食品安全立法工作，逐步出台了包括水产品质量安全法规在内的大量法律法规。1986 年出台的《中华人民共和国渔业法》，1997 年颁布的《中华人民共和国动物防疫法》，2006 年 4 月出台的《中华人民共和国农产品质量安全法》，最近颁布的《中华人民共和国食品安全法》等 11 部法律均从不同角度对食品安全做出了要求。各部门和各地区也陆续出台了多项水产食品安全法规，食品安全法规体系逐步完善，规范了养殖、加工、流通、消费等水产品质量安全各环节。

水产品质量监督检测体系逐渐成形。水产品质量管理工作随着我国社会生产的发展和整体技术的进步正在逐步健全，并参照国际惯例开始实行水产品质量认证、产品抽查制度和个别产品的许可制度，明显地促进了某些产品的质量改善。经过20多年的努力，我国的水产标准化工作取得了可喜的成绩，建立起了以水产国家、行业标准为主体、地方标准、企业标准相衔接、相配套的比较健全的水产标准体系。这一体系体现在实施范围包括从养殖、加工到餐桌管理的全过程，确保提供给消费者符合卫生安全标准的高质量的水产品。

水产行业协会逐步建立。随着水产品出口贸易的不断发展，行业协会在规范水产品出口秩序，应对国际贸易纠纷中发挥着越来越重要的作用。福建长乐鳗业协会将76家鳗鱼养殖场组织起来，采取“统一采购、统一送检、统一价格，统一配送”方式，直接从渔药厂购买渔药。广东塘鱼协会在发生输港活鱼检出孔雀石绿药物残留后，立即对会员养殖场进行调查，并待港方查明真相后，代表全体会员与香港方面及时交换意见，维护了内地养殖企业的合法权益。湖北、江西两省水产行业协会介入养殖生产加工过程，依靠利益连动机制，发展“公司＋协会＋农户（基地）”模式，把分散经营的千家万户与市场联结起来，有效发挥了带动作用。

水体环境污染严重。长期以来，无论是国家还是各级政府部门都把发展经济、摆脱贫困作为首要政策，忽视了对水域生态环境的保护。近些年经济发展迅速，但为此所付出的环境和资源代价也是巨大的。沿海、沿江地区工业、农业、城市化建设政策的实施，使得大量的“三废”物质向附近水域排放，导致水域生态环境被破坏、被污染以及有毒有害物质超标。不加限制地发展水产养殖生产最大限度地利用水面和滩涂，加重了水域负担，加速了水域污染。密密麻麻、成排连片的养殖区排放大量废水、污水，直接导致养殖水域水质下降、病害频发，伴随着乱用药、用禁药，直接或间接地影响到水产品质量安全。

养殖、加工生产面临诸多问题。目前的水产品养殖生产模式方面，以高产量为主要目标的高投入、高产出、高密度、高产量的“四高”模式，以高投入带动高产出，以高密度带动高产量，增加了向单位水体苗种、饲料、药品等的投入量；以充分利用水体空间为主要目标的多品种的混养、轮捕轮放模式，增加了疾病传染的可能性；以充分利用水域资源为主要目标的猪、鸭、鸡、鱼生态养殖模式，一个品种发病会迅速蔓延到其他品种。这些养殖生产模式的共同特征就是物质交换、能量循环加快，水体环境负载加大，外来物质的投入量增加，同时排放大量的废水、污水，极易引发水产品质量安全问题（孙建富，鹿丽，2008）。同时，在水产品加工方面存在着食品配方不合理，造成食品营养缺乏，滥用食品添加剂威胁食品安全，食品加工技术或工艺不成熟引发食品安全问题，加工设备不合格，造成食品污染，生产管理混乱造成食品安全问题等诸多不安全因素。

渔业投入品造成危害。水产品养殖、加工、储运过程中使用饲料、药物、水质改良剂、消毒剂、保鲜剂、防腐剂、添加剂等投入品，这些物质是水产品生产的基础物质。养殖者为了追求利润和效益而在生产过程中滥用药物、饲料添加剂。渔药的滥用和非法使用，一方面破坏养殖水环境，加剧水生动物病害，形成恶性循环；另一方面，水生动物耐药性增强，药物在体内积累，残留量增大，严重威胁消费者健康。还有些是明知投入品不安全或超标或禁用的情况下使用的故意行为。如明知使用甲醛、孔雀石绿等违禁物质会影响水产品质量安全而仍使用，或明知注水、着色素、拌煤面、掺锌粉、抹鸡血等行为会损害消费者利益而仍实施。

水产品质量安全监管体制不完善、标准化体系不健全。在我国目前的水产品安全管理机制中，涉及的职能部门有食品药品监督管理、农业、水产、质监、卫生、工商行政管理、出入境检验检疫、海关和商务等10个左右，政出多门，且职责或职能存在重叠、交叉或者空白，管理重复和重复抽样检测现象普遍存在。由于水产行业的特殊性、专业性，也使水产品安全监管控制执行难，常常使许多监管部门都无能为力，“能管的都管，不能管的都不管”。另外，在水产安全技术标准化体系建设中，国家和各省市及有关部门都已经和正在着手制定或执行相关的标准，如HACCP、GMP、SSOP、ISO、NY5051、BRC、QS等(刘雅丹，2000)。但目前制定和执行的有外国标准、国家标准、地方标准、企业标准等多种标准，渔业企业往往不知如何选择，或选择最低标准。在进行水产品检验时存在标准制度缺乏透明性和国内与国外水产品的检验标准不统一的问题。

7.1.2 水产品供应链结构与质量安全

从供应链的角度分析，可追溯系统的对象就是供应链中的信息流，通过对信息的识别、记录、存储和分析处理，来加强产品的质量控制。尤其是当产品出现安全问题时，利用可追溯系统的查询功能，结合相关法规和合同文本的规定，能够明晰相关企业的责任，实施有针对性的产品召回和对企业实行惩罚措施。

水产品供应链是以水产品为对象，围绕水产品经营，通过对信息流、物流、资金流的控制，协调水产品生产资料供应商、养殖者、水产品经营者、消费者之间利益需求，从种苗、饲料采购开始，完成水产品养殖、收购运输、分销的一系列过程(邵征翌，2007)。对于生鲜水产品而言，供应链不仅是一条连接供应商、生产者到顾客的产品物料链，而且还是一条生鲜水产品在供应链上因加工、包装、运输等过程而增加其价值的增值链。

水产品不同于其他消费品。一方面，它的易腐特性提出了时效性要求，而作为食品本身，它又提出了安全性要求；另一方面，消费者的口味多变性则提出品种多样性的要求。这些特性决定了对其进行供应链管理的基本特征与要求：①保证水产品以最短的时间实现从池塘到餐桌的流动；②保证水产品在流通中实现品质的稳定或提升；③保证向消费者提供新鲜、安全的多样性食品；④降低整个物流过程中的损耗，控制逆向物流的生成率，全面节省成本(李季芳，2008)。各种农产品的流通渠道由于其生物学特性、生产布局、消费形态的差异而不同。相对于其他农产品来讲，水产品主要以鲜活形式消费(淡水产品)或冷冻品形式消费(海水产品)。水产品的消费特征要求水产品必须保证鲜活流通，而水产品容易腐烂，所以要实现水产品的鲜活流通供应链结构，就需要保证尽量减少水产品的实体周转，而相应地加强和稳定商流、信息流、资金流。

水产品质量安全可追溯系统是产品可追溯性在水产品质量安全管理方面的应用，它是在水产品供应链上对各种信息进行收集、记录、存储和传递的质量安全保障体系，实施水产品质量安全可追溯系统的目的在于控制食源性疾病的危害范围，刺激优质安全水产品生产，增进水产品质量安全。

7.1.2.1 水产品供应链结构理论模型

从通常意义上讲，水产品从原料到消费通常要经历养殖/捕捞、运输、批发或加工和零售等四五个环节，但不同销售方式的水产品会有区别。加工出售的水产品一般都要经过以上几个环节，链条各节点关系比较明确；但鲜活销售的水产品供应链可长可短，链条各个节点的关系不是很确定，比如说销售商可以直接从渔船或养殖场购买产品。加工水产品的操作规范性要比鲜售水产品强得多，对卫生和质量的要求也较高，加工产品的追溯体系建立也相对容易得多,同时被重视程度也较高。但鲜活水产品供应链更加复杂,欧盟曾研究过丹麦鲜鱼供应链的追溯方法,通过追溯管理软件和定位系统实现捕捞水产品的追溯管理。但与欧盟相比,我国养殖水产品占有的比重很大,而且水产品供应链既复杂又落后,欧盟的研究成果对我国几乎没有什么参考价值。为此,我们把分析研究的重点放在鲜活销售产品链上。

根据环节和组织载体的不同,借鉴农产品供应链的划分模型(蒋侃,2006),可以将水产品供应链结构划分成批发市场型、公司-农户型和连锁配送型3种形式。

1. 批发市场型(图7.1)

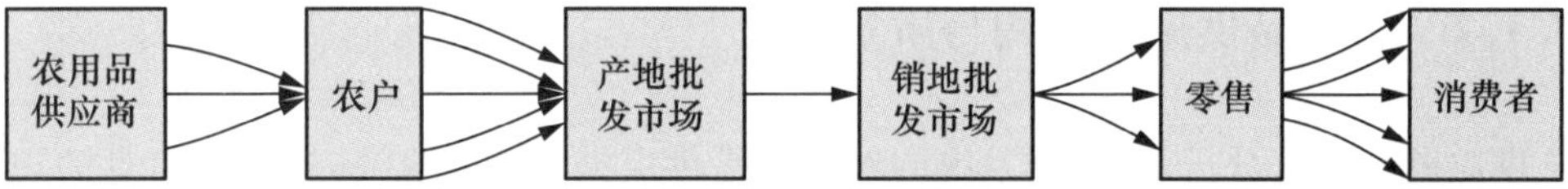

图7.1 批发市场型

这是一种传统的、也是目前水产品供应链的主流形式,在这种类型的供应链网络中,生产和销售之间主要通过各地农产品批发市场联结。目前,批发市场作为农产品交易的主要载体在我国农产品流通中发挥着重要作用,它可以吸引和汇集各地的水产品,在较短的时间内完成其交易过程,然后再把水产品发散到各地。水产品生产者一般就近将农产品(直接或通过批发市场)出售给当地的批发商。这种类型供应链的特点表现为:第一,市场交易行为主要在批发市场完成,上下环节彼此间是一种短暂交易行为,环节之间联结不紧密,供应链不稳定;第二,参与者众多且分散,交易信息杂乱,价格发现困难且信息容易失真,产品品质监管困难;第三,链上各环节属于不同的主体,虽然可以激发个体参与市场的积极性,但由于利益、信息获取、谈判能力等差异,供应链集成度低,削弱了个体力量的集中释放。

2. 公司-农户型(图7.2)

图7.2 公司-农户型

这里的"公司"是指我国在实施农业产业化过程中出现的一批水产龙头企业。在这种类型的供应链网络中,水产品生产者在公司的组织下按照公司的要求(订单)进行水产品生产,向公司出售水产品,由后者进行集中加工处理,然后再开展分销活动。这种类型供应链的特点表现为:第一,供应链相对稳定,上下环节通过事先签订的契约(合同)规定双方的权责利,彼此间是一种长期交易行为,环节之间连接较紧密;第二,通过公司的集中信息处理,农户按要求生产,公司对生产过程实施连续监管,改善了产品品质;第三,供应链对于市场风险的承载能力有限,虽然农户与公司间签订收购协议规定了收购的品种、品质、价格,但是一旦市场发生剧烈变化,超过公司承担的限度,订单将无法履行,而且由于农户处于信息获取的末端,市场信息获取、价格谈判能力较弱,可能成为其他环节参与者利益的牺牲品,这极大地抑制农户个体参与市场的积极性。

3. 连锁配送型(图 7.3)

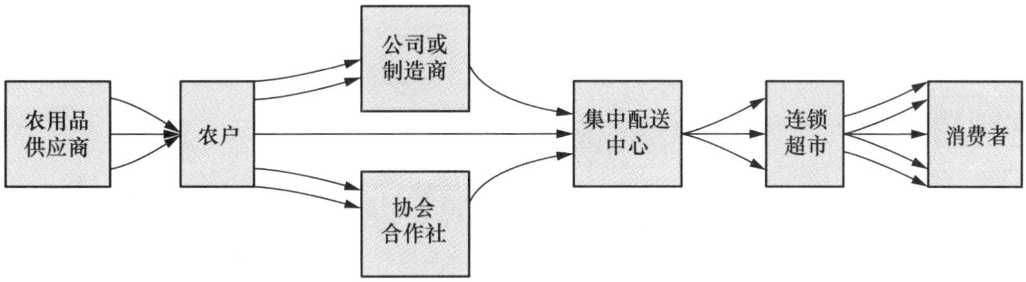

图 7.3 连锁配送型

这种供应链是在超市成为农产品销售的主流模式后产生的,随着现代社会生活节奏的加快和对食品安全的关注程度的上升,消费者越来越多地通过连锁超市购买水产品,而超市也通过设立生鲜产品专区吸引和方便顾客。大型连锁超市一般拥有数量众多的分店,分店之间存在地域、客户群、品质要求、销售品种、数量等差异,自主集中采购或分散采购都存在一定的难度,需要有一个稳定、安全可靠、可提供多种农产品的供应源,而单一的农产品供应商(公司或农户)生产的品种和数量有限,无法同时满足超市各分店差异化的需要,却需要有一个稳定、通畅的销售渠道,两者之间存在时间、空间、农产品加工技能、质量要求等方面的矛盾,这种矛盾只有通过集中配送中心加以解决。集中配送中心直接面向多个水产品生产供应者,通过集中统一的采购、加工、仓储、配送,满足不同销售点的差异化需求,并确保品质的统一。养殖户可以直接或通过公司、合作社向集中配送中心出售产品,双方通过长期协议确保合作的稳定。这种供应链结构虽然增加了集中配送环节,但由于集中配送中心通过增值作业(信息集中处理、集中采购、配送),反而可以使整个供应链成本降低。随着农产品终端销售模式的改变,这种类型供应链将成为必然的趋势。

7.1.2.2 **广东水产品供应链结构分析**

根据调研,供应链结构如图 7.4 所示。

(1) 育种。种苗是农业产业的关键,广东地区水产养殖的快速发展与种苗产业的进步有很大的联系,种苗的品质直接关系到成鱼的好坏。由于广东省近年来罗非鱼的产量增长很快,所以本研究选择罗非鱼种苗作为调研对象。罗非鱼的种苗有两种来源,一是直接从国外引进,如阳江市某水产发展有限公司,亲鱼直接从以色列空运过来,在阳江孵化、养殖,并通过其他工厂加工,最后出口到以色列;另一种是自己选育。

(2) 养殖。以广州某公司为例。为了保证成鱼的品质和安全,该公司在养殖过程中对水质、水流、水温、投饵等方面进行了科学的管理,同时实现了对养殖鱼的种质、营养、生长和疾病防治等的全面监控。在养殖环节,该公司除了在鱼苗方面规定只能由公司向养殖基地提供之外,公司还提取了 3 个关键控制点,分别是水质、饲料、养殖模式。在水质方面,要求附近无污染源,实际上,现在的养殖用水是地下水,冬暖夏凉,基本可以保证常温。养殖场有进水口和排水口,可以定期更新养殖用水。在饲料方面,重点在于原材料来源的控制,务必是纯天然植物提取物,主要包括玉米、豆麸、花生麸、黄粉(粗面粉)等,而在饲料加工阶段,禁用的药物绝对不用,限用的绝对不能过量,在饲料加工的预混阶段,一定要混合均匀,杜绝由于混合不均造成的

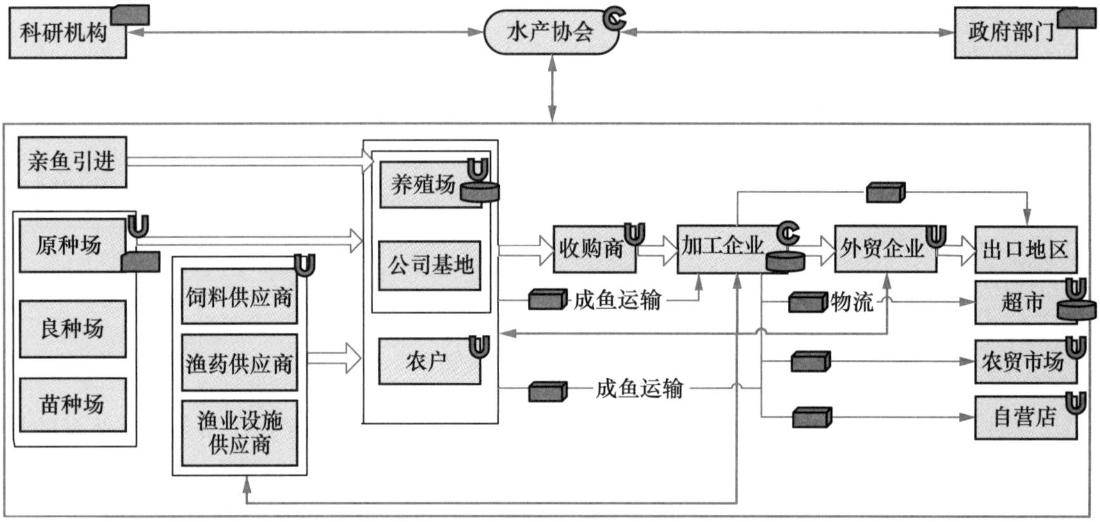

图 7.4　广东水产品供应链结构图

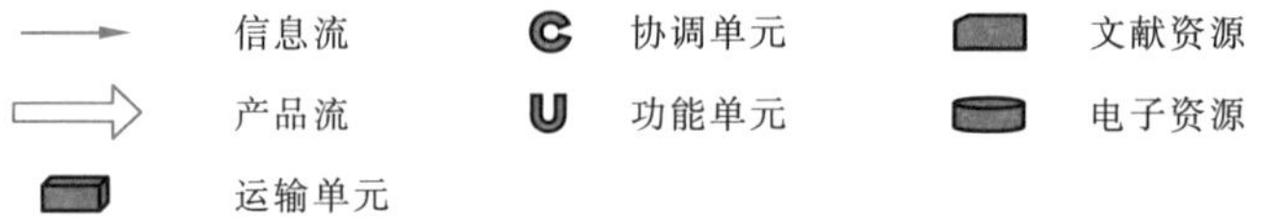

局部饲料的药物过量。养殖基地只能使用公司提供的饲料。这些饲料都是浮料，可以实现吃多少喂多少，避免饲料下沉腐烂，影响水质。在养殖模式方面，公司主要采用“公司＋基地”模式，鱼苗、病害管理、养殖指导等都免费，只要质量合格，公司保证回收基地的产品，并实行保护价。在具体的养殖方法上，公司有“四定”，即定时、定量、定位、定制。基地具有自动投喂系统，可以在固定时间、固定地点喷撒饲料。不同规格的鱼分塘饲养。加工销售后，利润在公司和基地间分配。期间，基地只需要支付饲料的费用。正是由于这种科学的养殖方式，加上优质的罗非鱼品种，使得该公司彩鲷的市场价格比普通罗非鱼的市场价格高 1.0 元/kg，每亩通常可多获利 1 000 元以上。

(3) 加工。在水产加工方面，本研究以某水产食品加工厂为目标进行调研。该厂是广州某进出口企业集团的下属企业，主要经营范围是水产品加工和销售，主要产品包括冷冻虾、冷冻去头虾、冷冻虾仁、各类冷冻养殖鱼、冷冻鱿鱼、冷冻墨鱼、冷冻罗非鱼及鱼片、冷冻鱼糜及其制品，年加工能力约 5 000 t，产品主要销往日、美、加、澳等国家和中国的香港、台湾地区。该厂已于 2005 年 10 月通过了 HACCP 体系认证。

工厂现在有 5 个固定的原料鱼供应商，主要分布在工厂周边地区，这样可以节省运输成本，这 5 个供应商都是通过长期合作筛选出来的，都具有相当规模，产品品质好，有信誉，能承担活鱼的运输。工厂在与供应商签订购销契约前会进行捕捞前检验。由于原料的出成率会直接影响到加工成本，并且原料的肥瘦对消费者也有影响，所以工厂会在验收时观察鱼的活度、肥瘦、规格等，其中鱼肉的气味很重要，立体养殖的鱼不收。至于收购的价格，则实行保底收购、随行就市的原则，根据交售数量的不同分别采用到厂保护价和到厂市场价，双方必须按上述到厂保护价的数量交售完毕后才可按到厂市场价结算。若当天市场平均价高于保护价，则按市场价结算，若低于保护价，则按保护价收购。其中保护价主要根据养殖成本拟定，如饲料、人工等，若饲料、人工加起来共 6 元/kg，则保护价会稍高，如 6.6 元/kg。

工厂为了规范管理，对厂区、厂房进行规划合理改造，车间布局合理，流程顺畅，排水通畅，设施完备；车间布局能满足生产工艺要求；配备有与生产能力相适应的产品检验设施及设备，污水及废弃物排放符合国家环保要求；制定了科学的产品质量、卫生标准，采用 GMP(良好操作规程)进行厂房、车间设计，对管理人员和操作人员进行 HACCP 上岗培训，在生产中严格按照 HACCP 体系进行加工操作，提取的关键点主要有两个，分别是原料收购和加工过程的金属探测。在加工过程中，用到很多温度控制、微生物检测、包装等方面的技术，其中速冻要求在－18℃以下，对半成品，一般用臭氧杀菌。

另外，工厂在产品追溯方面已有一套比较成熟的体系，公司的种苗、养殖场、饲料都有出口备案，公司的每一件产品都有批号，一旦出现问题，在外部可追溯到哪一个工厂，在内部则可追溯到哪一个养殖户、哪一个塘。HACCP 中都有关于批号管理的规定。

(4) 出口。广东省水产品行业经过大力推行标准化、规范化管理，实施电子实时监管；特别是在原料控制方面，实行养殖场备案登记，推广“公司＋基地”的模式，从源头上控制水产品的质量，在艰难中求得了发展，并逐渐与国际接轨，质量完全符合进入欧盟的标准。目前，广东省已有 122 家企业获得输美 HACCP 质量保证体系认证，25 家企业获得出口欧盟注册，25 家企业通过 ISO9000 认证，6 家企业的 9 种水产品获得国家绿色食品认证，为广东省水产品顺利出口打开了通道。统计数据显示，2001—2004 年，广东出口稳定增长，但是，由于 2004 年美国对中国出口对虾展开反倾销调查，从 2005 年开始出口增长速度出现下降。

现在的问题是，广东省水产加工出口企业缺乏有效的行业约束和协调机制，不能形成合力，不利于整个行业的发展。近几年来，我国对美对虾出口虽然增长，但价格却在下滑；药物残留依然是影响水产品出口的主要因素；出口仍以初级产品为主，带鱼、黄鱼、冻鱼、虾仁、冻鱼片仍然占据出口数量的 60%以上。据中国渔协调查，我国出口美国的对虾、罗非鱼等多以初加工产品为主，而其他国家出口美国的对虾多数是精深加工品，出口绝对量不高。总的来看，广东省一般贸易方式的比重显著下降，来料加工贸易的比重明显提升，水产品出口中的重要或者是主要角色，产品开始往深加工方向转变。

(5) 水产行业协会。近年来，广东地区的水产协会无论在数目上还是在地域分布上，都呈现出扩大趋势，但规模普遍偏小，其中又以船东互保协会、广东省渔业协会、广东水产流通与加工协会等影响较大。

从上述分析可以看出，广东省水产供应链日趋完善，各环节的管理越发合理，供应链中各成员之间的物流、信息流、资金流相对比较通畅，这对水产品实行严格的标准化管理及供应链跟踪与追溯是非常有利的。更为可喜的是，水产养殖业整体素质有了极大的提高，经过“氯霉素”事件、非典疫情、多宝鱼事件以及各国反倾销的洗礼，水产行业的质量安全意识空前提高，从主管部门到企业到养殖户，对水产品生产全过程安全问题都极为重视。通过对供应链全程监控，可以确保农产品的质量与安全，使农产品顺利地跨越“绿色壁垒”，进入国外市场。在广东，目前已经形成了多条在国际市场中具有竞争力的水产品供应链。其中，既有以外资企业为核心的供应链，也有以国内企业为核心的供应链，后者占多数。

7.1.2.3 北京水产品供应链结构分析

通过对北京某公司调研发现，目前其原料来源主要有两种形式，一种是远洋公司采购，一种是基地采购。

(1) 远洋公司采购。以鱿鱼为例。远洋公司有多条鱿鱼钓船在阿根廷作业,捕捞后在船上做急冻,通过转载船或自己的船运至烟台或大连,然后通过专业运输公司装车运回北京公司。根据物流公司的要求,对水产品进行分割、单冻或其他加工,然后再分送到物流公司,物流公司通过配送车辆运输到超市或自营店,流程如图 7.5 所示。远洋捕捞水产品到岸后,根据北京地区的消费习惯(如带鱼需求多),有选择地送往北京;其他远洋产品则被其他企业收购,或者转移到其他地区进行销售。

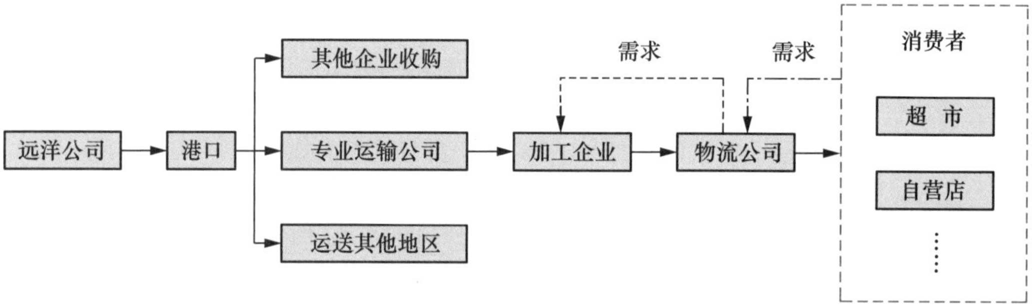

图 7.5 从远洋公司采购水产品的供应链流程

(2) 基地采购。以大黄鱼为例。首先公司对原料基地的养殖户提出水产品数量、品质、规格等方面的要求,回收的时候实地分选,进行验收。收购后的水产品需要在当地加工厂进行冷藏,或者放进冰柜直接送回北京的加工厂,两种方式的选择需要考虑工艺技术和成本。有时候产地的加工厂工艺技术落后,导致品质往往达不到要求,到北京后需要进行二次加工、检测、冻结,最后进行包装,流程如图 7.6 所示。基地采购的交易方式主要通过找当地的经纪人来进行,经纪人进行统一收购,交易完成后到北京进行结算。

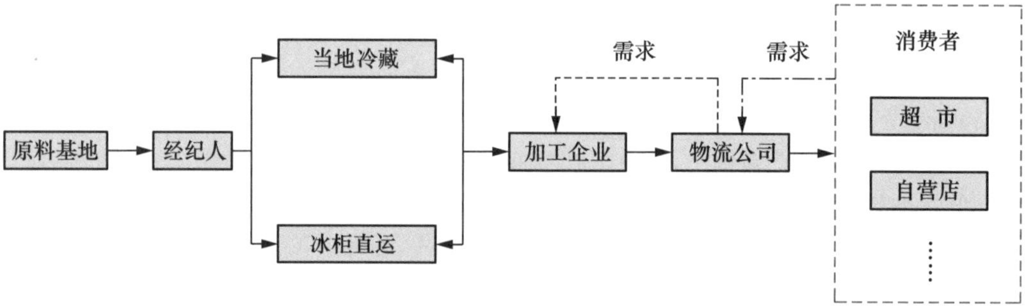

图 7.6 从基地采购水产品的供应链流程

总的来说,北京水产品供应链的流程如图 7.7 所示。

7.1.2.4 水产品供应链结构的基本特点

基于以上理论和实例分析,可总结出关于水产品供应链结构基本特点如下:

(1) 流通环节过多。我国水产品从池塘到餐桌往往要经过 5 道以上的环节,包括收购、产地批发、集散地批发、销地批发、零售,有的还要经过第二、三次集散地批发,生产者和消费者之间的直接交易较少。流通环节的增多,导致农产品流通费用的增加和流通效率的低下,相应

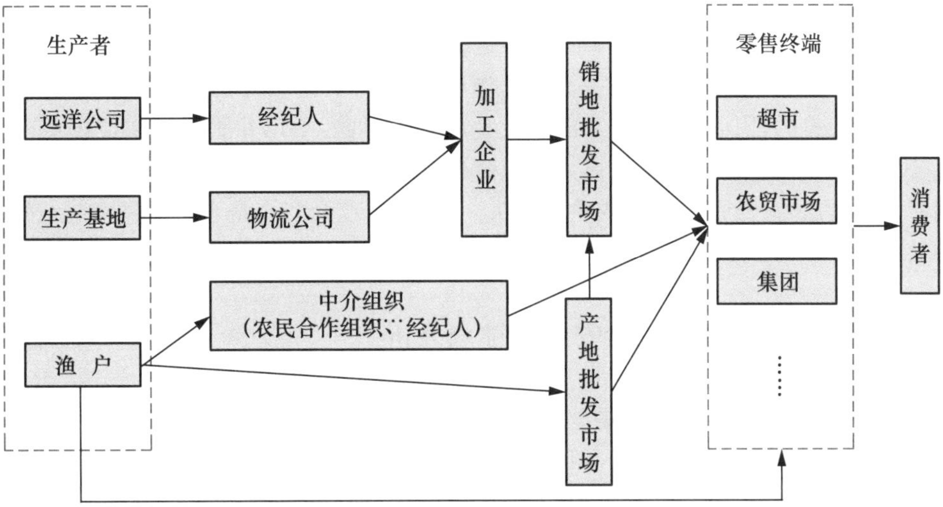

图 7.7　北京水产品供应链流程

地，被污染的几率也增加了。

(2) 供应链成员过度分散。水产品供应链中的市场主体大多是分散经营的渔户，市场意识淡薄，总体素质较低，即使是大型的水产品批发市场，也是以小业主或个体经营户为主经营。企业和养殖户容易发生投机行为，导致利益分配方式和合同执行的不稳定，使水产品供应链断裂，残缺的供应链效率低下。企业之间关系比较松散，缺乏统一的信息枢纽和协调机制，很难形成一个战略整体，各个环节的信息很难实现共享，产品溯源很难实现，无法对整个供应链进行质量监管监控。信息的传递方向是单向的，上游企业不能共享下游企业的信息。由于市场信息不对称，造成水产品流通渠道混乱，水产品市场无序运行，很难保证水产品质量安全性。

(3) 市场不确定性较大。鲜活水产品生产和消费的分散性，使得经营者难以取得垄断地位，市场信息极为分散，人们难以全面把握市场供求信息及竞争者、合作者的信息，水产品上市时如果在短时间内难以调节，会使市场价格波动较大，这种情况在中国水产品流通市场上经常出现。此外，水产品的鲜活易腐性限制了水产品在跨区域间和跨季节间的及时调节，这使水产品供应链具有更多的风险。市场不确定性一方面增加了交易成本，另一方面增加了供应链中的机会主义倾向。企业产供销没有形成供应链和一体化的经济利益共同体，违约现象时有发生，经营企业往往从短期利益出发，不对水产食品供应商进行分析、评估、比较、考察，造成供应商鱼龙混杂，大量伪劣产品堂而皇之进入食品超市。

(4) 加工水产品的操作规范性要比鲜售水产品强得多，对卫生和质量的要求也较高，加工产品的追溯体系建立也相对容易得多，同时被重视程度也较高。原因主要有以下几个方面：①水产品加工步骤容易统一，加工厂自动化和规范化程度较高；②水产品在加工过程中更容易感染致病微生物或病毒，要求更为严格；③国外水产品加工率较高，水产品加工厂作为直接提供产品的环节更容易被重视，因此研究加工产品尤其是加工企业内部的追溯管理更有实际意义；④我国许多水产品加工企业主要发展外向经济，产品以出口为主，水产品进口国对加工企业和产品有更严格、更规范的要求，为适应国际要求，这些企业必须严格要求自己，努力健全质量保证体系。

(5) 在从“池塘到餐桌”的整个水产品供应链中，超市作为到达消费者前的最后一关，在保障农产品的质量及安全性上起着至关重要的作用，它能够后向制约上游环节的质量安全。

鉴于在供应链的任何环节都有可能发生食品安全风险，所以在水产品供应的整个过程有必要保持充分的安全控制与信息沟通。供应链任一薄弱环节都可能导致水产品不安全，严重损害消费者的健康，并给供应商造成重大损失。因此，水产品安全是水产品供应链结构中所有环节的共同责任。

7.1.3 水产品供应链质量安全关键点分析

7.1.3.1 水产品供应链质量安全危害分析

国际食品法典委员会食品卫生通则(CAC1997)将“危害”定义为：食品中可能对健康产生有害影响的生物、化学或物理因素或状态。水产品中的危害从来源上可分为自源性、外源性和诱发性危害(林洪，2005)。自源性危害是水产品中天然存在的有毒有害成分如河豚毒素、组胺毒素及贝类毒素等，及存在于食品中的生理作用成分如抗硫胺素酶。外源性危害指：①微生物污染，如经消化道传染的病菌(病毒)、细菌毒素、霉菌毒素、寄生虫；②有意加入的食品添加剂，如亚硝酸盐；③意外进入食品的化学物质，如残留农药、烟熏食品中的多环芳烃；④偶然污染物，如重金属、多氯联苯。诱发性危害是指在食品加工、储藏过程中诱发食品内或生物体内生成的有害物质，如亚硝酸盐与胺或酰胺反应生成 N-亚硝基化合物等。

影响水产品安全的危害因素主要来源于 3 个方面：一是来源于水产养殖的生态环境，如水、土、大气的质量是否良好，生物学环境是否健康无害，这都会影响到水产品的质量和安全；二是饲料和渔药等投入品中的一些有害物质特别是人工合成的化学品，可能因生物富集作用而使处在食物链顶端的人类受到高浓度毒物的危害；三是来源于整个加工生产、流通和消费过程中，如因管理不善使病原菌、寄生虫滋生及有毒有害物质进入人类食物链，从而对大众造成生命安全和健康危害。总之，影响水产品安全的危害因子可能存在于人类食品链的不同环节上而给人们带来饮食风险，掌握其进入水产品中的途径，是有效控制水产品安全的基础。

水产品供应链涉及养殖、加工、运销和消费等一系列环节，而每个环节又会牵涉到质量安全的众多影响因素和潜在危害(图 7.8)。因此，为了保证水产品的质量安全水平，必须从源头开始，针对整个供应链各个环节进行充分、有效的危害分析，消除潜在危害，确保各环节中产品的质量安全水平(魏益民等，2008)。

养殖环节的主要危害：①水体的污染导致水产品污染；②饲料中含有的有害物质在水产品中残留；③渔药中含有的有害物质在水产品中残留；④杂食性鱼类以病鱼为食，引起病毒性食物链中毒；⑤空气污染导致水污染和潜水饲料污染，引起草食性水产品污染。

加工环节的主要危害：①食品配方不合理，造成食品营养缺乏；②滥用食品添加剂，威胁食品安全；③食品加工技术或工艺不成熟，引发食品安全问题；④加工设备不合格，造成食品污染；⑤生产管理混乱，造成食品安全问题。

运销环节的主要危害：①使用储存保护剂引起食品安全问题；②储运过程中霉菌毒素污染；③食品成品与食品原料混合储藏易引起食品安全问题；④食品储藏中的温度不当易引起食

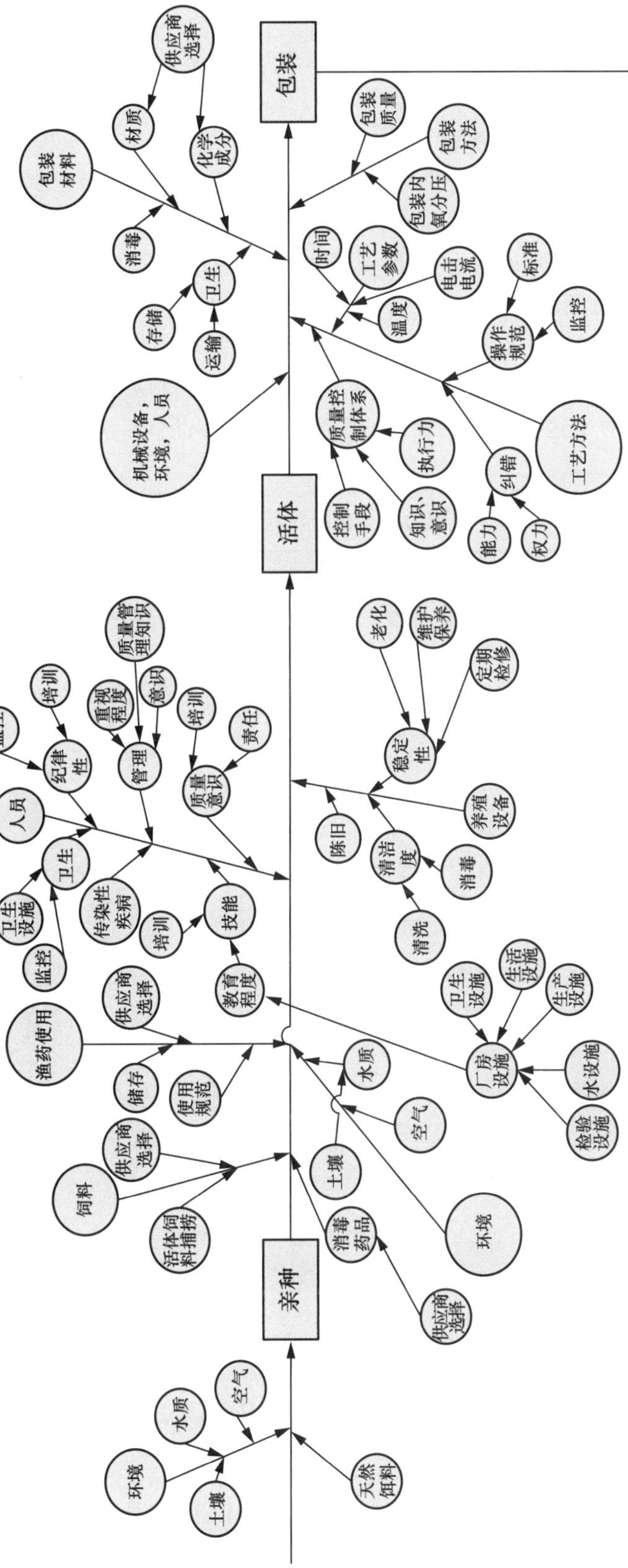

图7.8　水产品供应链质量安全影响因素及潜在危害

品变质；⑤食品包装材料污染食品。

消费环节的主要危害：①消费者不能鉴别安全食品；②消费者保鲜加工导致食品安全问题；③弱势群体首先考虑温饱，忽视了食品的安全。

7.1.3.2　**水产品供应链危害关键点确定**

建立水产品质量安全可追溯系统，必须对供应链过程中的危害关键点进行识别，生产中用危害分析与关键控制点来验证、评估和控制其养殖、加工、储运、销售等过程。确定关键控制点指决定可被控制、使食品安全危害可以被防止、排除或减少到可接受水平的点、步骤和过程，是实施 HACCP 和进行产品信息追溯的关键和基础。

以罗非鱼为例，综合各种已有的对养殖、加工、运销等阶段危害关键点分析的研究（杨志娟等，2003；张耀武等，2007；莫意平等，2004；马林，2004），确定水产品供应链危害关键点如表 7.1 所示。可追溯系统应重点对于这些关键控制点的信息进行采集、记录，从而保证信息的可追溯。

表 7.1　水产品供应链关键控制点

关键控制点	危　害	记　录
养殖环境	化学危害：工业、农业、城市废弃物，土壤中的重金属、农药等	无公害水产品认定证书，产地检测报告，养殖中监控报告
养殖用水	化学危害：工业、农业、城市废弃物，不合理使用养殖投入品 生物危害：水质恶化，寄生虫、病原菌、病毒等	水源和水质监测结果，监控和纠偏措施
种苗	化学危害：激素等药物残留 生物危害：寄生虫、病原菌、病毒	鱼种质检验、鱼种消毒和放养情况记录
养殖投入品	化学危害：不合理使用渔药、饲料添加剂，使用不合格渔药、饲料添加剂 生物危害：寄生虫、病原体、病毒	投入品的购买、储存和使用的监控措施
日常养殖管理	化学危害：渔药残留、饲料添加剂残留等化学品残留 生物危害：病原菌	每日养殖情况，包括水质状况、鱼体情况、饲料投喂、渔药使用等
配料	化学危害：食品添加剂	原辅料的标签说明、使用量登记、成品检测结果
蒸煮	生物危害：病原菌	温度记录、普查事件记录、肉心温度记录
金属探测	物理危害：金属杂质	金属控制结果
运销	化学危害：保鲜剂 生物危害：病原菌、病毒、寄生虫	运输记录、储藏温度记录、保鲜剂使用及监控

7.2　水产品质量安全可追溯系统的设计与实现

作为水产品质量安全保障的重要手段，利用快速发展的信息技术，研究开发水产品质量安全可追溯系统，不仅有利于生产经营者及时发现各环节中存在的问题，便于政府对水产品质量安全的监管,而且也使消费者能够放心消费。

7.2.1 水产品质量安全可追溯系统设计原则

一个良好的可追溯系统应该具备3个方面的功能:①可用于整个水产品供应链或特定的阶段(从生产到销售),并与食品检验和认证系统的目标相适应;②能够在水产品供应链任何阶段(从生产到销售)识别产品从哪里来(追溯)和到哪里去(追踪);③相应的水产检验和认证系统的目标、范围和相关程序是透明的,可以根据质检职能机构的要求提供(秦玉青,2008)。

通过对国内外追溯体系建立实践分析和经验概括(秦玉青,2008;周善祥,2007;ISO,2007;CAC,2006;谢菊芳,2005),要建立具备以上功能的有效的水产品追溯系统,在进行系统设计时需要遵循以下基本原则:

原则1 科学系统原则。追溯体系的建立是一个系统工程,需要国家、企业和消费者三方的共同努力和长时间的营建才能逐渐完成,国家渔业管理部门应起到引导和督促作用,企业经营者应主动配合,消费者起监督作用。由简单到复杂,由不完善到完善的逐级深入、循序渐进,既要从整个管理系统出发,遵循农产品质量安全管理的一般规律,又要从信息收集、加工、传递、贮存等工作系统出发,周密地进行系统设计。

原则2 经济效益原则。建立水产品质量安全管理信息系统,需要花费一定的财力、人力和物力,应努力做到以最小的耗费提供效益大、数量多、价值高的管理信息,如若单纯地追求技术与设备的先进而不顾公共组织的人力、财力和物力,盲目上马先进设备,反倒得不偿失,无效益可言。

原则3 适应性原则。简单易行、适应实际需要的追溯方法便于实施和管理。更重要的是追溯方法应当符合我国实际条件,只有符合实际的方案才是有效的,只有有效的方案才能实施。不具有实施的可能、不能适应管理目标要求的管理信息系统是没有任何价值的,我们应把各种变化因素尽可能地考虑进去,以提高系统的应变能力。在建立追溯体系之前一定要对实际情况做出充分的调查和分析。

原则4 可行性原则。全面考虑所研制的系统在目前的人力、财力和物力之下是否具有一定的可行性。同时还应考虑系统设计的适当超前性,以保证系统功能的有效期限能长一些。设计时要考虑与其他可追溯系统相结合的通用性,像当前比较成熟的EAN·UCC系统,制定符合国际化的通用原则与标准。

原则5 分步实施原则。整个系统进行统一规划,避免重复规划与建设,在时间上,应采用近、远期结合的原则;在空间上,采用由局部向全局推广的原则;在功能上,首先实现基本功能,其次在此基础上完善其他辅助功能。我们要建立的体系是全过程的追溯体系,要涉及水产界的各行各业,由于贸易的自由化,地域范围很广,要求不一致,势必带来追溯管理混乱、实施困难和信息真假难分的局面。为了便于以后管理工作的开展和体系的系统性,我们推荐全国范围内统一追溯要求规范。

根据国内外的研究,可以将可追溯系统分为索票追溯、标签追溯和追溯卡追溯3种方案(周善祥,2007),如表7.2所示。索票方案是较低层次的追溯要求,仅能实现短距离的追溯(消费者—销售商),问题发生时仅能达到确定来源、明确责任人的效果;标签方案是中等层次的追溯要求,能实现从消费者到产地的追溯,但由于没有配套的记录系统,只能到达明确厂商、确定产品批次、尽量控制影响范围等效果；追溯卡方案是较高层次的追溯要求，能实现整个产品供应链的追溯，通过系统的记录体系能确定问题产品的批次并明确发生的原因，通过预警体系召回体系能及时有效对安全事件做出反应、召回问题产品，达到保护消费者安全和利益、保护企业形象等目的。

表 7.2　索票、标签、追溯卡追溯方案比较

项目	索票追溯方案	标签追溯方案	追溯卡追溯方案
追溯层次	较低	中等	较高
实施基础	索票和进货、销售记录	标签和相关记录	追溯卡、记录、预警和召回措施
实施难度	容易	有一定难度	比较难
达到效果	短程追溯（消费—批发/零售），责任追究	确定来源（消费者—生产），责任追究，召回管理	确定来源，明确各级关系；确定问题原因，责任追究；切断来源，控制影响，召回管理
有无案例	有，某些批发市场	有，一些蔬菜、肉类	

根据追溯体系的设计原则，我国应分 3 个阶段分别实施 3 个层次的可追溯系统。在总体设计上，按照追溯卡追溯方案设计，实施时根据实施基础情况分步实施，不断推进。

7.2.2　水产品质量安全可追溯系统关键技术

7.2.2.1　数据获取技术

（1）条码技术：条码技术于 19 世纪 20 年代诞生于 Westinghouse 的实验室。条码是由一组按一定编码规则排列的条、空符号，用以表示一定的字符、数字及符号组成的信息，不同的条码具有不同的编码规则，字符集不同，所表达的信息量也不一样。按照应用领域的不同，可以将条码分为全开放型条码和局部开放型条码，其中全开放型条码具有全球统一编码信息结构，可以在世界范围内通用，编码体制有 EAN 条码、UPC 条码、ITF 条码、UCC/EAN-128 条码等；局部开放型条码是指在局部领域或区域使用的条码，编码体制有二五条码、交叉二五条码、三九条码、库德巴条码、128 条码等。条码按维数可以分为一维条码、二维条码和多维条码。一维条码信息容量小，如商品上的条码仅能容 13 位阿拉伯数字；二维条码信息容量大、保密防伪性强，适用于要求大容量、高可靠性信息的应用；多维条码和集装箱条码目前尚在研究阶段。EAN · UCC 码是目前使用最广泛的商业条码（中国连锁经营协会，2007；张健，2007）。

（2）电子数据交换（EDI）：EDI 是一种利用计算机进行商务处理的方式。EDI 是将贸易、运输、保险、银行和海关等行业的信息，用一种国际公认的标准格式，形成结构化的事务处理的报文数据格式，通过计算机通信网络，使各有关部门、公司与企业之间进行数据交换与处理，并完成以贸易为中心的全部业务过程。ISO 将 EDI 描述成“将贸易（商业）或行政事务处理按照一个公认的标准变成结构化的事务处理或信息数据格式，从计算机到计算机的电子传输”。EDI 被人们通俗地称为“无纸贸易”。EDI 包含了 3 个方面的内容，即计算机应用、通信、网络和数据标准化。其中计算机应用是 EDI 的条件，通信环境是 EDI 应用的基础，标准化是 EDI 的特征。这 3 方面相互衔接、相互依存，构成 EDI 的基础框架。

（3）自动识别技术：目前广泛应用的自动识别技术有视频识别、条码、磁卡、IC 卡、射频识

别(RFID)、红外识别、生物识别等,这些识别技术都有各自的优缺点及适于应用的场合。条码成本最低,适用于大量需求且数据不必更改的场合,但是较易磨损,且数据量很小。磁卡价格也很便宜,但也很容易磨损,数据量小。IC卡价格稍高些,数据存储量很大,数据安全性好,但有可能因静电或人为的原因损坏。与其他自动识别方式相比,RFID技术的优点在于:可以进行非接触识别,完成识别工作时无须人工干预,适于实现自动化且不易损坏;可识别高速运动的目标并可同时识别多个电子标签,操作快捷方便。短距离RFID不怕油污、灰尘污染等恶劣的环境,可在这样的环境中替代条码,例如用在工厂的流水线上跟踪物体;长距离RFID的识别距离可达几十米,可用于跟踪托盘、车辆或集装箱等目标。此外,RFID还具有其他一些重要的优点:不必在光线可视范围内,安全不易攻击,易编写修改等。

国际物品编码协会制定了主要的追溯要求和实施框架,将追溯同实现技术以及相关EAN·UCC系统工具联结起来,如表7.3所示(中国物品编码中心,2005)。

表7.3 EAN·UCC追溯实现技术实施框架

追溯要求	实现技术	EAN·UCC系统工具
唯一性标识	自动化标识	全球贸易项目代码(GTIN)、系列货运包装箱代码(SSCC)、全球位置码(GLN)、应用标识符(AI)
数据采集和记录	自动数据采集	EAN/UPC条码、ITF-14条码、UCC/EAN-128条码
关联管理	电子数据处理	软件应用
数据通信	电子数据交换	EANCOM、可扩展标记语言(XML)

7.2.2.2 水产品质量安全可追溯系统追溯单元编码方案

随着国际上对于水产品追溯的要求不断提高,国际物品编码协会(GS1)开发了食品及农副产品的跟踪与追溯解决方案。采用EAN·UCC全球统一标识系统,实现食品"从池塘到餐桌"的供应链管理。

根据欧盟法令EC 2065/2001的有关内容,通过EAN·UCC系统可以对水产品供应链全过程的每一个节点进行有效的标识,建立各个环节信息管理、传递和交换的方案,从而对供应链中原料、加工、包装、贮藏、运输、销售等环节进行跟踪与追溯,及时发现存在的问题,并进行妥善处理。条码是相关信息的载体,通过扫描可以获取各个节点的有关数据编码信息,包括给每一个产品均赋予全球唯一的EAN·UCC代码,即GTIN,通过AI对产品属性进行标识,如批号、有效期、保质期等,以及通过GLN对食品供应链中各个环节及参与方进行标识。供应链中各个环节的有关信息,采用UCC/EAN-128条码来表示(注:在终端销售环节,零售贸易项目采用EAN/UPC条码符号来表示)(中国物品编码中心,2005)。

以养殖的鱼为例,可以在供应链中追溯到饲料、鱼卵和鱼的母本,即投喂饲料→孵化→育苗→养成→加工→配送→零售→消费者。在欧盟法令EC 2065/2001中,鱼的商用名和学名(种类)、捕捞地区和加工方法要贯穿在整个供应链中。这可以通过产品标签或包装标签或者随货物走的商业单证来实现。

供应链中每个参与方必须负责提供准确的信息,并且保证条码表示正确,同时还要确保维护信息系统的安全、准确。供应链的每个参与方必须将预定义的可跟踪数据传递给下一个参与方,以确保信息流的连续性。

养鱼场通常与工业生产非常类似,可以控制和记录每个加工步骤。这使可追溯性能够从消费者一直追溯到母本和它们的鱼卵。此外，还可获得饲养过程中投喂的饲料和药品资料。养殖鱼供应链模型可以划分为上游和下游两个部分。上游供应链有投喂饲料、孵化、育苗、养成；下游供应链有宰杀、加工/批发和零售。此外，还有供应链模型中各个阶段之间的运输。

国家质量监督检验检疫总局颁布的《出境水产品追溯规程（试行）》规定了批次确定的办法。

（1）原料批：同一时间收购，在同一捕捞区域（海区、水域或养殖池等）或者同一批进口原料，同一品种的为1个原料批。海洋捕捞原料以收购的每一船次为1个原料批，养殖原料以注册登记备案的同一养殖场或同一养殖塘（网箱）为1个原料批，淡水捕捞原料以同一水域为1个原料批，来（进）料加工原料以进口报检的同一"卫生证书"同一品种为1个原料批。

（2）生产批：同一天、同一车间或同一生产线加工的同一原料批加工的产品为1个生产批。

（3）报检批：以同一份报检单报检（出证）的同一品种的水产品为1个报检批。

根据EAN·UCC及国家物品编码中心的标识确定办法，追溯标识代码可以分4个层次。

第一层次：用GLN给所有的供应链中的食品经营者确定身份标识。

第二层次：标识代码（GTIN）为贸易项目。

GTIN只是贸易产品在世界范围内唯一的标识号码，一般不包含产品的任何含义。

GTIN可以由条码表示，经常在超市购物扫描时看到的条码是商品条码EAN-13（图7.9）。

6 911234 567891

图7.9　商品条码EAN-13

数字6911234为厂商识别代码，EAN成员组织负责向系统成员（用户）分配厂商识别代码（在中国由中国物品编码中心分配），以确保分配的厂商识别代码在全球唯一。

数字56789为项目代码。由系统成员即获得厂商识别代码的企业负责分配项目代码。每个不同的贸易项目分配一个唯一的项目代码。

数字1为校验码。校验码是其前面的12位数字按照规定的计算方法计算出的结果，用于扫描条码时自动检查和校验其前的12位数字是否有错误。采用校验码的目的是确保代码的有效性。

第三层次：属性代码。可以采用UCC/EAN-128条码与条形码，也可以使用《出境水产品追溯规程（试行）》规定的代码。这里采用《出境水产品追溯规程（试行）》规定的代码。

①原料批识别代码的确定：每1个原料批确定1个原料识别代码，用"数字＋字母"表示，如AAAB。

AAA表示原料收购流水号，1年为1个流水周期编号。加工企业可根据本企业的年收购批量确定流水号的位数，一般至少为3位数。

B表示原料的性质，原料的性质分以下4种：海洋捕捞原料用"H"表示，养殖原料用"Y"表示，淡水捕捞原料用"D"表示，来（进）料加工原料用"J"表示。

如某一企业收购的第3批海捕原料表示为003H。

②生产批识别代码的确定:在原料批识别代码前加生产日期(年月日),如 030725003H 表示 2003 年 7 月 25 日生产的第 3 批海捕原料的产品。

如在产品加工过程中有不同批号原料并批的,以批量大的原料批代码前加生产日期表示,其余原料批号在生产加工记录上标明。

③报检批识别代码的确定:以企业向检验检疫部门报检的批次数流水号表示,一般为 3 位数,以 1 年为 1 个周期。如 101,表示当年该企业的第 101 个报检批。

举例:外包装箱上的批号标识:直接在出口外包装上打印报检批代码、生产批代码以及企业卫生注册号。标识样式为:卫生注册号 3300/00001;报检批代码 101;生产批代码 030725003H。

第四层次:企业内部追溯相关编码。包括人员代码、养殖池代码、加工工序代码、产品物流上下环节厂商代码。

7.2.3 水产品质量安全可追溯系统框架设计与实现

7.2.3.1 水产品质量安全可追溯系统功能与流程分析

水产品质量安全可追溯系统的追溯框架如图 7.10 所示,系统总体结构如图 7.11 所示。

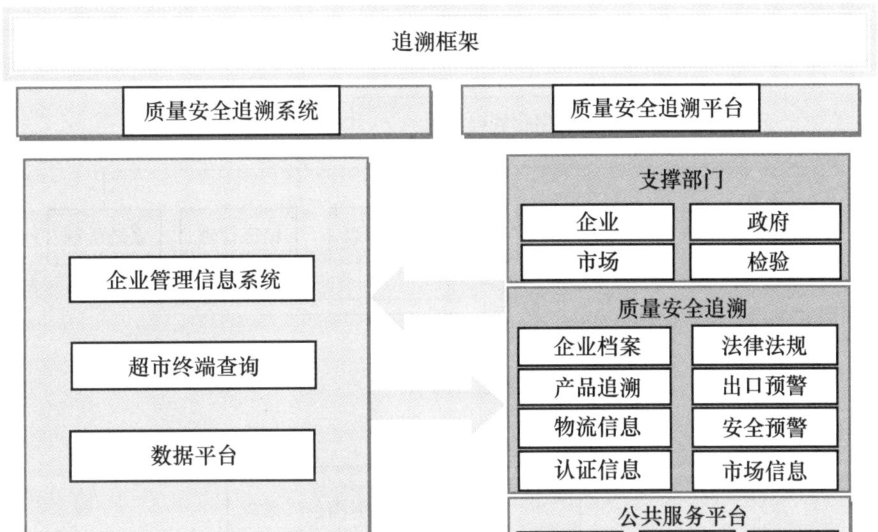

图 7.10 水产品质量安全可追溯系统追溯框架

基于 Web 的水产品可追溯系统是一个 B/S 结构的数据采集信息管理系统,可通过系统直接输入追溯码查询产品的详细信息,同时管理人员通过权限设置可登录进入系统各部门信息录入界面,进而录入管理信息,包括基本信息管理、检验信息、库存信息、加工包装、销售管理、系统管理等,完成这些数据录入之后,生成追溯条码。如图 7.12 所示。

按可追溯系统的定义,它的一个基本条件是个体标识,因此水产品养殖渔场和水产品加工厂两个模块中均有“个体识别管理系统”,可追溯系统的一个主要功能,就是要跟踪水

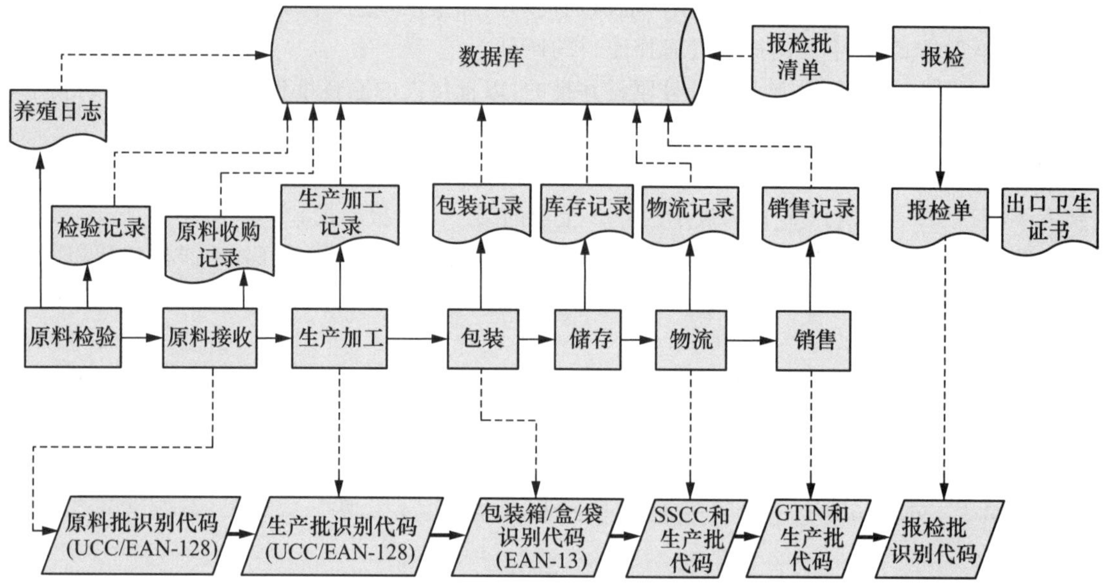

图 7.11　水产品质量安全可追溯系统总体结构

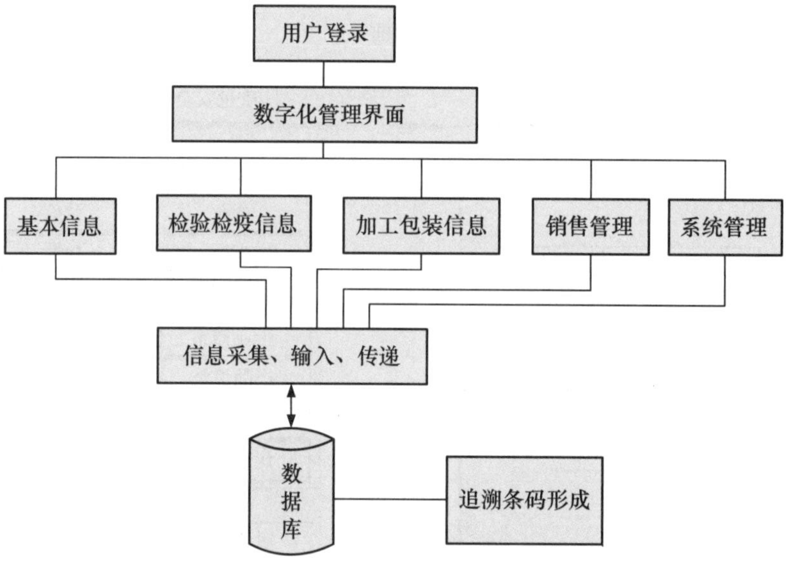

图 7.12　基于 Web 的水产品质量安全可追溯系统结构图

产品生产的历史记录，所以各模块中均有一个“安全检测子系统”以及预警限值来源构成的“标准和法规管理子系统”。为了维护系统的正常工作，各模块中添加一个“系统维护管理子系统”。为有利于消费者在购买水产品时了解水产品生产全过程的历史记录，在销售模块中还包括一个水产品“档案查询子系统”。“档案管理子系统”主要针对地点的转换历史记录，与安全监测直接相关的档案信息在“安全检测子系统”中予以管理。各模块之间数据的连接通过网络实现。

1. 养殖渔场系统

如图 7.13 所示,水产品的饲养是整个生产过程中周期最长的一个环节,主要环节有:

(1) 鱼苗进入渔场,包括鱼的出生和外购两种情况;

(2) 鱼从场内一个鱼池转移到另一个鱼池;

(3) 喂料,使用符合国家相关规定的饲料;

(4) 鱼病治疗,按照规定使用鱼用药;

(5) 鱼离开渔场,包括死亡、淘汰和出售 3 种情况。

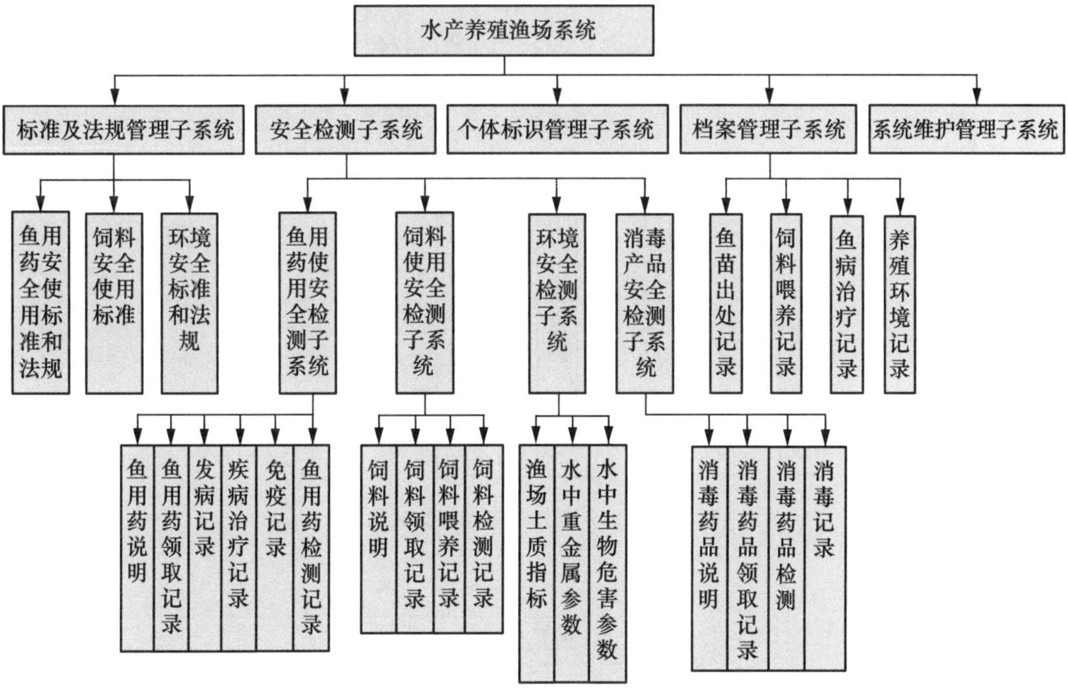

图 7.13 水产养殖渔场系统框架结构图

对于养殖阶段,主要对鱼苗出处、鱼用药、饲料、水质、消毒产品以及养殖环境进行监测与预警,相对应的标准和法规也分别为兽药、饲料和环境 3 类。

2. 加工系统

如图 7.14 所示,加工阶段是整个生产过中最复杂的一个环节,时间短,环节多。其中与地点转换有关的档案主要有:

(1) 水产品进入加工厂;

(2) 水产品冷藏,分为水产品入库和水产品出库;

(3) 水产品出加工厂,即水产品运输记录。

对于加工阶段,主要对原料鱼的运输、水产品检疫、水产品加工品检疫、加工环境以及成品运输进行监测,对违规现象给预警。

3. 销售系统

销售阶段的可追溯重点在用户对历史记录的查询上,需要记录的信息不是太多。如图 7.15 所示。

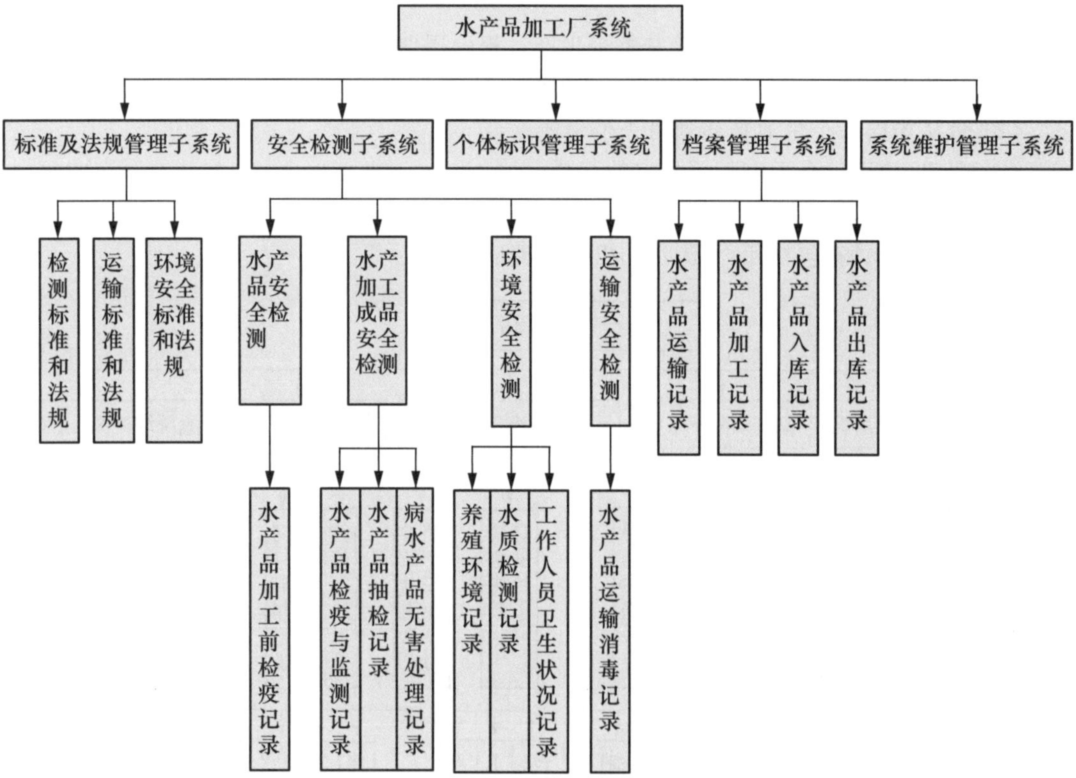

图 7.14　水产品加工系统框架结构图

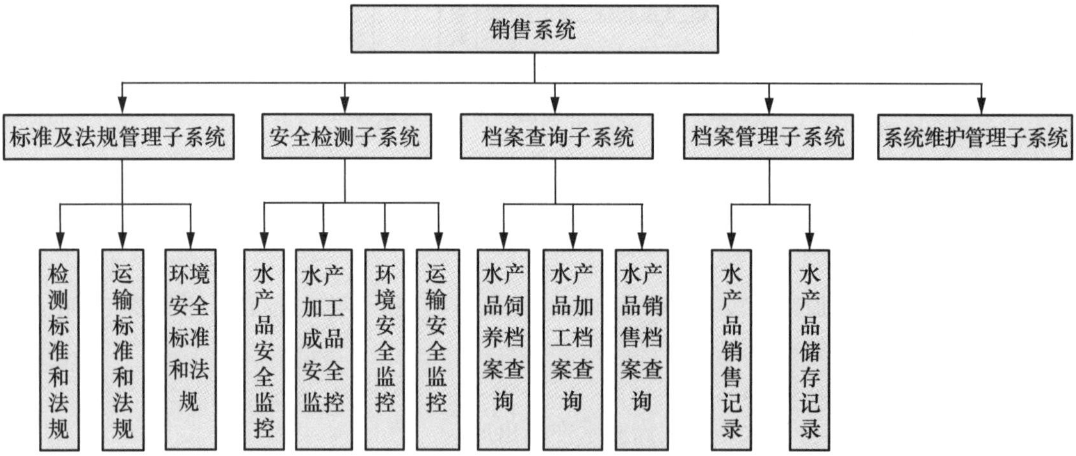

图 7.15　水产品销售系统框架结构图

4. 系统维护

如图 7.16 所示，系统维护管理子系统是公共模块，在各模块中，主要实现系统参数设置、系统访问记录、数据的备份与恢复、用户管理和权限管理等功能。

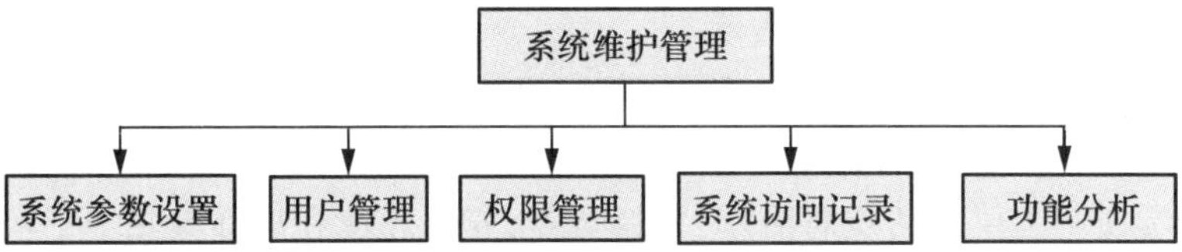

图 7.16 水产品系统维护子系统

7.2.3.2 水产品质量安全可追溯系统数据库设计

良好的可追溯系统离不开高质量的数据库,饲养期的源头信息获取、加工阶段的信息转换以及运输销售至最终消费者都需要数据库的支撑。根据系统的功能模块和模块结构,本系统数据库分为标准法规数据、监测预警数据库、个体标识数据库、档案数据库(养殖场数据库、加工厂数据库、销售数据库)等。

1. 标准法规数据库

图 7.17 显示了养殖阶段的一系列标准和法规的对象,分为鱼用药、饲料和环境等 3 类,各类标准法规分别建立相关数据库。

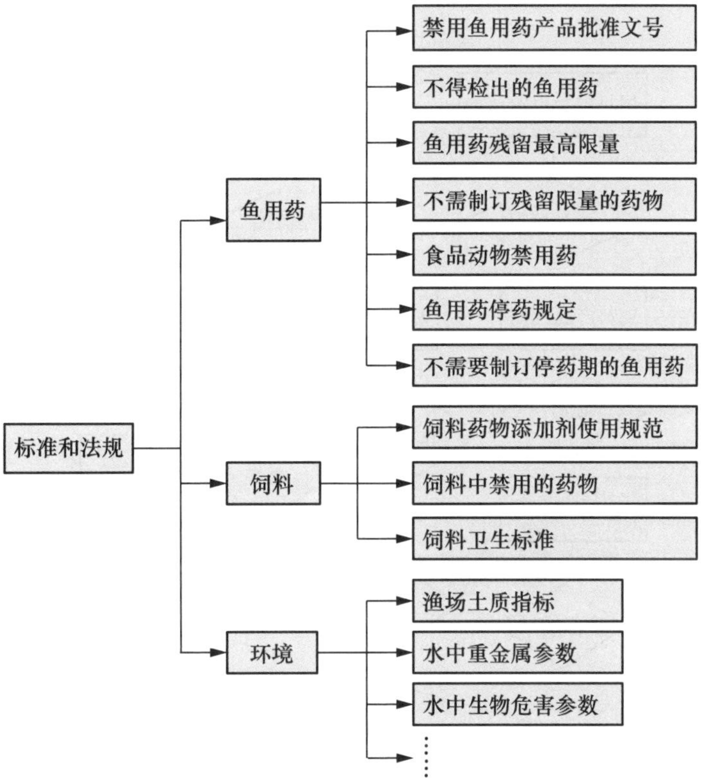

图 7.17 标准和法规数据库

2. 监测预警数据库

本系统采用目前应用广泛的关系型数据库,通过建立实体(entity)与实体之间的联系(relationship),即建立 E-R 模型,在此基础上照一定的规则转换成相应的关系模式,就可获得系统数据库中的表结构。在 E-R 模型中两实体间存在着一对一、一对多和多对多 3 种可能的联系，分别用 1∶1、1∶N 和 M∶N 表示。

监测预警数据库并非独立的数据库，是通过将档案数据库与标准法规数据库相联系、比对，才能实现监测预警。因此该数据库主要是：调用档案数据库和标准法规数据库的数据，通过判断模型的实现。主要包括疾病治疗、饲料喂养、养殖环境和消毒等几个子模块。

图 7.18 以“饲料喂养记录”为例，显示了水产品的饲料喂养监测与预警数据关系 E-R 模型，说明各实体之间的关系。在“喂料记录”与“配料记录”实体之间所定义的联系为：每一批鱼一次喂料过程为一个“喂料记录”，每一次喂料需要搭配多种饲料。每使用一种饲料为一条配料记录，它对应一次喂料记录，所以，“喂料记录”实体与“配料记录”实体之间是 1∶N 的联系。其他联系分别为：在配料过程中使用的每一种饲料都需要检测它是否为作废的饲料，是否包含饲料中禁用的药物，是否符合饲料药物添加剂使用规范，是否满足饲料卫生标准等，而每一种饲料可能在配料中多次使用，因此“配料记录”实体与“作废的饲料”实体之间、与“饲料中禁用的药物”实体之间、与“符合饲料药物添加剂使用规范”实体之间、与“饲料卫生标准”实体之间都是 N∶1 的联系；每一条饲料产品领取记录对应于一种饲料的一次领取记录，这些饲料可在多次配料中使用，对应于多个配料记录，“配料记录”实体与“饲料产品领取”实体之间也是 N∶1 的联系。

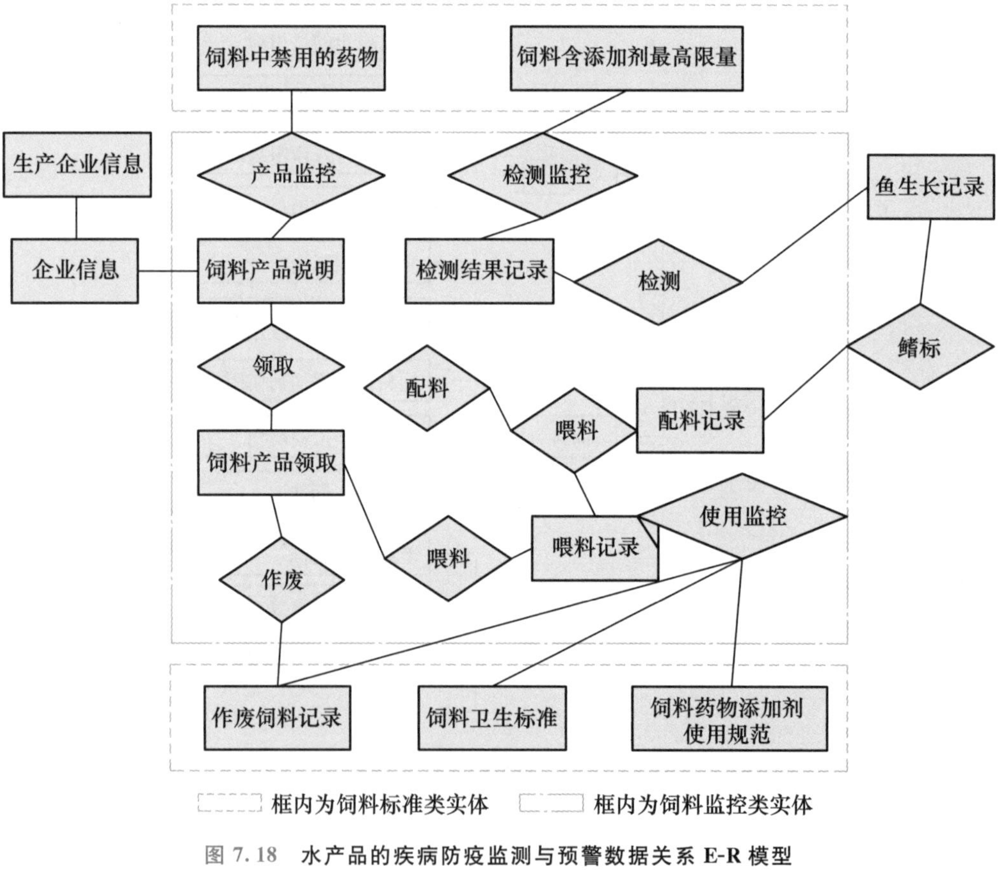

图 7.18　水产品的疾病防疫监测与预警数据关系 E-R 模型

3. 个体标识数据库

养殖阶段水产品个体识别采用条形码鳍标，在数据库的字段为“鳍标号”。大型养殖场饲养模式大多采用全进全出的方式进行日常饲养管理，在对喂料、疫苗注射、水产品的转群以及水产品的出售等管理中，均以群体为对象。若以鱼鳍标作为数据库中每个记录项，将存在大量的冗余数据。为此系统以“鱼池号”作为群体行为数据表的属性。在水产品饲养的某个日期，由“鱼池号”可获得相同池塘内所有水产品的鳍标号，通过鱼池号与水产品的鳍标号的对应关系，将最终群体信息统一到个体档案信息中，实现个体信息的完整性。水产品基本档案记录的数据结构如图 7.19 所示。

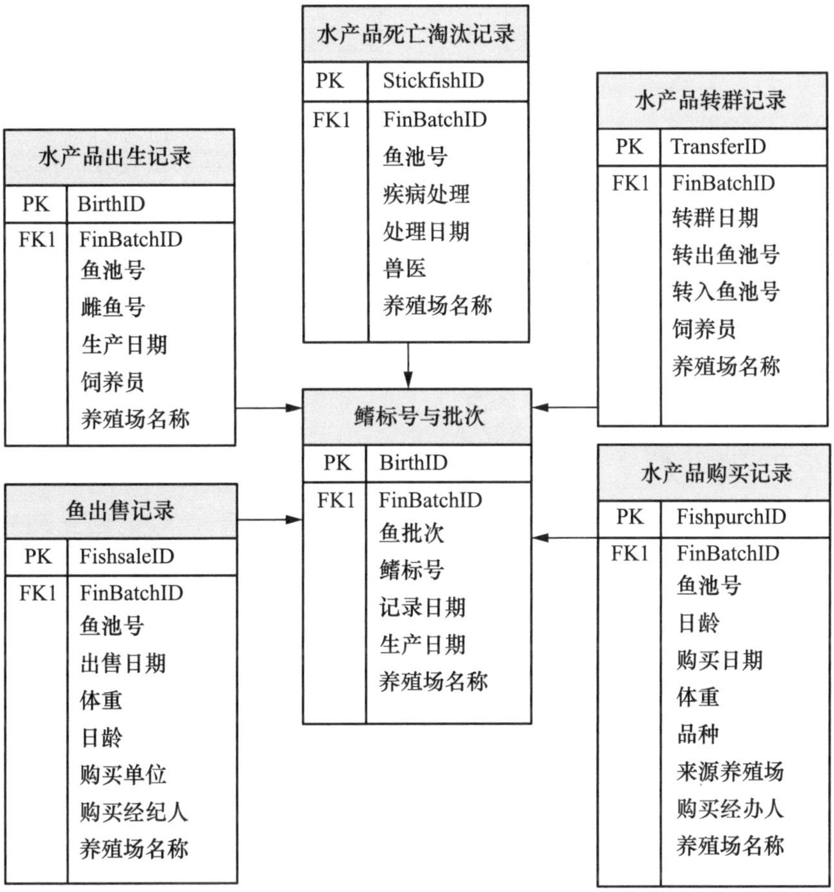

图 7.19 水产品个体标识数据结构

7.2.3.3 水产品质量安全可追溯系统的实现

本系统的软件运行于互联网环境之上，主要采用 B/S(浏览器/服务器)的网络架构，其维护和升级方式简单。系统总体上是一个多层的分布式软件体系结构，如图 7.20 所示。基于 .NET 平台，客户端和应用服务器、应用服务器和数据库服务器之间的通信以及异构平台之间的数据交换等通过应用层业务逻辑和数据访问层的数据访问类来实现。这样做不但可以有效平衡网络负载，而且当数据库或者应用服务器的业务逻辑改变时，客户端并不需要改变，从而大大提高了系统模块的复用性，缩短了开发周期，降低了维护费用。

系统分布在不同的地域、机构和单位，采用网络结构连接(图 7.21)。养殖场通常远离城市，缺乏网络技术，并且目前国内许多渔场内都没有宽带技术，与互联网的连接往往要通过电

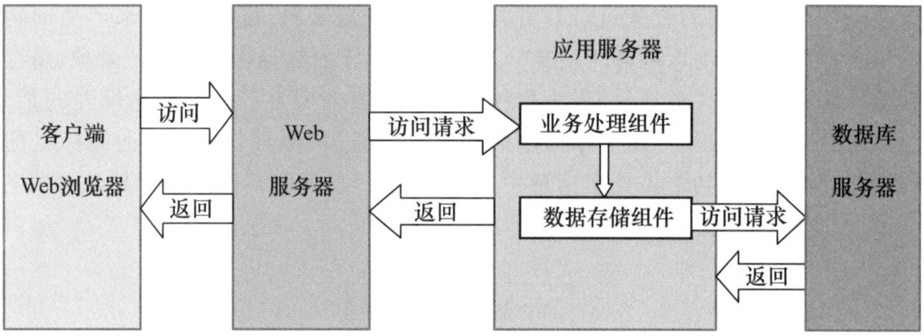

图 7.20　水产品质量安全可追溯系统软件体系结构

话拨号实现，网速较慢。水产品养殖周期长，大部分养殖信息在渔场内管理。仅当水产品出手时，通过主服务器端提供的 Web 服务，实现与桌面程序基于 XML 的数据交换，将水产品档案信息上传到网络服务器。因此，养殖场采用 C/S 结构。水产品加工厂和销售超市的信息在本地管理时间很短，且网络技术应用较为普遍，因此直接采用 B/S 结构。系统采用多种结构形式相结合，既满足企业数据保密要求，又满足客户查询方便和快捷的要求。

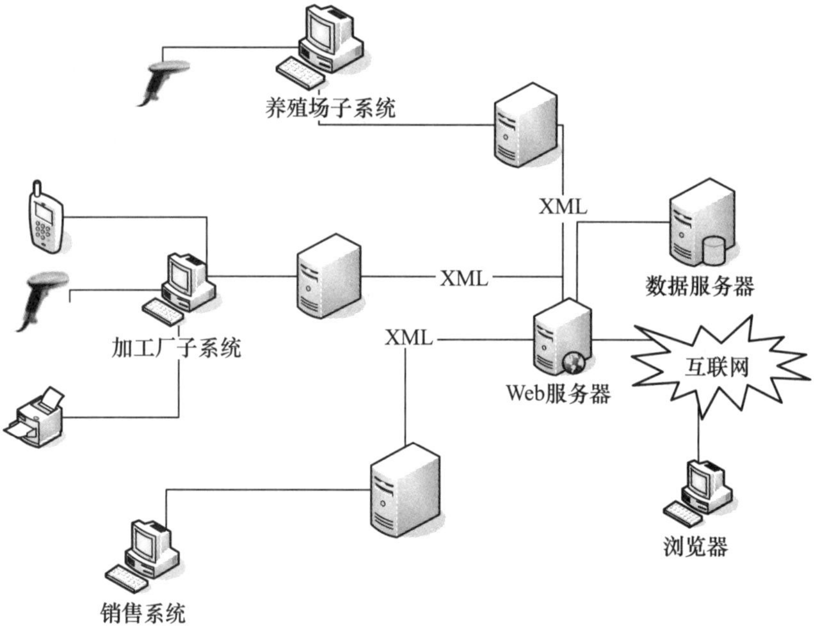

图 7.21　水产品质量安全可追溯系统网络拓扑结构

7.3　水产品质量安全可追溯系统实施效果分析

水产品质量安全可追溯系统的实施，必然会促进水产品供应链结构的优化和管理模式的改进，对于消费者支付行为模式也会产生影响。

将信息技术和可追溯理论相结合建立基于可追溯性供应链管理的水产品安全监控信息平台，是实现水产品安全的有效途径。因此，市场上已应用了各类水产品可追溯系统和监管信息平台。这些系统和平台的应用，对水产品供应链结构的优化、水产品供应链管理模式的改进具有深刻的影响。目前国外已有相关研究，如追溯体制的应用对水产品供应链成员重新制定契约关系的影响，对供应链成员的机会主义行为、交易机会分配的影响(Mora et al，2005)；对供应链节点企业库存、销售、公司组织、边界效应以及纵向管理结构的影响(Chen et al，2006；Brian，2003)。但是国内在这方面研究仍然很缺乏。

基于此，本研究通过分析可追溯系统与水产品供应链的关系来研究追溯体制的实施对水产品供应链结构的影响，探讨其对供应链管理模式的改进，以期进一步优化水产品供应链结构。同时，也可以促进追溯体制在供应链各经济主体中更好地实施，最终保证水产品流通的安全性。

7.3.1 可追溯体制实施对水产品供应链的优化机理

本研究主要从两个角度分析可追溯制度的实施对水产品供应链结构的影响。

一是对供应链整体进行分析。首先是对水产品物流控制的改善，体现在对水产品出现问题的环节能够进行快速定位和响应，找到责任人，并将问题产品迅速召回或撤销上市；其次从信息流角度来看，以前的生产、加工和销售环节，虽然也存在着纸质的文档或者是计算机信息系统录入的数据，都有记录可查，但是这些信息是分离的，各个环节之间并没有共享或者仅有极少的信息进行了共享，即所谓的信息衔接性差，同时也导致信息资源的浪费。可追溯系统的实施，正是利用以前所忽视的信息资源，提高其衔接性，实现了供应链节点企业的信息共享，提高了水产品的流通效率。

二是对供应链各经济主体以及他们之间的关系进行分析。首先，追溯体制的实施作用于供应链各经济主体(农户、水产品生产加工企业、消费者)，对他们各自的生产和消费产生影响；其次，在政府的统一监管和控制下，通过他们之间能够进行紧密的信息交流，促进了水产品供应链的结构优化。

7.3.2 基于可追溯性的水产品供应链管理模式

水产品供应链不仅是一条联结供应商到消费者的物流链、信息链、资金链，而且是一条增值链，供应链上的节点企业必须同步、协调运行，才有可能使链上的所有企业都能受益。因此，畅通的信息流是水产品供应链管理的基础。追溯体制配合先进的信息技术是构成现代水产品供应链体系的重要组成部分，通过追溯理论和信息网络的结合可以将生产商(农户和基地)、加工商、经销商、超市和消费者联结起来，实现对水产品流通各个环节的实时跟踪、有效控制和全程管理，达到资源共享、信息公开的目的。

因此，利用信息技术和可追溯理念开发的可追溯系统能够很好地保证水产品质量安全，水产品在流通中一旦出现危害人类健康安全的问题，可以根据各个环节所记载的信息，追踪流向，召回未消费的食品，撤销上市许可，切断源头，消除危害，减少企业损失。而且，可追溯系统的应用将水产品供应链各行为主体的利益联系在了一起，只要出现问题，就可以及时查明问题环节,对其行为主体进行处理,或者将其剔除该供应链,或者对其进行其他的惩罚性措施。政府作为水产品安全法律以及标准的制定者、监督执行者,对水产品市场起着实时监管、积极引导的作用。因此,本研究形成了可追溯体制下的水产品供应链管理模式,如图 7.22 所示。

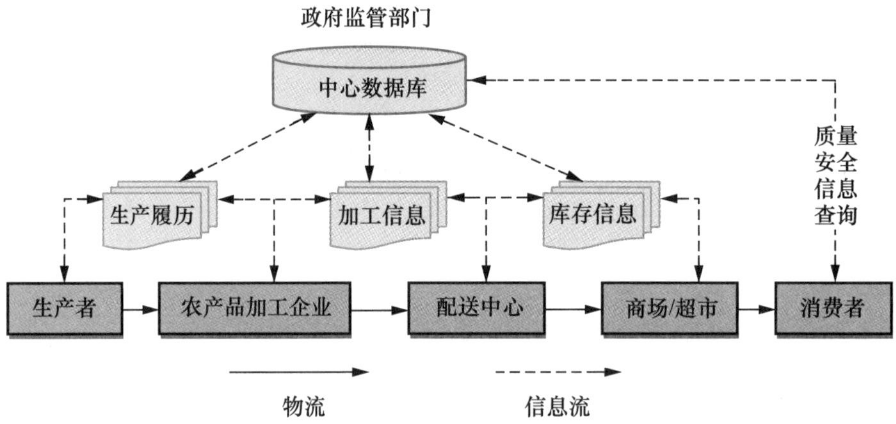

图 7.22 基于可追溯性的水产品供应链管理模式

(1) 它集成了供应链各行为主体的生产运作信息,水产品生产者、加工企业以及经销商之间的信息实现了无缝衔接,提高了每个个体对供应链整体即时信息的可见度,有效地控制了供应链中的信息流,提升了供应链管理的柔性。可追溯性要求企业向自己供应链中的企业和社会公布自己的产品信息,使得供应链更加透明,也要求企业的生产和管理更加规范,为供应链成员了解其他成员企业生产中的质量安全管理现状提供了有效的渠道,便利了供应链企业间的信息沟通。此外,食品的经验品和信任品特性决定了消费者很难在购买前识别、获得有关食品安全的全部信息,而这种信息缺失发生在食品链的整个过程,并且随着食品链条的延长,食品安全信息缺失呈现递增效应(乔娟等,2007)。追溯体制的实施,通过供应链成员间的水产品安全信息共享,降低了成员间的信息不对称,食品安全信息也进一步传递到消费者手中,节省了节点企业和消费者为寻求对方信息所耗费的大量成本。

(2) 有效地控制了供应链中的物流。水产品从"池塘到餐桌"要求企业在水产品生产和加工过程中详细记录产品的生产加工信息,设立产品数据库,数据包括同一批次生产的产品的信息和每一个产品的具体信息(张谷民等,2005)。此外,在水产品物流中,电子标签等信息技术在水产品物流中的应用,很好地控制了水产品安全的风险。由于电子标签存储了大量关于水产品安全的信息,通过对贴在水产品上的电子标签进行扫描,电子标签和网络数据库联结,形成详细的水产品物流记录,可以对水产品物流中可能的安全风险进行分析,并进行针对性的质检。一旦产品出现问题,能够通过可追溯系统查询有关信息,识别出发生问题的环节,追踪到责任主体,及时对产品进行召回或撤销。

(3) 实现了企业内部供应链与所处的外部供应链的有效整合。在未实施可追溯体制前,供应链节点企业会有自己的一套信息记录方式,在企业内部出现问题时,可以根据所记录的信息及时查询并进行处理(相当于企业内部的产品追溯供应链)。但是这些信息与其前向的水产品供应商和后向的经销商是脱离的,他们并不知道其他企业的产品安全信息,对于企业内部的产品安全问题，企业可以查询并迅速解决，但是如果问题出在前向的供应商，则无法查出出现问题的具体环节，对经销商来讲同样存在此类问题。追溯体制的实施将供应链行为主体的利益和责任联系在一起，通过供应链节点企业的产品安全信息公开化，组成一个共享的信息数据库，一旦出现问题，则可以通过共享数据记录追溯到某个企业内部的具体环节，进行相应处理。

(4) 水产品质量安全追溯信息平台是供应链成员沟通的桥梁，它集成了供应链所有成员关于水产品生产、加工和库存的信息，最终形成中心数据库，供应链节点企业和消费者进行水产品质量安全信息查询。但是它的正外部性很强，并且很容易产生“搭便车”行为，因此，很少有企业愿意出资提供这类公共产品(杨金海等，2007)。政府作为超越市场交易主体之上的公共组织，具有权威性，它的目标不是为了单个企业或个人的利润，而是全社会利益的最大化。因此，政府作为水产品安全信息的监管者应该是比较合适的，它所提供的信息具有公信力，可以无偿为公众提供信息服务。

根据农户与水产品关联企业或合作经济组织交易方式的不同，可以将水产品供应链结构分为契约型、合作服务主导型和纵向一体化型3种结构。其中，契约型供应链结构是指农户与相关联企业以长期合同的形式，取代双方的市场交易，规制双方经济行为，为减少交易中的机会主义行为所形成的组织结构(赵德余等，2005)；合作服务主导型是指以合作服务性组织为核心的水产品供应链结构，如“合作服务组织＋农户”、“专业合作社＋企业＋农户”等；纵向一体化型是指农户以某种方式(土地出租、转包、资金入股等)实现某个企业或合作经济组织的农业专业化、规模化经营的一种经营组织结构。

同时，可以将水产品可追溯系统的实施方式分为3种：政府主导型、行业协会主导型和企业联合自我规制型。不同的实施方式对上述供应链结构将产生不同的影响，如表7.4所示。

表7.4 可追溯系统的实施方式对水产品供应链管理模式的影响

可追溯系统实施方式	供应链结构		
	契约型 如“公司(＋基地)＋农户”	合作服务主导型 如“合作社或协会(＋企业)＋农户”	纵向一体化型 ①“股份合作企业＋农户” ②“农业公司＋农户”
政府主导型	可追溯系统的实施主要依赖于企业、中介和农户的契约关系(合同的内容，所提供的信息、服务，所规定的双方的权利和义务等)状况。契约关系松散则不利于实施，契约关系紧密则便于实施。因此，可追溯系统的实施会促使供应链企业加强契约的紧密关系，以保证所销售的水产品质量安全	该结构实现了效率收益(交易成本、规模经济)和公平收益(规避市场风险)。可追溯系统的实施要求按规定的质量保证程序进行生产加工，为了更好地出售水产品，农户会积极加入该供应链，促进了合作社规模的扩大，但合作社等自发组织在我国还并无明确的法律地位	对于①：农户入股设立企业，经营规模小，资金等各方面不足，难以实施可追溯系统，需要政府部门的帮助与支持。对于②：专业的农业公司具有一定的技术和资金实力，而且结合政府的强制性、公信力等因素可以实施。会使企业的组织结构由“橄榄式”向“扁平化”转变；同时，使边界弹性增加，边界变得越来越模糊，将信息流延伸到与企业相关的所有组织，激励企业更努力地控制水产品质量安全

续表 7.4

可追溯系统实施方式	供应链结构		
	契约型 如"公司(+基地)+农户"	合作服务主导型 如"合作社或协会(+企业)+农户"	纵向一体化型 ①"股份合作企业+农户" ②"农业公司+农户"
行业协会主导型	可追溯系统的实施主要依赖于企业、中介和农户的契约关系状况。行业协会在可追溯系统的实施中只是起到第三方协调及监督的作用,对实施行为主体并没有发挥严格规制的效用,机会主义行为存在	由于合作社等自发组织在供应链中居于核心地位,行业协会主导的可追溯系统易于实现,但对于合作社与加工企业间共享信息的真实性难以保证,对他们之间的合作关系将产生影响	对于①:同上。对于②:农业公司按照追溯制度的要求提供水产品生产加工过程的信息,行业协会对各个企业提供的信息进行审核确保其真实性。激励农业公司对其上游农户生产过程规范化监管的行为,保证了水产品质量安全。为了加入该追溯系统,保证水产品质量安全,其他水产品企业也会向纵向一体化方向发展
企业联合自我规制型	可追溯系统的实施主要依靠企业自觉性,相互信任性。通过同类企业的联合,规定共同的生产、质量安全标准,再通过紧密性契约与农户进行合作,能够保证水产品质量安全,但如何监督企业所提供信息的真实性还需考虑	合作社规模扩大,拥有自己的加工企业,可以参与到企业联合中,通过与农户的天然关系使其内部能够很好地控制水产品质量安全。促进了合作社型的企业向专业的水产品企业转化	对于①:同上。对于②:由于供应链中的核心企业加盟到共享的信息平台中,因此,企业会更加努力按照统一的质量标准控制其所控制的原料供应商,同时与下游客户建立利益风险共担的战略联盟,形成稳定的供销链条,使得水产品供应链更加稳定,有效地保证了水产品流通中的安全性

7.3.3 案例分析

以海南省水产品供应链运作模式进行实证分析。

该企业在实施可追溯体制前,全部采用人工方式进行生产记录,纸制文件保存,导致工作量大,人员结构复杂。当产品出现问题时,很难或者需要花费大量时间才能找到问题环节,明确具体原因,如在放血、消毒、急冻、包装等加工过程或运输过程中出现的问题,原因有可能是生物病原体、物理或者化学的因素引起产品的质量下降。如果没有详细的信息记录和方便的保存方式,则很难对问题环节进行定位。

在政府的主导和支持下,企业实施了可追溯系统,并按照追溯体制的要求定期进行产品追溯和召回过程演习,主要是对问题产品进行跟踪和回收过程模拟。例如,企业加工的产品在市场上出现质量问题或者消费者不满意,它的下游客户会将这些信息反馈给该企业,企业通过内部的可追溯系统进行查询,可以很快找出问题环节,进行相应处理。一般来说,客户返回的产品有两种类型,一是可食用的水产品,可能是口味、外观、包装、规格等原因引起客户或者消费者不满;另外一种是不可食用的水产品,原因可能是养殖或者加工过程中微生物引起的化学变化或者药残超标等。对于前者，处理方式可以是降低供应量，出口的产品可以改为内销；而对于后者，与食品安全问题有关，则需要严格控制，必要时进行销毁。通过这种定期的追溯模拟演习，企业能够在产品出现问题时及时进行定位，并进行迅速果断的处理，在市场上树立良好的企业形象，同时还可以挽回一定的经济损失。

由于企业目前的供应链属于契约型结构，主要是“公司＋基地＋农户”形式，在日常的管理中存在诸多问题，如供应链关系不紧密、约束松散等。政府主导下实施的可追溯系统，使企业与其上游原料供应商和下游的客户之间的合作关系更加紧密，契约更加有效力。对原料供应商来讲，目前主要是公司控制下的养殖基地，由原料部门负责采样，填写取样标签(内容包括养殖场基本信息，养殖情况，饲料和用药情况)，并送到质保部门，质保部门按照有关标准进行化学、微生物方面的检测，此过程为原料初检。合格原料入厂后还需进行二次检验，主要是药残以及现场口感等，检验合格则原料入库进行生产加工。对于临时性的养殖场供应商，企业则会定期派人对养殖场进行检查，记录信息。所有这些标签和检验等信息都需要录入到可追溯系统的数据库中进行保存。对其下游客户，企业会将有关养殖记录、养殖过程中的用药、药残检验结果、出厂检验报告等记录传递给客户，并将关键信息录入可追溯系统数据库中。此外，对于第三方的运输公司，企业也会对其进行严格审查，包括公司的信誉、车辆的卫生标准等，对每次出货的车牌号、司机、车辆等信息进行登记备案。因此，形成追溯体制下全面的从原料入库经加工企业到下游客户的紧密的供应链管理过程。

整体来讲，可追溯系统在该企业的实施，使得整个水产品供应链的运作在全透明的监控状态下完成，上下游合作关系更加紧密，流通中也有了统一的质量安全标准；企业以自有的原料基地为主要供货源，水产品流通环节大大缩减，流通的效率得到了提高；通过与其上下游供应商的合作，实现了全程供应链的可视化和水产品的可追溯性；最终将供应链成员的利益紧密联系在一起，在出现问题时能够及时查明问题环节，明确供应链成员的责任，确保水产品供应的安全性。企业在严格遵守追溯体制的运作下，所生产加工的水产品几乎没有受到客户的返回，企业的知名度进一步扩大，与同类企业相比，竞争力明显提升。

7.3.4 结果分析

(1) 追溯体制的实施改善了水产品供应链的运作方式。信息是水产品有效流通的向导和关键，在追溯体制下，政府部门应该起到第三方组织的作用，担当起信息中介职能，通过收集各个流通环节供应链行为主体的水产品质量安全相关信息，并及时向社会披露，从而降低各行为主体之间的信息不对称性，出现问题时能够明确责任主体，激励各行为主体为保证食品质量安全付出更多努力。

(2) 追溯体制的实施优化了水产品供应链的结构。从供应链整体来看，通过有效地控制水产品物流，对问题水产品进行快速定位，并及时处理和补救；通过信息共享保证了水产品安全信息流动的畅通；对长期不按统一安全标准生产加工的水产品供应商可以从供应链中剔除，同时可以吸纳优秀企业加盟。从供应链行为主体以及他们之间的关系来看，追溯体制的实施会对每个行为主体的价值、激励机制和决策权产生不同程度的影响，对节点企业组织结构简化和边界扩大发挥了作用。最终使传统的静态、复杂的水产品供应链向现代化的动态、稳定的供应链结构转化。

(3) 追溯体制的实施改进了水产品供应链的管理模式。通过信息技术与可追溯思想的结合,对水产品从生产、加工、包装、流通和销售所有环节进行信息记录、采集和查询,实现了节点企业内部供应链与所处的外部供应链的有效整合。同时,通过中介组织的简化和水产品质量安全标准的统一,以及供应链纵向一体化的发展,使水产品流通环节大大缩减,不仅保证了水产品流通的安全性,而且使整个供应链的管理变得更加简捷。但是,目前我国追溯体制下的水产品供应链管理模式还不够成熟,仍然缺乏统一的使企业和社会都认可的监管主体,致使有些信息真实性缺乏,政府和行业协会在该体制下的作用还没有得到充分发挥,而这些对于追溯体制的有效实施起着关键性作用。

参考文献

[1] Bolton D J, Meally A, Blair I S, et al. Food safety knowledge of head chefs and catering managers in Ireland. Food Control, 2008 (19): 291-300.

[2] Brian L. Traceability and information technology in the meat supply. Journal of Food Distribution Research, 2003,34(3): 14-26.

[3] CAC/GL60-2006. Principles for Traceability/Product Tracing as a Tool Within a Food Inspection and Certification System. 2006.

[4] Chen Fen-Lan, Chuang Ching-Ta, Hu Sing-Hua. Traceability and supply chain management for cage culture industry in Taiwan—The case of cobia. FFTC, 2006: 470-475.

[5] Efsun Karabudak, Murat Bas, Gul Kiziltan. Food safety in the home consumption of meat in Turkey. Food Control, 2008 (19): 320-327.

[6] ISO 22005:2007. Traceability in the Feed and Food Chain—General Principles and Basic Requirements for System Design and Implementation. 2007.

[7] Mora C, Menozzi D. Vertical contractual relations in the Italian beef supply chain. Agribusiness, 2005,21 (2): 213-235.

[8] Schwagele F. Traceability from a European perspective: 51st International Congress of Meat Science and Technology (Icomst). Meat Science, 2005, 71 (1): 164-173.

[9] 胡定寰. 农产品"二元结构"论——论超市发展对农业和食品安全的影响. 中国农村经济, 2005 (2): 12-18.

[10] 黄雁芳. 水产品贸易自由化对中国渔业的影响. 中国渔业经济, 2001 (1): 39-41.

[11] 蒋侃. 生鲜农产品供应链的分析及其优化. 沿海企业与科技, 2006 (1):57-58,137.

[12] 李季芳. 商业企业主导的水产品供应链管理研究. 商业时代, 2008 (2):16-17.

[13] 林洪. 水产品安全性. 北京: 中国轻工业出版社, 2005.

[14] 刘雅丹. 中国水产品质量管理体系简介. 中国动物保健,2000(10):33-34.

[15] 马林. 水产制品加工生产的危害分析与关键控制点的应用探讨. 华南预防医学, 2004,30(2):10-12.

[16] 马士华. 供应链管理. 北京:机械工业出版社, 2005.

[17] 莫意平,等. 水产品安全性关键控制问题的分析与研究. 北京水产, 2004 (2):4-7.

[18] 农业部渔业局. 全国渔业发展第十一个五年规划(2006 年~2010 年). 2006.

[19] 乔娟, 韩杨,李秉龙. 中国实施食品安全追溯制度的重要性与限制因素分析. 中国畜牧杂志, 2007,43 (6): 10-13.

[20] 秦玉青. CAC-ISO追溯系统共筑食品安全长城——国际食品溯源系统标准解析. 上海标准化,2008(8):28-31.
[21] 邵征翌. 中国水产品质量安全管理战略研究:博士学位论文. 青岛:中国海洋大学,2007.
[22] 苏方宁. 日本肯定列表制度对中国食品出口的影响. 世界标准化与质量管理,2007 (1):55-59.
[23] 孙建富,鹿丽. 我国水产品质量安全问题探析. 大连海事大学学报:社会科学版,2008 (3):124-127.
[24] 谭向勇,辛贤,等. 中国主要农产品市场分析. 北京:中国农业出版社,2001.
[25] 唐启升,陈松林. 海洋生物技术前沿领域研究进展. 海洋科学进展,2004 (2):123-129.
[26] 魏益民,等. 中国食品安全控制研究. 北京:科学出版社,2008.
[27] 谢菊芳. 猪肉生产全程可追溯系统的研究:博士学位论文. 北京:中国农业大学,2005.
[28] 杨金海,刘纯阳,向林峰. 农产品供应链失调与政府调控. 农村经济与科技,2007 (1):77-78.
[29] 杨志娟,等. 冷冻水产品生产过程中微生物的监控(HACCP). 食品研究与开发,2003 (3):88-90.
[30] 乐建胜. 水产品质量安全问题及对策. 食品科技,2008 (6):175-178.
[31] 张健. 肉类食品可追溯系统研究:博士学位论文. 北京:中国农业大学,2007.
[32] 张海松. 水产品质量检测服务方向探讨. 中国渔业经济,2007 (3):8-11.
[33] 张合成. 树立现代渔业意识 引领增长方式转变. 中国渔业经济,2006 (5):3-9.
[34] 张耀武,等. 水产养殖中HACCP体系的应用示范. 安徽农业科学,2007 (22):6953,6964.
[35] 张谷民,陈功玉. 食品安全与可追溯系统. 中国物流与采购,2005 (14):42-44.
[36] 赵德余,温思美. 我国农业产业化组织的治理机制及其效率特征. 中国农业经济评论,2005,3(1):1-16.
[37] 中国连锁经营协会. 食品安全可追溯研究阶段报告. http://bbs.foodmate.net/thread-135046-1-1.html,2007.
[38] 中国饲料行业信息网. 食品安全管理体系覆盖整个食品链. http://www.feedtrade.com.cn/tech/Quality/200603/101186.html,2006.
[39] 中国物品编码中心. EAN·UCC全球统一标识系统食品安全可追溯性应用案例集. http://690bbs.net/uploadfile/2006%2D9/200691214191313737.doc,2005.
[40] 周善祥. 建立我国水产品追溯方法的相关研究:硕士学位论文. 青岛:中国海洋大学,2007.

第8章

肉牛养殖质量可追溯系统

8.1 基于HACCP的肉牛养殖过程分析

本研究在对我国规模化肉牛养殖场实际调研的基础上，以国家无公害肉牛养殖规范为质量影响因素分析过程中的主要参考标准，分析了我国肉牛养殖业务流程。基于HACCP分析方法，建立了以药物、饲料和环境为核心影响因素的养殖过程肉牛质量危害分析框架，研究了各影响因素的特征属性。

8.1.1 我国肉牛养殖的业务流程分析

肉牛养殖主要经历牛犊、小架子牛、大架子牛、育肥成牛等4个阶段。调研发现，我国肉牛养殖前3个阶段主要由分散在全国各地的农户完成，后一阶段通过养殖企业规模化养殖完成。图8.1为我国养殖企业规模化肉牛养殖的业务流程。

8.1.1.1 肉牛的引进

我国规模化养殖场引进大架子牛主要通过分散在全国各地的牛经纪人代为收购并送达场区。养殖场接收新进肉牛时，判断架子牛健康状况和产地情况的文件记录主要有动物装载车辆消毒证明、非疫区证明、产地检疫证。检验合格、过称、编码后，新进架子牛可进入养殖场，在为期1个月的暂养观察过程中，工作人员对其做一些如消毒、健胃和免疫等育肥饲养前的准备，同时观察肉牛是否为疫病病毒携带者。架子牛被确认健康安全后，随即转群进入育肥饲养环节。

8.1.1.2 肉牛的饲养育肥

肉牛的饲养育肥过程时间跨度较大，牵涉到投喂、免疫、消毒、治疗、转群等环节。我国多数养殖场每天给架子牛投喂2次精料，投喂量根据牛的长势与大小来决定（一般情况下，体重为400 kg左右的牛每天需要喂5 kg的精料），粗饲料随时投喂。肉牛饲料配方见表8.1。

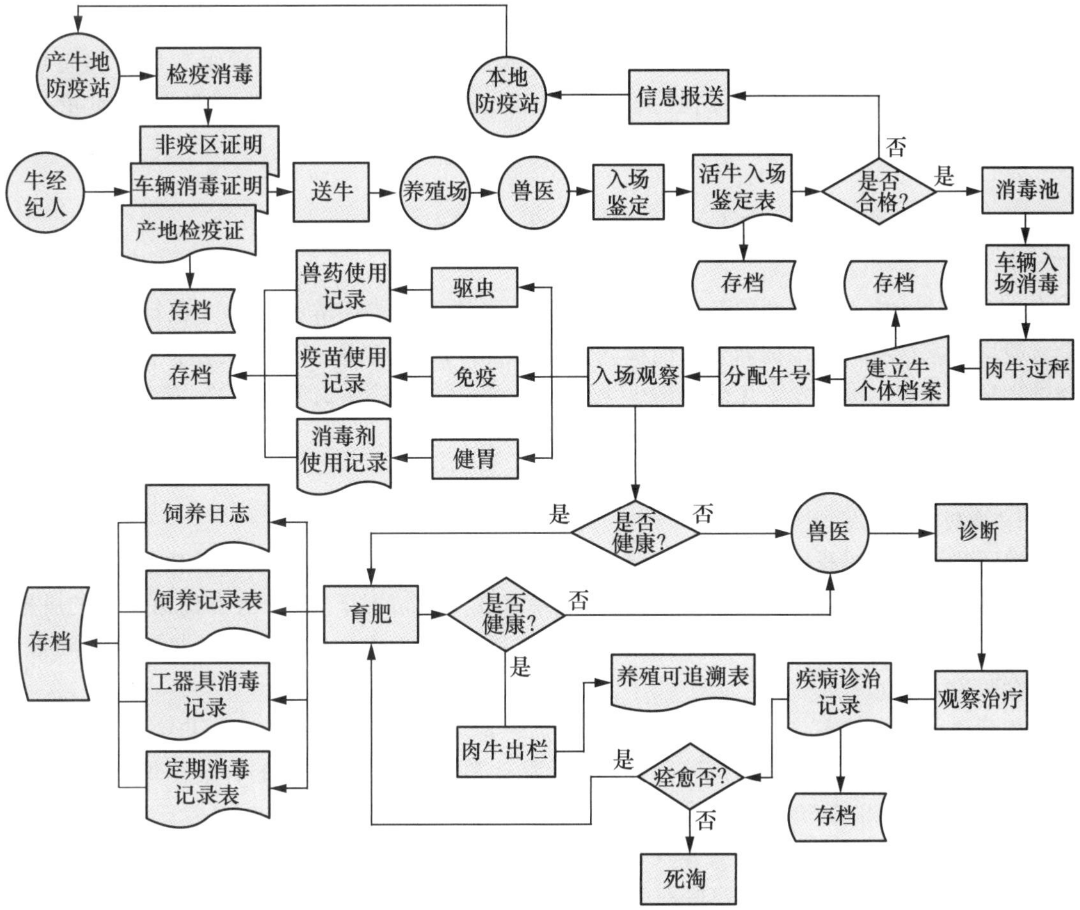

图 8.1 规模化肉牛养殖流程

表 8.1 我国肉牛饲料配方

精料	原料	玉米	棉粕(豆粕)	预混料	炒豆粉	小苏打	食盐
	配比/%	70	15	5	5	2～3	3
粗料	原料	青贮料、白酒糟、棉粕、菜粕、果汁渣、醋糟、酱油糟、麸皮等					

养殖场每星期都要对牛舍进行全面消毒，经常使用的消毒药物为火碱(3%)与碘制剂(1∶1 500)，使用火碱对牛舍与养殖工具进行消毒，使用碘制剂对牛槽、牛身体进行消毒，碘制剂的腐蚀性较小，亦可通过肉牛内服实现对牛体的消毒。

养殖过程中，肉牛的免疫与治疗由养殖场内防疫站驻场兽医实施，兽医同时还负责死淘肉牛与场内废弃物的无害化处理工作。我国对肉牛疾病的治疗与诊断采取信息上报、场内隔离治疗的方式。养殖场内所使用的消毒药品、兽药与免疫疫苗由当地防疫站按时提供。

8.1.1.3　**育肥成牛出栏**

大架子牛经过2～3个月的育肥期，当地检疫部门的监督执行休药期期满后，养殖场即可出具该牛饲养档案的复印件随同出栏肉牛一起送达客户。目前，我国多数肉牛养殖场均有对口的肉牛屠宰企业，肉牛出栏环节上重点是控制休药期与肉牛养殖环节质量追溯信息。

8.1.2　肉牛养殖过程危害分析及关键控制点研究

本研究构建肉牛养殖数字化管理系统的目的是为了在肉牛养殖环节上保证牛肉质量安全。我国国家标准对肉牛饲养管理的检测主要依照NY/T 5128—2002《无公害食品　肉牛饲养管理准则》，该标准规定了无公害肉牛生产中环境、引种和购牛、饲养、防疫、管理、运输、废弃物处理等涉及肉牛饲养管理的各环节应遵循的准则。

8.1.2.1　**兽药和消毒药品危害分析**

1. *兽药残留危害分析*

兽药残留是造成我国牛肉产品安全问题的重要原因之一。兽药在肉牛体内残留量与兽药种类、给药方式及器官和组织的种类有很大关系。在一般情况下，对兽药有代谢作用的脏器，如肝脏、肾脏，其兽药残留量高。在代谢和排泄作用下，进入肉牛体内兽药的量随着时间推移而逐渐减少。

兽药残留种类较多，按其用途分主要包括抗生素类、合成抗菌药、抗寄生虫类药、生长促进剂和杀虫剂等。其中抗生素和抗菌药统称为抗微生物药物，是最主要的兽药添加剂和兽药残留，约占药物添加剂的60%。

兽药残留对人体的危害主要体现在以下几个方面：

(1) 毒性作用。多数药物残留不会产生急性毒性作用，但某些药物毒性大或药理作用强，再加上对添加兽药没有严格的控制，长期食用含有这些药物的动物源食品，药物不断蓄积体内，达到一定量后，就会使人体产生慢性中毒。

(2)“三致”即致癌、致畸、致突变作用。现已发现许多兽药有“三致”作用，如丙咪唑类抗蠕虫药残留对人体潜在危害是致畸和致突变作用。雌激素、砷制剂、喹噁啉类、硝基呋喃类和硝基咪唑类药物证明有“三致”作用。磺胺二甲嘧啶等一些磺胺类药物连续给药，可诱发啮齿动物甲状腺增生，有引发肿瘤倾向。链霉素有潜在的致畸作用，引发动物体细胞突变，可对生育及后代造成危害，诱发遗传疾病。

(3) 过敏反应。经常食用含低剂量抗菌药物残留的食品，能使易感的个体出现过敏反应，常有青霉素类、四环素类、磺胺类和某些氨基糖苷类抗生素药物等引起人过敏反应，严重者可休克。

(4) 激素副作用。20世纪70年代前，许多国家将雌激素或同化类激素用作畜禽的促生长剂，后发现雌激素有致癌作用，已禁止使用，但目前我国仍有非法将激素用于畜禽养殖的现象，食用过多含这类药物的食品，可干扰人的激素分泌系统与正常机能。

(5) 细菌耐药性。动物经常反复接触某种抗菌药物后，机体内敏感菌株将受到选择性抑制，易产生耐药性。经常食用含药残的动物源食品，一方面可能引起人畜共患病的耐药性病原菌大量增加；另一方面带有药物抗性的耐药因子可传递给人类病原菌，给人的临床疾病治疗造成困难。

(6) 对人类胃肠道微生物的影响。有抗菌药残的动物源食品，可对人类胃肠道的正常菌群产生不良影响，致使菌群的生态平衡受到破坏。目前，大肠杆菌、葡萄球菌和沙门氏菌等一般细菌病上升为动物的主要传染病与长期滥用抗生素有直接关系。一些性质稳定的药物被排泄到环境中后，仍能稳定存在很长一段时间，从而造成环境中的药物残留。高铜、高锌等添加剂与有机砷的应用，造成土壤和水源的污染。

2. 药品的使用与监控

基于以上危害分析发现，因肉牛体内药物残留超标而引起牛肉质量安全问题的原因，既有兽药本身质量方面的，也有违规使用方面的，同时涉及生产者、经营者和使用者的多种因素。下面将从使用者的角度重点分析造成我国兽药残留的主要原因（沈屏等，2004；Riviere et al，1995）。

(1) 滥用药物：畜禽发生疾病，滥用抗生素，包括随意使用新的或高效抗生素。不仅任意加大剂量，改变给药途径，还任意使用复合制剂。为预防畜禽疾病，在未确定病因的情况下，滥用青霉素类和磺胺类等药物，不按规定执行休药期等。

(2) 兽药使用不规范：动物疫病防治用药与饲料添加剂用药有许多区别，对食品安全影响不尽相同。动物治疗、预防用药一般是间断个别的，而饲料添加剂用药是持续普遍的，累积量大。因此把治疗药物当添加剂长期使用，很容易造成兽药残留量超标。

(3) 使用违禁或淘汰药物：有的企业受经济利益驱动，将不允许使用的药物当添加剂使用，或使用已受污染或已过保质期的药物，造成残留量大，残留期长，对人体危害严重。必须执行国家《饲料药物添加剂使用规范》，不能将抗生素类、化学药品类和镇静催眠类等药物当作饲料添加剂。

(4) 不按规定执行休药期：畜禽屠宰前或畜禽产品出售前需停药，但有的养殖业者不按规定执行，对标有停药期的动物药品及含药物饲料添加剂，并不遵守停药期的规定，一直到禽畜出售前仍在饲喂含有药物的添加剂饲料。这是造成药物残留最主要的原因。

(5) 用药方法错误，或未做用药记录：在用药剂量、途径、部位和动物的种类方面未按用药规定，有可能延长药物在动物体内时间，导致药物残留发生。由于没有用药记录而重复用药的现象也较普遍。

(6) 兽药残留检测不力：国家和有关部门对兽药残留监管力度不够，缺乏兽药残留检验机构和必要的检测设备，兽药残留检测标准不够完善。

基于以上分析，确定兽药监管关键指标的原则为：根据药品使用的实际流程（图 8.2），制定兽药追溯的关键点。肉牛养殖场使用药物主要包括疾病治疗、疫苗和其他用药（如灭鼠、灭蝇、消毒剂和杀虫剂等）。

以下进一步阐述各种药物的监控关键点，主要包括兽药说明、兽药领取、兽药抽检、兽药使用、疫苗使用、兽药残留监测 6 个部分，见表 8.2 至表 8.11。

表 8.2 兽药说明关键指标

控制点	限 值	控制措施
兽药名称	是否属于禁用药物	药物作废
批准文号	是否属于撤销的兽药产品批准文号	药物作废
生产许可证	是否具有合格的生产许可证	药物作废

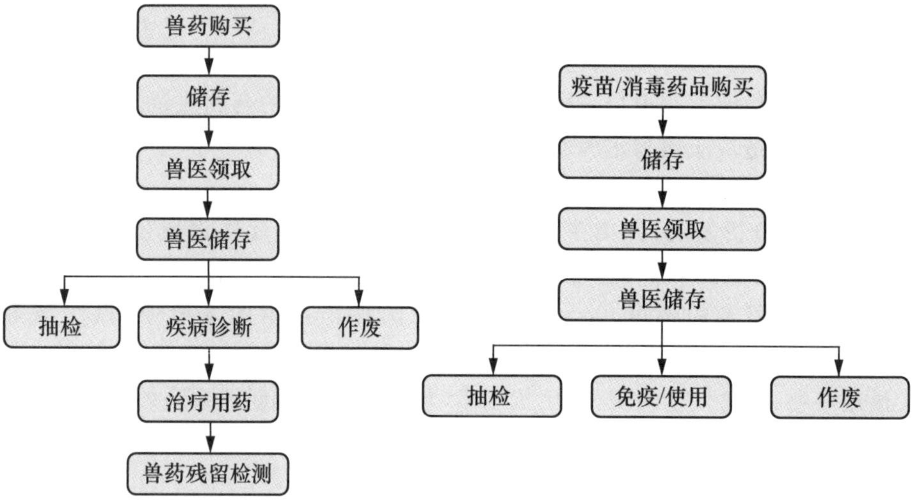

图 8.2 兽药使用流程

表 8.3 兽药领取关键指标

控制点	限　值	控制措施
有效期	产品是否已过有效期	药物作废
产品批号	产品是否有合格的产品批号	药物作废

表 8.4 兽药抽检关键指标

控制点	限　值	控制措施
抽检方式	检测方式是否符合标准	更换检测方式
抽检结果	检测结果是否符合标准	兽药作废

表 8.5 兽药使用关键指标

控制点	限　值	控制措施
兽药名称	是否属于禁用药物	药物作废
	是否抽检合格	药物作废
	是否属于作废产品	药物作废
有效期	产品是否已过有效期	药物作废
剂量	是否符合说明书的规定	更正使用剂量
配伍禁忌	是否配伍得当	停止使用
给药途径	是否正确	修改给药途径
休药期	是否在休药期内	停止使用

表 8.6 兽药残留检测关键指标

控制点	限　值	控制措施
检测方式	检测方式是否符合标准	更换检测方式
检测结果	检测结果是否符合标准	不能出售

表 8.7 疫苗使用关键指标

控制点	限　值	控制措施
疫苗名称	是否抽检合格	疫苗作废
	是否属于作废产品	疫苗作废
有效期	产品是否已过有效期	疫苗作废
剂量	是否符合说明书的规定	更正使用剂量
配伍禁忌	是否配伍得当	停止使用
给药途径	是否正确	修改给药途径
使用日期	是否符合免疫程序	修改使用日期

表 8.8 消毒药物说明关键指标

控制点	限　值	控制措施
消毒药物名称	是否属于禁用药物	药物作废
批准文号	是否属于撤销的兽药产品批准文号	药物作废
生产许可证	是否具有合格的生产许可证	药物作废

表 8.9 消毒药物领取关键指标

控制点	限　值	控制措施
有效期	产品是否已过有效期	药物作废
产品批号	产品是否有合格的产品批号	药物作废

表 8.10 消毒药物抽检关键指标

控制点	限　值	控制措施
抽检方法	检测方法是否符合标准	更换检测方式
抽检结果	检测结果是否符合标准	消毒药作废

表 8.11 消毒药物使用关键指标

控制点	限　值	控制措施
消毒药物名称	是否属于禁用药物	药物作废
	是否抽检合格	药物作废
	是否属于作废产品	药物作废
有效期	产品是否已过有效期	药物作废
剂量	是否符合说明书的规定	更正使用剂量
配伍禁忌	是否配伍得当	停止使用
给药途径	是否正确	修改给药途径

上述操作上的指标判断关键限值主要来源于国家对兽药使用的相关规定。

8.1.2.2 饲料安全隐患分析

1. 饲料危害分析

饲料作为牛肉食品的生产原料,其安全问题与畜产品的食用安全密切相关。畜牧业是低效产业,动物将饲料养分转化为畜产品的效率只有15%~20%,为了提高动物生产水平和饲料转化效率,在饲料中合理利用饲料添加剂,对补充基础日粮中某些微量成分的不足,提高基础日粮的饲喂效果,促进肉牛的生长发育,提高饲料利用率和养牛生产的经济效益等具有良好的作用。肉牛的饲料添加剂是指在肉牛基础日粮中添加的微量成分。饲料添加剂通常有两类:一类是营养性添加剂,如氨基酸、维生素、非蛋白氮、油脂和微量元素添加剂;另一类是非营养性添加剂,如中草药制剂、酶制剂、抗生素、激素、保健驱虫剂、抗氧化剂、调味剂及防霉剂等(图8.3)。

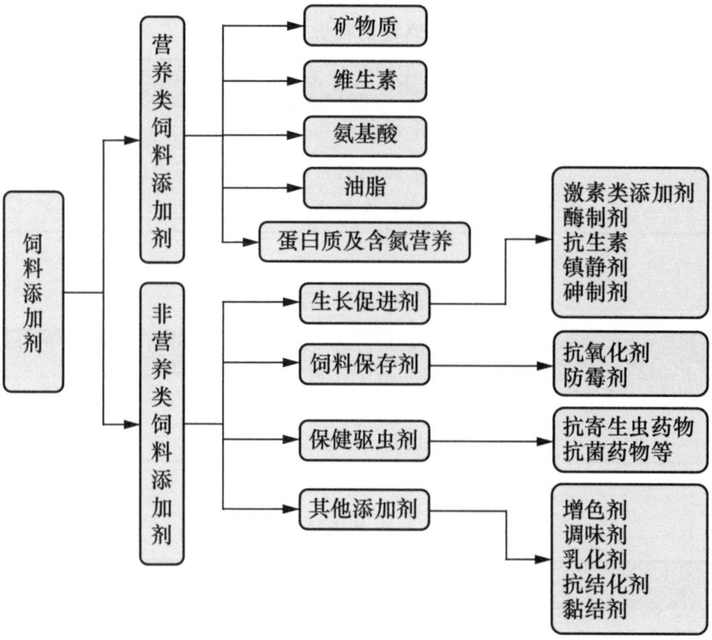

图8.3 饲料添加剂分类

饲料作为影响畜产品质量的一个重要因素,排除饲料由于物理危害引发的肉牛质量不安全之外,实际对肉牛健康状况以及牛肉质量造成危害的因素包含饲料中人为加入的过量微量元素、饲料霉变、饲料含有天然有毒有害物质和致病微生物污染饲料等问题。

此外,给肉牛饲喂添加过量微量元素的饲料后,肉牛经过代谢而排出体外的微量元素还会对养殖场周边环境造成相当程度的污染,继而通过饲料、空气、水、土壤等对牛肉质量产生循环危害。

因此,加强饲料管理是保障肉牛质量的重要途径,除了避免饲料质量不合格对肉牛质量产生危害作用外,在肉牛的养殖过程中,加强饲料管理也是调节肉牛生长状况,提升牛肉质量的重要方法。如通过提高日粮能量以及后期育肥牛的精料配方来控制肉牛育肥速度与肉质肥度,调整饲草与精料的供给比例来改变牛肉纤维含量等。

2. 饲料的使用规范

肉牛养殖过程中,补充何种饲料添加剂及补充多少量,主要取决于肉牛的日粮状况和实际需要，同时，饲料添加剂的选用还应符合安全性和经济性要求。使用前要考虑添加剂的效果和有效期，并注意用量、用法、限用和禁用等规定。

而在实际生产中，少数饲料生产与养殖企业为追求利益，在饲料中使用违禁的性激素、催眠镇静剂和肾上腺素等；不按规定使用兽药和添加剂，不执行停药期或不按配伍禁忌要求，甚至使用已禁用的药品，导致药物在畜产品中的残留量加大。

针对饲料的安全问题，在肉牛养殖阶段主要需要监测饲料的使用，杜绝实际生产中不按现有标准和法规要求的剂量、范围、配伍和休药期使用药物添加剂，以及使用过期、变质和含违禁添加剂的饲料等现象。

根据饲料使用流程和各数据之间的关系，将饲料安全监控关键因素分为饲料说明、饲料领取、饲料抽检和饲料使用 4 个部分（表 8.12 至表 8.15）。

表 8.12 饲料说明关键指标

控制点	限 值	控制措施
批准文号	是否属于撤销的饲料产品批准文号	饲料作废
生产许可证	是否具有合格的生产许可证	饲料作废
饲料药物添加剂	是否属于禁用药物	饲料作废
维生素添加剂	是否符合标准和法规规定	饲料作废
矿物质类添加剂	是否符合标准和法规规定	饲料作废
重金属添加剂	是否符合标准和法规规定	饲料作废

表 8.13 饲料领取关键指标

控制点	限 值	控制措施
有效期	产品是否已过有效期	饲料作废
产品批号	产品是否有合格的产品批号	饲料作废

表 8.14 饲料抽检关键指标

控制点	限 值	控制措施
抽检方法	检测方法是否符合标准	更换检测方法
抽检结果	检测结果是否符合标准	饲料作废

表 8.15 饲料使用关键指标

控制点	限 值	控制措施
饲料名称	是否抽检合格	饲料作废
	是否属于作废产品	饲料作废
有效期	产品是否已过有效期	饲料作废
饲料药物添加剂	是否属于禁用产品	饲料作废
配伍禁忌	是否配伍得当	停止使用
休药期	是否在休药期内	停止使用

8.1.2.3 环境对肉质的污染分析

回顾我国的牛肉产品的出口历程,不难发现以下规律或特点:20 世纪 80 年代前,国外进口肉类加工产品时,只要我国检验检疫机构检验产品卫生质量合格并签发检验证书后,产品就可以顺利通关。20 世纪 80 年代后,进口国不但要求出口国的食品卫生质量符合要求,还要求出口国食品加工企业也符合要求。20 世纪 90 年代中期,以欧盟为代表的发达国家,不但要求食品卫生质量和工厂卫生条件都符合要求,而且开始关注食品原料的生产过程是否符合要求,包括生产环境、动物饲养卫生状况及动物防疫体系等,以体现国外"从农场到餐桌"全程食品安全追溯的理念。

可见,肉牛的生长环境也是直接影响牛肉的安全与质量的重要因素,特别是工厂化肉牛养殖条件下,饲养密度大,集约化程度高,环境的作用更为重要。通过环境控制,创造良好的肉牛生存和生产环境,保持牛群健康,可以提高生产力、增加养殖场经济效益。为此环境因素在牛肉产品国际贸易中以及对肉牛生长的作用和影响逐渐被人们认识和重视。

从环境检测(表 8.16)的角度分析,影响肉牛质量的因素主要包括舍区生态环境质量、养殖场空气环境质量以及肉牛饮用水质量。

表 8.16 环境检测关键指标

控制点	限 值	控制措施
检测方法	检测方法是否符合标准	更换检测方法
检测结果	检测结果是否符合标准	进行环境治理

在工业化肉牛养殖过程中,为了促进肉牛生长、保障肉牛健康,饲料添加剂、兽药、免疫药品与消毒药品是不可缺少的养殖投入品。而随着肉牛发病率、常规疫病数量的日益增加,各种药品与添加剂的使用频率也在进一步提升。因此,养殖过程对肉牛体内药物残留的有效控制是保障出栏肉牛质量的关键,而规范肉牛养殖过程中投入品(可能引起牛体药物残留的兽药、消毒药、疫苗、饲料添加剂等)使用是有效跟踪识别养殖过程肉牛药物使用情况的重要前提。

8.1.3 质量影响因素特征研究

在质量影响因素中,有一部分是可以通过计量测试手段进行测定的,并可以用具体数值表示测定结果,这类因素通常称为定量因素;而另一部分是不能或难以用检测仪器测定的,只能通过人的感官进行判断,如操作人员的劳动态度等,这类因素通常称为定性因素。

这里,我们用 X 表示定量因素,Y 表示定性因素,ε 表示偶然因素,η 表示质量指标的真值(理论值)。由于质量指标的数值是由质量因素 X、Y 及 ε 共同决定,故一般有

$$\eta=F(X,Y,\varepsilon) \tag{8.1}$$

从风险管理的角度,可把质量因素分成操作人员(man)、机器设备(machine)、原材料(material)、操作方法(method)和工作环境(environment),简称 4M1E。规模化肉牛养殖过程作为一种特殊的工业产品生产过程,其风险特征主要包括向后传递性和相关性。

风险传递性是指前一投入品使用或饲养操作中出现的危害,会沿着养殖过程向下传播,即系统中某元素或同它有关的联系处于危害状态后,不论此元素的输入如何,其输出必为异常,

从而可能导致这些元素、联系的状态不正常，也就是说危害传播是一个连续触发的过程，一个危害因素的出现导致了一系列后继危害状态的发生。

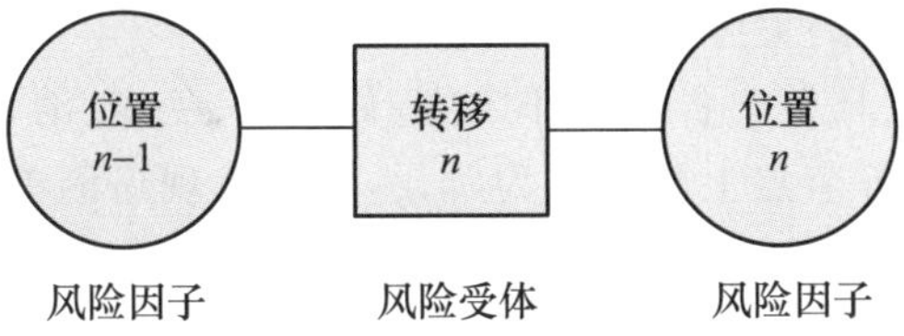

图 8.4 风险传递图

将肉牛养殖过程分解成若干个简单饲养工艺的组合。对于单个工艺步骤，风险传递过程如图 8.4 所示。

为了方便表达，我们将养殖过程中可能对牛肉质量产生具体危害的实体或过程称为风险因子，将风险因子的载体称为风险受体。若将风险因子表示为 P_{n-1}，风险受体表示为 T_n，则

$$P_{n-1}=\{p_{n-1,1},p_{n-1,2},p_{n-1,3},\cdots,p_{n-1,k}\} \tag{8.2}$$

$$P_n=\{p_{n,1},p_{n,2},p_{n,3},\cdots,p_{n,m}\} \tag{8.3}$$

$$T_n=\{t_{n,1},t_{n,2},t_{n,3},\cdots,t_{n,j}\} \tag{8.4}$$

在工序 n 前有 k 个风险因子，在工序 n 后有 m 个风险因子，作用于工序 n 的风险受体有 i 个，则对于养殖过程中各风险受体可能产生的各种风险的转移积累可表示为

$$\begin{cases} p_{n,1}=F_{n,1}(p_{n-1,1},p_{n-1,2},p_{n-1,3},\cdots,p_{n-1,k};t_{n,1},t_{n,2},t_{n,3},\cdots,t_{n,i}) \\ p_{n,2}=F_{n,2}(p_{n-1,1},p_{n-1,2},p_{n-1,3},\cdots,p_{n-1,k};t_{n,1},t_{n,2},t_{n,3},\cdots,t_{n,i}) \\ \vdots \\ p_{n,m}=F_{n,m}(p_{n-1,1},p_{n-1,2},p_{n-1,3},\cdots,p_{n-1,k};t_{n,1},t_{n,2},t_{n,3},\cdots,t_{n,i}) \end{cases} \tag{8.5}$$

上述风险传递过程中，各显性风险与隐性风险之间还存在着一定的相关性。本研究中肉牛养殖过程中的风险相关性是指在风险传递过程中，饲养用料或饲养操作中产生的既成危害（风险）在现有危害的基础上，存在一定的几率产生与既成危害相关的并发式风险，从而产生风险（危害）的叠加（增加或减少风险因子）并继续向后传递。

8.2 肉牛养殖数字化管理系统质量追溯模型设计

8.2.1 基于 RFID 的质量追溯数据采集模型

以在肉牛养殖过程实现数据采集自动化为研究目的，定义了养殖全过程的追溯单元与节点，基于 RFID 技术构建了养殖环节肉牛个体识别模型，保证了养殖过程肉牛养殖数据与肉牛个体的一一对应关系。

8.2.1.1 肉牛养殖环节质量追溯节点的优化

我国规模肉牛养殖场在肉牛养殖过程中，质量控制过程主要在以下三大环节实施：架子牛进场、架子牛饲养育肥和育肥成牛出栏。架子牛进场环节上，对架子牛入场时的健康状况、育肥潜力及其相关的免疫记录进行形式化审查，并对每批肉牛进行登记、入场前的饲养观察等。养殖环节是对肉牛质量安全影响最深远、质量风险最集中的牛肉生产环节。在这一环节中，驻场兽医参与饲养员和养殖场管理人员对架子牛育肥过程中（包括饲喂、免疫、消毒、治疗、转群等）的日常养殖工作，同时对此过程中包括饲料调配、饲料投喂、疾病诊断、治疗用药、消毒用药

和免疫用药等工作进行监督管理。育肥成牛出栏环节是对肉牛健康状况和休药期的审查环节,同时也是对肉牛养殖环节产生的饲养日志整理并形成肉牛质量追溯记录的环节。该环节是客户能否实现从源头上了解牛肉质量形成过程的关键。

这里,我们把我国肉牛养殖全过程的三个大环节中各项工作内容(如饲喂、免疫、消毒、治疗、转群等)定义成追溯节点,肉牛、药品和饲料等节点上的实体为单元,则可发现追溯单元是构成追溯节点的基础单位,每个追溯节点上都存在着许多动态状态的追溯单元,它们通过按照一定的时间顺序进行分解与合成的运动促进着肉牛的育肥过程向前发展。

调研发现,国内多数肉牛养殖场把肉牛批次作为质量监控单位,这种肉牛养殖管理精度在一定程度上缩小了肉牛危害发生后对危害源头的追踪范围,但对于减小企业经营风险和增加追踪精度上还不能达到最优的管理效果。因此要实现快速有效的质量风险管理与质量安全追溯,就必须将养殖过程划分为若干个可监控的质量关键节点,在此基础上对肉牛养殖过程实施以架子牛个体识别系统为核心的养殖过程追溯单元化管理。基于此,本研究对我国当前的肉牛养殖过程进行了优化。

C. Dupuy 等人(2005)对追溯单元的优化主要通过以下几个步骤完成。

(1) 原生产系统的实体标识。该标识同生产批次的编号有实质性的区别,一个生产批次可能包含多个追溯单元,同时,一个追溯单元也可能包含在多个生产批次中。

(2) 原生产链图形化描述。标识好生产系统的实体后,需要对生产链进行图形化描述,一般用树结构描述,树的节点表示追溯单元,连接父单元和子单元。

(3) 追溯单元的分解(合成)率确定。追溯单元的分解是一个父单元分解为 2 个或以上的子单元,追溯单元的合并是一个或多个父单元合成为一个子单元。生产系统中可以根据情况确定最大分解(合成)率、最小分解(合成)率、平均分解(合成)率。平均分解(合成)率标明生产链的总体分布情况,最大分解(合成)率保证可追溯系统的可靠精度,相对于最大分解(合成)率,最小分解(合成)率主要用来估计追溯精度。

以图 8.5 为例,假设 A 单元分解为 4 个 B 单元,同时,B 单元来源于 3 个 A 单元,则标注为 3 个 A 单元演变成 4 个 B 单元。

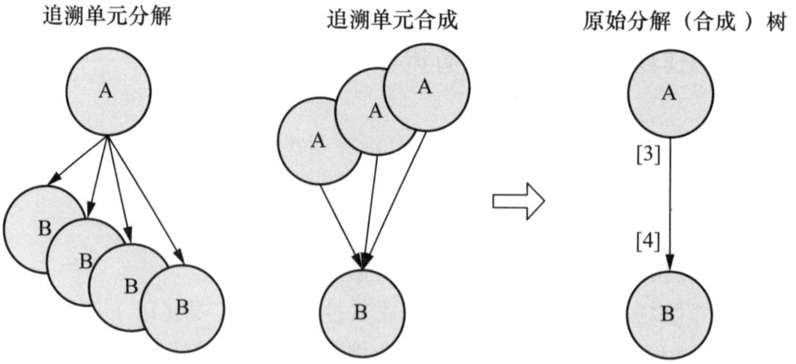

图 8.5 追溯单元的分解与合成

(4) 原生产系统的可追溯性分析。根据前面 3 步的描述,该生产系统可以在一定程度上实现生产过程的追溯,根据标注分解率与合成率的精确程度,实现追溯的精确程度。

(5) 分解(合成)树分析。建立"优化过程区",如图 8.6 所示,对每个追溯单元进行分析,试图以最小的分解率与合成率为基础,优化分解(合成)树。

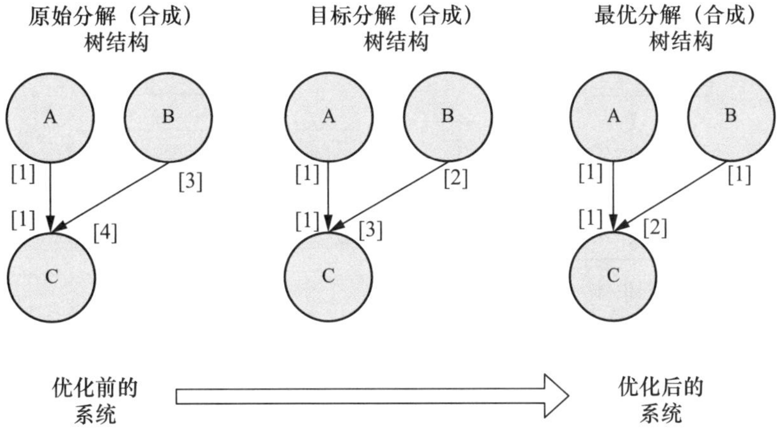

图 8.6 追溯树优化过程

(6) 养殖过程的改进和优化。根据第(5)步的优化结果改进肉牛育肥养殖过程,定义追溯记录,选择合适的追溯单元的识别方式,定义追溯数据库,实施可追溯系统。

根据 C. Dupuy 等人的可追溯系统优化的方法,本研究对我国多数肉牛养殖场在肉牛养殖过程的追溯单元进行了相应的优化。优化过程中,着重提升了对架子牛个体的识别能力,以增强对养殖过程的风险识别与控制的能力和质量问题与肉牛个体的对应关系。

图 8.7 是优化后的肉牛规模养殖场养殖流程。系统优化前,养殖场在肉牛进场时,以批次为单位对架子牛进行相关的检验与管理(存档),给肉牛分配的识别号也不是固定不变的。因此经过长时间的养殖后,根本无法做到对每头肉牛的准确情况有详细的记录与掌握。当肉牛出现质量问题时,养殖场只能依靠批次为单位来查找出现质量问题的肉牛之前的养殖时点上的生长及其健康状况。图 8.7 对养殖工艺的前、后两个环节进行优化后,通过给每头肉牛分配唯一的编号,即可为其建立个体档案,从而实现精确到肉牛个体的质量追溯要求。

可以发现,养殖流程经过以上优化处理后,既增加了肉牛养殖过程中的管理精度,又减少了因信息混乱、标识不清而引起的肉牛养殖(育肥)过程信息传递中出现断层的可能。

8.2.1.2 追溯单元的识别与数据采集模型

追溯单元作为可追溯系统中具有唯一特征的实体,可以是一个集合体,也可以是一个非集合体,集合体追溯单元不保留原始实体任何标识信息,非集合体追溯单元在可追溯系统中保留原始实体的识别信息。

肉牛养殖的时间跨度较长,为了实现质量可追溯,每一个可追溯单元应是唯一的,也就是指每个 TRU 都是不同的、不等价的,在追溯过程中,每个 TRU 都具有不同的特征属性。在连续的投入品处理过程中,每个 TRU 的定义有所不同。TRU 可能由投入品或饲养育肥过程中的环境变量所决定,依据不同的活动与环境变量生成不同的 TRU。本研究设计了以架子牛个体为核心的肉牛养殖过程的 TRU 体系(如表 8.17 所示),并应用 RFID 技术对每个追溯单元实现自动识别。

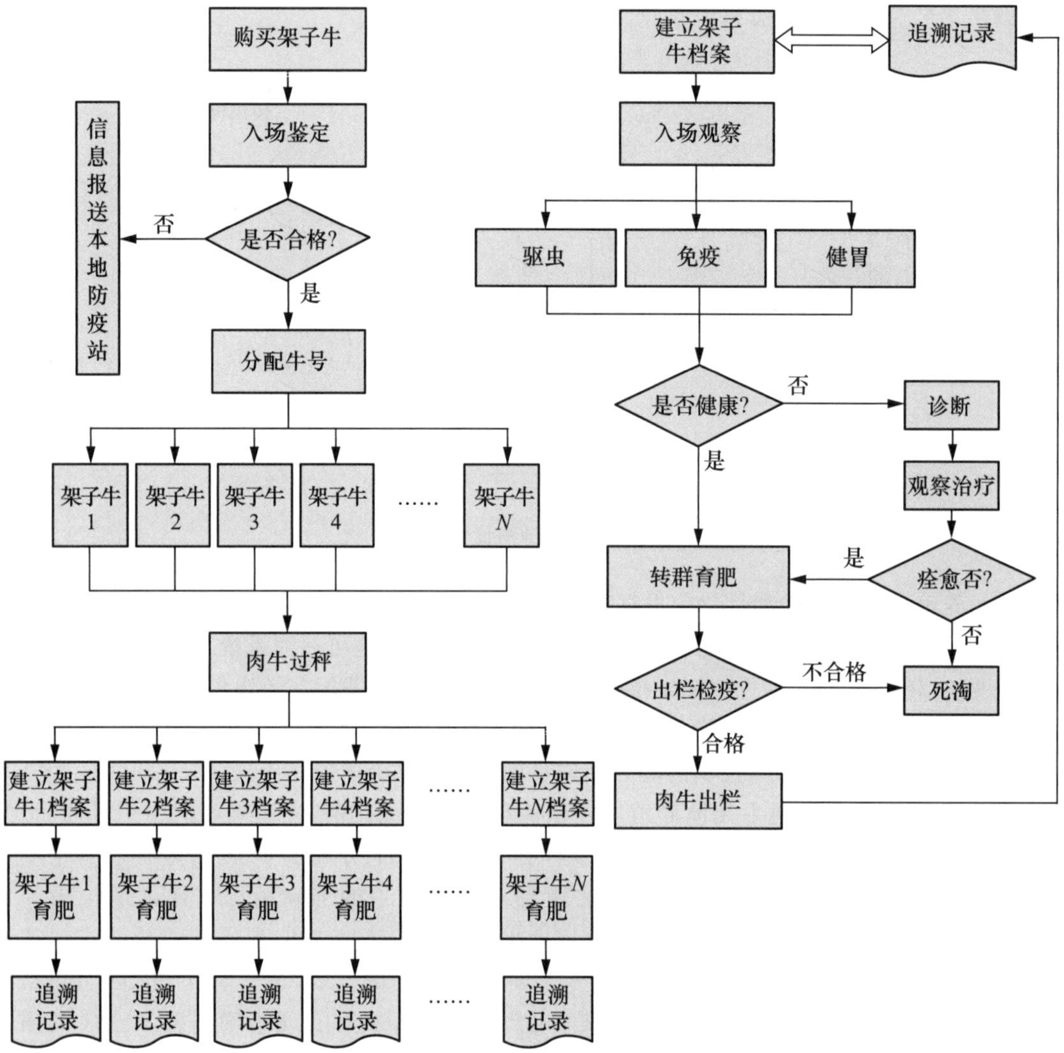

图 8.7　肉牛养殖流程优化和架子牛育肥流程

注:右图为架子牛育肥环节的详细流程

表 8.17　肉牛养殖过程的追溯单元体系

追溯单元	追溯精度	信息获取
架子牛	头	肉牛入场前及育肥过程中的动态健康信息
饲料	批	品质与数量
饲料添加剂	批	品质、数量与使用说明
兽药	剂	品质、数量与使用说明
消毒药品	批	品质、数量与使用说明
免疫药品	剂	品质、数量与使用说明
养殖场人员(包括兽医、饲养员、管理员)	人	饲养方法与养殖环节操作信息

本研究应用集中式管理的RFID跟踪与可追溯系统，建立了如图8.8所示的肉牛养殖过程追溯单元识别与数据采集模型，实现对各追溯单元数据的自动识别与准确采集。

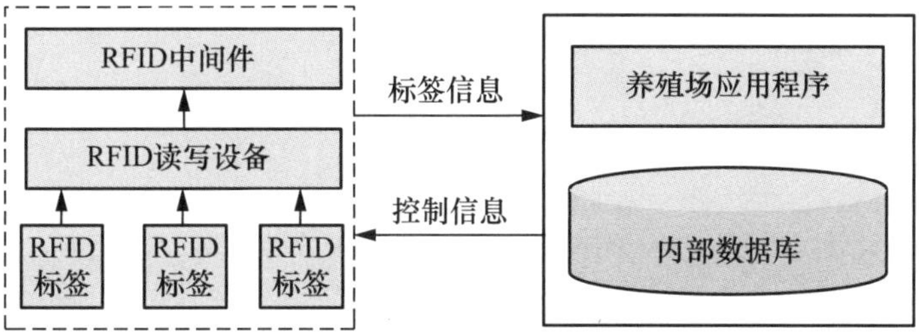

图8.8 肉牛养殖过程追溯单元识别与数据采集模型

这里需要说明的是，以上数据采集模型对各追溯单元的信息监控主要通过以下几个方面来完成：①记录追溯单元的来源、当前的质量状态和数量（如果可计算的话）；②完成追溯单元标识信息的动态变更以及与主程序的数据交换。

通过应用RFID技术，系统能够比较精确地获得在肉牛养殖过程中所使用的投入品的相关信息（尤其是投入品的质量信息）以及特定养殖环节上饲养人员的操作质量，从而在危害出现之前能够对其潜在风险作出比较准确的定位判断，即质量跟踪；而如果危害已经形成，则是通过RFID在饲养过程上寻找造成危害的可能环节，即质量溯源。

8.2.1.3 **数据采集模型实证**

在数据采集模型的基础上，使用C# 2.0编程语言在Visual Studio 2005开发平台上编写了基于C/S架构的Demo程序，并封装成控件的形式在B/S结构下进行了测试。见图8.9至图8.11。

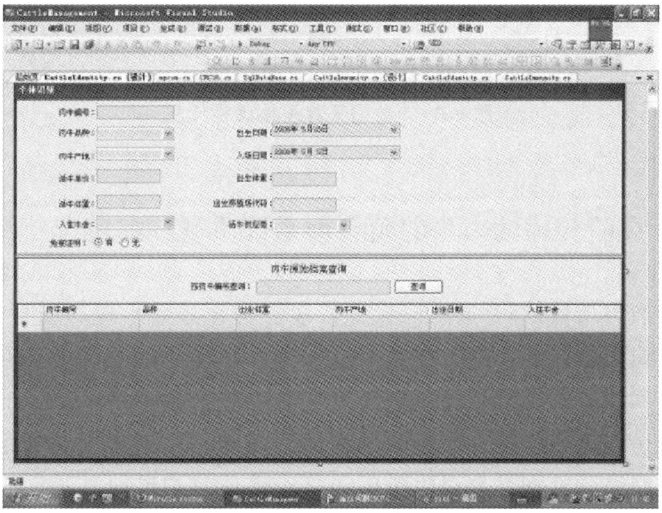

图8.9 数据采集模型Demo程序开发环境

实证结果表明，基于RFID的质量追溯数据采集模型在实际应用中可以实现，硬件设备能够有效地与演示数据库进行数据交互。

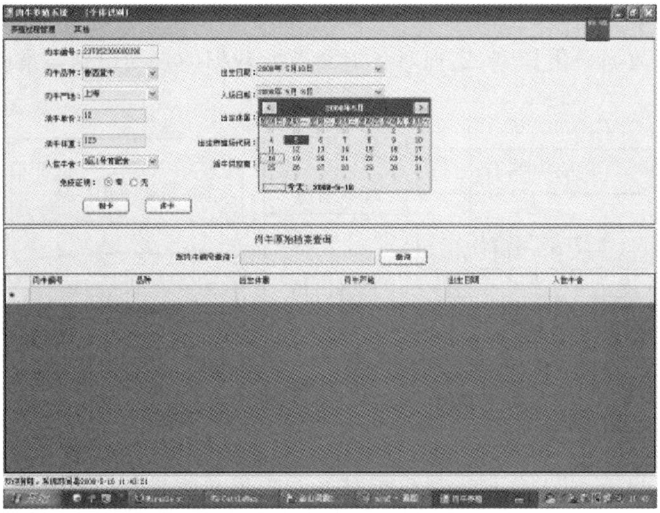

图 8.10　数据采集模型 Demo 程序演示

图 8.11　数据采集模块硬件设备

8.2.2　基于风险传播的肉牛养殖管理系统质量跟踪模型

根据养殖过程肉牛质量风险的特征(向下传递性与积累性),提出质量风险传播模型对肉牛养殖过程质量影响因素的活动进行模拟,并以肉牛体内药物残留危害为例,对模型进行了实证研究。风险传播网络主要用于描述质量风险在养殖过程各追溯节点间的游走情况、追溯节点上各追溯单元的访问关系结构和质量风险的运动规则。模型实现质量跟踪控制的思路是:通过研究风险传播网络计算网络总风险值以测算养殖环节的风险水平,在风险水平过高的情况下通过消除风险传播路径实现质量控制。

8.2.2.1　基于风险传播网络的质量跟踪模型

把肉牛养殖全过程看作一个网络,则肉牛养殖过程的自然流程可以切分为若干个风险传播网络节点(各饲养工艺环节),网络节点上的人员、架子牛、饲料和药品等称为网络节点上的主体，而对网络节点 n 及其上的主体 s 构成的数对 (n,s)，我们将其定义为节点 n 上的一个单元，记为 C_{ns}。

当一个风险因子在饲养节点 A 上形成之后，利用 A 上单元 C_{Ai} 和节点 B 上单元 C_{Bj} 之间的业务关联，在节点 B 上有形成新的风险因子的可能，我们就把这种可被利用的业务关联称为单元 C_{Ai} 到 C_{Bj} 的饲养流程节点关联，记为 $NNC_{Ai:Bj}$，在不混淆的情况下，亦可简写为节点 A 到 B 的一个 NNC_{AB}。我们用一个有序六元组 $<A,i,B,j,P,W>$ 来描述 $NNC_{Ai:Bj}$ 的风险信息，其中：i、j 分别为节点 A、B 上的主体；P 表示利用该 NNC 进行风险传播的成功的概率，$P\in[0,1]$；W 表示一个单元对另一个单元的影响程度，$W\in[0,+\infty)$。在此，需要说明两点：①这里所指的业务关联是肉牛饲养过程中互相关联的业务；②属性 P 和 W 的量化标准应取决于具体的实践经验、历史数据及主观期望等。

为了便于在风险活动路径的基础上讨论各单元之间的关系，我们进行如下定义：

(1) 把有向边的起始单元称为终止单元的父亲；相反，称终止单元为儿子。进一步地，把满足以下任一条件的单元称为单元 C 的祖先：①单元 C 的父亲是 C 的祖先；②单元 C 父亲的祖先是 C 的祖先。同理也可以定义子孙。

(2) 假设风险活动路径中存在 3 个节点 A、B、C，两个有向边 $e(Ai,Bj)$ 和 $e(Bj,Ck)$，且节点 A 存在弱点。从风险形成的角度看，风险受体可以利用弱点在节点 A 上形成风险，进而利用 $e(Ai,Bj)$ 对节点 B 进行传播，依此类推，在节点 B 形成风险后利用 $e(Bj,Ck)$ 再传播给节点 C。因此，我们称风险具有可传播性，风险转移、形成的这一过程称为风险传播。

(3) 把具有弱点的单元称为风险源，具有不同弱点的同一单元，可以被看作是不同的风险源；而整个养殖过程中的有向边称为风险传播途径。控制风险的有效方法就是按照最优成本效应适当消除风险源或风险传播途径。

根据以上描述与定义，我们把一个能够表述养殖过程肉牛质量风险状况的风险活动路径称为风险网络，定义为 $D=(N,E)$。其中，N 是带有风险信息的各活动路径节点的集合，$N=\{N_i|F,R,S\}$。N_i 是活动路径节点，N_i 的风险属性由 F、R、S 来描述。F 表示 N_i 在养殖全过程投入品的使用频率，包括精饲料、粗饲料、饲料添加剂、兽药、疫苗和消毒药品等；R 用于存放 N_i 的总风险，$F,R\in[0,+\infty)$；S 是 N_i 上受风险威胁主体的集合，$S=\{S_i|P,R,V\}$。S_i 表示节点上的主体，S_i 的风险属性由 P、R、V 来描述。P 用于存储 S_i 存在风险的概率，$P\in[0,1]$；R 用于存储 S_i 的风险，$R\in[0,+\infty)$；V 是危及 S_i 安全的弱点集合，$V=\{V_i|P,W,R\}$，其中，V_i 表示弱点，V_i 的风险属性由 P、W、R 来描述。P 是弱点被风险感染的概率，$P\in[0,1]$；W 是弱点对肉牛质量安全的影响，$W\in[0,+\infty)$；R 是弱点本身所带的风险，通常将 P 与 W 的乘积作为风险 R，即 $R=P\cdot W$。

一个单元的风险由多种因素共同造成，按风险来源的不同可分为内部风险和外界风险两类，我们将其分别表示为 R_i 和 R_o。内部风险通常是由单元自身的弱点所引起的，一个单元 C_{Aj} 的总的内部风险 R_{ij}^{A} 是由一系列的内部风险 $R_{ij1}^{A}\sim R_{ijn}^{A}$ 所构成，其中 $R_{ij1}^{A}=A.j.i.R$，表示单元 C_{Aj} 的弱点 i 所带来的风险。而外界风险是由相邻节点所属单元的风险传播而来，单元 C_{Aj} 的总的外界风险 R_{oj}^{A} 是由一系列的外界风险 $R_{oj1}^{A}\sim R_{ojn}^{A}$ 所构成，其中风险 R_{oji}^{A} 是来自于单元 C_{Bk} 的风险通过 $e(Bk,Aj)$ 传递而来，则 $R_{oji}^{A}=B.k.P\cdot e(Bk,Aj).P\cdot e(Bk,Aj).W$。

基于风险网络的概念，最后我们给出风险传播模型的定义。风险传播模型可简单作如下描述：$M=(D,A)$，其中：D 表示风险活动路径；A 表示传播算法集合，A 中的每个元素都是相互独立的算法，它们描述了风险源将其风险沿着传播途径扩散到网络中的过程。在模型 M 中，网络 D 用于存储网络信息系统的风险状态，而每种传播算法体现了风险的运动规则，改变了网络 D 的风险状态。

8.2.2.2 **模型实证研究**

由于风险网络 D 中可能存在有向回路，所以必须面临风险循环传播的问题，即一个单元可能将自身内部风险或已有的外界风险传播给自己。为了解决这一问题，采用还原论(reductionism)与整体论(holism)相结合的方法。根据还原论的思想我们可知：由若干风险源共同作用所形成的各互联单元的总风险，是各个风险源分别单独作用时互联单元风险的综合体现。因此，首先依次将每个风险源单独作用时的风险传播给所有可达节点。在传播过程中，并不将这些风险综合起来计算(因为在是否传给儿子单元时，无法得知综合后风险结果中是否存在来自于儿子单元的风险成分)，而是要求每个单元分别保存其自身风险以及每个风险源通过有向边传递而来的风险。这样，就可以根据风险源来决策是否传给儿子单元，从而去除自身循环风险，然后应用整体论思想，根据各类风险的概率分布情况计算每个单元发生危险的联合概率及其综合风险，进一步地，通过对节点上所有单元风险的累加，我们可以计算出节点上的综合风险。同理，可以获得整个网络的综合风险。将上述基于还原论和整体论思想的精确传播算法记为 RH 算法。

以药物残留风险测算为例，RH 算法的具体实施如下。

输入：风险网络 $D=(N,E)$；

弱点集合 $V=\{n.s.v_i \mid n.s.v_i$ 表示单元 C_{ns} 的弱点 $V_i, n\in N, s\in n.S\}$。

输出：D 和养殖过程质量总风险 $R(D)$。

(1) 初始化：单元集合 $Q=\varnothing$；对所有 $n\in N, s\in n.S, n,R=0, n.s.P=0, n.s.R=0, n.s.\ PS=\varnothing$。

(2) while($v\neq\varnothing$)

{

(3) 取(移)出一个弱点 $m.i.v_j\in V$，将字符串"$m.i.v_j.P$"移入 $m.i.PS$，将 C_{mi} 移入 Q。

(4) 调用独立传播子算法 $RH_1(C_{mi},"m.i.v_j.P",Q)$。

(5) 从 Q 中删除 C_{mi}。

}

(6) 对所有 $n\in N, s\in n.S$，调用综合风险子算法 $RH_2(C_{ns}, n.s.PS)$，并计算 $n.R=\sum_{s\in n.S} n.s.R(D)=\sum_{n\in N} n.R\cdot n.F$。

(7) 返回 D 和 $R(D)$。

RH 算法主要由初始化(第 1 步)、风险独立传播(第 2～5 步)和综合风险(第 6 步)3 个部分构成。为了存储概率乘积算式的字符串，我们为 D 中的每个单元增加一个临时属性——集合 PS，每次传播给该单元的概率乘积算式字符串将被保存为集合 PS 的一个元素，而不必计算出它们具体的数值。此外，集合 Q 按风险传播顺序记录了有向路径上经过的所有单元。

子算法 RH_1 的具体实施如下。

输入：单元 C_{mi}，字符串 $Pstr$，单元集合 Q。

输出：空。

(1) 对所有有向边 $e(mi,nj) \in E$,

{

(2) 如果 $C_{nj}=Q$,则取下一个;

(3) 否则,将字符串"$Pstr * e(mi,nj).P$"移入 $n.j.PS$,将 C_{nj} 移入 Q;

(4) 递归调用 $RH_1(C_{nj}$,"$Pstr * e(mi,nj).P$",$Q)$;

(5) 从 Q 中删除 C_{nj}。

}

独立传播子算法 RH_1 在风险源单独作用的情况下,以单元 C_{mi} 为祖先,将概率乘积算式的字符串 $Pstr$ 按深度优先遍历顺序递归地传播给子孙单元。这里,我们利用集合 Q 中的信息来避免因自身风险(内部风险或已有的外界风险)循环传播给自己而误增加风险值,即如果发现要传播的下一个单元在 Q 中(如第 2 行),说明出现了循环,则终止传播。

子算法 RH_2 的具体实施如下。

输入:单元 C_{ns},集合 PS。

输出:PS 的字符串形式的联合概率值。

(1) while(PS 中存在具有公共右因子的元素)

{

(2) 取出一组元素 $Pleft_i * e(ai,bj).P \in PS$,其中 $Pleft_i$ 为元素中除公共右因子以外的左部分字符串;

(3) 将字符串"$RH_2(0,\{Pleft_i\}) * e(ai,bj).P$"移入 PS;

(4) 计算联合概率 $P = 1 - \prod_{i=1}^{|PS|}(1 - number(Pstr_i)), Pstr_i \in PS$;

(5) 如果 $C_{ns} \neq 0$,则

$$n.s.R = \sum_{i=1}^{|PS|}\left\{\begin{array}{ll} number(Pstr_i) * e(vw,xy).W, & \text{如果 } Pstr_i \text{ 的最右因子是有向边,} \\ & \text{则设为 } e(vw,xy).P \\ n.s.v_i.R, & \text{否则设 } Pstr_i = \text{“}n.s.v_i.P\text{”} \end{array}\right\},$$

$n.s.P = P$;

(6) 返回 $string(P)$。

}

综合风险子算法 RH_2 根据集合 PS 计算出单元 C_{ns} 的联合概率 $n.s.P$ 以及综合风险 $n.s.R$。由前文可知,单元 C_{ns} 的风险可以由内部风险和外界风险构成,对外界风险而言,我们需要考虑单元的有向边的概率,它等于自身概率与其父亲单元联合概率的乘积。然而,在风险传播过程中,不同祖先单元的风险独立传播到父亲单元时并没有计算出具体的联合概率值,而是以不同的概率乘积式字符串与有向边自身概率字符串的乘积形式,保存为集合 PS 中不同的元素,所以,我们需要通过提取公共右因子的方法计算父亲及至祖先单元的联合概率。于是,考察集合 PS 中的每个元素,如果存在公共右因子,则提取公共右因子使得父亲节点各风险的概率汇集到一个新的集合中,递归这一过程,直到新集合中不存在任何公共右因子(第1~3行);如果不存在公共右因子,则对集合中的每个元素应用概率公式计算出该集合的联合概率(第 4 行)或单元的联合概率及综合风险(第 5 行)。算法中符号 $string()$和 $number()$分别表示转换成字符串形式和数字形式。

理论上讲，规模化肉牛养殖场内架子牛育肥过程需要经过4次转群养殖的过程：入场观察、成牛出栏、治疗饲养和饲养育肥。把肉牛养殖过程所用药品按功能大类分为营养保健用药和疾病治疗用药两种。分别对节点和主体进行编号，用1～4分别代表节点A～D（A：入场观察；B：饲养育肥；C：治疗饲养；D：成牛出栏），1～2代表主体营养保健用药和疾病治疗用药。根据风险传播模型，这4个过程可抽象为一个风险网络图，如图8.12所示。

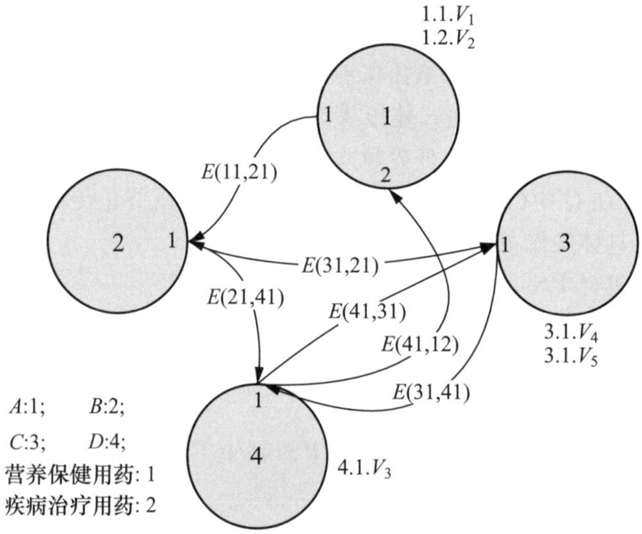

图 8.12　养殖过程药品风险网络图

实际养殖过程中，风险利用每个弱点或有向边对其他单元感染的难易程度是不同的，所以概率也不尽相同。但由于系统试点单位对于养殖过程风险评估尚无可循之先例，故未能得到较精确的弱点受风险感染的概率、有向边受风险感染的概率和单元危害性等数据。这里我们假设所有弱点和有向边受风险感染的概率相等、危害性相等，并且节点上主体的应用频率也相等：$V_i.P=E_j.P=0.8$，$V_i.W=E_j.W=1(i=1\sim5, j=1\sim6)$，$n.F=1(n=1\sim4)$。将此风险网络输入给RH算法，可以计算出该药品使用环节风险网络的总风险值为8.32。

实证结果表明，经过对风险传播路径乃至整个网络的研究，可以精确地跟踪识别网络节点上的风险状况，并以此为基础计算整个网络的总风险值。

8.2.3　基于WF-NET的肉牛养殖质量溯源模型

8.2.3.1　工作流技术与扩展Petri网的特点分析

在本书所研究的肉牛养殖过程中，工作流管理系统将肉牛养殖过程中产生的所有指标数据与操作数据通过不同的组织结构存储于特定数据仓库中，这些数据包括业务过程的各种性能指标、组织的企业数据及其信息系统的路线图等。这类仓库的优点是为实现质量的跟踪与溯源提供了强大的控制与查询平台，通过它可以全面分析组织管理中的关联性与各养殖环节上产生的风险状态。

在实际应用中，Petri网能较好地映射工作流。为了定义出工作流中的4种基本路由（顺序路由、并行路由、选择路由、循环路由)，扩展的 Petri 网构造了一些结构化的组件与之对应：串行组件、并行组件(包括“与分支”和“与合并”)、条件选择组件(包括“或分支”和“或合并”)和循环组件。

8.2.3.2 **基于扩展 Petri 网的肉牛养殖工作流模型**

工作流逻辑网只关心任务间的依赖关系，包括因果依赖和规章依赖，不关心任务的具体操作内容，包括隐性内容和显性内容。工作流逻辑网中不含循环结构，因为对于工作流逻辑网而言，每个任务的状态只有就绪与否或完成没有。对每个案例而言，一个任务至多被执行一次就已经完成，状态不再改变。只有把任务的状态细化，将“已完成”分成“合格”和“不合格”两个子状态，才可能要求不合格的任务重做一次。合格与否涉及操作内容，特别是隐性内容，一般要由人判断隐性内容是否合格，给出显性结论。循环或重做应该在工作流管理的实现阶段由引擎根据显性内容来调度。

图 8.13 为我国肉牛养殖场架子牛育肥过程的工作流逻辑网。

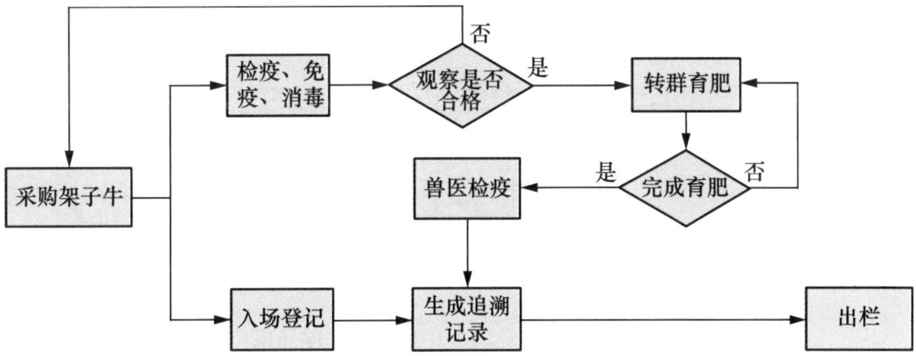

图 8.13 我国肉牛养殖场架子牛育肥过程工作流逻辑网

上述工作流描述的是肉牛进入养殖场育肥的过程。例子中的方框表示育肥养殖过程中的任务，它们对应于工作流中的活动。方框之间的连接弧表示各个任务之间的关联。有很多方法可以用来进行工作流模型的定义与描述。

为了降低建模复杂度，提高模型的可读性和重用性，本研究采用了面向对象 Petri 网的工作流模型对工作流进行抽象表示。之所以选择 Petri 网建立工作流模型，是因为工作流的最终目标是确保适当的作业在适当的时机由适当的人来完成。Petri 网是一个图形化的数学建模工具。一方面它可以用图形化方式来描述工作流，另一方面它的形式化分析技术可用于检查工作流的正确性，甚至进行性能分析。①Petri 网描述的工作流过程有着清楚、精确的含义；②Petri网是一个图形化的语言，易于学习，也易于与最终用户交流；③Petri 网支持工作流建模所需的所有原语；④Petri 网有着坚实的数学基础。

从 Petri 网的角度看，任务集构成变迁集。变迁有库所和流关系连接，通过令牌的流动体现顺序、并发和冲突(供选择)等关联。养殖场从架子牛引进到育肥成牛出栏的全过程工作主要是由兽医、管理员、饲养员这 3 个角色的工作人员来完成的。由此，工作流模型共涉及 3 个物理对象：兽医、管理员、饲养员，与之相对的对象子网系统也有 3 个：兽医职能类子网(O1)、管理员职能类子网(O2)、饲养员职能类子网(O3)。

图 8.14 是该业务流程的工作流模型。在工作流网中,库所对应过程中的条件,变迁对应过程中的可执行活动,库所中的令牌代表一个过程实例的状态。

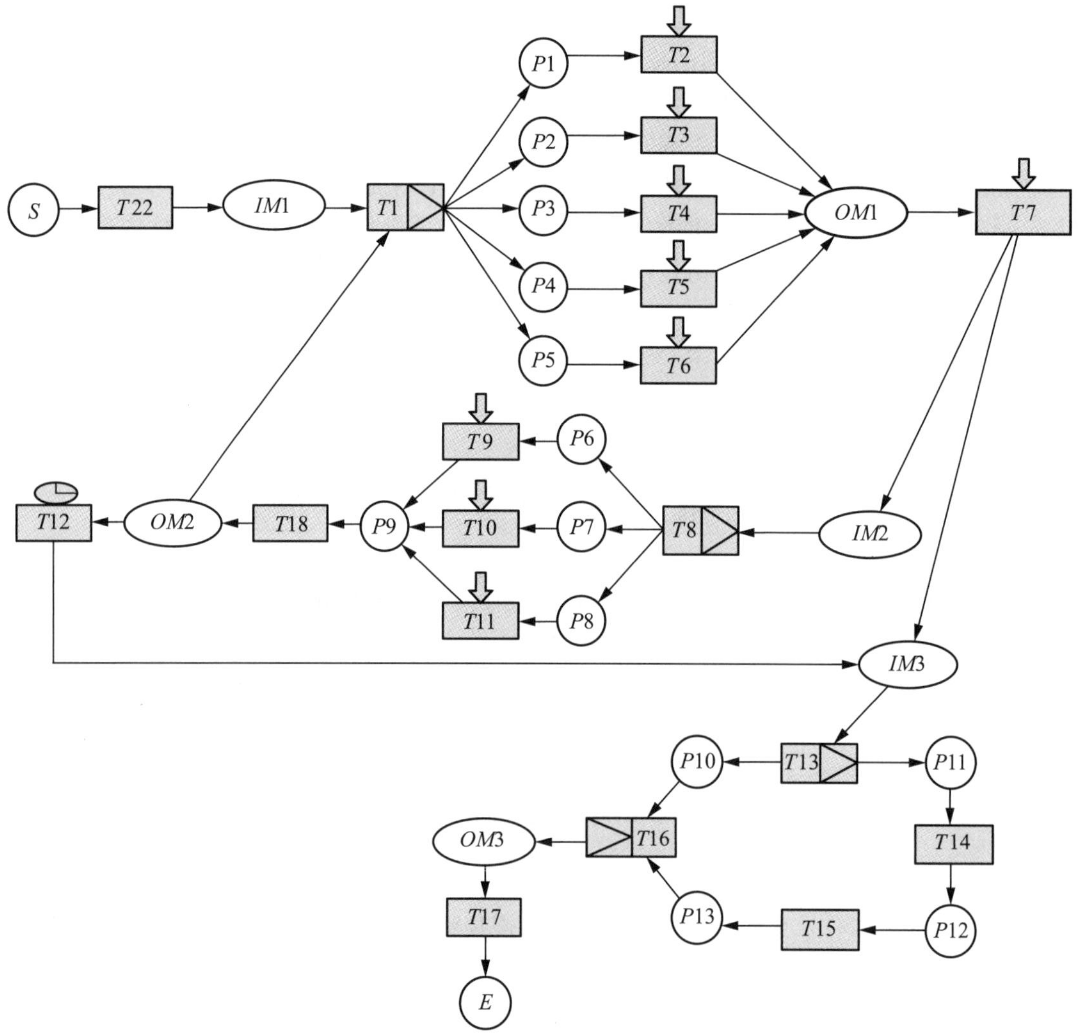

图 8.14　肉牛养殖工作流网

图中活动变迁的含义如下:消息缓冲库所 *IM*1 和 *OM*1 之间为兽医职能类子网(O1);消息缓冲库所 *IM*2 和 *OM*2 之间为饲养员职能类子网(O2);消息缓冲库所 *IM*3 和 *OM*3 之间为管理员职能类子网(O3)。*T*1:兽医审批肉牛入场;*T*2:兽医对肉牛进行检疫;*T*3:兽医对肉牛进行免疫;*T*4:兽医对肉牛及牛栏进行消毒;*T*5:兽医对肉牛进行健胃;*T*6:兽医对肉牛进行治疗;*T*7:兽医审批肉牛转群;*T*8:饲养员安排肉牛转群;*T*9:饲养员配制饲料;*T*10:饲养员饲养肉牛;*T*11:饲养员观察肉牛健康状态;*T*12:系统校验休药期限规定;*T*13:管理员登记肉牛信息;*T*14:管理员整理饲养记录;*T*15:管理员撰写饲养日志;*T*16:合成肉牛养殖档案;*T*17:生成肉牛养殖过程质量追溯数据。

8.2.3.3 **模型验证与实证**

以管理员职能类子网为例：将几个控制变迁与分支/合并、或分支及各种触发状态转化，最终形成经典 Petri 网，得到图 8.15。取顶库所 $P19$ 为第一个输出库所，可得溯源路径的最小割集{$P10$,$P18$}，{$P13$,$P12$,$P11$,$P18$}。

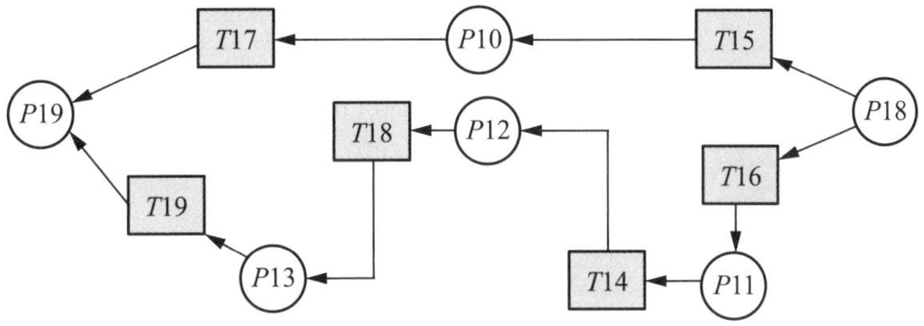

图 8.15 初步转化后的管理员职能类经典 Petri 网

同时，对涉及库所 $P11$、$P12$、$P13$ 的过程应用串行结构变迁的化简，对涉及库所 $P10$ 的过程应用串行结构变迁的化简，对库所 $P18$、$P19$ 的过程应用并行结构变迁的化简，得到图 8.16。

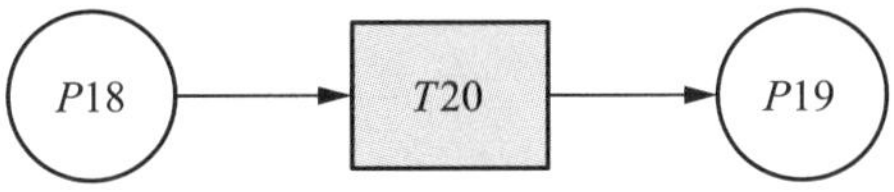

图 8.16 Petri 网的串行、并行结构化简

再对 $P18$、$P19$ 应用串行结构简化后，最终可以得到单一库所。由此可以判断管理员职能类子网的模型是正确的。之后，同样应用上述的方法，对其他 2 个对象子网进行化简，最终均得到单一库所。由此可判断该肉牛养殖过程模型的各对象子网模型是正确的。

根据上面的化简，将肉牛养殖过程模型化简成为如图 8.17 所示的模型，建立可达树如图 8.18 所示。

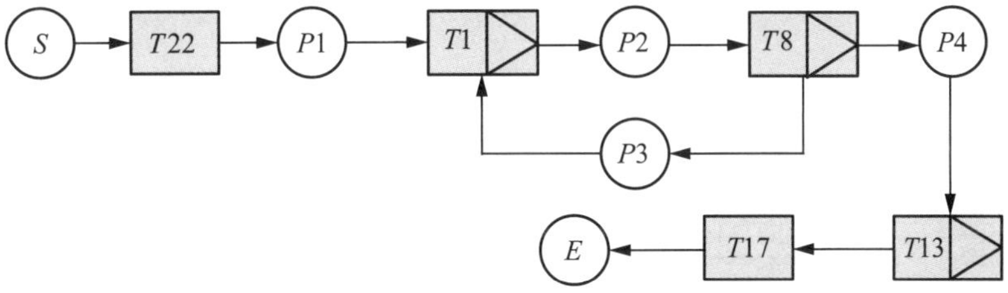

图 8.17 肉牛养殖流程模型

由养殖过程各对象子网化简网的可达树图可得到以下结论：①该 Petri 网中不存在死锁，因为所有的变迁均出现在可达树中；②该网有界，而且是安全的，因为位置标识中只包含 0 和 1 两类元素；③该 Petri 网能正常结束，而且在结束状态只在 E 库所中有令牌。

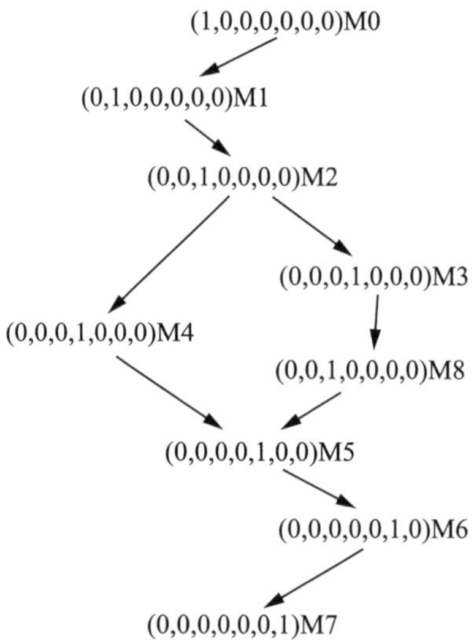

图 8.18　肉牛养殖流程的可达树

8.3　肉牛养殖数字化管理系统设计与实现

8.3.1　系统设计

8.3.1.1　系统结构与功能模块

本研究根据我国养殖场的业务流程，设计了如图 8.19 所示的肉牛养殖可追溯系统的总体框架。由图可知，养殖场在肉牛进场时，可通过该牛的基本养殖信息，为其制作方便识别与存储养殖信息的 RFID 耳标。其中，手持机是养殖场工作人员在日常的饲养工作中与肉牛、服务器进行数据交互的主要信息工具。图 8.20 是系统总体结构。

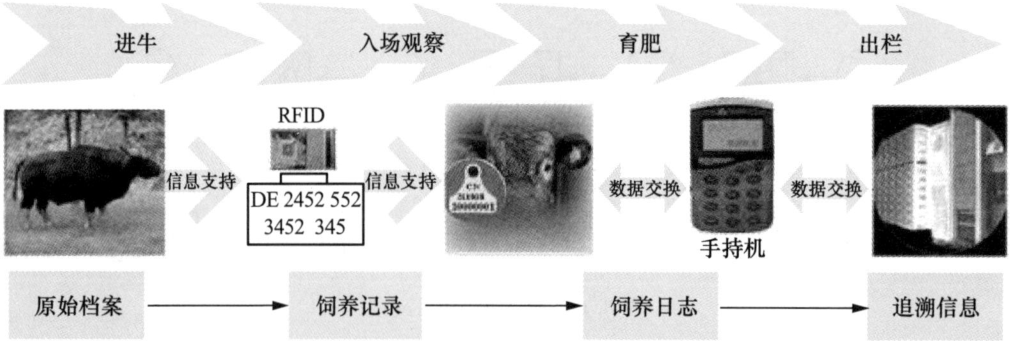

图 8.19　肉牛养殖数字化管理系统总体框架

信息系统的各个子系统可以看作系统总目标下层的功能，对其中每项功能还可能可以继续细分。从概念上讲，上层功能包括下层功能；愈上层功能愈笼统，愈下层功能愈具体。功能

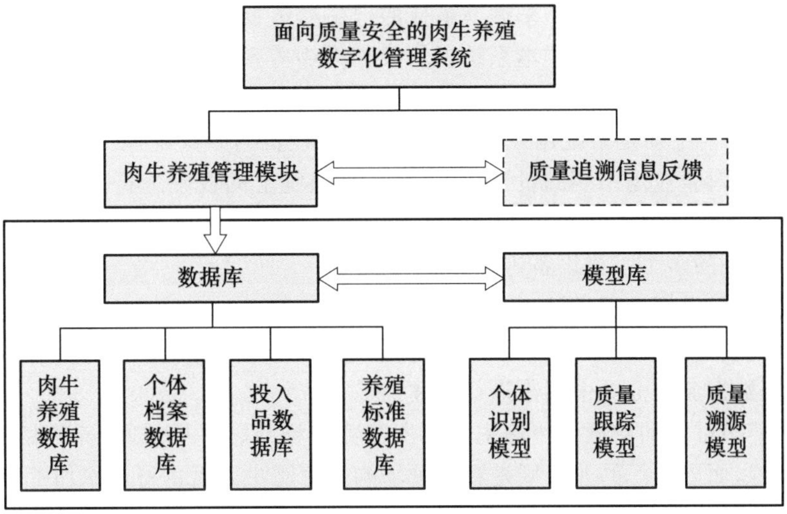

图 8.20 肉牛养殖数字化管理系统总体结构

分解就是一个由抽象到具体、由简单到复杂的过程。主要功能结构及业务逻辑如图 8.21 所示。

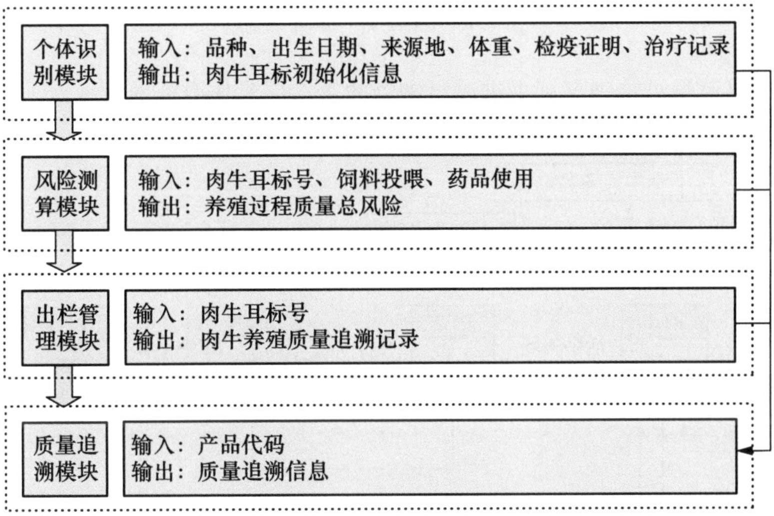

图 8.21 肉牛养殖数字化管理系统功能结构图

以风险测算模块为例，在实际系统实现过程中，该模块需要实现的功能表述如下：

(1) 肉牛养殖管理。根据肉牛养殖过程设计的肉牛养殖管理模块主要涉及饲料投喂、免疫消毒、肉牛转群、肉牛治疗、饲料管理、药品管理等 6 个业务处理功能，以分别实现对肉牛养殖过程各个环节及饲料、药品的出入库档案记录和数字化管理。

(2) 养殖场管理。养殖场管理模块集成了 ERP 系统思想，在肉牛进出栏管理中起着巨大的作用，分别通过员工管理、牛舍管理、肉牛档案、采购管理、订单管理、成本核算等 6 个功能模块来实现。通过本系统模块，养殖企业可以清楚地了解所有在栏肉牛的生长情况以及肉牛市场的供需状况，从而根据市场供需来调节最佳的肉牛养殖数量和育肥牛的出栏时间。同时，在育肥牛出栏时，养殖企业能够通过本系统模块根据肉牛养殖管理模块中产生的饲养记录而自动生成的肉牛个体档案，为客户提供符合出口要求的肉牛饲养追溯档案。

（3）系统管理。主要是系统用户权限管理和外挂设备的参数设置。系统用户的权限管理的设计思想是：针对企业内不同的员工角色，对其在系统上的权限进行不同的分配，这样能够很好地保证企业信息安全的管理。而对于外挂设备参数设置的功能，主要是实现对肉牛养殖管理过程中所用到的多个手持设备进行的有效管理。

8.3.1.2 **系统数据流程设计**

根据我国肉牛养殖流程及本系统设计的功能结构，设计了系统内部数据传输的传输流程。为方便阅读，把数据流程分 3 个层次进行描述。

一般肉牛养殖过程的数据流传输主要发生在养殖场与屠宰场之间，养殖场的主要业务有进牛、养牛、卖牛，而屠宰厂的业务则是在养殖场购入育肥牛之后进行屠宰加工，两个实体之间的数据流通主要通过 P1 进行处理(图 8.22)。

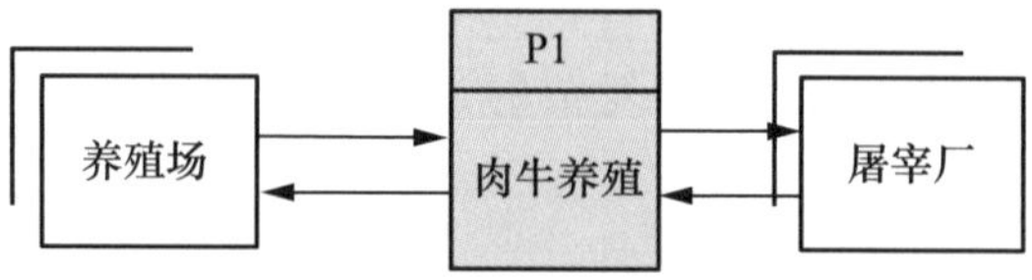

图 8.22 系统第一层数据流

图 8.23 为养殖场进牛到育肥牛进入屠宰场的第二层具体数据流程。

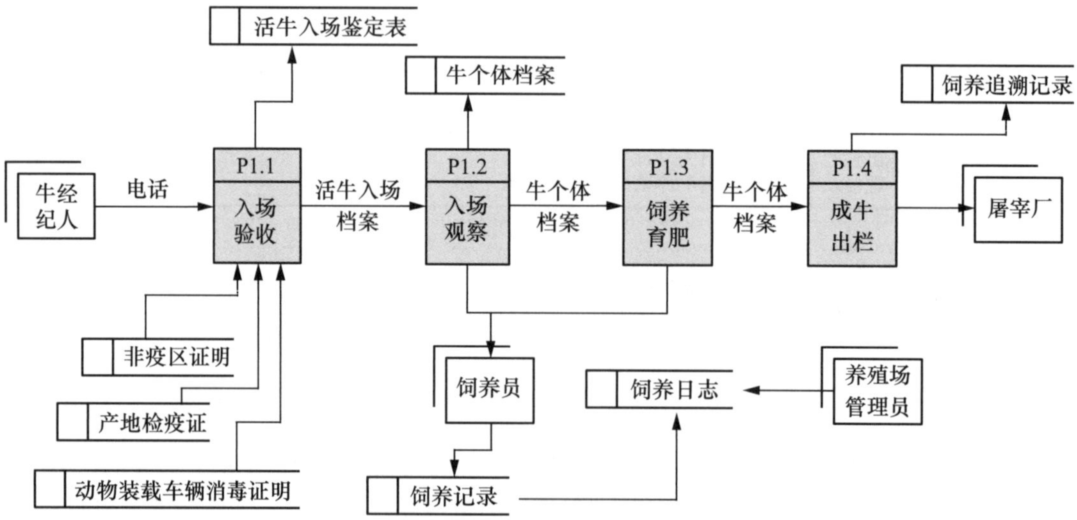

图 8.23 系统第二层数据流

从图中的业务处理模块可以看出，在养殖场内，一头架子牛到成牛出栏大致需要经过新进牛的入场验收(P1.1)、入场观察(P1.2)、饲养育肥(P1.3)、成牛出栏(P1.4)4 个数据处理环节，4 个处理过程中具体的数据流向，可由第三层数据流程图来表示。图 8.24 为入场验收过程中的基本数据流。

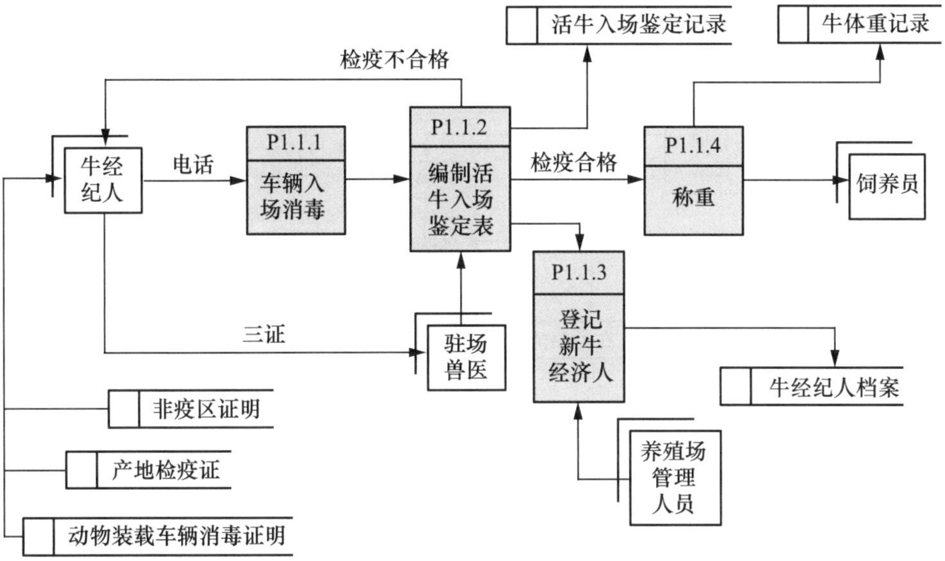

图 8.24 肉牛入场验收过程中的基本数据流

把新进架子牛的暂养观察与暂养合格后的育肥过程合并为一个养殖数据处理方法，具体数据流程如图 8.25 所示。由图 8.25 可知，驻场兽医在肉牛养殖过程中既是具体工作的实施者，更是养殖环节肉牛质量控制的监督者：按照规定对牛进行免疫、消毒；对病牛做出康复治疗或是死淘的决定，并实施之；监督饲养员与养殖场管理员所承担的日常饲养工作。

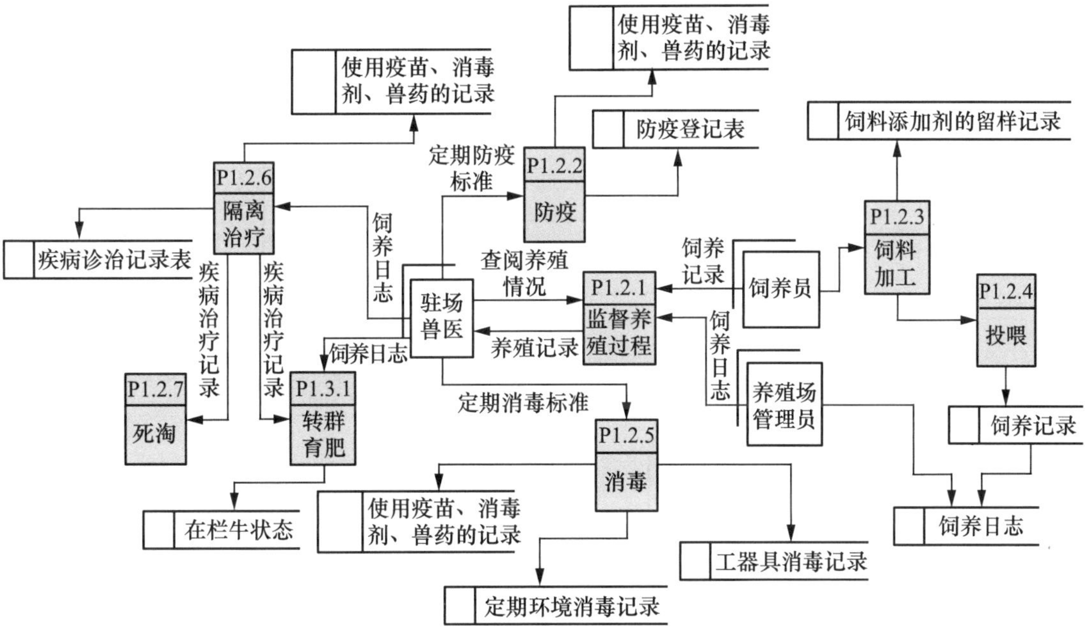

图 8.25 肉牛养殖过程基本数据流

图 8.26 为肉牛出栏环节的数据流程。

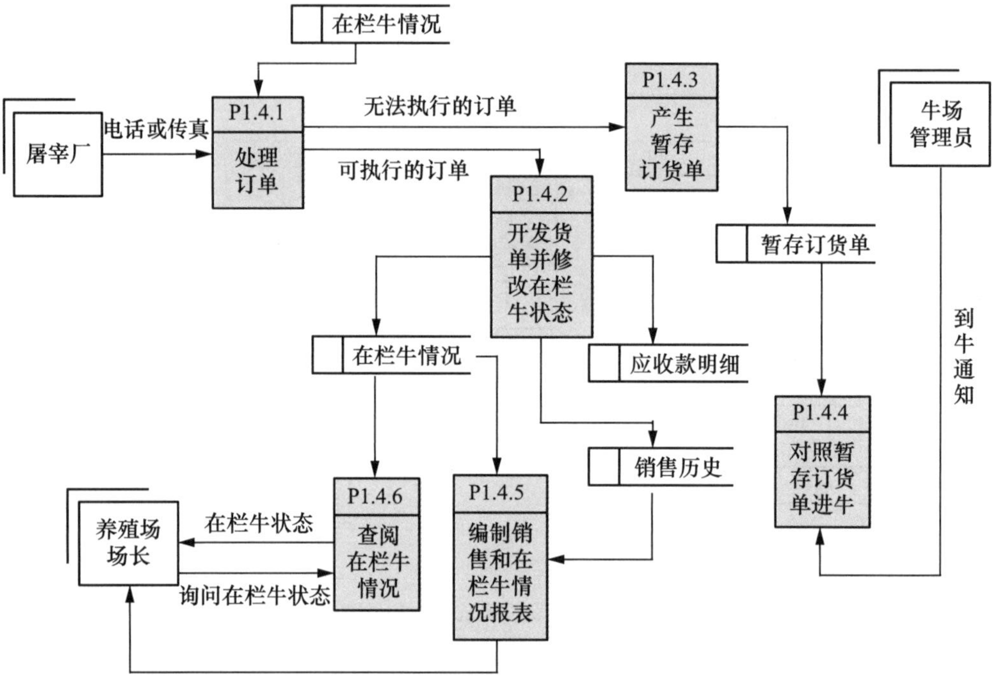

图 8.26 肉牛出栏过程数据流

8.3.1.3 **数据库设计**

良好的数字化管理系统离不开高质量的数据库,而要实现肉牛养殖质量可追溯,饲养期的源头信息获取是建立数据库对象的重要支撑。本系统采用目前应用比较广泛的关系型数据库,通过建立实体与实体之间的联系,即建立 E-R 模型。本文应用 Er-win 软件建立肉牛养殖数字化管理系统数据库的概念模型和物理模型。图 8.27 为系统主要数据库之间的关系。

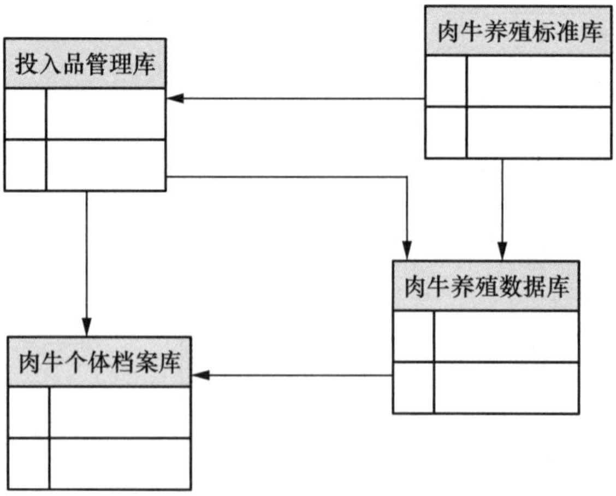

图 8.27 系统数据库关系

在此基础上按照一定的规则转换成相应的关系模式，可获得系统数据库中的表结构。表 8.18 至表 8.22 是根据上述数据流程及数据库关系为本系统设计的主要数据表的数据字典。

表 8.18 **RFID 耳标数据表数据字典**

字段名	类 型	约 束
<PK> [earId](耳号)	[varchar](50)	NULL
[weight](出栏体重)	[varchar](50)	NULL
[immunityRecords](免疫记录)	[varchar](50)	NULL
[treatmentRecords](治疗记录)	[varchar](50)	NULL
[birthdate](出生日期)	[varchar](20)	NULL
[feeders](主要饲料)	[varchar](100)	NULL
[latelyHealthStatus](健康度)	[varchar](50)	NULL

表 8.19 **肉牛免疫消毒表数据字典**

字段名	类 型	约 束
<PK> [immunityId](免疫序号)	[int]	IDENTITY(1,1) NOT NULL
[cattleHouse](牛舍号)	[varchar](50)	NULL
<PK> [earBatchId](耳标号)	[varchar](50)	NOT NULL
[immunityDate](免疫日期)	[varchar](50)	NULL
[immunityName](免疫药名称)	[varchar](50)	NULL
[immunityMethod](使用方法)	[varchar](50)	NULL
[antisepsisDate](消毒日期)	[varchar](50)	NULL
[antisepsisName](消毒药名称)	[varchar](50)	NULL
[antisepsisMethod](消毒方法)	[varchar](50)	NULL
[ferrier](兽医)	[varchar](50)	NULL

表 8.20 **饲料投喂表数据字典**

字段名	类 型	约 束
<PK> [feedingId](投喂序号)	[int]	IDENTITY(1,1) NOT NULL
<PK> [earBatchId](耳标号)	[varchar](50)	NULL
[feedstuffId](饲料编号)	[nchar](20)	NULL
[feedingDate](投喂时间)	[datetime]	NULL
[operater](饲养员)	[varchar](50)	NULL
[eatingStatus](进食状态)	[nchar](2)	NULL

表 8.21 **肉牛转群表数据字典**

字段名	类 型	约 束
<PK> [transferId](转群序号)	[int]	IDENTITY(1,1) NOT NULL
[earBatchId](耳标号)	[varchar](50)	NULL
[transferInHouseId](转入牛舍号)	[varchar](50)	NULL

续表 8.21

字段名	类　型	约　束
[transferOutHouseId](转出牛舍号)	[varchar](50)	NULL
[transferDate](转群日期)	[varchar](50)	NULL
[transferReason](转群原因)	[varchar](50)	NULL
[operater](饲养员)	[varchar](50)	NULL

表 8.22　肉牛治疗表数据字典

字段名	类　型	约　束
<PK> [treatmentId](治疗序号)	[int]	IDENTITY(1,1) NOT NULL
[cattleHouse](牛舍号)	[varchar](50)	NOT NULL
<PK> [earBatchId](耳标号)	[varchar](50)	NOT NULL
[disease](牛病名称)	[varchar](50)	NOT NULL
[treatDate](治疗日期)	[varchar](50)	NOT NULL
[ferryAdvise](兽医医嘱)	[varchar](500)	NOT NULL
[medicineUsing](兽药使用方法)	[varchar](500)	NOT NULL
[ferrier](兽医)	[varchar](50)	NULL

8.3.1.4　模型库设计

模型库由一组程序组成，其基本任务是集成 RFID 追溯单元识别与数据采集模型、质量跟踪模型和质量溯源模型算法，完成肉牛养殖数字化管理系统对肉牛养殖场日常养殖过程中肉牛质量的跟踪与肉牛质量危害发生时质量溯源的功能。

对本系统模型库的业务逻辑(图 8.28)表述如下：

在肉牛养殖过程中，RFID 追溯单元与数据采集系统始终处于运行状态，养殖场工作人员对肉牛及相关投入品的识别与信息查询都需要通过该模型与系统数据库进行数据交换后实现。质量跟踪模型根据 RFID 所采集的数据，对用户要求的养殖环节进行质量风险的跟踪与风险值的计算，对该阶段的养殖质量情况形成估计后反馈回养殖场内各工作人员，以对他们的饲养工作提出改进参考。

当肉牛已经产生质量问题时，养殖场可以应用 RFID 设备识别肉牛身份后，在数据库中查找与该头肉牛相关的所有投入品的使用情况及饲养管理人员在养殖过程中对该肉牛的质量跟踪结果及反馈记录，并在该肉牛的各养殖环节上，查找出对肉牛产生质量危害的关键质量追溯单元。

流程图是使用图形表示算法思路的一种极好的方法。系统初步构建完成后，对模型进行算法设计，将模型计算过程绘制成流程图，可以为后续的代码编写工作做好准备。

8.3.2　系统实现

8.3.2.1　肉牛耳标的制作与应用

本研究针对肉牛识别管理的特性和肉牛养殖业的实际情况，使用频率为 13.56 MHz 的 RFID 标签设计了一款可循环利用的扣式耳标。本系统所采用的牛耳标由封装有 RFID 标签

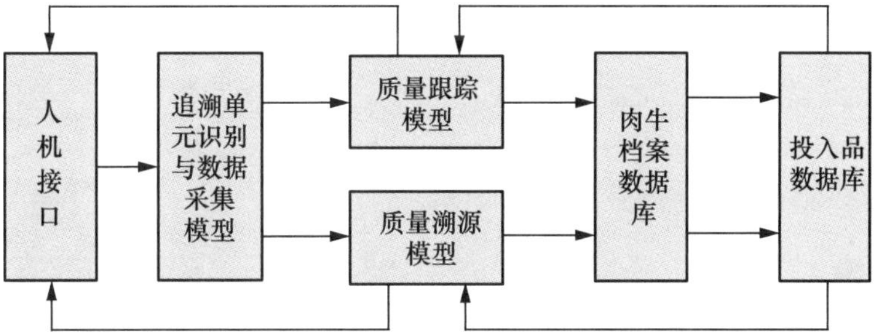

图 8.28 肉牛养殖质量可追溯系统模型库逻辑图

的耳钉扣和耳钉组成。

图 8.29 为肉牛进场时系统为其制作耳标时的界面截图。该界面是对前面所设计的 Demo 程序进行控件化封装化嵌入网页运行的效果。

图 8.29 耳标制作系统演示

系统对耳标的读写主要通过手持设备和固定读写器完成。

在肉牛入场时，饲养员将根据每头牛的初始信息，使用固定读写器统一对牛耳标进行信息写入。写入的信息包括按系统预设而自动生成的肉牛唯一耳标号、该肉牛的原产地、免疫信息和治疗记录等重要的肉牛个体信息。

由于一般 RFID 标签的读写次数均在 10 万次以上，所以成牛出栏进入屠宰环节后，封装有 RFID 标签的耳标扣经消毒和信息清空处理后，由养殖场对其循环使用。

8.3.2.2 **肉牛养殖日常管理**

在日常的饲养过程中，饲养员每对一头肉牛进行一次操作，即可使用手持机读取耳标号，以此记录下针对该头牛进行的所有具体操作，包括消毒、免疫、治疗、转群、喂料和出栏等一系列的饲养日志，同时在牛耳标内写入如免疫、治疗等直接关系肉牛质量安全的重要信息，这些信息将以代码的组织形式存储于耳标内的 RFID 卡上。

饲养员每天完成操作后，通过手持机（下位机）与计算机（上位机）的串口的通信，系统将自动把每头肉牛的饲养记录存入到上位机系统的数据库中，在数据库中以肉牛个体为单位形成饲养日志。在肉牛出栏时，系统通过对这些饲养日志的整理，形成对每头肉牛的养殖追溯信息。

肉牛出栏后，以养殖过程中记录的饲养日志为素材的追溯记录将通过系统自动生成，所有的客户（消费者）可以通过在可追溯系统的主界面上输入质量追溯码（肉牛耳标号）对肉牛身份进行查询。

图 8.30 和图 8.31 是肉牛养殖质量可追溯系统的部分主要界面。

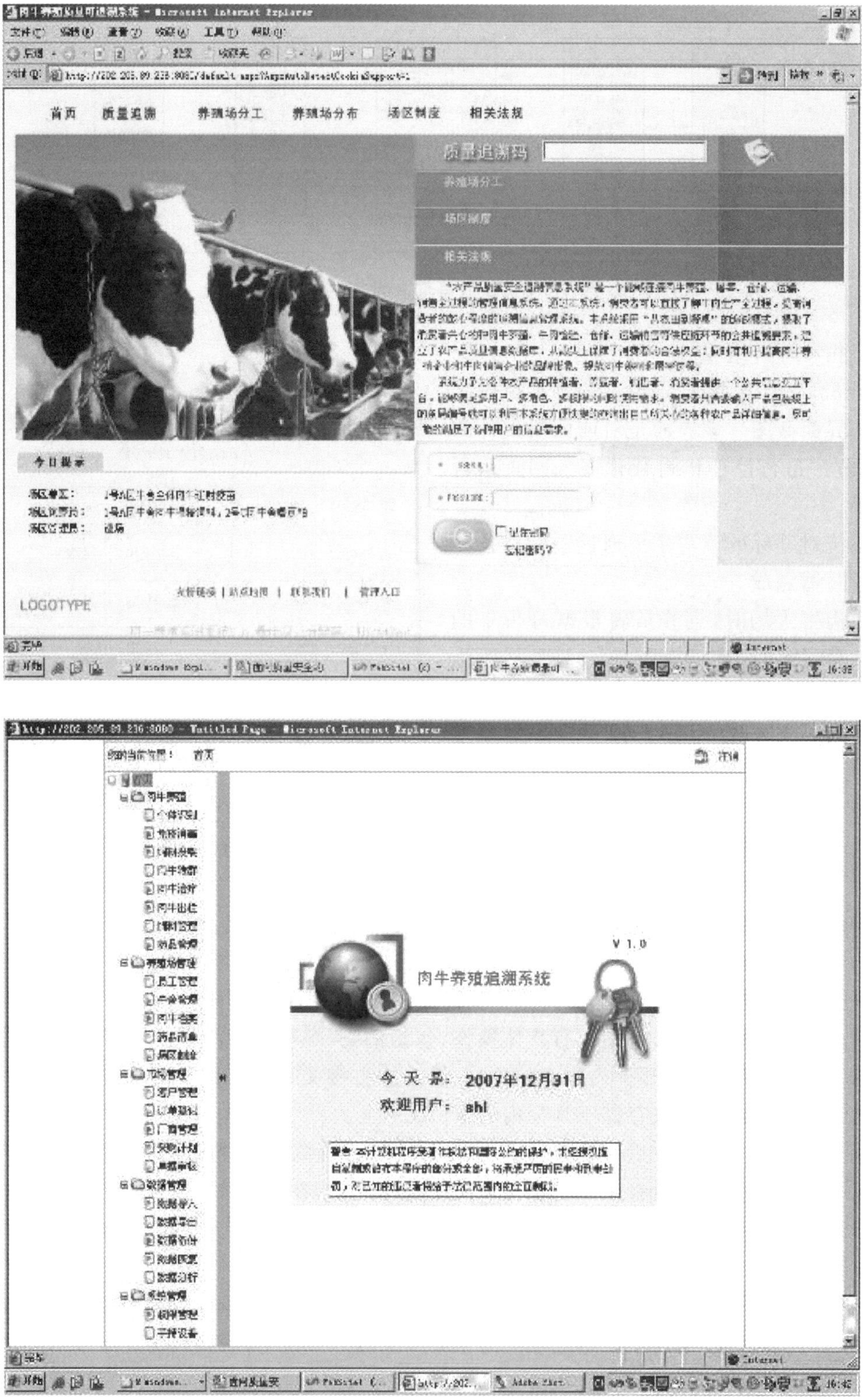

图 8.30　肉牛养殖质量可追溯系统主界面

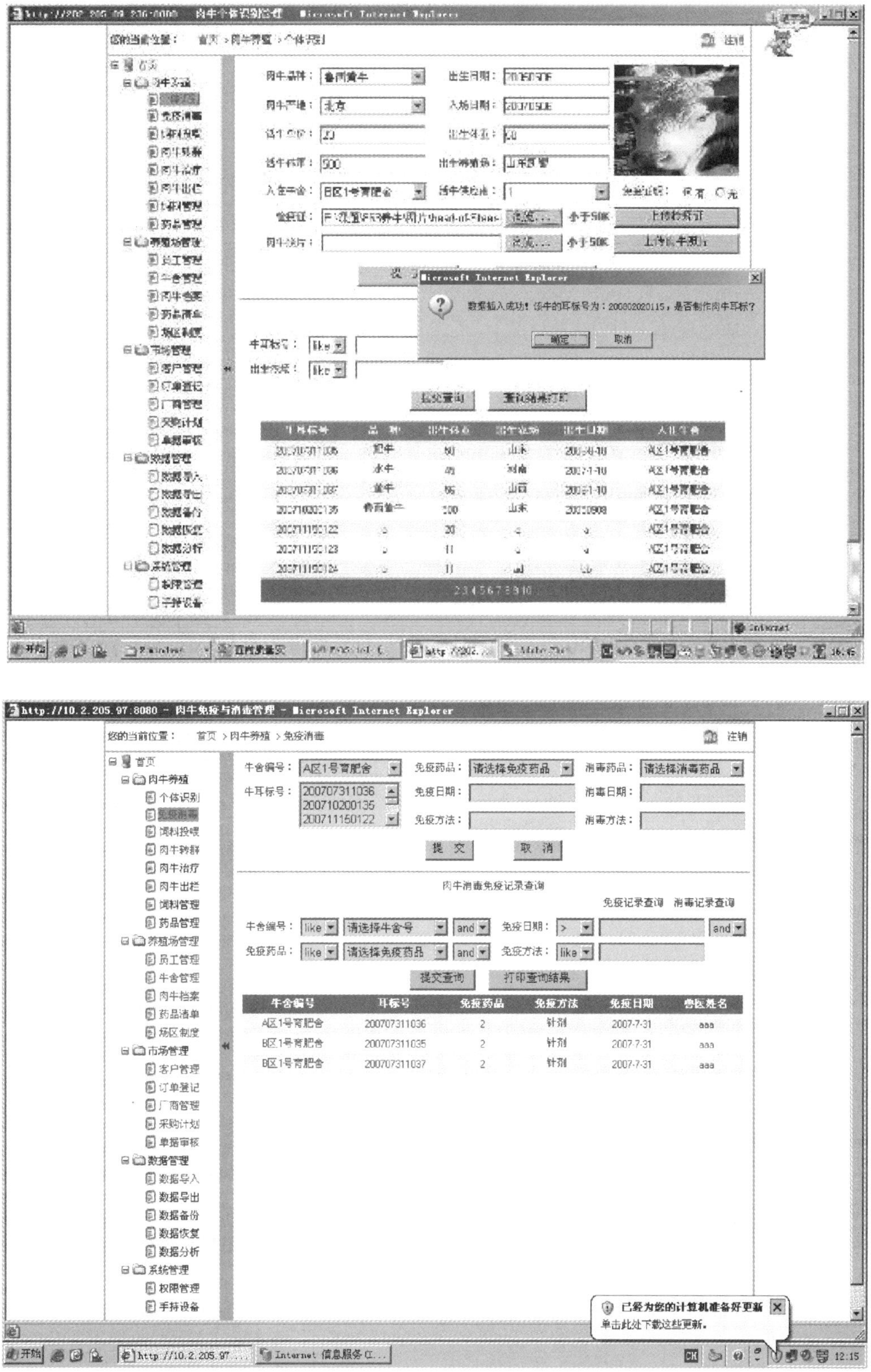

图 8.31 肉牛养殖质量可追溯系统操作界面

参考文献

[1] Allan Cheng. Petri nets, traces, and local model checking. Theoretical Computer Science, 1997,183(2): 229-251.

[2] Antoni Marczyk, Günter Schaar. On traceable powers of digraphs. Discrete Mathematics, 2000, 212(1-2): 121-128.

[3] Arama A, Soret B, Lasa I, et al. Meat traceability using DNA markers: Application to the beef industry. Meat Science, 2002, 61(5):367-373.

[4] Blancou J. A history of the traceability of animals and animal products. Rev Sci Tech of Int Epiz, 2001, 20(2): 420-425.

[5] Brian Buhr. Understand the retail sector: Towards traceability in the meat production // London Swine Conference Conquering the Challenges. London, 2002: 103-114.

[6] Dupuy C, Botta-Genoulaz V, Guinet A. Batch dispersion model to optimise traceability in food industry. Journal of Food Engineering, 2005, 70(3): 333-339.

[7] Julio Garrido Campos, Martin Hardwick. A traceability information model for CNC manufacturing. Computer-Aided Design, 2006,38(5):540-551.

[8] Liddel Sterling. Transferability of European food safety and quality assurance models to the United States. Utah: MS Thesis. Department of Economics, Utah Stage University, 2000.

[9] Loos P. Gozinto graphs for by-products and cyclic production: An approach for ERP system application // Strong D,Straub D, DeGross J I. Proceedings of the 7th Americas Conference on Information Systems (AMCIS 2001). Association for Information Systems, August 2-5, Boston,Massachusetts, USA.

[10] Mousavi A, Sarhadi M, Lenk A, Fawcett S. Tracking and traceability in the meat processing industry: A solution. British Food Journal, 2002, 104(1):7-19.

[11] Orrú L, Napolitano F, Catillo G, Moioli B. Meat molecular traceability: How to choose the best set of microsatellites. Meat Science, 2006, 72(2):312-317.

[12] Regattieri A, Gamberi M, Manzini R. Traceability of food products: General framework and experimental evidence. Journal of Food Engineering, 2007,81(2): 347-356.

[13] Riviere J E, Spoo J W. Chemical residues in tissues of food animals // Adams H R. Veterinary Pharmacology and Therapeutics. 7th ed. Ames: Iowa State University Press,1995:1148-1156.

[14] Sarig Y. Traceability of Food Products. Agricultural Engineering International: The CIGR Journal of Scientific Research and Development. Invited Overview Paper, Vol. Ⅴ. December 2003. Presented at the Club of Bologna meeting, November 16, 2003. Bologna, Italy.

[15] Sarig Y, et al. Traceability of food products the role of engineering// Proceeding of the World Engineers' Convection 2004. Beijing: China Science and Technology Press, 2004: 219-226.

[16] Van Dorp C A. Induction of a reference data model for tracking and tracing// Proceedings of the 8th Americas Conference on Information Systems (AMCIS 2002).

[17] [荷]Van der Aalst W,Van Hee K. 工作流管理——模型、方法和系统. 王建民,闻立杰,译. 北京:清华大学出版社,2004.

[18] [美]C Andrew Duthie. ASP. NET 程序设计. 李万伦, 何蕾, 赵海,译. 北京:清华大学出版社, 2002: 1-29.

[19] [美]Michal Otey,Denicile Otey. ADO. NET 技术参考大全. 史创明,崔金玲,译.北京:清华大学出版社,2003:1-25.
[20] 白云峰,陆昌华,李秉柏.畜产品安全的可追溯管理.食品科学,2005,26(8):473-477.
[21] 陈一天. RFID 及其在动物识别与跟踪中的应用.金卡工程,2005(7):39-42.
[22] 陈章鹏,施远国.浅析条码标识在肉品管理中的应用.中国动物检疫,2006,23(10):11-12.
[23] 陈宗道,刘金福,陈绍军.食品质量管理.北京:中国农业大学出版社,2003:6-8.
[24] 范玉顺,罗海滨,林慧萍,等.工作流管理技术基础.北京:清华大学出版社,2001.
[25] 浩锐.可追溯系统概述. 中国禽业导刊,2006,23(14):30.
[26] 李宏,唐正守.系统动力学在林业中的应用.西南林学院学报,2000,20(3):174-179.
[27] 李哲敏.食品安全内涵及评价指标体系研究.北京农业职业学院学报,2004(1):18-22.
[28] 廖若雪,等. ASP. NET 动态网站编程指南.北京:机械工业出版社,2001:1.
[29] 林金莺,曾庆孝.可追溯体系在食品中的应用.现代食品科技,2006,22(4):189-192.
[30] 刘禹,曾隽芳,田利梅. RFID 在食品安全中的应用方案.计算机工程与应用,2006(24):201-203,210.
[31] 刘佩红,陆承平,张苏华,等.电子标识在奶牛现代化饲养管理及防疫中的应用.畜牧与兽医,2005,37(5):32-33.
[32] 刘艺兵,李琦,王中华. RFID 技术及其在奶牛精细养殖数字化系统中的应用研究.宁夏农林科技,2005(3):3-5.
[33] 陆昌华,王立方,谢菊芳,等.工厂化猪肉安全生产溯源数字系统的设计.江苏农业学报,2004,20(4):259-263.
[34] 栾冬梅,魏国生.影响猪肉安全性的因素与安全猪肉的生产.动物科学与动物医学,2003,20(3):1-4.
[35] 罗欣.中国肉牛业的现状与发展思考.黑龙江畜牧兽医,2004(8):1-2.
[36] 罗海滨,范玉顺,吴澄. 工作流综述. 软件学报,2000,11 (7):899- 907.
[37] 欧盟牛肉供不应求.中国食品产业网,转引自 http://finance. aweb. com. cn/2007/2/27/10085168. htm,2007-02-27.
[38] 沈屏,甘菊,崔雅郡.环境因素对猪肉产品国际贸易的影响与对策分析.农业经济,2004(7):31.
[39] 马汉武,王善霞.实施可追溯系统所需的技术.中国禽业导刊, 2006,23(14):32.
[40] 宋怿.食品风险分析理论与实践.北京:中国标准出版社,2005.
[41] 文汉云,金升藻.基于 RFID 技术的动物识别与跟踪管理系统研究.计算机系统应用,2006(3):73-75.
[42] 熊本海,钱平,罗清尧,等.基于奶牛个体体况的精细饲养方案的设计与实现.农业工程学报,2005,21(10):118-123.
[43] 于康震,宋中山.入世与畜产品质量安全研究(三).中国动物检疫,2003(5):1-2,6.
[44] 昝林森,申光磊,段军彪.基于 JSP 的牛肉质量安全可追溯网络化系统研究.中国农学通报,2006,22(12):13-16.
[45] 昝林森,郑同超,马陕红,等.牛肉安全生产可追溯信息系统研究与应用.中国农学通报,2006,22(8):22-25.
[46] 昝林森,郑同超,申光磊,等.牛肉安全生产加工全过程质量跟踪与追溯系统研发.中国农业科学,2006,39(10):2083-2088.
[47] 张涵,李素彩.应用条码技术进行食品溯源的可行性分析.物流技术,2006(1):32-33.
[48] 张向前,徐幸莲,周光宏.可追溯系统在肉牛产业链中的应用.畜牧与兽医,2006,38(6):30-32.
[49] 周应恒,彭晓佳.风险分析体系在各国食品安全中的应用.世界农业,2005(3):4-6.
[50] 祝胜林,黄显会,张守全.大型猪场基于 RFID 的信息平台研究与应用.广东农业科学,2007(3):63-64.

第9章

肉类食品加工质量可追溯系统

9.1 牛肉加工追溯信息识别技术分析

9.1.1 牛肉加工生产链和牛肉加工追溯主要信息

根据食品可追溯性的范围可以将其分为食品生产企业内部的可追溯性和食物生产链上的可追溯性(赵勇,赵国华,2007)。企业内部的可追溯性是指当供应给消费者的食品出现质量问题时,可以通过追溯返回到生产企业,根据企业内部的可追溯系统确认产品的材料、材料的来源、生产时间、生产过程以及检验参数等信息。食物生产链上的可追溯性是指"从农田到餐桌"全程监测与控制网络体系,该体系是指生产加工过程供应链之间的相互连接,并且重点关注有关产品从供应链的一个环节到下一个延续环节的可追溯性,其中包括任何产品所经过的生产、加工和分配阶段。

牛肉加工生产链由不同的加工环节构成:待宰—屠宰—排酸—分割、深加工—包装、贮藏—下一接收者、消费者。生产链上的控制对象主要由信息流和物流两个角色组成,从待宰开始,中间经过一系列的屠宰加工过程,直到最终产品,最后将产品销售给消费者或下一个分销商,在企业内部形成一个整体的功能网络结构模式。

图 9.1 描述了一个典型的牛肉加工生产链所包括的信息流和物流。从图中可以看出,物流是从待宰到消费者、分销商的单向流动,信息流是从消费者、分销商到待宰的双向流动。

从牛肉加工生产链来看,可追溯系统的追溯对象是牛肉加工生产链中的信息流,而不再是物流,通过对信息的记录、识别、传递、存储和处理等,实现牛肉加工生产过程中信息可追溯,进而提高产品的质量安全。当消费者进行产品信息查询时,可以查询到产品的所有历史信息,尤其是当产品出现安全问题时,利用可追溯系统可以有效地、迅速地追查到问题的根源,从而明晰相关企业的责任,控制危害进一步扩大,也便于实施有效的召回机制。

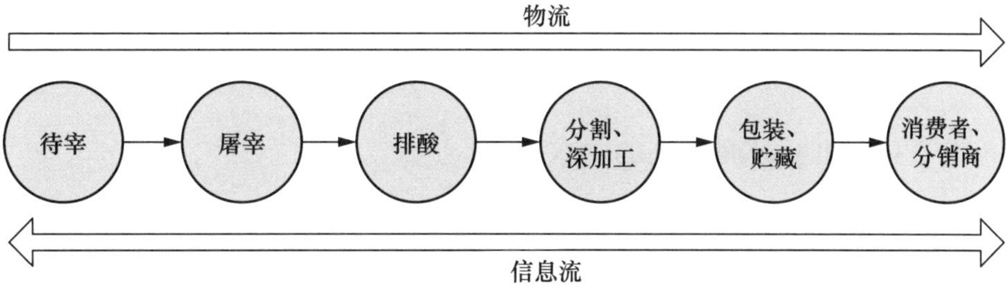

图 9.1 牛肉加工生产链中的信息流和物流

9.1.2 基于 RFID 技术的牛肉加工数据采集与传输

由于 RFID 通过射频信号来自动识别目标,自动获取目标的相关数据,在这识别过程中无须人工干预,可同时识别多个标签,短距离 RFID 不怕油渍、灰尘污染等恶劣的环境,可在这样的环境中替代条码。对于牛肉加工过程,生产环境水汽重,有些环节温度高,有些环节温度低,在跟踪和追溯的实体上充满油渍等物质,使用 RFID 系统实现牛肉加工追溯系统的数据采集与传输,有利于提高数据采集与传输的识别率,从而保障了数据读取和写入操作的成功率,有利于实现牛肉加工产品的追溯。

在牛肉加工生产过程中,RFID 系统自动识别目标对象并获取目标对象的标识以及相关数据,将数据上传至车间工作站平台。工作站在得到数据后,一方面负责将标识信息写入标签,另一方面将采集数据上传至数据库服务器。当生产流程进入最后一个环节时,以二维条码的形式标识产品。当消费者因消费产品出现问题时,可以进行产品质量追溯,根据二维条码上的追溯编码进行查询,找到事故原因,明确事故负责人。生产企业可以根据获取的数据,进行产品监控,消除或减弱事故出现的几率,提高牛肉产品的质量安全。图 9.2 是基于 RFID 的牛肉加工整体追溯流程。

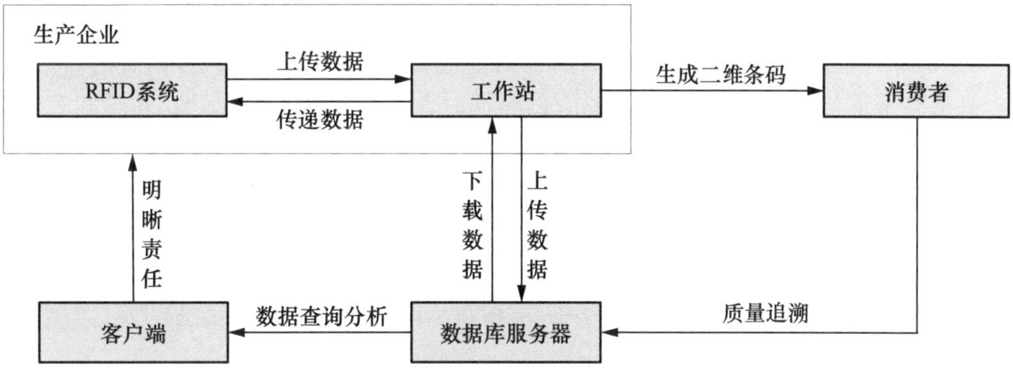

图 9.2 基于 RFID 的牛肉加工整体追溯流程

9.2 基于 RFID 的牛肉加工追溯系统的设计

9.2.1 牛肉加工追溯系统的需求分析

9.2.1.1 追溯系统功能需求

牛肉加工追溯系统的功能需求主要有以下几个方面：

1. 单个实体必须具有可跟踪性和追溯性

在牛肉加工生产链中，单个实体指的是单个产品，如动物个体、胴体、肉块等。在牛肉加工追溯系统中，实现对单个实体的跟踪和追溯是十分重要的。对于跟踪和追溯的单个实体，每个实体必须是唯一可识别的，因为只有通过对单个实体的唯一识别才可以实现对实体进行监控，判断其在屠宰加工过程中各个加工和检测环节是否符合要求。

由于在牛肉加工追溯系统中，追溯对象是牛肉加工生产链上单个实体对应的信息，其中唯一标识产品的信息称为标识信息，它采用编码的形式来保证追溯对象的唯一性。ISO/IEC 于 1999 年 12 月 1 日首次出版了 ISO/IEC15418 标准，提供了两种可供选择的标识符系统，即 EAN · UCC 应用标识符系统和 FACT（自动编码技术联盟）数据标识符系统（美国国家标准 ANSIMH 10.8.2）。本研究采用中国物品编码中心制定的国家标准 GB/T 16986—2003《EAN · UCC 系统应用标识符》。

牛肉加工追溯系统需要为每一个实体建立一条可以验证和查询的历史记录，根据这一历史记录唯一确定该实体的来源，经过的屠宰加工环节，检测情况和状态。保证系统具有可追溯性并有利于对单个实体的监控，有利于在发现问题时跟踪和追溯问题产品的流动情况，有利于追溯问题的来源。

2. 牛肉加工生产链的产品信息便于采集、传输和管理

随着网络、人工智能和计算机技术的发展，产品信息的采集、传输、保存和查询的方式也呈现多样化。产品信息的采集有人工记录、电子文档、影像、射频识别等。产品信息的传输方式有人工、文件、传真、邮递、E-mail 等。产品信息的保存方式可以是文件、磁带、磁盘等存储介质。产品信息的查询方式可以是人工操作、电话咨询、上网或信息系统。可以看出，科技越发展，产品信息采集、传输和管理的方式越多样化，同时也使得产品信息的采集、传输和管理效率得到提高。

牛肉加工生产是大规模的生产，其产品信息的采集、传输和管理要适应现代科学技术的发展水平，在管理技术和方法方面要适应大生产发展的需要。在牛肉加工过程中，产品信息的采集、传输、保存和查询功能应该实现数字化、自动化的处理，以保证产品信息的及时准确，减少人工干预，使牛肉加工的产品信息易于采集、传输和管理。

9.2.1.2 追溯系统性能需求

牛肉加工追溯系统的性能需求主要有以下几个方面：

1. 数据采集的实时性

牛肉加工要实现产品的可追溯，及时准确地采集数据是整个牛肉加工追溯系统的基础，对

产品的自动识别可以保证数据采集的实时性。随着自动识别技术的发展，自动识别技术包含有多种方式，主要有条码识别、射频识别、红外识别、视网膜识别等。不同的识别技术，其识别的距离、速度、效率不同，适用的环境不同，而且成本也存在着很大的差异。

2. 数据采集的准确性

由于牛肉加工过程存在很多因素，如环境的影响、数据载体的损坏、人工操作的失误、产品标识方式不合适、识别设备自身的干扰等，会导致数据采集不够准确，所以要准确采集数据，需要合理选择数据载体和产品标识方式，提高员工操作水平和职业素质，提高企业操作规范，以及计算好采集设备之间的距离。对于产品而言，采用数字化的标识有利于信息的采集、传输和处理。

但是自动识别方式可能存在一些缺点：牛肉加工中环境湿度大，数据采集设备可能会受到影响，使得数据识别率降低；如果多个追溯实体太近，可能会出现漏读或错读的现象；如果对多个标签进行写操作，可能会出现写脏数据现象，即把本应该写到 B 标签的数据写入 A 标签，把 A 标签的数据覆盖，从而使 A 标签数据丢失，无法实现跟踪和追溯功能；等等。

3. 数据传输的可靠性

数据采集之后将通过通信网络传输给数据处理系统，经过处理系统加工处理之后，一部分信息(如标识信息)被传递到下一个加工环节，另一部分信息(记录信息)被保存到远程数据库中。前者是通过信息载体(如条码、标签等)进行传递的，如果信息载体损坏或被破坏，则保存于载体中的数据将无法识别，这对信息载体传输数据的可靠性提出了较高的要求；后者一般通过远程服务器来完成，将采集的数据通过通信网络保存到数据库中，由于采用自动识别技术和单品识别的编码方法，如果要采集的实体数量庞大，系统需要处理的数据将是海量的，这对网络信息传输的可靠性提出了较高的要求。

4. 数据存储的一致性

在牛肉加工追溯系统中，由于存在很多环节，不同环节的数据不一样，但为了保证前后信息的可追溯性，使采集到的数据能和其实体一一对应，被采集实体的数据必须保持前后标识信息的一致性，此时需要通过设计编码来保证标识信息具有唯一性，以解决数据存储的一致性问题，使得在追溯过程中实体的数据是一个整体。虽然在牛肉加工追溯过程中，数据的采集呈分布状态，在各个数据采集环节得到的数据只和此环节相关，但从整个牛肉加工生产链来看，所有数据采集环节串在一起，各分布的数据是一个整体，在数据库中的存储应该保持一致性原则。

9.2.2 牛肉加工数据流分析

通过对牛肉加工过程的优化，用简单的方框或符号，清晰、简明地将牛肉加工整个生产过程的数据流设计描述如图 9.3 所示。可以看出：牛肉加工的起点是活牛待宰，终点是包装入库，中间经过屠宰、排酸和分割等阶段。

牛肉加工环节质量安全相关数据的采集与传输系统是牛肉加工追溯系统的核心部分，它追溯的准确性决定了牛肉加工追溯系统成功与否。从图 9.3 中分析可以看出，牛肉加工流程和环境较复杂，整个牛肉加工环节质量安全相关的信息量比较大，因此不能对所有屠宰加工环节的信息进行追溯，必须首先找到牛肉加工环节质量安全的关键控制点，以确定牛肉加工环节

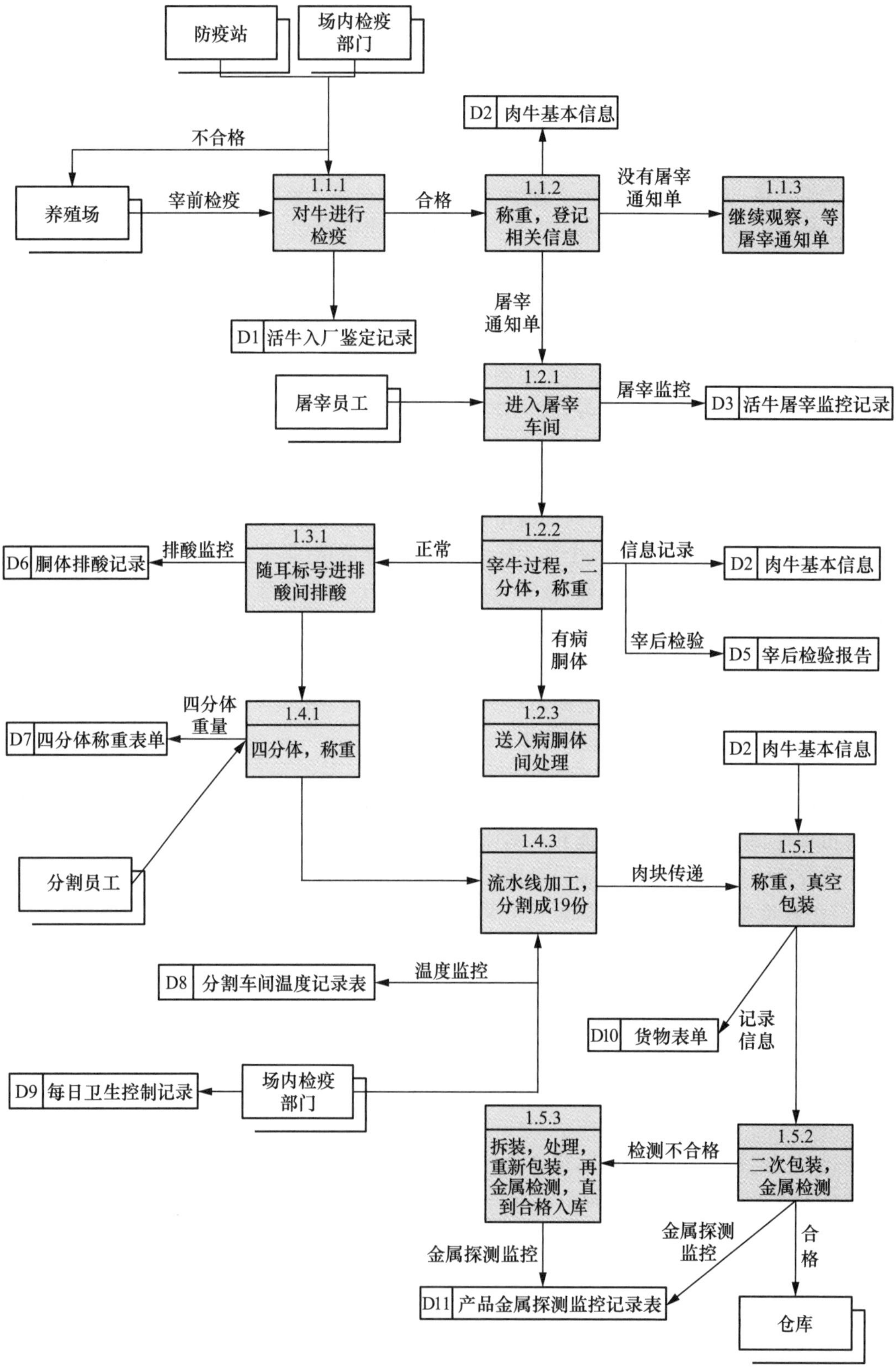

图 9.3 牛肉加工数据流图

的追溯信息，从而为下一步追溯数据采集打下基础。

9.2.3 牛肉加工数据采集点设计

由于牛肉加工流程和环境较复杂，牛肉加工环节的信息量大，要建立适用的牛肉加工数据采集与传输系统，不能对所有屠宰加工环节的信息进行监控和采集，只能对牛肉加工环节质量安全的关键控制点相关信息进行追溯。

依据牛肉加工的关键控制点，通过对牛肉加工过程数据流程的分析，找出牛肉加工过程可追溯单元对应物理实体的变化情况。牛肉加工数据流程主要是流程式操作，每到一个加工环节都产生新的追溯单元实体和相关记录信息。从牛肉加工变迁过程确定的牛肉加工数据采集与传输数据采集点分别是活牛待宰、胴体称重、四分体、剔骨分割和称重包装、金属探测等5部分。

9.2.4 基于RFID的牛肉加工追溯系统框架和功能设计

9.2.4.1 系统框架

本研究设计的基于RFID的牛肉加工追溯系统框架如图9.4所示。该原型系统主要由RFID数据采集与传输系统、工作站和牛肉加工服务器管理与维护系统3部分组成。其中RFID数据采集与传输系统是整个系统的基础与核心，安置在肉牛屠宰和分割车间，配置多套RFID非接触读写器。在进行屠宰加工时，在关键控制点处对可追溯单元进行采集、存储和传递工作，给牛肉加工产品质量安全提供保障。工作站设在车间操作工作间，通过企业内部网连接到数据库服务器，负责数据文件在采集终端与服务器之间的传输，建立可追溯单元在各关键控制点的关联关系。牛肉加工服务器管理与维护系统是整个系统的支柱，主要是负责采集数据的存储与管理，并提供客户端的数据浏览和查询分析服务。

RFID数据采集与传输系统的核心部分是RFID基本系统。通过对牛肉加工生产链进行优化，运用基于RFID牛肉加工数据采集与传输模型来分析和推算牛肉加工数据采集过程，设计了可追溯单元的编码，该编码具有唯一性。

在牛肉加工数据采集与传输系统中，可追溯单元在各数据采集点的传递步骤如下：在牛肉加工中，当待宰的牛开始屠宰之前，用RFID设备获取耳标签的信息，将获取的信息保存到数据库；胴体称重时，当RFID设备检测到2个标签时，将标识信息写到标签中，同时保存相关记录；经过排酸处理后，用RFID设备自动读取标签中的标识信息，然后用标识信息制作4个标签，分别挂在4个可追溯单元实体上，同时保存相关记录；进行剔骨分割时，如果分割的肉块上没有标签，则用悬挂在身边的手持设备制作一个相同标识信息的RFID标签，如果分割后的可追溯单元继承了父追溯单元的标签，不用再制作标签；在包装环节，用RFID设备获取标签中的标识信息，根据获取的标识信息，打印出条码标签，贴在产品包装上。

RFID数据采集与传输系统和牛肉加工服务器管理与维护系统构成了一个三层层次的系统框架，如图9.5所示。第一层是数据采集层，主要功能是通过RFID体系采集数据，包括数据的获取和写入；第二层是数据通信层，即通过无线通信技术，把采集来的数据传递到中央数据库，或从数据库中获取数据，使用的设备包括无线接入设备和相关的网络设备；第三层是数

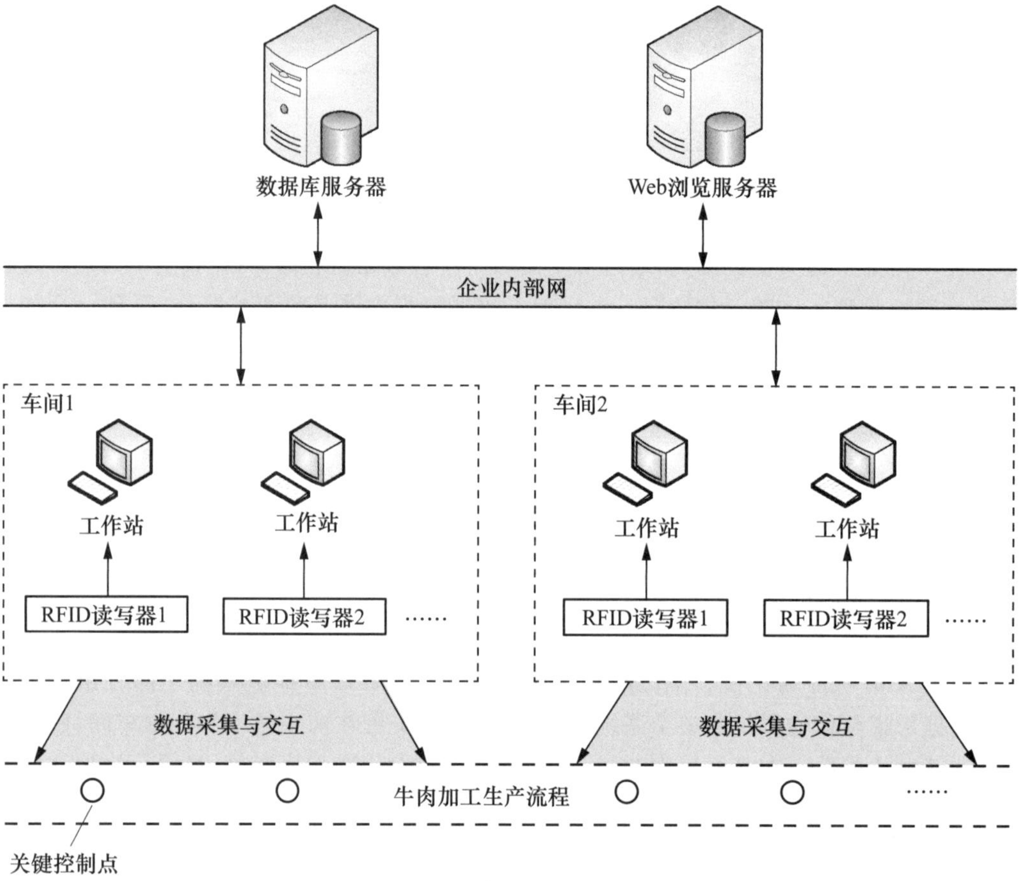

图 9.4 基于 RFID 的牛肉加工追溯系统框架

据管理层，主要功能是对采集的数据和一些相关记录信息进行管理，包括数据的查询、数据的浏览等。

9.2.4.2 **系统功能结构**

根据基于 RFID 的牛肉加工追溯系统的结构分析，设计了基于 RFID 的牛肉加工追溯系统的功能结构，如图 9.6 所示。

本系统主要包括牛肉加工数据采集与传输和牛肉加工追溯服务器管理两大功能部分，这两部分具体的功能如下：

(1) RFID 牛肉加工数据采集与传输系统结合工作站：主要是实现对肉牛屠宰之前胴体称重、四分体、剔骨分割和称重包装、金属探测 5 个数据采集点的数据获取、传递、存储、处理、打印功能。

(2) 牛肉加工服务器管理与维护系统：牛肉加工服务器管理与维护系统由 RFID 标签管理子系统、标准与规范子系统、档案管理子系统和系统维护子系统 4 个部分组成。其中档案管理涉及基本信息、追溯监控信息、追溯检验信息、卫生监控信息和仓库信息 5 部分内容。系统采用模块化的设计思想，可以根据不同企业的实际需要进行添加和删除相应的功能模块。

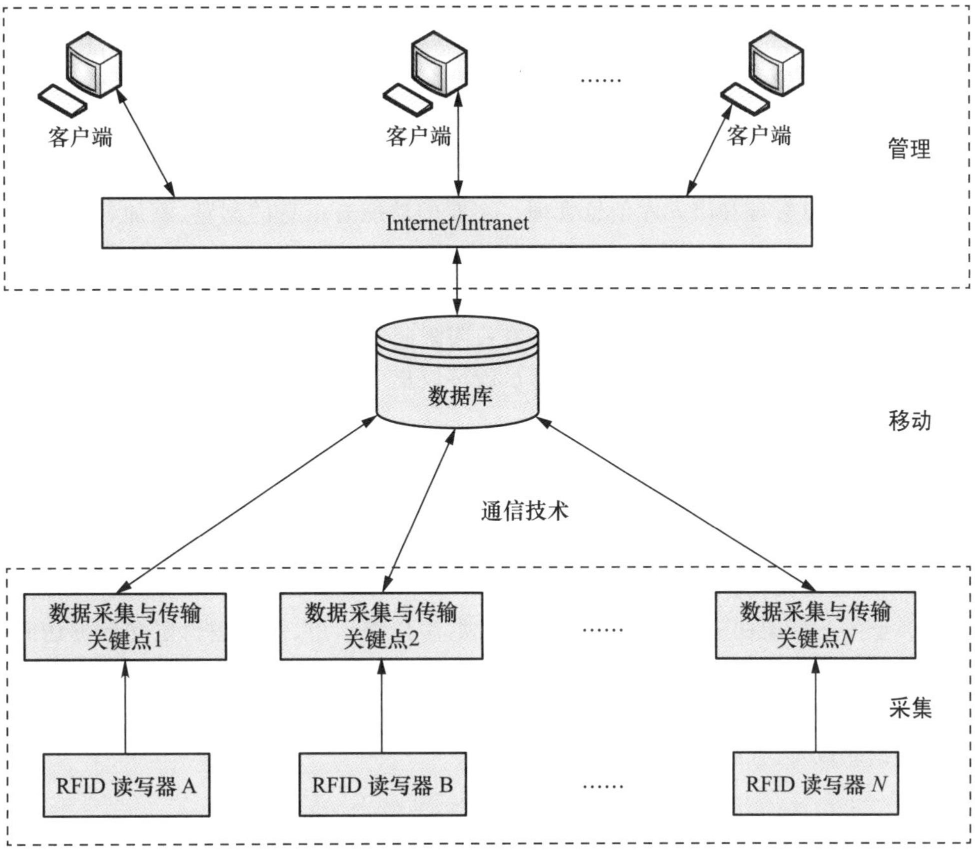

图 9.5 RFID 数据采集与传输系统框架

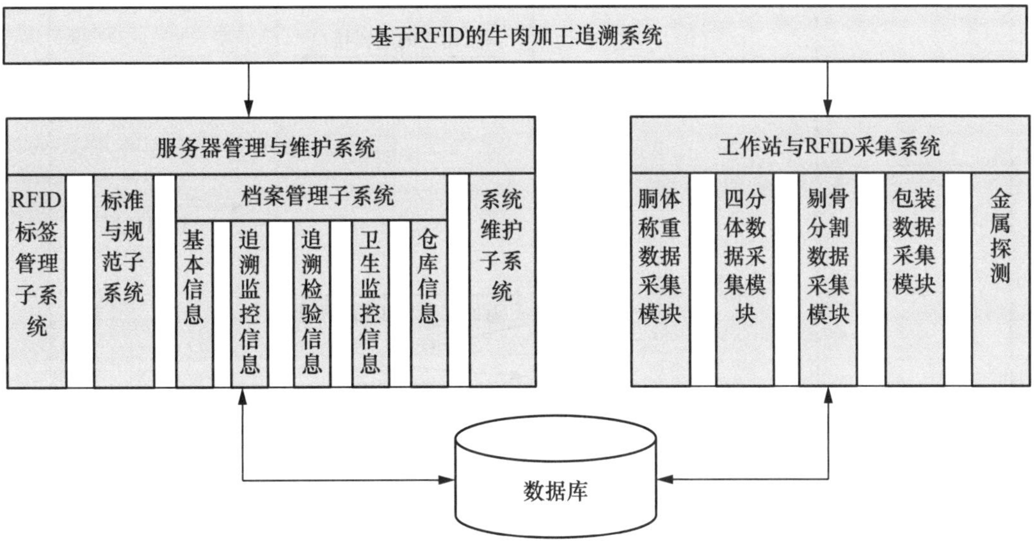

图 9.6 基于 RFID 的牛肉加工追溯系统功能结构图

RFID标签管理模块：主要功能是负责RFID标签的管理，提供的功能有RFID标签信息的浏览、添加和查询等基本功能，以及RFID标签总数的统计、空闲个数的统计，RFID标签成本计算，从而给企业领导层提供参考数据。

标准与规范模块：主要功能是负责检测、生产环境和牛肉运输标准与法规的管理。

档案管理模块：主要功能是负责大部分信息的管理，有基本信息管理、卫生信息管理、检验信息管理、监控信息管理和出入库信息管理。主要的功能有信息的浏览、添加、修改、查询、导出、打印等。

系统维护模块：主要功能有添加管理员、管理员密码修改、数据库备份和恢复等功能。整个系统只有一个系统管理员，可以有多个拥有权限限制的一般管理员，一般管理员主要是进行档案管理子系统的维护工作，这样系统管理员就可以集中精力来维护整个系统的安全等，减少系统管理员的工作量，提高管理效率。

9.2.5 本系统开发采用的主要技术

9.2.5.1 三层架构技术

一个典型的三层架构应用程序由3部分组成：用户表示层、业务逻辑层和数据访问层，如图9.7所示。用户表示层主要是进行图形用户界面的程序设计和提供具体的应用程序入口表格或交互式窗口，业务逻辑层要做的工作是决定需要什么数据以及数据存储在哪里，数据访问层主要是数据库以及访问数据库的程序等。

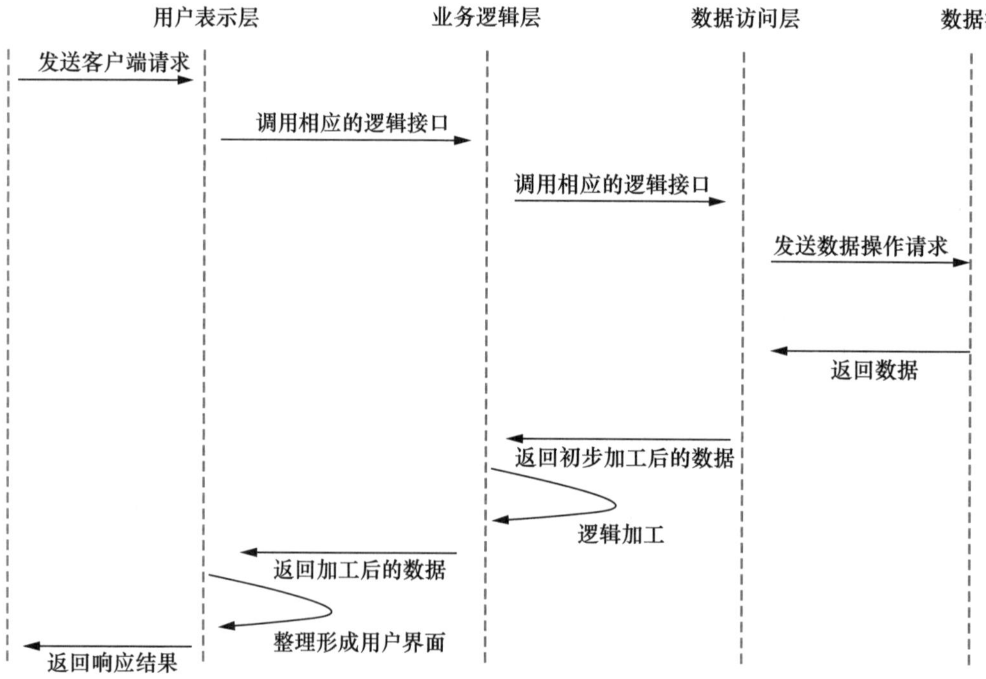

图9.7 三层架构响应过程

本系统采用.NET作为程序开发环境，因此构建的是一个.NET三层架构应用程序。用户表示层对牛肉加工业务提出请求并将请求结果显示出来，业务逻辑层将用户表示层请求通过逻辑层的组件方法处理后，提交给数据访问层的数据处理组件，如果操作数据库成功，返回数据，直到将牛肉加工过程请求显示给用户，并给出成功提示，否则给出失败提示。例如，牛肉加工过程中屠宰监控模块添加功能在三层架构中的实现过程如图9.8所示。

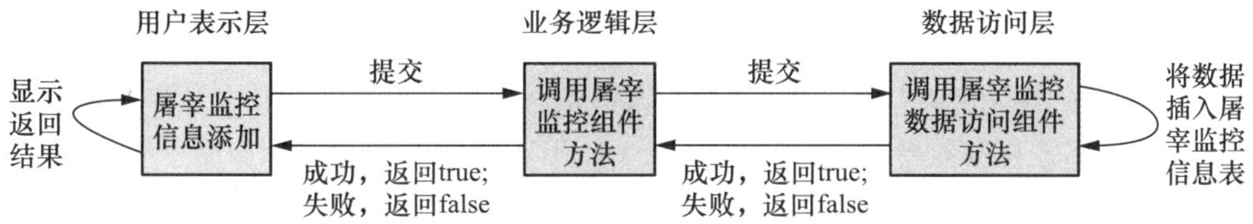

图9.8 屠宰监控模块添加功能在三层架构中的实现过程

9.2.5.2 系统开发模式

系统开发模式技术架构的两大主流技术是C/S(Client/Server)和B/S(Browser/Server)。C/S是美国Borland公司最早研发的，B/S是美国微软公司研发的。

C/S结构即大家熟知的客户机和服务器结构。它是软件系统体系结构，通过它可以充分利用两端硬件环境的优势，将任务合理分配到Client端和Server端来实现，降低了系统的通讯开销。但C/S结构的软件需要针对不同的操作系统开发不同版本的软件，加之产品的更新换代十分快，已经很难适应百台电脑以上局域网用户同时使用。

B/S结构即浏览器和服务器结构。它是随着Internet技术的兴起，对C/S结构的一种变化或者改进的结构。在这种结构下，用户工作界面是通过WWW浏览器来实现的，极少部分事务逻辑在前端(Browser)实现，主要事务逻辑在服务器端(Server)实现，形成所谓三层结构，如图9.9所示。这样就大大简化了客户端电脑载荷，减轻了系统维护与升级的成本和工作量，

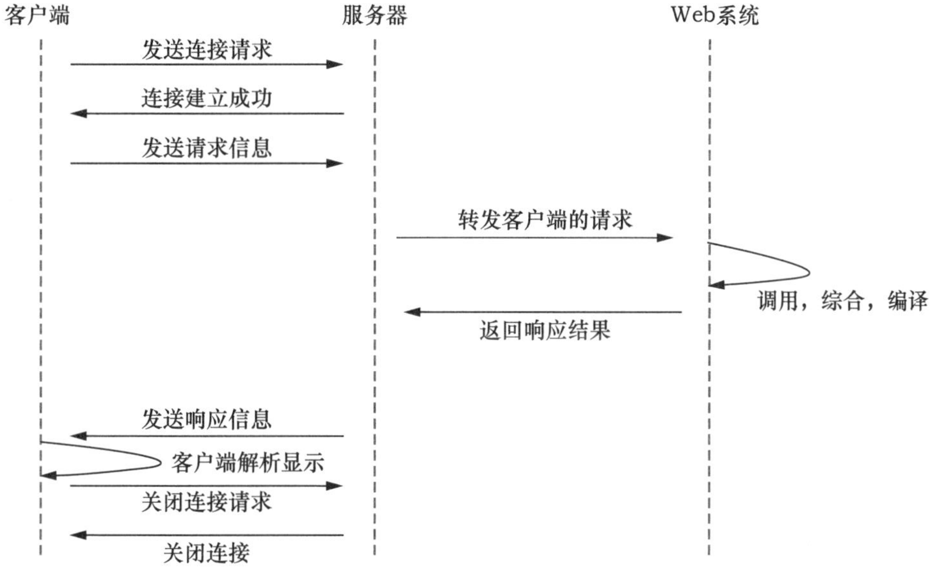

图9.9 B/S三层结构响应过程

降低了用户的总体成本(TCO)。B/S是一次性到位的开发,能实现不同的人员从不同的地点、以不同的接入方式(比如LAN、WAN、Internet/Intranet等)访问和操作共同的数据库;它能有效地保护数据平台和管理访问权限,服务器数据库也很安全。

本系统的开发模式采用三层结构的C/S和B/S结合的方式,基于RFID的牛肉加工数据采集与传输系统选择三层结构C/S开发模式,系统服务器管理使用B/S开发模式。在牛肉加工过程中,数据采集与传输是在一个局域网的小范围网络环境里,一般进行设备操作的都是固定的员工,对信息安全的控制能力要求很强,关键的是进行数据采集与传输的RFID系统,尤其是高频的设备,是采用串口通信的,它和C/S的结合性要比和B/S的结合性好,因为B/S模式主要的处理都是在服务器端,不在客户端,当RFID系统采集到数据时,需要经过一个串口数据转换的过程,从而降低了牛肉加工数据采集与传输系统的数据响应能力,使数据无法及时获取。但对于一些超高频的RFID读写设备,由于有连接网络的能力,数据通信采用RJ-45端口,就可以解决上述问题。对于本系统的数据采集与传输过程,有一些设备是高频串口的RFID设备,所以选择C/S开发模式。

而系统服务器管理是对采集到的信息、相关的档案信息以及系统的维护工作进行管理的过程,应该以系统维护和升级简单,成本低,便于操作和管理,系统的重用性好,对操作系统依赖程度低为考虑因素,所以选择B/S开发模式,把系统建立在广域网上,这样管理人员可以在任意地点进行工作。

9.2.5.3 .NET组件技术

传统开发技术在随着软件开发过程日益复杂化、开发周期加长、维护费用增多和功能模块不易扩展的情况下,已经显得力不从心,而随着网络技术的飞速发展,软件开发就越来越困难,传统开发技术越来越无法满足人们的需要。当今的应用软件普遍具有以下特点:良好的平台兼容性、结构开放性、接口易扩展性和代码可重用等。

组件(component)技术据称是近20年来软件领域最大的成就。业界流行的组件标准大概有OMG组织的CORBA(Common Object Request Broker Architecture)标准、微软的COM(Component Object Model)标准、Sun的JavaBeans标准等。CORBA的关注点是分布式异构系统,可以实现不同操作系统、不同程序语言之间的同步/异步交互。COM技术的前身是微软的OLE(Object Linking and Embedded)技术,最早它的目的是解决微软几个主要产品之间互相交互的问题。COM的特点是强调二进制代码兼容,集中于同步调用模型。JavaBeans与CORBA、COM等技术最大的不同在于Java语言本身是完全自然的支持组件式模型的,而CORBA、COM都需要外在附加定义的机制和工具。

与传统开发技术相比,组件技术在应用开发方面具有以下特点:①即插即用;②组件与开发工具语言无关;③组件的接口和组件的实现是分离的;④组件可以通过市场分发;⑤组件接口实现技术的标准化。

.NET组件技术是微软最近推出的组件技术,存在于微软的.NET Framework中。.NET组件技术是通过清单(manifest)来描述自己的,这样使得.NET组件的开发和部署变得相当简单,因为需要做的是把.NET组件复制到引用它的可执行应用程序的bin文件夹中。当可执行文件需要创建组件时,它就会从组件的清单段中查找组件文件,获取它需要的信息。对于一个应用程序,组件存放于该应用程序的bin文件夹中,而对于多个应用程序都要使用的组件,则需要存放在一个全局的文件夹中,在.NET中此文件夹称为“Global Assemble

Cache",即全局程序集缓存。

对于基于 RFID 的牛肉加工追溯系统而言,此系统的研究只是牛肉可追溯过程的开始,采用组件技术,可避免软件的重复开发,提供良好的可扩展性来适应以后的系统升级。当需要对系统进行修改时,只需要对组件进行相应更改;当系统需要增加模块时,也只需要添加相应的组件。

结合系统的功能结构,组件划分的粒度按照模块细分的原则,即一个独立的功能模块对应一个组件模型。本系统的组件划分具体情况如图 9.10 所示。在 .NET 三层架构中,业务组件是通过数据访问组件来实现对数据操作的,因此数据访问组件是所有业务组件的基础,本书将在后面详细介绍数据访问组件的实现。

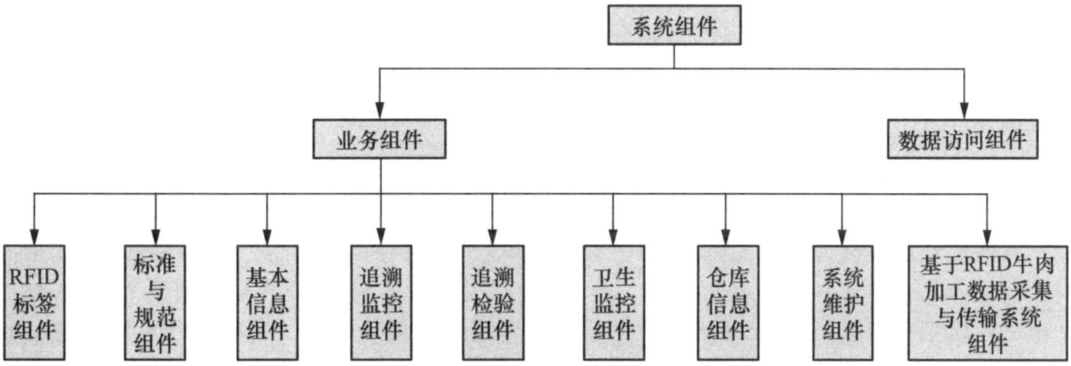

图 9.10 基于 RFID 的牛肉加工追溯系统的组件结构

9.2.5.4 XML 技术

系统和数据采集设备的参数控制主要采用 XML 技术。参数控制模型如图 9.11 所示,系统参数 XML 文件负责提供系统连接数据库所需的信息,如 server、database、uid、password 等;设备参数 XML 文件提供各个数据采集模块中不同采集设备所需的参数信息,用户在登录系统后可以进入参数控制模块对设备的参数进行设置,以适应环境的需要,将设置的参数提交

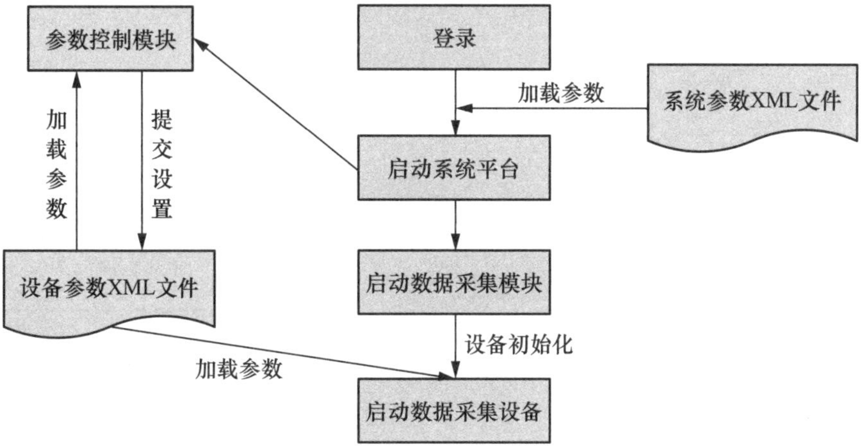

图 9.11 基于 XML 技术的参数控制模型

后存储在 XML 文件中,下次进行数据采集时就可以直接从 XML 文件中加载参数信息。

9.2.6 数据库设计

数据库是存储数据和数据对象的地方,是系统的核心,对数据库进行有效的维护和性能调整,将保证系统和数据库稳定安全地运行。数据库维护功能包括数据库备份,数据库恢复,事务日志文件、数据、文件的备份和恢复等。数据库性能调整主要是减少数据冗余,优化 SQL 执行速度,优化网络、硬件和操作系统等。

高质量的数据库能够提升基于 RFID 的牛肉加工追溯系统的性能、安全性和稳定性。牛肉加工过程的数据采集、传输和存储,档案数据的管理和维护,标准与规范文件的管理、上传,大量数据的查询、导出等都需要数据库的支撑。根据系统的功能模块,本系统数据库主要分为:牛肉加工标准与规范数据,RFID 标签数据,牛肉加工档案数据,系统用户和角色管理数据等。

9.2.6.1 牛肉加工标准与规范数据

牛肉加工标准与规范主要分为企业自己制定的标准与规范和国家制定的标准和规范两种。文件的管理设计为文件上传、文件下载的形式,不将文件的内容保存于数据库中,数据库只保存文件的相关信息,如标准与规范文件的名称、文件内容简介、文件链接地址等主要信息,这样可以减小数据库的大小,提高数据库的运行效率。图 9.12 显示了牛肉加工标准与规范对象结构。这些并不是所有的标准与规范,这种设计方式可以根据实际情况增加标准与规范的文件,或进行标准与规范文件的更新、删除,具有良好的扩展性。

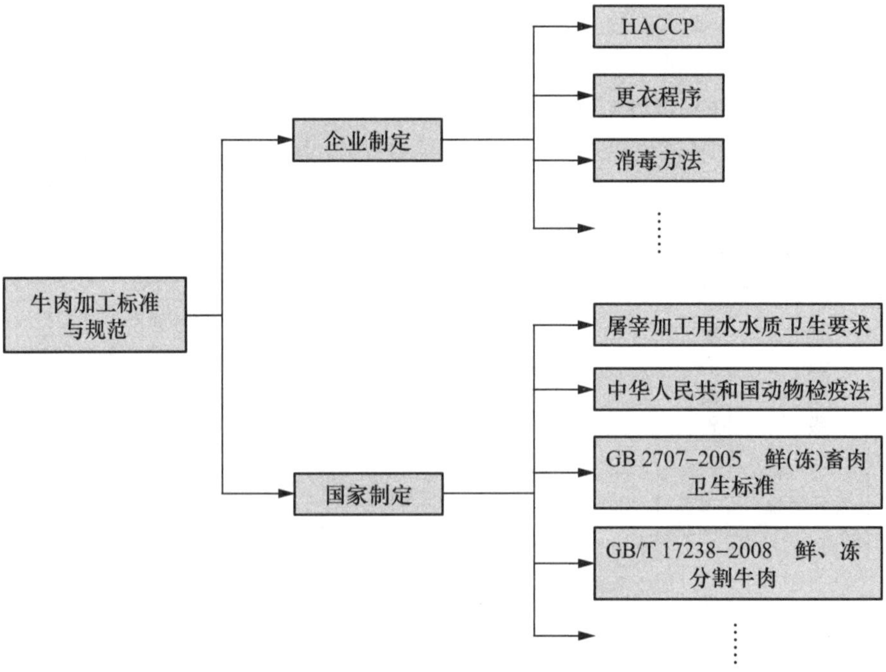

图 9.12 牛肉加工的有关标准与规范清单

9.2.6.2 RFID 标签数据

基于 RFID 的牛肉加工追溯系统中需要用到大量的 RFID 标签，因此需要对 RFID 标签进行管理，了解 RFID 标签的情况信息，如是否损坏，是否空闲，以及购买标签的成本、时间等。这样可以及时地对标签进行监控，降低数据读写操作的失败率，因为如果发现标签损坏的话，可以根据标签的空闲情况进行及时的更换，同时掌握标签使用的动态信息：标签是否足够使用，消费标签的成本如何，等等。

9.2.6.3 牛肉加工档案数据

在牛肉加工追溯过程中，牛肉加工各阶段档案数据的记录、管理与传输是系统的一个重点，这些数据必须和相关的标识信息紧密联系。档案数据主要包括基本信息、检验信息、监控信息、卫生信息和出入库信息。表 9.1 描述了档案数据的主要划分类型及各类型包含的主要数据表。

表 9.1 档案数据库设计

数据	类型	数据表名称
牛肉加工档案数据	基本信息	基本信息表
	检验信息	活牛入厂检验信息表
		微生物检验信息表
		宰后检验信息表
	监控信息	屠宰监控信息表
		排酸监控信息表
		分割车间温度监控信息表
		金属探测监控信息表
	卫生信息	灭虫、鼠计划表
		每日卫生监控信息表
	出入库信息	入库信息表
		出库信息表

在表结构设计时，要求满足数据冗余度低，不产生插入、删改异常等问题，在对表进行访问时，采用存储过程来优化数据库访问，从而达到提高程序通用性，减少网络负担，提高 SQL 执行速度的目的。其中基本信息表存放在牛肉加工数据采集点中识别可追溯单元实体采集到的数据，这些数据是十分重要的，它是可追溯系统进行跟踪和追溯的依据，同时也反映了牛肉加工产品的质量。数据采集点的布局是呈分布式的，数据采集的时间也不是同时的，唯一相同的是可追溯单元的标识信息，如果将各数据采集点的数据分开来存储，会增加数据库的容量，产生数据冗余。因此将不同数据采集点、不同时间采集来的数据存储为一条数据记录，这样将大大减少数据冗余。

档案数据库的检验、监控、卫生、出库和入库信息是相互独立的，且每一个数据库类型对象的数据参数繁多，而这些数据必须和可追溯单元的基本信息紧密联系。通过基本信息将牛肉加工过程的检验、监控等数据统一起来，对于一个在牛肉加工过程被追溯的单元，其最后所对应的牛肉产品的记录是一条以基本信息为核心的包括检验、监控、卫生、出库和入库信息的数据集。在牛肉加工过程中肉牛屠宰分割个体标识记录为耳标号，耳标号具有唯一性。在各个数据采集点获取的数据通过耳标号形成一条唯一的记录。在包装入库后以二维条码进行标识，而二维条码的数据就是此耳标号。牛肉加工档案数据库模型如图 9.13 所示。

图 9.13 牛肉加工档案数据库模型

9.2.6.4 系统用户和角色管理数据

系统用户分一般管理员和超级管理员两类。一般管理员可以进行档案信息、RFID 标签信息和标准与规范信息的管理，但不能进行系统的维护工作，而超级管理员除了具有一般管理员的权限外，还具有系统维护的权限。系统维护可以对数据库进行备份、恢复等数据库操作。本系统采用用户和角色的关系，只有正确的用户才能登录系统，只有分配了角色的用户才能对系统进行管理和维护。

登录用户信息和角色信息存储在开发环境自带的一个数据库 ASPNETDB. MDF 中，这样给开发带来了很大的方便，同时也提高了系统的安全性，因此采用这种机制创建的登录系统具有很强的检验机制，同时对用户的密码进行加密处理，使得密码不易泄露。而对于开发者，不仅可以使用数据库中包含的表，还可以使用数据库图表、视图、存储过程、函数、同义词、类型和程序集。

9.3　基于RFID的牛肉加工追溯系统的实现

本节重点探讨基于RFID的牛肉加工追溯系统的实现过程。首先确定系统开发的环境，构建可追溯单元的编码，使得可追溯单元具有唯一性，然后构建数据访问组件处理数据访问层的业务，最后讨论基于RFID的牛肉加工数据采集、传输、处理的实现过程和基于RFID的牛肉加工服务器管理的实现过程。

9.3.1　系统开发环境

9.3.1.1　操作系统选择

本研究是在Windows 2003 Server操作系统下进行开发的，Windows 2003 Server是微软推出的服务器操作系统，它具有很多优点：便于部署、管理和使用；安全的基础结构；企业级可靠性、可用性、可伸缩性；增强和采用最新技术，降低了单位所属权总成本；便于创建动态Intranet和Internet Web站点；用Integrated Application Server加快开发速度；便于查找、共享和重新利用XML Web服务；稳定的管理工具；降低支持成本，增强用户功能；利用全球伙伴和认证专业人士网的专家知识；等等。

9.3.1.2　数据库选择

本系统选择SQL Server 2005数据库作为组织、存储和管理数据的平台。SQL Server 2005是一个全面的数据库平台，使用集成的商业智能(BI)工具提供企业级的数据管理，它的数据库引擎为关系数据和结构化数据提供了更安全可靠的存储功能，可以构建和管理用于业务的高可用和高性能的数据应用程序，而且SQL Server 2005结合了分析、报表、集成和通知功能，可以构建和部署经济有效的BI解决方案。此外，SQL Server 2005还新增和改进了以下功能：①集成服务；②复制；③分析服务；④通知服务。

9.3.1.3　系统代码开发和调试环境选择

本系统采用.NET2005来实现基于RFID的牛肉加工追溯系统的编码开发和调试。由于本研究中操作系统选择Windows Server 2003，而Microsoft .NET框架是集成在Windows Server 2003操作系统中的，这样.NET和操作系统实现了很好的结合，减少了开发和操作系统出现冲突的可能性，而且也和数据库实现了很好的亲和性，因为它们都是微软的产品，在开发过程中是一套很好的组合。

ASP.NET2.0技术增加了大量方便、实用的新特性，如图9.14所示。它主要提供控件、页面框架、服务与APIs等3个方面的技术特性(郝刚等，2006)。

9.3.1.4　RFID设备选择

综合考虑牛肉加工环境与设备的配置情况，本研究设计了数据采集与传输采集点的RFID设备选择方案：在活牛待宰、剔骨分割和称重包装、金属探测数据采集点，因为读写距离近，温度和湿度不高，操作易于接触，所以采用13.56 M RFID数据读写器；在胴体称重和四分体数据采集点，由于温度和湿度很高，因此对设备采集数据的要求很高，选择915 M RFID数据读写器，比13.56 M读写器读取的距离远，覆盖面积广，在高温高湿的环境里能更好地工

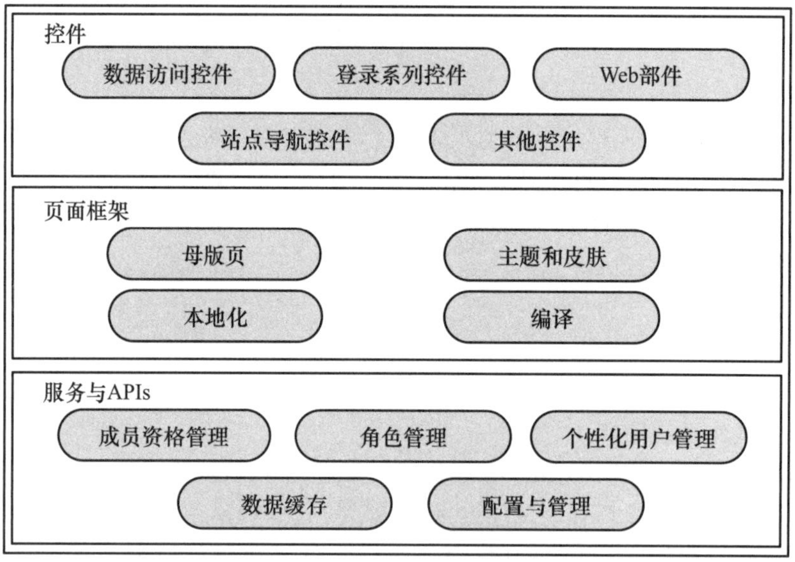

图 9.14　ASP. NET2. 0 技术特性

作，相对应标签存储的数据多，数据存储控制相对方便。

9.3.2　可追溯单元识别编码

在牛肉加工过程中，要实现数据有效的采集和传输，提高个体识别的自动化程度，将数据采集与信息管理集成为一体，可追溯单元的设计与构建是第一步。可追溯单元包括标识信息和记录信息，其中标识信息应当具有唯一性。标识信息的设置应当遵循国家制定的标准，本系统采用农业部 2006 年公布的《畜禽标识和养殖档案管理办法》，牛肉加工过程中的标识编码由畜禽种类代码、县级行政区域代码、标识顺序号 3 部分组成，一共 15 位数字，其编码定义如图 9.15 所示。

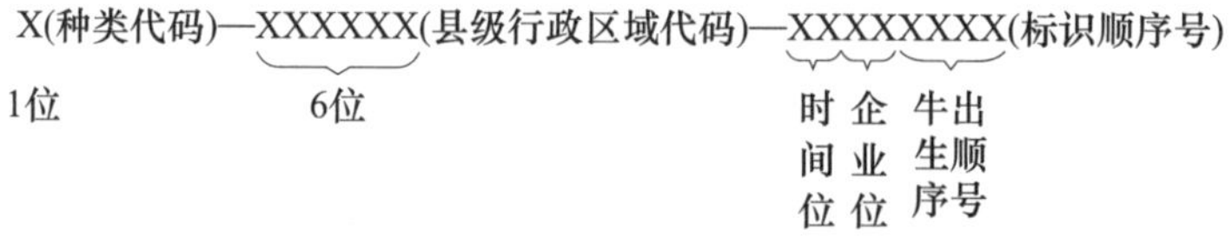

图 9.15　畜禽个体标识编码定义

例如一个标识编码：225000007AA0001，第一位“2”表示此畜禽是牛，“250000”表示牛的产地是山东济南，“07AA0001”表示此牛是济南地区 2007 出生的第一头牛，它的出生产地是“AA”。“AA”是养殖企业的代码，也具有唯一性。根据《畜禽标识和养殖档案管理办法》中的第二十二条，养殖档案和防疫档案保存时间为：商品猪、禽 2 年，牛 20 年，羊 10 年，种畜禽长期保存，因此时间位设置为 2 位，档案信息不会因时间年限过长而产生像千年虫那样的事件。

图 9.16 是牛肉产品进入市场或下一级分销商的二维条码标签的样本图。

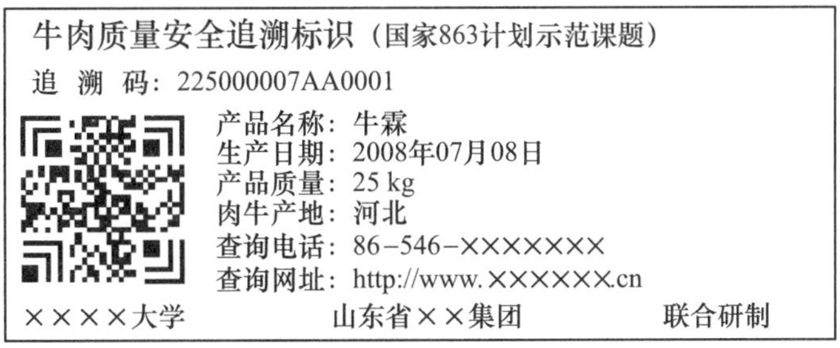

图 9.16　牛肉产品二维条码标签样本图

9.3.3　数据访问组件

本研究设计的数据访问组件主要负责系统中所有业务逻辑与数据库间的数据操作。在 .NET 开发中，数据访问组件是通过 ADO. NET 对象来实现这一目的的。ADO. NET 是一种全新的数据访问技术，它支持各种类型的数据存储器，可以处理大量用户同时对应用程序的数据库访问操作。

数据访问组件使用 ADO. NET 的核心是数据集。数据集是内存中数据库数据的副本。一个数据集包括许多数据表，每个数据表一般都对应一个数据库表格或视图。一个数据集组成了一个"断开的"数据库数据的视图。说得更精确些，数据集存于内存中，没有到包含相应表格或视图的数据库的活动的链接。这种断开的体系结构在读写数据库时只使用数据库服务器资源，从而具有更大的可收缩性。

本系统数据访问组件的功能主要体现在两个方面。一是通过 DataSet 或 DataReader 获取数据库中的信息，提供给业务逻辑组件数据，业务逻辑组件对数据进行处理后将数据显示给用户。在数据访问组件的方法中，如果操作成功，返回值是一个数据集。在 DataSet 的每一个表中都有一个默认视图对象——DefaultView 对象，基于 DefaultView 对象可以对数据进行排序、过滤等操作，以便于将数据和 .NET 控件进行绑定。二是在 Command 对象中除了从数据库中返回数据集外，还可以和 UPDATE、INSERT 和 DELETE 语句结合，对数据库记录进行更新、插入和删除等。这些操作都不涉及数据集，而是返回该命令所影响的行数，如果操作失败，则返回值为－1。要实现对数据库的 UPDATE、INSERT 和 DELETE，就要涉及 Command 对象中的 ExecuteNonQuery 方法，它是执行一条 SQL 语句，如果成功，返回数据库受影响的行数。而 Command 对象中还有一个对象，即 ExecuteScalar 对象，也是十分有用的，它是执行一条 SQL 语句，返回值为结果集中第一行的第一列，不过要此结果是个对象类型，需要对它进行类型转换。因此，通过数据访问组件，可以实现对数据库进行获取、插入、删除、更新、排序、过滤等功能。

以下一段代码获取屠宰监控信息。从代码中可以看出，此方法采用数据集从数据库中获取监控信息，在获取监控信息后对信息进行了排序处理。牛肉加工追溯系统就是采用了 ADO. NET 的这些对象建立了相应功能模块的类模型，从而实现牛肉加工数据访问组件的开发。

```
public DataView AbattoirWatchOrderBrowse(string orderkey)
{
    string sqlstring="select * from abattoirWatch";
    SqlCommand mycom=new SqlCommand(sqlstring, myconn);
    DataSet myds=new DataSet();
    DataView myview=new DataView();
    try
    {
        myconn.Open();
        SqlDataAdapter myda=new SqlDataAdapter(mycom);
        myda.Fill(myds, "abattoirwatchorderbrowse");
        myview=myds.Tables["abattoirwatchorderbrowse"].DefaultView;
        string sort=orderkey+""+"Asc";
        myview.Sort=sort;
    }
catch (SqlException myex)
    {
        Console.WriteLine("提交错误类型:{0}", myex.GetType());
        Console.WriteLine("错误信息:{0}", myex.Message);
    }
    finally
    {
        myconn.Close();
    }//end try
    return myview;
}
```

在.NET框架中建立一个组件,步骤如下:

①在新建项目添加类库;

②在类库中添加类;

③在类中添加组件引用、命名空间、接口以及功能代码;

④编译生成以.DLL为后缀的组件。

在将系统组件生成后,就该进行数据访问组件的部署与应用了。部署很简单,将生成的数据访问组件文件复制到项目下的Bin文件夹下,就完成了部署。而对组件的使用,则是首先在相应的项目中添加对数据访问组件的引用,然后在代码中添加对命名空间的引用。需要注意的是,要找到名称空间中的类,需要使用“.”分割显式地进行引用,最后在代码编写时,对数据访问组件中的类进行实例化后,就能使用组件中访问数据库的方法了。主要注意的一点是:如果建立网站,所编写的类是存放在App_Code文件夹下的,在ASP.NER2005中,应用程序默认的情况是先到此文件夹下搜索相应的类,如果存在,则不用引用命名空间,就能使用类中的数据库访问方法，这对编写程序并进行调试是很有帮助的。但如果将类生成组件后，复制到应用程序的 Bin 文件夹下，而原来生成组件的类还在 App_Code 文件夹中，则会出错，因为它们在同一个应用项目中重复出现，这时只要将 App_Code 文件夹中的类删除就能正常引用本系统中建立的数据访问组件了。

9.3.4 基于 RFID 的牛肉加工数据采集与传输系统的实现

基于 RFID 的牛肉加工数据采集与传输系统是牛肉加工追溯系统的基础，它采用三层开发架构来实现系统，数据访问是通过数据库访问组件进行的，业务逻辑处理有业务逻辑处理组件，其采集、传输和数据处理过程如图 9.17 所示。首先，在各个采集点通过 RFID 系统进行数据获取和写入，记录相关的记录信息，采集到的数据会通过通信技术传输到工作站系统的窗体显示界面，然后通过功能按钮，如保存、清除表等，触发业务逻辑组件，调用方法来处理请求信息，并把处理结果传给数据库操作组件，访问数据库。

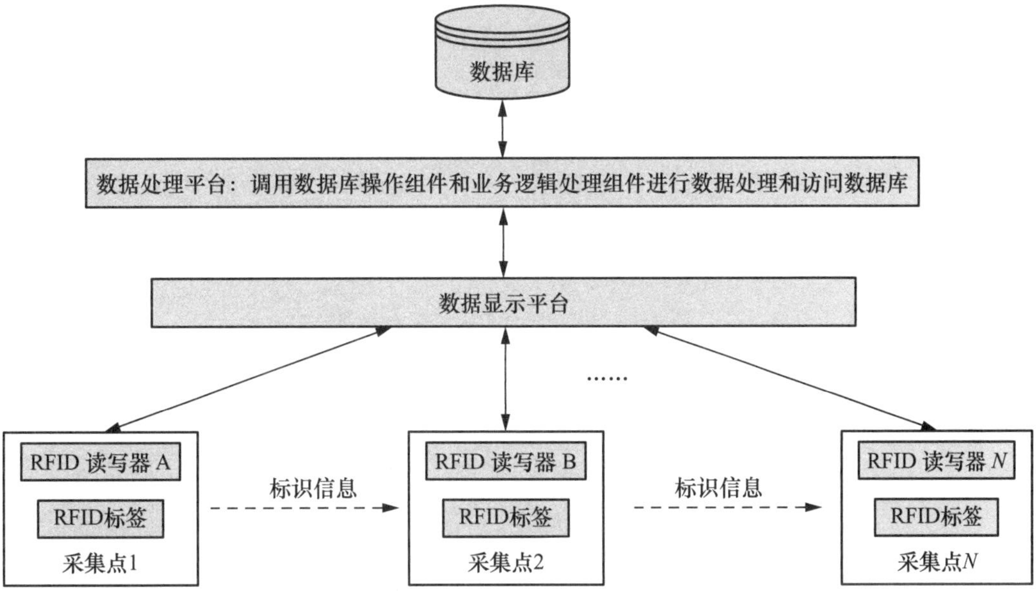

图 9.17 基于 RFID 的牛肉加工数据采集、传输和处理模型

基于 RFID 的牛肉加工数据采集与传输系统各数据采集点和系统智能设备控制的界面如图 9.18 和图 9.19 所示。图 9.18 显示了工作站系统对牛肉加工各数据采集点数据获取、处理、上传至服务器等操作的逻辑过程，(a) 是活牛待宰数据采集点，(b) 是胴体称重数据采集点，(c) 是四分体数据采集点，(d) 是称重包装、金属探测数据采集点。图 9.19 是 RFID 数据采集与传输系统的设备控制模块，负责调制设备参数。

9.3.5 服务器管理系统的实现

系统服务器管理能够保障基于 RFID 的牛肉加工追溯系统稳定、快速的运行，它除了对采

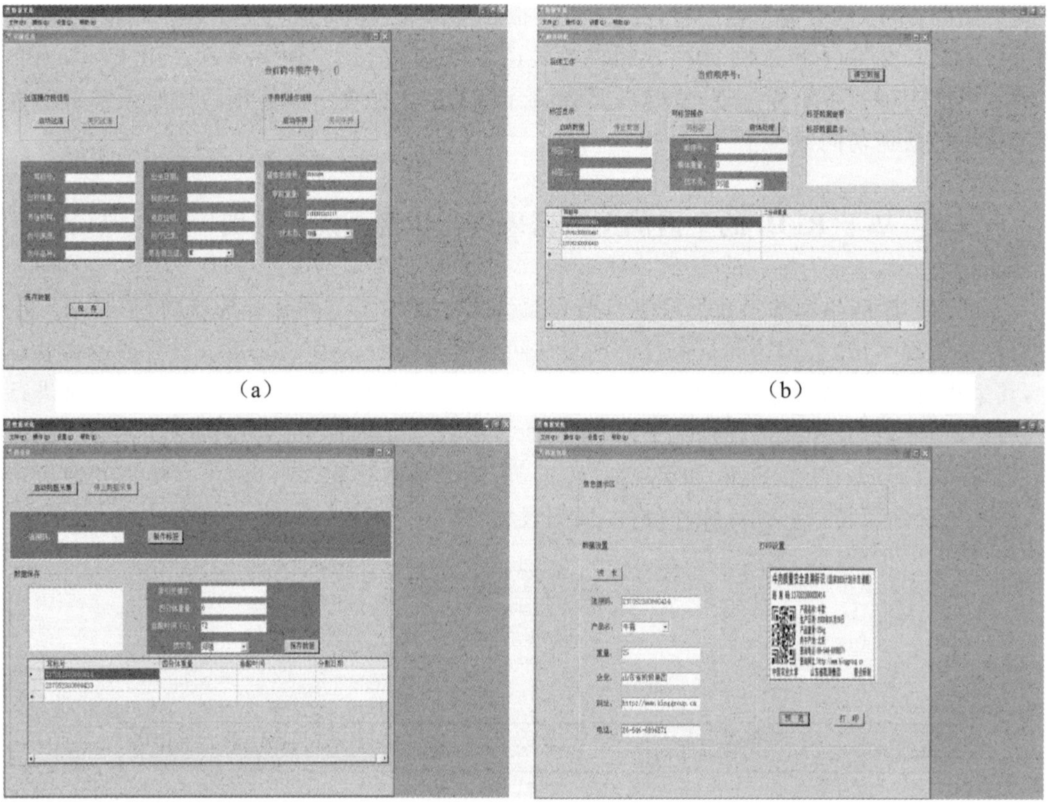

(a)　　(b)

(c)　　(d)

图 9.18　工作站各数据采集点界面

(a)宰前数据采集;(b)胴体分割数据采集;(c)四分体数据采集;(d)金属探测数据采集

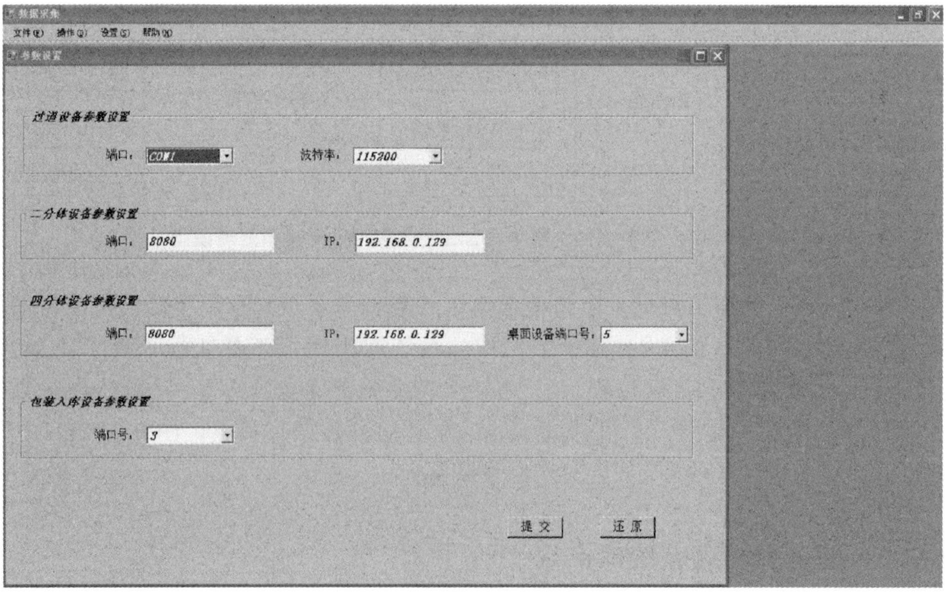

图 9.19　智能设备参数设置界面

集的数据进行管理外，还对牛肉加工过程的相关信息进行管理，包括添加、删除、更新、打印等，使得牛肉加工档案的管理实现数字化、智能化，大大地提高了牛肉加工质量追溯的有效性，为牛肉产品的质量安全提供了有力的保障。此外服务器系统还对系统本身进行维护，主要是对系统数据库进行维护。图 9.20 描述了服务器系统的管理模型。

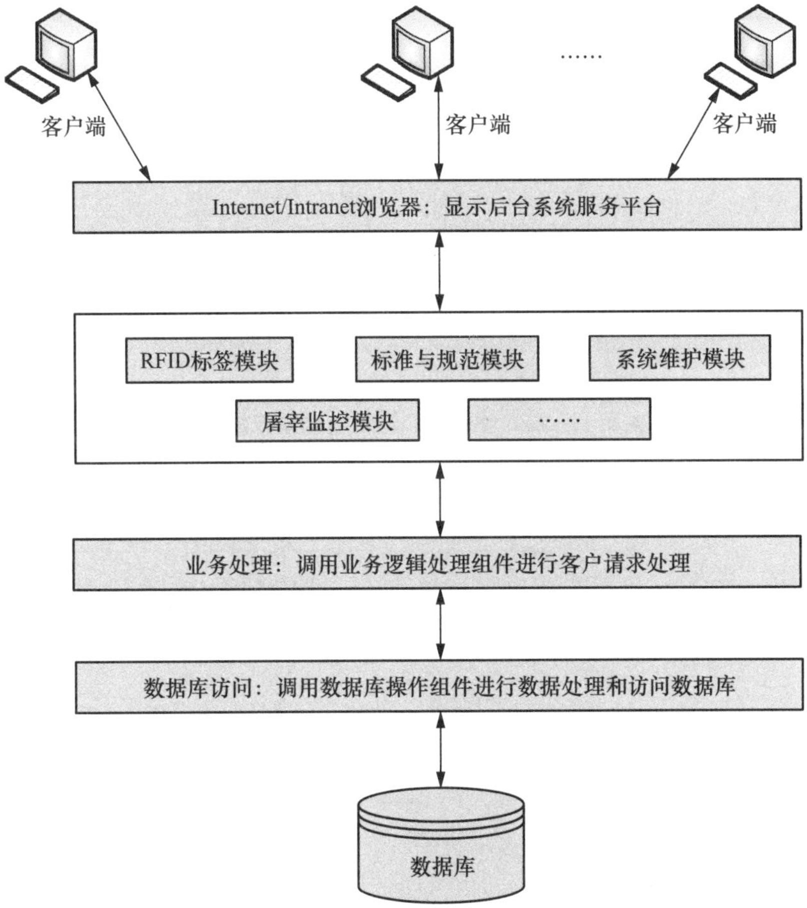

图 9.20 基于 RFID 的牛肉加工服务器管理模型

基于 RFID 的牛肉加工服务器管理系统是一个分角色管理的后台，普通的管理员进入系统后，可以进行日常生产信息的管理，但不能对系统进行维护；而超级管理员进入系统后，主要是进行系统的维护工作，不进行生产信息的日常维护工作。这样就将超级管理员从繁杂的管理工作中解放出来，更加集中于系统本身的管理和维护，有利于系统良好运行。服务器管理的部分界面如图 9.21 和图 9.22 所示。图 9.21(a)是添加屠宰监控信息的界面，图 9.21(b)是屠宰监控信息浏览和查询界面。每一个界面的左边是系统的导航，根据导航提供的链接可以快速进入其他信息模块。图 9.22 是以不同身份进入系统的界面显示效果，在系统的这一子模块中，可以控制系统用户的权限，进行角色维护和系统备份、恢复操作等。

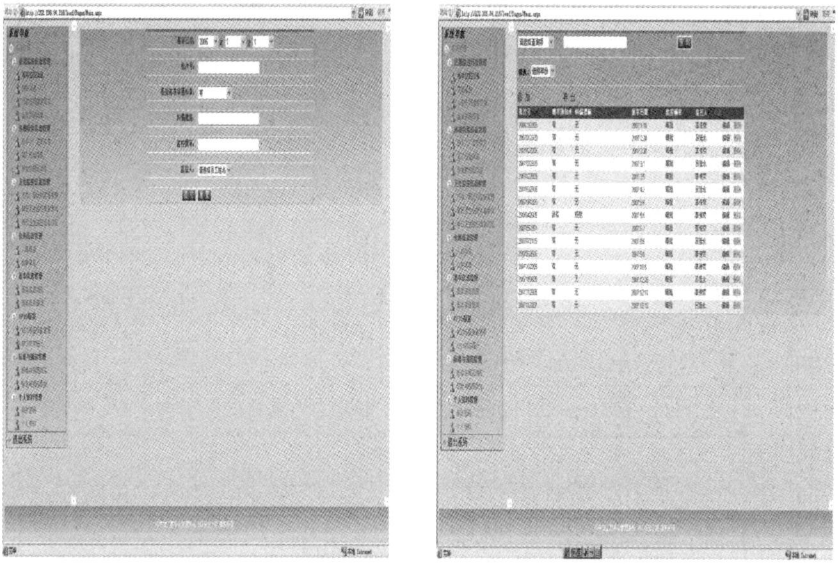

(a)　　　　　　　　　　　　　　(b)

图 9.21　屠宰监控界面，以普通管理员身份登录

(a)屠宰监控信息添加界面；(b)屠宰监控信息浏览和查询界面

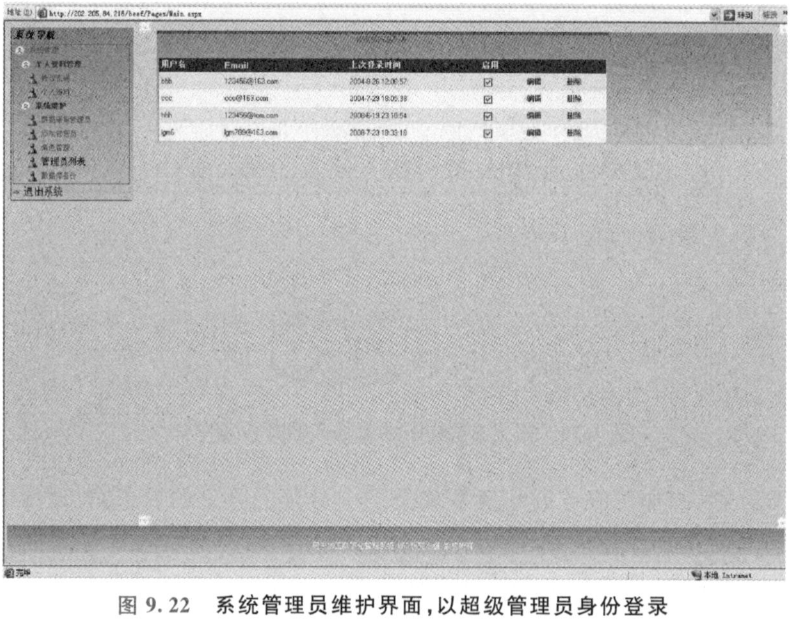

图 9.22　系统管理员维护界面，以超级管理员身份登录

参考文献

[1] Keskilammi M, Sydanheimo L, Kivikoski M. Radio frequency technology for automated manufacturing and logistics control. The International Journal of Advanced Manufacturing Technology, 2003, 21(10-

11):769-774.

[2] Lindau R, Lumsden K, Intl J. The use of automatic data capture systems in inventory management. Production Economics, 1999, 59:159-167.

[3] Moe T. Perspectives on traceability in food manufacture. Trends in Food Science & Technology, 1998, 9: 211-214.

[4] Rao K V S. An overview of back scattered radio frequency identification system(RFID). Intermec Technologies Corporation, IEEE 1999.

[5] [美]Mike Gunderloy, Joseph L Jorden, David W Tschanz 著. SQL Server 2005 从入门到精通. 曲丽君, 李军田,毛选,等译. 北京:电子工业出版社, 2006.

[6] 蔡东生, 李建武, 杨燕忠, 等. 低温罐装蟹肉 HACCP 体系的初步研究. 现代农业科技, 2008(15): 281-282.

[7] 陈冬萍. 射频识别技术应用研究:硕士学位论文. 上海:华东师范大学, 2006.

[8] 郭曼, 朱海鹏, 郦晶. 基于数据网格的 RFID 农产品跟踪与追溯系统研究. 农机化研究, 2007(11): 101-104.

[9] 郝刚, 袁永刚, 严治国, 等. ASP. NET2.0 开发指南. 北京:人民邮电出版社, 2006.

[10] 姜华. HACCP 在分割肉加工中的应用. 肉类工业, 2003(5) :10-13.

[11] 孔洪亮,李建辉. 全球统一标识系统在食品安全跟踪与追溯体系中的应用. 食品科学,2004, 25(6):188-194.

[12] 刘先德. 危害分析与关键控制点(HACCP)体系在中国肉类行业的建立和应用研究:博士学位论文. 北京:中国农业大学,2006.

[13] 潘曦, 郭珍军, 刘云. 基于 RFID 通信资源管理系统的设计与实现. 北京电子科技学院学报, 2006, 14(4):25-27.

[14] 宋瑞鹏, 韩瑞珠, 赵林度, 等. 基于 HACCP、GMP、SSOP 的生态园区食品质量控制模式. 物流技术, 2005(10):162-165.

[15] 孙立荣, 刘贤金. 草莓质量安全 HACCP 体系的建立与应用. 江苏农业科学, 2006(6):402-404.

[16] 王俊宇, 闵昊. 面向物流的 RFID 应用系统研究. 计算机工程与应用,2007, 43(13):22-25.

[17] 谢菊芳. 猪肉安全生产全程可追溯系统的研究:博士学位论文. 北京:中国农业大学, 2005.

[18] 曾祥兴. RFID 在生产物流数据采集中的应用. 物流科技, 2007(12):111-113.

[19] 赵勇, 赵国华. 食品供应链可追溯体系研究. 食品与发酵工业, 2007, 33 (9):146-149.

[20] 中华人民共和国科学技术部等十五部委. 中国射频识别(RFID)技术政策白皮书. 2006.

[21] 中华人民共和国农业部令第 67 号. 畜禽标识和养殖档案管理办法. 2006.

第 10 章

可追溯有效实施理论与实证

10.1　农业企业实施可追溯系统的理论框架分析

从经济管理角度研究农产品质量安全可追溯系统问题，必须构建一个清晰、完整的理论分析框架，提供一个分析的逻辑起点。本节首先分析农业企业实施可追溯系统需要研究的关键内容，进而基于关键成功因素分析法，从供应链角度分析可追溯系统实施的关键因素，形成分析框架。

10.1.1　研究范围及概念界定

10.1.1.1　农产品质量安全

目前，对农产品的定义说法不一，按照国际通行和国内普遍认可的观点，农产品是指植物、动物、微生物产品及其各层次加工品、副产品，包括一切以生物产品为最基础原料的食品、药品和其他轻工业产品，即具有食用的和非食用的两个方面。一般意义的农产品，大多指食用农产品。

按照《中华人民共和国农产品质量安全法》规定，农产品是指来源于农业的初级产品，即在农业活动中获得的植物、动物、微生物及其产品，重点是食用农产品。所称农产品质量安全，是指农产品质量符合保障人的健康、安全的要求。

对“农产品质量安全”而言，存在两种说法：第一种，是指质量中的安全，质量是指产品、过程或服务满足规定要求（需求）的特征和特性的总和（包括安全）。第二种，是指质量和安全的组合。质量是指农产品的外观和内在品质，即农产品的使用价值、商品性能，如营养成分、色香味和口感、加工特性以及包装标识等；安全是指农产品的危害因素，如农药残留、兽药残留、重金属污染等对人、动植物和环境存在的危害和潜在危害而言，这种说法符合国际通行原则。

本研究将农产品定义为：植物、动物、微生物产品及各层次加工的食用产品、副产品，包括一切生物产品及以其为基础原料的食用产品。农产品质量安全是指：生物产品及其加工产品的生产、包装、贮藏、运输、销售的全过程实现标准化，全过程能顺利进行，并且对人类无危险，对产品和环境无危害；生产的生物产品及不同层次的加工产品营养丰富，符合人类身体健康的需要和不断提高的物质生活要求，而且对人类无危险，对环境无危害。

这里所研究的可追溯系统是指全程追溯。在产品供应的整个过程中对产品的各种相关信息进行记录存储的质量保障系统，其目的是，在出现产品质量问题时，能够快速有效地查询到出问题的原料或加工环节，必要时进行产品召回，实施有针对性的惩罚措施，由此来提高产品质量水平。“农产品可追溯系统”是追踪农产品（包括食品、饲料等）进入市场各个阶段（从生产到流通的全过程）的系统，有助于质量控制和在必要时召回产品。从用途上讲，农产品分为食用农产品和工业用农产品。就目前食品安全事件对人类生命健康造成的危害来说，解决食用农产品的质量安全问题迫在眉睫，本研究主要论述针对食用农产品的可追溯系统。

10.1.1.2 行为主体

行为主体（agent）是指，在一定的约束条件下，采取各种可能的行为追求自身利益目标的一切个人和组织，组织包括企业、政府机构、农户等。行为主体同时也是利益主体。不同行为主体的利益目标是不同的，同一行为主体的利益目标又是多元化的，既包括经济利益目标，也包括政治利益目标、社会利益目标等。当然，不同行为主体对这些目标的偏好次序是不同的。本研究中的行为主体主要是指处于供应链上的农业企业（农产品加工企业，包括初级和后续工序加工企业）。

10.1.2 供应链环境下农产品可追溯系统实施过程分析

供应链是围绕核心企业，通过对信息流、物流、资金流的控制，从采购原材料开始，制成中间产品以及最终产品，最后由销售网络把产品送到消费者手中的将供应商、制造商、分销商、零售商、直到最终用户连成一个整体的功能网链结构模式。供应链管理就是通过对供应链中的物流、信息流和资金流进行协调、管理，对企业所处供应链中的各种竞争力和资源进行集成，旨在提高企业间协作和整体运作效率的一种管理模式。

可追溯系统作为企业信息化的一种方式，在一定的深度和广度上利用了计算机技术、网络技术和数据库技术，控制和集成化管理企业生产经营活动中的所有信息，实现企业内外部信息的共享和有效利用，对企业的经济效益和市场竞争能力的提升有很大作用。可追溯系统是信息技术和食品安全保障制度发展的必然结果，通过它的应用，在保证农产品质量安全的同时，也为农业企业的各级决策者提供充分、及时、准确的决策依据，实现企业各类信息的有效集成。

10.1.2.1 农产品可追溯系统的功能

1. 农产品可追溯系统本身的功能

根据李里特、乔发东（2006）的研究，食品安全可追溯制度主要由5个部分组成。

（1）记录管理：生产经营记录是食品可追溯系统最基本的功能，要保证生产经营者真实地记录消费者所关心的食品生产和流通各个阶段的信息，以便于查询，使消费者可以感受到生产经营者对食品安全负责任的态度。

（2）查询管理：最终的产品包装上需要贴有追溯标签，也就是产品的编号，消费者可以在消费场所（超市、商场等）或家中的联网计算机通过此编号来查询有关该产品的信息，即可以由餐桌回溯到农场，了解其完整的生产、运输与销售过程，以提高消费者对产品的信心。这种连接生产者与消费者的编号系统，作为消费者可以直接使用的信息查询检索工具，是构建整个食品追溯制度的信息技术核心之一。

(3) 标识管理：食品标识是食品可追溯系统建设中最为重要的管理信息。它的基本功能是能够对食品进行跟踪识别。进行食品追溯，要求在食品供应链中的每一节点，不仅要对自己加工成的产品进行标识，还要采集所加工的食品原料上已有的标识信息，并将其全部信息标识在加工成的产品上，以备下一个加工者或消费者使用，这好比一个环环相扣的链条，任何一个环节断了，整个链条就脱节，而供应链中跨环节之间的联系比较脆弱，这是实施食品追溯的最大问题。

(4) 责任管理：通过标识管理，在发生了食品安全问题的情况下，通过传递发现问题的有关信息确定有关生产经营主体的原因，确定有关产品的批号是在库存中，还是在运输中，或者已经售出，同时确定其他有同样质量问题的批号并采取纠正行动，从而明确界定在供应链不同阶段中相关主体的责任，减少消费者的疑虑和恐慌。

(5) 信用管理：在食品追溯制度建设中的一项重要内容，就是生产经营者必须负责该阶段信息的真实性，每一阶段的从业者必须记录此阶段的进货来源、储存处理信息，同时记录先前的生产与流通履历，并对这些记录负责。如果发生以假充真、以次充好、擅改标识或记录的情况，在追查食品真伪时便可自下游往上游追溯，追查出不安全食品及违纪犯法的从业者，实行产品召回，依法惩处失信，维护社会公平。

2. 农产品可追溯系统的经济功能

可追溯系统实质上是企业的一项投资或一种资产，它也必须服务于企业利润最大化或企业价值最大化的总目标。一个信息系统在经济上是否有效益，是企业最为关心的，也是信息系统本身存在的合理性和生命力所在。同一般的信息系统类似，农产品可追溯系统的基本经济特征也主要包括 3 个方面。

供给方面：可追溯系统需要大量的资金投入，在可追溯系统研制和实施阶段，企业必须投入大量的开发和维护费用(固定成本和可变成本)，随之的费用可能相对减少，直至可追溯系统实现其全部的设计目标。此外，在可追溯系统研究中，有关的技术资源(硬件、软件、通讯技术等)、组织资源以及系统开发过程中所获得的知识和经验，都有可能转移到其他系统中去。

需求方面：随着可追溯系统的推广应用，其经济效益不断被企业所认识，对其他企业引进和应用可追溯系统的原动力将产生积极影响，在经济学中则称为网络的外在特性。对于可追溯系统的实际收益，存在一定的不确定性，因为只有可追溯系统使用后才会产生一定的效应，可能产生积极影响，也可能产生负面效应。已采用可追溯系统的用户(企业)的使用结果将对未采用者是否采用可追溯系统的行为产生一定影响。

信息方面：可追溯系统能够减少顾客获取产品质量属性以及来源等有关信息的费用，也能减少厂商向顾客提供价格特性所需的通讯费用。

3. 农产品可追溯系统在企业中的功能体现

可追溯系统在企业中的应用需要与企业的管理变革相辅相成，相互促进。企业管理者不但需要思考如何有效地实施和应用可追溯系统，还需要进一步认识和把握可追溯系统的深入发展对企业的竞争战略、组织结构等所产生的深远影响。

可追溯系统应用的深入，会在不同阶段对企业的业务、组织结构和战略体系产生影响。可追溯系统实施的最初目标是出于对农产品质量安全的保证和监督，可追溯系统的整个运作过程是通过农产品供应链经济主体间的信息共享来实现的，因此降低了农产品质量安全信息的不对称性，出现问题能够查明问题环节，明确社会责任主体。随着可追溯系统这种新技术应用的深入，逐渐使实施可追溯系统的农业企业与其他同类企业具有了显著的区分，从而体现出了差异化优势，潜意识地成为企业取得竞争优势的一种战略，这样一个过程如图 10.1 所示。

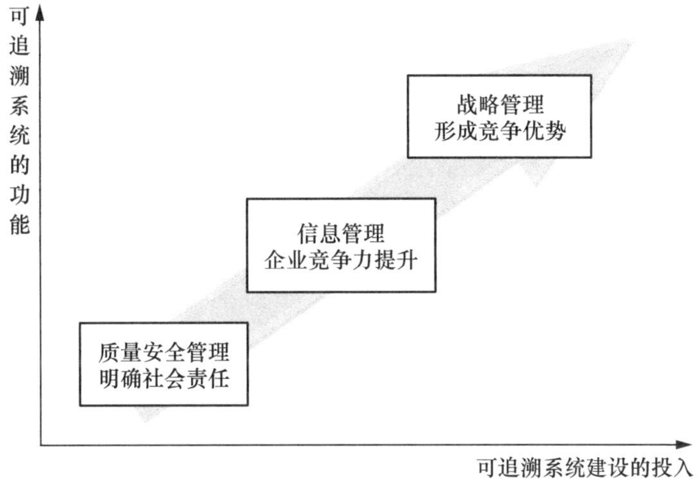

图 10.1　可追溯系统的功能层次

从网络经济性原理来看，实施可追溯系统的企业与不实施可追溯系统的企业相比，前者比后者更具有竞争优势，实施可追溯系统后，企业的收益会持续不断地增加。首先，最开始引入可追溯系统的企业虽然要投入大量的固定成本，但是能够较快占领可追溯产品的市场，很有可能成为市场的主导企业，实施可追溯系统成为企业竞争的手段之一；其次，在加入系统的成员企业很少时，具备可追溯性的产品的数量和种类都很少，每个企业和消费者获得的效用很低，在成员企业数量增加时，具备可追溯性的产品的数量和种类随之增多，追溯发挥的作用增大，每个企业和消费者得到的效用不断增加。因此，当实施可追溯系统的企业数量突破临界值时，每个企业从中获得的收益会不断增加。

上述分析表明，可追溯系统在企业中的应用功能不断深化，从最初的业务管理发展到运营管理，而且会进一步发展到知识管理和战略管理。可以说可追溯系统对企业的影响将会越来越全面、越来越深刻，对企业管理的冲击也越来越强。归纳起来讲，可追溯系统的功能首先体现在质量安全管理，其次是信息管理，最后上升到战略管理。通过对前人研究成果的总结也可以发现可追溯系统在企业中应用的功能主要体现在这 3 个方面。

农产品质量安全管理是可追溯系统实施的最根本目的。要保证农产品质量安全，可追溯系统需要具备 6 个关键因素，即：产品追溯（产品在供应链任何环节中的物理地点），过程追溯（与农产品生长和后期收获操作有关活动的类型和次序），遗传追溯（农产品的基因组成），输入信息追溯（肥料，化学喷雾器，灌溉水，牲畜，种子以及附带品的类型和来源），疾病和有害物追溯（细菌，病毒以及其他病原体的有害物，生物危害），检验追溯（整个供应链中每个个体的测量结果，检验标准）。此外，可追溯系统的安全管理功能还包括：库存控制和供应链管理（跟踪库存信息，提高供应链管理效率），识别和纠正质量安全问题，明确责任方，通过供应链各方的合作协调降低交易成本。

在可追溯系统中，保障农产品质量安全的途径是降低供应链中各个利益相关主体的信息不对称性。农产品质量安全具有经验品和信任品特性，消费者难以通过有效途径获取这些信息，生产经营者不会主动向消费者提供真实全面的质量安全信息，因此农产品市场上形成了消费者与生产者之间的信息不对称。可追溯系统的运行中，质量安全信息会沿着农产品供应链逐渐传递，经过每一个环节，该环节上的经营主体都有责任记录并标识此环节的进货来源、加工处理等相关信息，同时还必须记录此环节之前的生产与流通履历信息，并将所有的信息标识在加工后的产品上，以被下一个经营主体或消费者所使用。可追溯系统的实施能够经过事后的追溯降低医疗、劳动力损失等社会成本；通过供应链追溯事故产品，明确责任；事前的安全检查降低了消费者寻求质量安全产品的信息成本，最终会有效地减少食品质量安全中的信息不对称现象(Jill E. Hobbs,2004)。而且，食品可追溯系统中储存的信息可以用来移除供应链中不安全食品，或者阻止不安全食品进入食品供应链(Jansen-Vullers et al,2003)，比如食品召回功能，储存在可追溯系统中的信息用来后向追溯，检查出现问题的来源，前向追溯发现具有同样属性的产品或者事件。但是，信息源的追溯程度需要相应的成本，因此，追溯的广度(信息记录的数量)、深度(向前或向后追溯的程度)和精确度(查明出现问题的来源的准确性)对信息公开化都会有影响(Souza-Monteiro and Caswell,2004)。

除了上面所描述的通过信息共享保证农产品质量安全的基本目标外，可追溯系统在企业中应用的最高层次，应该是通过对决策者提供决策参考信息，如供需、库存量等各方面信息，辅助决策者制定企业发展战略。近年来，食品消费呈多元化、个性化、高层次化趋势发展，食品市场细分明显，竞争程度激烈，各国食品企业都在寻求差异化战略来捕捉市场空间，求得生存与发展。可追溯系统的实施有效保证了食品质量安全，纷纷被许多相关企业作为一种竞争战略采用。Elise Golan 等人(2004)在对美国食品安全追溯链的研究中发现私营仓储管理在追溯链中发挥了关键性作用，并认为建立可追溯系统能够有效提高食品企业利润，取得竞争优势。实证结果也表明，可追溯系统在满足了保证食品质量安全的同时，其追溯性还有很重要的价值，如果进一步加以考虑，在一个严密控制的供应链环境中，把食品的可追溯性与正面的质量安全相结合作为一种差异化战略，则可以成为企业竞争优势的来源(Jill E. Hobbs,2006)。目前，农产品可追溯系统也已经成为各国农产品质量安全控制体系的重要组成部分，很有可能成为农产品国际贸易的技术壁垒之一，对于出口型农业企业来说，为了更好地占领国际市场，更有必要尽快实施可追溯管理。

因此，可追溯系统的实施通过成功传递农产品的过程信息，降低了供应链利益相关者的信息不对称性，保障了农产品的质量安全，更重要的是帮助企业实现了产品差异化，成为增强企业竞争力的有效途径。

10.1.2.2 农产品可追溯系统实施前的分析

可追溯体制的实施需要政府和企业两大主体来进行监督和合作，根据他们的作用，将可追溯体制分为两类，一类是政府通过法律法规强制要求企业建立实施农产品可追溯体制，为企业提供必要的协助支持或补偿，如欧盟的牛肉标签制度；另一类是企业主导实施的可追溯体制，一般是核心企业通过与供应链上下游企业进行协商来主导实施，如英国和荷兰的肉牛可追溯系统，以及加拿大的牲畜标识认证。

任一种可追溯体制的实施，其各经济主体的动机都会不同。对农产品加工企业来讲，他们的决策并非以消费者安全性为中心，当认为收益高于成本时才会向消费者提供额外的安全信息记录(于辉，安玉发，2005)。但如果政府要求高于企业愿意提供的水平，即政策制定向社会最优状态靠近，两者之间的成本差异可否由消费者来承担则取决于消费者的感知水平和支付意愿。在可追溯系统应用前，首先需要分析可追溯信息的提供者（主要是指农产品生产者和相关企业）的意愿情况，以及可追溯系统的主要受益者（主要是指消费者）是否愿意承担部分成本（通过对可追溯农产品的支付意愿来表现）。

广大分散经营的农户是农产品的生产者，也是提供食品原料的主体，农户在种植（养殖）农产品的生产过程中，如果不按照食品安全规范的要求进行生产，则会导致农产品收获后存在质量安全问题，在没有监管或监管效率低下的情况下，就有可能流通到消费者手中，对个人身心健康和社会造成严重危害。因此，他们的生产行为直接决定了农产品的质量安全。农产品生产追溯体制是先进的生产技术，可以提高农产品质量安全管理水平。农户建立农产品生产可追溯体制，实际上是农户采用一项新的生产技术。农户对新技术的采用过程需经由认识、感兴趣到评价、试验、采用等阶段（杨永亮，2006）。因此，对农户而言，建立农产品可追溯体制是农户的生产行为，是农户的一种投资决策，在做出新的投资决策时会表现出特定的行为，其接受程度和决策受到各种因素的影响。已有的实证研究表明（朱丽娟，2004；朱燕，2004），目前，农户对农产品生产可追溯体制的认知程度较低，农户的质量安全行为受其行为态度（受心理感受如愉快、满足等影响）、目标和认知行为控制的影响，态度是影响程度最强的一个。大年龄户主在常规农产品生产和安全农产品生产中，会倾向于继续生产常规农产品，安于现状，对新技术的接受能力较弱。主要是政府宣传力度不够，产业化组织及政府政策对农户参与农产品生产可追溯体制建立的意愿有重要影响。

企业是农产品的加工者，除了负责对食品原料进行检验外，还要按照可追溯性体制的要求安排企业内部的加工和管理流程，保证农产品出厂的质量安全。企业建立可追溯系统是为了传递产品质量与过程信息，达到满足法规要求、明确责任主体，实现产品差异化等目的。企业是否愿意建立可追溯系统，首先需要对建立可追溯系统的成本和收益进行权衡，当成本小于收益时，才会存在实施可追溯系统的意愿并付诸实践。这些成本包括“建立成本”和“运行成本”（于辉，2006），即制订计划、人员配备、技术设备（产地信息采集与转化设备，追溯标签等）的成本和运行中的信息管理成本。收益主要体现为保护企业声誉，赢得部分顾客群体，增强了消费者对本行业的了解，降低了社会医疗成本等（师严涛，2006）。实施可追溯系统的成本受到农产品追溯深度、广度和精确度的影响，在企业看来，提供追溯信息或追溯到某种程度所带来的收益低于成本时，则会选择是否停止追溯或者改变现有的追溯模式以降低成本。因此，企业在建立可追溯系统前，必须了解相关法规要求，明确哪些信息是必需的，哪些特性对消费者有价值，值得追溯，从而降低工作量，捕捉有用信息，防止企业过于追溯过多信息而造成成本上升（Elise Golan et al.，2003）。

消费者是可追溯农产品的接收者，他们对农产品质量信息的需求和购买、风险偏好、搜集成本与收益，以及消费者个体特征都会影响企业建立可追溯系统的行动，从而影响到可追溯体制的实施。对于一些表面上存在问题的农产品，消费者退还给零售商就可以解决。但是对于表面上看起来没有问题但事实上已经受到微生物污染的农产品，对其进行追溯是非常困难的。因为微生物污染往往是小概率的，而且表现并不激烈，即使将它们进行测试也不能够指出污染问题，只有当人生病之后，医学机构会认为是由于食品遭受微生物污染的缘故，但是，变质的食品可能早就被扔掉了，包装箱或其他包装物上的信息也可能已经无法识别。此时，供应链中所有企业的记录信息就很关键。

10.1.2.3 **农产品可追溯系统实施中的分析**

可追溯系统在实际应用时所需要的信息并非就能完全获得，即使得到了，在中国目前的农产品市场环境中，相关主体提供的信息的真实性和可信性也值得考虑。因此，可追溯系统实施过程中的监管与激励机制分析就显得尤为重要，是需要认真思考的问题。

企业实施可追溯系统的动机在于企业固有的生产不稳定性，由于道德风险和机会主义引起的不确定性，产品特征的可观察性，采用可追溯技术花费的控制成本，以及企业对这些过程的控制程度(Brian L. Buhr,2003)。在可追溯系统实施的背景下，企业和供应商的合作程度受供应商变量（如原材料特征、供应商类型和供应商的地理位置）、企业变量（如企业的策略和纵向一体化程度）和竞争环境变量（如原产地认证）的影响(Luis Arturo Ra bade,Jose Antonio Alfaro,2006)，可追溯系统实施中所用的资源受企业变量（国际化、规模和产成品的特征）、竞争环境变量（消费者的压力和法律环境），以及可追溯系统和企业—供应商合作关系的影响。同时，可追溯系统实施的环境下，食品质量安全危险的成本和惩罚效应会对供应商为食品安全所付出的努力产生影响(Moisés Resende-Filho,2007)。可追溯系统的实施作为一种激励机制，可以促使食品加工企业为保证食品安全付出更多的努力，高的食品安全危险的外部成本会促使企业订立高要求的合约，阻止不安全食品进入供应链。

10.1.2.4 **农产品可追溯系统实施后的分析**

除分析可追溯系统实施前和实施过程中的关键点外，实施后的效应研究仍然很重要。可追溯系统的实施主体需要对可追溯系统的实施现状以及产生的影响进行权衡，从而考虑是否对已实施的可追溯方案进行改进，比如更好地提高追溯的程度同时降低运行成本，或者先期没有采用可追溯系统的主体是否重新考虑加入可追溯系统。

因此，对农业企业来讲，管理者除了要思考如何有效地实施和应用信息技术与信息系统，还需要进一步认识和把握信息技术与信息系统对企业的竞争战略、组织结构、运作方式以及本行业所产生的深远影响。可追溯系统的实施保证了农产品的质量安全，实施后会对农产品市场、产业组织和企业的经济效益等产生不同的影响。它会引起供应链节点各方的价值、不确定性、激励机制和决策权的重新分配，以保证信息流的精确性和质量安全的真实性，从而对供应链结构产生影响(Sykuta Michael,2005)，即所谓的组织效应问题。

可追溯系统的实施降低了企业控制农产品安全质量方面的成本（以前企业需要对原料进行全面的检验，有了可追溯系统提供的丰富信息，则会节省过多繁琐的程序，从而降低质量安全控制成本），减少了信息不对称性，加快了质量安全的信息交换，降低了企业外部交易成本，从而对企业边界（垂直一体化）产生影响(Brian L. Buhr,2003)。除了对企业边界的扩张或收缩产生影响外，也会对企业的内部组织产生影响，如可追溯系统提供的供需等信息辅助企业决策的制定，能够加强产业的垂直关系和等级管理结构，同时，企业现有的垂直一体化管理方式对可追溯系统的实施也具有一定的补充性。

可追溯系统与供应链管理方式的结合会给生产商、物流企业、消费者和产业带来竞争优势(Fen-Lan Chen et al,2006)，主要体现为：生产商能够根据检验报告及时发现问题，获取生产记录数据进行生产成本分析和管理，设立更高的价格；物流企业根据信息修正营销策略，降低管理成本；消费者提高消费信心，降低消费风险；产业通过及时查明问题产品能够明确责任，降低产业风险。

10.1.3 供应链环境下可追溯系统实施的关键因素分析框架

10.1.3.1 农产品可追溯系统有效实施的分析方法

一般来讲，信息系统的成功实施需要采用合理的系统规划，即从组织的宗旨、目标和战略出发，对企业内、外信息资源进行统一规划、管理与应用，从而规范组织内部管理，提高工作效率和顾客满意度，最终为企业获取竞争优势，实现企业的长远发展(杨青等，2000)。研究表明，企业规划与信息技术/信息系统实施规划的联系程度影响着战略规划目标的成功实现。它是连接组织战略、业务流程与组织、信息架构这三大关键环节的重要工具和方法。信息系统实施规划方法有很多，每种规划方法都有自身的特点和适用范围。目前，具有代表性且应用广泛、影响较大的方法有 4 种。

1. 战略集合转移法

战略集合转移法(strategy set transformation，SST)是 William King 于 1978 年提出的，他把整个战略目标看成“信息集合”，由使命、目标、战略和其他战略变量组成，管理信息系统(management information system，MIS)的战略规划过程是把组织的战略目标转变为 MIS 战略目标的过程。

这个方法的第一步是构造组织的战略集，采用以下步骤：①描绘出组织各类人员结构，如经理、雇员、供应商、顾客、贷款人、政府代理人、地区社团及竞争者等；②识别每类人员的目标；③对于每类人员识别其使命及战略。第二步是将组织战略集转化成 MIS 战略。MIS 战略应包括系统目标、约束以及设计原则等。这个转化的过程包括对应组织战略集的每个元素识别对应的 MIS 战略约束，然后提出整个 MIS 的结构。

2. 企业系统规划法

企业系统规划法(business system planning，BSP)是 IBM 在 20 世纪 70 年代提出的，旨在帮助企业制定信息系统的规划，以满足企业近期和长期的信息需求。它较早运用面向过程的管理思想。它的基本思路是要求所建立的信息系统支持企业目标，表达所有管理层次的要求，向企业提供一致性信息，对组织机构的变革具有适应性实质，即把企业目标转化为信息系统战略的全过程，从而更好地支持企业目标的实现。

企业系统规划法是一种能够帮助规划人员根据企业目标制定出 MIS 战略规划的结构化方法。通过这种方法可以确定出未来信息系统的总体结构，明确系统的子系统组成和开发子系统的先后顺序；对数据进行统一规划、管理和控制，明确各子系统之间的数据交换关系，保证信息的一致性；利用它能保证信息系统独立于企业的组织机构，使信息系统具有对环境变更的适应性，即使将来企业的组织机构或管理体制发生变化，信息系统的结构体系也不会受到太大的冲击。

3. 关键价值链环节法

关键价值链环节法(value chain analysis，VCA)认为，由于信息技术的发展和它的社会应用越来越广泛，信息技术在企业中的应用问题越来越受到重视。然而由于资金、技术等一系列现实问题，企业信息化是不可能一蹴而就的，必须根据企业实际情况，制定一个循序渐进的发展战略。即要确定企业哪些部门或生产过程先进行信息化，哪些可以等待更好的时机(陈国青，郭迅华，2005)。因此，需要将企业按照价值链分为多个环节，先照顾那些最需要信息技术支持的环节，这些最需要的环节的确定就需要进行关键价值链环节分析。

要判断哪个环节最需要信息技术支持，首先应该了解信息技术对每个环节提供怎样的支持，信息技术是通过改变价值活动的进行方式来影响价值链的，价值链中的每一个环节都具有物理上的实际部分和信息处理部分，每个信息处理部分都可以得到信息技术的支持，信息技术的应用可以增加价值（应用于增值环节，导致附加价值的增加），也可以降低价值（应用于减值环节，使流程变得更有效率，减少价值损失）。关键价值链环节法的核心就是对关键环节的辨识。

4. 关键成功因素法

1970 年哈佛大学 William Zani 教授在 MIS 模型中用了关键成功变量，这些变量是确定 MIS 成败的因素。过了 10 年，麻省理工学院 John Rockart 教授把关键成功因素法提高成为 MIS 的战略。应用这种方法，可以对企业成功的重点因素进行辨识，确定组织的信息需求，了解信息系统在企业中的位置。

所谓的关键成功因素（critical success factors，CSF），就是关系到组织的生存与组织成功与否的重要因素，它们是组织最需要得到的决策信息，是管理者重点关注的活动区域。只有这些因素得到适当关注，才能保证企业的业务运作有目标地、健康地进行；否则，资源的投入和组织的运作往往事半功倍。因此它对组织的战略计划制定以及组织的信息系统规划都有着重要的意义，并已被应用到这两个领域。

不同组织、不同的业务活动中的关键成功因素是不同的，即使在同一组织同一类型的业务活动中，在不同的时期，其关键成功因素也有所不同。因此，一个组织的关键成功因素应当根据本组织的判断，包括企业所处的行业结构、企业的竞争策略、企业在本行业中的地位、市场和社会环境的变动等。

关键成功因素的基本思想是，在现行系统中总存在着多个变量影响系统目标的实现，其中若干个因素是关键的和主要的（即关键成功因素）。通过对关键成功因素的识别，找出实现目标所需的关键信息集合，从而确定系统开发的优先次序。

CSF 方法的意义在于为组织的高层管理者成功履行自己的管理职责，并为实现组织目标提供一个清晰的思路和有效的方法，即管理者可以根据组织目标确定关键成功因素，制定描述相应关键成功因素的关键性能指标，紧紧围绕关键成功因素开展工作并凭借关键性能指标评价管理工作成效，从而形成一个以组织目标为设定值，以调控行为的成效为检测结果的包括组织目标、管理者和信息系统在内的反馈控制系统。管理者可以借助信息系统观测关键性能指标而得知关键因子的状态，再通过对关键因子状态的调控保证基础子目标的实现，然后促成组织目标的最终实现（陈国青，郭迅华，2005）。

关键成功因素有 4 个主要来源，分别是：

产业结构：不同产业因产业本身特质及结构不同而有不同的关键成功因素，此因素决定于产业本身的经营特性，该产业内的每一公司都必须注意这些因素。例如，如果想在汽车工业中获得成功，有魅力的造型、有效的交易组织、生产的严格控制及质量是很重要的因素；而对于一个超级市场来说，则比较看重产品组合、库存管理、促销手段和价格等因素。

竞争策略、产业中的地位及地理位置：企业的产业地位是由过去的历史与现在的竞争策略所决定，在产业中每一公司因其竞争地位的不同，关键成功因素也会有所不同，对于由一或两家大公司主导的产业而言，领导厂商的行动常为产业内小公司带来重大的问题，所以对小公司而言，大公司竞争者的策略可能就是其生存的竞争的关键成功因素。

环境因素：企业外在因素（总体环境）的变动会影响每个公司的关键成功因素。如政府政策对公司营业额会有影响，外国汇率情况对进出口企业产生影响；又如在市场需求波动大时，存货控制可能就会被高层领导视为关键成功因素之一。

暂时因素：是指在某一特定时期对组织的成功产生重大影响的关键成功因素，大部分是由组织内特殊的理由而来。如接管一家公司时，把公司改造为本行业水平规模和找出高效的领导机构就是当时的关键因素。

5. 四种分析方法的比较

上述4种分析信息系统实施的规划方法各有优缺点和适应性。根据潘自强等(1999)的研究，上述4种方法可以归属为3种类型：①以数据为中心；②以决策信息为中心；③以运营过程为中心。

(1) 以数据为中心的信息系统战略规划方法：企业系统规划法(BSP)是一种以数据为中心的规划方法，其核心是数据，一般要涉及数据实体或数据类的识别、抽取以及数据库的逻辑分析甚至设计。这类方法在企业过程建模以及企业数据库逻辑分析与设计方面有独到之处，但在企业战略分析方面的功能较弱。

它的步骤是自上而下进行规划、自下而上进行实施。该方法通过分析企业的使命、目标和职能来识别企业，根据企业实体和企业过程来识别数据类，最后按照数据库分析与设计的原则对数据类进行归纳合并。最终的规划报告将提供一个全局的信息系统结构和各子系统的实施方案。BSP方法强调，高层管理人员的支持和参与是规划的成败关键。而且，BSP方法周期较长，需要花费很长的时间才能完成所要求的各项任务，而企业往往难以在投入很长时间的规划后才开始建设实施应用系统，因此忽略某些环节，导致最终结果存在缺陷。它也是一种相对"静态"的规划方法，其着眼点为规划时的状态，一旦环境条件或组织自身属性发生了改变，那么对战略的调整只能依靠重新进行一次完整的BSP规划来完成。

(2) 以决策信息为中心的信息系统战略规划方法：以决策信息为中心的方法有战略集合转移法(SST)和关键成功因素法(CSF)，这类方法的特点是以企业的战略决策信息为核心来考虑信息系统战略规划，在处理企业战略与信息系统战略的相互影响关系方面功能较强，而在企业过程建模等方面功能较弱。

战略集合转移法提供一种建立起信息系统战略规划与组织战略相关联的方法，将组织战略转化为信息系统战略。它首先识别组织的战略集合，然后转化为信息系统战略，包括信息系统的目标、约束及设计原则等等，最后提交整个信息系统的结构。

关键成功因素法是通过与高级管理者的交流，了解企业的发展战略及其相关的企业问题，识别企业的关键成功因素，根据这些关键成功因素来分配信息资源的优先级别，并帮助企业利用信息技术发掘新的机遇，直观地引导高级管理者纵观整个企业与信息技术之间的关系。它能够帮助高层管理人员明确信息需求和建设信息系统的必要性。它始于明确商业目标，是自上而下的方式。商业需求是不断变化的，因此要求计划具有持续适应性，所以该方法支持对新挑战更快的反应。CSF方法具有外部焦点性，并不关注未来要开发的信息系统的技术性部分。

(3) 以运营过程为中心的信息系统战略规划方法：关键价值链环节法(VCA)是一种以运营过程为中心的信息系统战略规划方法，其关注的核心是能给企业创造价值的运营过程或活动，分析如何能给企业增强竞争力。该方法认为信息技术在组织的战略牵引力方面能起关键作用，它将一个组织视为一系列的输入、转换与输出的活动集合，而每一个活动都有可能相对于最终服务或产品产生增值行为，为增强企业的竞争地位做出贡献；利用信息技术在价值链中识别并放置"信息增强器"进行增值以提高组织的竞争力。

综上所述，关键成功因素法能抓住主要问题，使目标的识别突出重点，它将一个组织的信息需求归纳为由少数的几个关键成功因子决定，而且这些因子是可执行的目标，是由企业、管理者和外部环境因素所形成(企业达到既定目标所不可缺少的业务、技术及人力要素)，如果这些目标可以达到，那么企业或者组织的成功就有了保障。而且，高层领导也比较熟悉这种方法，所以使用这种方法所确定的目标，高层领导乐于努力去实现，最有利于确定企业的管理目标。目前，关键成功因素法已经成为西方 IS/IT 研究领域最常用的方法之一。因此，本研究也基于该方法，通过对企业高层管理者及相关人员的调查，对农业企业实施可追溯系统的关键因素进行实证分析。

10.1.3.2 **农产品可追溯系统实施关键因素分析框架形成**

为了获取信息系统的相关收益，信息系统的采纳、应用不能脱离企业的组织特征，如果信息系统的采纳、应用是孤立进行的，而没有同时对人和组织等方面进行相应的调整或者整合，则被看作是没有效率的(Zornoza，Alcami，1999)。考虑到供应链管理越来越受到企业重视，并且供应链竞争环境下企业的边界在变化，可追溯系统这种信息技术也将不同企业组织紧密联系在了一起，因此，研究可追溯系统的实施时也应当纳入企业的组织环境，将考虑范围从组织的内部扩展到组织环境。

组织环境：农业企业实施可追溯系统的结构(供应链结构)

在供应链环境下，企业不再局限于本身组织内部进行企业决策活动，企业的经营管理和业务流程已经跨越企业组织的边界向外延伸，而信息技术的发展将不同的企业组织紧密地联系在一起(王智慧，2002)。企业在制定可追溯系统的目标时，应当全面审视企业所在供应链网络或价值网络，不仅应考虑企业在网络中所处的地位，而且需要考虑整个供应链网络的行业特点、整体特性。

可追溯系统所服务的业务流程不仅仅局限于企业内部，已经扩展到了整个供应链的相关环节上，特别是上下游企业间业务流程正逐步融合，相互的边界越来越模糊。而且，在非供应链环境下，企业管理模式为纵向一体化，信息流和业务流程限于企业内部，组织间关系不受此变化影响。供应链环境下，企业由纵向一体化转向横向一体化，信息流和业务流程均跨越了组织边界，而真正的跨组织流程和信息流需要建立参与各方理解对方的流程、参与共享流程的方式，并通过跨组织的协作再造，获得巨大的效果提高，提高流程的透明度，组织间关系将因此提高到新的高度(黄未樵，2007)。可追溯系统能够将农产品的最初供应商到最终客户的整个价值链参与者有机整合起来，产业价值链范围成为流程管理的新边界。因此，实施可追溯系统时只关注组织特征因素的影响而忽略组织环境对系统实施的影响是不合理的。

组织特征 1：农业企业实施可追溯系统的行为(困难、激励因素)

实施可追溯系统实质上是一种自上而下的管理变革，涉及企业的方方面面，比如企业的现有资源条件是否有利于实施，存在哪些困难，比如资金、人力、政府支持、外部环境等。同时，在这种关系到企业全局的问题上，企业为什么要实施可追溯系统，哪些因素激励它进行这种行为，出于企业领导重视、提高产品质量安全、提高企业竞争力、适应消费市场需求还是其他激励因素等，这些都需要仔细分析。就如一个大型系统只有高层领导的充分理解、持续支持、亲自参与才能成功，要推动整个过程的顺利进行，需要领导层在资金、资源上的支持，对实施团队的指导和帮助，协调实施过程中出现的技术、业务冲突，更重要的是只有领导层才能采取相应的措施，减少在变革过程中组织内部产生的抵抗，促进顺利转型。

组织特征2：农业企业实施可追溯系统的绩效(成本/收益)

可追溯系统作为一种不断发展的复杂管理系统，随着其功能不断完善，软件也越来越庞大、昂贵。在这种情况下，对实施方案作出准确的成本估计，选择自身能够负担的实施计划显得尤为重要。同时，作为一种先进的信息系统，可追溯系统不仅涉及技术问题，更涉及公司业务和流程，其复杂性要求企业不仅要有懂得相关信息技术技能并熟悉企业业务和流程的员工，还要有相关的信息技术知识、管理经验的高级管理人员等一系列资源，使得在这样的长期项目中，能够应付及处理产生的各种问题。因此，这两个原因造成了企业实施可追溯系统一方面不仅需要充分的资金支持，另一方面要求企业要拥有相关经验的员工、管理人员并提供后期培训。为了可追溯系统实施过程的顺利进行及获得最终成功，企业需要能够准确地估计实施成本，同时要能够清楚认识到可追溯系统实施后的潜在收益。

基于上述讨论，我们认为，基于供应链管理理论分析可追溯系统实施的关键因素，应该包括2个方面：组织环境(影响跨越组织边界，涉及其他组织)和组织特征(影响范围处于组织内部)，以及3个具体特征：一是供应链结构变化(称其为“结构”)，二是农业企业的行为(称其为“行为”)，包括实施可追溯系统的困难和激励因素，三是农业企业实施可追溯系统的成本/收益(称其为“绩效”)。由此，形成本研究的概念模型和相应的研究假设。

为了识别供应链环境下农业企业实施可追溯系统的关键因素，结合关键成功因素的4个主要来源(图10.2)，本研究提出以下假设：

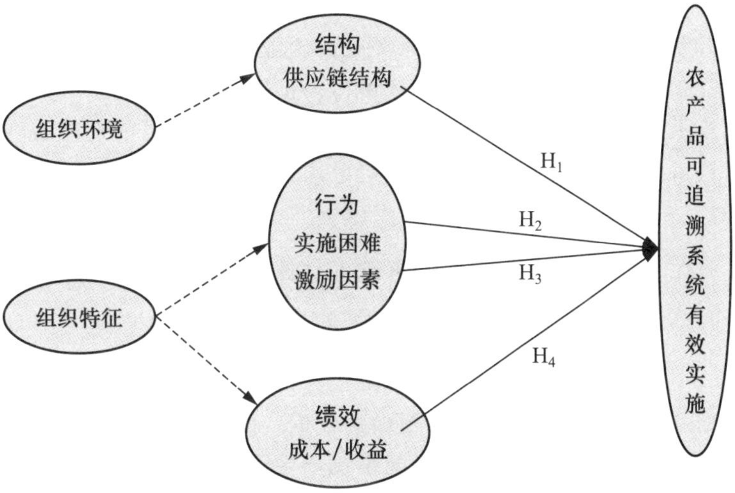

图10.2 基于供应链管理的可追溯系统实施关键因素分析概念模型

假设一(H_1)：清楚农业企业所在的供应链结构与可追溯系统实施的相互影响有助于农业企业有效地实施可追溯系统。

不同产业有其本身的特征及结构，从而具有不同的关键因素。传统上，企业是以一种小规模、单一组织形态而存在的，企业之间会发生大量的交易，从而产生巨大的交易成本。随着社会生产力的发展，一些实力较强的企业就以产权投资的形式控制其上、下游企业，在其扩大规模的同时，达到了市场内部化、降低交易成本的目的。这就形成纵向一体化的供应链。但随着企业集团规模的迅速扩张，企业的组织成本变得越来越大，表现在：企业的效率越来越低，企业越来越失去自己的特色，企业适应市场变化的能力越来越低，到后来，市场需求向小批量、多品种、多规格方向发展，市场竞争也越来越激烈。另一方面，电子商务和物流无论是硬件方面还是软件方面都有了根本的发展，这就使得企业原来的市场交易成本大幅度降低。这两方面因素使得横向一体化的供应链逐步取代纵向一体化的供应链。但是农业是一个特殊的行业，农业企业的规模偏小，信息化设施比较落后，应用信息技术的积极性还并不高，农业企业所处的供应链结构比较特殊，与其他工业品的供应链结构相比较差别较大。可追溯系统的应用不只涉及企业本身，而是对企业所处的整个供应链产生影响。

假设二(H_2)：明确农业企业实施可追溯系统的困难有助于农业企业有效地实施可追溯系统。

假设三(H_3)：发现农业企业实施可追溯系统的激励因素有助于农业企业有效地实施可追溯系统。

企业在发展过程中，其实力和规模会逐渐发生变化，企业领导对可追溯系统的重视以及给予的支持和激励也会慢慢发生转变。一般来讲，大部分农业企业规模偏小，其困难较多，企业内部管理者的重视和鼓励，政府的政策支持和社会的需求导向等外部激励因素等都可能会对企业采用并有效实施可追溯系统产生影响。这些因素主要是企业内部所具有的特征，主要由组织内部的特殊情况决定。

假设四(H_4)：对农业企业实施可追溯系统的成本/收益进行准确的测算有助于有效地实施可追溯系统。

在我国农业行业，低成本竞争仍然是一种主要的竞争策略。成本是一项重要因素，企业在考虑是否实施可追溯系统时，要考虑和已经实施的企业相比，如果不实施是否会处于竞争劣势；而实施后得到的效果与成本相比是否经济可行。正确估计可追溯系统的实施成本，解决成本可视性问题比较困难，但又很关键。过高或过低的估计成本都可能造成实施失败(过高估计可能使实施难以获得批准，而过低估计则可能造成预算不足)。

10.2 农业企业实施可追溯系统的结构分析

本节紧接10.1节的分析框架展开讨论。主要探讨第一个关键因素“组织环境：结构”，也就是农产品可追溯系统与供应链结构的相互影响分析。目前，农产品供应链结构复杂，问题较多，不同的结构形式将对农业企业实施可追溯系统产生不同的影响；同时，可追溯系统具有降低信息不对称性等优点，也会对现有的农产品供应链结构起到一定程度的优化作用，企业的边界也随之产生变化。本节将针对这些问题展开分析。

10.2.1 理论框架

10.2.1.1 农产品供应链

农产品供应链是以农产品为对象，围绕农产品经营核心，通过对信息流、物流和资金流的控制，协调农业生产资料供应商、农户、农产品经营者、消费者之间利益需求，从农用产品采购开始，完成农产品生产作业、收购运输、分销的一系列过程。一般的农产品供应链的运作模式如图 10.3 所示。

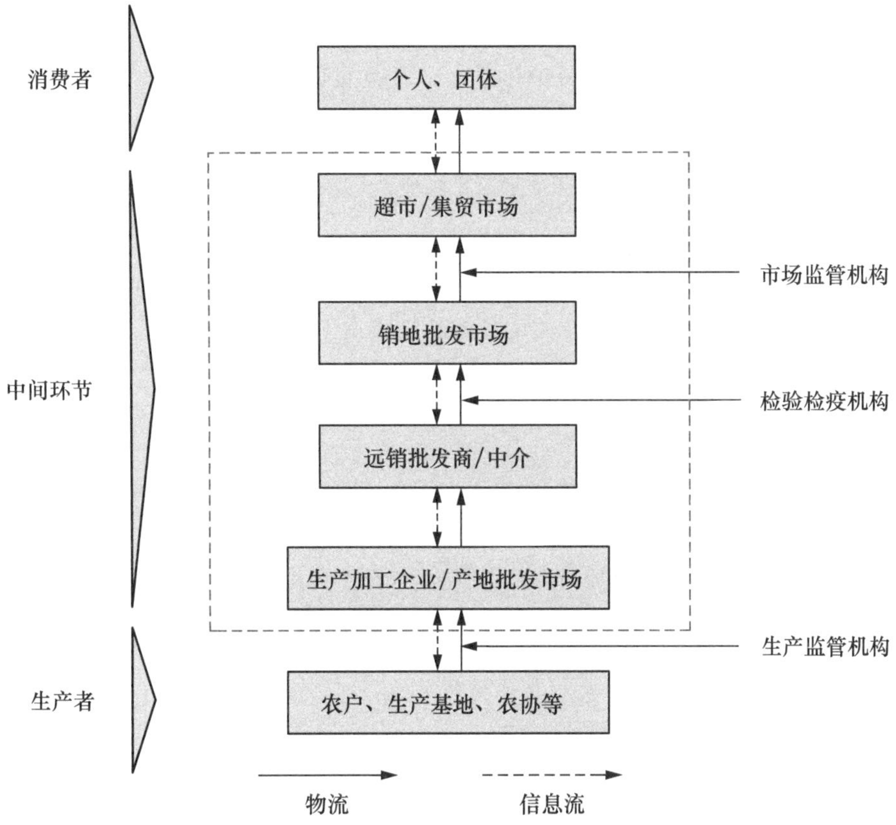

图 10.3　农产品供应链运作模式

由图可知，目前主要存在两种农产品流通渠道：一是由分散的个体农户、产地批发商、销地批发商和小商贩组成的传统的农产品流通渠道；二是由合同农户和生产基地、农产品加工企业、超市组成的现代化的农产品流通渠道。

1. 农产品供应链的特殊性

第一，农产品质量的特殊性。

农产品主要有粮食、蛋类、肉类、水产品、蔬菜、水果等几大类，其中大多属于易腐农产品，所具有的共同要求是时效性，与工业品物流的准时性相比，农产品的时效性要求源于产品本身的易腐特性，这一特点限制了采购半径(黄祖辉等，2005)。而季节性特性是源于蔬菜、水果等产品的生物生产周期属性，一旦到了成熟季节，就会形成大批量的供给，很难控制上市的节奏。农产品的地域性特性使得某些产品只在特定产地才有供货。

农产品加工制品不像制造业的产品那样，供应链中任何一个环节的产品质量问题，只会影响最终产品的使用周期，并在使用过程中产品某个部分的优劣可以得到检验，产品的缺陷是显性的。而农产品加工制成品的质量问题是隐性的，它对人体的影响大部分只有在三四十年后才显现出来，严重的还会影响下一代，而且农产品的检测方法大多数都比较复杂，检测费用比较昂贵，所以从当今人们对绿色供应链及消费品安全要求来看，迫切要求农产品加工企业和上下游企业密切合作，从整个供应链视角来保证农产品安全。

第二，农产品供应链经营主体的特殊性。

一是数量多、结构复杂。既有资金实力相对雄厚的农场、产地批发商、销地批发商、贩销大户、农业合作组织、流通加工企业、终端大型连锁零售商，也有力量相对单薄而分散的农户、小型集货经纪商、个体运输商、小商店及个体摊贩。农产品物流运作主体虽然绝对数量大，但大多规模小、层次低，组织化程度不高，组织管理效率低下，缺乏竞争力，难以获得物流规模效益和实现供应链物流一体化管理。

二是自身素质偏低。缺乏必要的流通知识、收集加工信息以及运用现代物流技术的能力，整体素质偏低，制约了农产品供应链的发展。

三是运销能力低。个体商贩、小型企业大多离散性强、联合性差，难以独自完成物流的全部流程，只能根据自身的优势、条件，完成农产品物流的某一环节，如单一的运输、储存、包装等，整个物流流程被不同的物流主体分割为多段，物流各环节之间缺乏协调配合，难以提高物流技术，降低物流成本，提高效率，实现物流现代化。

第三，农产品物流的特殊性。

农产品中大多数属于生鲜农产品，因此，不同于其他消费品，其易腐性特征对时效性要求比较高。作为食品本身，还有较高的安全性要求(李季芳，2007)。而消费者口味的多变性则提出了品种多样性的要求。这些特性对农产品供应链管理提出了更严格的要求：①保证农产品以最短的时间实现从田间或水里到餐桌的流动；②保证农产品在流通中实现品质的稳定或提升；③保证向消费者提供新鲜、安全、多样性的农产品；④降低整个物流过程中的损耗，控制逆向物流的生成率，全面节省成本。

2. 农产品供应链结构

为了便于分析农产品供应链结构对农产品可追溯系统实施的影响，根据企业管理模式的不同，本研究将农产品供应链结构分为两种基本类型，即横向一体化的供应链结构和纵向一体化的供应链结构。

横向一体化结构：又称水平一体化，是指与处于相同行业、生产同类产品或工艺相近的企业实现的联合。实质是资本在同一产业和部门内的集中，目的是实现扩大规模、降低产品成本、巩固市场地位。该类增长可以从3个方向进行：扩大原有产品的生产和销售；向与原产品有关的功能或技术方向扩展；向与上述两个方向有关的国际市场扩展或向新的客户类别扩展。“横向一体化”的核心思想是企业只注重自己的核心业务，充分发挥核心竞争优势，将非核心业务交由其他企业完成，最大限度地获得竞争优势。

纵向一体化结构：指企业为了更好地实施内部管理和控制，除了建立具有竞争优势的核心企业外，还对为其提供原材料、半成品或零部件的其他企业采取投资自建、投资控股或兼并的方式。企业推行“纵向一体化”的目的，是为加强核心企业对原材料供应、产品制造、分销和销售全过程的控制，使企业实现产、供、销的自给自足，减少外来因素的影响，在市场竞争中掌握主动。

一般来讲，随着消费者的个性化需求不断提高，“纵向一体化”管理模式的弊端逐渐增多，企业将大量的资金、精力和时间投入到自己并不擅长的非核心企业领域中去，不仅需要在每一个纵向市场中与其他企业进行竞争，并且一旦在某一纵向环节中出现问题，将会导致整个企业的波动。因此,“纵向一体化”的管理模式被认为不能在现有的市场竞争中获取更多的利润。但是,农产品行业是一个特殊的行业,它的制品——农产品是一种特殊的商品,农产品的质量安全具有隐性和传递性,一旦在生产阶段出现问题,对其下游的加工、运输再到消费会引起很严重的后果。因此,在农产品行业,“纵向一体化”的供应链结构仍然存在,为了保证原料来源的安全,一些有规模实力的农业企业自建生产基地或对原料供应商收购进行统一管理。

按参加单位在经济上、组织上的紧密程度及在法律上的地位,纵向一体化和横向一体化又可分为完全一体化和不完全一体化(蔡荣等,2007)。完全一体化是指将农业生产连同相关联的农业产前部门、农业产后部门纳入同一经济组织,集中管理,成为新的法人。不完全一体化是指通过签订合同的方式使得农业生产资料的供应、农业生产、农产品加工及运销等环节上的企业或部门结合在一起,参加单位都是独立的经济组织,签订合同的双方都是独立的法人。因此,农产品供应链结构可以分为6种基本类型(表10.1)。

表10.1 农产品供应链的基本结构类型

类型	横向一体化	纵向一体化
完全一体化	完全横向一体化	完全纵向一体化
	完全横向-纵向混合一体化	
不完全一体化	不完全横向一体化	不完全纵向一体化
	不完全横向-纵向混合一体化	

目前,供应链出现一种集成化趋势,即供应链的所有成员单位基于共同目标而组成的一个“虚拟组织”,组织内的成员通过信息的共享、资金和物质等方面的协调与合作,优化组织目标。对于农产品来说,供应链结构一体化,不同于一般意义上的供应链整合,它要求企业具有生产规模、经济实力、技术优势、整合能力等更为严格的先决条件。所谓农产品供应链结构一体化是指大企业承担起农产品“生产—收购—加工—运输—零售”等诸环节的主要任务,对农产品供应链实行企业化运作管理。该企业依据其核心优势确立其核心能力与核心业务,利用一定的合同或合作方式从供应链的某个环节向上游或向下游延伸,引进相关企业,从而使企业不仅降低供应链内部的交易成本和管理成本,也可以使企业在各个层面实现多种经营,拓展市场发展空间和利润空间。即形成了上面提到的纵向一体化结构和横向一体化结构。

3. 农产品供应链存在的问题

首先,农产品供应链监管缺乏系统性和集成性。在农产品生产和流通过程中,不同环节存在不同机构的监管,因此所要求的质量安全标准会有所不同(周欢等,2005)。生产环节有节点企业内部的标准体系进行参考,农产品相关部门则按照行业标准进行监管,流通环节政府部门也有自己的检验检疫标准,标准不统一造成了生产出来的农产品有时无法进入下一环节,生产者和消费者都会无所适从,流通市场的监管与安全控制成本过高,流通不畅,影响了农产品质量的控制成效。

其次,农产品供应链结构复杂。农产品供应链除了两端都存在大量的独立主体外,其中间环节还包括核心企业、运销商、分销商、零售商在内的众多环节,数目众多的利益主体决定了农产品供应链的复杂程度是制造业等行业不能相比的。其中,大量数目不定的中间经销商的存在对于供应链而言不仅造成较高的搜寻成本和无效物流,而且使供应链整体对市场的响应速度变得缓慢，导致风险增加。组织体系分散，市场化程度低，中间环节复杂，使得农产品反复落地倒运，流通过程中要承担很高的不良成本和社会交易成本。

再次，供应链各节点之间信息流通不畅。我国农产品供应链节点各企业之间信息化程度差距较大，供应链上企业之间缺乏统一的信息平台以供各企业进行信息交流，使下游机构或最终消费者难以对农产品生产情况等上游监管信息进行回溯性查询，上游机构也无法对产品流向进行跟踪，造成本应多边共赢的企业之间相互缺乏必要的了解，阻碍了农产品物流的发展。而且，由于农产品供给和需求在时间和空间上的不一致，造成供给方和需求方信息不对称。对于农户而言，主要通过批发市场或公司以价格信号方式获取需求信息；对于消费者而言，由于供给信息的不确定性，使消费者对产品质量失去信任。在没有完善的信息发布渠道的条件下，造成信息不完备和信息不对称，容易导致逆向选择和道德风险。

10.2.1.2 **基于供应链的农产品质量安全问题产生机理**

一般来讲，产品供给的链条越长、环节越多、涉及的范围越广，安全问题的产生也越复杂，对农产品来说更是如此，任何一个环节出现问题都将增加食品风险发生的几率。从供应链管理角度来看，食品安全问题产生机理如图 10.4 所示。

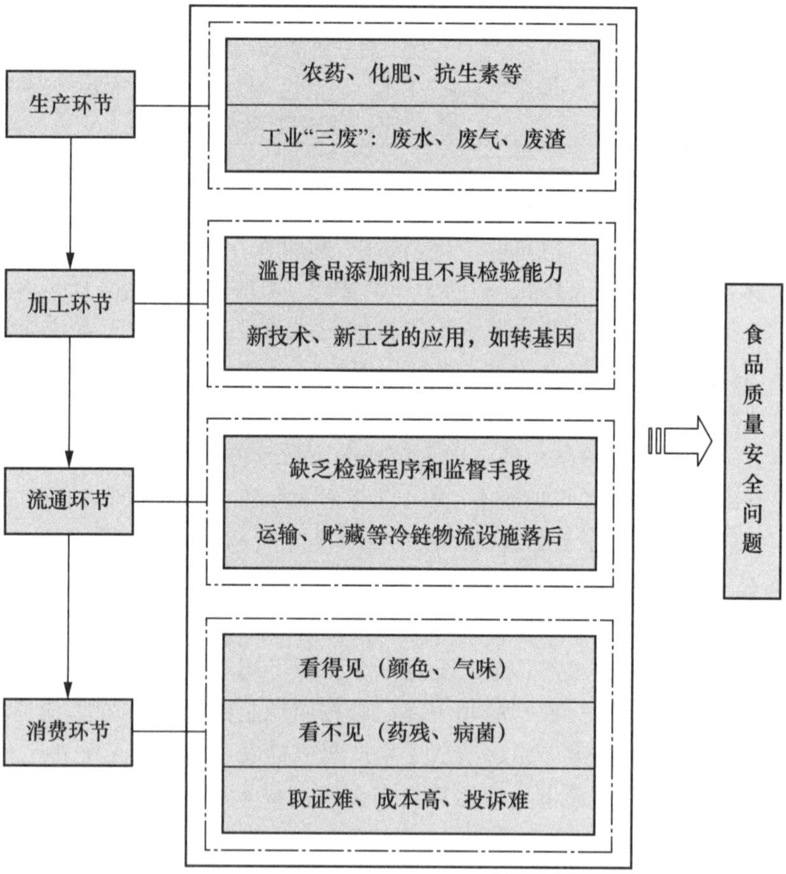

图 10.4 基于供应链的农产品质量安全问题产生机理分析

生产环节：农产品种植过程中的农药、化肥，养殖过程中的兽药、饲料、抗生素等生产投入品中的一些有害成分可能存留在最终的产品中，即使生产过程中的投入品没有问题，但是农产品产地周围的环境，如工业"三废"的污染也会使生产出来的农产品隐藏着质量问题。

加工环节：经过种养的农产品进入加工企业。由于农产品加工企业对于资金和技术要求不高，行业进入门槛低，导致小作坊式的企业过多，农产品加工企业普遍规模偏小，管理混乱，质量安全管理检测投入小，而且技术手段落后，有些质量问题检测不出，或者检测出来但对一些小的问题不重视，这些都会导致加工出来的食品发生质量安全事件。即使从生产环节进来的农产品没有被污染，质量没问题，但是一些加工企业可能会使用一些禁用的添加剂、色素等不安全成分。此外，未经检验或无法检验的食品加工新技术的使用，同样是食品安全事件发生的风险源。

流通环节：我国农产品物流设施落后，加工后的农产品在没有较好的冷藏运输条件下容易变质或损坏，甚至发生污染等质量问题。而且，农产品在流通过程中，中间环节过多，监管也比较复杂，标准不统一，也容易使质量安全问题疏漏，以至于使问题农产品流通到消费者手中。

消费环节：农产品质量安全正经历着从"看得见"的因素（如颜色、气味等），到能借助工具检测到的因素（如病原菌、药残等），再到现有技术条件下难以快速检测的因素（转基因）的变化过程，即农产品质量安全由"经验品"转向"信任品"，一方面受消费者相关知识水平等的限制，一方面因为消费者远离食品产品的生产、流通过程而造成了食品安全信息的不对称效应，消费者在购买食品的过程中常常难以鉴别农产品的质量，而且发生食品安全事件后，又存在取证难、化验成本高、投诉难的问题。

针对上述供应链管理中可能发生的食品安全问题，可以考虑从以下 3 个方面进行完善，优化农产品供应链：

第一，供应链管理信息化，实现供应链无缝连接。

通过供应链信息化建设，强化信息共享的信息集成度，提高供应链的运作效率。因为"供应链管理就是通过前馈的信息流和反馈的物流与信息流，将供应商、制造商、分销商、零售商直至最终用户连成一个整体的管理模式"。信息科技的发展为供应链信息集成化建设提供了物质基础，通过信息共享方式，有效降低供应链节点企业与消费者之间的农产品质量安全信息的不对称性。

第二，加强对突发事件的响应速度。

一般来讲，快速响应机制是指供应链管理者所采取的一系列降低补给货物交货期的措施。当货物交付期缩短时，供应链管理者就可以提高他们的预测准确性，从而使供给与需求更加匹配，供应链利润也相应提高。对农产品供应链来讲，由于农产品的安全事故带有突发性、涉及面广、危害性大等特征，因此，反应速度是解决问题的关键，农产品安全监督与管理体系的一个重要设计原则是"快速反应特性"，即系统启动必须快速、安全事故定性必须快速、信息发布必须快速、措施决定和付诸实施必须快速、处理结果公布必须快速等。因此，加强供应链节点企业间的协调和沟通，提高对食品突发事件的响应速度是农产品供应链的一个优化方向。

第三，降低库存成本，提升供应链节点企业核心竞争力。

成本竞争是现代竞争最有效的手段之一，库存成本是供应链成本的最重要组成部分之一，一般占总成本的 30%以上。在供应链上，从原料供应商、加工商、批发商到零售商，每个环节都存在库存。库存主要是用于应付各种各样的不确定性，如需求变化、订货提前期、货物运输情况、生产时间等，为了保证产品供应链的正常运行，必须保有一定数量的库存。农业企业的供应链管理需要以强大的信息系统做支撑，对库存信息进行监测和分析，其目的在于：使农产品库存经常处于合理水平，防止超储积压或不足，满足生产与销售的需要，减少资金占用，使农产品库存总成本最低，以提高企业竞争力。

10.2.1.3 农产品供应链结构与可追溯系统实施的相互作用

信息化是实施供应链管理的基础，有效的供应链管理是建立在高质量的信息传递和共享的基础上，而供应链管理离不开信息技术提供的可靠支持。可追溯系统的实施与企业所处的供应链结构有着密切的关系，可追溯系统的发展使得企业内部信息化进程大大加快，一方面进行横向的信息传递，把各部门、各岗位的经济行为协调起来，通过信息技术处理产、供、销之间的复杂关系，使得管理人员随时掌握自己公司的生产和库存等状况，控制企业的能力从广度和深度上都大大加强；另一方面进行纵向的上下信息传递，把不同层次的经济行为协调起来，将视野从企业内部延伸到供应商和客户，甚至供应商的供应商和客户的客户。

1. 农产品供应链结构对可追溯系统实施的影响

在同等条件下，相对稳定的供应链结构，可追溯系统的建立成本较低。其原因主要有3点：

第一，可追溯系统应用的一个目的就是农产品出现质量安全问题时能够发现关键责任主体，及时召回问题产品，并对责任人进行相应的惩罚。如果在一般的随机采购情况下，企业管理相对比较混乱，一个农产品加工企业的原料可能来自不同的地区，提供原料的农户则更为复杂，企业和农户之间如果没有一定的信任度，则责任问题很难明确。如果是相对稳定的供应关系，通过可追踪系统的社会学习功能（学习生产技术和人际关系），其成员就会发展出更加紧密的联系。根据施晟、周德翼（2008）的调查结果，在4种主要的农产品生产销售模式中，农户守信情况从大到小依次为：完全一体化、“公司＋农户”或“协会＋农户”、蔬菜生产基地、散户，它们分别代表正式组织、关系契约、一般经济合同、市场化采购4种经济活动形式。

第二，已有的稳定的供应链结构为可追溯系统在企业中的应用创造了一系列必要条件。稳定的供应关系建立了上下游企业之间相互信任的机制，节点企业容易沟通和协调，降低了他们之间建立可追溯系统的谈判成本，同时简化了产品的标识、编码管理和执行成本。从企业角度来看，在已有的稳定的供应链结构下建立可追溯系统，与市场化交易下建立可追溯系统相比，能够极大地降低食品的质量安全风险和不确定性。同时，稳定的供货渠道也可以降低食品的价格风险和不确定性。

第三，可追溯系统的运行需要从源头抓起，因此会涉及经营企业对农户内部生产管理的干预，某种程度上也会改变农产品经营企业与农户之间的关系。在相对稳定的农产品供应链结构中，如纵向一体化结构，“公司＋农户”形式等结构，农产品加工企业一般会对农产品生产过程中的投入品诸如种子、化肥、农药等有特别要求，如规定农户必须到指定的供应企业购买，需要对生产过程中的哪些信息进行记录，有更好地保护农产品生产质量的技术则向农户进行推广。这些在稳定的供应链结构中的干预为可追溯系统的建立奠定了基础，易于追溯信息的管理和追溯标识的实施，降低了可追溯系统建立的成本。

因此，对于横向的农产品供应链结构，农户和生产经营企业之间的关系约束机制松散，农户与生产经营商之间是一次或多次的简单契约关系，交易完成后即合作结束，责任关系解除。如果农产品在流通中出现问题，不易追溯到行为主体，因此，该供应链结构不利于追溯体制的实施。对于纵向的农产品供应链结构，如“农户＋龙头企业”和“农户＋中介组织＋龙头企业”，龙头企业能够按照追溯体制的要求对源头农产品的产地环境、生产等环节进行控制，降低了农产品安全问题的出现，即使出现安全问题，也能根据已有的记录进行查询，快速追溯到责任个体，并找到问题原因，提高了质量安全问题的追溯效率。因此，为了保证可追溯系统的有效实施，食品的源头需要进行集中化管理，可以考虑通过相关中介组织或者农户自发组织合作社等形式与农产品生产加工企业合作。

2. 可追溯系统实施对农产品供应链结构的影响

1）可追溯系统实施对企业纵向边界的影响——基于交易成本理论从企业本身角度分析

可追溯系统能够将农产品的最初供应商到最终客户的整个价值链参与者有机整合起来，产业价值链范围成为企业经营管理的新边界。所谓企业的边界，是指企业以其核心能力为基础，在与市场的相互作用过程中形成的经营范围和经营规模，其决定因素是经营效率(解进强，2005)。企业的经营范围，即企业的纵向边界，确定了企业和市场的界限，决定了哪些经营活动由企业自身来完成，哪些经营活动应该通过市场手段来完成；经营规模是指在经营范围确定的条件下，企业能以多大的规模进行生产经营，等同于企业的横向边界。

企业要持续运作，需要保证生产要素的连续性供给，可以有两种选择，一是企业自行生产，二是企业从供应商进行采购，不论是由企业自身完成还是交由外部市场完成都将发生两种成本——生产成本和协调成本。在第一种方式下，企业自己生产，会引起内部要素生产成本和协调成本(内部交易成本)，即企业内部完成活动所花费的生产成本和各部门、员工之间的协调成本；在第二种方式下，从供应商购买生产要素，需要支付的成本包括向企业提供该活动的外部供应商的生产成本以及企业与该供应商所发生的协调成本(外部交易成本)。

企业之间有交易，成本就永远存在。如果企业之间交易成本过高，为了减少损失或提高交易效率，企业就有可能把交易整合进企业边界之内，这就可以在一定程度上削减投机主义行为和非生产性的讨价还价活动。企业的这种决策就在于“购买”还是“自己提供”，这取决于外部购买成本和内部供给成本的权衡，即比较外部供应商的生产成本和外部协调成本之和与内部生产成本和内部交易成本之和的大小。如果外部采购成本大于内部供给成本，企业会选择内部供给方式；如果外部采购成本小于内部供给成本，则企业将选择外部采购方式。这就对企业的边界产生了影响，前者会使企业的边界扩大，后者会使企业的边界缩小。

目前，对企业边界之间关系的研究多是以科斯、威廉姆斯为代表的交易成本理论为基础。交易成本理论的基本观点是，一项交易要选择可供选择的交易成本最小的“治理结构”来完成，要把属性各不相同的交易与成本和效能各不相同的治理结构“匹配”起来，经济组织的核心问题在于节省成本。交易成本理论有两种行为假设。一是人的行为是有限理性。有限理性是指人们无法对所有可能决策结果做出合理评估从而导致认知上的限制，这源于个人的信息不对称、表达不准确和评估不精确等原因。二是机会主义行为假设，认为人的任何行为(包括投资和投机行为)都是出于利己主义目的。他们并非诚实可信的，而会采取“欺诈地追求自我利益”的行为来达到个人效用最大化的目的。

一般来说，机会主义是指人们对自身利益的考虑和追求，具有随机应变、投机取巧、为自己牟取更大利益的倾向。在农产品市场上，农产品生产经营者处于信息优势地位，他们对农产品的生产加工等环节的信息了解得比较充分，对农产品的质量及深层次的安全水平信息也比客户或者消费者清楚，因此，为了自身的利益往往会传播一些如质量安全等方面的虚假信息，以次充好，吹嘘自己产品的品质等特性，向客户或者消费者胡乱要价。而农产品品质的差异难以被普通消费者识别，有些品质特征需要利用专业知识和有关设施才能加以辨认，因此，消费者则处于质量安全信息劣势地位，只能通过简单的表面观察及以往购买的经验进行判断和选择，因此品质差异很大的农产品市场遇到了因信息不对称性带来的巨大交易成本。此外，为了降低这种生产者和消费者的信息差别性，处于信息被动的消费者需要主动进行多家走访，进行调查，货比三家，包括质量、规格、大小、价格等方面的信息，再结合自己的经验进行决策，而这样一个过程则包括了消费者搜寻有关农产品质量安全、价格及其他方面信息的成本。在现实生活中，有些消费者可能会逃避这些过程，因为它花费的成本（时间成本、金钱成本等）不一定会带来确定的收益（物美价廉、优质优价等），同时还有可能会占用其他更有益的社会活动的时间，而这些活动会给消费者带来更大的收益。消费者和生产商之间存在的信息不对称性，导致在农产品市场交易中的成本增加，资源配置不合理。

根据林丹明等人(2006)的研究，在信息技术的作用下，导致企业边界的变动方向有 3 种：一是信息技术引入到企业，能够节约企业内部协调成本，促使企业纵向一体化程度进一步提高，边界进一步扩大；二是认为信息技术对外部交易成本的节约作用大于对企业内部协调成本的节约，促使企业将更多的活动交给市场去完成，导致边界缩小；三是“向中间移动”假说，即信息技术的引入推动经济活动向中间组织形式（战略联盟、长期合约）移动。因此，要判断企业边界变动的方向，要看信息技术对内部协调成本和外部交易成本节约程度的比较，如果外部交易成本的节约幅度大于协调成本的节约幅度，那么企业的经济活动将更多地通过市场进行，从而使边界缩小；反之，企业的边界将进一步扩大。

可追溯系统在企业中的应用使企业的纵向边界发生了变化。本研究将可追溯系统看作一种信息技术引入到农业企业，因此，该部分主要参考信息技术与企业边界关系的研究成果和理论来分析可追溯系统实施对企业纵向边界的影响。

基于交易成本理论的分析表明，信息技术对企业边界的影响源于信息技术对若干成本决定因素的作用结果，以及由此产生的成本变动情况（叶会，2005）。这些成本可以分为两大类：企业内部生产成本和内部交易成本（内部协调成本），以及市场的外部生产成本和外部交易成本（外部协调成本）。第一类是指企业内部完成活动所花费的生产成本，代理成本和决策信息成本，各部门、员工之间的协调成本；第二类是指向企业提供该活动的外部供应商的生产成本以及企业与该供应商所发生的协调成本（包括寻找供应商的成本，搜集关于产品信息的成本，谈判、签约、监督以及执行合约的成本，运输物料的成本等）。则企业的纵向边界变动方向由第一类成本和第二类成本的比较得出，如果第一类成本大于第二类成本，则企业会选择“外部购买”，从而缩小企业的纵向边界；如果第一类成本小于第二类成本，则企业会选择“内部生产”，从而扩大了企业的纵向边界。

一般来讲，企业的生产成本高于市场的生产成本，市场的协调成本高于企业的内部协调成本（曾楚宏，林丹明，2004）。其理由是市场上存在着专业化的产品或活动的供应商，与企业相比，它具有规模经济和学习曲线的优势，因而其生产成本要低于企业的生产成本（Afuah，2003）；企业用行政命令和权威协调取代了市场的价格机制协调，用一个长期合约取代了若干个短期合约。基于此，为了便于分析，本研究中忽略企业内部协调成本和市场生产成本，只考虑企业的生产成本和市场的协调成本，通过该两者的权衡分析来决定农业企业的纵向边界变动方向。

企业的内部生产成本由生产所需的资金和劳动力数量所决定，生产所需要的资金和劳动力数量越多，生产成本就越大。市场的协调成本的大小由资产专用性、信息不对称性和机会主义行为所决定,资产专用性越高,信息不对称程度越高,机会主义行为越大,交易成本就越高。

信息技术在企业中的应用可以产生双效应,即信息效率效应和信息协同效应(Todd Dewett, Gareth R. Jones,2001)。所谓信息效率效应,是指应用信息技术可以提高信息的收集、传递、处理和运用效率,节约所需的时间和成本;所谓信息协同效应,是指应用信息技术可以将单个个人或部门的信息进行汇总整合,以跨越组织边界,被更多的人所共享和利用。信息技术的这两种效应有利于企业节约内部生产成本和市场协调成本(曾楚宏,林丹明,2004)。可追溯系统作为一种集成了食品安全保障体制的信息技术,同样会产生信息效率效应和信息协同效应。

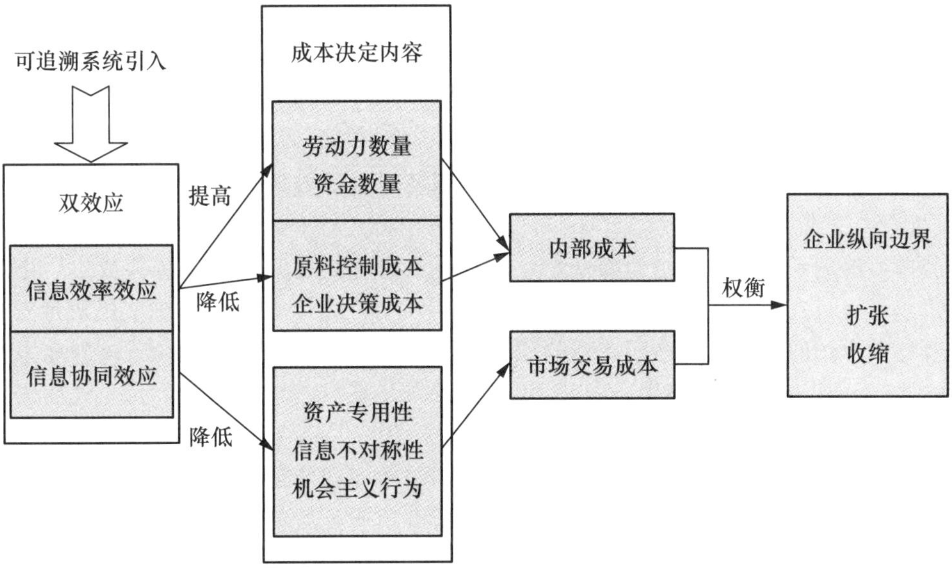

图 10.5 可追溯系统的采用对企业的纵向边界影响的机制分析

图 10.5 展示了可追溯系统的实施对农业企业纵向边界的影响机制。根据前面的说明,企业实施可追溯系统后,会引发以下两类主要成本的变动:

第一,可追溯系统是一种集成了质量安全保证体制的信息技术,企业引入可追溯系统的目的是监管食品质量,保证食品消费安全,而并不是一种改进生产技术、提高企业生产效率的手段,相当于企业的一种自我完善,并非必须要进行的投资。因此,它的引入并不能很好地降低企业的内部生产成本,而且可能还会增加更多的成本(如资金、专业人员及培训费用等)。但是,可追溯系统的使用很大程度上降低了控制源头产品质量安全的成本(对农产品加工企业来讲,该成本占了很大一部分)。同时,在企业决策过程中,可追溯系统所存储的从原料入库到出厂的所有信息,可以供决策者使用,提高了决策者对信息的搜集、计算和处理的效率,同时降低了因决策信息质量低下而造成的机会成本。如通过对追溯链上、下游企业的采购和销售数据信息的分析,可以帮助企业及时了解供应商和客户的库存情况,对企业本身的原料购入和供货能够做到及时调整,一定程度上实现了零库存,节约了修建更多库存设施等固定资产的投入,对企业决策准确性的提高起到了一定的促进作用。相对来讲,固定资产、人员及培训等费用都属于一次性投资,而源头农产品质量的控制以及企业决策准确性的提高,将对企业的发展产生长期的效益。因此，总体来讲，可追溯系统的实施降低了企业内部的成本。

第二，可追溯系统的实施降低了农产品市场的交易成本。市场交易成本主要由资产专用性、信息不对称性和机会主义行为3个因素决定。可追溯系统在企业中的应用，能够削弱农产品流通过程中的质量安全信息不对称，降低资产专用性程度，减少机会主义行为的发生。信息不对称在很大程度上是因为信息搜寻成本过高以及信息使用过程中的排他性引起，可追溯系统的运行要求供应链主体间提供产品的属性信息和厂商的信息，从供应链上游节点一级一级逐步叠加这些信息并传递到下游节点，增强了追溯主体间的信息透明性，从而降低供应链节点的信息搜寻成本和监督成本；也让更多可能的资产使用者以较低的成本获得更多的有关资产的信息，打破了企业资产的专用性，变专用性为共用性，降低了资产专用性带来的交易成本，如生产环节的数据采集、转换设备所收集的信息，需要沿着供应链向下游传递，从而降低了数据采集、转换设备的专用性，使其变为一种供应链企业共用的资产；通过详细的信息记录和节点间信息的共享，解决了信息的排他性，利益相关者因一时的机会主义行为而留下的信用记录会高度扩散，从而制约了其下一次投机行为，起到了一种无形的监督作用，而且即使因为疏忽出现了问题，节点企业或者消费者能够对出现的问题及时进行查明，明确问题责任人，从而也可以震慑机会主义者。

同时，可追溯系统的实施也会降低企业与其上下游客户之间合约的有关成本。企业在生产、加工或者销售农产品过程中，必然会与客户产生一系列相关协议。在未实施质量安全可追溯系统前，从合约的制定到实施所花费的成本是昂贵的，包括搜寻信息成本、谈判成本和实施合约成本。下面以农产品原料供应商(A)和农产品加工商(B)的交易过程为例，说明未实施农产品可追溯系统前交易成本的形成过程。

农产品加工商B为了生产安全优质的食品，则需要寻找能够提供优质优价的农产品原料供应商，在通过与其他同类企业相关咨询或者进行市场调查后，找到了部分原料供应商，并与之进行谈判。如果谈判失败，则需要重新搜寻供应商再进行新的谈判，假设最终选择了供应商A进行供货，并与之签订合约。而原料供应商A的农产品则是从某个农产品地区集中收购的，他与该地区的中间商也会签订合约，中间商再与农户签订合约，因此形成了多级合约。由于每一主体都具有某方面信息的优势，在签订合约过程中会使自身利益最大化。因此各级的经济主体总是耗费大量时间和人力来搜集信息，并进行多轮谈判，从而使交易成本大大增加。合约签订后，接下来就是执行合约的成本，不管哪一级经济主体违约，都会导致其他经济主体的合约执行产生困难，从而也使交易成本增加。

企业实施可追溯系统后，上下游各主体的档案信息则会存储在可追溯系统中，通过可追溯系统能够对有关供应商情况、加工履历等信息进行全面了解，而且对其他经济主体商品的质量等各方面信息及时查询，降低了各级主体间信息的不对称性，一定程度上避免了经济主体的机会主义倾向，从而保证了合约能够顺利的履行。从另一角度看，追溯体制将供应链各主体的利益联系到一起，相当于参与追溯的主体彼此间签订了虚拟的合约，对于不认真履行合约者，可以随时将其剔除，按规定进行相应惩罚，也保证了供应商和企业间合约的稳定性。

上述分析表明，可追溯系统的实施降低了企业的内部成本和外部交易成本。但是，本研究认为降低企业外部交易成本的作用表现更为突出，即外部交易成本的降低程度高于内部交易成本(图10.6)。理由是：可追溯系统能够保证农产品质量安全，是基于从解决农产品供应链利益相关者信息不对称的角度出发，使质量安全信息透明化，责任主体明确化，问题解决快速化，而这些问题正是企业外部交易成本的集中体现。因此，企业的边界有缩小的趋势。

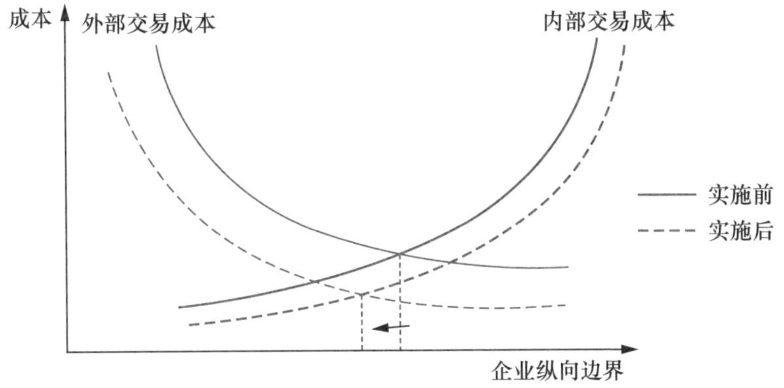

图 10.6　可追溯系统实施对企业纵向边界的影响

2）可追溯系统实施对供应链结构的影响——基于供应链管理角度的分析

从供应链管理角度分析可追溯系统的实施对农产品供应链结构的影响，可以从两个角度展开，一是从供应链整体角度分析，二是从供应链各个经济主体角度以及它们之间的关系进行分析。两个角度分析的影响机制如图 10.7 所示。

对供应链整体来讲，提升了企业所在供应链的竞争水平。首先是对农产品物流控制的改善，体现在对农产品出现问题的环节能够进行快速定位和响应，找到责任人，并将问题农产品迅速召回或撤销上市；其次从信息流角度来看，以前的生产、加工和销售环节，虽然也存在着纸质的文档或者是计算机信息系统录入的数据，都有记录可查，但是这些信息是分离的，各个环节之间并没有共享或者仅有极少的信息进行了共享，即所谓的信息衔接性差，同时也导致信息资源的浪费。可追溯系统的实施，正是利用以前所忽视的信息资源，提高其衔接性，实现了供应链节点企业的信息共享，提高了农产品的流通效率。

对供应链各个经济主体以及它们之间的关系的影响，具体来说有 3 个方面。

• 生产者

目前，广大分散经营的农户仍然是我国农产品生产的主体，农业生产的分散状态给政府的农产品安全监管工作带来了很大的困难，监管成本太高。我国以家庭联产承包责任制的生产，难以实现规模化并产生规模效应。此种流通方式下农业生产主体规模小、服务能力差、竞争力不强，农民在市场上往往处于被动地位。要改善农户在市场上的弱势地位，增强农产品的竞争力，需要对现有的生产组织管理形式进行改进，促进农户走合作社、农场化的道路，使广大分散的农户真正成为有组织、高效率的市场竞争主体，同时也有利于生产环节农产品质量安全的管理。

国家正在推广建立农产品生产可追溯制度，政府也努力通过各种鼓励措施促进生产追溯制度的实施，但就农产品生产追溯制度来讲，如果能够使农户体会到可追溯系统带给他们的收益高于技术或其他风险带来的负面效应，农产品可追溯制度则会成为一种保证农产品质量安全的内在激励机制。因此，为了更好地配合可追溯系统的实施，促进可追溯信息的有效管理，分散的农户可能会在加工企业的要求下或自发形式下组成农场或合作社，统一技术作业标准，从而形成农户组织的分散化到集中化、有组织、高效率的市场竞争主体，同时也提高了农产品

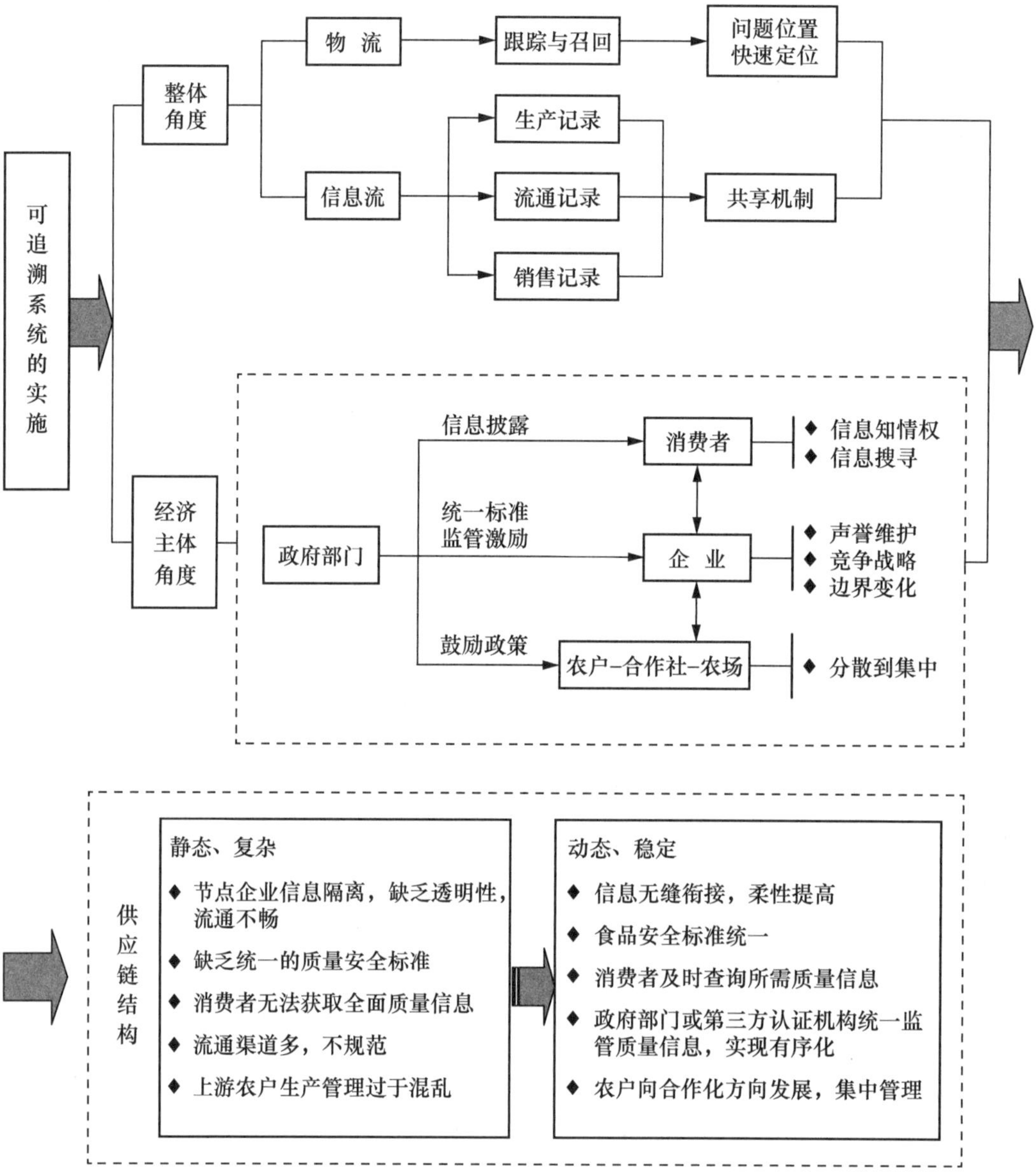

图 10.7　可追溯系统的实施对农产品供应链结构的影响机制

的质量安全监管。

• 加工者

加工环节是保证农产品质量安全的关键环节，加工企业需要上游生产者提供的原料信息，也需要提供给下游客户产品的加工信息，入料和出场都要控制质量安全。传统的入料检验都是由加工企业自己进行抽检，自己的检验人员和检验标准，原料生产过程中的信息不会流通到加工企业手中，加工企业也不会将重要的加工过程信息传送到下游客户那里。

可追溯系统的实施，要求在政府相关部门引导下，节点企业间协定统一的质量信息记录标准，从上游向下游一级一级累积传递，直到消费终端，消费者可以到信息共享设备上进行查询。一旦产品出现问题，通过系统查明责任人，从而维护了无关企业的声誉(声誉对农业企业来讲至关重要,一次大的食品安全事件几乎可以令一个企业瘫痪)。同时,区别于没有实施可追溯系统的同类企业,从而形成一种产品差异化的竞争优势。而且,通过这种方式,作为供应链的加工企业也不用为原料检验付出过高的费用,并且有了供应链节点企业间协定的可追溯模式,很大程度上降低了企业的外部交易成本,使企业的纵向边界变小,促进企业管理方式的变革。

• 消费者

对消费者而言,由于市场供给的农产品信息的不确定性,使消费者对产品质量失去了信任。现货市场上,消费者缺乏关于农产品质量足够的信息,因此会对市场上的农产品质量持怀疑态度,从而产生信息不对称,并导致所谓的"市场失灵",即低质量农产品将高质量农产品逐出市场。

可追溯系统的实施很好地解决了这种消费市场的问题。实施可追溯系统的企业可以向消费者发出一种质量安全信号,与普通或者劣质的农产品进行区分,以追溯标签的形式跟随产品流通,这种信号的信息应该包括农产品生产加工过程中的关键信息,目的是让消费者相信自己所购买的农产品是安全的,做到明白消费。同时,可追溯系统的实施引入先进的信息基础设施,为交易双方提供了很好的信息共享平台。通过这种方式,必然降低消费者对安全农产品搜寻的成本,也实现了消费者的信息知情权,消费者也会愿意为此支付更多的货币。因此,企业和消费者都会收益。

综上所述,可追溯系统的实施能够促使静态、复杂的供应链结构向着动态、稳定的供应链结构转化,提升了企业所在供应链的竞争力。

10.2.2 实证分析方法与案例选取

为了更好地分析可追溯系统实施与农产品供应链结构之间的影响关系,本研究使用了典型案例分析的实证分析方法。案例研究的方法在国外被众多专家所推崇,特别是在描述理解复杂现象及问题时是一个非常有效的研究。

案例研究法(case study method)与实验、问卷调研等并列为主要的社会科学研究方法。实验法的基本原理是控制环境条件,通过引起自变量的变化来观察因变量的变化,从而建立变量间的关系。问卷研究法是让被调查者就某些有限定的问题做出回答,主要反映的是被调查者的看法。问卷研究法偏重对事件发生的频率、程度的测量,或在某一时间截面构建变量间的量化关系。问卷法的逻辑是所调查的样本对总体的代表性。案例研究法是对现实中某一复杂的和具体的现象进行深入和全面的实地考察,是一种经验性的研究方法(孙海法等,2004)。案例研究法与实验法的最大区别是对所研究现象的背景不予控制,也不干预现象的变化进程。另外,案例研究法通过所选择的一个或几个案例来说明问题,用收集到的资料分析事件间的逻辑关系。因此,案例研究法所得出的结论不依赖于抽样原理。

典型案例研究是根据调查目的,在对被研究对象总体有所了解的情况下,选择一个或若干个有代表性的样本作为典型,进行周密、系统、深入地调查,探索其内在规律性,然后从这些样本的调查结果推论到总体的一种调查形式。调查样本的选择带有一定的主观随意性。因此,选择的样本是否科学、是否具有代表性就成为调查的关键问题。为了在选择调查企业时尽量做到客观、科学,选择中考虑了以下两个问题:

(1) 选择企业前对所要调查的对象作全面的了解和分析,以此作为抽取典型企业的基础,在确定企业时尽可能地避免盲目性和主观随意性，保证所选择的单位具有代表性。

(2) 根据调查目的选择典型单位。调查目的不同，选择的企业也应有所不同。本研究所选取的海南省某企业，是中外合资企业，规模较大，大部分产品用于出口，有专门的信息管理部门来负责可追溯系统的实施与维护。企业已经实施农产品可追溯系统有一段时间，他们对可追溯系统实施对供应链结构的影响、遇到的问题等各方面比较了解。

基于以上两点，本研究为了系统、深入地分析农业企业实施可追溯系统与农产品供应链的相互关系，探索两者之间的内在影响机制，采用了半结构化访谈的调研方式。在调研中，项目组成员与企业信息管理部门及其他相关部门管理者进行了交谈，掌握了企业引入可追溯系统前、后的现状和效果，了解了整个实施过程对企业所在的供应链是如何一步一步影响的。以下的实证内容也主要是对比分析企业实施可追溯系统前、后对供应链运作的改进情况。

10.2.3 实证结果分析

案例企业选择的是海南某公司，该公司注册资金人民币 6 000 万元，属中外合资企业。主要经营项目有冷冻食品、调理食品、水产品、农副产品及水产养殖。公司已取得 HACCP 证书以及通过欧盟出口认证的核准。产品在国内市场采取大众化产品为主、超市连锁店为辅、双轨并进的方针，在国际市场上主要面向美国、加拿大、欧盟、澳大利亚、新西兰、日本。通过对该水产品加工企业的调查，形成了实施可追溯系统的情况下的水产品供应链运作模式，如图 10.8 所示。

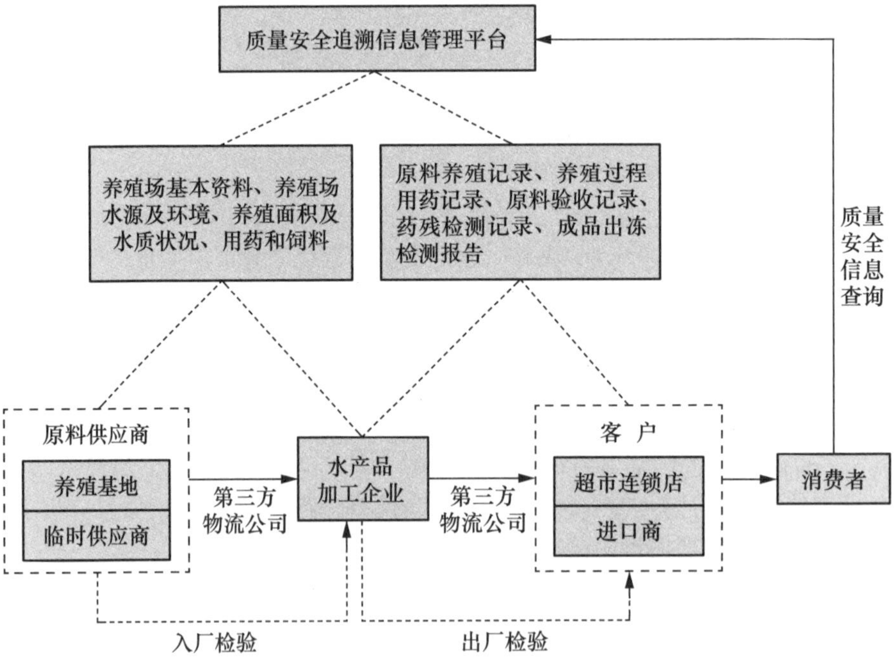

图 10.8 基于可追溯性的水产品供应链运作模式

10.2.3.1 农产品供应链结构对可追溯系统实施的影响

一般来讲，在农业领域，比较大型的企业普遍采用的是纵向一体化的战略，表现为“企业+

基地＋农户”的模式。在这种模式下，企业容易控制农产品的原料来源的质量，从根本上也就控制了出现问题的关键环节，这对农业企业来讲是相当重要的。但是，对于更大规模的农业企业来讲，或许仅有这种模式的供应并不能满足其生产加工能力，也满足不了市场的需求，因此，这种企业也会考虑到其他农产品种养殖场去购买原料，既表现出横向的一体化供应链结构，这种模式下，企业和供应商关系松散，交易完成则关系解除，持续性不好，更重要的是原料来源的质量难以控制。

而所调研的企业正是两种供应链模式兼有的农业企业。不过，企业是以“企业＋基地＋农户”这种供应模式为主，在这种模式下，企业会安排自己的员工看守养殖场，雇用专业的水产品饲养管理人员进行科学的喂食和使用兽药，同时要求工作人员每天及时对这些信息进行记录，这些人员都在企业的规章制度约束下工作，所有人员平时的表现以及最终的水产品的出场情况将与他们自身的报酬和奖金挂钩，因此，在这种强约束力的环境下，养殖基地工作人员会比较负责，从而也很好地保证了水产品供应的质量安全。在这种供应链模式下，由于已有的强约束机制以及重要的养殖过程信息的记录，都为可追溯系统的实施提供了基础条件，有利于可追溯系统的实施。

对于企业存在的第二种供应链模式，即到其他水产品养殖场进行购买，购买量是由市场的需求来决定的，需求旺盛时就可以到多家水产品养殖场进行购买，需求比较少时可以考虑减少采购量。这种供应结构交易起来并不那么顺利。企业需要派原料部门专门人员到各养殖场进行采样，对原料进行分析后确定到哪家养殖场进行购买并签订协议，同时，在送往该企业之前，还需要暂养一段时间，该段时间内不允许养殖场对水产品进行用药或者喂养某种食物，但是，这种行为很难控制(原料部门经理表示，为了自身的利益，以前养殖场人员经常存在违规用药和用食的行为，到了企业进行二次检验的时候就会被发现，从而使企业遭受损失，而企业对这些行为很难控制，还没有想到更好的解决方法。后来，为了解决该问题，待确定原料供应的养殖场后，企业就会派自己的人去看守一段时间，看管检验过的水产品，直到原料入厂)。可以发现这种供应链结构下企业和供应商交易起来极其困难，造成这种现象的主要原因是供应链关系不紧密，企业和养殖场的交易没有持续性，不能形成风险共担、利益共享的供应伙伴关系。这种供应链结构下，企业实施可追溯系统将需要耗费较高的费用，包括与养殖场的沟通和协调，养殖记录信息的共享模式等，这些都不利于可追溯系统的实施。

10.2.3.2 可追溯系统实施对农产品供应链结构的影响

该企业在实施可追溯系统前，全部采用人工方式进行生产记录，纸制文件保存，导致工作量大，人员结构复杂。当产品出现问题时，很难或者需要花费大量时间才能找到问题环节，明确具体原因，如在放血、消毒、急冻、包装等加工过程或运输过程中出现的问题，原因有可能是生物病原体、物理或者化学的因素引起产品的质量下降。如果没有详细的信息记录和方便的保存方式，则很难对问题环节进行定位。而且，由于该企业所处的供应链是一种综合性的结构，兼有横向和纵向一体化的模式。纵向一体化的管理方式，供应链关系紧密，约束有效，易于管理；而横向一体化的结构，约束松散，该企业往往难以控制原料的质量，而且监管原料来源的成本很大，需要花费过多的人力和时间。

在政府的支持和鼓励下，企业实施了可追溯系统，并按照可追溯体制的要求定期进行产品追溯和召回过程演习，主要是对问题产品进行跟踪和回收过程模拟。例如，企业加工的产品在市场上出现质量问题或者消费者不满意，它的下游客户会将这些信息反馈给该企业，企业通过内部的可追溯系统进行查询，可以很快找出问题环节，进行相应处理。一般来说，客户返回的产品有两种类型，一是可食用的，可能是口味、外观、包装、规格等原因引起客户或者消费者不满；另外一种是不可食用的，原因可能是养殖或者加工过程中微生物引起的化学变化或者药残超标等。对于前者，处理方式可以是降低供应量，出口的产品可以改为内销；而对于后者，与食品安全问题有关，则需要严格控制，必要时进行销毁。通过这种定期的追溯模拟演习，企业能够在产品出现问题时及时进行定位，并进行迅速果断的处理，在市场上树立良好的企业形象，同时还可以挽回一定的经济损失。

对原料供应来讲，由原料部门负责采样，填写取样标签(内容包括养殖场基本信息，养殖情况，饲料和用药情况)并送到质保部门，质保部门按照有关标准进行化学微生物方面的检测，此过程为原料初检。合格原料入场后还需进行二次检验，主要是药残以及现场口感等，检验合格则原料入库进行生产加工；对于临时性的养殖场供应商，企业则会定期派人对养殖场进行检查，记录信息。所有这些标签和检验等信息都需要录入到可追溯系统的数据库中进行保存。对其下游客户，企业会将有关养殖记录、养殖过程中的用药、药残检验结果、出厂检验报告等记录传递给客户，并将关键信息录入可追溯系统数据库中。此外，对于第三方的运输公司，企业也会对其进行严格审查，包括公司的信誉、车辆的卫生标准等，对每次出货的车牌号、司机、车辆等信息进行登记备案。因此形成了可追溯体制下全面的从原料入库经加工企业到下游客户的供应链管理过程。

整体来讲，可追溯系统在该企业的实施，使得整个农产品供应链的运作在全透明的监控状态下完成，上下游合作关系更加紧密，流通中也有了统一的质量安全标准；企业以自有的原料基地为主要供货源，使得水产品流通环节大大缩减，流通的效率得到了提高；通过与其上下游供应商的合作，实现了全程供应链的可视化和水产品的可追溯性；最终将供应链成员的利益紧密联系在一起，在出现问题时能够及时查明问题环节，明确供应链成员的责任，确保水产品供应的安全性。企业在严格遵守可追溯体制的运作下，所生产加工的水产品几乎没有受到客户的返回，企业的知名度进一步扩大，与同类企业相比，竞争力明显提升。管理人员也表示，如果企业规模再扩大一些，将考虑收购一些临时的水产品养殖供应商，纳为自己的原料供应基地，降低企业为保证原料质量安全所耗费的成本。

10.3 农业企业实施可追溯系统的行为分析

本节主要探讨第二个关键因素“组织特征 1：行为”，也就是农业企业实施可追溯系统的困难和激励因素分析。首先基于信息经济学分析农产品质量安全的信息不对称性以及企业存在的机会主义行为，进而通过调研实证分析农业企业实施可追溯系统的困难和激励因素。

10.3.1 理论框架

10.3.1.1 信息经济学与农产品质量安全

1. 信息不对称理论

信息经济是随着经济信息化和信息经济化的发展不断完善的一个新概念。它是指以信息为基础，以信息产业作为国民经济主导的与物质经济相对应的一种社会经济结构。信息经济学是研究信息经济的基本理论、运行机制、运作方法和发展规律的一门学科，既包括从经济学角度研究信息和信息活动，也包括从信息科学角度研究经济和经济活动。

近20多年来，不对称信息(asymetric information)市场理论已经成为信息经济研究中最充满生机活力的领域之一，不对称信息模型也成为现代经济学研究中不可或缺的分析工具(妥艳贞，2004)。不对称信息是指交易的一方拥有另一方不拥有的信息，甚至第三方也无法验证，即使能够检验也要花费大量的人力、物力、财力和精力，在经济上是不划算的。不对称信息现象存在的根源不仅与厂商或市场参与者所拥有的私人信息有关，同时也是由于参与者基于不同的获取能力而获得不同的信息所致。在市场交易中，当市场的一方无法获取另一方行为或行动的信息，或者为获取这些信息而付出的成本太高时，交易双方处于信息不对称状态。比如，卖方关于产品质量的信息可能优于买方，而买方关于自己消费偏好与支付能力的信息则优于卖方。

不对称信息经济学研究两大问题：一是委托代理问题，二是逆向选择问题。主要包含5种情况：隐藏行动的道德风险、隐藏信息的道德风险、逆向选择、信号传递与信号甄别。

不对称信息理论所研究的问题可以从两个角度来看(赖茂生，王芳，2006)：

第一，从不对称信息发生的时间来看，发生在当事人签约之前被称为事前(ex ante)不对称信息，研究事前不对称信息博弈的模型称为逆向选择(adverse selection)模型；发生在签约之后，则称为事后(ex post)不对称信息，研究事后不对称信息的博弈模型称为道德风险(moral hazard)模型。事前信息不对称包括逆向选择模型、信号传递模型与信息甄别模型；而事后的信息不对称主要包括隐藏行动的道德风险模型和隐藏信息的道德风险模型。

第二，从不对称信息的内容来看，不对称信息可能是指某些参与人的知识。研究不可观测行动的模型称为隐藏行动(hidden action)模型，研究不可观测知识的模型称为隐藏知识(hidden knowledge)模型或者隐藏信息(hidden information)模型。

综合信息不对称发生的时间和不对称信息的内容，可以得到不对称信息经济学模型间的关系，如表10.2所示。

表10.2 不对称信息经济学的基本模型

内容	时间	
	事前 逆向选择	事后 道德风险
隐藏行动	—	• 隐藏行动的道德风险
隐藏信息	• 逆向选择模型 • 信号传递模型 • 信息甄别模型	• 隐藏信息的道德风险

2. 信息不对称与农产品质量特性

农产品的经济特性是导致消费者和生产者之间信息不对称的主要原因。按照食品质量信息的可获得性，食品可划分为3类：搜寻品(search goods)、经验品(experience goods)和信任品(credence goods)。搜寻品是指该类食品的外在特征(如品牌、标签、包装、销售场所、价格、产品产地等)和内在特征(如颜色、光泽、大小、肥瘦、伤迹、纤维粗细、新鲜程度等),消费者在消费之前就已了解;经验品是指该类食品的质量及其他安全特征(如鲜嫩程度、汁的多少、味道浓淡、口感风味、烹饪特征、对健康有无损害等),消费者只有在消费之后才能做出评价、判断;信任品是指该类食品的质量安全品质(诸如抗生素、激素、沙门氏菌、重金属、兽药残留以及营养素含量、比例等),消费者在购买后,即便是消费之后,也不能做出真实正确的评判。

作为食品原料的农产品质量同样具有搜寻品、经验品和信任品的特性。首先,农产品质量具有搜寻品特性,对于普通农产品的外观、包装、肥瘦、新鲜程度等信息可以从市场上相对充分地获取,消费者可以很好地保护自己,同时,消费者的购买行为直接向生产者传递了针对一定质量的支付意愿信号,由于农产品质量的搜寻品特性常常跟食品安全和营养特性等有直接关系,消费者在这方面即使出现信息判断失误,浪费一些货币,但也不至于威胁其健康和安全;但是,随着农业领域新的加工技术的发展,在农产品生产和流通过程中,产地环境污染,大量的农药、化肥、防腐剂、添加剂等以及各种高科技保护技术的采用,会对最终的农产品质量产生影响,仅凭借消费者的知觉和经验难以准确辨别它的质量和安全水平,可能需要消费者消费后才能做出评价和判断,即构成了农产品的经验品属性,因此可以说农产品的搜寻品特性逐渐在丧失,而经验品特性在逐步扩大;对于更深层次的质量安全信息获取则更困难,农产品的安全危害具有长期累积效应,消费者不能从外观上直接识别出优劣,甚至长期食用也难以发现,新技术带来的致病因子的增加,生产经营者、消费者往往缺乏安全食品、安全生产的信息,不能作出理性选择,即具有了信任品属性,如农产品中是否含有激素、抗生素,农药残留标准等信息,消费者个人是难以获知的。

因此,农产品的经验品和信任品特性,必然造成农产品市场上生产者、经营者和消费者之间的信息不对称。消费者在购买食品之前无法了解其质量,只有生产者或经营者知道产品的质量状况。

10.3.1.2 农产品生产经营者的机会主义行为

农产品的生产经营者与消费者之间存在着农产品质量(农产品的经验品和信任品特性)信息的不对称,从而导致农产品市场的逆向选择和农产品生产经营者的机会主义行为,农产品"柠檬市场"形成,市场机制失灵,引起农产品质量安全事件发生。

1. 逆向选择

"柠檬市场"(the Lemons Market)理论是指当产品的卖方对产品质量、价格比买方具有更多的信息时,低质量的产品将会驱逐高质量的产品,从而使市场上的产品质量持续下降并出现"劣车驱好车、劣币驱良币"的现象。这种现象的产生是由于买卖双方对产品质量信息不对称所导致的逆向选择(adverse selection)的结果。

在传统的经济学理论分析中,农产品市场一直被认为是完全竞争的市场,买卖双方对所交易的产品具有完全的信息,然而在实际中农产品市场并不符合完全市场竞争的假设,其质量安全信息在生产交易者和消费者之间是不完备的,而且并不能被准确地获取。消费者在购买农产品时,只能凭农产品的搜寻品特征或以往的直觉和经验做出自己的判断和选择。尤其随着农业生物新技术和科技的推广,更增加了生产经营者和消费者之间的产品质量信息的不对称现象。这种信息不对称就造成了农产品市场的逆向选择,使优质、安全农产品退出市场,从而"柠檬市场"形成,优质优价不能够形成,市场机制失灵。

农产品质量安全管理中的一个重要问题就是农产品质量安全信息的不对称与责任不可追

溯性导致的逆向选择。一般情况下，只有生产经营者能够知道农产品质量安全水平的分布，而消费者由于不能承担一定的信息费用等原因仅能通过自己的经验或观察了解农产品的平均质量，因而只愿意根据平均质量来支付价格。因此，如果没有其他任何方式使消费者确定每个单位产品的具体质量安全水平，则质量安全无保障的农产品会随着优质、安全农产品一同出售。在不同质量水平农产品共存的市场中，由于优质农产品（如绿色农产品、有机农产品，或者通过某种方式保证了质量安全的农产品等）的生产经营者需要较高的投入而不能获得足够利润的动力甚至不能弥补成本，所以质量高于平均水平的农产品将会退出农产品市场交易，而只有质量较低的农产品进入市场。当消费者发现市场上所出售的农产品质量下降时，其愿意支付的价格也随着下降，进而导致质量水平稍微高的农产品也逐步退出市场，形成农产品市场质量下降的恶性循环。

因此，应该通过各种途径或方式来向消费者传达关于市场上农产品的质量安全信息，使消费者在购买后不会花费太大成本就能辨别其质量水平。但是由于农产品品种繁多、交易频繁等问题，使消费者缺乏对农产品质量安全信息完整的认识，可追溯性变差。生产经营者与消费者之间存在的农产品质量安全信息的不对称，使农产品生产经营者的可能欺诈行为不易被及时觉察，尤其在对生产经营者行为监督不力、对生产劣质产品也没有严格的惩罚措施时，将会给生产经营者提供一种欺骗性的追求自利的机会。

2. 道德风险

道德风险是指参与合同的一方所面临的对方可能改变行为而损害到本方利益的风险。在农产品市场上可以分为两种情况。

一种情况是在农产品的生产过程中，政府和农户之间形成的委托代理关系（徐翔，周峰，2007）。政府作为农产品质量安全的管理者委托农户生产无公害农产品，二者之间形成委托-代理关系。由于政府不能完全观察农户的生产行为，而只能通过抽样检测来推测农户的生产行为，因此政府关于农户的生产行为是信息不对称的。这样农户就可以通过“隐藏行动”而可能不承担其行为的后果，从而有可能不按照无公害的标准进行生产，由此导致了农户的道德风险问题。

另一种情况是指拥有信息优势的农产品卖方在买方对农产品相关信息知道甚少的情况下损害买方利益的行为（刘冬梅，绍砾群，2005）。农产品具有搜寻品、经验品和信任品的特征，买方在购买时只能根据搜寻品的特征来进行辨别和选购，对于更深层次的经验品和信任品特征只能依靠卖方的表述和约定，而卖方为了获取高的价格，可能对农产品的经验品和信任品特征作一些虚假描述。即使是农产品的经验品和信任品特征不同，仍然会表现出相同的搜寻品特征，因此农产品卖方只会存在对农产品搜寻品质量特征改进的激励，对经验品和信任品质量特征改进的激励不大。而在既定的条件下农产品的质量和产量存在负相关的关系，即质量的提高会带来农产品产量的下降，这样在市场需求价格既定的情况下，卖方会以提供最低质量的农产品的形式来提高农产品的产量，以获得最大的收益。再加上目前我国对农业生产行为监督困难，农产品卖方在自身利益的驱动下就可能会有故意向市场提供假冒伪劣农产品的行为。

10.3.1.3 分析框架形成

上述分析表明，农产品质量具有经验品和信任品属性，机会主义行为的存在造成供应链上生产经营者与消费者之间的信息不对称性。生产加工者属于质量安全信息优势一方，掌握更多的关于农产品质量安全的信息，而消费者处于质量安全信息劣势一方，对农产品质量难以辨认。

从信息经济学角度分析，信号传递模型是解决信息不对称的一种方式。而可追溯系统的应用则可以看成是一种农产品质量安全信号的传递方式，在消费者没有购买农产品之前，实施可追溯系统的农业企业可以通过加贴追溯标签的形式，赋予农产品的质量安全信息，向消费者传达一种放心消费的信息。其中，企业作为信号的发出方(sender)，消费者作为信号的接收方(receiver)，可追溯系统实施中的追溯标签作为一种质量安全信号(signal)。企业实施了可追溯系统，相当于发出了农产品质量安全信号(可以通过追溯条码查询相关信息)，向消费者表明“我的产品是健康安全的，请放心消费”，消费者会利用这些追溯信息来作出是否购买的决策行动。

那么企业一定会发出这样的质量安全信号吗？哪些因素会影响到他决定使用可追溯系统这种方式？前述理论框架分析中已经讨论了供应链环境下可追溯系统实施过程中的各种影响因素，具体到企业来讲，可以总结为 3 类因素，即企业的基本特征、企业实施可追溯系统的困难以及企业实施可追溯系统的动机(激励机制)。从这 3 类因素出发，参考了类似的关于企业实施其他食品安全保障体制(如 HACCP)分析的成果，最终问卷由 23 个问题构成，分为三大部分，分别为企业的社会学统计特征、企业实施可追溯系统遇到的困难及企业实施可追溯系统的激励因素。在企业的基本特征中考虑了企业的产权性质、规模大小和对外贸易的影响，问题设置包括企业的类型、注册资本情况、是否出口。一般来讲，企业是否采用一种新的食品安全控制体制，首先需要对引入该体制的成本和未来的收益进行权衡，当收益大于或等于成本时，企业才有可能采用，影响成本和收益的因素有来自于企业内部的因素，也有外部环境的影响，这些都可能构成企业引入可追溯系统所要面对的困难。具体来讲主要有：系统实施费用高，管理和技术人员缺乏，市场标准不统一，管理过程转变困难，加工过程转变困难，未来收益不确定，相关优惠政策不足。虽然企业引入可追溯系统会遇到诸多的困难，但是生产安全食品是一种社会需求，也是扩展产品市场占有率、提高企业管理水平的一种有效手段，而且，竞争对手是否已经采用了该系统，企业领导是否对该系统感兴趣，这些就构成了企业采用可追溯系统的激励因素，通过 11 个指标来进行反映。

分析框架如图 10.9 所示。

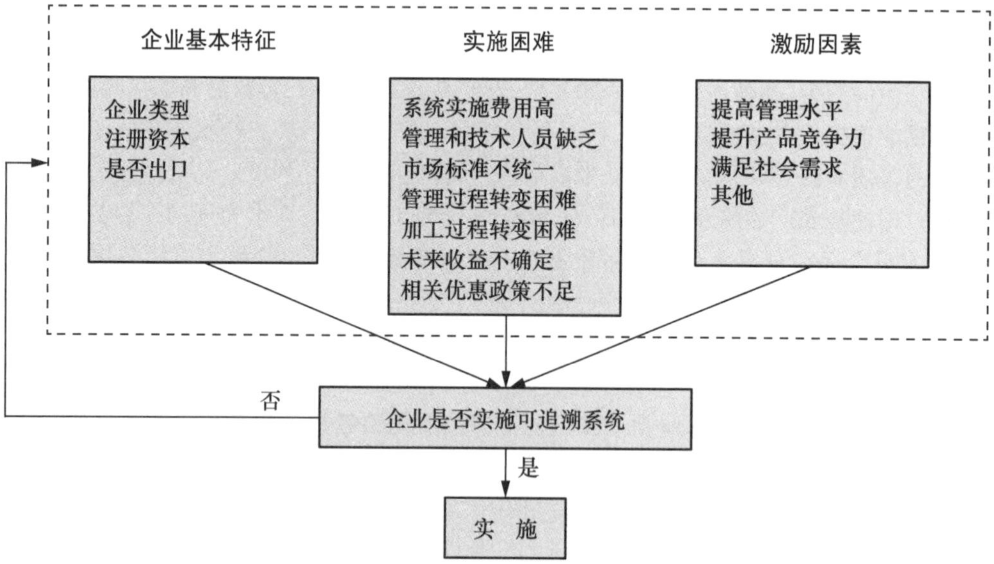

图 10.9　农业企业实施可追溯系统的行为分析框架

10.3.2 实证分析方法及数据来源

10.3.2.1 数据来源及样本情况

为了获得第一手的分析数据，项目组2007年11月对广东和海南罗非鱼企业可追溯系统的应用情况进行了调查。目前，广东是我国第一大罗非鱼生产和出口地区，罗非鱼年产量为50万t，占全国罗非鱼总出口量的50%，2007年出口量达到12.8万t。海南是我国第二大罗非鱼生产和出口地区，2008年1—7月累计加工罗非鱼5.1万t，占总的水产品出口量的68%。选择这两个地区还有3个原因：一是受限于现有的研究条件，包括人力和资金情况；二是罗非鱼在我国属于新兴的农业产业，欧美国家需求量旺盛，国内需求也在增加，对该产品对质量安全的要求也越来越高；三是除了分析农业企业应用可追溯系统的现状和困难等因素外，也考虑到关于进口市场的要求对国内企业实施可追溯系统的影响。

本次共发放调研问卷50份，回收50份，其中有效问卷21份。问卷的有效回收率较低，仅达到42%，这与现阶段我国可追溯系统实施的现实情况相符。我国并没有法律强制规定企业实施可追溯系统，基于成本考虑，很多企业并未打算实施可追溯系统，即使出口企业，如果进口国没有要求的话，也不会主动实施可追溯系统。此外，调研中碰到诸如不愿意回答、被拒绝等困难，也降低了问卷的有效回收率。

10.3.2.2 分析方法

(1) 在问卷调查中，困难选项包括：实施尚不具备条件，实施费用高，认可少、没必要实施，高的投入不一定有高的收益，现行市场可追溯体制的标准不统一，国家或地方的优惠政策不足。以Likert量表形式进行了设置，每个收益的选项分别为“不同意”、“基本同意”、“同意”、“比较同意”、“很同意”，分别对应分值1、2、3、4、5。在分析可追溯系统实施的困难、激励因素时，使用了描述性统计分析方法。其中，利用描述性统计分析法对企业的基本特征进行分析，利用平均值法对可追溯系统实施的困难进行分析。

(2) 在研究农业企业实施可追溯系统的激励因素时，为了全面反映农业企业实施可追溯系统的激励因素，调查过程中的问题设置也参考了前人在此方面的研究成果，选取的指标较多，因此，我们采用主成分分析的多元统计分析方法对指标进行降维处理，提炼了关键的主成分。

主成分分析(principal component analysis)是一种探索性的技术，其基本思想就是设法将原来具有一定相关性的指标(如 p 个指标)，重新组合成一组新的相互无关的几个综合指标来代替原来指标，同时根据实际需要从中取几个较少的综合指标尽可能多地反映原来指标的信息。通常数学上的处理就是将 p 个指标作线性组合，得到第一个综合指标 F_1。F_1 要尽可能多地反映原来指标的信息，一般用 F_1 的方差来表示，$\mathrm{Var}(F_1)$越大，F_1 包含的信息越多，因此 F_1 是方差最大的，成为第一主成分。如果第一主成分 F_1 不能全面反映原来指标的信息，则需考虑第二主成分 F_2，但是要求 $\mathrm{Cov}(F_1, F_2)=0$，依此类推，可以得到第 p 主成分。

1. 主成分分析的基本原理

如果记原来的变量指标为 x_1、x_2、…、x_p，它们的综合指标——新变量指标为 z_1、z_2、…、z_m $(m\leqslant p)$，则

$$\left.\begin{cases} z_1 = l_{11}x_1 + l_{12}x_2 + \cdots + l_{1p}x_p \\ z_2 = l_{21}x_1 + l_{22}x_2 + \cdots + l_{2p}x_p \\ \vdots \\ z_m = l_{m1}x_1 + l_{m2}x_2 + \cdots + l_{mp}x_p \end{cases}\right\} \tag{10.1}$$

在式(10.1)中，系数 l_{ij} 由下列原则来决定：z_i 与 $z_j(i \neq j; i,j=1,2,\cdots,m)$ 相互无关；z_1 是 $x_1, x_2, \cdots, x_p$ 的一切线性组合中方差最大者；z_2 是与 z_1 不相关的 $x_1, x_2, \cdots, x_p$ 的所有线性组合中方差最大者；……；z_m 是与 $z_1, z_2, \cdots, z_{m-1}$ 都不相关的 $x_1, x_2, \cdots, x_p$ 的所有线性组合中方差最大者。

这样决定的新变量指标 $z_1, z_2, \cdots, z_m$ 分别称为原变量指标 $x_1, x_2, \cdots, x_p$ 的第 1、第 2、…、第 m 主成分。其中，z_1 在总方差中占的比例最大，$z_2, z_3, \cdots, z_m$ 的比例依次递减。在实际问题的分析中，常挑选前几个较大的主成分，这样既减少了变量的数目，又抓住了主要矛盾，简化了变量之间的关系。

从以上分析可以看出，找主成分就是确定原来变量 $x_j(j=1,2,\cdots,p)$ 在主成分 $z_i(i=1,2,\cdots,m)$ 上的载荷 $l_{ij}(i=1,2,\cdots,m; j=1,2,\cdots,p)$，从数学上容易知道，它们分别是 $x_1, x_2, \cdots, x_p$ 的相关矩阵的 m 个较大的特征值所对应的特征向量。

2. 主成分分析的计算步骤

第一，计算相关系数矩阵。

$$R = \begin{bmatrix} r_{11} & \cdots & r_{1p} \\ \vdots & & \vdots \\ r_{p1} & \cdots & r_{pn} \end{bmatrix} \tag{10.2}$$

在式(10.2)中，$r_{ij}(i,j=1,2,\cdots,p)$ 为原来变量 x_i 与 x_j 的相关系数，其计算公式为

$$r_{ij} = \frac{\sum_{k=1}^{n}(x_{ki} - \overline{x_i})(x_{kj} - \overline{x_j})}{\sqrt{\sum_{k=1}^{n}(x_{ki} - \overline{x_i})^2 \sum_{k=1}^{n}(x_{kj} - \overline{x_j})^2}} \tag{10.3}$$

因为 R 是实对称矩阵(即 $r_{ij} = r_{ji}$)，所以只需计算其上三角元素或下三角元素即可。

第二，计算特征值与特征向量。

首先解特征方程 $|\lambda I - R| = 0$ 求出特征值 $\lambda_i(i=1,2,\cdots,p)$，并使其按大小顺序排列，即 $\lambda_1 \geqslant \lambda_2 \geqslant \cdots \geqslant \lambda_p \geqslant 0$；然后分别求出对应于特征值 λ_i 的特征向量 $e_i(i=1,2,\cdots,p)$。

第三，计算主成分贡献率及累计贡献率。

主成分 z_i 的贡献率为 $$\gamma_i \Big/ \sum_{k=1}^{p}\gamma_k (i=1,2,\cdots,p) \tag{10.4}$$

累计贡献率为 $$\sum_{k=1}^{m}\gamma_k \Big/ \sum_{k=1}^{p}\gamma_k \tag{10.5}$$

一般取累计贡献率达 85%～95% 的特征值 λ_1、λ_2、…、λ_m 所对应的第 1、第 2、…、第 m $(m \leqslant p)$ 个主成分。

第四，计算主成分载荷。

$$p(z_k, x_i) = \sqrt{\gamma_k e_{ki}} \quad (i, k = 1, 2, \cdots, p) \tag{10.6}$$

由此可以进一步计算主成分得分

$$Z = \begin{bmatrix} z_{11} & \cdots & z_{1m} \\ \vdots & & \vdots \\ z_{n1} & \cdots & z_{nm} \end{bmatrix} \tag{10.7}$$

10.3.3 实证结果分析

10.3.3.1 农业企业实施可追溯系统的困难

1. 企业的基本特征和实力

统计结果如表 10.3 所示。私营企业 10 家（47.62%），占大多数，国有企业 6 家（28.57%），合资企业 5 家（23.81%）。由于所调研对象主要集中在沿海地区，因此以出口为主的企业比例稍大，达到 13 家（61.9%），不出口的企业 8 家（38.1%）。被调查的企业中，中小型规模企业所占比例较大，注册资金在 100 万元以下的企业占到了 57.14%，500 万元以下的企业占到 76.19%。

表 10.3 企业的基本特征统计

问题	选 项	样本数	比例/%
企业的类型	国有企业	6	28.57
	私营企业	10	47.62
	合资企业	5	23.81
注册资本	<10 万元	3	14.29
	10 万～50 万元	4	19.05
	50 万～100 万元	5	23.81
	100 万～500 万元	4	19.05
	500 万～1 000 万元	3	14.28
	>1 000 万元	2	9.52
是否出口	是	13	61.9
	否	8	38.1

2. 企业实施可追溯系统的困难

通过对调查结果的平均值计算，得出图 10.10 所示的统计结果。

在调查中，企业表示可追溯系统对改善农产品质量安全是有作用的，但是迫于实施中的诸多困难，导致目前实施可追溯系统的企业仍然不多。最主要的困难是实施费用太高（4.58）以及目前市场上可追溯标准不统一（4.37）。事实上，我国的农业企业规模大多偏小，实施可追溯系统对他们来讲是一个不小的投资，而且政府并没有强制要求企业实施可追溯系统，不同地区和不同企业对可追溯性都有自己的理解，有自己的实施标准，即使有意愿实施可追溯系统的企

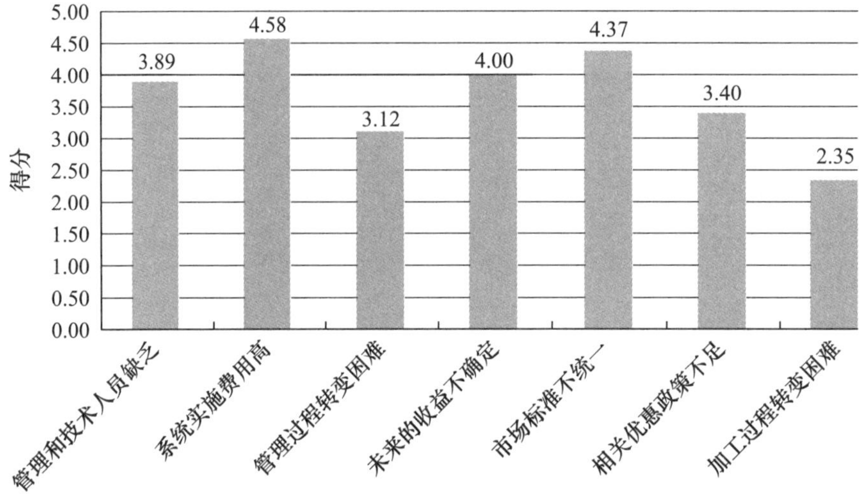

图 10.10 企业实施可追溯系统的困难

业，也很难有参考决定该如何实施可追溯系统。其次，企业对系统实施后的收益表示不确定(4.00)，这也是大部分企业所担心的，按照 Swanson(2004)的观点，一种旧体制向一种新体制转化，是该组织所面临的最高的风险投资之一。可追溯系统是一种新型的食品安全控制体制和信息技术集成的表现形式，系统实施的投资较大，除了一些显性成本，如计算机、软件、追溯标签、数据采集和处理装置等，还包括难以计量的隐性成本，如管理方式的变化、人员结构的调整、供应链企业的协调与沟通等。而且我国大部分的农业企业规模较小，并没有多余的资金来建设可追溯系统，而投入建设是否能够取得预期的效果，回报周期有多长，都很难确定，这些不得不令企业犹豫是否付诸行动来实施可追溯系统。第三，可追溯系统的建立和运作需要相关的管理、技术人员，以及专家进行指导，规模小的企业往往缺乏高层次的人才，资金实力也不够，再加上有些地方政府给予的鼓励优惠政策不足，企业认为自己不具备实施可追溯系统的条件。最后，可追溯系统的实施需要企业进行某些管理方式和加工过程的转变，或者需要添加一些辅助性的过程来方便可追溯系统的实施，这些也是企业所面临的障碍。

10.3.3.2 **农业企业实施可追溯系统的激励因素**

通过对调研数据的整理和计算，得到农业企业实施可追溯系统的激励因素的分析结果(图10.11)。分析表明，企业实施可追溯系统的激励因素依次为：提高产品质量，满足客户要求，适应健康消费需求，提升企业公众形象，企业领导重视，扩大国内市场，开拓国际市场，改善食品质量管理方式，产品差异化，政府鼓励，同类企业先期采用。

由于激励因素较多，经济意义容易重叠，不便于分析，因此对农业企业实施可追溯系统的11个激励因素(X_1：提高产品质量，X_2：改进管理方式，X_3：企业领导重视，X_4：开展国际贸易，X_5：适应健康消费潮流，X_6：开拓国内市场，X_7：企业形象宣传，X_8：产品差异化，X_9：客户要求，X_{10}：同类企业先采用，X_{11}：政府鼓励)进行了主成分分析。

根据主成分分析的结果(表 10.4)，本应该提取前 4 个特征值大于 1 的主成分，但是这 4 个

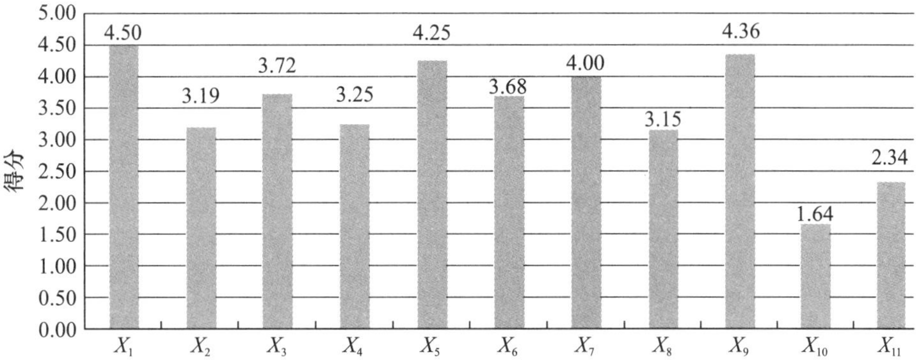

图 10.11　企业实施可追溯系统的激励因素

成分的累计方差贡献率仅达到74.504%，不能够全面反映11个指标所具有的信息，这一点从表10.5所示的主成分得分矩阵中也可以看出。因此选取前5个主成分，累计方差贡献率达到83.537%，结合主成分的得分情况可以对问题进行全面的分析和研究。

表 10.4　激励因素的方差分析

激励因素	初始特征值			提取的主成分载荷的平方和		
	特征值	方差贡献率	累计方差贡献率	合计	方差贡献率	累计方差贡献率
X_1	3.096	28.141	28.141	3.096	28.141	28.141
X_2	1.948	17.709	45.851	1.948	17.709	45.851
X_3	1.720	15.632	61.483	1.720	15.632	61.483
X_4	1.432	13.022	74.504	1.432	13.022	74.504
X_5	0.994	9.033	83.537	0.994	9.033	83.537
X_6	0.556	5.052	88.589			
X_7	0.421	3.827	92.416			
X_8	0.288	2.619	95.035			
X_9	0.243	2.206	97.240			
X_{10}	0.222	2.019	99.259			
X_{11}	0.082	0.741	100.000			

表 10.5　激励因素主成分得分系数矩阵

激励因素	主成分				
	1	2	3	4	5
X_1 提高产品质量	0.521	−0.626	−0.067	0.203	0.395
X_2 改进管理方式	0.765	0.133	0.407	0.194	0.042
X_3 企业领导重视	0.369	−0.293	0.715	0.038	−0.286
X_4 开展国际贸易	−0.205	−0.144	0.744	0.364	0.247

续表 10.5

激励因素	主成分				
	1	2	3	4	5
X_5 适应健康潮流	0.467	0.514	0.218	−0.195	0.558
X_6 开拓国内市场	0.761	0.283	−0.156	−0.412	0.036
X_7 企业形象宣传	0.617	−0.364	−0.055	−0.019	−0.501
X_8 产品差异化	0.386	0.784	0.217	0.108	−0.345
X_9 客户要求	0.057	0.123	−0.240	0.879	−0.049
X_{10} 同类企业先采用	0.564	0.192	−0.524	0.440	0.081
X_{11} 政府鼓励	0.643	−0.537	−0.174	−0.182	0.047

结合表 10.4 和表 10.5 分析，可以得出各个主成分的数学表达公式：

$$F_1=0.521\cdot X_1+0.765\cdot X_2+0.369\cdot X_3-0.205\cdot X_4+0.467\cdot X_5+0.761\cdot X_6+0.617\cdot X_7+0.386\cdot X_8+0.057\cdot X_9+0.564\cdot X_{10}+0.643\cdot X_{11}$$

$$F_2=-0.626\cdot X_1+0.133\cdot X_2-0.293\cdot X_3-0.144\cdot X_4+0.514\cdot X_5+0.283\cdot X_6-0.364\cdot X_7+0.784\cdot X_8+0.123\cdot X_9+0.192\cdot X_{10}-0.537\cdot X_{11}$$

$$F_3=-0.067\cdot X_1+0.407\cdot X_2+0.715\cdot X_3+0.744\cdot X_4+0.218\cdot X_5-0.156\cdot X_6-0.055\cdot X_7+0.217\cdot X_8-0.240\cdot X_9-0.524\cdot X_{10}-0.174\cdot X_{11}$$

$$F_4=0.203\cdot X_1+0.194\cdot X_2+0.038\cdot X_3+0.364\cdot X_4-0.195\cdot X_5-0.412\cdot X_6-0.019\cdot X_7+0.108\cdot X_8+0.879\cdot X_9+0.440\cdot X_{10}-0.182\cdot X_{11}$$

$$F_5=0.395\cdot X_1+0.042\cdot X_2-0.286\cdot X_3-0.247\cdot X_4+0.558\cdot X_5+0.036\cdot X_6-0.501\cdot X_7-0.345\cdot X_8-0.049\cdot X_9+0.081\cdot X_{10}+0.047\cdot X_{11}$$

$$F=0.28141\cdot F_1+0.17709\cdot F_2+0.15632\cdot F_3+0.13022\cdot F_4+0.09033\cdot F_5$$

从经济学意义角度解释这些主成分：第 1 主成分方差贡献率为 28.14%，包括改进管理方式、开拓国内市场、企业形象宣传、同类企业先采用、政府鼓励，总体反映了企业对管理水平和国内市场重视的激励因素；第 2 主成分方差贡献率为 17.709%，包括提高产品质量、产品差异化，反映了提高产品竞争力方面的激励因素；第 3 主成分方差贡献率为 15.632%，包括企业领导重视、开展国际贸易，反映了企业家的个人因素；第 4 主成分方差贡献率为 13.022%，主要是客户要求，反映了企业对供应链上下游需求的激励因素；第 5 主成分方差贡献率为 9.033%，主要是适应市场健康消费潮流，反映企业对市场消费需求重视的激励因素。其中，第 4 和第 5 主成分可以合并为社会需求类激励因素。

因此，经过主成分分析，认为企业采用可追溯系统的激励因素分为 4 类：提高企业管理水平，提高产品竞争力，企业领导重视，社会需求。

10.4 农业企业实施可追溯系统的绩效分析

对可追溯系统实施的成本及未来收益的测算会直接影响企业对可追溯系统投资的决策，本节首先基于软件工程理论和信息系统管理理论分析了农业企业实施可追溯系统的成本和收益，形成理论框架，接着应用调研数据对其进行实证分析。

10.4.1 理论框架

是否采用可追溯系统很大程度上依赖于采用主体对它所耗费的成本和所带来收益的权衡，因此分析实施可追溯系统的成本和收益对于促进其有效的应用具有重要意义。对于食品安全体制的实施所引起的成本和收益分析比较复杂，主要的困难就是成本和收益的分配和量化研究，因为它涉及直接成本和间接成本，货币因素以及非货币因素，这些元素部分可以量化，而有些是很难量化的(Stephanie Krieger et al,2007)。

可追溯系统在我国实施时间还不太长，还缺乏比较深入细致的分析。因此，目前对可追溯系统实施的研究多是定性的分析，从不同角度提出可追溯系统实施可能产生的成本组成，还没有比较规范的研究方法进行分析。而且，站在企业(信息系统的建设和使用的最终用户)的角度，将可追溯系统的成本和收益作为投资决策加以分析的研究极为缺乏。通过对相关农业企业的调研，定量化估算可追溯系统实施的成本和收益，为农业企业有效实施可追溯系统提供相关辅助决策。

10.4.1.1 可追溯系统实施的成本分析

农产品行业中，低成本是大多数农业企业的一种竞争战略，尤其是在农产品出口企业中，低成本为其出口获利发挥了不可替代的作用。企业引入可追溯系统后，在建立和实施中，不管是生产加工环节还是管理环节都需要加强，因此成本会有明显增加。

Van der Vorst, J. G. A. J. (2004)认为可追溯系统的成本包括基础设施成本、生产过程的再改造成本、信息通信技术成本和追溯成员间的协作成本。按照于辉(2006)对可追溯系统成本的分类法，将可追溯系统的成本分为建立成本(可追溯系统建立时由制订计划、人员配备、技术设备等引发的成本)和运行成本(可追溯系统运行中的信息管理成本)。他认为影响可追溯体制建立成本的因素包括企业规模、人力资源和信息采集、传递与处理设备；影响可追溯体制运行成本的因素包括追溯信息的宽度(追溯信息的容量)、深度(向前或向后追溯信息的距离，通常指“空间距离”，即追溯涉及的环节，如企业数量和实际距离)和精确度(确定问题源头或产品某种特性的能力)，以及信息管理模式(内部管理还是共享管理)。Elise Golan 等人(2004)认为可追溯性的成本包括档案记录成本(食品属性和流通渠道信息收集)和产品差异化成本(追溯的食品经过批次或分类处理的花费，这些主要受生产技术和客户需求影响)，分析了追溯信息的广度、深度和精确度，产品转换的复杂程度，会计系统和流程的大小，追溯技术的复杂性对可追溯系统实施的成本的影响。C. Giacomini 等人(2002)对可追溯系统的分析发现，成本主要包括软件(software)的购买、读卡器(optical readers)购买和动植物检疫数据的管理(phyto-sanitary data management)成本。也有将实施可追溯系统的成本分为产品标签的投入、管理信息系统的投入、相关人员的投入以及数据库和信息查询系统的投入4个部分。这些成本基本由企业来承担,但是政府有时候也需要负担一部分(师严涛,2006)。

基于上述前人的研究成果,同时为了方便展开分析农业企业实施可追溯系统的成本,本研究将企业实施可追溯系统的成本分为可追溯系统的建立成本和运作成本。其中,建立成本主要是指可追溯系统开发的软硬件费用,一次性的设施和设备投入。运行成本是指可追溯系统建立后为维持其正常运行而需要的人员、检测技术、信息记录等的投入费用。

1. 可追溯系统的建立成本

1) 可追溯系统建立的关键因素

一个完善的可追溯系统包括四大关键因素,即标识系统、数据库、档案和网络系统(李晓燕等,2007)。

(1) 标识系统:标识是可追溯系统建设中最为重要的管理信息,标识承载着农产品最基本的信息,是消费者或有关部门了解农产品相关信息的一个桥梁。实施农产品可追溯性管理的一个重要方法就是在农产品上加施可追溯性标识或标签。通过标识中的编码可方便地到数据库中查找有关农产品的详细信息及所使用投入品的相关信息,也可帮助企业确定产品的流向,便于对农产品进行追踪和管理。

(2) 数据库:构建可追溯系统的另一个基本要素是中央数据库。基于纸张的记录很难满足在48 h内追溯至出生地或源产地之类的快速追溯的需求。为了保障食品安全,记录数据及所收集的数据应该与可追溯系统连接,并应高度精确,因为即使是一个数据的错误也可能导致整批农产品不必要的损失,甚至可能导致企业倒闭。同时,数据必须快速收集并储存,数据的收集不能影响到生产加工商的生产技术,所完成的数据收集成本必须尽可能低,做到无论管理者、生产者或是消费者都能快速有效地利用数据库中的数据,而不会影响到生产商的商业机密数据。因此,实现农产品可追溯的关键还需要尽快建立起从生产到销售等各环节相关信息的庞大的数据库。

(3) 档案:生产经营记录是可追溯系统建设中的基础信息,各环节可追溯信息记录都要进行备案,以备查询之用。为实现可追溯系统准确快速地追溯产品的来源、去向及相关信息,在可追溯系统中要求所有可追溯信息要有电子档案,当然纸质档案也是非常重要的,它是保证生产经营者真实地记录消费者所关心的各阶段信息的重要证明材料,是电子档案的基础。完整、可靠的档案是可追溯系统有效实施的基础保障。档案应有专人管理,负责整理备份,并由专人负责上传档案信息于相应的数据库。

(4) 网络系统:中央数据库的构建及有关信息的追溯都离不开信息传递系统,网络技术在这里发挥了重要的作用。网络是将所有分散的农产品个体、农户、种养基地、加工点和销售点信息连在一起的桥梁,一些有线网络技术和GPRS、蓝牙等无线通讯技术以及Internet技术为可追溯系统的网络构建提供了支撑。农产品从“农田到餐桌”的整个过程中涉及各个经济主体构成的供需网络、各级管理机构构成的管理网络。信息技术和网络技术的发展使这两级网络的管理成为可能,通过Internet及XML技术的应用,实现数据集中存贮、管理,数据输入后可立即查询,为实现快速追溯提供了保障。应用现代化技术建立网络系统,可以提高效率和对流行病暴发及食品安全事件的处理的效果。

2）可追溯系统建立成本的组成

对于一个系统开发项目,项目的成本主要由直接成本、管理费用和期间费用等构成。农产品可追溯系统属于 IT 项目,因而对于其预算和成本控制尤为困难,必须能正确估算软件开发或者部分软件开发的成本费用。农产品质量可追溯系统是人-机相互适应的过程,包括开发、使用、维护和管理等多项工作的系统,需要投入大量的人力、财力、物力资源,需要各种硬件、软件的支持,所有这一切构成了系统项目的成本。一般来说,可以从两个角度来分析信息系统项目的成本组成,可追溯系统同样适用。

(1) 按系统的生命周期阶段划分:同任何事物一样,一个软件产品或软件系统也要经历孕育、诞生、成长、成熟、衰亡等阶段,一般称为软件生存周期(软件生命周期)。把整个软件生存周期划分为若干阶段,使得每个阶段有明确的任务,使规模大、结构复杂和管理复杂的软件开发变得容易控制和管理。通常,软件生存周期包括可行性分析与开发项计划、需求分析、设计(概要设计和详细设计)、编码、测试、维护等活动,可以将这些活动以适当的方式分配到不同的阶段去完成。

按信息系统生命周期阶段将信息系统成本分成建立成本和运行/维护成本两大类,在各类中又根据费用的目的进行逐级细分,如表 10.6 所示。

表 10.6 按系统生命周期阶段划分的成本组成

序号	大类	小类	成本元素
1	建立成本	分析、设计费用	系统调研
2			需求分析
3			系统设计
4		实施费用	编程与测试
5			硬件的购买与安装
6			系统软件配置
7			数据收集
8			人员培训
9			系统切换
10	运行及维护成本	运行费用	人员费用
11			消耗材料费用
12			固定资产折旧率
13			技术资料获取费
14		管理费用	审计费用
15			系统服务费用
16			行政管理费用
17		维护费用	纠错性维护费用
18			适应性维护费用
19			完善性维护费用

(2) 按系统的经济用途划分:表 10.7 所示即为可追溯系统的实施所花费的各环节的费用

及其用途。

表 10.7　按系统的经济用途划分的成本组成

序号	类　别	用　　途
1	硬件购置费用	购买计算机及其相关设备
2	软件购置费用	购买操作系统软件、数据库系统软件及其他应用软件
3	基建费用	新建或改建机房，购置计算机台、柜等
4	通信费用	构建计算机网络设备、通讯线路器材，租用公共通信线路
5	人工费用	各类系统开发人员、操作人员与系统有关的管理人员的工资
6	水电费用	包括系统在开发、运行与维护期间消耗的水电费
7	消耗材料费用	购置打印纸、色带、磁盘
8	培训费用	用户培训，有关的技术人员或管理人员进修的费用
9	管理费用	办公费，差旅费，会议费
10	其他费用	维修费，资料费，固定资产折旧率和咨询费

3）影响可追溯系统建立成本的因素

（1）项目质量对成本的影响：一般情况下，质量总成本由质量故障成本和质量保证成本组成。所谓质量故障成本是指为了排除系统质量原因所产生故障、保证产品重新恢复功能的费用；质量保证成本是指为了保证和提高质量而采取的技术措施所消耗的费用。质量保证成本和故障成本之间是相互矛盾的，系统的质量越低，由于质量不合格引起的损失就越大，即故障成本增加；而质量越高，相应的质量保证成本就越高，故障就越少，引起的损失也就越少。所以，需要建立一个动态平衡关系。

（2）工期对成本的影响：系统项目的费用由直接费用和间接费用组成，一般工期越长，项目的直接费用越低，但是间接费用越高；而工期越短，直接费用越高，间接费用越低。工期长短对可追溯系统建立的成本影响很大，当工期缩短时，需要更多的、技术水平更高的工程师，直接成本费用就会增加。

（3）管理水平对成本的影响：管理水平对项目的成本也产生重大的影响，有时也是根本性的。高水平的管理可以提高预算的准确度，加强对项目预算的执行和监管，对工期的控制严格限制在计划许可的范围内，对设计方案和项目计划更改造成的成本增加、减少和工期的变更，可以有效地控制，而对风险的识别、采取的措施、高水平的管理也会达到减少风险损失的效果。

（4）人力资源对成本的影响：人力资源素质也是影响成本的重要因素。对高技术能力、高技术素质的人才，本身的人力资源成本是比较高的，但同时可以产生高的工作效率、高质量的产品、较短的工期等间接效果，从而降低成本。

（5）价格对成本的影响：计算机和网络硬件、通风硬件、数字线路等硬件成本以及其他各种辅助硬件购置等费用和服务、市场人力资源、软件的价格对成本产生直接的影响。

2. 可追溯系统的运作成本

可追溯系统在运作过程中，主要的工作是农产品流通过程中的信息记录，以及实施过程中的生产技术、管理方式的转变。这两项也就构成了可追溯系统实施的主要运作成本，可以称为信息记录成本和差异化成本。

1）信息记录成本

指生产、加工和流通过程中有关农产品质量安全属性信息的收集和维护成本。这些信息不管是对企业的生产经营还是对产品出现问题后的处理都很关键。在一些企业中，如果已经具有了类似的信息保存方式，如收据、账单等方式的记录，或者还具有某种电子的信息记录方式，则企业只需做很少的转变来适应可追溯系统，这些将大大降低可追溯系统的运作成本。如果企业先期并没有相关的信息记录方式，则运作成本会较高。

所记录信息的精确度会对记录成本产生影响，可追溯系统的精度越高，需要收集和记录的信息也越多，相应的管理费用也随之增加。例如，一个可追溯系统对某农产品的病原体控制有严格要求的话，则包括采样、测试和检验的信息记录成本将会很高。同样，可追溯系统对某些农产品批次单元规格大小严格要求的话，则进行批次的划分和信息记录的成本提高，如牛肉的分割二分体比四分体的信息容易记录，成本低。

农产品的生产和销售过程的复杂性也会对信息记录成本产生影响。如果农产品的生产过程比较复杂，流通到市场的环节也较多，在此过程中会产生大量的新信息需要记录。生产加工的流程复杂，流通主体的数量越多，则信息记录成本也较高。如收获的马铃薯直接卖给零售商，则跟踪和追溯都比较容易；如果是猪肉馅饺子则会困难得多，中间的转化过程包括小麦转化为面粉，猪肉分割切块再转化为肉馅，再加上其他作料的混合等，追溯起来是相当困难的。

2）差异化成本

指为了达到追溯目的而保持与非可追溯性产品某种属性不同的成本。首先，为了方便进行追溯，需要对产品的物流过程进行调整，如进行批次记录，或者根据产品加工工艺进行分割单元的划分。当可追溯要求适应了企业基于生产的批次规模，如生产量的转变或者产品领域的变化，追溯的差异化成本就较小。同样，如果新的追溯性目标与已有的追溯目标一致的话，则追溯的差异化成本也会很低。其次，可追溯性的管理过程中需要不同或者额外的标准，就好像普通农产品、无公害农产品、绿色农产品和有机农产品的区分，在生产和加工环节有不同的标准要求，这些标准要求就会增加差异化成本。再次，可追溯农产品的生产加工过程需要相应的生产技术和满足不同的需求水平，不同属性的产品区分技术成本不同。如果是现有生产线基础上的改进或附加新的技术就能满足需求，则成本较低，如从包装到运输的过程中，只需要在传送带上安装扫描部件对产品的规格和色泽进行区分，就能满足要求。而有些企业可能选择独立的生产线，单独进行可追溯性产品生产，这样容易造成产能、库存等的低效利用，成本较高，但是在需求比较大时，企业则可能实现一定的经济效益。

企业所在的供应链管理方式会对差异化成本产生影响。垂直一体化的供应链结构，或者通过合同方式对客户产品的属性进行了规定的企业，则比较容易协调生产、加工、运输和销售环节，同时也能获取消费者对市场上产品的偏好需求等信息，来相应调节产品的属性，既实现了合理的追溯精度，避免了不必要的浪费，又能提供符合消费者需求的产品。因此，这类企业实施可追溯系统的成本较低，而且潜在收益较大。

10.4.1.2 可追溯系统实施的收益分析

1．可追溯系统实施的收益构成

企业是实施可追溯系统采用的核心主体，也是实施后主要的受益者，而且对于所在供应链保证农产品质量安全起着关键性作用。可追溯系统的实施对相关企业的生产管理决策也起到一定的决策支持作用（Disney et al，2001；Petit，2001）。可追溯系统的实施提升了企业本身的竞争力,也使得所在供应链的运作效益提高(Hanf et al,2002)。对所在供应链的各个经济主体来讲,降低了他们之间的信息搜寻成本、谈判成本及食品安全监控和实施的成本(Hobbs,1996)。对农产品加工企业来说,可追溯系统能够帮助他们及时了解销售情况,从而更妥善地安排生产经营计划,提高原材料利用率,降低生产与库存成本。Stephanie Krieger 等人(2007)定性分析得出,食品安全体制的实施能够提升企业形象,改善产品环境,提高食品健康和整体绩效。目前,大部分的研究仍集中于对 HACCP 体制的实施收益分析,通过调研农业企业,统计分析得出企业实施 HACCP 体制的收益主要是:保持现有客户,吸引新客户,降低微生物病菌的数量(Spencer Henson et al,1999);产品价格提升,销售量增加,废品减少(E. S. Maldonado et al,2005);产品召回率降低,工艺过程改进,企业竞争优势提升,需求消费者满足(Van der Vorst,2004)。也有从财务角度进行的分析,但是并不明确具体是因为哪方面才获得的收益。

在前人研究的基础上,作者认为可追溯系统作为一种信息技术,在企业中应用并发挥其功能作用可以得到三方面受益,这 3 个方面也呈现出一定的层析性。

第一个方面:保证了可追溯系统实施的基本收益,也可以称为直接收益。包括保证农产品质量安全,明确企业责任(维护企业声誉),降低食品安全损失。

可追溯系统实现了农产品质量安全信息获取、传输和处理的自动化,提高监管效率,更有效地保证了农产品质量安全。信息技术取代了部分人工的活动,类似于通过机器实现工厂作业的自动化,减少了手工劳动,降低了成本,并提高了数据的准确性、及时性和有效性。

在农业企业中,可追溯系统对农产品的跟踪功能和对质量安全突发事件的溯源功能能够及时查出问题发生环节,以及与此相关的责任人,按照法规政策等给予相应的警告或处罚,从而能够澄清无关企业的食品安全责任,维护企业的社会声誉。

在高效透明的农产品质量安全监管条件下,农产品加工企业不会铤而走险,为了短期的利润而加工不合格的食品,从而企业发生食品安全事件的几率会减少,食品安全损失随之减少。

由于直接收益主要体现了企业本身的各个方面的收益,本研究将其定义为“点收益”。

第二个方面:提高企业所在供应链的管理水平。

目前,企业间的竞争已经演化为企业所在供应链的竞争,在农产品领域更是如此,谁控制了源头,谁就能够持续稳定地占领市场。可追溯系统在为企业取得直接收益的同时,也应该注意到它对所在供应链管理方式的影响。

可追溯系统的实施需要供应链上的节点企业提供农产品质量安全信息进行共享,消除节点企业间的信息不对称性。为了保证农产品信息的真实性,节点企业间会订立更加紧密完善的契约,从而加强了供应链节点企业间的合作关系,易形成利益共同体或战略联盟。供应链中有不遵守共同规定的企业,其他企业可以对其进行制裁或者将其剔除该供应链,从而提高该供应链的竞争力水平。

第二层次的收益进一步扩展到了企业所在的供应链,因此,将其定义为“线收益”。

第三个方面:企业竞争力提升。

可追溯系统实现了供应链企业间的信息共享,企业能够对共享的信息进行处理加工,提炼出更有价值的信息,支持企业的经营决策,帮助企业发现市场机遇,从而提升企业的竞争优势。同时,实施可追溯系统的企业所加工的产品具有可追溯标识,农产品的生产加工和管理过程都不同于一般的生产加工企业,如果被消费者认可,同时能够吸引一些新的客户,将具有很显著的市场竞争力。

第三层次将可追溯系统带来的收益提升到了战略高度，显示出了企业在农产品行业的收益，因此，将其定义为“面收益”。

结合10.2节关于供应链环境下可追溯系统实施过程及功能分析，本研究认为农业企业实施可追溯系统的收益会遵循图10.12所示的变化过程。

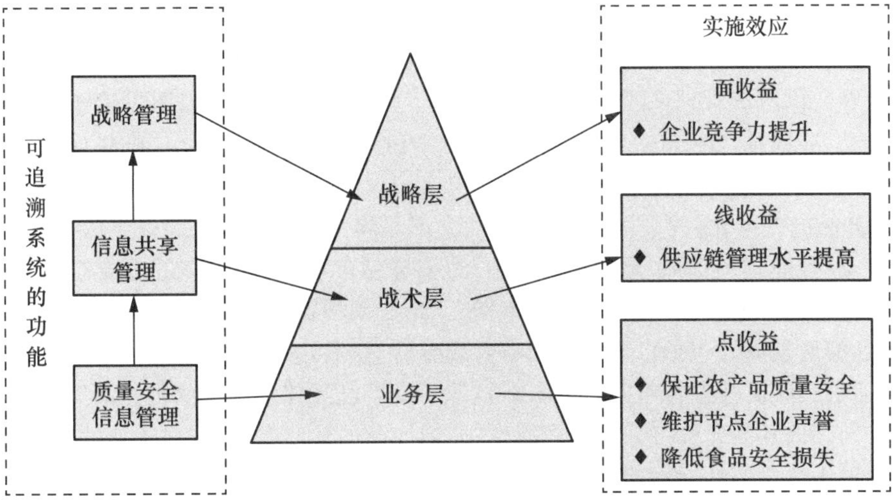

图10.12 农业企业实施可追溯系统的收益变化过程

2. 影响可追溯系统收益的因素

企业实施可追溯系统的目的有3个：一是便于对农产品安全和质量进行控制，二是提高农产品供应链管理水平，三是与市场上难以分辨质量属性的农产品进行区分，即产品差异化。影响可追溯系统收益的因素也可以通过这3个方面进行分析。

1）农产品质量安全给企业带来的损失程度

农产品质量安全发生的可能性越大，发生后引起的损失越多（消费者对食品企业失去信心，食品安全问题所带来的法律诉讼费用，政府对食品企业的惩罚），可追溯系统的效应就越大，企业也会选择实施可追溯系统。

不同属性的农产品出现安全问题的概率也会不同，如易腐农产品或者易受污染的农产品就比较容易发生质量安全问题；公司的名誉度和产品的价值不同，农产品的质量安全成本也不同，高价值产品的召回成本高于低价值的产品，具有高知名度的企业的召回成本高于没有品牌的小企业，其损失也比较大。

可追溯系统能够帮助企业杜绝质量差或者不安全的农产品进入生产和流通，从而减少了不安全农产品召回和企业公众形象受损的潜在风险。系统追溯的精度越高，企业解决食品安全问题的速度越快，降低企业损失的程度也就越大。例如，超市可以利用记录的销售信息，确认并通知购买问题农产品的消费者，对问题农产品进行及时召回，挽回一部分企业形象受损和政府惩罚的损失。因此，企业会有动机投资更多来提高可追溯系统的精度，例如，缩小产品召回的批次单元大小来提高可追溯系统的精度。

如果企业中缺乏其他的农产品安全控制措施的话，则可追溯系统的效用也会很大。相反，如果企业能够用一种简单而且费用较小的方法来保证农产品的质量安全，则可追溯系统对控制农产品质量安全的效用将不会很大。

2）农产品供应链管理水平的改善程度

食品行业是一个利润微薄的行业，企业间的竞争已经转化为供应链管理竞争。供应链管理的基本策略是收集产品从生产流通到消费过程中的信息，也就是需要对产品的信息进行跟踪。可追溯系统实现了对农产品信息的跟踪，为供应链管理提供了很好的基础，同时，它为生产、加工、仓储和配送环节的整合提供了更有效的方式。目前，农产品行业建立的各种可追溯系统，都能够使供应链管理从产地延伸到零售商。已有统计数据也表明可追溯系统的实施降低了食品的库存成本（Golan et al，2004）。因此，可追溯系统的建立创造的供应链的整合价值越高，可追溯系统的效用就会越高。

3）农产品的差异化（为细微、难以察觉的农产品属性（信任品属性）提供依据）

对农产品行业，产品的差异化程度较小，为了赢得市场，越来越多的农业企业调整生产和服务来迎合消费者的口味和偏好。微观市场上，企业采用各种方式实现产品差异化。

农产品的质量属性包括口味、纹理、营养成分含量、种（养）植技术和源产地。消费者很容易对农产品的某些属性进行判断，然而，新技术的发展已经使农产品的信任品属性变得更为复杂，难以辨别。信任品属性可分为内容属性（影响产品的最终含量）和过程属性（产品的生产过程特征）。对于这些属性，消费者已经很难进行判断，如一包牛奶中的某种成分的含量有多少是难以进行判断的，或者判断需要花费很高的成本。而这些属性的证明都可以通过信息记录的方式来解决，记录的信息包括产品的各方面属性和它的保存过程。如绿色农产品与普通农产品的源产地环境、种植过程明显不同，收获的产品营养价值、安全程度也不同，但是，在市场上与普通农产品看起来并没有明显区别，如果没有对这些产地环境和种植过程信息的记录，很难证明绿色农产品具有高价值的属性。市场上也并不自然存在能够展现安全农产品高价值属性的形式。没有可追溯系统，高价值农产品的属性将难以证明，与普通农产品相比的优势不可能展现出来。

因此，农产品的信任品属性对企业和消费者越有价值，可追溯系统在证明农产品信任品属性方面的效用越大。农产品的信任品属性价值越高，则越具有市场价值，潜在的市场空间也越大，企业所获得的潜在收入越多，则可追溯系统的效用越大。

10.4.2 实证分析方法及数据来源

10.4.2.1 企业实施可追溯系统的成本

1. 实证思路及数据来源

为了更好地直接体现可追溯系统实施的成本，本研究选取了山东某集团公司作为调研对象，分析该公司实施可追溯系统的成本费用。由于该公司投入可追溯系统不久，加上运作成本的定量化研究比较困难，因此，仅就可追溯系统的建立成本进行了量化研究。

山东某集团公司是经山东省人民政府批准，1998年4月由山东省工商行政管理局核准注册的山东省农业股份制企业，资产总额8亿元，员工3 056人。集团经过5年多的发展，已成为农业产业化国家重点龙头企业，国家级引进国外智力推广示范基地，全国农业科普示范基地，全国绿色消费品及绿色食品生产基地，中国畜牧业协会羊业分会会长单位，山东省农业产业化经营先进龙头企业、山东省高新技术企业、全省重点扶持农业产业化龙头企业，山东省重合同守信用企业，山东省消费者满意单位及引进国外蔬菜良种繁育推广示范园。作为我国著名的农业企业，该集团公司在农产品生产、供应方面成绩显著，也为我国农产品质量安全生产、检测方面提供了很多经验。

实证分析表格所列数据均来自于对该集团公司的调研获取。由于该集团公司主要生产加工农畜产品，主要是牛肉和猪肉食品的生产供应，本案例也以此为对象进行分析评估。

2. 分析方法

1）信息系统的成本测算方法

按照前面的分析，信息系统成本可分为开发成本和运行维护成本两大类，前者包括硬件设施成本、系统软件购置成本和应用软件开发成本等。不同的成本对象具有不同的可预计性，如硬件设施、系统软件成本等。在系统规划设计作好后，就可以使用当前市场价格为参照而较精确地测算出来。而应用软件开发成本则与人员素质、经验、对系统软件的熟悉程度和用户的随时干预等难以度量的因素密切相关，较难准确预测。与此相对应，信息系统成本测算的一般过程如图 10.13 所示（王旗林，黎志成，2001）。

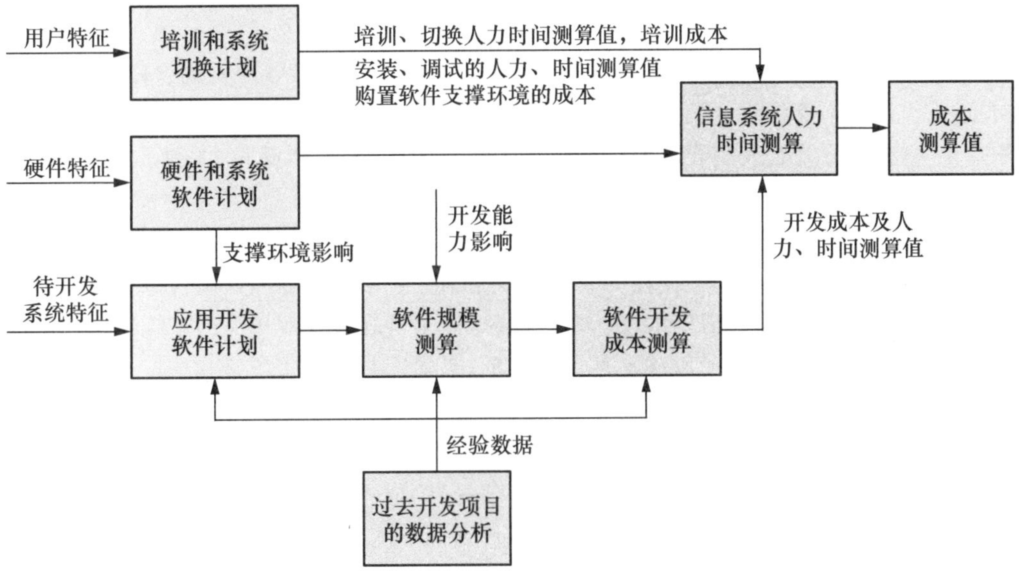

图 10.13 信息系统成本测算的一般过程

常用的信息系统成本测算方法有 3 类。

(1) 模型法：常用的算法模型原理是在历史数据的基础上，将成本估计值看作是以若干个成本影响因素为自变量的函数，一般形式为：$R=F(X, C)$。其中，R 是信息系统的成本项目，可以是开发所需工时、费用等值；X 是一组影响成本的自变量；C 是一组参数常数。

最典型的模型是 Boehm 提出的 COCOMO 模型，它是目前普及程度最高的一种自顶向下项目成本估算模型，是比较精确、易于使用的成本估算方法。其中级模型共选择了 15 个有代表性的成本影响因素，分为产品属性、硬件属性、开发人员属性和待开发项目属性等 4 类，每一影响因素又可分为很低（very low）、低（low）、中等（average）、高（high）、很高（very high）和极

高(extra high)6 个等级,根据项目特点赋予其相应的因子值。该模型的项目成本估算公式为

$$MM = C_1 \cdot (KDSI)^{k_1} \cdot \left(\prod_{i=1}^{15} F_i\right) \tag{10.8}$$

$$TDEV = C_2 \cdot (MM)^{k_2} \tag{10.9}$$

式中:MM 为开发该软件所需人月数;DSI 为项目源代码的行数,但不包括注释行数,DSI 以千行为一个基本单位,即 1$KDSI$=1 024DSI;$TDEV$ 为该软件所需开发时间;$\prod_{i=1}^{15} F_i$ 为 15 个成本影响因素所取因子值的连乘积,也称工作量调整因子;C_1、C_2、K_1、K_2 均为与系统开发有关的常量。

算法模型方法的主要优点是,它较充分地利用了以前的经验、测算效率高并可以在重复测算的情况下获得相同结论,受测算人员的主观影响比较小;由于测算步骤和形式比较规范化,便于进行灵敏度分析等处理。算法模型方法的不足之处则表现在对于特定开发环境的适应能力不够,无法妥善处理一些异常情况。模型计算时需输入软件规模的估计值以及一些成本影响因子值,成本测算结果的准确与否在很大程度上依赖于上述自变量的精确度。

(2) 任务分解法:任务分解法可以按照分解的先后时序分为自顶向下和自底向上两种策略。

自顶向下法:从项目的整体出发,进行类推。即估算人员根据已经完成项目所消耗的总成本(或总工作量),推算将要开发的软件的总成本(或总工作量),然后按比例将它分配到各开发任务中去,再检验它是否满足要求。这种方法的优点是估算量小,速度快;缺点是对项目中的特殊困难估计不足,估算出来的成本盲目性大。

自底向上法:把待开发的软件细分,直到每一个子任务都已经明确所需要的开发工作量,然后把它们加起来,得到总的工作量。它的优点是估算各个部分准确性高;缺点是不仅减少了各项子任务之间相互联系所需要的工作量,还缺少许多与软件开发相关的系统级工作量(配置管理、质量管理、项目管理),所以往往估计值偏低,必须用其他方法校验和校正。

自底向上测算可由与该部分开发有关的人员直接参加,由于他们对模块的理解较详细,故测算结果误差较小,往往可以达到±10%以内。自底向上方法的主要缺陷是测算本身的成本较高,并且对于系统级(例如系统联调、项目管理等)的成本,往往容易忽视或不易测算准确。由于自顶向下与自底向上方法本身的互补性,自顶向下测算方法的优、缺点与自底向上方法相反。

(3) 专家判定法:专家判定方法就是依靠领域专家自己的经验、直觉以及对所测算信息系统项目的理解给出成本的测算值。按照具体的实施方式不同,专家判定法可进一步分为类比法和 Delphi 法,它们的思想方法也被广泛应用于其他领域的预测和综合评价。

类比法是由专家将新的信息系统项目与已完成的相似的项目进行类比,用已完成项目的实际成本经适当调整作为新项目的成本测算值,具体测算时可由个别专家单独作出,也可由多位专家共同讨论给出。类比法的主要优点是充分利用了以往的经验、测算快速且廉价,其缺点是误差较大,得出的结论较难使人信服,通常认为它只能为数量级一级的测算提供初步的近似。

Delphi 法是由美国 Rand 公司推出的一种专家意见定性预测方法,它通过给领域专家发

判定表、无记名填表、统计综合、向专家反馈结果并进行下一轮填表等步骤的多次反复，逐步使专家的结论趋于一致而作为测算结果。Delphi 法的主要优点在于能够充分利用专家的经验并能处理一些特定的环境影响，不足在于对专家可能具有的偏见无法处理，同时该方法非常费时。

上述 3 种分类方法并不是绝对的，在实际应用中往往交叉使用。

2）食品安全制度的成本测算方法

目前来讲，食品安全制度的成本测算方法可以归为 3 类：财务分析法、工程经济学方法和计量经济方法。

财务分析法：只是简单地包含了实施食品保证体制的资金和劳动力因素的评估，并没有对成本功能的具体说明，而且容易忽略一些难以用财务指标衡量的成本，而这些成本可能占到很大一部分。此方法的优点就是简洁，对公司内部分析人员来讲，数据易于获取。但是如果对于研究人员，很难获取公司数据的话，则一般不会采用。

工程经济学方法：通过对食品生产过程的分析，找出食品加工过程中的关键特征点，建立针对性的食品安全特征函数，基于所获得的生产技术和经济数据建立优化模型进行分析。全面质量管理之父费根堡姆将与食品质量安全相关的成本划分为预防成本、鉴定成本和失效成本，即所谓的 PAF 模型。在应用过程中，为了方便研究，此理论也有所改进，针对不同的企业也有将质量安全成本划分为可控成本和损失成本的，其中可控成本包括预防成本和鉴定成本，失效成本包括内部失效成本（如废品、再加工品、低的劳动生产率、无效的库存利用等）和外部失效成本（如召回产品等），并对各个成本的估计方程模型进行设计。但是，此方法在实际应用中过于复杂，成本的划分及测算模型的构建比较困难。

计量经济方法：是利用已有的具有代表性的数据集，如企业的生产、加工过程记录数据、产业的宏观数据，结合对企业运行过程中经济主体行为的分析，反映企业决策者的实际选择以及成本构成，它能够对一些管理者行为和企业生产运作结构的假设关系进行测定。主要是通过访谈和问卷调查实证和相关的统计方法进行分析。

考虑到可追溯系统既是一种信息系统也是一种食品安全制度的体现，即融合两种思想，因此，本研究中的综合信息系统和食品安全制度的成本测算理论，在分析可追溯系统实施的成本中，并未独立采用信息系统成本测算方法或者食品安全制度成本测算方法，而是为了研究方便，结合了两种测算方法。首先按照表 10.7 所示的经济用途对可追溯系统的成本进行了分类，即，总费用 $Y=X_1+X_2+X_3+\cdots+X_{10}$。其中，$X_1$ 为硬件购置费用，X_2 为软件购置费用，X_3 为基建费用，…，X_{10} 为其他费用。继而对山东某集团公司进行实地调研，了解该企业实施可追溯系统的状况，同时收集企业实施可追溯系统的部分财务数据，综合进行分析。

10.4.2.2 企业实施可追溯系统的收益

1. 实证思路及数据来源

一般来说，实施食品安全体制的收益范围比较广泛，分析评价比较复杂，而且大部分收益难以用定量化方法来分析，计算和测量研究都比较困难，所以一般是采用定性的分析方法来研究。为了能够定量化分析企业实施可追溯系统的收益，本研究主要通过调查走访和问卷调查的方法对企业进行了调研。

鉴于我国可追溯系统在企业中实施的时间还很短，企业实施可追溯系统的收益并没有完全体现，本研究将企业的收益定义为潜在收益。综合其他类似的食品安全保证体制实施收益的研究成果，提炼出企业实施可追溯系统的7个潜在收益，分别为：提高产品质量安全，提高食品安全管理水平，扩大产品市场贸易额，改善企业公众形象，提升产品市场竞争力，提升企业所在供应链水平，降低食品安全损失。

2. 分析方法

1）描述性统计法

对调研结果的分析主要采用了描述性统计中的平均值法。统计描述是统计分析的最基本内容，是指应用统计指标、统计表、统计图等方法，对资料的数量特征及其分布规律进行测定和描述。平均值法是对一组数据的平均集中趋势进行测度，计算中利用了一组数据中的全部数据信息，具有优良的数学性质。

2）资本预算模型法

在分析企业实施可追溯系统潜在收益的基础上，本研究采用资本预算模型对企业实施可追溯系统的投资回报进行测算。所谓资本预算（capital budget），是指通过分析投资项目在未来的现金流量，对投资方案进行评价、甄选和决策。“资本”表示投资的对象是企业经营所需的资产，这种资产可以是有形的如厂房、设备和销售设施等，也可能是无形的如信息系统、计算机软件或某一项技术乃至销售渠道等。“预算”表示对投资项目未来预期产生的现金流量进行详细的量化分析。

在企业运作中常见的投资项目可以分为5类，即更新项目、扩张项目、新建项目、研发项目、强制性项目。不同的项目对资本预算分析有不同的要求。按照上述顺序，投资的规模和重要性都越来越高，因此对资本预算分析的要求也逐渐提高。更新项目是指对现有经营项目中的某些资产进行更新或升级，以维持原有项目的持续经营或提高生产效率。具体分为两种，一是为持续经营更新磨损和损坏的设备，二是为提高产能、降低成本而更新尚能运转但效率低下的设备。这些设备可以是某种工艺、技术抑或是某种管理体系等“软件”。

可追溯系统既是一种软件，也是一种管理体系，农产品企业引进它可以看作是对原有生产工艺和管理体系的升级，因此可以看成是一种更新项目。对更新项目的资本预算分析要求在上述5种项目中要求最低，因此，在实证分析中本研究将采用了一般资本预算分析常用的5个评价指标：投资回报期、平均收益率、会计投资回报率、净现值和内部收益率来度量可追溯系统实施的经济收益。

（1）投资回收期（payback period）：指投资项目累计产生的净现金流正好与初始投资相抵所需的时间。投资回收期越短，就能越快获得利润，由此这项工程就越值得投资。回收期以一段时间表示，回收期衡量了投资回收的快慢。回收期越短，资产越有吸引力。但是，回收期法并未考虑在投资额回收后是否获利，能够获利多少，也没有考虑时间价值，因此后面计算了一些其他指标作为补充。

$$投资回收期=投资总额/每年净现金流入量 \tag{10.10}$$

（2）平均收益率：用项目预期的年平均净收益与初始投资额相比得到，公式如下：

$$平均收益率=年平均净收益/初始投资额 \tag{10.11}$$

(3) 会计投资回收率(accounting rate of return on investment,ROI):是衡量获利能力的一个指标,它是用净收益除以资本的投资金额。计算公式如下:

$$会计投资回收率=净收益/投资额 \tag{10.12}$$

$$净收益=(总收益-总成本-折旧)/使用寿命 \tag{10.13}$$

会计投资回收率是一个平均数,它衡量资产在整个寿命期内的平均回收率。

(4) 净现值(net present value,NPV):净现值法把所有未来现金流入量和流出量按照一个最低的期望回收率贴现为现值,来计算预期的货币净收益或损失。如果净现值为正数,表示投资方案可取。反之,如果净现值为负数,表示该投资方案的回收率低于期望回收率,则不可取。净现值的计算公式如下:

$$NPV=\frac{\sum_{t=0}^{n}A_t}{(1+K)^t} \tag{10.14}$$

式中:t 为时间,$t=0$ 表示刚进入投资时间(期初),$t=1$ 表示投资1年以后,依此类推;A 为回收额,A_0 为期初投资总额,A_1 为第一年后的回归额,依此类推;K 为期望回收率或贴现率。

(5) 内部收益率(internal rate of return,IRR):也称内部报酬率,就是资金流入现值总额与资金流出现值总额相等、净现值等于零时的折现率,公式如下:

$$\sum_{t=1}^{n}\frac{A_t}{(1+IRR)^t}=-A_0 \tag{10.15}$$

对于单方案来说,当投资方案的内部收益率大于资本成本率时,在经济上该方案是可行的;当投资方案的内部收益率小于资本成本率时,在经济上该方案是不可行的。

10.4.3 实证结果分析

10.4.3.1 企业实施可追溯系统的成本

表10.8至表10.11描述了农产品可追溯系统建立各环节(包括养殖、屠宰加工、运输、消费环节)所需花费的硬件建立成本。

从这些数据得出,各个环节购买的设备费用主要包含了硬件费用 X_1、通信费用 X_4 和消耗材料费用 X_7,因此购买设备成本总合为 $X_1+X_4+X_7=95\ 115$ 元;软件购买费用 X_2 包含购买操作系统软件、数据库系统软件及其他应用软件如(Microsoft、诺顿、Oracle、Adobe等)的费用。Windows XP到正规软件连锁店购买,专业版价格在1 800元左右;诺顿杀毒软件的购买价格为300元;Oracle 9i为企业版,25用户起定,25万元左右;Adobe Acrobat 8.0中文专业版价格为2 800元;其他一些软件忽略。得到 $X_2=1\ 800+300+250\ 000+2\ 800=254\ 900$(元);使用原有厂房,即基建费用 $X_3=0$ 元;人工费用 X_5 以每人每月4 000元计算,共5人4个月,$X_5=80\ 000$ 元;企业管理人员认为 X_6(水电费用)、X_8(培训费用)、X_9(管理费用)、X_{10}(其他,包括维修费、资料费、固定资产折旧率和咨询费)在系统实施中占用比例很小,因此可以忽略。综上,一套牲畜可追溯系统总开发费用 $Y=X_1+X_2+X_3+\cdots+X_{10}=430\ 015$ 元。

表 10.8 牲畜活体管理设备费用

产品名称	产品型号	单价/元	单位	数量	金额/元
手持机	SR13H-01	1 500	台	2	3 000
拉杆天线	SA13H-01	650	台	2	1 300
桌面式 RFID 读写器	SR13F-01	500	台	2	1 000
远距离 RFID 读写器+天线	SR13F-02	23 000	套	1	23 000
RFID 耳标	ST13P-01	8	个	20	160
RFID 体标	ST13P-03	4	个	20	80
CF 读卡器(配合 PDA)	SR13H-02	800	个	1	800

表 10.9 屠宰加工环节设备费用

产品名称	品牌	型号	单价/元	单位	数量	金额/元
固定读写器+天线	Tyco	M4	16 500	台	1	16 500
圆极化天线	Vision	VE-A920	1 000	台	2	2 000
金属表面用标签	Vision	VE-T840	35	个	5	175
工业级条码打印机	SATO	LM408E	9 500	台	1	9 500

表 10.10 运输环节温度监控设备费用

产品名称	型号	单价/元	数量	金额/元	备注
高性能温度标签阅读器	GLink-WC830D	14 000	1	14 000	供货时间 2 周
超低功率温控标签	GTag-WI832B-01	赠送	2	0	
车载 GPS/GPRS	W708R	3 600	1	3 600	

表 10.11 超市信息查询设备费用

产品名称	型　　号	单价/元	数量	金额/元
触摸查询一体机	定制型 DL-30	12 000	1	12 000
扫描器	Symbol MS-3 204	4 200	1	4 200
无线路由器	D-link 624+A	420	1	420
无线网卡	D-link G122	200	1	200
无线上网卡	华为 EC325	680	1	680
无线上网套餐	CDMA,一年,全国	2 500	1	2 500

如果将系统成本分为软硬件费用,则硬件成本 $Y_1=95\ 115$ 元,软件成本 $Y_2=334\ 900$ 元;总成本 $Y=Y_1+Y_2=430\ 015$ 元。各部分所占的比例如图 10.14 所示。

如果将可追溯系统的成本按流通过程进行划分,则养殖环节,$Z_1=29\ 340$ 元;屠宰加工环节,$Z_2=28\ 175$ 元;运输环节,$Z_3=17\ 600$ 元;超市销售环节,$Z_4=20\ 000$ 元;辅助环节,如正版软件配置,$Z_5=254\ 900$ 元;其他管理费用,如人工费,$Z_6=80\ 000$ 元;总费用 $Y=Z_1+Z_2+Z_3+Z_4+Z_5+Z_6=430\ 015$ 元。各环节的成本组成对比如图 10.15 所示,其中,辅助环节的花费占总费用的一半多,其次是人工费等其他管理费用的支出。

从图 10.14 和图 10.15 的数据可以得出:如果将可追溯系统建立的成本划分为软件和硬

件成本，则软件成本（包括软件购买费用和人员工资的支付费用）占很大一部分比例，硬件成本随着市场价格波动，一般来说，变化并不是很大。如果将可追溯系统的费用按照应用环节来划分，则辅助环节费用（软件配置等）和其他管理费用（人工费）较大，在4个流通环节中，养殖环节所用设备仪器较多，费用也最高。其次是屠宰加工环节，虽然所用设备仪器不多，但是都比较昂贵。花费最少的是运输环节。

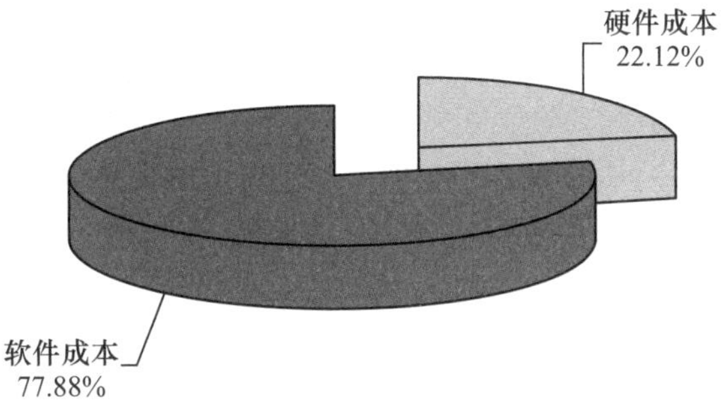

图 10.14 可追溯系统实施的软硬件成本构成

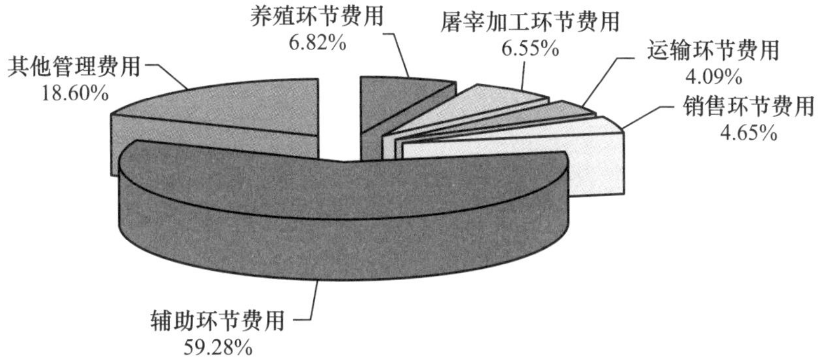

图 10.15 按流通环节划分的可追溯系统实施的成本构成

10.4.3.2 企业实施可追溯系统的收益

1. 潜在收益分析

通过对问卷的分析，最终的计算结果如图10.16所示。由图中数据得出，企业实施可追溯

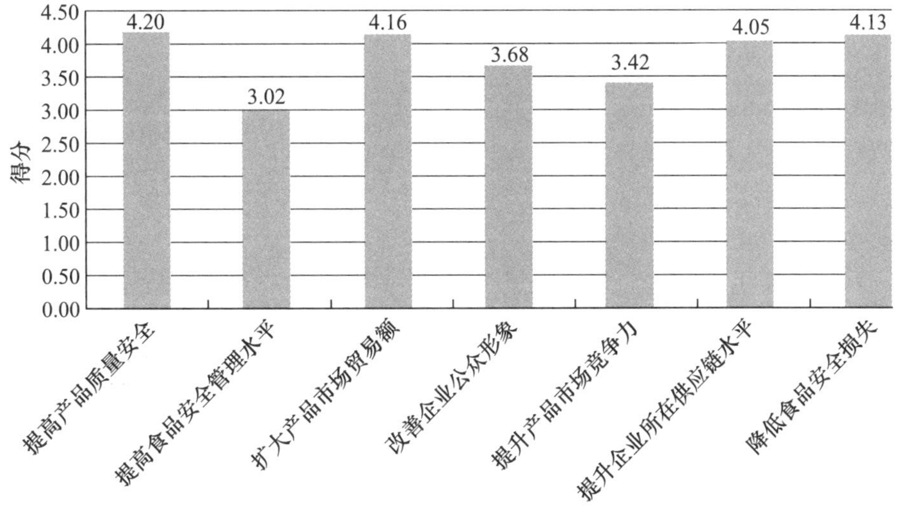

图 10.16 企业实施可追溯系统的潜在收益

溯系统的潜在收益排名为:提高产品质量安全,扩大产品市场贸易额,降低食品安全损失,提升企业所在供应链管理水平,改善企业公众形象,提升产品市场竞争力,提高食品安全管理水平。

从得分结果来看,企业实施可追溯系统的潜在收益可以归为3类:

- 明显收益(得分最高):提高产品质量安全,扩大产品市场贸易额,降低食品安全损失。

可追溯系统实施的根本目的在于保证农产品质量安全,企业实施可追溯系统的出发点也是基于该优点,因此提高产品的质量安全被认为是最大的潜在收益。在保证产品质量安全的前提下,企业需要获得可观的利润,从而扩大产品贸易额被企业认为第二大潜在收益;可追溯系统作为一种新的食品安全保障体制,能够很好地降低企业的食品安全损失。

- 间接收益(得分其次):提升企业所在供应链管理水平。

调查中,企业也普遍认为可追溯系统能够优化现存的供应链结构,改善企业在供应链中的话语等决策权。

- 无形收益(得分较低):改善企业公众形象,提升产品市场竞争力,提高食品安全管理水平。

在目前消费者对食品安全表示担心的大环境下,企业认为可追溯系统的实施,可以很好地改善企业在消费者心中的形象。同时,如果企业抓住机遇,先期实施了可追溯系统,它的产品可能会受到消费者欢迎,因为具有明显的差异化优势,从而竞争力会有一定提升。进一步,可追溯系统在企业中的深度应用,如果能够很好地与企业现有的其他信息系统实现对接,则对企业的管理方式的改进也有具有重要的意义。

总体来看,企业对可追溯系统实施的7个方面潜在收益都比较认可(得分都大于3)。但是,对比来看,企业对实施可追溯系统收益的认识基本遵循了前面分析的"点收益—线收益—面收益"的认识过程,对实施可追溯系统的潜在收益更多地停留在"点收益"层次,企业仍然缺乏可追溯系统对企业竞争优势服务的深度思考,还并没有深刻认识到可追溯系统更高阶段的作用。所反映的一个过程,即可追溯系统在企业中应用的深入,其收益会经历从业务层、经战术层、再到战略层的一个过程,但是由于目前大多数农业企业投入实施可追溯系统的持续时间较短,收益仍然停留在第一阶段。

2. 投资回报分析

假设该农业企业实施可追溯系统后,每年销售额增加量为A(见表10.13),系统的使用寿命为6年,每年的投资额为I(如表10.12所示:第1年430 000元,后续5年分别为20 000元),根据专家预测和国家宏观调控的目标,2009年平均物价上涨率为3%。根据式(10.3)到式(10.8),计算结果如下。

表10.12　可追溯系统投资成本　　元

年　份	第0年	第1年	第2年	第3年	第4年	第5年
总成本I(硬件,软件,网络,及其他服务)	430 000	20 000	20 000	20 000	20 000	20 000

表 10.13 可追溯系统投资收益 元

年 份	第 0 年后	第 1 年后	第 2 年后	第 3 年后	第 4 年后	第 5 年后
总收益 A（销售额增加）	30 000	100 000	200 000	200 000	120 000	80 000

（1）投资回报期：如表 10.14 所示。

表 10.14 可追溯系统投资的净现金流 元

年 份	第 0 年	第 1 年	第 2 年	第 3 年	第 4 年	第 5 年
净现金流（总收益一总成本）	−4 000 000	80 000	180 000	180 000	100 000	60 000

对表格进行整理可以得到如下结果：

			现金流/元	累计现金流/元
投资回报期	接近 3 年			
		1 年	80 000	80 000
		2 年	180 000	260 000
初始投资额	430 000 元	3 年	180 000	440 000
		4 年	100 000	540 000
		5 年	60 000	600 000

从上述分析可以看出，第 3 年的累计收益是 440 000 元，已经达到初期投资 430 000 元。因此，投资回报期接近 3 年。

（2）平均收益率：

$$平均收益率=8.33\%$$

（3）会计投资回报率：设折旧费为 50 000 元，则

$$会计投资回报率=5.81\%$$

如果考虑物价上涨率 3%，则会计投资回报率为 2.81%。

（4）净现值：

$$@NPV(0.053\,1,-400\,000,80\,000,180\,000,180\,000,100\,000,60\,000)=113\,971$$

2008 年 12 月 23 日，中国人民银行公布六个月至一年（含一年）的贷款基准利率为 5.31%。

（5）内部收益率：由 IRR(a_1:a_6)计算，得

$$a_1=-400\,000 \quad a_2=80\,000 \quad a_3=180\,000 \quad a_4=180\,000 \quad a_5=100\,000 \quad a_6=60\,000$$

求得 $IRR=16\%$。

参 考 文 献

[1] Afuah A. Redefining firm boundaries in the face of the internet: Are firms really shrinking. Academy of

Management Review，2003，28 (1):34-53.

[2] Antoni Marczyk，Günter Schaar. On traceable powers of digraphs. Discrete Mathematics，2000，212 (1-2)：121-128.

[3] Bolton D J，Meally A，Blair I S，et al. Food safety knowledge of head chefs and catering managers in Ireland. Food Control，2008，19:291-300.

[4] Brian L Buhr. Traceability and information technology in the meat supply chain：Implications for firm organization and market structure. Journal of Food Distribution Research，2003(34):13-26.

[5] Chao J，Swanson N. Estimation and testing using jackknife IV in Heteroskedastic regressions with many weak instruments. Working Paper，Rutgers University，2004.

[6] Chen Fen-Lan，Chuang Ching-Ta，Hu Sing-Hwa，et al，Traceability and supply chain management for cage culture industry in Taiwan—The case of cobia. 4th International Conference on Supply Chain Management and Information Systems (SCMIS)，2006：470-475.

[7] Colatore C，Caswell J A. The cost of HACCP implementation in the seafood industry：A case study of breaded fish//Unnevehr L. The Economics of HACCP：Studies of Costs and Benefits. St Paul：Eagan Press，1999.

[8] Colatore C，Caswell J A. Survey instruments for a cost study of HACCP in the seafood industry. NE-165 Working Paper No. 45，1998.

[9] Dee Von B. The evolution of identity preservation in red meat markets. Managing for Today's Cattle Market and Beyond，2002，5(3):1-4.

[10] Dickinson D L，Bailey D. Meat traceability：Are U. S. consumers willing to pay for it?. Journal of Agricultural and Resource Economics，2002，27:348-364.

[11] Disney W T，Green J W，Forsythe K W，et al. Benefit-cost analysis of animal identification for disease prevention and control. Rev Sci et Techique de l'Office International des Epizooties，2001，20(2)：385-405.

[12] Dorp C A van. Induction of a reference data model for tracking and tracing. Proceedings of the 8th Americas Conference on Information Systems (AMCIS 2002).

[13] Elise Golan，Barry Krissoff，Fred Kuchler. Traceability in the US food supply：Dead end or superhighway? Magazine of Food，Farm and Resource Issues，Second quarter 2003.

[14] Elise Golan，Barry Krissoff，Fred Kuchler，et al. Traceability in the U. S. food supply：Economic theory and industry studies. Economic Research Service，U. S. Department of Agriculture，Agricultural Economic Report No. 830. March 2004.

[15] Elise Golan，Barry Krissoff，Fred Kuchler，et al. Food traceability：One ingredient in a safe and efficient food supply. AER-830，USDA/ERS，March 2004.

[16] Food Chain Strategy Division，Food Standards Agency. Traceability in the food chain：A preliminary study. http://www.foodstandards.gov.uk/multimedia/pdfs/traceabilityinthefood chain. pdf. 2002.

[17] Giacomini C，Mancini M C，Mora C. Case study on the traceability systems in the fruit and vegetable sector. ftp://ftp.fao.org/UPLOAD/AGRIPPA/599_EN. PDF. 2002.

[18] Hanf L，Kühl R. Consumer values versus economic efficiency in food chains and networks//Trienekens J H，Omta S W F. Paradoxes in Food Chains and Networks. Wageningen：Wageningen Academic Publishers，2002:35-43.

[19] Hobbs J E. Transaction cost and slaughter cattle procurement：Processors selection of supply channels. Agribusiness，1996，12 (6):509-523.

[20] Hobbs J E，Bailey D，Dickinson D I，Haghiri M. Traceability in the Canadian red meat sector：Do

consumers care? Canadian Journal of Agricultural Economics, 2005, 53:47-65.

[21] Hobbs J E. Traceability in the agri-food sector: Issues, insight and implications. CAB reviews: Perspectives in Agriculture, Veterinary Science, Nutrition and Natural Resources, 2006,1(029):1-7.

[22] Hobbs J E. Consumer decision-making under risk and uncertainty//Phillips P W B, Smyth S, Kerr W A. Governing Risk in the 21st Century: Lessons from the World of Biotechnology. New York: Nova Science Publishers,2006:73-82.

[23] Hobbs J E. Liability and traceability in agri-food supply chains//Ondersteijn C J M, Wijnands J H M, Huirne R B M,et al. Quantifying the Agri-Food Supply Chain Wageningen UR Frontis Series, Vol. 15. Dordrecht: Springer,2006:87-102.

[24] Hobbs J E. Information asymmetry and the role of traceability systems. Agribusiness, 2004(20): 397-415.

[25] Jansen-Vullers M H, Van Dorp C A, Benlens A J M. Managing traceability information in manufacture. International Journal of Information management, 2003,23(3):395-413.

[26] Julio Garrido Campos, Martin Hardwick. A traceability information model for CNC manufacturing. Computer-Aided Design, 2006, 38(5): 540-551.

[27] Kenyon W Gjerde, William R Pape, Bill Jorgenson, Robert D Boyle. Food retailers push the traceability envelope. Food Traceability Report, 2004(11):14-15.

[28] Koutsoumanis K, et al. Development of a safety monitoring and assurance system for chilled food products. International Journal of Food Microbiology, 2005(100):253-260.

[29] Luis Arturo Ra bade, Jose Antonio Alfaro. Buyer-supplier relationship's influence on traceability implementation in the vegetable industry. Journal of Purchasing & Supply Management, 2006(12): 39-50.

[30] Maldonado E S, Henson S J, Caswell J A, et al. Cost-benefit analysis of HACCP implementation in the Mexican meat industry. Food Control, 2005,16(4):375-381.

[31] Maria L Loureiro, Wendy J Umberger. A choice experiment model for beef: What US consumer responses tell us about relative preferences for food safety, country-of-origin labeling and traceability. Food Policy, 2007(32):496-514.

[32] Mauro Conter, Emanuela Zanardi, Sergio Ghidini, et al. Consumers'behaviour toward typical Italian dry sausages. Food Control, 2008,19(6): 609-615.

[33] Michael P Clementsa, Philip Hans Fransesb, Norman R Swanson. Forecasting economic and financial time-series with non-linear models. International Journal of Forecasting, 2004,20(2):169-183.

[34] Moisés Resende-Filho. A principal-agent model for investigating traceability systems incentives on food safety. 105th International Marketing and International Trade of Quality Food Products', Bologna, Italy, March, 2007:8-10.

[35] Petersen A, Green D. Seafood Traceability: A Practical Guide for the U.S. Industry. http://www.ncseagrant.org/files/seafood_traceability.pdf.

[36] Petit R G. Traceability in the food animal industry and supermarket chains. Rev Sci et Techique de l'Office International des Epizooties, 2001,20(2):584-597.

[37] Regattieri A, Gamberi M. Traceability of food products: General framework and experimental evidence. Journal of Food Engineering, 2007 (81):347-356.

[38] Souza-Monteiro D M, Caswell J A. The economic of implementing traceability in beef supply chains: Trends in major producing and trading countries. Working Paper No. 2004-6. University of Massachusetts Amherst, Department of Resource Economics. Amherst, MA: University of

Massachusetts Amherst.
[39] Spencer Henson, Georgina Holt, James Northen. Cost and benefits of implementing HACCP in the UK dairy processing sector. Food Control, 1999 (10):99-106.
[40] Stephanie Krieger, Gerhard Schiefer, Carlos A da Silva. Agricultural Management, Marketing and Finance Service (AGSF). Rural Infrastructure and Agro-Industries Division, FOOD AND AGRICULTURE ORGANIZATION OF THE UNITED NATIONS Rome, 2007.
[41] Sykuta Michael. Agricultural organization in an era of traceability. Journal of Agricultural and Applied Economics, 2005 (8).
[42] Todd Dewett, Gareth R Jones. The role of information technology in the organization: A review, model, and assessment. Journal of Management, 2001, 27 (3):313-346.
[43] Van der Vorst. Performance levels in food traceability and the impact on chain design: Results of an international benchmark study//Bremmers H J, Omta S W F, Trienekens J H, et al. Dynamics in Chains and Networks. Netherlands: Wageningen Academic Publishers, 2004: 175-183.
[44] Zornoza C C, Alcami R L. The enabling role of information technologies on the emergence of new organizational forms. Management, 1999, 2(3):251-261.
[45] Zugarramurdi A, Parin M A, Gadaleta L, Lupin H M. The economics of HACCP application in Argentine fish products // Unnevehr L. The Economics of HACCP: Studies of Costs and Benefits. St Paul: Eagan Press, 1999.
[46] Kevin Chen,石敏俊,Getu Hailu. 对中国消费者非转基因菜油支付意愿的研究. 浙江大学学报:人文社会科学版,2004,34(3):53-61.
[47] 白云峰,陆昌华,李秉柏. 畜产品安全的可追溯管理. 食品科学,2005,26(8):473-477.
[48] 蔡荣,虢佳花,祁春节. 农业产业化组织治理机制及其效率特征——基于纵横一体化的理论与实证分析. 农业经济导刊,2007(10):30-33.
[49] 陈国青,郭迅华. 信息系统管理. 北京:中国人民大学出版社, 2005.
[50] 陈志颖. 无公害农产品购买意愿及购买行为的影响因素分析——以北京地区为例. 农业技术经济,2006(1):68-75.
[51] 陈宗道,刘金福,陈绍军. 食品质量管理. 北京:中国农业大学出版社,2003:6-8.
[52] 道格拉斯·C·诺思. 制度、制度变迁与经济绩效. 上海:上海三联书店, 1994.
[53] 樊红平,冯忠泽,杨玲,任爱胜. 可追溯体系在食品供应链中的应用与探讨. 生态经济,2007(4):63-65.
[54] 方金,王仁强,继连. 基于质量安全的水产品产业组织模式构建. 中国渔业经济,2006(3):37-42.
[55] 方炎,高观,范新鲁,陈华宁. 我国食品安全追溯制度研究. 农业质量标准,2005(2):37- 39.
[56] 郭斌,杨昌举,宋林. 食品信息可追踪系统及其在转基因食品管理中的应用. 中国食物与营养,2004(1):4-6.
[57] 国发[2004]23 号. 国务院关于进一步加强食品安全工作的决定 .
[58] 侯守礼,王威,顾海英. 消费者对转基因食品的意愿支付:来自上海的经验证据. 农业技术经济,2004(4):2-9.
[59] 胡浩,林礼耀,梁龙明,等. 现阶段消费者对转基因食品的认知及购买意愿分析——基于对南京市消费者的调查. 消费经济,2006,22(1):44-46.
[60] 黄未樵. 供应链环境下制造企业实施工作流管理系统关键成功因素研究:硕士学位论文. 杭州:浙江大学,2007.
[61] 黄祖辉,鲁柏祥,刘东英,吕佳. 中国超市经营生鲜农产品和供应链管理的思考. 商业经济与管理,2005(1):9-13.
[62] 金发忠. 农产品质量安全概论. 北京:中国农业出版社, 2007.

[63] 赖茂生，王芳. 信息经济学. 北京：北京大学出版社，2006.

[64] 李广明，黄立平，詹锦川，等. RFID在食品安全追溯中的应用. 科技与管理，2007，9(1)：57-59.

[65] 李季芳. 我国生鲜农产品供应链管理思考. 中国流通经济，2007，21(1)：17-19.

[66] 李里特，乔发东. 畜产食品安全标准化生产. 北京：中国农业出版社，2006.

[67] 李伟克. 农产品追溯：以标识管理为重点. 中国计算机报，2007-07-09(B04).

[68] 李晓燕，陈向前. 猪及其产品可追溯制度建设现状与存在的问题. 畜牧与饲料科学，2007(4)：65-67.

[69] 李兴民，杨洁. 猪肉安全生产可追溯系统的研究. 中国猪业，2006(2)：41-43.

[70] 林丹明，叶会，解维敏，曾楚宏. 信息技术应用对企业纵向边界的影响——实证研究与讨论. 中国工业经济，2006(1)：106-112.

[71] 刘冬梅，绍砾群. 农产品市场信息不对称问题及解决思路. 农村经济，2005(2)：112-113.

[72] 刘俊华，王岩峰，都娟，田志宏. 基于信息共享的食品可追溯系统研究. 世界标准化与质量管理，2006(12)：32-35.

[73] 陆昌华，谢菊芳. 猪肉产品质量安全生产可追溯系统研究. 猪业科学，2006，23(2)：20-22.

[74] 马汉武，王善霞. 基于食品供应链的肉类食品可追溯性技术的研究. 食品工业科技，2006，27(4)：24-26.

[75] 潘自强，黄丽华，熊伟，薛华成. 信息系统战略规划方法及其组合策略的研究. 管理科学学报，1999(2)：43-50.

[76] 师严涛. 农产品可追溯系统研究：硕士学位论文. 北京：中国农业大学，2006.

[77] 施晟，周德翼. 蔬菜质量安全可追踪系统的运作机制分析. 农村经济，2008(4)：15-18.

[78] 宋怿. 食品风险分析理论与实践. 北京：中国标准出版社，2005.

[79] 苏东水. 产业经济学. 北京：高等教育出版社，2005.

[80] 孙海法，刘运国，方琳. 案例研究的方法论. 科研管理，2004(2)：107-112.

[81] 孙文硕. IT治理——企业信息化建设的必由之路：学位论文. 北京：北京邮电大学，2004.

[82] 陶志强，王永泉. 创建北京蔬菜质量安全追溯系统. 中国蔬菜，2006(8)：1-3.

[83] 妥艳贞. 不对称信息经济学理论观点述评. 兰州学刊，2004(5)：88-90.

[84] 王可山，田颖莉. 畜产食品质量安全消费者购买意愿的调查分析. 商场现代化，2007(01X)：54-55.

[85] 王可山. 消费者对畜产食品质量安全的意愿支付价格研究. 中国物价，2006(12)：10-15.

[86] 王旗林，黎志成. 信息系统成本测算方法的研究. 中国管理科学，2001，9(1)：57-61.

[87] 王秀清，孙云峰. 我国食品市场上的质量信号问题. 中国农村经济，2002(5)：27-32.

[88] 王志刚. 食品安全的认知和消费决定：关于天津市个体消费者的实证分析. 中国农村经济，2003(4)：41-48.

[89] 王志刚. HACCP经济学：基于食品加工企业和消费者的实证研究. 北京：中国农业科学技术出版社，2007.

[90] 王志刚，毛燕娜. 城市消费者对HACCP认证的认知程度、接受程度、支付意愿及其影响因素分析——以北京市海淀区超市购物的消费者为研究对象. 中国农村观察，2006(5)：2-12.

[91] 王志刚，翁燕珍，毛燕娜. 消费者对HACCP认证的支付意愿：基于北京市乳制品市场的调查. 中国食品学报，2007，7(1)：12-17.

[92] 王志刚，翁燕珍，黄小瑜. 对禽类食品安全的支付和接受补偿意愿的实证分析——以北京海淀大学区消费者为例. 浙江工商大学学报，2007(5)：85-91.

[93] 王智慧. 基于信息技术的企业组织模式变革的理论研究：学位论文. 上海：上海交通大学，2002.

[94] 谢菊芳，王立方. 基于.NET构架的安全猪肉全程可追溯系统实现. 农业工程学报，2006，22(6)：218-220.

[95] 邢文英. 美国的农产品质量安全可追溯制度. 世界农业,2006(4):39-41.
[96] 徐翔,周峰. 农户无公害农产品生产中道德风险程度的影响因素分析. 现代经济探讨,2007(7):65-68,82.
[97] 杨林. 应用 EAN·UCC 系统建立鳗鱼质量跟踪与追溯体系. 世界标准化与质量管理,2005(3):43-44.
[98] 杨青,王延清,薛华成. 企业战略与信息系统战略规划集成过程研究. 管理科学学报, 2000(3):60-66.
[99] 杨尚斌. 欧盟关于食品安全追溯制度的法律规定(摘要). 肉品卫生,2005(1):44.
[100] 杨天和,褚保金. "从农田到餐桌"食品安全全程控制技术体系研究. 食品科学, 2005(3):264-268.
[101] 杨信廷,钱建平,孙传恒. 面向安全追溯体系的农产品电子档案管理系统. 中国农学通报,2006,22(6):441-444.
[102] 杨永亮. 农产品生产追溯制度建立过程中的农户行为研究:学位论文. 杭州:浙江大学,2006.
[103] 叶会. 信息技术对企业纵向边界的影响——来自 IT 行业的实证研究:学位论文. 汕头:汕头大学, 2005.
[104] 叶燕. 基于食品安全的消费行为及支付意愿研究——以有机茶和普通茶的对比消费为例. 中国科技信息,2007(19):160-162.
[105] 殷守仁,等. 北京市水产品质量安全追溯. 中国水产,2007(1):72-73.
[106] 余建英,何旭宏. 数据统计分析与 SPSS 应用. 北京:人民邮电出版社. 2003.
[107] 于辉. 我国食品企业实施可追溯体系研究——以蔬菜出口企业为例:学位论文. 北京:中国农业大学, 2006.
[108] 于辉,安玉发. 在食品供应链中实施可追溯体系的理论探讨. 农业质量标准,2005(3):39-41.
[109] 袁康来,杨亦民. 农业食品供应链的可追溯性研究. 物流科技,2006,29(9):121-123.
[110] 曾楚宏, 林丹明. 对企业建立战略联盟的理论解释. 科研管理, 2004,25(2):93-97.
[111] 张谷民,陈功玉. 食品安全与可追溯系统. 中国物流与采购,2005(14):42-44.
[112] 张青华. 浅谈成本领先战略. 现代经济:现代物业(下半月),2008(5):48-49.
[113] 张晓勇,李刚,张莉. 中国消费者对食品安全的关切——对天津消费者的调查与分析. 中国农村观察, 2004(1):14-21.
[114] 赵德余,温思美. 我国农业产业化组织的治理机制及其效率特征. 中国农业经济评论,2005,3(1):1-16.
[115] 钟甫宁,丁玉莲. 消费者对转基因食品的认知情况及潜在态度初探——南京市消费者的个案调查. 中国农村观察,2004(1):22-27.
[116] 周峰,田维明. 消费者对转基因食品的认知、态度及因素分析——以北京市调查数据为例. 中国农业经济评论,2003,1(3):266-293.
[117] 周欢,黄立平,詹锦川,朱轶锋. 基于供应链管理的农产品安全监控信息平台. 安徽农业科学,2005,33(6):1067-1068.
[118] 周德翼,杨海娟. 食物质量安全管理中的信息不对称与政府监管机制. 中国农村经济,2002(6):29-35.
[119] 周洁红. 消费者对蔬菜安全认知和购买行为的地区差别分析. 浙江大学学报:人文社会科学版,2005,35(6):113-121.
[120] 周洁红,黄祖辉. 加强食品安全政府责无旁贷. 今日浙江,2003(4).
[121] 周应恒,耿献辉. 信息可追溯系统在食品质量安全保障中的应用. 农业现代化研究,2002(6):3.
[122] 周应恒,霍丽玥. 食品质量安全问题的经济学思考. 南京农业大学学报,2003,26(3):91-95.
[123] 周应恒,霍丽玥,彭晓佳. 食品安全:消费者态度、购买意愿及信息的影响——对南京市超市消费者的调查分析. 中国农村经济,2004(11):53-59,80.
[124] 周应恒,彭晓佳. 风险分析体系在各国食品安全中的应用. 世界农业,2005(3):4-6.
[125] 周应恒,彭晓佳. 江苏省城市消费者对食品安全支付意愿的实证研究——以低残留青菜为例. 经济学,

2006,5(4):1319-1342.
[126] 朱丽娟. 食品生产者质量安全行为研究—基于浙江省蔬菜种植农户的实证分析:学位论文. 杭州:浙江大学,2004.
[127] 朱燕. 基于农产品质量安全与产业化组织的农户生产行为研究—以浙江省为例:学位论文. 杭州:浙江大学,2004.